学术研讨会会场

与会代表与工作人员合影

与会代表参观铜绿山古铜矿遗址现场

与会代表参观铜绿山岩阴山脚遗址发掘现场

与会代表参观铜绿山古铜矿遗址并合影留念

湖北省文化厅党组成员、省文物局局长
黎朝斌主持学术研讨会开幕式

大冶市人民政府市长李修武在学术研讨会上
致欢迎辞

中国社会科学院考古研究所所长、中国考古
学会理事长王巍讲话

湖北省人民政府参事、省文化厅巡视员、省
文物局原局长沈海宁讲话

故宫博物院原院长、中国考古学会原理事长
张忠培作学术总结

大冶市政协主席胡志国致答谢辞

国家文物局原副局长、副书记、中国
文物保护基金会理事长张柏主持11日
上午第一阶段研讨会

中国社会科学院考古研究所研究员、
知名考古学家殷玮璋主持11日
上午第二阶段研讨会

北京科技大学教授李延祥主持11日
下午第一阶段研讨会

湖北省文化厅原副厅长、原巡视员胡美洲
主持11日下午第二阶段研讨会

北京大学教授、夏商周断代工程首席科学家
李伯谦作学术发言

黄石市副市长苏梅林参加研讨会

黄石市政协副主席柯旺升参加研讨会

湖北省文化厅原副巡视员、省文物局原副局长、省博物馆协会理事长吴宏堂作学术发言

湖北省文物局副局长王风竹参加研讨会

大冶市政府副市长毕正杰参加研讨会

湖北省博物馆（考古所）馆（所）长
方勤参加研讨会

湖北省博物馆（考古所）书记、副馆长
万全文参加研讨会

湖北省博物馆（考古所）研究员、副所长
孟华平参加研讨会

黄石市文化局副局长、文物局局长
官东平参加研讨会

研讨会现场

研讨会现场

研讨会现场

谨以此书纪念

铜绿山古铜矿遗址考古发现40周年！

中国矿冶考古

铜绿山古铜矿遗址考古发现与研究

（二）

大冶市铜绿山古铜矿遗址保护管理委员会 编

科学出版社
北 京

内 容 简 介

铜绿山古铜矿遗址的考古发掘，是中国古代青铜器研究的一个新领域；也是中国考古学新开辟的一个领域；还为中国考古学开创了一个学科分支——矿冶考古学。

中国的矿冶考古诞生40年来，多学科的学者、专家们对铜绿山古铜矿遗址及相关内容和学科进行了深入的研究、探讨和解读，并涉及考古学、历史学、地矿学、冶金学等诸多社会科学与自然科学学科。本文集集中收录了他们的最新研究成果，是对中国矿冶考古研究比较全面的一次展示，也是对中国矿冶考古继续深入研究的一个推动。

本书可供从事考古学、历史学、地矿学、冶金学等学科研究的学者及大专院校相关专业师生阅读、参考。

图书在版编目（CIP）数据

铜绿山古铜矿遗址考古发现与研究. 2 / 大冶市铜绿山古铜矿遗址保护管理委员会编. —北京：科学出版社，2014. 8
（中国矿冶考古）
ISBN 978-7-03-041750-3

Ⅰ. ①铜…　Ⅱ. ①大…　Ⅲ. ①铜矿床-古矿井遗址-考古发现-大冶市-文集
Ⅳ. ①K878.54-53

中国版本图书馆CIP数据核字（2014）第200241号

责任编辑：王光明　肖丽娟 / 责任校对：郭瑞芝
责任印制：钱玉芬 / 封面设计：张　放

科学出版社 出版
北京东黄城根北街16号
邮政编码：100717
http://www.sciencep.com

中国科学院印刷厂 印刷

科学出版社发行　各地新华书店经销
*
2014年8月第 一 版　开本：787×1092　1/16
2014年8月第一次印刷　印张：24 3/4　插页：6
字数：698 000

定价：208.00元

（如有印装质量问题，我社负责调换）

“中国矿冶考古”编辑委员会

《铜绿山古铜矿遗址考古发现与研究（二）》

本 书 主 编：冯海潮

本书副主编：（按姓名笔画排序）

张国祥　陈树祥

黄朝霞　龚长根

序　一

今年是铜绿山古铜矿遗址考古发现40周年。几天前，原湖北省文物局吴宏堂副巡视员、大冶市铜绿山古铜矿遗址保护管理委员会冯海潮主任来访，告知中国社会科学院考古研究所、湖北省文物局、大冶市人民政府拟在大冶市召开“铜绿山古铜矿遗址考古发现40周年学术研讨会”，并请我为“中国矿冶考古”撰写序及回忆文章。作为见证铜绿山古铜矿遗址发掘与保护的一位文物工作者，我觉得有责任也有必要说几句，便欣然应允。

40年前的1973年，大冶有色金属公司铜绿山矿在露天生产剥离时，在一群古代采矿井巷中发现铜斧、铜锛、木槌、木铲等遗物，遂引起文物部门的重视。从此，铜绿山古铜矿遗址真正进入考古学视野并焕发出勃勃生机，逐渐彰显出矿冶文化遗存的独特魅力。

40年来，通过考古工作者多次调查，已知铜绿山古铜矿遗址是一处采冶结合的大型遗址，在约2平方千米的分布范围内既有露天和井下两类采矿遗址，又有10余处冶炼遗址。此外，在以铜绿山古铜矿遗址为核心的黄石市区还发现60多处采矿、冶炼遗址及可能与管理矿冶生产有关的五里界、鄂王城等城址。这些遗址或城址的年代多属于先秦时期，显示该区域是我国先秦时期矿冶遗存的重要集中分布区域。

同时，在国家文物局的支持下考古工作者多次发掘的铜绿山古铜矿遗址，是我国首次发现并予以科学发掘的大规模矿冶遗址，也是我国迄今发现的历史悠久、连续生产时间最长、保存最为完好、规模最大、内涵最为丰富的集采矿、选矿、冶炼于一体的古矿冶遗址，还是至今发掘规模最大、内涵揭露最为广泛的一处古矿冶遗址，揭示出的采矿和冶铜等遗存填补了中国冶金文化史的多项空白，对了解我国古代青铜业的生产具有重要意义。铜绿山古铜矿遗址发现的矿冶遗存主要属于商周至西汉时期，包括10余座炼铜竖炉、数百座采矿矿井及数百件采矿生产工具和生活用具。这些不仅证明我国商周时期青铜器铸造业与采矿、冶炼业是分地进行的，而且反映出采矿、冶炼和铸造业之间有了明确分工。其中，在没有现代动力机械的生产条件下，战国至西汉时期的矿井深达40~50米，并且有效地使用竖井、盲井、平巷、斜巷联合开拓技术，初步解决了井下的支护、通风、排水、提升和照明等一系列复杂问题。春秋时期的炼铜竖炉，由炉基、炉缸、炉身组成，可持续进行冶铜生产，基本具备近代鼓风炉的结构。且超过40万吨的废弃炉渣显示其平均铜含量只有0.7%，是欧洲19世纪末才达到的冶炼水平。这些重大发现真实地记载了中国矿冶业发展的悠久历史和卓越的技术成就。

正如夏鼐先生所言，铜绿山古铜矿遗址的发掘“是中国古代青铜器研究的一个新领域，也是中国考古学新开辟的一个领域”。从此，我国青铜器研究不再局限于青铜器本身的形态、用途、铭文、制法、成分等方面，也不再局限于青铜器的层位学与类型学分析等方面，而是拓展到青铜器的产地、原料、采冶技术、生产分工及新技术方法在矿冶遗址调查分析中的应用等多方面。同时，还启发人们去探索采矿、冶金、铸造和使用之间的流通过程及与其相关的组织协调与管理的结构。可以说，作为考古学的一个新分支——考古学的冶金史研究或简称冶金考古因铜绿山考古开阔了人们的视野，进入了一个新阶段。摆在我们面前的这部丛书，涉及中国古代青铜原料产地、冶炼技术、考古学文化属性，以及地磁与地质雷达运用于冶金考古的探索等研究成果，乃是还原那段考古发现、发掘、研究与保护方方面面的真实记录，如此等等。

作为我国古代矿冶业水平的重要历史见证和人类文明的珍贵文化遗产，铜绿山古铜矿遗址的保护也逐渐步入正轨。1982年，铜绿山7号矿体采矿遗址被国务院批准为全国重点文物保护单位，并于1984年在7号矿体1号点发掘原址上建成铜绿山古铜矿遗址博物馆。为解决矿山生产与遗址保护的突出矛盾，经多次协调论证，1991年国务院正式批复原地保护方案，从而使铜绿山古铜矿遗址得以永久保护。2001年，铜绿山古铜矿遗址被评为“中国20世纪100项考古大发现”之一，2012年，铜绿山古铜矿遗址被列入中国世界文化遗产预备名单。目前，铜绿山古铜矿遗址保护规划及考古工作计划已获国家文物局批复，各项保护措施正有条不紊地实施。我相信，铜绿山古铜矿遗址将以有效保护的崭新面貌显示其价值与尊严。

目前，随着以湖北铜绿山、安徽铜陵及江西瑞昌等为代表的长江中下游铜资源地带古矿冶遗址的不断发现，相关的研究工作无论是广度还是深度均有所深化。但摆在我们面前的问题还有许多。如：该区域矿冶遗址之间的时空关系需要进一步梳理，它们是否共时？是否有地域上的区别？在不同的历史时期是否存在采矿与冶炼技术方面的变化？是否存在组织管理等方面的差异？从事采冶工作的人们是否为同一考古学文化共同体？再如：该区域矿冶文化遗存与商周王朝及吴楚等诸侯之间的文化互动关系也需要进一步研究，它们是文化互补关系还是文化从属关系？其社会分工如何？采矿、冶金、铸造，以及进入到使用之间的流通过程及与其相关的组织协调与管理的社会结构怎样？还有，该区域矿冶遗址的年代是否可到夏代甚至更早？等等。总之，包括不同时空的铜业技术，生产、使用、流通的分工与过程中的组织、协调、管理的社会结构，以及这些方面的相互关系在内，我们或无知，或知之甚少，或知之不详，或有待发掘，或有待扩大视野，或有待深入研究。我希望将目前有关古代铜的研究转变为古代铜的社会产业研究。从这一角度来看，以铜绿山古铜矿遗址为代表的这些矿冶遗产的历史、文化与科学价值尚需深入挖掘，科学研究与文物保护工作任重而道远。希望“铜绿山古铜矿遗址考古发现40周年学术研讨会”的召开能有力地推动相关工作向前发展。

是为序。

中国考古学会原理事长、故宫博物院原院长、研究员　张忠培

2013年9月16日

序　二

“天地一洪炉，举世无双冶。”大冶是华夏青铜文化的发祥地之一，素有“百里黄金地，江南聚宝盆”之美誉。3000多年前，大冶先民在此筑炉冶炼。之后，黄巢筑炉、岳飞铸剑、朱元璋置铁冶所、张之洞创办汉冶萍公司，矿冶之火生生不息，创造了辉煌的物质文明和精神文明。可以说，大冶的生命力和独特魅力离不开青铜文化，而且铜绿山古铜矿遗址铭记的正是青铜时代的鼎盛和繁荣。

铜绿山古铜矿遗址考古发现于1973年，是中国商代至汉代采铜和冶铜遗址，被誉为世界第九大奇迹，也是中国迄今发现的古矿遗址中采掘年代最长、规模最大、保存最完整、冶炼工艺水平最高、文化内涵最丰富的一处古铜矿遗址，代表了中国青铜时代采矿、冶炼技术的最高成就。国际著名冶金史专家、美国麻省理工学院史密斯教授说：“在这里，我们看到了在世界其他任何地方看不到的奇迹！”中国著名考古学家夏鼐称赞它是“中华民族的骄傲”。1982年铜绿山古铜矿遗址被国务院列为第二批全国重点文物保护单位，1994年被列入中国世界文化遗产预备名录，2001年被评为“中国20世纪100项考古大发现”之一，2012年被国家作为矿冶工业遗产列入申遗预备目录名单，2013年被列入全国“十二五”150处大遗址。

铜绿山古铜矿遗址作为大冶最厚重的城市文化地标，是大冶被外界认知的最直接、最炫彩的名片，它所代表的青铜文化更是大冶的“灵魂”所在。研究青铜文化，弘扬青铜文化，既是大冶人民不可推卸的责任，也是新时期大冶实现跨越发展的战略需要。为此，大冶儿女们使命光荣，任重道远。在前进的路上，我们应该努力成为尽职的遗产守护者，坚定的文化追随者，智慧的经济创造者，积极的社会推动者；在社会发展进程中，全力保护我们的历史根系，呵护我们的精神家园；让铜绿山古铜矿遗址在科学保护中展现魅力，在合理利用中凸显价值，进而抢占文化制高点，增强文化对经济社会发展的引领和推动作用。

为继承和弘扬青铜文化，值此铜绿山古铜矿遗址考古发现40周年之际，铜绿山古铜矿遗址保护管理委员会特组织了学术研讨会，并编辑出版“中国矿冶考古”。丛书分四大部分，集中收录了40年来发表的优秀学术论文；悉心汇编了参加研讨会专家的最新学术成果；生动记载了各级领导、专家学者参与遗址保护的亲身经历；精心撷取了古往今来弘扬大冶青铜文化的文学作品。丛书的编辑付梓将对保护文化资源，提升文化理念，增强文化自信，促进和谐发展，起到积极的推动作用。

“雄关漫道真如铁，而今迈步从头越。”我们将薪火相传，砥砺前行，让铜绿山古铜矿遗址这块世界青铜文化的“活化石”，在继承与发展中迸发出时代光芒，照亮大冶更加辉煌灿烂的明天。

中共黄石市委常委、大冶市委书记　傅继成

2013年9月10日

前　　言

值此铜绿山古铜矿遗址考古发现40周年之际，省文物局领导嘱我写点儿文字以志纪念。正襟危坐，遍览资料，虽是临时抱佛脚，一一读来，却也泛起心中的无限涟漪。那些逝去的岁月，那些青丝白发的前辈，那些艰难的往事，如此等等，令人无法忘却，如同酒酣之人，只想一吐为快。

大冶有着悠久的历史与远古文明　在不晚于6000年前，大冶地区已经普遍进入新石器时代。新石器时代晚期，矿冶业在这一地区萌芽。

20世纪90年代，大冶地区发现包含有新石器文化内涵的遗址60余处，商周时期遗址甚为普遍，且多与矿冶业密切关联。那时，这一地区广泛生存着以血缘关系为纽带的群体，他们大量使用磨制石器；农业和畜牧业已经出现；能够大量烧制并使用陶器，并进入原始氏族社会时期。

大冶地区的矿冶活动比一般想象的要早许多。2009年，专家们对大冶蟹子地遗址进行了考古发掘，在新石器时代文化层，即相当于石家河文化层，先后出土了铜矿冶炼时用于碎矿的工具石砧、铜矿孔雀石及炼铜渣。学者们认为："新发现了一些新石器末期有关矿冶的疑似迹象，包括粉碎矿料所用的石砧、孔雀石和炼渣等，为探讨这一地区早期的矿业开发提供了宝贵线索。"

天地一洪炉　这是清代中叶著名文人李汝珍在《镜花缘》第八十回中为大冶县设计的一个谜面。若非这个"大"字，就不能包括"天地"两字。这个设计巧妙的谜面说明，因"大兴炉冶"而获得"天地一洪炉"美誉的大冶，至少在清中叶以前，便为世人所知。

北宋乾德五年即南唐李煜七年（公元967年），南唐升青山场院并析武昌三乡，置大冶县，取大兴炉冶之意。有学者认为，大冶县名为南唐国主李煜所赐，就他的才识，赐予此地一个既有内涵又有阳刚之气的名字，是一段历史佳话。

大冶市，位于幕阜山北侧，长江中游南岸，东经114°31′33″~115°20′42″，北纬29°40′16″~30°15′45″。属于典型亚热带东亚大陆性季风气候，年平均气温17.10℃，年均降水量1406.6毫米，年蒸发量1385.5毫米。全市国土面积1560平方千米，人口89万。

大冶市矿产资源丰富，铁、铜、金、锶等14种矿产资源储量曾居湖北省首位。全市已发现矿产共四大类76种，已探明资源储量的矿产37种，各种矿床（点）429个。其中，铁、铜、金主要金属矿床139个。大冶，是中国六大粗铜生产基地之一、十大铁矿生产基地之一。其硅灰石储量位居湖北省之首。此外，这里还有全国第二大的天晶石矿。

铜绿山铜铁矿的发现　1959年，那是一个如火如荼的年代，国家经济建设的发展亟须各种矿产资源，正是那个开春的季节，苏联地质及铜矿专家赫维奇作为顾问随地质勘探队来湖北铜绿山矿区考察勘探。赫维奇依据初步调查和勘探资料并根据经验认为“矽卡岩型无大矿”，要求所有钻机停钻并撤下来。此时，一个个头不高、名叫夏湘蓉的人却没有盲从，而是根据长期的研究成果和野外勘探实践经验，据理力争，担着责任坚持继续打钻做深部了解，最终见矿。此举为勘探铜绿山大型富铜富铁矿床奠定了基础，也为铜绿山铜铁矿的开发做出了卓越的贡献。

夏湘蓉（1910~2001年），江西南昌人。著名地质学家，地质学教育家，地质科学史、冶金史专家。曾任中南地质局地质矿产室主任、国际地质科学史委员会委员等职。著有《中国中南部有色金属矿的成矿区域》《中国古代矿业开发史》等。

夏先生在1934年毕业于清华大学地学系，曾任清华大学助教。中华人民共和国成立后，因为长期为江西地质调查工作做出突出贡献，国家委之以江西省人民政府委员会委员、江西省工业厅第一副厅长兼江西地质调查所所长。但他终究不是一个坐办公室的人，虽身居要职，但仍然一如既往地率领技术人员赴矿山、下矿井，为的是尽快恢复老矿的生产和开辟新矿区。1952年，他放弃江西所任职务，到汉口中南地质局从事技术工作，从此，潜心于研究中南六省铅锌矿和铜矿分布规律，为中南地区的矿产开发起到巨大作用，也使当时依靠苏联专家开矿的局面得到明显改变。

铜绿山古铜矿遗址考古发现　1965年，那是一个慷慨激昂的岁月，人们高举红旗，敲着锣鼓，在各种工程车辆的轰鸣声和尘土飞扬中，矿山建设队伍浩浩荡荡开进铜绿山。站在高高的铜绿山顶，放眼远眺，只见黑色片状金属炼渣漫山遍野，堆积如山。这是何物？又是什么时代留下的？对此，人们疑惑、猜测，于是查阅古代文献资料，了解当地民间传说，并试图借此了解过去，从而认识这段曾经“消失”的历史。

同治版《大冶县志》云：“铜绿山在县西马叫堡，距城五里，山顶高平，巨石对峙，每骤雨过时，有铜绿如雪花小豆点缀土石之上，故名。”“绵延数嶂，土色紫赤，或云古出铜之所。”简而言之，铜绿山就是因为铜矿孔雀石而名，且从古至今都是产铜之地。铜绿山原海拔87米，后成为铜绿山铜铁矿露天采场，即现在的大露天。

据北宋乐史撰《太平寰宇记》载，大冶县“白雉山在县西北二百三十五里，山高一百二十五丈，其山有芙蓉峰，前有狮子岭，后有金鸡石，西南出铜矿。自晋、宋、梁、陈以来置炉烹炼”。清康熙年间顾祖禹撰《读史方舆纪要》云：“大冶县铁山，县北四十里有铁矿，唐、宋时于此置炉，烧炼金铁。”续修同治《大冶县志·沿革》旧志考工云：“冶氏为铁邑之名，权与青山场之铁冶，夫非五金之谓矣。无论金井、银炉，湮灭已久。往时诲盗跃冶矿，适为厉民耳。铜灶虽存遗迹，亦莫详其年代与兴废于鼓铸之方也。惟铁冶相沿未绝，然铁山之产，脆不堪锻，而冶人或采石于他山，以知宝藏物华，消息靡定，一有一无，理殊今曩，未可以按图而索骥矣。”这段话的意思是说：“大冶被称为铁都，是因为青山场的炼铁……采矿的竖井，炼银的炉子，已经废弃很久很久了……铜灶（炼铜的炉子）现在仍然可以见到，但是，却不知道是哪个年代兴起，哪个年代废止，更不知道当时的冶炼方法。只有炼铁一直沿袭下来没有停止……”史料也只仅此而已。民间传说也只是南宋时期的名将岳飞曾在此采矿、冶炼并铸造兵器。

而技术人员则对这种金属炼渣进行了化验，其结果是含铁很高，含铜很低。时间、建设与生产逐渐淡去了人们的好奇心。

时间荏苒，斗转星移。1973年6~10月，铜绿山铜铁矿在南露天采场北端剥离距地表40余米（海拔10~15米，铜绿山的下部）的铜矿富集带时，在一片“老窿”中，先后发现一批铜斧、铜锛及木槌、木铲、陶罐等器物。其中，一件铜斧重3.7千克。面对这些古代的青铜工具，再看看铜绿山地区漫山遍野的黑色片状金属炼渣，以及不知何年何月留下的密集的采矿坑道，许多有识工程技术人员疑惑了，在铁器广泛使用的宋代怎么还会使用铜工具来采矿呢？毕竟铁工具的凿岩挖掘能力比铜工具更强、更先进！此时铜绿山矿的领导和工程技术人员似乎也意识到它的历史与文物考古价值，时任铜绿山矿党委书记黄华臣、副矿长齐会彬决定将这些发现的铜工具寄往中国历史博物馆，并函告发现铜斧的现场情况，希望得到专家们的权威解读。

是年10月16日，大冶有色金属公司铜绿山铜铁矿革命委员会致信中国历史博物馆说：“我矿露天采场工人在今年开采+5米平台（实际从1965年开始开采至今已下挖50米左右）1号矿体时，挖出这种铜斧和各种木槌、木锹等多种古代劳动人民开矿时用的工具，据本地人民传说，是我国南宋时代岳飞带领士兵在我们铜绿山矿区开矿炼铜所留下来的历史遗物，距今有700多年的历史。现在我矿区还残留不少当时炼铜的炉渣和开矿的老窿。为了保护历史文物，现将其中的一把铜斧寄来，看对研究我国的历史是否能起到一点作用，请你们收下吧。”随即，中国历史博物馆给铜绿山矿发来电报：“保留现场，即来人调查。”

10月20日，中国历史博物馆收到信、物。11月7日，孔祥星、范世民会同湖北省博物馆李天元、黄石的一位同志、大冶的余为民诸先生等一道抵达铜绿山矿。经初步研究分析，认定这是春秋战国时期的一处大型采矿遗址，具有重要的历史、科学价值，并撰写了《湖北古矿冶遗址调查》一文，在《考古》1974年第4期上予以发表。当时，因为保密原因，只云“湖北某矿”。

铜绿山古铜矿遗址考古发掘　黄瑞云先生认为：“铜绿山古铜矿遗址的发现，使整个世界为之惊诧。其年代之悠久，规模之宏伟，技艺之精湛，保存之完整，迄今为止，在世界上独一无二。”

1973年12月，湖北省博物馆向湖北省文化局提出对铜绿山古铜矿遗址进行考古发掘的申请，得到同意。1974年2月这项历史性的考古发掘工作正式拉开序幕。第一次矿冶考古发掘于是年5月结束，由时任湖北省博物馆考古队副队长王劲主持，队员由省、黄石市、大冶县文物工作者组成。

1974年1月~1985年7月，来自中国科学院考古研究所、自然科学史研究所、湖北省博物馆、河南省博物馆、内蒙古自治区昭乌达盟文化站、黄石市博物馆、北京有色金属研究总院、北京科技大学、中国科技大学等数十家单位的考古专家、学者对铜绿山古铜矿遗址进行了连续长达11年的考古发掘和研究。其间，大冶有色金属公司下属的铜绿山矿、铜山口矿、龙角山矿、丰山铜矿及红卫铁矿抽调的业余考古队员经过培训后，也参与了铜绿山古铜矿遗址的抢救性考古发掘。

1974年2~5月，由湖北省博物馆主持，先后对铜绿山古铜矿遗址2号矿体12线、1号矿体24线进行了科学考古发掘。这两次考古发掘点位于铜绿山（海拔87米）2号矿体12勘探线和24勘探线，分别发掘50、150平方米。

1975年8月~1979年夏，由黄石市博物馆主持，并组织铜绿山铜铁矿、铜山口铜矿、丰山铜矿、大冶红卫铁矿等单位的考古培训班学员参加，先后对铜绿山矿7号矿体1、2、3、4号点采矿遗址，柯锡太冶炼遗址，11号矿体冶炼遗址进行了科学考古发掘和清理。

1979~1980年，由中国社会科学院考古研究所殷玮璋先生主持，对铜绿山铜铁矿7号矿体1号点进行了考古发掘，发掘面积为400平方米。同时进行了仿古炼铜模拟实验。

1979年12月~1980年1月，由湖北省博物馆主持，对铜绿山4号矿体采矿遗址进行考发掘，这次考古发掘因为诸多原因未发掘完毕就对遗址进行封盖。

1981年4~7月，由黄石市博物馆主持，继续对4号矿体采矿遗址进行了清理发掘，并且发掘到底部。

1983~1985年，由黄石市博物馆主持，先后两次对11号矿体采矿遗址进行了考古发掘。

11年的考古发掘，先后发掘和清理6处采矿遗址、2处冶炼遗址。其中，铜绿山矿11号矿体是在矿山生产剥离前从原始地表进行考古发掘的，其余均是在矿山生产剥离时发现遗迹后配合生产进行发掘的。11年间，考古发掘总面积为4923平方米，发掘古代采矿竖（盲）井231个、平（斜）巷100条、炼炉12座。其中，有10座炼炉时代为两周之际（约公元前8世纪~公元前7世纪），另2座炼炉时代为战国时期。同时，还出土了大批铜斧、铜锛、铁斧、铁锤，以及木、竹、石器等各式采矿、冶炼工具。

2012年6月，由湖北省文物考古研究所陈树祥领队的铜绿山古铜矿遗址考古队，再次开始对铜绿山古铜矿遗址保护区进行考古调查和发掘，并以原有的平台，以新的视野、新的手段、新的思维，继续对这处遗址进行深入研究，希望有新的发现和新的成果，为建设新的铜绿山古铜矿遗址博物馆、铜绿山古铜矿遗址国家考古遗址公园，为成功申报世界文化遗产奠定更加坚实的基础。这是时隔27年后，考古工作者再次对这处矿冶遗址进行的考古发掘，已经取得丰硕成果。先后发现冶炼遗址12处，以及东周时期的冶炼场地、炼炉、探矿井等。其中，在遗址冶炼场地发现的一片东周时期的脚印极为珍贵，引起了社会各界和专家学者们的广泛关注和重视。

专家们对35个脚印中的12个脚印进行了分析鉴定，从而推测12个脚印应该是2人以上所留存。并确认，赤足中一人身高为1.72米，另一人身高1.52~1.54米。结合部分赤足有重压痕偏外、横向移位等痕迹，确定此类赤足者有负重特征反应，反映了时人负荷劳动的场景。这是迄今为止世界冶炼遗址上首次发现数量最多、保存状况最好、足迹身份最明显、时代最早的古人足迹，填补了矿冶考古遗存的一项空白！

看到这些令人心动的脚印，不得不令我们产生无限的遐思和不尽的猜想。他们或高或矮、或男或女。他们没有鞋穿，甚至衣衫褴褛，然而他们的创造和奉献是实实在在的。其实，这对我们今天还原当时冶炼工作场景提供了弥足珍贵的实物资料。

考古资料证明，铜绿山古铜矿始采时间为商代。以后，经西周、春秋、战国、秦至汉，连续采冶时间逾千年之久。随后的唐宋时期，古人也曾在此进行过一定规模的采冶。

王劲（1926~），女，研究员，湖北省博物馆原副馆长。1974年，由她领队的考古队开始对铜绿山矿2号矿体12线、1号矿体24线春秋、战国至汉代采矿遗址进行了科学考古发掘，揭开了中国矿冶考古的序幕。这是中国矿冶考古的发端，也可以说，王先生是中国现代矿冶考古第一人。那时，矿冶考古无前车之鉴，但她做好了这项工作。而且其许多矿冶考古方法一直沿用至今。

铜绿山古铜矿技术成就　铜绿山古铜矿遗址铭刻的是中国青铜时代鼎盛和繁荣的足迹。其探矿、采矿、冶炼技术水平代表了中国青铜时代的最高技术成就，是一部先秦时期的矿冶科技史。

根据勘探调查，铜绿山矿区发现的古代露天采场有7个，地下采区18个，采矿坑道约为100万立方米，井巷总长约8000米。根据已经出土的古矿井支架推算，铜绿山古矿区所用木材超过3000立方米；古代采场内遗留的铜矿石达3万~4万吨（铜品位为12%~20%）；人工堆积的矿山废石土渣物有70余万立方米。发现古代冶炼遗址场地50余处。炼铜炉渣更是漫山遍野。铜绿山矿区共计12个矿体。其中，10个矿体有古人井下开采遗迹。在矿区2平方千米范围内遗存的炼铜渣数量之巨更是惊人。

古代矿井分布的范围都在富铜矿、氧化矿的富集带。当时主要是开采孔雀石、赤铜矿和自然铜等。这些矿石含铜的品位都很高，一般都在20%以上，有的高达40%~50%或70%~80%。有学者推测，当时用于冶炼的矿石品位应在30%~40%，甚至更高一些。这样，我们就可以知道，铜绿山中心矿区遗存炼渣产出的粗铜总量大约有10万吨左右。其实，铜绿山周边区域遗存的炼渣，是铜绿山中心矿区炼渣的许多倍。所以，铜绿山古铜矿所产粗铜的数量应该远远超过10万吨的总量。

采矿技术成就。铜绿山古铜矿已采用浅井和重砂分析探矿。在考古发掘中，发现有一部分断面小的竖井，分布密集，有的在矿体内，有的不在矿体内。这些浅井是用来探矿的。在发掘铜绿山古铜矿各个时期的古矿井时，还发现一种类似现代淘金斗的船形木斗，同时，在井下还发现木杵和木臼。研究认为，这是一组利用矿物和岩石比重不同，即运用重砂分析法鉴定矿物质品位的高低，从而达到找矿的目的。

开采技术自成体系。铜绿山古铜矿遗址开采技术最显著的特点是采用竖井、平巷、盲井联合开拓法进行深井开采，最大井深已为60余米。而深井开采则需要解决井巷开拓、井巷支护、采矿方法、矿井提升、矿井排水、井下照明及深井通风等一系列技术问题。发掘资料证实，这些问题都得到了合理解决，并形成一套完整的自成体系的地下开采系统。

早期，人们曾大量使用石器工具诸如石锤，同时辅以极少量铜质工具开采矿石。商末至春秋时期，井巷开拓主要使用青铜工具来完成，主要有铜斧、铜锛、铜镬、铜凿等。其中，最大铜斧重达16.3千克。到了战国时代，铁器工具已广泛应用于矿业生产，出现了铁锤、铁钻、铁斧等。大铁锤重达6千克。由于铁器的凿岩能力高于青铜工具，井巷断面增大，开采深度也逐渐加深，极大地提高了生产力水平。值得注意的是，铁工具中，铸件占铁工具总数的2/3，其中还有白心可锻铸铁。

冶炼技术成就。在不晚于春秋早期，铜绿山古铜矿已采用鼓风竖炉炼铜技术。这是一种可以连续加料、连续冶炼，间断出铜或渣的炼铜炉，其还原区温度一般保持在1200℃左右，非常适合粗铜的还原。铜绿山古铜矿遗址冶炼技术成就还直接影响了中国铁器时代的发展。殷玮璋先生认为："欧洲从低温炼铁到高温炼铁用了2500年。中国出现低温炼铁的时间比西方略晚，在西周晚期、东周时期就出现了生铁制品。出现的时间比欧洲早了1800年。这是中国古代工匠的一大贡献。它的出现，与当时已经用竖炉冶铜是分不开的。"

通过取样分析，炼炉主要选用红色黏土、铁矿粉、石英碎屑、高岭土、木炭等为筑炉材料，炼炉的不同部位选用的耐火材料也有所不同。竖炉由炉基、炉缸、炉身三部分组成。炉基部分有风沟，冶炼过程中风沟内可燃烧木炭，以保持炉缸底部的温度，防止炉缸冻结。炉缸中心还原区设有对称的两个鼓风口，保证缸内受氧均匀，使炉内物料充分反应。炉缸下部前壁设有拱形金门，主要用于开炉点火和排放渣液及铜液。炉身呈鼓腹形，向上逐渐内收，使炉内壁形成一定的炉腹角，这样既有利于保持炉温，也有利于物料在炉内的反应。

通过对铜绿山遗存的炉渣进行分析测试证明，铜绿山古铜矿遗址存在两种冶炼工艺技术，一是冶炼氧化矿石的"氧化矿—铜"工艺，二是"硫化矿—冰铜—铜"工艺。铜绿山炼渣含铜量平均低于0.7%，铁含量在30%~50%，说明中国在距今2700年前的春秋早期就已经熟练掌握粗铜还原技术。

铜绿山古铜矿遗址是中国古代矿冶研究的一面旗帜　这是2002年在铜陵举行的学术会议期间李延祥研究员对铜绿山古铜矿研究的定语。

考古工作者对铜绿山古铜矿遗址的科学系统、大规模的主动考古发掘，是前所未有的，且根据10余年考古资料编辑出版发行的《铜绿山古矿冶遗址》发掘报告，至少在那时的中国还是第一部反映矿冶考古发掘成果的报告。2001年7月，河南省文物考古研究所研究员、国家社科"九五"规划考古学科组成员杨育彬，北京大学考古文博学院教授、国家社科“九五”规划考古学科组成员李伯谦，原湖北省文物考古研究所所长、研究员、国家社科“八五”“九五”规划考古学科组成员陈振裕曾联名给予了《铜绿山古矿冶遗址》发掘报告这样的评估：

“冶金考古是中国考古的重要组成部分，过去仅对古代青铜器的出土、形制、纹饰、铭文和器物组合、用途等作比较研究，继而对青铜器成分作化验分析，对青铜器锈蚀作化学防护处理。但对古矿的调查发掘和研究却是考古学的新领域。铜绿山古矿冶遗址的发掘是冶金考古新领域的最重要成果。

《铜绿山古矿冶遗址》一书，是利用考古学、地矿学、冶金学、测年技术等诸多社会科学与自然科学学科联合攻关、共同努力研究的成果。该书在国内应属首创，是冶金考古的扛鼎之作。

《铜绿山古矿冶遗址》，文字深入浅出，研究很有力度。加上插图精美，图版清晰，形象地展示了铜绿山古矿的采掘情况和冶炼过程。书后所附^{14}C年代测定和有关冶炼的研究，使读者对这处商周矿冶遗址有更深层次的了解。

总之，《铜绿山古矿冶遗址》一书，应是国家社会科学基金项目的优秀成果。”

黄展岳先生在《铜绿山古铜矿遗址的发掘——〈铜绿山古矿冶遗址〉出版后记》一文中则认为：“统编出版后的本书，堪称利用考古新资料研究中国科技史的一个样本。全书分概述、采矿遗址、冶炼遗址、采集工具、结语，共五章。后面附铜绿山^{14}C年代测定表、炼铜炉复原研究、炉渣研究、铜绿山地质雷达探测研究等，共六篇。重点是采矿遗址和冶炼遗址两章。”

铜绿山古铜矿的考古发掘和研究，更多的是借助于科技考古手段。尤其是在铜绿山古铜矿产出的粗铜问题上，学者们充分运用了现代科学技术。诸如《晚商中原青铜的锡料问题》《盘龙城商代青铜器铅同位素示踪研究》，等等。人们通过现代科技手段证实，先秦时期，以铜绿山古铜矿为代表的长江中下游地区生产的粗铜大量流向了中原及周边地区。

科研人员分析了湖北随州擂鼓墩一号墓出土的曾侯乙编钟的化学成分，化验结果证明，编钟的化学成分中，微量元素的含量与铜绿山古矿井中出土的孔雀石、自然铜等矿石中微量元素的含量十分接近。这说明，重量超过2500千克的编钟，包括该墓中随葬的10余吨重的其他青铜器应该主要是用大冶铜绿山及周边地区出产的粗铜原料制造的。

擂鼓墩编钟，春秋战国时代悠扬激越的钟声，在20世纪的春阳里响遏行云，美妙的音乐最为激动人心地述说着华夏青铜文明的辉煌；碎金断玉、寒刃千年的宝剑；雄浑庄重，象征地位、权力的列鼎，无不叙说着青铜时代的鼎盛和繁荣。这些繁荣的背后也包含着古代工匠和矿工们的智慧，也浸润着他们的汗与血。而铜绿山古铜矿遗址出土的大铜斧重达16.3千克，铁锤重量超过6千克……青铜时代的辉煌就是在古代矿工们这一斧一凿、一锤一钻的血与火的艰辛之中铸就的。

铜绿山古铜矿遗址是中国文物保护的典范　铜绿山古铜矿遗址保护范围包括整个7号矿体的大岩阴山全部，即以规划批准的1981年修建的围墙为四周边界，总面积为82.47亩，约为5万平方米。遗址东邻大冶金湖街道办事处泉塘村，南面是铜绿山矿区，西面则是现代大露天采矿坑，北面是矿区的尾砂坝。

铜绿山铜铁矿是大冶有色金属公司属下矿山中的主力矿山，无论是铜金属还是金和铁都是当时所有矿山中产量最高、效益最好的。因为铜绿山矿地质成矿条件非常好，加之矿石品位高、储量大、埋藏浅，这也是先秦时期古人大规模坑采的主要原因。而因为同样的原因，现代却需要进行大规模露天采矿。历史的时空虽然跨越了3000多年，但十分巧合的是，因为同样的原因、同样的目的、同样的地点，古人与今人、历史与现代在这里相逢与对话；同样，也因为现代经济建设发展的需要，古铜矿遗存保护与现代铜矿生产发生了碰撞。

20世纪80年代正是中国改革开放初期，经济建设的高速发展对物质资源的依赖非常大，尤其是铜铁矿资源，这也是保证国民经济不断增长的主要客观因素。与此同时，大冶有色金属公司的经济来源也主要维系在铜绿山矿。自1973年铜绿山矿发现古铜矿遗址以后，矿山生产和文物保护之间更多的是相互配合与大力支持，但也不可否认的是，生产与文物保护之间存在着较大的矛盾。

铜绿山古铜矿遗址的保存经历了曲折的过程。由于古铜矿遗址分布范围广，矿区内的12个矿体，有10个矿体在古代都进行过不同程度的开采，因此考古发掘、文物保护与矿山生产建设就存在着尖锐矛盾。如果对发现的古铜矿遗址全部保护，矿山生产势必无法进行，即使是文物部门有重点地选择进行考古发掘，由于发掘进度与生产进度存在极大差距，很多遗存都来不及发掘清理，也会因为生产进行的剥离而毁坏。

这一状况引起了国家文物局和冶金工业部的高度重视。1979年8月15~21日，有关部门和相关单位在黄石市召开文物保护座谈会，并形成《湖北大冶铜绿山古矿冶遗址文物保护座谈会纪要》。1980年2月11日，冶金工业部、国家文物局对《纪要》进行了批复。批复“同意将11号矿体的古矿冶遗址，原地保护……不进行露天采矿。为此共压矿七百八十四万六千吨，含铜量十三万二千吨，其中11号矿体本身的工业储量为二百九十六万七千吨，含铜量四万八千吨。为了将上述压矿量大部分开采出来，古矿冶遗址可以不按一级建筑物保护对象处理，允许地面有局部沉降，矿山可以在开采技术上采取适当措施（如胶结充填法）进行坑采”。批复还“同意对7号矿体古矿井进行发掘，搬迁保存，要求在两年内完成发掘工作。在文物发掘之后，矿山即可进行正常生产”“铜绿山古矿冶遗址的研究工作请社会科学院考古研究所、科学院自然科学史研究所、北京钢铁学院（现北京科技大学）、北京有色金属研究总院共同协作进行”。

因为文物考古发掘是一项带有探索和研究性质的工作，因而在实际考古工作过程中其进程仍然与矿山生产发生冲突，以至于部分采矿遗址还未来得及取资料，就被毁掉。对此，社会各界都给予了广泛关注，并强烈呼吁保护好铜绿山古铜矿遗址。1979年4月19日，中国科学院自然科学史研究所所长仓孝和向有关部门发出了《关于保护铜绿山古矿井的呼吁信》；1979年12月12日，新华社在《内部参考》刊登了《湖北大冶铜绿山发现春秋时期古矿井群，考古队建议严加保护和组织力量发掘》一文，向中央和有关部委领导反映铜绿山古铜矿遗址的情况。对此，冶金工业部的几位领导都作了重要批示。

11号矿体处于铜绿山矿南露天采场边缘，致使南露天采场无法扩帮下延，对矿山生产不利。1981年初，生产部门提出保留7号矿体的古铜矿遗址，而将11号矿体的古铜矿遗址经考古发掘后，由生产部门设计开采。1月26日，湖北省人民政府给冶金工业部、国家文物局报送了《关于调整大冶铜绿山古矿冶遗址文物保护方案的请示报告》，为此文物主管部门于4月6~9日在黄石市召开了铜绿山古矿冶遗址文物保护第二次座谈会，并形成《湖北大冶铜绿山古矿冶遗址文物保护第二次座谈会纪要》。《纪要》认为，“鉴于7号矿体发掘出的古矿井有着很重要的文物保护价值，地下又埋藏有较密集的古矿井，如果按原定文物保护方案，在两年内完成考古发掘工作是无法实现的，而在要求11号矿体长期保存的同时，又要延长7号矿体的考古发掘时间，势必对生产造成很大影响”。座谈会经过充分的讨论，提出了“7号矿体作为古矿冶遗址保存，不进行开采。在地面划出保护范围，在周围修建保护围墙”“11号矿体不再长期保存，交由生产部门设计开采”。冶金工业部、国家文物局对《纪要》给予了批复。批复同意“7号矿体作为古矿冶遗址永久保存，不再进行开采。但是为了尽可能充分利用地下资源，可以根据目前技术水平，对3、4号矿体—245米标高以下铜、铁矿石，采用胶结充填法开采……”，同意将11号矿体交由生产部门设计生产。

7号矿体作为古矿冶遗址保存不进行开采，为此将保留铜矿石139万吨，铜金属1.92万吨，铁矿石64万吨（品位48.42%）。7号矿体400吨/日矿石生产规模消失。

1983年，铜绿山矿在二期工程建设中，拟将原定的坑内及小露天联合开采方案改为全露天开采方案。但7号矿体处于主体矿（3号、4号）的上盘，影响了全露天开采方案的实施。因此，生产部门又提出将7号矿体上部的古矿井向东北方向整体搬迁400米，这样生产部门可以增加十几亿元的矿产量。搬迁方案一经提出，政府部门和文物部门的领导对此十分关切，社会各界对此也反应强烈。

1985年1月15日，黄石市七届人大常委会第七次会议通过的《关于进一步贯彻执行〈中华人民共和国文物保护法〉的决议》明确指出：“铜绿山古矿冶遗址，是全国重点文物保护单位，必须永远地保护好这一举世瞩目的珍贵文化遗产。大冶有色金属公司铜绿山矿的二期工程设计和生产建设，必须遵守《文物保护法》第十一条的规定，经省人民政府和国家文化行政管理部门同意，在确保铜绿山古矿冶遗址重点保护区(即7号矿体)原址原貌和现有文物保护设计的安全不受任何损坏的情况下，方可进行。其他单位和个人都不得在遗址保护区开挖矿产。”

1989年10月，新华社《内部参考》刊登了黄石市人大副主任、湖北师范学院教授黄瑞云撰写的《铜绿山古矿遗址不应搬迁》的署名文章。此文认为：“其历史价值、科学价值，完全可以同周口店遗址、殷墟遗存、秦始皇兵马俑、莫高窟遗书媲美。它是我们民族的骄傲，是整个人类的瑰宝。”与此同时，敦煌研究院遗址研究所至函黄石市人大常委会，就铜绿山遗址的保护认为：“我们国家的确还很穷，但用不着采取杀鸡取卵的办法来治穷。”

1990年1月13日，湖北省人民政府召开省长办公会，专题研究古铜矿遗址的保护问题。一致认为：鉴于铜绿山古铜矿遗址的重要价值和文物的不可再造性，为了保证其历史、科学价值和真实性，古铜矿遗址应原地保护。并向国务院写出报告，陈述湖北省对古铜矿遗址保留的意见，提请国务院决策。

1990年7月5日，国务院秘书长罗干主持会议，研究古铜矿遗址保护问题，并下发了《会议纪要》（国阅〔1990〕75号）。《会议纪要》明确指出：“要坚持文物保护兼顾矿山生产的原则，处理好文物保护与矿山生产建设的关系。在妥善保护好文物的前提下，为矿山生产建设创造一些有利条件，矿山生产建设要服从于文物保护。”并要求中国有色金属工业总公司和湖北省人民政府，分别组织专家对“搬迁保护”和“原地保护”方案进行论证。据说，这是新中国成立以来国务院唯一一次为保护文物而举行的专题会议。

湖北省人民政府根据国务院的指示精神，迅速组织专家对古铜矿遗址原地保护作了大量的研究工作，向国务院提交了《大冶铜绿山古铜矿遗址搬迁保护论证报告》。

1991年5月，国务院组织全国考古、历史、文物保护、地质、采矿等有关专家对上述两个方案进行了科学论证。1991年8月，国务院根据专家组论证的意见，以国函〔1991〕49号文批准了原地保护方案。批文明确规定遗址保护由文物部门实施。铜绿山古铜矿遗址的搬迁与原地保护论证历经8年，最终确定了原地保护方案，毕竟铜绿山古铜矿遗址有穿越时空的永恒价值。

周保权（1934~），时任黄石市博物馆馆长。1988年前后，是铜绿山古铜矿遗址搬迁和就地保护竞争最为激烈的时候。其时，绝大多数专家已经同意搬迁方案。面对极为不利的形势，周馆长几乎调动了大脑的所有细胞，耗尽了全身的精力，甚至不得不给当时主持中央工作的邓小平同志写信寻求支持。我们不知道小平同志是否阅过此信，但国务院确实为此作出了正确决策，这应该不是巧合。冰心一片的周保权，是一个值得大书的人。

铜绿山古铜矿遗址列入世界文化遗产名录大有希望　国际古迹遗址理事会世界遗产项目协调员亨利·克利尔博士如是说。

中国的青铜时代也是中国古代文明的象征，中华民族的进步、发展与繁荣皆源于此。使用青铜是世界共同创造的文明，但把青铜作为一种文化融入一个民族悠久的文明历史中，却是中华民族所独有的，事实上它包含了隽永、丰富的文化内涵，也是当时政治、经济、文化、宗教等方面的集中体现。铜绿山古铜矿遗址，是中国青铜时代鼎盛和繁荣的基石之一。

铜绿山古铜矿遗址是新中国成立以来重大考古发现之一，1982年被国务院公布为第二批全国重点文物保护单位；1984年12月，由夏鼐先生题写馆名的铜绿山古铜矿遗址博物馆建成并对公众开放，这也是中国第三座遗址博物馆；1994年国家文物局将其列入世界文化遗产预备名单；2001年被评为“中国20世纪100项考古大发现”之一。

2012年9月，铜绿山古铜矿遗址，作为黄石矿冶工业遗产的重要内容之一，再次被列入中国世界文化遗产预备名单。

时光倒流，让我们再次回味那些世界重量级人物对铜绿山古铜矿遗址的关注和评价。

1980年，夏鼐先生：“今天，我们不仅研究青铜器本身的来源，即它的出土地点，还要研究它的原料来源，包括对中国古铜矿的调查、发掘和研究。这是中国古代青铜器研究的一个新领域；也是中国考古学新开辟的一个领域。”

殷玮璋先生：“铜绿山古铜矿的发现，还为中国考古学开创了一个学科分支——矿冶考古学。”

1981年，美国哈佛大学教授麦丁先生：“在世界其他地方，看了许多采冶遗物，铜绿山是第一流的，中东等地虽然很早就开始了铜矿的冶炼，但没有这样大规模的地下采掘遗址，较完好的冶炼用炉、炉渣温度高、流动性好、含铜量低是很少见的，留下十分深刻的印象。”

参观铜绿山遗址时，柯俊先生问年近八旬、且腿有疾的史密斯教授累不累？教授说：“有点累，但我看到了世界其他地方看不到的东西，也就不觉得累，这是我一生中永远不会忘记的。”接着又幽默地说：“在世界上走了很多地方，刚来到一个有鱼的地方，还没捉到鱼，又要走了，真舍不得离开！”

李约瑟博士的助手弗兰克林教授接着史密斯教授的余音说：“你们经常接触可能不觉得，但对我们来说，这是世界其他地方所没有的，只可惜时间太短，我们十分留念这个地方。”还深情地表示：“我想在你们那里待三天。”

1984年，据时任中国科学技术史协会理事长柯俊先生转达，国际科技史协会主席李约瑟博士因年岁大不能亲自前来铜绿山，但看了相关资料后表示铜绿山古铜矿“遗址的发现和发掘是一件了不起的大事！”

1998年9月6日，专程来湖北省就世界文化遗产名录申报和管理进行考察和提供咨询意见的国际古迹遗址理事会世界遗产项目协调员亨利·克利尔博士夫妇、罗马文物修复研究中心协调员尤嘎·昭克赖特夫妇，在考察铜绿山古铜矿遗址后说：“能参观中国3000年前冶炼金属的古矿冶遗址，我们倍感荣幸。同时，我们还要向发掘和保护这个重要遗址的人们表示祝贺，铜绿山古铜矿遗址列入世界文化遗产名录大有希望！”并留言：“这处遗址不仅属于中国，而且属于整个人类。”

世界文化遗产是一种超越时空、超越国界、超越文化种属而被公认的人类共同的文化遗产，它所产生的影响是巨大的，包括在政治、经济、文化等方面。申报世界文化遗产是历史赋予我们的责任。

往者不可谏，来者犹可追。我们祖先用血与汗创造的无与伦比的辉煌极大地促进了中华文明的进步与繁荣，我们一定会将这青铜文明的辉煌和繁荣的足迹告诉世界，并使之成为世界文化遗产。

薪火相传，让矿冶文化圣地的炉火继续燃烧　大冶，是中国先秦时期最为重要的粗铜生产基地，为中国青铜时代的繁荣和鼎盛提供了重要的物质基础，也为青铜文化的发展提供了必要的技术支撑。

3000多年前，勤劳、智慧的先民们在这里开采鼓铸、大兴炉冶，创造了光彩夺目的矿冶文化，积淀了厚实的文化基础，这是一笔宝贵的财富。这份遗产既是大冶的，也是世界的。为了把这经久不息的大冶之火燃烧得更旺，薪火相传的人们继续在这条路上探索、研究和传承，充分利用这份文化遗产资源服务于发展中的大冶，服务于社会。

40年来，大冶市委、市人民政府及历届领导为铜绿山古铜矿遗址的保护、建设、安全、发展与利用表现出了高度的责任意识；国内外诸多专家学者对铜绿山古铜矿遗址给予了不同层次的阐述、评价、赞誉，当然也包括不同的诠释。这其中也包括地方上许许多多的业余学者们。历史不会忘记这些至诚的薪火传人。

1974~1985年，湖北电影制片厂时任厂长潘定石亲自带领队伍多次深入铜绿山，与考古工作者合作，将古铜矿遗址考古发掘拍成纪录片《湖北铜绿山古铜矿遗址》，成为永恒的记录。此纪录片已经多次在中央电视台播出。

1974年，24线战国至汉代采矿遗址发掘，这是弥足珍贵的考古资料，但处在露天采矿场的核心位置，地底下叠压着丰富的铜矿，遗址无法就地保存。是时，大冶文化馆的美术工作者姜自萍给24线考古发掘现场画了一幅速写图。精心的构图，大气的场景，准确而又艺术化的描述，成为经典的定格。

1975年，由原大冶钢厂钢研所工程师蔡恩礼执笔的《铜绿山古矿井遗址出土铁制及铜制工具的初步鉴定》，利用金相观察、化学分析科技手段对出土的铜、铁制工具进行了研究。是年在《文物》第2期上公开发表。因为历史环境原因，当时署名为“冶军”。这是现代科技与铜绿山古铜矿研究的第一次联袂合作，极大地推进了中国科技考古事业的发展。

1984~1985年，铜绿山矿工程师杨永光、李庆元、赵守忠的《铜绿山古铜矿开采方法研究》在《有色金属》公开发表，首次对铜绿山古铜矿的采矿方法、技术特点予以全面诠释，引领了中国古铜矿采矿技术的研究。1999年，《铜绿山古矿冶遗址》发掘报告由文物出版社正式出版发行。这部报告凝聚了一代人的心血，胡美洲、王劲、周保权、吴宏堂、王富国、卢本珊……他们都曾为此做出过奉献。这是中国第一部矿冶考古发掘报告，是“冶金考古的扛鼎之作”。

2000年，黄石市博物馆原馆长、研究员周保权撰写的《世界文化遗产瑰宝——铜绿山古铜矿》公开出版发行。该书对铜绿山古铜矿遗址的发现、发掘、保护、研究等各方面做了全景式的生动记述，是一部饱含深情而又敢于担当的、具有史料价值的艺术化作品。

2001年10月，政协大冶市委员会、黄石市博物馆联合在铜绿山古铜矿遗址召开“青铜文化与大冶发展研讨会”。会议邀请殷玮璋、张正明、谭维四、刘玉堂、徐少华、李天元等一批专家学者就铜绿山古铜矿遗址的建设与发展、青铜文化与矿冶文化、文化遗产与大冶市的发展等相关学术问题进行了研讨。殷玮璋先生认为：铜绿山古铜矿的考古发现为中国古代发达的青铜时代找到了一个十分重要的原料产地，向世人证明中国先秦时期铜矿采冶技术达到了很高水平。

2005年10月26日，大冶市人民政府邀请国内一批权威机构和知名学者为大冶的青铜文化与旅游业发展“把脉”。那时，大冶人就有三个梦：一是不再吃矿产资源饭；二是把大冶建成中部地区最富裕的城市；三是希望有更多的国内外游客来这里品味青铜文化。正是这些梦想，将铜绿山古铜矿遗址的宣传工作提升到了一个更高的层次。

其实，参与薪火相传的队伍之中既有中央、省、市、县的许多领导，也有众多的专家学者，还有更多的黎民百姓。我们无法一一致谢，仅借此机会对所有的薪火传承者表示敬意。

弘扬中华民族优秀传统文化，推进国家考古遗址公园建设　历尽坎坷、渡尽劫波的铜绿山古铜矿遗址因为“具有突出的普遍价值”再次回到它本来的位置，或许这种磨难也是它价值体现的一种方式。正可谓“彩虹总在风雨后”。

文化遗产终究要为社会服务，为公众服务。2005年8月3日，国家矿山公园领导小组确认湖北黄石国家矿山公园资格。公园总体规划布局为“一园二区”，即大冶铁矿主园区和铜绿山古铜矿遗址。

2006年前后，对于铜绿山古铜矿遗址的保护来说，是极具考验的。采矿、放炮、滑坡、地质裂缝等，严重地影响了遗址的安全；是年，铜绿山古铜矿遗址世界文化遗产预备名单的位置也被江西铜岭古铜矿遗址所取代。那是一段令人焦虑而又不安的日子。即便如此，当时仍有学者撰文认为：“这并不意味着铜绿山古铜矿遗址不可以申报世界遗产，相反，说明国家非常希望我国的古铜矿遗址能够成功申报世界遗产，更何况铜绿山古铜矿遗址的科学性、系统性、完整性以及知名度不是哪一个遗址可以替代的。”好在在地方各级政府强有力的干预下，一切又恢复了正常。

2009年11月26日，经文物主管机关批准，铜绿山古铜矿遗址的管理权由黄石市移交给大冶市。同时，成立大冶市铜绿山古铜矿遗址保护管理委员会。组织保障，保护、管理机构的完善，给铜绿山古铜矿遗址的保护、建设与发展带来了新的生机与活力。

2012年，《铜绿山古铜矿遗址保护规划》由国家文物局批复通过，湖北省人民政府批复同意实施。保护规划面积为555.7公顷，主要以遗址及周边环境保护为主，保护生态环境的可持续发展。

2013年5月，国家文物局、财政部印发《大遗址保护“十二五”专项规划》（文保发〔2013〕11号）的通知，确定包括铜绿山古铜矿遗址在内的150处重要大遗址列入专项规划。大遗址是中华民族文明发展史最具代表性的综合物证和弥足珍贵的文化遗产，是国家的重大文化工程，也是一项惠民工程，有利于促进优秀传统文化传承体系建设、美化城乡环境、推动经济社会协调可持续发展。

2013年，国家文物局确定铜绿山古铜矿遗址为国家考古遗址公园，把铜绿山古铜遗址的保护、利用提高到一个新的层面，这也给铜绿山古铜矿遗址的发展注入了新的活力。《铜绿山古铜矿遗址国家考古遗址公园考古工作计划》于2011年开始实施；《铜绿山古铜矿遗址国家考古遗址公园建设可行性研究报告》《建设项目计划书》《公园建设文物影响评估报告》等文本编制工作已经完成，并报国家文物局审批。

大冶——中国古代矿冶文化圣地。一个具有特色的国家考古遗址公园已经起步建设。这里还将成为中国的矿冶文化研究中心、展示中心和传播中心。

掩卷沉思，不禁怅然。深感笔力不济，无法把那些更加闪光、厚重的内容奉献给读者。但也欣然，毕竟让我获得了向这段历史表达敬意的机会。真诚地向所有为铜绿山古铜矿遗址的发现、考古发掘、保护、研究做出过贡献的人们表示崇高的敬意。

“滚滚长江东逝水，浪花淘尽英雄。”英雄如斯，而英雄人民所创造的高度发达的古代文明更加璀璨夺目。屹立在扬子江畔的这颗明珠——铜绿山古铜矿遗址，已成为一座历史的丰碑。它所昭示的铜斧和熔炉精神，将不断地激励着今人去奋斗，去创造。作为一个传承者，我们一定会把这份珍贵的遗产、最靓丽的环境展示给世界，奉献给未来。

大冶市铜绿山古铜矿遗址保护管理委员会主任　冯海潮

2013年仲秋于铜绿山古铜矿遗址

2013中国矿冶考古与铜绿山古铜矿遗址学术研讨会综述

为了纪念铜绿山古铜矿遗址考古发现四十周年，推动中国矿冶考古与铜绿山古铜矿遗址研究的深入开展，拓宽矿冶考古研究视野，谋求铜绿山古铜矿遗址保护区建成国家考古遗址公园和大冶市建设青铜文化之都及申报世界文化遗产之良计，2013年11月8日至10日，由中国社会科学院考古研究所、湖北省文物局、大冶市人民政府联合主办，湖北省文物考古研究所协办，大冶市铜绿山古铜矿遗址保护管理委员会承办的“中国矿冶考古与铜绿山古铜矿遗址学术研讨会”在湖北省大冶市召开，来自全国考古、冶金、文物保护、遗址规划等方面的领导、专家、学者共近百人云集会议，大会收到论文30多篇。会议先安排与会代表实地参观考察了铜绿山古铜矿遗址博物馆、铜绿山四方塘遗址考古发掘现场、鄂东南地质大队矿物标本馆、黄石市博物馆、大冶铁矿公园展示点，随后召开了学术研讨会，20余位领导和专家学者作了学术演讲或交流发言，与会代表进行了热烈讨论。现将会议代表汇报的研究成果综述如下。

一、重新回顾了铜绿山考古发掘成果，对其价值形成了新的更高认识

自1973年6月铜绿山古铜矿遗址在矿山生产中被发现以来，文物考古工作者进行了长达11年的考古发掘与研究。其丰富而全新的矿冶考古成果，对中国矿冶考古、中国青铜文明的研究产生了深远的影响。学术会上，一批参加过铜绿山古铜矿遗址考古调查发掘和保护管理的领导、专家学者，如张忠培、殷玮璋、张柏、王劲、孙启康、王善才、卢本珊、胡永炎、石鹤、曲毅、胡新生等以饱满激情回顾了以往取得的多学科合作研究和保护成果，重新评价了其价值与影响。主要形成了三个方面的共识。

一是铜绿山古铜矿遗址的发掘开辟了中国古代青铜器研究、中国考古学的新领域。中国考古学会原理事长、故宫博物院原院长张忠培先生认为，正如夏鼐先生所言，铜绿山古铜矿遗址的发掘“是中国古代青铜器研究的一个新领域，也是中国考古学新开辟的一个领域”。从此，我国青铜器研究不再局限于青铜器本身的形态、用途、铭文、制法、成分等方面，也不再局限于青铜器的层位学与类型学分析等方面，而是拓展到青铜器的产地、原料、采冶技术、生产分工及新技术方法在矿冶遗址调查分析中的应用等多方面。同时，还启发人们去求索采矿、冶金、铸造和使用之间的流

通过程及相关的组织协调与管理的结构。作为考古学的一个新分支——考古学的冶金史研究因铜绿山考古开阔了视野，进入了一个新阶段。

二是铜绿山古铜矿遗址的发掘为系统研究古代冶金流程提供了范例。中国社会科学院考古研究所所长、中国考古学会理事长王巍先生认为：铜绿山古铜矿遗址的发现与发掘是中国矿冶考古的一个开篇之作，在中国考古史上占有重要地位。这个遗址的发现和发掘把我国的冶金考古研究从只注重或者只是通过实物研究制作工艺扩展到采矿、冶炼等一套工艺的全过程，具有里程碑式的意义。最近，铜绿山地区又开始了新一轮的考古工作，有了新的重要发现，这是非常鼓舞人心的。

三是铜绿山古铜矿遗址的发掘，拓宽了单纯铸造史研究的视野。中国社会科学院考古研究所研究员殷玮璋认为，铜绿山古铜矿遗址是我国第一个矿冶遗址，这一发现改变了过去只有铸造史的认识。其良好的采矿支护系统性能和先进的冶炼技术令世人惊叹，在中国矿冶史上留下了浓重一笔，它为中华文明探源研究提供了一条新途径。

二、全面总结了铜绿山及其他地区矿冶考古发现与研究取得的新进展

近十年来，铜绿山遗址保护区及周边地区新一轮考古调查和发掘又有新发现，对以往铜绿山考古发掘资料的研究取得了新进展，如先秦时期铜绿山的始采年代、考古学文化谱系、青铜铸造业等成为本次会议讨论的学术热点。

一是关于以往铜绿山考古发现的最新研究成果。湖北省考古研究所研究员陈树祥介绍了以往铜绿山发现的古代露采坑、地下井巷支护、出土青铜工具、陶器及铅铜位素示踪、^{14}C测年等考古发现和研究成果，并结合近十年来周边地区的先秦考古资料进行对比，提出了铜绿山遗址古铜矿地下井巷开采技术大概始于商代中期或中期晚段，并根据出土遗物推断铜绿山11、1、2号矿体的古代露天采场（坑）的肇始年代不晚于夏代早期，铜绿山可能为江南古铜矿开采的源头之一。湖北省考古研究所研究员冯少龙认为，铜绿山古铜矿遗址11号矿体出土的早期夹砂灰陶器中，口沿流行内沿作风、侧装鼎足及商周时期的刻槽鬲足等器物群，分别形成了大冶、阳新地区石家河文化大路铺类型和商周时代大路铺文化的人文背景。湖北理工学院副院长李社教教授认为：铜绿山古铜矿遗址发现的探矿、露采、坑采和冶炼铜矿自成体系的矿冶文明与黄石境内历时性工业遗产所构成的黄石矿冶文化，在中国乃至世界范围内具有唯一性、独特性和先进性。黄石市博物馆研究员龚长根介绍了大冶地区考古发现的先秦时期锡铅合金丝、石范、粗铜块和一批青铜工具，认为这一地区存在着一定规模的青铜工具铸造业。

二是关于江南铜矿料的掌控和输出线路与商周王朝及曾国的稳固和强化关系研究。湖北省考古研究所研究员陈贤一先生认为，商代盘龙城遗址出土的大量青铜器及发现的众多铸铜作坊，与铜绿山等江南铜矿山的矿料输入存在密切关系，盘龙城是肩负着铜料安全运送的中转站，为商王朝掠夺及转运矿产资源发挥了重要作用。武汉大学历史学院教授徐少华也认为，以铜绿山为代表的一大批古矿冶遗址的发现，证明长江中下游地区的铜矿资源开采，几乎伴随着中国青铜文明的整个历程。盘龙城遗址是商王室统治南方的区域中心，盘龙城商文化的兴起和发展，当与铜绿山等地铜矿资源的采冶具有密切的内在联系。湖北省考古研究所研究员黄凤春介绍了随州叶家山新发现的西周早期曾侯墓地M28和M37分别出土了2块铜锭、1块孔雀石，认为这是首次在我国西周墓葬中出土的与青铜铸造有关的遗物，西周早期曾国应有自己独立的青铜冶铸业，其生产铜器的铜锭和铜矿石可能主要来源于铜绿山古铜矿遗址等。

三是关于铜绿山古铜矿遗址发掘、研究与推动“中华文明探源工程”关系的研究。探讨古代铜矿等资源的开发和利用成为中华青铜文明起源和发展的重点学术课题，亦是当今世界性的共同课题。为此，最近十年矿冶考古掀起了一个新的热潮，标志着中国的矿冶考古在进入新世纪以后，在更多的研究方法、手段介入和各学科之间的密切联系方面，展示了一个很好的前景。北京科技大学李延祥教授介绍了近几年来对山陕地区、辽西地区、河西走廊等区域开展古矿冶遗址的田野调查和研究成果，通过科学分析检测等手段，认为在大约距今4000年开始，在中原、西北、东北地区几乎同时出现了大规模的青铜冶金业。中国地质大学（武汉）王传雷教授介绍了近年来与湖北省文物考古研究所合作，采用磁法、地质雷达等技术在铜绿山岩阴山脚遗址和卢家垴遗址探测古井巷和冶炼炉的实验成果，认为高科技物探方法在考古工作中的运用有着广阔的前途。北京大学考古文博学院陈建立副教授介绍了近几年开展矿冶考古工作的情况，提出了矿冶遗址和冶炼技术应从文献调研入手，建立田野考古调查的标准化、冶金实验考古研究，矿冶遗址的保护与展示可取得进一步突破的观点。北京大学教授、夏商周断代工程首席科学家李伯谦认为：近十多年以来，从“探源工程”到“指南针计划”，专家学者在矿冶考古方面做了非常多的工作。各省考古工作者在工作中，也发现了不少与矿冶考古、青铜器的铸造等有关的一些遗址，铜绿山考古新发现了挖矿人的脚印，这对研究他们的身份具有重要意义。通过重要的发现和研究，在学术界形成了一个比较趋同的看法：距今3700多年，中国开始由新石器时代进入到青铜器时代，中国进入青铜时代应该是从二里头二期开始，亦即夏代中晚期这个阶段。

三、初步形成了今后铜绿山古铜矿遗址研究及中国矿冶考古的新思路

铜绿山处于长江中下游的铜矿带，与江西铜岭、安徽南岭、湖南等省在先秦时期逐渐形成一个历时性、区域性的矿冶文化圈。四十年的矿冶考古成果既是一个结点，又是一个新的起点，由于矿冶内容涉及的学科较多，成为深入研究的一个难点。其一，关于今后的研究重点问题。李伯谦先生认为：虽然以往对青铜时代的研究，包括矿冶考古的研究取得了很多成果，但是还有很多问题需要进一步深入研究，比如青铜文化起源及黄铜产生问题、铜料输送地方问题、输送的方式是什么、有没有贸易存在，等等，这些问题值得大家思考。其二，关于研究力量建设问题。会议代表饶有兴趣地围绕今后如何组织现有的科技专业力量，组建跨区域、跨学科的专门学术团队，集中时间、集中内容，破解这些学术谜团进行了热烈讨论。王巍先生首发倡议：在中国考古学会成立矿冶考古专业委员会，使我们对铜绿山古铜矿遗址发现、发掘之纪念变成新一轮的矿冶考古高潮的开端，开启新一轮的矿冶考古高潮。李伯谦先生期待中国考古学会成立矿冶考古专业委员会，推动中国矿冶考古研究上升到国家课题，他还提出在湖南、湖北、安徽、江西四省楚文化研究中心先联手制定一个矿冶考古规划，分工合作，把中国矿冶考古向前推进一步。湖北省文物考古研究所研究员王善才建议在铜绿山成立中国矿冶文化或者中国青铜文明研究中心，通过铜绿山等地的考古材料研究，解决重大历史问题。

四、系统提出了铜绿山遗址保护利用与“申遗”工作的建设性建议

如何把铜绿山古铜矿遗址的保护利用和申报世界文化遗产名单与促进大冶市社会经济转型、建设大冶青铜文化之都有机结合起来，也是本次会议讨论的重点。

一是发挥铜绿山古铜矿遗址的价值，必须在加强保护、合理开发上双管齐下。大冶市市长李修武介绍了自2006年以来铜绿山遗址保护区管理机构设置、编制遗址保护规划、环境治理、考古遗址公园和铜绿山遗址博物馆新馆设计与建设的进展情况，提出了建设美好大冶与铜绿山考古遗址公园关系的设想。大冶市政协主席胡志国认为：进一步推动大冶市以青铜文化为龙头的文化产业发展，对打造国家一流青铜文化考古遗址公园和5A级景区及申报世界文化遗产工作意义重大。湖北省政府参事、湖北省文化厅巡视员、湖北省文物局原局长沈海宁介绍了近两年铜绿山遗址公园建设区考古工作的新的重要发现和进展，多学科合作和高科技手段的运用成果，提出把这里建设成为世界一流的极具矿冶特色的文化遗产保护、展示示范园区的设想。湖北省文物局老

领导、著名文物专家胡美洲、吴宏堂和黄石市博物馆原馆长周保权先生联袂撰文，介绍了铜绿山7号矿体能保存下来的艰难历程和成功经验，对今后铜绿山遗址的保护管理、合理利用提出了建议。中国文物保护基金会理事、国际古迹理事会理事孟宪民认为，大冶可定位为融当代成就、昔日价值与自然之美于一体的中国重大历史遗产地区。

二是要加强铜绿山7号矿体保护监测工作。该矿体是遗址保护区的核心地带，加强遗产本体监测，使其免遭破坏，确保遗址的永久安全和良好的生态环境是一个长期而又艰巨的任务。中国地质大学（武汉）教授刘佑荣介绍了铜绿山古铜矿遗址近年来出现大范围的地面开裂等监测数据，提出了科学的防治对策。黄石市史志办公室陈军先生针对铜绿山遗址区面临的环境问题，提出了铜绿山遗址公园生态环境建设的原则和建议。山西省考古研究所田建文先生以“晋材楚用”为题，论述了中条山和塔儿山对铜绿山历史地位的启示。

三是切实做好铜绿山古铜矿遗址的申遗工作。

2012年9月，铜绿山古铜矿遗址作为“黄石工业遗产”的重要组成部分，再次被列入中国世界文化遗产预备名单。早日实现“申遗”成功这个梦想，具有重大的现实意义。中国文化遗产研究院王晶博士将铜绿山古铜矿工业遗产与国内外矿冶遗产包括世界矿冶遗产名录进行比较，认为铜绿山古铜矿遗产的矿冶生产系列之完整、技术演进之突出、文化背景之丰富、历史之悠久等是其他地区和国家矿冶遗产中缺少的内涵，具有独特的“申遗”价值。中国科学技术大学金正耀先生认为，大冶铜绿山周代矿冶遗址、瑞昌铜岭商代矿冶遗址和安徽铜陵战国至汉代矿冶遗址，已然构成了一个完整的中国商周时期铜金属资源矿冶遗址群，应整合资源，打包申遗，提高成功概率。

张忠培先生在闭幕式作了讲话，他指出：这次会议非常成功，会议资料翔实，与会代表畅所欲言，回归了学术本位。会上，既对铜绿山考古的相关问题进行了深入的学术讨论，又对如何推进铜绿山的文物保护、谋求建设国家遗址公园继而申报世界文化遗产充分交流了意见；既有对铜绿山遗址本身的研究，又有对全国的冶金史和冶金考古的研究，内容丰富，视野开阔。他希望铜绿山古铜矿遗址早日建成一个很好的文化圣地、个性的遗址公园，并申报成为世界文化遗产名单。

大冶市铜绿山古铜矿遗址保护管理委员会书记、主任　冯海潮

2014年3月16日

目　　录

领导讲话

大家论坛

领导讲话

在中国矿冶考古与铜绿山古铜矿遗址学术研讨会开幕式上的致辞

大冶市人民政府市长　李修武

尊敬的各位专家、各位领导、女士们、先生们：

大家上午好！

在党的十八届三中全会隆重召开的日子，我们在这里欢聚一堂，共同研讨铜绿山古铜矿遗址发现、发掘四十周年学术成就和青铜文化的传承与发展。在此，我谨代表中共大冶市委员会、市人大、市人民政府、市政协对研讨会的召开表示热烈的祝贺！对不辞辛劳、远道而来的各位专家、各位领导表示最诚挚的欢迎和最衷心的感谢！

大冶因"大兴炉冶"而得名，是华夏青铜文化的发祥地，素有"百里黄金地，江南聚宝盆"的美誉。3000多年前，大冶先民在此筑炉冶炼，之后黄巢筑炉，岳飞炼剑，朱元璋置铁冶所，张之洞创办大冶铁矿、大冶铁厂，炉冶之火生生不息。

近年来，我们秉承"岗位优先，奋发图强"的精神，着力推进经济社会持续健康发展。自1999年进入湖北省十强县市以来，大冶市先后被评为"中国最具投资潜力百强县（市）""全国县域经济科学发展十大范例城市""中国全面小康十大示范县（市）"。在2012年，第十二届全国县域经济基本竞争力评价中，大冶成功晋级全国的百强县（市）。

1973年发现于大冶的铜绿山古铜矿遗址，见证了华夏青铜文化的诞生与繁荣，在中国矿冶考古史上具有重要意义。为了保护这份珍贵的历史文化遗产，各级领导高度重视，大力支持。众多的专家学者、工程技术人员及文物工作者付出了艰辛的努力。今天在座的很多领导和专家都是这段历史的见证者。没有大家的付出和努力，没有诸位的执著与期望，就没有铜绿山古铜矿遗址的保护和发展。

当前，铜绿山古铜矿遗址又迎来了新的发展机遇。继去年该遗址被列入《中国世界文化遗产预备名单》以后，今年又入选全国"十二五"期间大遗址保护项目。其中，各项保护措施有条不紊地实施，铜绿山古铜矿遗址正以崭新的面貌，彰显其不朽的历史地位和价值。

铜绿山古铜矿遗址作为大冶市最厚重的文化地标，是大冶被外界认知的最直接、最耀眼的名片。它所代表的青铜文化正是大冶的灵魂所在。研究青铜文化，弘扬青铜文化，既是大冶人民的责任与愿景，同时也是新时期大冶市“文化强市”的战略需要。

此次研讨会的召开，为我们提供了一次难得的机遇。在座的各位领导和专家都是古铜矿遗址保护、建设与发展的重要参与者和推动者，在政策方面有着全面的研究，在理论方面有很多前沿的成果，在实践方面有着丰富的经验。我们真诚地恳请各位领导和专家学者深入研讨、广泛交流，多提宝贵意见和建议，帮助我们在提升青铜文化品牌方面进一步扩展思路和开阔视野。我们坚信，在各位领导、专家学者的关心和支持下，铜绿山古矿冶遗址的保护和发展，以及青铜文化的传承与光大，会有更加美好的明天！

最后，预祝此次研讨会取得圆满成功！

祝大家在大冶期间，身体健康，万事如意！

谢谢大家！

在中国矿冶考古与铜绿山古铜矿遗址学术研讨会上的讲话

中国社会科学院考古研究所所长、中国考古学会理事长　王　巍

尊敬的张忠培先生、殷玮璋先生、李伯谦先生、张柏先生，尊敬的湖北省、黄石市、大冶市的各位领导、各位同行及到会的各媒体的朋友们：

早上好！

大家能够在繁忙的季节，聚集到这里，参加此次研讨会，作为联合主办单位之一，我谨代表中国社会科学院考古研究所，向大家表示热烈的欢迎和衷心的感谢！

我们这个会议的主题是纪念铜绿山古铜矿遗址考古发现40周年。大家都知道，铜绿山古铜矿遗址的发现与发掘是中国矿冶考古的一个开篇之作，在中国考古史上占有重要地位。可以说，这个遗址的发现和发掘，把我们中国的冶金考古研究从只是注重或者只是通过实物研究制作工艺扩展到采矿、冶炼等一套工艺的全过程，从这个意义上说，具有里程碑式的意义。

另外一点就是资源的控制与王权的强化。这样一个课题实际上也是一个世界性的共同课题。有观点认为，王朝的稳固和扩张在很大程度上与各种重要战略资源的获取和掌控有着密切关系。实际上这个通过盘龙城及大冶铜绿山的考古发掘得到证明。中国考古学者比较早地意识到这样一点：铜矿的开采与矿料的获取对商王朝和周王朝来说，具有极为重要的意义。

另外，最近十年，矿冶考古又掀起了一个新的热潮，在“中华文明探源工程”当中，以我们在座的李延祥教授为代表的团队，通过艰苦努力，在中国北方地区发现了多处铜矿的产出地点，包括采矿工具，实际上把我们的矿冶考古向前推进了一步，使我们对西周、商代甚至更早一些时期中国的铜矿分布，以及当前所了解的铜矿状况和利用有了新的认识。尤其可喜的是，我们看到铜绿山考古最近又开始了新一轮的考古工作，有了新的重要发现，这是非常令人鼓舞的。

这标志着中国的矿冶考古在进入新世纪以后，在更多的研究方法、手段介入和各学科之间联系更为密切的情况下，展示了一个很好的前景。

中国考古学会刚刚成立了第六届理事会。在第一次常务理事会上，我们提出了一个重要的工作任务，就是要组建一批专业委员会。通过这些专业委员会的活动全面推

动中国考古学的发展。我想，在首批专业委员会当中，希望能有矿冶考古专业委员会。在座的各位专家、学者可以在这方面充分发挥作用，将来使我们对铜绿山古铜矿遗址发现、发掘之纪念变成我们新一轮的矿冶考古的高潮与开端。大家也都知道，铜绿山古铜矿遗址已经进入申请世界遗产预备名单，而且也进入国家文物局重点支持的150处大遗址保护名单。而且，就在前天，张先生和我们几个学者，一起讨论了首批国家遗址公园立项。其中，铜绿山古铜矿遗址也在讨论之中。虽然最终还是由国家文物局来决定，但是至少与会学者对铜绿山古铜矿遗址的国家遗址公园立项工作还是持比较普遍的支持态度。但同时也有一些共同原则，即尽量避免在遗址上有过多的修建和有过多的建筑。也就是说，除遗址本体外，它的一些附属设施，比如说办公室，比如说一些旅游、接待，这些都应该在遗址的重点保护区之外。这样的一些方针，我觉得也应该适用于铜绿山遗址公园的建设，包括遗址博物馆的建设。

最后，我预祝这次大会圆满成功，也预祝铜绿山古铜矿遗址的发掘，乃至中国矿冶考古的发展进入一个新的阶段。还要感谢为这次会议做出精心安排、周到服务的湖北省黄石市、大冶市的领导和同志们。

谢谢大家！

在中国矿冶考古与铜绿山古铜矿遗址学术研讨会上的讲话

湖北省政府参事、湖北省文化厅巡视员、湖北省文物局原局长　沈海宁

尊敬的各位老师、学者、专家、诸位领导，同志们、朋友们：

大家上午好!

在座各位齐聚大冶，共同研讨中国矿冶考古与铜绿山古铜矿遗址的相关学术问题，充分体现了对湖北文物考古事业的关爱！我能够借此宝贵机会，向你们当面讨教，感到十分荣幸！

铜绿山古铜矿遗址自1973年被发现以来，即受到国内外学术界的高度关注。它是我国发现的第一座大型的古代矿冶遗址，包括了在座的许多老师、专家学者在内的工作人员，亲自主持并参与了遗址的考古、研究和保护工作，奠定了铜绿山在中国考古、矿冶考古史上的特殊地位。1984年，铜绿山古铜矿遗址博物馆建成开放，这是湖北省第一个，也是我国第三个考古遗址现场博物馆，在湖北考古遗址展示利用史上具有里程碑式的意义。1991年，经过长达十余年的研究论证，铜绿山遗址原址保护方案由国务院批复，成为国内罕见的直接由国务院批复的文物保护方案。

回首过去，铜绿山古铜矿遗址的保护历程极为艰辛，保护成果来之不易，凝结着在座各位和许多专家学者的心血。我作为一名多年在文博战线工作的“老兵”，对此有极为深刻的体会，在此向大家致以最真诚的感谢。

随着国家大遗址保护战略逐步地深入实施，铜绿山古铜矿遗址被列入“十二五”全国150处大遗址保护重点项目，遗址保护规划经过国家文物局批复和湖北省政府公布。2012年，铜绿山遗址作为黄石矿冶工业遗产的重要组成部分而重返《中国世界文化遗产预备名单》。

多年来，黄石市委、市政府，大冶市委、市政府，大冶有色金属公司高度重视包括铜绿山矿冶遗产在内的黄石工业遗产的保护工作，投入大量的人力、物力、精力，付出了许多的牺牲。大冶市还组建了副县级的铜绿山古铜矿遗址保护管理委员会。目前，湖北省正在努力创建铜绿山国家考古遗址公园，遗址博物馆建设方案已经获得国家文物局批准。

近来，该遗址考古工作又有了新的重要发现和进展，多学科的合作和高科技手段

的运用进一步深入。当前，铜绿山古铜矿遗址保护与合理利用工作面临着新的机遇和挑战。在这样一个关键时刻，我们更加需要诸多国内顶尖智力资源的支持，广泛吸收各方面的有益建议，把这里建设成世界一流的极具矿冶特色的文化遗产保护、展示示范园区。为了这样一个目标，我恳请在座的专家、学者在今天的研讨会上，各抒己见，畅所欲言，启迪我们的思维，指引我们的方向，鼓舞我们的斗志，点燃我们的希望。

最后，祝本次会议圆满成功！

在中国矿冶考古与铜绿山古铜矿遗址学术研讨会闭幕式上的致辞

大冶市政协主席　胡志国

尊敬的各位领导、各位专家学者、各位来宾及新闻媒体的朋友们：

暖暖冬阳映雷山，鼎鼎英才汇铜都。在大冶正在承办黄石市首届园艺博览会的时候，在纪念铜绿山古铜矿遗址发掘40周年的日子里，我们很荣幸地承办了中国矿冶考古与铜绿山古铜矿遗址学术研讨会。昨天，我们参观了铜绿山古铜矿遗址、大冶铁矿等黄石矿冶工业遗产地，今天又进行了一天紧张而热烈的探讨，会议圆满完成各项议程。

各位与会领导和专家学者紧紧围绕遗址保护、矿冶考古、铜绿山与中国青铜文明及大冶城市定位等课题，提出了许多宝贵的意见建议，进一步扩大了大冶市文化品牌的影响力，使沉寂了20年的遗址发掘和研究再度升温；为“申遗”和国家遗址公园的审定及铜文化研究中心挂牌创造了条件；丰富了我们的思维，增强了我们做好下步工作的信心。可以说，这次研讨会是湖北省多年来高规格的盛会，是学术成果的展示会，是一次传经送宝的大会，是一次对大冶市文化产业发展具有深远影响的有里程碑式意义的盛会！在此，请允许我代表中共大冶市委、市政府对中国社会科学院考古研究所、湖北省文物局和黄石市政府、市政协为这次会议的召开所给予的支持和关怀表示衷心的感谢！

2013年，大冶市委五届三次全会把提升城市文化品位、繁荣文化产业作为工作目标之一。2013年，市委又把以铜绿山古铜矿遗址为龙头的文化产业开发利用作为九大重点工作之一，研究制定了规划，出台了一系列政策，组织开展形式多样的文化活动，市民精神文化生活得到改善，市民文明素质有很大提高，大冶文化产业发展呈现出不断提升的局面。但我们也清醒地认识到，大冶文化发展步伐离中央、湖北省、黄石市委的要求，还有很大差距，还未满足群众的期待。尤其是青铜文化这块瑰宝，我们还没有完全把它擦亮。青铜元素与城市建设、产业发展的融合还不够，文化对我们的生产、生活方式还没有产生足够的影响力，青铜文化的精神内核还未得到进一步挖掘和诠释。

在座的各位领导和专家学者都是铜绿山古铜矿遗址保护、建设与发展的重要参与者和推动者，在政策方面有权威的研究，在理论方面有前沿的成果，在实践方面有丰富的经验。特别是中国社会科学院考古研究所和湖北省文化厅、省文物局领导，从理论实践和政策方面对大冶市“青铜文化品牌助推文化产业转型”提出了许多希望和要求，这必将进一步推动以青铜文化为龙头的文化产业的发展，对打造国家一流青铜文化考古遗址公园和5A级景区，以及申报世界文化遗产工作有着重要的指导意义。

有些学者因各种原因，未能莅临现场，但提交了重要的学术论文。这些论文，已被编辑成“中国矿冶考古”系列丛书，在会前已由科学出版社出版。丛书内容涉及古铜矿遗址发现、发掘40年来已发表的优秀学术论文；参加研讨会专家的最新学术成果；各级领导、专家学者参与遗址保护的亲身经历及古往今来弘扬大冶青铜文化的文学作品等。这套丛书的出版，必将提升古铜矿遗址的知名度，提升大冶青铜文化的研究水平，为青铜文化产业转型起到很好的宣传和促进作用。

本次研讨会凝聚着与会各位专家的心血，在此，再次感谢专家们的努力，感谢媒体朋友们及为会议提供服务的全体工作人员的努力。由于我们的经验不足，本次研讨会尚有许多需要改进的地方；不到之处，敬请大家谅解。

清清铜草香，依依惜别情。美好的时光总是短暂的。我们真诚地期望各位领导和专家学者一如既往地关心、支持、帮助铜绿山古铜矿遗址，帮助大冶，多来大冶走走，多为古铜矿遗址发展、为大冶文化繁荣建言献策。

借此机会，祝愿各位领导、各位专家学者身体健康、工作顺利、万事如意！

谢谢大家！

大家论坛

从过去走向未来——在学术讨论会上的讲话

张忠培

朋友们：

大家好！

听了各位同仁和各位朋友的发言，现就这次会议谈谈我个人的几点体会与希望。

首先，我觉得这是一个内容充实的会议。

这次会议既对大冶铜绿山考古的相关问题进行了深入的学术讨论，又对如何推进大冶铜绿山的文物保护、如何谋求建设国家遗址公园继而申报世界文化遗产充分交流了意见。在学术讨论的层面，它不是仅仅限于大冶铜绿山遗址本身，而是涉及全国的冶金史是冶金考古，既有广阔的空间研究，又有长段的历时性探讨，内容丰富，视角较多，视野开阔。同时，在大冶铜绿山发掘或者说发现40周年之际，来自国内各地的同仁与朋友济济一堂，畅谈大冶铜绿山遗址文物保护、国家遗址公匠建设及申报世界文化遗产等方面的问题，其思路、其谋划、其可行性、其操作性，汇同学术讨论所提出的对大冶铜绿山遗址价值的评估，对大冶市政府谋求大冶经济社会如何转型和如何建设大冶青铜矿冶文化之都具有重要的参考价值。可见，这是一次以考古学术研究为基础、科学评估大冶铜绿山遗址价值、追求搞好大冶文物保护与文化建设，为大冶实现经济转型出谋划策的内容充实的会议。我认为，这次会议至此闭幕之时，已实现会议主办方对这次会议所预设的追求。

其次，我认为这是一个成功的会议。

为什么说成功？最主要的是上面讲的第一点。除此之外，我还想补充三点。这三点其实是之所以能达到第一点的条件，我之所以把这三点视为“成功”的内涵，是因为实现会议成功的这三点条件，也是本次会议的追求。这三点如下。

第一，这次会议的筹备工作，无论是设计会议的行政过程还是为会议准备的学术条件、出版的图书，都做得很成功。它把此次会议之前有关大冶铜绿山发现、发掘、保护及研究方面所有发表的文章收集成册，为学术会议的讨论准备了翔实资料。这样的举措，是以往同类会议很少有的，如果就政府的文物保护、文化经济建设决策与考古学术研究的连接来说，可以说是开这类学术会议之先河。会议组织者之所以做到这样，我的理解是，会议组织者要求对以往工作做一个客观的评估，同时征求对今后学术研究、文物保护、文化建设与经济转型的实事求是的科学意见。

第二，这次会议有它新的形式，杜绝了形形色色的形式主义，回归到了学术本位、回归了会议本位，是一个很朴实的务实求真会议。

第三，无论从文物保护，还是从考古研究等方面来说，这次会议贯彻了言论自由，即发表与交换意见的自由，做到了畅所欲言。一方面，大家从不同的视角、不同的视点，以及个人的所想所思充分地表达了意见。只有这样，我们才能够实现学术自由，才能把好的学术传统继承下来。另一方面，充分自由地交流意见更有利于大冶市的党政领导进行科学决策。所以我觉得这次会议开得非常好！是成功的会议！

最后，我想说的是，这是一次走出过去、面向未来的会议。

走出过去，既有文物保护亦有考古及文物研究。1991年6月，国家计委会同国家文物局召开的大冶铜绿山遗址保护方案专家论证会，是很值得我们纪念的。我记得大冶铜绿山遗址保护方案专家论证会是这类会议中的第一次会议。通过那次论证会，国家文物局才有了一个开这类论证会的模式。有了那次会议，我们才可能产生出在文物保护方面取得预期效果的三峡文物保护论证会。那次会议也使我们把过去的一个观念改变了，正如我在《一次难忘的论证会》这篇文章中所指出的那样，这就是“成功地冲击了文物保护处于配合经济建设的位置，使文物、考古者开始勇敢地冲击‘既对经济建设有利，又对文物保护有利’这折中主义紧锁的大门”，通过类似于铜绿山这类遗址的文物保护与经济建设的权衡，考古与文物工作者应理直气壮地发出经济建设应为文物保护腾出空间的呐喊！经过40年，我们回头来看，我觉得那次会议成功了，值得我们永远留念！在以往的几十年中，大冶市对于铜绿山遗址的保护确实付出了艰难的努力，但是也走过一些曲折的道路，比如说遗址下部被掏空对遗址稳定性的影响等。诸如此类的事情不应该发生，到今天这些不利于文物保护的事情更不应该发生。今天的会议已经结束，我们要更加关注铜绿山古铜矿遗址的保护，要保护得更好，今后再也不能出现被破坏的事情了。

对于学术研究来说，过去我们做出了很多成绩，这次会议收集出版的两大册资料与论著，尤其是铜绿山古矿冶遗址考古发掘的相关报告（这已经是过去了），应被视为已取得的辉煌成绩。这些年，像李延祥同志及其团队及这团队的前身，即自柯俊以至李延祥这几代学者，在冶金考古或冶金史的考古学观察与研究中所取得的成就，我认为具有系统性，在整个以自然科学和科技手段审视考古学遗存的学术研究中占据翘首的地位。即使这样，也不能在此止步。我们还得面对未来，走向未来。我们如何面对未来呢？

面向未来，我提两点希望。

第一个希望就是我在《铜绿山古铜矿遗址考古发现与研究》等书中“序一”说的那样，即从现在铜器成分的测定、铸造技术及工艺、功能、分区、考古学文化分期，以及矿冶遗址、铸造遗址及其墓葬与墓地的调查、勘探与发掘的基础上，走向青铜产业的研究。青铜产业不仅存在于青铜时代，也存在于其后的铁器时代。这两个时代都存在青铜产业。在青铜时代之前，还有一个金石并用时代。在这一时代中，虽然不存在青铜时代那样的青铜产业，却存在制铜产业。青铜产业是从制铜产业中演进出来的。青铜产业如同一个链条，可称之为青铜产业链。

青铜产业链十分庞杂，不是几句话能讲明白的。简单说来，它基本上至少应包括采矿、冶炼、铸造和进入到使用时的社会配置这几个社会流程的环节，采矿、冶炼、铸造环节中的技术，技术流程与分工，以及由分工产生的组织、管理及其制度。同时，这流程的诸环节，也是分工。连接这流程中的诸环节所存在的社会协调，这社会协调中所存在的社会组织、分工、管理与制度，这青铜产业链诸环节及共同存在的行为规则与信仰，以及这产业链历时的演变及其在共时诸产业中的位置及与共时的诸产业的关系，当也是释读这青铜产业链的自在之义。当将我们的研究迈进青铜器使用的社会配置领域时，又碰到另一个广阔的时空领域。这时空领域之所以广阔，是因为它既包括生产领域，又包括社会中人的关系、社会组织与社会制度在内的社会领域和社会伦理、社会意识及社会信仰。探讨这一广阔的时空领域的基础之基础，则是青铜器的功能之研究。这就是我提出青铜产业链研究的内涵。其内涵涉及技术层面、生产、流通、使用及其所衍生出来的分工、管理、组织制度、意识与信仰等方面的内容。这当然是一个需要长期努力才能实现的目标。但我相信，通过一代又一代学者的既有理念追求又能脚踏实地的艰苦努力，我们的后代学者终能实现这一理想。现在，我希望湖北省的考古工作者能以铜绿山和随州几处墓地的田野考古与研究为契机和切入口，为我国考古学起个示范作用，怀抱这一青铜产业链研究的理想，严谨认真、务实求真地开展铜绿山和随州几处墓地的系统研究，向青铜产业链研究迈出一大步。

第二个希望是将铜绿山古铜矿遗址申报为世界文化遗产。要达到这一目的，也要分几步走。一是要保护好它；二是要使其成为国家考古遗址公园。只有走好了这两步，才能进入申遗。但申遗既是我们的追求，又不是我们的目标。我们的目标应是文化建设。如何搞好文化建设，我在广州市政府主办的高峰论坛上讲过一些意见。这个讲话以《文化杂交：广州的过去与未来》之名发表在《南风窗》（2012年第11期）等几个报刊上，或许可以作参考。我将其中的一点在这里说一下，这就是："广州要建设世界文化名城，必须将文化建设视为一相对独立的门类，并需正确认识和处理好经济、政治、社会、文化和生态这五大建设的关系。这五大建设客观上处在相互独立、相互关联和相互制约之中。其中，相互独立是前提，没有相互独立，就谈不上相互关联和相互制约。"以科学发展观为指导，搞好经济、政治、社会、文化和生态这五大建设，实现和谐社会的追求，这便是我国应实现的一条政治路线。我在这个讲话中又说：不能将文化"搞成经济的附庸，去倡导既有损于经济，又有损于文化的'文化搭台，经济唱戏'的庙会经济和媚态文化"。同时我指出，"必须正确地区分好文化事业和文化产业，以及正确地处理这两者的关系。不能将文化事业搞成文化产业，要坚决杜绝将文化事业划入文化产业，并实行文化产业化。同时，要认识到文化产业也存在着社会效益这个问题，因此，也不能将文化产业实行产业化，去单纯追求经济效益，要不断扩充和提升文化产业的文化内涵和文化品位，以高尚的文化感染人们的心灵，提升人们的文化品位”。铜绿山古铜矿遗址保护也好，将其建成国家考古遗址公园也好，还是以其申报成世界文化遗产也好，都是文物的文化建设，这是文物考古工作者，尤其是大冶市和湖北省文物、考古工作者的光荣使命。我作为考古工作者，更希望湖北省的考古工作者多担当一些责任，多尽一些义务，以铜绿山古铜矿遗址保护为前提，并以其保护为归宿，认真科学地做好铜绿山古铜矿遗址的调查、勘探和研究工作，为把铜绿山古铜矿遗址建设成国家考古遗址公园和申报成世界文化遗产做出应有的贡献！我也希望大冶市政府在经济转型实现经济进一步发展的过程中，将文化视为相对独立于经济的另一个部门，搞好具有高尚品位和能感染人们心灵的文化建设。

祝铜绿山古铜矿遗址保护更上一层楼，祝纳入大冶市文化建设中的铜绿山古铜矿遗址建成为国家考古遗址公园，将其申报为世界文化遗产早日成功！

谢谢！

附记：这篇讲话是于2014年2月16日晚据孟华平整理成的讲话录音稿修改而成，誌于小石桥。（已载《江汉考古》2014年第1期）

矿冶考古四十年辉煌

殷玮璋

一

在历史上，有些重大的科学发现往往是在偶然间出现的。

考古同仁常常为这种现象感慨：想找的东西怎么找也找不到，不经意间出现的一个发现却在学坛引起震动，或填补一个空白，或揭开了一段历史，甚至开创一个学科！

大冶铜绿山古铜矿的发现就是这样一个实例。

为什么这么说呢？因为自1928年开始对河南安阳殷墟进行考古发掘以来，面对不断出土的青铜器，人们在思考：这些铜器是怎么铸造的？它的原料从哪里来？矿石是怎么开采的？先民们又是怎样将铜矿石冶炼成铜金属的？

考古工作者这么想是有道理的。金属冶炼业的出现，是人类社会生产发展的一个巨大进步。在人类告别野蛮时代、走向文明的进程中，金属冶炼业起到重要作用，被视为人类跨入文明门槛的重要标志之一。同时，金属冶炼业的发展程度，又是考察社会文明进程的重要依据；在考察与判断人类文明发展阶段的时候，其又是有标志意义的重要方面。

考古学研究的成果已经证明：人类最早的生产工具是用石块制成的。人们把它称为石器时代。当人们掌握了从矿石中提炼出铜金属，并制成各种金属工具的时候，人类在与大自然的斗争中跨出了重要的一步。它意味着人类的生产能力取得了长足进步，并使人们的生产方式和生活方式发生了变化。所以，青铜器的生产与应用，在人类发展史上是一次巨大的飞跃。

为了叩开青铜时代的大门，考古学家做了许多努力。在安阳殷墟发掘的初期，当遗存中发现孔雀石块和坩埚碎块的时候，人们提出它们或与冶铜有关。但进一步发掘中没有见到冶炼遗存。20世纪50年代，安阳殷墟的苗圃北地发现大量陶范、坩埚碎片及与铸铜有关的工作台面等遗存时，很快被确认是一处铸铜作坊遗址。由于那里不见铜矿石、冶炼炉、炼渣等遗存，人们意识到当时的铸造业与采矿、冶炼业可能在异地进行。但在殷墟周围的考古调查中，又不见同时期的采矿与冶炼遗址。

以后，在河南郑州商城、偃师二里头、洛阳的北窑、山西侯马等地陆续发现商周时期的铸铜遗址，它们的出土物中都不见铜矿石、冶炼炉、炼渣等遗存，进一步加深了人们对铸铜作坊与采矿、冶炼在异地的推论。人们在这些地点的周围进行考古调查，希望能找到同时期的采矿与冶炼遗址。

当人们踏破铁鞋进行寻觅而没有结果的时候，1973年大冶铜绿山发现古铜矿的消息很快受到学术界的关注。考古人员费了很多精力未能解开的铜料生产地的谜团，在铜绿山矿工程技术人员寄出邮包的瞬间被揭开了。

发掘与研究成果使人们进一步认识铜绿山古矿冶遗址的价值。1979年底，在7号矿体1号点清理出成组的井巷系统之后，它的重要性又一次引起人们的重视。1980年，中国社会科学院考古研究所所长夏鼐在纽约大都会博物馆宣布湖北大冶铜绿山发现古铜矿的消息之后，立刻引起世人的重视，各国媒体迅速作出反应。

1981年，在北京召开第一届国际冶金史研讨会，来自国内外的冶金史专家欢聚一堂，共同分享铜绿山古矿冶遗址的发掘与研究成果，会后还参观了发掘现场。从此，大冶铜绿山这个无人知晓的地点，因这一发现而成为国内外媒体关注的对象。

在铜绿山古矿冶遗址发现40年后的今天，回顾这一发现过程，探讨其重大价值与历史意义是一件有意义的工作。大冶的同志们提出把各方人士请来一起研讨，回顾40年来的探求之路，总结成绩，寻找差距，共同展望学科未来的发展，这是一个很好的想法。

笔者就铜绿山古矿冶遗址发现以来矿冶考古从起步到发展的经历，概述40年间学坛取得的成绩，目的在于祝愿铜绿山古矿冶遗址在未来的发掘与研究中取得更大的成果，我国的矿冶考古能在各方努力下获得新的发展。

二

说到铜绿山古矿冶遗址发现的价值，流逝的时间中发生的许多变化已为它做了很好的说明。本文拟从以下几个方面试作评估。

（一）铜绿山古矿冶遗址是我国发现的第一个矿冶遗址

铜绿山古矿冶遗址的发现不仅填补了过去研究中采矿、冶炼遗址研究的缺失，还以全新的视角开拓了古史研究的领域。从此，对青铜时代的研究，可以从采矿、冶炼、铸造遗址的实物资料中提取证据，对它展开全面、深入的探索，从它的发生、发展中揭示中国青铜时代的伟大创造及其价值与特点。同时，以铜绿山古矿冶遗址的发现为契机，考古工作者在一系列野外调查中，在全国许多省、市、自治区内发现了一大批矿冶遗址。这使人们大开眼界，从另一视角去揭示中国青铜时代的杰出成就，为深层次揭示我国青铜时代走过的独特道路及其对中国古代社会发展产生的深刻影响开辟了新的途径。

（二）从冶金史的角度观之，这一发现改变了过去只有铸造史的原状

正如柯俊院士所说，在铜绿山古铜矿发现以前，中国冶金史只能称中国铸造史，因为采矿和冶炼的情况是空缺的。铜绿山古铜矿的发现，使人们第一次找到采矿和冶炼的遗存，填补了冶金史的一个空白。40年来各地矿冶遗址的发现，促使冶金史研究蓬勃开展，不断地揭示古代先民在冶金技术方面的一系列创造性成果。这些成果已为世界学术界所关注与认可。

（三）在铜绿山古铜矿的开采中，采用的方形木质框架支护已经形成完善的安全保护系统

对于一个矿床的包裹体来说，未掘动时它的整体岩层处于平衡状态，但当人们为了从地下挖取矿石而开凿竖井和平巷的时候，这种平衡就遭到破坏，在井巷的周围发生应力集中，使岩层出现裂缝、滑动或崩塌等情况。

从铜绿山古铜矿发掘中看到：工匠们为从矿山深部采掘矿石，已经认识到安全的重要性。他们在竖井、平巷、斜巷中采用方形木质框架作支护，有效地抵御了四周围岩的压力。这是工匠们在长期实践中总结出来的成果。江西瑞昌、安徽铜陵古铜矿遗址的发现表明，这一工艺技术至少在3400年前的商代中期就已经出现。

铜绿山古铜矿井巷中设置的方形木质框架支护，其原材料都是按统一规格设计、按统一要求制作的预制构件。它们在地面制作后被运送到井巷的采空区段，在掘进过程中按榫、卯组接，一一楔入井巷周壁的围岩。尽管方形木质框架支护的内径较小，但因规格统一、组装规范，可以确保竖井上下的垂直度，使矿石和物料在提升与下降时十分顺畅。除了有效地保障工匠们在井巷中采掘作业的安全以外，还可有效地提高掘进的速度。

这一支护系统的良好性能，加之架设简便，使它在后世采矿作业中被长期沿用，在采矿史上留下了浓重的一笔!

（四）铜绿山古矿冶遗址的发掘与研究还表明，春秋时期的采矿工艺已经达到相当高的水准

2500年前采用的方形木质框架支护，以其功能与效率，使采矿技术突破了一井一巷或二井一巷的做法，出现了围绕3个竖井在坑下作扇面形开拓多条巷道，且它们的底部还有7个盲井的“井巷组合”。用这种竖井_+平巷_+盲井的方式掘进，从盲井_+平巷_+竖井向地面运选矿石，把100多平方米范围内的矿石采掘一空。

在这里，工匠们利用井口高低的压差有效地解决了作业区的通风问题；铺设了两条排水木槽解决了采空区中的排水难题；用辘轳把矿石、废料及坑下储水仓内的积水提升至地面。这样的组合很好地解决了通风、排水、提升等难题，很好地反映了工匠

们是如何较长时间在地下40多米的深处开凿巷道、组装支护和进行回采的。

（五）铜绿山古铜矿的发现，让人们第一次看到采矿和冶炼遗存出现在同一地点的实例，也证实了先秦时期的都城只有铸铜作坊，采矿、冶炼与铸造应在异地进行的推断

把铸造与采矿、冶炼设在异地进行，是先民们的智慧抉择，避免了把矿石、木炭长途运往都城的劳累，也避免了冶炼对城市的污染。在采场附近就地冶炼，可以有效地利用当地的木材与其他资源，大大降低了成本。大冶湖旁发现的铜锭，正是当时用水路把成品输往各地的例证。

铜绿山古铜矿作为当时一个重要的铜金属生产地，在与各地的交换、交往过程中，把它的生产、社会生活与各地融为一体，这为它从各地汲取各种先进的技能创造了条件，在促进自身发展的同时，也促进了国家经济的发展。

在冷兵器时代，铜金属是当时的战略物资，是强兵的重要因素之一。采矿、冶炼、铸造业的发展，为生产大量兵器装备军队提供了条件，对国家的强盛也起到了独特的作用。

（六）铜绿山古矿冶遗址发现的春秋炼炉是一种高效、稳定的原始高炉

根据铜绿山古矿冶遗址中发现的春秋炼炉进行的仿古模拟实验，证明它在确保风量的情况下，可以持续加料、持续排渣、间断放铜，能长时间持续进行冶炼。这种炉型结构合理、操作相当简便，无论矿石的品位是高是低，都可以炼出红铜。它向人们表明：这是一种原始高炉。模拟实验还证明：至少在春秋时代，人们已经掌握配矿技术。炼渣中含铜量的高低是冶炼水准高下的反映。铜绿山古炉渣中的含铜品位达到0.7%，表明当时的冶铜技术达到相当高的水准，在古代世界实属罕见。

铜绿山古铜矿是先秦时期一个重要的原料产地。铜绿山矿区地表堆积了约40万吨古炉渣，说明其曾向社会提供了几万吨铜金属。今天，我们无法弄清楚当时的年产量有多少，但已知铜绿山矿的周围乃至长江中下游的许多同时代的铜矿，也在进行开采与冶炼，向社会提供红铜。铜料的充裕，促进了铸造业的进一步发展。所以，中国青铜时代在东周时期出现另一个高峰有它的必然性。据此，一个不大的曾侯乙墓竟用了10吨铜料铸造各种青铜器具随葬，焊接、鎏金等新技术在这一时期出现，也就不难理解了。

（七）铜绿山古矿冶遗址的发现，为寻找同类遗址提供了启示

铜绿山古铜矿的发现有其偶然性，但在发达的青铜时代的大背景下，它作为原料产地之一在现代采矿生产中被人们发现又有其必然性。长江流域作为我国最重要的有色金属资源宝库之一，储量丰富、采掘历史悠久。沿江各省在考古调查中，都已发现大量先秦时期的古矿冶遗址。

冶炼与采矿地点在同地进行的规律性一旦被人们认识，以铜草为线索，借地面散落的炼渣寻找采矿地点，为在考古调查中寻找古矿提供了途径。此后不久，在湖南、江西、安徽、内蒙古、新疆等省、自治区的一些地点都发现了先秦时期的古铜矿。这些遗址经过发掘之后，大大丰富了人们对先秦时期采矿与冶炼的认识。由于各地的地质构造、成矿条件不同，不同地区的先民采矿的方法也有不同。这既反映了先秦时期各国、各地对青铜业的重视，也说明各国、各地在采矿、冶炼方面有所不同，各具特点。就生产技能而言，先秦时期各地采矿业的发展存在不平衡的状况。与同时期的其他地点相比，铜绿山古铜矿的采冶技术表现出一定的先进性，在反映东周时期的采冶水准方面，更具代表性。

（八）铜绿山古矿冶遗址的发现，使中国考古学出现了一个学科分支——矿冶考古学

随着铜绿山古矿冶遗址的发现，如何进行发掘和开展研究，成为考古人员面临的全新的课题，在铜绿山考古中采用的“无隔梁发掘方法”获得成功，为同类遗址的发掘提供了一个可供参考的实例。采用这种方法比隔梁法发掘的要求更高，发掘中提出的问题要在现场解决，比如不断取样、不断检测，以此推进研究的进程。矿冶考古应是一个跨学科的学科分支。今天，各地的考古工作者与冶金史工作者在实践中密切合作，逐步改变一方发掘、把样品提供另一方检测解释的状态。这种不同学科的学者为共同的学术课题进行合作，在交流中实现不同学科间的相互渗透，使研究者的知识结构发生变化。40年来，随着矿冶考古的发展，在发掘与研究方面不断创新，在推进研究的同时，一支新型的科研队伍正在形成。随着这支队伍的壮大，他们在矿冶考古中能够更有效地发挥作用，在未来的岁月中能取得更多研究成果。

（九）铜绿山古铜矿先进的冶炼水准还折射出在青铜时代向铁器时代转化中，先进的冶炼水准起到承前启后的作用

考古发现与研究的成果证明：我国在西周晚期才出现低温冶炼的“块炼铁”，至东周时期出现高温冶炼的生铁。这个过程在西方用了2500年。但因我国古代先民的聪明才智和杰出的创造力，使我国出现生铁的时间比西方早了1800年。这应与铜矿石的冶炼技术有关。

仿古模拟实验证明：铜绿山发现的炼铜炉已不是“杀鸡取卵”式的破炉取铜。这种冶铜竖炉的性能良好，可以长时间持续进行冶炼，因此，它不仅能对氧化矿进行冶炼，也具备对硫化矿进行冶炼的能力。只要稍加改进，在特定条件下达到铁的熔点（1146℃）即可进行高温冶铁，炼出生铁。

从发现的汉代冶铁炉可以看出，它的炉型结构与铜绿山古炉一致。这是在其他矿

冶遗址中未能见到的特定内涵，意义非凡。

铜绿山古铜矿的战国井巷中已经发现生铁的工具，只是不清楚它是不是当地的产品。一旦发现战国时期的冶铁炉及其产品，将会对此给出合理的结论。尽管如此，铜绿山古铜矿的战国井巷的规格比春秋时期的井巷增大了4倍，方形木质框架支护用叠压套接的方式，能从更深的矿带中掘取矿石。出土的铁制工具款式多样，十分锐利，反映出采矿业在战国时期的发展又上了一个台阶。

我国的青铜时代及其工艺在世上独领风骚，其发展走出了一条独特的道路。它的冶炼技术的进步，为人工冶铁的出现打下了良好的基础，使我国生铁出现的时间大大提早，并在战国时期出现了生铁模具，用它铸造工具，使铁工具产量大增、利于普及。这使我国铁器时代的发展也走出一条独特的道路。从这一意义上说，商周时期青铜业的高度发展为铁器时代的发展奠定了良好的基础。

（十）铜绿山古铜矿的发现及矿冶考古40年间的研究成果，使我们有必要对以往流行的某些论点进行重新思考

有个说法常被人们引用：青铜器不可能像铁器那样对社会生产产生巨大作用。因为铜矿的储量不如铁矿丰富，铜工具不够锐利，产量太小，不如铁器那样普及。

这一说法曾影响我国古史分期等重大问题的讨论，可谓影响中国史坛几十年。

但是，我国的考古学家从商周时期的遗址中发现的数以万计的青铜器具，其器类之丰富、用途之广泛，已经涉及社会生活的各个方面。科学技术是促使社会生产发展的第一生产力。青铜业作为商周时期的“高、精、尖”行业，是推动当时社会生产进步的重要动力。铁器的社会功能之所以被人们认可，正在于铁器的使用涉及社会生产、生活的各个方面。那么，商周时期的青铜制品也已涉及社会生产、生活的各个方面，理应对青铜业在我国先秦时期的作用作出正确的评估。 必须强调：社会生产的发展离不开社会的需求。青铜业只有提供器类丰富、产量充足的产品方能满足社会的需求；而社会需求的旺盛，反过来又促进青铜业生产的发展和新品种的出现。

我国青铜时代制造的青铜器具的器类之多、数量之大、工艺水准之高，在古代世界是仅见的。铜绿山古铜矿一个地点堆积的约40万吨炼渣，向社会提供了不少于5万吨红铜。它的周围乃至长江中下游两岸的成矿带中发现的先秦采冶遗址中炼渣数量之多、堆积之丰厚，都反映了当时采矿、冶炼业的兴盛。这与社会需要的推力分不开。

早在商代中晚期，青铜制品已包括工具、兵器、礼器、乐器、实用器具、车马器、建筑构件、印章、铜镜及各种装饰、艺术品等，涉及社会生产和生活的大部分领域。进入东周时期，曾为上层贵族享用的礼器、乐器因“礼崩乐坏”而进一步扩大使用范围，且度量衡器、铜镜、货币等流通性很强的物品，因经济发展而出现，大大推动了青铜业的发展、技术的进步。特别是货币在社会上广泛流通，对经济的发展产生强大作用。各国经济的繁盛，反过来对青铜业提出了新的要求。这一状况说明：青铜

业的发展促进全社会的发展、进步；青铜业又因社会需求的增长而得以向前发展。社会也是按照事物对立统一的规律运转的。必须指出：农业是一切社会发展的基础。任何一个社会的发展，都以农业能为社会提供多少剩余农产品作为基础。如果农业不能向社会提供大量剩余农产品，商周时期就不可能创造出如此灿烂的青铜文化。那么，是什么因素促使当时的农业能够提供大量剩余农产品？勤劳而智慧的人民和锐利配套的金属工具，这是构成生产力的两大要素。

江西新干大洋洲商代墓中出土的手工工具就有5种74件，农具有11种53件。农具包括耒、耜、铲、镢、锸、镰、耨、犁、铧等。这些工具都是配套出现的，有人解释为礼仪之用。其实，礼器本源于实用器的存在，没有实用器就不会有礼器。

其实，铜金属出现之后，最先制作的就是工具与兵器，已知的年代最早的青铜器就是一柄青铜刀。这一传统一直为后人所继承。

所以，新干大洋洲商代墓中出土的成套工具与农具，绝不是昙花一现的产物，而恰好是3000年前先民已经使用成套手工工具和农用工具的明证：说明那时已经有成套的工具用于手工业与农业生产。至于为什么出土很少，当与金属工具的特性有关。它在残断、损坏以后可以再行熔炼与铸造。丢弃少了，留传至今的必然很少。

铜绿山古铜矿中发现的几十把大铜斧，从另一个侧面说明它们是春秋时期开凿井巷的重要工具，与战国井巷中出土的铁工具起到的功用一样。

其实，商周遗址中发现的大型宫殿、墓葬中的棺椁乃至代步的马车等，它们的制作都离不开成套青铜工具的应用。江西瑞昌，湖北大冶、阳新等地发现的井巷中的方形木质框架支护，以及辘轳的制作，无不是用成套手工工具制作的产品。

当年在铜绿山及其周围的古铜矿中有多少人在开采与冶炼，今天已难以考证。但他们的生产劳动，是以为农业提供数量可观的剩余农产品为前提的。这一地区采矿、冶炼、铸造业的发展，乃至商周王朝的运行与发展，都是建立在农业向社会提供大量剩余农产品的基础之上实现的。

因此，有理由给出这一结论：青铜工具对我国商周两代的发展起到与铁器对秦汉社会发展同样巨大的作用。只有承认这一结论，才能对商周两代出现巨大城垣、宫殿、陵园、交通、水利等建设工程，以及以发达的文字系统为代表的辉煌的青铜文化，给予合理的解释。

根据我国高度发达的青铜业而给出的上述结论，是对相关理论的修正。这是综合考古发掘与冶金史研究而给出的结果，可视为矿冶考古40年的又一收获。矿冶考古作为考古学的一个学科分支，在40年间之所以获得迅速发展，在于学科体系的需要及其在考古学科中不可替代的功能。

铜绿山古矿冶遗址发掘以后，鉴于这类工业遗址十分罕见，夏鼐所长提出把它列入世界文化遗产名录的想法，并让我草拟了一份报告，将它与殷墟一起报送国家文物局。联合国教科文组织也曾派人前来考察。后因种种原因而搁置下来。2012年冬，铜绿山古矿冶遗址再次列入中国世界文化遗产名录的后备名单。这对铜绿山古矿冶遗址的发掘与研究提出了新的、更高的要求。对铜绿山古矿冶遗址来说，过去的40年是个节点，进行回顾、总结与反思是必要的。但它又是一个起点，应把过去已经提出、还未探索的发掘与研究项目迅速补上。今后的研究必须坚持唯物史观，把研究对象置于特定的时间、地点、条件下进行，并按科学的规程操作，实事求是地给出客观、合理的结论，使研究工作不断推向纵深。

还应加强对铜绿山古铜矿周围区、县乃至鄂东地区的采矿、冶炼与铸造遗址的考古调查与发掘，从宏观与微观的结合中，一面厘清本地区考古文化谱系，一面探寻冶铜业的起源与早期发展的历程。

商周时期发达的青铜业，是我国金属冶炼业长期发展的一个结果。在这一地区向更早的遗址中探索金属冶炼业的发生与早期发展的历程，不仅可以回答铜绿山古矿冶遗址研究中提出的问题，从另一视角观之，它也为中华文明探源研究提供了一条新的途径。如果在这一地区加强调查、发掘与研究，相信会取得巨大成果，并越来越多地体现出这项研究的价值和重大意义。

（已载《湖北理工学院学报（人文社会科学版）》2014年第1期）

欣慰与期待

李伯谦

非常高兴，这是我第三次来大冶铜绿山了。目的就是一个，即学习、了解铜绿山矿冶考古的新进展。矿冶考古是中国青铜时代考古的重要内容。今天我就以《欣慰与期待》为题，谈谈我再次参观铜绿山后的感想和一些想法。

先说“欣慰”。回顾中国青铜时代考古，包括矿冶考古在内，几十年走过来，新的发现可谓层出不穷。特别是近十多年以来，从“探源工程”到“指南针计划”，专家学者在矿冶考古方面做了非常多的工作。刚才王巍理事长在讲话当中介绍了“探源工程”，说到李延祥教授他们那个团队，在全国跑了好多地方，调查发现了很多矿冶遗址。这个发现，从数量上来看，大概是过去已经知道的矿冶点的好多倍。“指南针计划”也是一样，青铜器、铁器的冶炼和铸造是其中的重要内容，李延祥教授那个团队也是这一块的主要承担力量。两个国家项目，互有交叉，不仅有很多发现还有很多研究成果。“指南针计划”中的金属冶铸课题曾在北京大学赛克勒考古与艺术博物馆举办过一次成果展览，真是琳琅满目，令人目不暇接，内容太丰富了，从调查新发现的矿冶点到采冶、铸造的生产技术及工艺流程，都涉及了。除国家课题，各省的考古工作者也发现不少与矿冶考古、青铜器的铸造等有关的一些遗址，这是非常可喜的现象。作为一个以从事青铜时代考古为主的文物工作者，看到这个现象我确实很高兴。

第一个是“欣慰”，通过几十年来重要的发现和研究，我们对中国青铜文化、青铜时代的认识，可以说大大加深了。考古上，最早发现的铜制品是陕西姜寨仰韶文化早期遗址当中发现的黄铜管、黄铜片，后来在山东、河南、甘肃等地龙山时代遗址中也发现了黄铜、红铜、青铜的遗物。特别是在河南偃师二里头，发现了应该说是中国现在已经知道的最早的青铜铸造遗址。而且在二里头遗址当中，还出土了中国最早的青铜容器。因此，现在在学术界形成一个比较趋同的看法：就是距今3700多年那个时期，我们开始由新石器时代进入到青铜器时代。以前把开始的时间估计得比较早，笼统说是龙山时代。但实事求是地讲，龙山时代虽发现有青铜器，但数量很少，也很小，在日常生活当中，没有发挥重要的作用。所以说，我自己觉得，把它归入青铜时代可能还是有些勉强。理直气壮地讲，中国进入青铜时代应该是从二里头二期开始，也就是夏代中晚期这个阶段。进入青铜时代以后，经过夏到早商时期的初始阶段，商代晚期到西周前期的鼎盛阶段，然后高峰过后，到西周晚期开始走下坡路，慢慢地衰落起来。衰落起来并不是说技术不行了，而可能是铜的资源少了。到了战国时期，铁器开始登上历史舞台，青铜时代逐步过渡到早期铁器时代。铁器当然也是矿冶考古的重要一部分，铜绿山除了铜矿也有铁矿。铁器代替青铜器成为生产工具的主要材质之后，对中国社会的发展、经济的发展起到无比强大的推动作用。考古上，我们看到青铜的农具比较少，只是在长江两岸，如安徽繁昌等地出现过一些青铜农具——镰刀，但是很多地方看不到，总的来说青铜农具比较少。但是到战国以后，铁器在农业生产中的作用大大提升，许多地方都出土有铁镰刀和其他铁制品，早的多是块炼铁，后来多是铸铁，中国是发明铸铁最早的国家。回顾这些发现和认识的过程可以看出，我们对青铜时代的认识，对青铜文化的认识，的确比以前提高了很多。看到这些研究成果，我确实感到非常的高兴。当然，随着新的发现和新的研究成果的出现，说不定过不了多少年，这些观点还可能要修改，因为人们的认识是没有止境的，科学研究是没有止境的。这是我想说的“欣慰”。

第二是“期待”。为什么说“期待”呢？我是觉得，尽管我们对青铜时代的研究，包括矿冶考古的研究取得很多成果，但还是有很多问题，需要进一步深入研究。一些具体问题在我的脑子当中，也还没有一个很肯定的答案，也还在犹豫中。有些问题我很想请教搞矿冶考古的朋友，比如说第一个问题是中国青铜文化的起源问题，现在很多学者根据新的发现，特别是甘肃、青海至新疆这一带的发现，基本上认为中国的青铜文化是从西方逐步逐步推进过来的。但是我自己觉得有些问题还解释不好，至少是不圆满。比如说，我们在仰韶文化姜寨遗址当中发现了（黄）铜片，它们的年代是距今6000年前后。过去想都不敢想仰韶文化中会有铜的东西，总怀疑是后来混入的，但联想到发掘西安半坡遗址时也有类似的情况，也出土过铜片，好像又不是偶然的例子。因为黄铜这个东西，后来在山东龙山文化当中，有三处遗址都有所发现。它比姜寨出的要晚，但也是黄铜。而黄铜，根据过去的研究，真正冶炼出黄铜是件很困难的事情。因此有学者认为仰韶、龙山时炼铜用的是铜锌共生矿，炼时没法排除掉锌，就把作为杂质的锌与铜一块炼出来了，于是就成了黄铜，因为黄铜是铜和锌的合金。尽管当时并不是想炼黄铜，但结果不管怎么说，它就成了黄铜。黄铜这个东西，在西方，据我所知，出现不是太早，至少没有早到距今6000多年以前。因此，你说它是从西方那边传来的，那西方应该比这更早才对。退一步讲，即使西边有更早的黄铜，那也有个传播路线问题，迄今为止从新疆到甘、青，发现有不少红铜、青铜器，却尚未见有发现黄铜器的报道。而且，根据对相关考古学文化的研究，中原地区的仰韶文化是由东向西传播的，由陕西到甘肃，经过石岭下类型演变成为马家窑文化，但铜的传播却恰恰相反。所以我觉得这是个矛盾，不好理解。我提出这个问题，并不是说中国的青铜就是在中国发展起来的，但现在的说法却有不好解释的地方。前几年在甘肃兰州开过一个青铜文化的会，会上我曾经提出一个设想、一个假设，就是有没有可能，包括陕西在内的中国中东部地区是一个单独的起源区，但西边甘肃、青海、新疆是从西边传播过来的，是另一个地区。这就牵涉到青铜文化的起源是一元的还是多元的。我支持多元说。如果说是多元的，那就有可能，和新疆到甘、青再到中原的系统不一样，而是从姜寨发现的黄铜到山东龙山文化发现的黄铜，再到山东、河南的红铜、青铜是另一个系统。但是我现在不敢肯定，只是假设。我希望，冶金考古的朋友们能够关注一下这个问题。这是一个问题。

第二个问题是，采矿也好，冶炼也好，铸造也好，这些任务是谁来承担的？也就是生产者的身份问题。过去，在河南安阳殷墟、陕西周原铸铜作坊遗址中，发现过一些房基和墓葬，里面出土过一些与铸铜有关的遗物和遗迹，那么住在这种房子里的人，埋在这类墓葬中的人，究竟是什么人呢？有学者推测，可能是从事铸造铜器的工人；也有学者推测，可能是生产的组织者或管理者。不管是哪一种，从这些迹象来看，是工人也好，是组织者、管理者也好，他们的地位不是特别差。以前总觉得搞生产的肯定是苦役，生活条件非常差。但从这些发现来看，好像并非如此，并不是特别差。不过，搞采矿、搞冶炼的，可能和他们很不一样。比如说在铜绿山，考古工作者在发掘的时候，刚才沈厅长告诉我，发现了光脚的脚印，根据分析，很可能是开山挖矿的工人们留下来的。从这个角度来看，他们的身份很可能和搞铸造的人不是一批人，他们的工作环境很苦，生活也很差。总而言之，我觉得关于生产者的身份问题是应该关注的问题。考古工作者，主要是搞发掘的人员，尤其应该关注它，因为这个问题，和研究当时的采冶和铸造两地结构、社会性质等密切相关。

第三个问题，在我脑子里还没有很好解决的问题是采出来的矿石和炼出来的铜的运输问题。在铜绿山和其他矿石产地既发现有采矿的矿井、巷道、开矿的工具等采矿遗迹和遗物，也发现有炼炉和冶炼成的铜锭，说明采、冶多是在一起完成的，但在矿山或其近旁很少发现铸造的遗迹，铸造遗迹多是发现在像二里头、安阳殷墟、周原等大的都邑遗址中，是和采、冶分开的。这就有一个冶炼出来的铜是如何输送到铸造地的问题，采冶和铸造两地的关系问题，有没有贸易存在的问题。我特别关注铜绿山附近有三个东周至汉代的城址——鄂王城、草王城、五里界。我很关注这三个地方。这三个为什么在这个时期，在楚国辖区内。是一般的行政职能的城？还是和矿业有一种关系？五里界考古报告分析，有可能是管理采矿和运输的一个官府性质的城。我比较同意，但能不能成为一个科学结论？我觉得证据还不够，还需要进一步研究。如果说这些城址和采矿有关，那就表明，这些生产、运输活动是官府组织的，因为私人没有这么大的能力。但不管是官府还是私人的事，炼出来的铜都有一个向外地运输的问题，那么，它的运输路线如何，是采取什么方法运输的？也都值得研究。在本次会议提交的论文中，有的涉及这一问题，比如盘龙城用的铜料，有没有可能是铜绿山的呢？特别是在随州叶家山西周早期曾国墓地发现了两块铜锭，大家都很感兴趣，如果检测一下它们的成分，看和铜绿山发现的铜锭是不是一样，如果一样，很有可能就是从这里获取的。这对矿冶考古来说，肯定是有重要意义的。这是第三个问题。

更为重要的期待就是我们矿冶考古进行到今天，而且面临着很好的形势。刚刚王巍所长也讲到，中国考古学会希望成立专业委员会，也希望矿冶考古这方面能有个专业委员会。我给大家提一个建议，就是说我们应该有一个涉及国家课题，就是中国矿冶考古，上升到国家课题。在这个课题现在还做不成的情况下，如果说中国考古学会专业委员会矿冶考古专业委员会推动，首先我们的长江中下游应该联合起来：湖南、湖北、安徽、江西四省。因为我们现在湖北省、湖南省、河南省与安徽省四省就有一个楚文化研究中心。为什么我们不联手，来一个矿冶考古，做同一个规划，分工合作。我觉得有可能把中国矿冶考古向前推进一步。

如果说，中国考古学会能够成立矿冶考古专业委员会，一定会实现这样一个愿望。在这个基础之上（联合申报）申报世界文化遗产，我觉得这个应该是非常好的事情。

最后我还想谈一点，因为现在我们知道，矿冶考古在整个大学的几个研究机构还是比较少的，像北京科技大学、中国科学院研究生院。总而言之，我觉得我们这方面的人才还是比较紧缺的。我们今天到会的，有学校的，也有研究机构的，希望大家能够重视这个问题。临时想到这样一些话题，没有深入考虑，请大家批评指正。

谢谢！

（按录音整理稿件，如有不妥请谅解）

振兴矿冶考古　建设美丽大冶
——浅议大冶城市的定位与发展

孟宪民

大冶市，进列中国“百强”市（县），铜绿山矿冶遗址再次列入中国申报世界遗产预备名单，都值得祝贺。在此情境下，纪念考古发现，提出城市定位与发展的议题，很有战略眼光，也很准确和很及时。

我国城乡建设快速进步中的问题的确不容忽视：历史遗产消逝较快、生态环境亏欠较多、“千城一面”难以改观；形形色色急功近利的城市改造、无序的房地产开发等，诱惑依然很大。值得注意的事实是：城镇建成区、计划建成区较规划扩大若干倍。这也为考古学的振兴、科学探索与研究及发展城市特色提供了前所未有的条件。

大冶，是中国矿冶考古的诞生地，振兴矿冶考古，建设美丽新大冶，是值得探讨、实践的重大课题。

一、大冶发展的历史地区定位

十八大报告指出：面对“严峻形势”，必须“把生态文明建设放在突出地位，融入经济建设、政治建设、文化建设、社会建设各方面和全过程，努力建设美丽中国，实现中华民族永续发展”。美丽中国，与“山川秀美”有别，不仅指远离人群的生态自然保护区，更包括美丽、宜居、富有特色的城镇和乡村，包括人的素质提升。

十八大以来，习近平总书记给了我们很多很大的启发，如参观国家博物馆复兴之路展览、给北京大学考古文博学院学生复信。2012年12月11日，他对广州的东濠涌排水渠道即明代护城河的考察等，均表达了对生态文明的关注，并将其与城市发展联系起来。习近平说：“东濠涌以及遍布广东各地的绿道，都是美丽中国、永续发展的局部细节。如果方方面面都把这些细节做好，美丽中国的宏伟蓝图就能实现。希望广州的同志再接再厉，在过去打下的坚实基础上，在十八大精神的指引下，把城市建设得更宜居。”总书记还参观了东濠涌博物馆。该馆是广州越秀区利用旧建筑兴办的。公众高度评价：博物馆突破有限的空间，与清水绿岸融为一体；这一创造性的举措，让整治过的东濠涌成为小小博物馆的最大一件“展品”，媒体还传布了重大信息——城市整治将恢复宋代广州“六脉通渠”的文化特色[1]。

美丽中国，是一个个美丽的地区、城镇、乡村组成的。而大冶的价值则以著名的、有丰富内涵的古铜矿遗址为核心和基础，加之独特的矿冶文化。当前大冶又一次面临如何与世界接轨，直面世界文化遗产申报事宜。必须珍惜这个机遇，全面地研究和把握国际发展趋势，以适应世界潮流与发展。

联合国教科文组织并非只是严格地筛选有突出价值和达到保护标准的遗产，而是更重视对各国的普遍指导。其《保护世界文化与自然遗产公约》中有两句关键的话：“通过一项旨在使文化和自然遗产在社会生活中起一定作用并把遗产保护工作纳入全面规划计划的总政策”“采取为确定、保护、保存、展出和恢复这类遗产所需的适当的法律、科学、技术、行政和财政措施”。

可与大冶发展定位更直接挂钩的是与保护世界文化与自然遗产公约同在1972年通过的《关于在国家一级保护文化和自然遗产的建议》。它要求每一国家，视文化与自然遗产为发展的决定因素，制定整体政策，既“重点保护”，也善待价值一般的文化遗产，将“当代成就、昔日价值和自然之美”融为一体。这对大冶来说，就是除了保护已认知的具有世界、国家意义的遗产外，也要探索和保护那些属于当地历史并对今后发展有意义的遗产。

值得大冶注意的还有教科文组织对“历史地区”的要求。其1976年《关于历史地区的保护及其当代作用的建议》定义历史地区为：“包含考古和古生物遗址的任何建筑群、结构和空旷地，它们构成城乡环境中的人类居住地，从考古、建筑、史前史、历史、艺术和社会文化的角度看，其凝聚力和价值已得到认可。”对这一著名的内罗毕建议，我国考古界的关注度显然不足，规划、建筑界则未能关注其将考古置于首位的描述。

大冶发展的定位，已不是在百强中争第几，而是应以重大历史遗产地区为高要求，做出切切实实的努力。

二、以科学考古引领大冶发展

“像产品和人一样，地理位置或某一空间区域也可以成为品牌。”这是《战略品牌管理》一书的话，为《巴塞罗那：“品牌城市”营造术》一文所引用。该文最后总结：在巴塞罗那，人们一次次以最前卫的方式向传统致敬，也许这就是这个“品牌城市”的动力源泉[2]。大冶的城市品牌，何止地理空间，乃自千年的名字，都带着鲜明个性、特性，令人激动。问题在于，如何不断向传统致敬？以何种最前卫的方式？

《保护世界文化和自然遗产公约》对“遗址”的描述，与大冶的情况很贴切，即：“人类工程或自然与人联合工程以及考古地址等地方。”让千年大冶在世界上发出光辉的，正是20世纪的考古发掘。无疑，考古是向传统致敬的最前卫的方式之一，大冶考古需要持续发展。但什么是考古的最前卫的方式呢？

"人民大众的、真正科学的中国考古学等待我们开拓。"这是著名考古学家、教育家苏秉琦先生（1909~1997年）《华人·龙的传人·中国人——考古寻根记》文集（1994年）自序的一个很前卫的解答。他的解释如下。

"一，考古是人民的事业，不是少数专业工作者的事业。人少成不了大气候。我们的任务正是要做好这项把少数人变为多数人的转化工作。

二，考古是科学，真正的科学需要的是其大无外，其小无内，是大学问，不是小常识。没有广大人民群众的参加也不成，科学化与大众化是这门学科发展的需要。"

苏公的这些话，等于是说当时中国还没有他所期待的考古学，但"路已打通"。21世纪中国的考古学，已经和正在开拓。大冶发展的定位，也需要把握住这一趋势，否则将失之交臂。

考古学究竟有什么用处？对大冶来说有多重要？这要听一听郑振铎先生（1898~1958年）《考古工作与基本建设工程的关系》的讲演（1956年）对"中国特色"的基本判断。

中国是一个地下"文化资源"最丰富的国家。

他认为：那些一处处的历代物质文化遗存，往往足以当得起"地下博物馆"之称，"有哪个国家有我们那么丰富的东西呢？"那些地下的物质文化遗存，"对于科学研究、文化艺术的推陈出新事业都有很大的帮助。万万破坏不得，损失不起"[3]。

郑振铎，新中国首任文物局长，当时是文化部副部长，仍兼任中国科学院考古所、文学所所长。他把"科学研究"排在"文化艺术"之前，绝非仅因职务所系，而是有学术来源。郑振铎是我国最早研究并著作近代考古学史的人，1928年在欧洲写就《近百年古城古墓发掘史》，首次向国人系统介绍世界史前城址及墓葬的考古发掘情况、收获与经验。他在序文《古迹的发现与其影响》中发出极前卫的呼吁：

"为了我们的学问界计，我们应该赶快联合起来，做有系统的、有意义的、有方法的发掘工作，万不能依赖了百难一易的偶然的发见，而一天天的因循过去。"[4]

与其他著名学者、作家官员相比较，郑振铎对考古学意义的认识，实在是超出不少。他于1956年曾提出："我希望人人能像保护自己的眼睛一样来保护地面和地下的文化宝藏，这不仅仅是为了学习遗产推陈出新的需要，还要为后代的子子孙孙保存文化遗产，作为对他们进行爱国爱乡教育的力证。"[5]

考古是"学习遗产推陈出新"的主要途径之一。考古学大众化、科学化的意义，超出考古本身，指向科学创新与凝聚力这个民族生存和复兴的根本。在历史悠久的中国，考古是科学创新之学和凝聚力之学，是百年复兴和永续发展之学。

大冶地下"文化资源"丰富，并以古代青铜文明的矿冶文化遗存著称于世，是大冶最重要的、基底性的特色。故大冶的科学发展，美丽大冶"五位一体"的全方位建设，包括新型城镇化，不仅要将考古作为各有关科学研究的基础学科，而且还应作为引领学科。

由于忽视考古的重大科学意义，人们往往把考古误解为狭义文化的从属部分，视同表演、娱乐等活动。这也影响到人们对文化产业的准确理解，如不少人一提有关文化产业，马上想到的就是大搞所谓古玩交易、仿古建筑物，甚至搞出“国际古玩城”。教育、科学、文化本质上是一个整体，产业和事业是辩证关系，产业必须以事业为核心才可能健康发展。文化的“三贴近”，首先应是贴近实际，尤其是各方面的“严峻”实际。建设具有深厚历史内涵、生态文明的美丽城镇和乡村，是贴近群众、贴近生活的大愉悦，而非仅是小娱乐。这就需要将过去比较滞后、被动和薄弱的考古及生态研究，作为文化也作为全面建设的核心和基础来对待，使考古学得到振兴。

三、引领大冶发展的考古课题

通过考古振兴大冶。把大冶永续发展的细节搞清楚、做好，也应是大冶人再接再厉的重大任务。

一处古遗址，能得到治学严谨的夏鼐先生（1910~1985年）的高度评价，并为博物馆题名，很难得。《考古学》一文，是他去世后才发表于《中国大百科全书·考古学》卷首的，其中提到矿场遗址，或与大冶给他的深刻印象有关：

“……调查发掘的对象也由一般的居住址和墓葬等扩大到道路、桥梁、沟渠、运河、农田、都市、港口、窑群和矿场等各种大面积的遗址，从而使得考古工作者必须与各有关学科的专家协作，才能完成全面的、综合性的研究任务。”

向以中国考古学者“挖土”水平较高为自豪的夏先生，仍不满足，提出“必须”协作，这还容易理解。不易理解的是何为“全面的、综合性的研究任务”？夏先生逝世于国家文物委员会主任委员任上，生前曾致力于文物保护法的制定，1984年发表《文物与考古》讲话，提出“希望大家围绕保护文物来做考古工作”[6]。或许，他已预见到今天科学发展面临的复杂问题。因此，大冶考古，应按夏先生这一很前卫的要求，沿着全面、综合的方向，有所创新。以下权做粗浅探讨。

1. 故县城遗址

讨论大冶城市的发展，可有两重意思，一是指全市域，一是指主城区。大冶故县城，为大冶现代城市的前身，现仍属于主城区，重要性不言而喻。

大冶故城的地理位置、空间区域很独特：“东、西、南三面环湖，北倚丘陵，形同半岛。”“千山照平湖，城在湖波上”，明人袁宏道《大冶道中随事口占》一诗形象地描写了大冶故城的特征。更独特的是，宋初“建县时，仅筑土墙1道”，但城门却似乎不都于城墙设置。“明隆庆四年（1570年），在县城四方各盖门楼1座。”清代则增加到9座[7]。这种特殊形态意味着什么，值得探究。而且，城墙长160丈，约为唐宋都城、州城中一个坊的边长，这可能为当时县城的标准，是天作之合，还是另有玄机?

可以推测大冶故城是一座港口城市，是当政者为控制铜铁、漕粮等战略物资的专运，在物资产地的输出港建立的县城，后来也成为地域性的交通枢纽、商贸中心。港口包括不少类别，大冶故城虽不是什么大的交通枢纽，功能较为单一，但仍属港口性质。港口是综合体，现代一般解释为：位于河、海、湖、水库沿岸，有水、陆域及各种设施，供船舶进出、停泊以进行货物装卸存储、旅客上下或其他专门业务的地方。港口有别于码头的特征，是有集泊船只的适宜水域。大冶故城，内设管理机构、仓储设施等，环岛岸边可能分布不少码头，大冶湖沿岸更可停泊较多船只。从港口的角度考察，可进一步追溯大冶建县之前这个半岛及其周边的历史，如码头、港口是否早就存在。

新城区避开古城址择地另建，已成为越来越多城镇的战略选择。有的城市还开始疏迁古城址的人口，不再追求古城内的建筑容积率。这当然也应是大冶城市永续发展的目标。大冶故城，面积不大，意义却很大，应珍惜每一寸土地，为保存、展出、“恢复”遗产而做出切实努力：考古发掘必须覆盖所有动土建设的区域，同时向公众展示，并有选择地重建标志性建筑。新城区建设，也必须在规划设计之前进行考古发掘，对地下资源进行科学了解，并用于对规划设计的指导。

2. 古村落遗址

对古代采矿、冶炼人群的生活遗迹，我国考古学者很早就开始重视了，但发现却不多。这意味着遗产完整性的缺失。现在问题是，大冶成功试点的城乡统筹、新农村建设能否更进一步，提供更全面的考古发现，且考古也能促进新型城镇化和新农村建设。

我国特色，不止地下文化资源丰富，还有人口众多，于是不仅很多古城“城摞城”，还有更多的乡村之下是历代遗迹。2002年版的《中国文物地图集·湖北分册》，除铜绿山矿冶遗址和五里界城、鄂王城、草王城等3城址外，记有古遗址137处，其中为新石器时代和商代的有5处，周代且大部分是西周的有95处，宋代各为冶炼、采矿遗址的有2处，还有时代不详的冶炼遗址35处。显然，有西周之后反映普通人民生活的大量遗迹等待着被发现，其中大部分可能就在现村庄之下。它们未被发现，主要原因是考古力量远远不足，更是考古工作长期处于弱势、未得到重视的一个反映。

大冶幸存的较完整但时代晚些的古村落已日益得到重视和保存，人们会问：与古矿冶遗址同时代的包括宋明时期的古村落在哪里？而且其价值、意义是否仅在于当下的旅游？网上信息：“2010年，大箕铺镇用500万元的自筹收入，争取2800万元的贴息贷款和专项资金，调动3000多万元的群众社会投入，吸纳5000多万元的项目资金配套，广泛用于新农村建设、城乡一体化和基础设施改善，使群众从中得到了看得见、摸得着的实惠，创下了历史之最。”[8]这消息令人鼓舞，也令人有某些担心。

面临所谓城中村、旧农村、棚户区的快速拆除，如何将“当代成就、昔日价值和自然之美”融为一体，值得学界和大众广泛讨论。一切拟拆除者，不仅对地面建筑，也应对地下“文化资源”做出评估；凡拆除的地方，也都应进行全面的考古清理或发掘，以多样化的方式加以展示，包括有选择的修复和重建，并借鉴新建设；即使复耕，也切忌简单行事，不匆忙深耕、平整。

3. 古水利遗址

“甚哉，水之为利害也。”司马迁的《史记·河渠书》首次给出“水利”一词兴利除害的完整概念，且沿用至今。最近《辞海》（第六版）的解释已提到生态：“采取人工措施控制、调节、治导、利用、管理和保护自然界的水，以减轻或免除水旱灾害，并开发利用水资源，适应人类生产、满足人类生活、改善生态和环境需要的活动。”水利工程，种类繁多，如防洪、排水、灌溉、水力、水道、给水、污渠、港工等，有些遗迹地表还能看到，有些还有意无意地利用着。与城摞城、村摞村的情况类似，古水利遗迹也多属于在用遗址，不易被重视和发现。由于历代包括现代的建设不断进行，应有不少文字、口头记录和实物的资料留存下来，需要调查。

水利工程的建造和运行，机理复杂。我国宋代是“高科技”时代，曾对世界历史产生重要影响。宋代曾有著名的城市水利工程，如赣州城的福寿沟、广州城的六脉渠等，建设于那时的大冶故城，或许也有不凡的营造。《清同治大冶县城图》（见《中国文物地图集·湖北分册》）确无城墙或堤坝的表现，这在古代城市中已很少见。但该图还有个值得注意的特点，本应属于城墙的位置却是成排房屋。这或许为一种巧妙的安排，既是防御洪水、排除涝污的设施，也有兵防、居住、储运、商贸等多重作用。

对古水利遗址的考古，过去不够重视，特别是与生态环境演变史及应用研究的结合很不够，宣传上有些表面化，多是对“重点”的歌颂。一篇《百年为尺 千年为度 做好科学规划 实现科学发展》的论文，令人颇受启发，它提出应“结合治水历史，从科学发展观的角度看待治水问题”，并指出当前存在的问题的严重性：修建水利是一项重大的城市化的基础设施，同时又是极大地改变中国的生态环境、内河的水路运输，改善水资源短缺的巨大工程，目前无论综合性还是专项规划，都覆盖时间短，不能树立长远目标，且各规划间良性互动不够[9]。前述夏先生所提大面积遗址，多与水利关联密切。他倡导的多学科协作考古，应有利于尽快改变这一现状。

不论古城、古村落，还是古水利的遗址，都是建设美丽大冶的重要基础和借鉴，需要深入了解。它们的重要价值和意义至少应包括：①多方面的科学研究价值；②对现实生活、生态的功能作用；③历史文化的纪念意义。这类大面积、大规模的工程设施遗迹，较其他性质的，虽诸多细节有待了解，但更难破坏殆尽。因此，不必盲从某些“荡然无存”的断言，通过全面、综合的考古，我们可以将过去对这些大遗址的不经意的利用与破坏，转变为具有科学意识和方法的探索、承传。

千百年来，“高平低垫”[10]（苏公语），起伏的自然地貌和人工遗迹很易消失。实践告诉我们，很多时候只做传统钻探、局部发掘不能解决问题，需要大面积的考古勘测、清理、发掘才可奏效。考古工作过程，还应包括实验考古学研究，并与遗迹及建筑、地貌、生态的复原相结合，做出适当抉择——令高者高、低者低，逐步“恢复这类遗产”，而不是急功近利地去建造“假古董”或所谓风貌建筑。

承前启后，百年规划、千年建设。为建设美丽大冶，设置50至100年甚至更长的规划目标，有利于改革现状和摆脱困境。其依据是“中华民族的百年复兴和永续发展”，更基于一个常识，即任何建筑都有寿命。一般的水泥建筑物，寿命不过百年，除非需要保存而采取措施，都会面临拆除。也就是说，现存一切建筑物、构筑物，哪怕是新建者，将来的去留问题都无法回避。超长远规划及在其指导和激励下采取的近期优先行动，特别是振兴考古学，应是大冶发展最前卫的抉择。

四、开展公民必有的基本训练

美丽中国，美丽大冶，最终要落实于美丽的人。十八大报告的提法是“人民思想道德素质和科学文化素质全面提高”（也把科学排于文化之前！）。很早就关注这一类问题的，是中国考古学之父、湖北人李济（1896~1979年）。1934年，他在《中国考古学之过去与将来》一文[11]，提出公民的素质问题：

若是我们认定地下古物是宝贵的历史材料，有保存及研究的必要，我们至少应有下列几个基本的认识。这种认识并不是以见于国家法令为止，应该成为一种一切公民必须有的基本训练。

他接着列出以下几点：①一切地下的古物完全是国家的，任何私人不能私有。现在我们政府已有好几种法令包含这种认识了，但事实上，这种法令差不多等于无效。②国家应该设立一个很大的博物院训练些考古人才，奖励科学发掘，并系统地整理地下史料。③就各大学之设立一考古学系。“中国现在治历史的人，往往太缺乏自然知识的预备，这是必须要有的训练，然后对所治的题目才有正确认识。尤其要紧的，应该有一种人格训练，最小限度，他们应能拒绝从考古学家变成一个收藏家的这个魔鬼似的诱惑。”

关于人的素质，李济还有表达。1943年，时任中央博物院筹备主任多年的李济发表《古物》[12]一文，论述古物范围、种类、价值、收藏和保存，最后道：

“中国是文化高的民族，所以很早的人就对古物发生兴趣。但是我愿更进一言，我们对于古物，仅仅发生兴趣是不够的，我们要认识它们的价值，用近代的方法来研究，近代的方法来保存。现在正值全国美术展览会开幕的时候，我愿一切好古的人，对于一切古物，都用这种眼光来衡量，这种方法来对待，才不辜负我们祖先辛苦艰难所留下来的遗物，也不愧为一个有文化国家的国民。”

李济提出的是对考古学及国家、公民的基本认识。为什么李济会有如此重要的认识？这应与他的学习、研究和工作经历有关。因大冶在湖北，且李济又是湖北诞生的中国考古学之父，故以下试做些耐心的探究。

李济到北京前在钟祥接受教育，1918年由清华学堂赴至美国留学5年，先后取得3个学位，即心理学的文学士、社会学硕士、人类学的哲学博士。1962年他曾回顾大学生活所领略到的“做学问的境界”，即：第一，“内容本身所谈的，并不是离日常生活很远的事：凡是我们感官所能接触到的，都是知识的来源；无论它是粪土，还是珍珠，在学问上是没有先天的分别”；第二，“所谓方法论者”“也只是一科学常识的推广，绝不是与我们常识相矛盾的。它在各种学术上并无基本的差异，只有运用的不同”。

或正因这种境界，李济很早就向往考古学，1923年的博士论文《中国民族的形成》已表示：中国人类学“问题的范围涉及如此广阔的时间和空间。考古学研究看来是首当其冲的唯一正确途径”；1644年前“记载中的城垣有4478座。但这些并非就是中国人修建过的全部城垣”“所有这些只能靠考古发掘才能重见天日”。或正因这种境界，李济能够在考古学与使法令有效、博物馆活动、大学教育、公民基本训练之间建立起密切的联系，后来形成他的基本认识。李济的基本认识，很具有代表性，前引郑、夏、苏诸先生所言，虽时间上跨度不小，却都发自一种“真正的科学”境界。

学成归国，李济相继任教南开大学、清华大学，后转入历史语言研究所任考古组主任，开始主持安阳殷墟发掘，并“促成了古物保管法的颁布与实施”。那时李济对考古学的认识，现在看来也极前卫：“中国考古学现在最要紧的是保存方法。”1928年，李济曾在中山大学作题为《中国最近发现之新史料》的演讲，并认为：“地面上古迹保存，需各地设普通博物馆，愈多愈好。地下古物，最重要的要先有问题，有目的地去发掘，才能注意到各方面细微的物事。若鲁莽从事，一定毁残了固有的材料，不如不动，将来还有发掘的机会。”

李济认为考古学包括“保存方法”，并“最要紧”，一点也不突兀。他生前的最后专著《安阳——殷商古都发现、发掘、复原记》，曾回顾1923年“赴新郑发掘”：“我仅发现一些人类骨架，因青铜器和玉器早已被全部掠走。这最初的发掘成果没能真正把我吸引到考古科学上去，但它却给了我一个教训：做这种工作一定要非常注意现行的政治和社会状况。”[13]

“不得破坏坟墓或纪念性遗址遗物；对历史文物的报导应着眼于保护。”这是李济于1926年正式发掘西阴村遗址前所拟《山西省历史文物发掘管理办法》的首条。该文稿由《李济文集》编者得自华盛顿的弗利尔和赛克勒博物馆，2006年首次发表，说明李济早就在践行后来提出的基本认识！

李济提出的“应该成为一种一切公民必须有的基本训练”的基本认识，或可概括为“两个基本”，基础是“做学问的境界”，核心是“现代考古学的立场”。这一立场，李济60岁后还在阐发，举例如下。

1964年的《〈殷墟建筑遗存〉序》：“殷墟的发掘，就现代考古学的立场说，最基本的贡献实为殷商时代建筑之发现；亦即夯土遗迹之辨别，追寻与复原之工作。”

1964年的《南阳董作宾先生与近代考古学》“在对于现代考古学的立场上”“董先生、梁思永先生和我对于现代考古学都有一个同样的信仰、同样的看法”“就是我们不能、也不应该把我们研究的对象，当作古玩或古董看待。我们共同的认识是：埋藏在地下的古物都是公有的财产；它们在文化上和学术上的意义及价值最大，没有任何私人可以负荷保管它们的责任，所有一切都应该归公家保管”。他认为“尊重这条法律的精神，可以说为这门新学术奠定了第一方基石”。他接着说道，很像是对我们后人的教诲和嘱托：

“这当然不是一件短期就能收效的工作；一切有关的问题，均需要细心的研究及周详的办法方能解决。尤其是一般人的信心，必须个人的及团体的实际行为累积到相当程度，方能培植起来的。”

发展作为公民基本训练的现代考古学教育，已最为必要和紧迫。目前与20世纪不同，时代进步许多，问题也更复杂：文物市场乱象丛生，盗掘屡禁不止，有的考古机构、博物馆热衷“挖宝”“藏宝”，传媒也推波助澜。故绝不能乱上添乱，也不可因噎废食、无所作为，这就需要采取些特别的办法，包括考古学本身的基本建设，振兴李济倡导的“保存及研究”的、使法令有效的、作为公民基本训练的考古学。

为培育公民意识，建设美丽中国，大冶可率先采取一些措施，举例如下。

1）加强大冶博物馆建设。建立一个区域性、综合性的总博物馆，并明确发展方向，将大冶考古及生态研究作为中心任务，不断壮大力量；大力发展小中见大的遗址博物馆，如前述东濠涌博物馆，“愈多愈好”。让博物馆成为众领域科学工作者的协作基地、与公民互动的教育课堂。

2）开办大冶考古学校。开展“保存及研究”的考古学教育，将田野考古、工业考古、城市史、乡村史、生态环境史等作为重点，“与各有关学科的专家协作”教学，教学相长。同时举办培训，解决考古人力不足问题，在考古现场培养适用人才，并对有关建设人员进行基本训练。事实是，有些行业、产业，如规划、建筑、文化、旅游等，倘若不使其成为考古工作的一分子，就必会沦为破坏力量，且其本职工作也难以达到科学创新。

3）法制、舆论给予正确的引导和监督，也把“权力关进笼子”。

五、小　结

值铜绿山古矿冶遗址发现40周年之际，本文对“大冶城市的定位与发展”议题进行探讨，初步结论如下：①大冶可定位为中国的重大历史遗产地区，发展目标是将“当代成就、昔日价值和自然之美”融为一体；②大冶的科学发展，因资源特色，应以考古学为引领学科；③大冶古城、古村落、古水利遗址的多学科、结合发展建设的考古工作很有意义，需要超长远的规划目标和切实的近期行动；④建议几项政策保障措施，核心是开展李济曾提出的“一切公民必须有的基本训练”，唯有美丽公民，才能建设美丽大冶，并对美丽中国建设做出示范性贡献。

纪念发现，机遇难得，还有一位对铜绿山遗址发过言论的老人不能错过，这就是王冶秋局长（1909~1987年）。他任职文物局局长时间最长，铜绿山考古发现不久，文物局直属国务院，他正在任上。王冶秋于1979年离任前的文章《突出地方特色 加强科学研究》[14]，提到“一定要解放思想，多想办法，打破过去的老框框”时举例：“以此类推，湖北黄石铜绿山古代采矿遗址，是否也可以办成一个我国古代冶金采矿的露天博物馆呢？”

以什么类推？说的是1979年落成的秦兵马俑博物馆。它的一号坑覆罩，面积超过16000平方米，是很有国际影响的创举[15]。他写道，“过去想得就比较简单，认为一定要发掘完毕把数以千计的兵马俑列阵陈列出来才开馆，这是不现实的。所以我们决定把它办成一个独具风格的考古发掘现场博物馆，把发掘现场和坑内堆积原状都作为博物馆的内容。这样不仅可以使人们看到发掘的成果，而且还可以看到我们的工作”。该文论述博物馆要加强科学研究时也很精到，披露“早在1956年党中央号召向科学进军的时候，周总理在一次关于知识分子问题的会议讲话中，曾经把加强博物馆工作作为发展科学的必要条件之一”。可惜，王冶秋的这些思想和办法，推广不够，以致规划界不少学者常把博物馆理解为仅做陈列物品的建筑物，有的动辄批评博物馆式的保护，对考古发掘也避之不及。

敬读李济、郑振铎、王冶秋、苏秉琦、夏鼐的经典，感觉到他们的科学精神，以及对当今的重大启示。同全国一样，大冶要科学发展，必须抓好科学研究，而在大冶这样地下文化资源丰富、集中的地区，必须努力使考古学得到振兴。

注　释

[1]　《国内首家河涌主题博物馆——东濠涌博物馆亮出新匾》，人民网，2010年9月20日；《广州一日游必游东濠涌（组图）》，来源：大洋网-信息时报，2010年11月30日。

[2]　李攀，姚颖：《巴塞罗那：“品牌城市”营造术》，《21世纪商业评论》2005年第12期。

[3]　郑振铎：《郑振铎文博文集》，文物出版社，1998年，第308、312页。

[4]　郑振铎：《郑振铎文博文集》，文物出版社，1998年，第8页。

[5]　郑振铎：《宝爱民族遗产保护文化古物》，《郑振铎文集》，文物出版社，1998年。

[6]　夏鼐：《敦煌考古漫记》，百花文艺出版社，2002年，第182页。

[7]　湖北省大冶县地方志编纂委员会：《大冶县志》，湖北科学技术出版社，1990年，第405、481页。

[8]　黄水松，段兵胜：《大箕铺：106国道上的璀璨明珠》，荆楚网-湖北日报，2011年7月5日。

[9]　陈元：《百年为尺 千年为度 做好科学规划 实现科学发展》，人民网-学习时报，2011年2月24日。

[10]　苏秉琦：《中国文明起源新探》，商务印书馆（中国香港）有限公司，1997年，第108页。

书中再次回顾1975年提出的把“古城古国”当做文物保护重点的原则，“是因为我从多年实际工作看，古城址往往埋藏很浅，高平低垫，很容易就被破坏，一重要，二难保护”。

［11］　李济：《李济文集》，上海人民出版社，2006年。以下引文同。

［12］　李济：《古物》，《东南文化》2010年第1期。该文未收入《李济文集》。历史语言研究所网站介绍为1943年《中央日报》全国美展特约论文。笔者曾至南京博物院图书馆观摩原稿，为曾昭燏先生手写本中的一篇。

［13］　李济著，苏秀菊、聂玉海译，杨锡璋校：《安阳——殷商古都发现、发掘、复原记》，中国社会科学出版社，1990年，第45页。（该版本提供了完整的书名）

［14］　王冶秋著，国家文物局编：《王冶秋文博文集》，文物出版社，1997年。以下引文同。

［15］　孟宪民：《遗产保护的价值》，《中国文物科学研究》2007年第1、2期。文中介绍了一位意大利某大学教授的讲座，其中包括覆罩、纳米技术，前者案例有我国秦兵马俑1号坑棚式建筑、法国卢浮宫前的玻璃金字塔。

再议矿冶遗址的研究、保护与展示

陈建立　李延祥

从20世纪50年代郑州古荥、南阳瓦房庄冶铁遗址和60年代侯马铸铜遗址，到70年代的大冶铜绿山遗址等一大批矿冶遗址的发掘和研究工作来看，前辈学者一直注重矿冶遗址的考古发掘方法、遗迹判定及遗物的实验室检测分析等各方面的研究内容，这些研究成果也得到国际冶金史学界的高度评价。孙淑云、柯俊先生概括出冶金史的研究方法主要有以下几点[1]：文献的收集整理方法，包括古代文献和近现代地质矿产文献资料；调查研究的方法，包括矿冶遗址考察和传统工艺调查；检测与实验的方法，包括样品的检测分析和实验模拟的方法；综合研究与社会发展史结合的方法；多学科结合的方法。2007年我们在南京举办的中国文物保护技术协会第五次学术年会上发表了《古代矿冶遗址的研究与保护》[2]一文，也提出了矿冶遗址研究与保护的工作思路，指出对矿冶遗址历史和科学价值的充分揭示是保护工作的前提，正确的研究方法及稳定的研究团队是信息提取的基础，且加强矿冶遗址研究、保护与展示的理论和实践研究也十分必要。近年来，国内外关于矿冶遗址研究和保护工作的考古有了新发现和新成果，在研究方法上也有新趋势，本文结合近几年国内冶金考古发展现状，提出关于矿冶遗址调查、研究、保护与展示的几点思考。

一、矿冶遗址和冶炼技术的文献调研

冶金考古和其他学科一样，传统的方法依然是整理文献。中国具有悠久的史学传统，历代的官修史书、方志和野史等历史文献，《考工记》《梦溪笔谈》《大冶赋》《菽园杂记》《天工开物》和《滇南矿产图略》等科技典籍，大量金文、碑刻、诗词歌赋、笔记、游记和民间传说等，以及考古及地质工作者完成的考古调查与发掘报告、地质调查资料、环境调查资料等记载了历史上许多冶金技术的信息，如金属矿的产地、开采技术、冶炼技术及生产流通等，为人们了解和研究古代冶金提供了宝贵的资料，兹举几例简要说明。

从商周时期至今，长江中下游地区铜矿开采冶炼活动持续不断，古代文献和青铜器铭文中曾多次提及。《诗经·鲁颂·泮水》载“憬彼淮夷，来献其琛。元龟象齿，大赂南金”；《周礼·夏官·职方氏》和《汲冢周书·职方解》载“东南曰扬州，……其利金锡竹箭”；《周礼·考工记》记载“吴越之金锡，此材之美者也”；《尚书·禹贡》中“淮海惟扬州，……厥贡惟金三品”；伯俑父鼎铭文载“征淮夷，……俘吉金”；曾伯粟簠铭文载“克逖淮夷，印燮繁汤（阳），金道锡行”。扬州即指今苏皖淮河以南[3]，表明当时南方淮夷地区盛产铜和锡。且在皖南地区的枞阳、繁昌、南陵、铜陵、贵池、青阳、泾县等多个市县，以及江西瑞昌、湖北大冶和阳新等长江沿岸地区发现的数百处古代采矿和冶炼遗址可兹证明。繁汤（阳）位于今淮河以北的河南省新蔡县，可能是当时南北方铜料的集散地。但关于商周时期江南铜向中原地区的输运路线，需结合考古资料进行研究，建议在两个方面加强研究：一是长江中下游铜矿带地区的矿冶遗址调查、发掘与整合研究，目前安徽、江西和湖北三省的文物考古研究所分别在铜陵、瑞昌和大冶开展的田野发掘工作应能提供大量新资料；二是开展相关冶铸遗物的科技检测工作，尤其是要加强分布在南北方交流通道上的遗址和墓地出土的冶铸遗物的检测工作。

《周礼·考工记》是先秦古籍中重要的科学技术文献。关于《考工记》的成书年代，虽有诸多不同意见[4]，但大多数学者同意郭沫若对清人江永“东周后齐人所作”说法的补充，认为“《考工记》实系春秋末年齐国所记录的官书”[5]。然而，有关“六齐”所载青铜合金配制的科学性有较多争论，实质上是对“金”的涵义有不同理解。陈铁梅曾对战国青铜剑的合金元素组成进行统计分析，指出检测结果并不符合“六齐”的记载，但在大的趋势上仍不失其科学性[6]。所以，华觉明先生认为在这一问题上应本着实事求是的原则，正视《考工记》作为史料在科学研究中的重要价值，同时也要“如实地把‘六齐’看成是特定历史阶段特定地区部分青铜器件合金配制的反映，而不能要求它适用于商周时期各个历史阶段的所有地区和所有青铜器件”[7]。为此，我们开展了高锡青铜刃具的实验考古工作，以进一步了解这种特殊材料的使用性能和制作工艺。

《汉书·贡禹传》记载了关于冶铸活动与森林过度砍伐造成的生态问题：“古者不以金钱为币，专意于农，故一夫不耕，必有受其饥者。今汉家铸钱，及诸铁官皆置吏卒徒，攻山取铜铁，一岁功十万人已上，中农食七人，是七十万人常受其饥也。凿地数百丈，销阴气之精，地臧空虚，不能含气出云，斩伐林木亡有时禁，水旱之灾未必不由此也。”而在最近调查的丰都、石柱炼锌遗址群和江西德兴、上高冶炼遗址群及山西晋城明清时期坩埚炼铁遗址群的结果，也证实了这一记载。

宋洪咨夔著《大冶赋》全文2701字，是中国古代典籍中罕见的以“赋”的文体记载当时饶州等地的金、银、铜的采、冶技术和铸钱工艺之书，是古代矿冶史与矿冶技术的重要文献，除采冶工艺以外，该赋还广泛涉及历代矿冶源流、机构设置、管理制度、币制、币政等，从而具有重要的学术价值[8]。饶州为宋代矿冶重镇，赋中所记采冶技术多为作者亲历所见，翔实可靠，内容至为丰富，除详述该时期金、银、铜的采选、冶炼技术外，其中“黄铜”法还记述了有关硫化矿石开采、焙烧、冶炼、提银等全部工艺过程，是目前我国所见最早记载硫化铜矿火法冶炼冰铜和铜的文献。在水法炼铜中又区分“浸铜”和“淋铜”，使宋代其他有关水法炼铜文献中的混淆得以澄清。该赋记载的水法炼铜法，首见于汉代《淮南万毕术》的记载：“曾青得铁则化为铜。”曾青是指天然硫酸铜，它是由辉铜矿（Cu_2S）或黄铜矿（$CuFeS_2$）氧化生成硫酸铜的水溶液，色青味苦，称为胆水。当胆水和铁作用时生成铜的沉淀。这是一种方便经济的炼铜方法，在宋代有较大发展。据《宋史·食货志》等记载，北宋时南方胆水浸铜地区共有11个。这一炼铜方法在碑刻中也有记载。张潜（1025~1105年），字明叔，江西德兴人，曾编撰《浸铜要略》献于朝廷，是湿法炼铜史上的重要人物。20世纪70年代，在德兴吴园村农民改土造地时出土张氏墓志、行状、墓谒多通，其中《宋故通直郎致仕赐绯鱼袋张公行状》碑载墓主张潜“尝读《神农书》，见胆矾水可浸铁为铜，试之信然。曰，此利川术也，命其子甲献之。朝廷下其法，诸路岁收铜数百万”[9]。

2004年以来，我们多次赴重庆丰都、石柱炼锌遗址群进行了田野调查，在调查中发现两个碑刻记载了当地的有关矿冶活动。其一立于石柱都会村至大风门遗址的山道边，记载了清代当地百姓集资修建道路和集市等情况；另一个是老厂坪遗址附近一座清代墓葬的墓碑，记载了来自江西的墓主曾兆谦生前从事采矿和冶炼的情况。

宋沈括著《梦溪笔谈》和明宋应星著的《天工开物》等百科全书式的著作中关于冶金术的记载较多，瘊子甲的制作、炼铁和炒钢的连续生产、灌钢工艺、锌的冶炼、日常金属用具和大型金属器件的制作，等等。其中《天工开物》中炒钢技术的记载和图示，给复原古代炒钢技术提供了明确资料，但基于目前的考古资料及实验分析结果，我们尚不能给出令人信服的炒钢判定标准；该书对炼锌技术的记载，在调查与发掘的重庆丰都炼锌遗址中得到验证和丰富。

地质矿产资料的收集整理是文献研究的重要内容，也是矿冶史研究的重要方法之一。迄今，全国各地主要矿区均经过地质矿产调查，各地收藏的地质调查报告汗牛充栋，其中不少报告列出了在调查中所发现的遗迹遗物现象，而有的更详细地记录和分析了古代冶金技术。如于锡猷先生在1940年写的《西康之矿业》中对生产镍白铜的矿产有如下记载：“会理镍矿发现后，即有人用铜矿与之混合冶炼，然不知其为镍，故呼之为白铜矿。人从其带有黑色，又呼之为青矿。”他还详细地记述了镍白铜的冶炼过程，为后人研究古代镍白铜的冶炼工艺提供了清晰的流程。从中不仅可知镍白铜的原料比、冶炼设备，还知道冶炼的中间产物和最终产物，以及冶炼步骤。因此，地质矿产资料的收集是系统开展某一地区冶金考古工作的必要前提。

二、矿冶遗址田野考古工作的标准化

长期以来，我国文物考古学家与冶金史学者密切合作，对众多矿冶遗址进行系统的研究工作，取得较大成绩。冶金史界比较重视对器物具体冶炼技术与烧制工艺的研究，比如金相组织结构、烧制温度、成分分析等；考古界则偏重从类型学角度探求器物的形制、纹饰、所属文化类型等问题。冶金考古新的突破口，也许在于对整个冶金活动生产方式和管理模式的研究，空间分析方法对此无疑会有广阔的用武之地。近年来，对晋南、辽西、河西走廊、岭南、皖南、鄂东和西南地区古矿冶遗址进行的田野调查和发掘，以及对矿冶遗物的检测分析，初步探明了各遗址的年代和文化属性，揭示了其冶金技术内涵、规模和特征，在田野调查、发掘与采样的标准化等问题上有了新认识。

1. 矿冶遗址的田野调查

冶金考古田野调查的目的在于发现古代冶金遗存，并通过对这些冶金遗存年代、文化属性、技术状况和空间分布的综合分析，了解古代冶金活动及其背后的生产组织、社会结构和人类行为；通过对这些冶金遗存保存现状的考察，探索这些遗存的埋藏和保护方法，为文化遗产的综合管理和保护提供科学依据。因此，针对冶金遗址的空间分布、遗址功能、生产组织、资源使用和产品分配网络、冶金活动与自然环境的关系等问题进行田野调查是冶金考古的重要工作方法。

冶金考古田野调查方法应严格按照《田野考古操作规程》进行，具体操作方法可根据冶金遗存的特点进行设计。一般而言，冶金考古田野调查内容既要包括矿冶活动所留下的生活设施和遗存，又要涵盖生产的遗迹遗物，同时遗址的环境也不可或缺。在这一实践过程中，存在较多难点，例如矿冶遗物与代表遗址文化属性的陶片的共时性问题、矿冶遗址特别是采矿遗址的年代问题、矿冶遗址的范围、矿冶活动与资源环境之间的互动关系，等等。要解决这些问题，一方面需要从调查方法的设计入手，以尽可能多地采集相关信息；另一方面，也需大量开展矿冶遗址的田野调查工作，在工作中积累实际经验，建立合乎冶金考古研究的田野调查工作方法。

在无法对遗址进行发掘的情况下，设计科学合理的调查方法，最大限度地提取有效信息，对于现阶段的冶金考古研究具有至关重要的意义。不同的调查采样方法，直接影响样本的代表性。目前，考古学研究中普遍使用的调查方法包括区域系统调查和专题调查。

区域系统调查，又称全覆盖式调查，是以聚落形态研究为目的的考古调查方法[10]。其基本思想是以田野调查为基础，将古代遗存置于一定地域进行综合考察，通过对古遗址赖以存在的内、外环境的研究，探讨人与环境的关系、人类行为法则及文化运动规律[11]。

专题调查是集中调查某个时段、某个地域或者某种特定类型的文化遗存，其目的性更强，往往是为某项学术课题研究服务的。相比较区域系统调查，它能够在短时间、低成本的情况下高效率地搜集遗址信息，实现研究目的。

根据矿冶遗址的研究特点，我们建议按照专题调查、系统采样的方法开展工作。

作为景观考古学的基本研究方法，地理信息系统（Geographic Information System，简称GIS）为从宏观角度研究上述问题提供了可能，已有一些学者运用景观考古的方法对冶金遗址进行考察与分析：英国伦敦大学学院的研究者运用GIS方法比较了约旦和以色列两处冶铁遗址的异同[12]。牛津大学的Pryce和Abrams曾尝试使用Aster卫星遥感影像来探测和辨识东南亚地区的冶铜遗址[13]。Bradford大学的学者曾经系统分析了景观考古中经常使用的电阻率、磁化率等地球物理方法，用之对冶铁遗址进行调查和勘探[14]。

这些案例为冶金考古与景观考古的综合性研究提供了新的思路，显示了两者综合研究的良好态势和广阔前景。但应当指出，这些研究仍然停留在方法层面的借鉴和吸收上，理论层面的内在结合稍显薄弱。但实际上，理论层面的进一步创新和发展也许更值得关注。比如，景观考古学理论的一个热点是讨论区域内景观历史的变迁过程，以及这种变迁背后隐藏的内在动因，而作为能够深刻影响社会文化和生态环境的因素之一，冶金活动无疑是景观历史变迁的重要动力。

我们以河南舞钢、西平战国至汉代冶铁遗址群为例在这方面做了尝试性探索[15]。该研究以前人工作为基础，首先对各冶铁遗址进行系统调查，包括其分布范围、持续时间及环境要素等；然后利用实验方法对采集的冶金遗物标本进行检测分析，确定这些冶铁遗址群的冶炼技术及各遗址的功能；进而通过GIS支持的景观考古方法，从宏观角度讨论不同功能遗址在景观方面的分布规律；最后，构造土壤侵蚀模型，对该地区大规模冶炼活动与自然环境的互动关系展开探索性研究。该研究涉及以下三个层面。

1）遗址内研究：以遗址为单位，力图最大限度地挖掘每个遗址内的有效信息。通过田野考古调查和实验室分析，给出遗址大致的年代框架；深入剖析各个遗址的冶炼技术，并对遗址在整个冶铁工业体系中的功能进行判断；研究每个遗址所处的微环境信息（包括遗址附近的坡度、坡向、汇流积累量等）。

2）遗址间研究：在确定每个遗址具体功能的基础上，借助GIS支持的景观考古学方法，探究在冶铁工业体系中不同功能的遗址在空间分布上的特点，或者说，不同遗址在功能上的差异与其在空间分布上的差异之间有怎样的相关性；另外，尝试构建战国到汉代该地区冶铁工业的组织体系与分配网络。

3）遗址外研究：该层面的研究属景观考古范畴，主要目的是探究战国秦汉时期该地区大规模、长时间的冶炼活动与周边地区生态环境要素（土壤、植被等）的互动关系。从目前情况看，该地区具有较高的森林覆盖率，土壤侵蚀量较低。然而，当地土壤部门的调查却发现，在遗址附近的丘陵和南部山区附近，分布着较大面积的淡岩黄砂石土、砂页岩黄砂石土及各种石渣土，这些土壤均经历过显著的粗骨化过程。而这一粗骨化过程的原因是什么，是否与当时的冶炼活动有关，是该层面研究重点关注的内容。

近年来李延祥等在辽西地区、甘肃河西走廊和山西的中条山地区开展了大量早期冶金遗址调查工作，其工作方法是在详细收集该地区矿冶遗址资料信息的基础上，通过访谈、实地调查等多种方法，对这些地区所有有迹象的遗址开展普查工作，并对有矿冶遗物的遗址进行重点调查、试掘和发掘工作。这一工作系近年来冶金考古田野调查工作的一大收获，也得到考古界的充分认可。相信随着调查工作的深入，将获得更多关于矿冶遗址与自然环境、水陆交通、城市分布等方面关系的信息，为探讨冶金技术对社会的影响提供更多科学依据。

2. 矿冶遗址的考古发掘与采样

更具年代和冶金信息的考古资料是从田野发掘中获得的。考古地层学和埋藏学是田野考古发掘的理论基础，无论何种田野考古作业方法，均要清楚考古地层形成的原因和过程，并据此讨论人类遗留的物质文化的内涵及古代人类的文化和社会行为。因此，田野考古发掘的进步应该是理念、技术与实践上的同步进步，由此要求考古发掘过程本身需有更细致、准确的操作，以获取更多的信息量，而新科技手段的不断引入与应用，又为田野考古发掘获取新材料提供了更多选择，同时拓宽了考古学家的研究思路。国内外冶金遗址的田野考古发掘工作都体现了这一点。

从20世纪50年代郑州古荥、南阳瓦房庄冶铁遗址，60年代侯马铸铜遗址，到70年代的大冶铜绿山遗址等，一大批矿冶遗址的发掘和研究工作显示，前辈学者一直注重矿冶遗址的考古发掘方法、遗迹判定及遗物的实验室检测分析等研究内容，其研究成果也得到国际冶金史学界的高度评价。但必须指出的是，因为种种原因，在发掘资料的刊布方面还有需要改进之处。仅就先秦时期铸铜遗址而言，铸铜遗址的聚落特征、功能区特征及单位属性的判定极为重要。以往发表的介绍遗迹单位等材料的文章，按照结构形式大体分为三种：总体概况与全部单位介绍相结合，总体概述与典型举例相结合，仅总体介绍。内容上也出现以下几种情况：有的报告按地层对形制、堆积、出土物及堆积状况进行详细介绍，而有的则未按层位进行介绍，有些报告缺失的内容较多，如仅介绍形制或出土物，或根本没有介绍遗迹单位。因此，要提升先秦时期铸铜遗址的相关考古学研究，加强所有信息的刊布非常必要。

冶金技术反映了多方面的知识、技艺及生产管理方式。采样是田野冶金考古工作的重要内容，是根据冶金考古研究的需要，在田野调查和发掘过程中，依据堆积单位和遗迹单位的形状和性质，采集其中包含的遗物、遗址或堆积本身的过程。田野考古采样工作的实施方案直接决定了田野考古工作获取科学研究信息量的多少，必须做到准确、全面、科学、有效。对于冶金考古研究而言，应鼓励冶金考古实验室工作者全程参加田野考古调查与发掘，根据自身学科背景和独特视角研究冶金遗存地层堆积问题，并与考古学家共同设计有针对性的采样方法和采样内容。

冶金考古的采样种类十分庞杂，包括采矿、冶炼、铸造、锻造和金属制品的使用、流通和废弃等各环节所涉及的样品，详见表一。原则上，各类冶金遗物均要全部采集，而自然遗存根据研究目的可进行部分采集，但无论是全部采集还是部分采集都需要进行统计学分析。

表一　冶金考古样品种类一览表

遗址类型	采样种类	研究目的
采矿遗址	采矿工具、采矿痕迹、矿石、选矿工具等	采矿技术
冶炼遗址	冶金设施：炉壁、鼓风管、炉衬、坩埚、烧炭窑、焙烧炉、各类操作工具等	炉型结构、鼓风技术等
	炉料：矿石、助熔剂、燃料等	冶炼技术等
	产品及废弃物：金属锭（块）、炉渣等	工艺、成分和产地信息等
铸造、精炼或锻造遗址	冶金设施：坩埚、熔炉、退火窑、锻造炉、烘范窑、各类操作工具等	炉型结构、鼓风技术等
	原料：矿石、燃料、助熔剂、金属锭（块）、制范材料、模、范和芯等	合金熔炼、铸造和锻造技术等
	产品及废弃物：金属制品、金属锭（块）、炉渣、金属和炉渣碎屑等	工艺、成分和产地信息等
其他性质的遗址	金属器具、冶炼和铸造工具、炉渣、炉壁等一切与冶炼有关的材料等	工艺、成分和产地信息等

需要指出的是，冶金考古样品包括但不限于上表所列种类。对于一个冶金遗址而言，我们需要了解其冶金技术，也需要了解冶铸工匠的生活方式及冶金活动的管理方式，因而，其他种类的样品采集也不可或缺。

但是检测分析样品的选择应有目的性，是为解决所要研究的问题而做分析，而非样品分析得越多越好。此外，分析所用仪器设备的选择，也是以解决问题为目的，而不是越先进越好。

田野考古冶金遗存的采样技术涉及诸多学科与交叉学科的理论和实践，但目前矿冶遗存发掘尤其是抢救性发掘中冶金遗存的采样工作得不到应有的重视，产生这种现象的主要原因在于传统考古学与冶金考古缺乏真正的融合。目前常见的冶金考古工作模式是由田野考古工作者在发掘过程中取样后，再将样品送到实验室供冶金考古工作者研究。这样的工作模式会丢失很多信息，从而导致田野考古与冶金考古研究的脱节。所以，冶金考古的研究方法和结果要想真正为考古学研究服务，冶金考古工作者必须亲自走向田野，参加田野考古发掘工作的全过程，用自身的优势和独特的观察角度研究冶金遗物的表面分布和地层堆积等问题，并与考古学家讨论，针对性地为结合后的考古学研究和冶金考古研究本身设计不同的取样方法和取样内容。

冶金考古采样包括矿冶遗址调查与发掘过程中的采样和对已出土矿冶遗物的采样，二者间的采样技术有所区别。

矿冶遗址调查和发掘过程中的采样包括直接提取法、筛选法、水选法、磁选法、平/柱状剖面采集法几大类。

直接提取法是直接采集遗物的方法，适用于个体较大的或较完整的冶铸遗物的采集。直接采集遗物之前需要记录其空间位置（三维坐标）、向度（遗物摆放的方向和角度）等信息，编号和摄影后再提取。

筛选法是使用筛子对遗址文化堆积中的土样进行筛选，主要用于选取其中个体较小的冶铸遗物，这点在《田野考古规程》中有详细规定。

水选法又称“浮选法”，可分为轻选法与重选法，两种方法可同时进行。水选后，漂浮于水面的有机质遗存应直接使用筛网轻选收集并阴干；渣子部分做重选收集，阴干后再使用不同网眼规格的筛子筛选，提取其中的遗物。

磁选法，是根据一些冶铸遗物具有磁性的性质利用磁铁进行采样的方法，是上述几种采样方法的补充，可获取冶铁遗址中通常被忽略的铁屑和锻造剥片等遗物。

平/柱状剖面采集法的取样对象主要是冶铸遗址内的土壤和沉积物。需根据冶金遗迹分布情况，清理出平面或柱状地层剖面，采集所需数量的土样，然后在实验室完成其他方式的样品采集和分析，其目的是分析判定冶铸遗迹的分布范围和持续时间。

对已出土矿冶遗物特别是金属样品的采样应注意：

1）冶金史工作者必须与考古学者密切合作，共同协商，进行样品的选择、制备工作。

2）对于必须取样的文物样品，应尽量在不影响外观形貌的情况下选择残断处或不影响主要纹饰、形制的地方取样，截取的样品应尽量小而又能满足研究的需要，取样可选择用0.1毫米的钼丝线切割法进行。

3）在做完实验之后，务必将样品镶回。

4）采样要有代表性，不仅要考虑地域、时间、种类的代表性，也应在技术上有代表性，同时选择的样品应有足够数量，如对出土的古代钢铁制品应多重视兵器、工具、农具的金相学研究，也不应忽视生活用具的研究。

总之，在矿冶遗址的调查、发掘和采样方法方面，国内的专门性研究较少。最近几年虽然开展了较多的冶金遗址田野调查和发掘工作，但这一过程中多学科联合研究机制尚未真正建立，因此有必要认真执行《田野考古工作规程》，分别针对矿冶遗址调查中的采样、矿冶遗址发掘中的采样及对金属制品的采样中需要注意的问题，开展冶金遗存采样的规范化研究，并最终建立田野调查和发掘过程中冶金考古的多学科联合研究机制。我们相信，随着冶金考古的深入发展，采样技术也会不断扩充和完善。

三、冶金实验考古研究

实验考古学是以详尽客观的考古材料和数据为基础，复原考古材料的生产、使用、废弃和埋藏过程，以帮助考古学家重建某项技术或某一个社会形态，对提高田野考古操作方法、深化对古人行为的认识及推动考古学理论研究等方面均具有重要作用。

开展冶金实验考古研究与操作是正确了解古人如何从事冶金活动所必需的手段之一。冶金实验考古产生于20世纪50年代，70年代获得大幅度发展，90年代至今，冶金实验考古已成为欧美冶金考古的重要研究方法和研究领域。Tylecote R. F.在Timna遗址的工作是整个冶金实验考古发展的分水岭[16]，在这之前冶金实验考古工作开展不充分，之后冶金实验考古获得突飞猛进的发展，其研究领域有了极大拓展，具体表现在矿石的开采与加工、金属冶炼与铸造、金属制品加工与使用等方面[17]。

国外的冶金实验考古工作，在青铜冶炼技术、块炼铁冶炼技术和特殊金属制品复制上曾取得尤为显著的成绩，兹不赘述。

国内北京科技大学冶金与材料史研究所、中国社会科学院考古研究所、中国科学院自然科学史研究所、上海博物馆、鄂州博物馆、中国科技大学、中国科学院研究生院和中国钱币博物馆等单位开展了不少冶金实验考古的研究工作。

邹友宽、卢本珊等人在湖北大冶铜绿山[18]和江西瑞昌铜岭[19]对商周选矿技术，特别是溜槽选矿法进行了模拟实验研究，认为当时处理贫矿带中的矿石多采用重物选矿法，西周开始对次生富集带中的矿石采用先进的溜槽选矿法选矿，达到了较高的水平。

中国社会科学院考古研究所铜绿山工作队在铜绿山遗址开展了古代炼铜技术的模拟实验。

北京科技大学[20]、中国科学院[21]对早期黄铜冶炼工艺进行了模拟实验。北京科技大学模拟黄铜冶炼的实验证实冶炼温度在 950℃~1200℃用碳还原铜锌混合矿或共生矿都可得到黄铜，而这种冶炼在新石器时代晚期烧陶技术水平下可以达到，所以早期黄铜锥和片是古人炼铜初始阶段，在原始冶炼条件下偶然得到的产物，这一结论对于正确理解冶金技术起源有重大价值。

此外，较多学者还对古代的青铜铸造工艺进行了大量复原研究。

在铜器铸造方面，最早的工作始于20世纪60年代初，李济、万家保对1928年至1937年殷墟出土青铜器的模拟实验研究[22]。70年代，华觉明、冯富根、王振江和白金荣复原了妇好墓出土的青铜器[23]。90年代，谭德睿等人研制出与古陶范性能相当的范料，模拟铸造了具有典型技术特征的古代青铜器[24]。廉海萍在此基础上，模拟铸造了吴越细绳纹类青铜礼器[25]。此外，董亚巍、周卫荣、王昌燧等近年来也对青铜范铸技术[26]进行了复原研究，华觉明、谭德睿、黄金洲等对中国古代失蜡法工艺也进行了复制[27]。在石范铸造技术[28]、铸钱工艺[29]、铜镜铸造[30]和相关的计算机模拟[31]等方面，学者们也做了大量的工作。

国内外已开展的冶金实验考古工作，解决了一批古代冶金技术问题，但在研究方法和内容上仍存在局限性。例如，目前的实验考古过多地集中在对技术和工艺的复原上，但忽视了技术以外人的活动，这可能与大多数模拟实验是由科技史学者或者科技考古工作者开展有关，缺少考古学家参与的冶金实验考古在某种程度上无法深入解决这些问题。

因此，一方面实验考古工作者应当从实验室“走出去”，在关注技术的同时寻找技术背后的社会和文化因素，在搞清楚技术问题后，更多地探讨人与社会的互动，或许能够有助于解决一些目前技术本身不能解释的考古学问题；另一方面，考古学者可以参与或组织实验考古活动，将在考古发掘过程中无法解释的问题由实验考古模拟出来，塑造假设或模型，并判断其合理性。

同时，目前国内的冶金实验考古工作主要集中于铜器铸造工艺方面，其他冶金技术的实验考古研究较少，不利于复原和展示中国古代冶金技术和生产的全貌。以生铁和生铁制钢技术体系为例，研究表明，自战国开始该技术体系成为中国钢铁技术发展的主流，极大地推动了古代生产的进步和社会的发展，是一项伟大的发明创造。然而，目前我们对于高炉炼铁、生铁铸造、退火和制钢等多个环节仍然处于实验分析和初步的理论验证阶段，尚未进入到实践验证理论的阶段，不利于我们充分了解古代的钢铁生产和人类的冶金活动，不得不说是一个巨大的遗憾。因此，未来要突破在研究内容上的局限性，在原始炼铜技术、生铁冶炼及铸造、生铁制钢、金属制品使用性能及技术以外人与社会的活动（如冶金活动的组织、产品的流通和使用）等方面开展工作。

最后，对于如何从冶金实验考古中了解古代冶金活动背后人的作用，仍然是一个空白，这也是怎样用实验考古方法解释考古学问题的难点之一。产生这个问题的原因有多种，其中缺乏相关考古材料、无法为重建古代冶金提供有效参数是重要原因之一，因此还需开展民族学和传统工艺方面的调查。同时，要从科学技术史、科学哲学、社会学、心理学等学科的理论和方法中汲取营养，多学科的结合是开拓实验考古研究方法和解决相关问题的重要途径；将现代科学技术手段用于复原古代社会，从而为解决考古学问题提供参考和依据。当然，在考古实践中如果能主动运用实验考古手段，例如在发掘冶金遗址的同时对遗址进行全方位模拟，或许可有助于解决相关考古学问题。

四、矿冶遗址的保护与展示

我国发现和发掘的大批古代矿冶遗址同时也是工业遗产的重要组成部分，对其进行正确的保护和充分的展示是应有之义。注重考古发掘、保护和复原展示，积极开展实验考古研究，推动公众考古发展，是目前考古学的真实写照。中国考古学自20世纪50年代以来，始终倡导“为历史、为人民”的价值观。1984年苏秉琦先生指出中国考古学的两个主要特点："一是它同各门学科（包括自然科学和社会科学）的互相渗透""二是它要面向社会。就是面向人民群众，面向未来"。1987年又指出"考古不再是少数人的专业，它将越来越大众化，真正成为人民的事业"。以文物的发现、保护、利用、传播为核心的一系列实践性公众考古学活动，与西方公众考古学理念一致。近年来，考古界开展的公众考古活动较多，并成立公众考古研究机构，召开相关学术会议，取得较好效果。矿冶遗址的研究、保护与展示工作正体现了这一发展趋势。

国际上关于矿冶遗址保护的条款主要体现在三个国际公约中，分别是《威尼斯宪章》《保护世界文化和自然遗产公约》和《有关工业遗产的下塔吉尔宪章》，这些宪章和公约为矿冶遗址的保护提供了可靠依据和切实可行的保护准则[32]。截至目前，已列入世界遗产名录的60处工业遗址（包括工业城镇、工业景观、交通设施、矿冶工业及相关水利水运设施（含运河）、制造加工等多种类型）中，矿冶工业及相关遗址有22处——美洲的波多西城、瓜纳华托古镇及周边矿区和古萨卡特卡斯银器加工中心，欧洲的恩格尔斯堡铁矿场、铁桥峡谷、弗尔克林根铁矿场、布莱纳文工业景观和法伦铜矿山采矿区，日本的石见银山炼银遗址等。这些工业遗产保护与展示可总结为四种经典模式[33]：

1）原生态保护模式，以日本石见银山遗址为例，对遗址不加以大规模改造而原样保存；

2）原址改建主题博物馆模式，以英国铁桥峡谷为例，将矿冶遗址原址保留后建成主题博物馆；

3）大规模改造模式，以德国鲁尔盖尔森基辛德炼钢厂为例；

4）景观公园模式，以德国鲁尔泰森钢铁公司旧址为例，对遗址进行必要的生态修复和规划后建成景观公园。

这些实践工作极大地丰富了矿冶遗址保护与展示的理论研究。

日本石见银山银矿遗址在申遗过程中，经历了漫长而精致的保护过程。自停止采矿冶炼活动之后，日本政府、学术组织、民间团体和当地民众开始对该遗址进行研究和保护工作，1969年至2008年期间多处遗产被指定为国家文化财（类似我们的全国重点文物保护单位），并设立专门的石见银山遗迹保存管理委员会，对遗址进行管理和研究。在保护和展示中，注重原生态的保护与利用，限制过度的旅游开发，将采矿遗址、城堡遗址、历史街道、古建遗迹和交通设施作为一个整体的生态历史文化保护区。终因"采矿与自然环境和谐相处"的理念、有效的保护设施和扎实的研究工作而于2007年被列入世界文化遗产名录。

日本的传统たたら冶铁制钢工艺曾生产出大量高质量的钢制品，为研究和复原这一古老技术，日本たたら研究会不仅对日本古代炼铁技术进行系统调查与考古发掘，也对中国和韩国的古代冶铁遗址进行考察，根据这些考古资料，组织完成多次冶铁实验考古研究。从矿石、燃料、鼓风、炉型结果、冶炼流程等多方面，严格按照古代技术状况进行模拟，以研究古代的技术信息，完成多种形式的公众展示，在学术界和社会公众中反响较好。

从上面的讨论可以看出，对矿冶遗址历史和科学价值的充分揭示是保护工作的前提，而正确的研究方法又是信息提取的基础。考虑到矿冶考古研究涉及采矿、冶炼、铸造、历史、考古等多个领域，因此对矿冶遗址的研究既需要运用历史文献学、考古地层学、类型学、民俗学和民族学等人文社会科学的研究方法，也采用环境、地质、矿业、冶炼、铸造、压力加工、腐蚀与防护、理化分析和年代测定等自然科学的技术与方法。

根据最近几年的工作经验，我们对古矿冶遗址的研究和保护工作有一些深刻体会如下。

首先需要确定正确的研究方向和研究重点，构建稳定的研究团队。目前全国各地已发现古矿冶遗址数千处，但限于研究经费和研究人员，只能对确定具有重要学术意义的遗址进行系统调查研究，将工作做好做透。目前，国内已经形成几个稳定的冶金考古研究小组，主要研究也集中在中国冶铜技术起源、冶铁技术早期发展和炼锌技术的发明等具有较大的考古价值和科学价值的古矿冶遗址方面，取得一系列新成果。相信通过古矿冶遗址的田野调查和实验室研究建立起的冶金技术发展序列，能够为中华文明起源与早期发展等研究方向提供可靠的科学资料。

确定了正确的研究方向和研究重点后，还要有合理的研究方法。古矿冶遗址研究是集多种学科为一体的综合研究，所以在研究方法上要有所选择。对成熟方法要推广使用，更应深入发展，也要引入新的方法。例如，关于古代金属矿料来源的研究，目前应用较多的是铅同位素比值和微量元素分析方法，尽管有所争议，但取得的成绩同样有目共睹，在深入发展的基础上引入新的手段或思路是必要的。

最后，在对古矿冶遗址的科学价值进行研究的同时，相应的保护研究应同时展开，只有这样才能更好地促进遗址的长久保护。事实上，我们在田野考察中也贯彻了这一思路。

在调查研究中发现古矿冶遗址的保护有较多问题：大多数矿冶遗址没有强有力的管理机构和管理人员，有些国保单位仅有一块石碑，导致一些重要遗址不断地被自然或人为地破坏；缺乏完善或切实可行的遗址保护建设规划，在已调查的大部分矿冶遗址中，有保护规划的只是少数；遗址保护与经济发展、环境保护的矛盾比较突出，因为大部分矿冶遗址仍处于现代矿山之中，具有较大的开采价值和经济效益，一些不法矿主的私挖盗采使遗址的保护受到严重威胁，由于处于矿区，遗址附近的环境质量也不佳。针对这种情况，我们认为应该在完善管理体制的同时，充分发挥媒体、学校和管理机构的宣传、教育及监督功能，提高政府、普通民众的文化遗产保护意识，在编制有操作性的保护规划的基础上注重现实和历史环境的复原及保护的整体保护方式，根据历史背景、采冶流程等自身特色，创造公众多方位参与的途径和方法，按照保护为主、抢救第一的原则，加强对古矿冶遗址的科学开发。

调查研究中发现，近现代矿冶遗址的研究和保护问题更多，由于“详远而略近”观念的影响，地区对该方面重视程度不够，导致研究和保护工作较为薄弱。幸运的是，目前这种情况已得到国家有关部门和社会各界的重视。国家文物局对工业遗产的研究保护工作发出特别通知，有计划地组织开展相关研究和保护工作，并以“博物馆日”和“文化遗产日”等活动为契机大力宣传工业遗产的价值等，促进了社会各界对工业遗产的认识，取得较好效果。国土资源部通过建设北京黄松峪等28个国家矿山公园的活动，使具有重要保护价值、观赏价值的矿业遗迹得到保护和科学的开发利用。我们相信，随着研究与保护工作的深入开展，会有更多的研究成果和更成功的保护案例出现在工业遗产的研究与保护工作中。加强这方面的理论和实践研究十分必要。

在矿冶遗址的保护与展示方面，我国拥有数量众多、历史悠久、技术体系完整的矿冶遗址，尽管对其保护的难度较大，特别是当经济发展与遗址保护相矛盾时，保护工作遇到的阻碍更多，相关的保护技术有待进一步提高，但在保护与展示方面也有较多的成功案例，如安徽铜陵和湖北大冶铜绿山矿冶遗址的保护与展示工作，在当地的文化建设中起到重要作用。系统总结矿冶遗址研究、保护与展示的经验与教训是必要的，迄今我国尚无一例矿冶遗址被列入世界工业遗产名单，不无遗憾，这也显示了我们工作的不足，借鉴国外矿冶遗址的调查、研究、保护与展示方法对推进我国的矿冶遗址的保护与展示工作有重要意义。

五、结　　语

本文对矿冶遗址的研究、保护与展示工作进行了简单讨论，发现无论是在研究方法还是在实践方面，近年来的工作都有突飞猛进的发展，但今后仍需在矿冶遗址的文献调研、矿冶遗址田野调查和发掘工作方法，田野调查和发掘资料的整理，矿冶遗址的价值评估，矿冶遗址的保护规划和保护方法，矿冶遗址的展示工作等各方面进一步突破。

在文献整理方面，文献整理方法是一种重要的冶金考古方法，但古文献中往往存在记载不清或根本没有记录等普遍情况，所以单靠古文献是不能系统、全面地了解古代冶金技术的，因此冶金考古研究需要整合各类文献资料，但要特别重视考古资料的整理工作。

在矿冶遗址的调查、发掘和采样方法方面，国内的专门性研究较少。最近几年，虽然开展了较多的冶金遗址田野调查和发掘工作，但这一过程中多学科联合研究机制尚未真正建立。因此有必要认真执行《田野考古工作规程》，分别针对矿冶遗址调查中的采样、矿冶遗址发掘中的采样及对金属制品的采样需要注意的问题，开展冶金遗存采样问题的规范化研究，并最终建立田野调查和发掘过程中冶金考古研究的多学科联合研究机制。我们相信，随着冶金考古的深入发展，采样技术也会不断扩充和完善。

在矿冶遗址的保护与展示方面，我国拥有数量众多、历史悠久、技术体系完整的矿冶遗址，尽管古代矿冶遗址保护的难度较大，特别是遇到经济发展与遗址保护的矛盾时保护工作的难度更多。另外，一些保护技术还有待进一步提高，但在保护与展示方面也有较多的成功的案例，如安徽铜陵和大冶铜绿山矿冶遗址的保护与展示工作，在当地的文化建设中起到重要作用。所以系统总结矿冶遗址研究、保护与展示的经验与教训是必要的，迄今我国尚无一例矿冶遗址被列入世界工业遗产名单，不无遗憾，这也显示了我们工作的不足，而借鉴国外的矿冶遗址的调查、研究、保护与展示方法对推进我国的矿冶遗址的保护与展示工作有重要意义。

注　释

[1] 孙淑云，柯俊：《冶金史研究方法的探索》，《广西民族学院学报（自然科学版）》2004年第2期。

[2] 陈建立，李延祥：《古代冶金遗址的研究与保护》，《中国文物保护技术协会第五次学术年会论文集》，科学出版社，2008年。

[3] 裘士京：《江南铜研究——中国古代青铜铜源的探索》，黄山书社，2004年，第42~43页；唐杰平：《安徽古代铜矿考古的回顾与思考》，《文物研究》第14期，黄山书社，2005年。

[4] 陈直认为《考工记》有楚人所附益，陈直：《文史（第三辑）》，1963年，刘广定：《从钟鼎到鉴燧——六齐与〈考工记〉有关的问题试探》，《中国科学史论集》，台湾大学出版中心，2002年；《从车轮看考工记的成书年代》，《中国科学史论集》，台湾大学出版中心，2002年，第241~254页；刘广定认为"《考工记》中与铜器有关的部分依汉人观点写成或至少使人怀疑这部分的内容在汉代曾为人所损益。"

[5] 郭沫若：《考工记的年代与国别》，《天地玄黄》，群益出版社，1950年。

[6] 陈铁梅：《定量考古学》，北京大学出版社，2005年，第283页。

[7] 华觉明：《中国古代金属技术——铜和铁的文明》，大象出版社，1999年，第283页。

[8] 黄盛璋：《宋代冶金技术初探》，《科技史文集（13）》，上海科技出版社，1986年；李延祥：《冶金史上的奇篇——〈大冶赋〉》，《中国冶金史料》1992年第4期；田育城，李素祯：《科技文献钩沉译评》，吉林教育出版社，1991，第45~50页；华觉明：游战洪：《〈大冶赋〉句读及解释商榷》，《中国科技史料》1996年第4期。

[9] 陈定荣：《德兴张氏世家的两方碑竭》，《江西文物》1991年第1期。

[10] 方辉：《对区域系统调查法的几点认识与思考》，《考古》2002年第5期。近年来在中国进行的区域系统调查包括：伊洛河流域考古调查，颍河上游考古调查，山东两城镇考古调查，赤峰半支箭河地区考古调查，成都平原考古调查等。

[11] 中国社科院考古所，美国明尼苏达大学：《洹河流域区域考古研究初步报告》，《考古》

1998年第10期。

［12］ Veldhuijzen H, Rehren T. Slags and the city： early iron production at TELL HAmmEH, Jordan, and Tel Beth-Shemesh, Israel.

［13］ Pryce T, Abrams M. Direct detection of Southeast Asian smelting sites by ASTER imagery：technical issues and future perspectives. Journal of Archaeological Science. 2010 (37)：3091-3098.

［14］ McDonnell G. Geophysical techniques applied to early metalworking sites. The Historical Metallurgy Society： Archaeological Datasheet. 1995 (4).

［15］ 秦臻：《舞钢、西平地区战国秦汉时期冶铁遗址研究——从微观到宏观》，北京大学考古文博学院硕士学位论文，2011年。

［16］ Wynne E J, Tylecote R F. An experimental investigation into primitive iron smelting techniques. Journal of iron and steel institute, 1958：339-348.

［17］ 刘海峰，陈建立，潜伟 等：《冶金实验考古初探》，《中国国家博物馆馆刊》2012年第9期。

［18］ 卢本珊：《商周选矿技术及其模拟实验》，《中国科技史史料》1994年第4期；邹友宽、卢本珊：《中国先秦溜槽选矿法模拟实验研究》，《湖北师范学院学报（自然科学版）》1993年第3期。

［19］ 邹友宽，卢本珊，刘诗中 等：《铜岭西周溜槽选矿法模拟实验研究》，《东南文化》1993年第1期。

［20］ 北京钢铁学院冶金史组：《中国早期铜器的初步研究》，《考古学报》1981年第3期。

［21］ 凡小盼，王昌燧，周卫荣：《中国早期黄铜冶炼工艺模拟实验研究》，《中国钱币》2011年第3期。

［22］ 李济，万家保：《殷墟出土五十三件青铜容器之研究》，《古物研究专刊（五）》，1972年。

［23］ 华觉明：《中国古代金属技术——铜与铁造就的文明》，大象出版社，1998年。

［24］ 谭德睿：《中国青铜时代陶范铸造技术研究》，《考古学报》1999年第2期。

［25］ 廉海萍，谭德睿，徐惠康 等：《吴越细绳纹类青铜礼器成形技术研究》，《文物保护与考古科学》2004年第11期。

［26］ 董亚巍：《西周早期圆形尊的范铸模拟实验》，《中原文物》2010第1期；何薇，董亚巍，周卫荣 等：《商前期青铜斝铸造工艺分析与模拟实验研究》，《南方文物》2008年第4期。

［27］ 李元芝，张方涛，陈洪良 等：《中国早期失蜡铸件——许公宁蟠虺纹透空饰件的复制研究》，《特种铸造及有色冶金》2010年第2期；黄金洲：《曾侯乙尊盘采用失蜡法工艺铸造毋庸置疑》，《江汉考古》2008年第4期。

［28］ 王楚栋，董亚巍，王金华 等：《中国古代石范铸钱模拟实验研究》，《中国钱币》2003年第1期。

［29］ 董亚巍，施继龙，周卫荣 等：《萧梁钱币铸造工艺模拟实验》，《文物保护与考古科学》2006年第2期；李迎华，董亚巍，周卫荣 等：《汉代铜范铸钱工艺及其模拟实验》，《中国钱币》2005年第2期。

［30］ 张少均，秦颖，董亚巍：《西汉星云镜铸造工艺模拟实验》，《江汉考古》2010第4期；董

亚巍：《古代“透光镜”产生的原理及其复制研究》，《江汉考古》2002年第3期。

[31] 廉海萍，杨戈涛：《汉代铸钱过程的计算机模拟实验》，《文物保护与考古科学》2010第3期。

[32] 《下塔吉尔宪章》：Conservation of the industrial heritage depends on preserving functional integrity, and interventions to an industrial site should therefore aim to maintain this as far as possible. Preservation of the site should always be given priority consideration. The adaptation of an industrial site to a new use to ensure its conservation is usually acceptable except in the case of sites of special historical significance. New uses should respect the significant material and maintain original patterns of circulation and activity, and should be compatible as much as possible with the original or principal use. Continuing to adapt and use industrial buildings avoids wasting energy and contributes to sustainable development. Interventions should be reversible and have a minimal impact.

[33] 北京科技大学博士生刘海峰查询和提供的资料。

（已载《湖北理工学院报（人文社会科学版）》2014年第2期）

铜绿山、九华山古代炼铜炉渣研究

李延祥

第一章　铜绿山问题的提出

铜绿山位于今湖北省黄石市大冶县县城西北3千米处，地理坐标为东经114°53′，北纬30°5′，在长江中游南岸，沿江上行143千米达武汉，顺江下行129千米至九江，水陆交通便利。

铜绿山矿床属长江中下游铜铁成矿带西端，由以前震旦系为基底、在震旦纪至三叠纪的拗陷带中发育的一套海相与陆相稳定沉积，经印支、燕山多旋回运动，尤其是燕山期酸性岩浆的强烈活动而形成的众多以接触交代为主的铜铁矿体所组成，其盖层褶皱带结构复杂，地层发育齐全，构造繁多，是我国重要的矽卡岩类型铜矿产区，已探明和开采较大矿体12个，其铜产量目前占全国产量的1/6。

一、调查发掘史

铜绿山矿区20世纪五六十年代的地质勘探已确认有古代老窿和炉渣存在。1965年露天开采后不断有遗迹、遗物发现。1973年10月发现古代采矿铜斧、铜锛等共计13件，送交文博部门后引起考古界的注意，进而开始了十余年的调查、发掘和研究工作。

联合调查。1973年11月，由中国历史博物馆、湖北省博物馆等单位组成联合调查小组，对铜绿山古铜矿冶遗址进行初步考察和试掘。稍后又由湖北省博物馆、黄石市博物馆、大冶县文化馆进行了两次调查，铜绿山矿为调查提供了大力支持，并参与了全部工作。调查发现了古矿井、木支护及铜铁工具，并发现冶炼遗迹，报告有集中分布的炉渣十几处，另有一处含有数座炼炉残迹的冶炼遗址[1]。

第一次发掘。1974年2月，由湖北省博物馆、黄石市博物馆、大冶县文化馆和铜绿山矿联合组成“铜绿山考古发掘队”，发掘了位于第12、第24测量线上分属春秋或战国时期的老窿，发掘面积共计为170平方米，发现竖井13个、斜井2个、平巷10个，出土大批结构复杂的木质井巷支护，获得铁制采矿工具共14件、木辘轳2件，以及木制、竹制提升、排水工具[2]。

第二次发掘。1976年1月，黄石市博物馆对铜绿山东坡位于11号矿体上部的主要属于春秋战国时期的冶炼遗址进行了发掘，共开探方63个，发掘面积共计1575平方米，发现8座竖炉遗址，编号为1~8号炉，并获大量地层关系明确的炉渣堆积[3]（本论文11号矿体炉渣即为此次发掘物）。

第三次发掘。1979年冬，中国社会科学院考古研究所派出“铜绿山工作队”，在距上次发掘地点1千米处的7号矿体1号地点进行发掘，面积为400平方米，年代测定为东周时代。此次发掘的古矿井木支护系统被保护至今，并建成了“铜绿山古铜矿遗址”博物馆。同时河南省博物馆、湖北省博物馆、黄石市博物馆及内蒙古昭乌达盟文化馆共同在其他地点进行了发掘。[4]

第四次发掘。1980年4月至6月，“铜绿山工作队”继续发掘，主要有三项内容：

1）继续在7号矿体1号地点发掘采矿遗址；

2）在11号矿体的东周冶炼遗址发掘炼铜炉；

3）根据发掘出的古炉结构，复原并建筑实验炉，进行模拟实验。

在11号矿体发现的一座炼炉被编为10号炉。模拟实验使用了两座炉子。第一座冶炼时因鼓风问题冻结，第二座顺利出铜（本文中铜绿山模拟实验炉渣即为此次冶炼产物）[5]。

铜绿山矿有关人员除参与、支持前述诸次发掘外，还对露天开采剥离时发现的古矿巷开掘技术进行了详细的记录，为采矿技术研究保留了珍贵的资料。

至20世纪80年代初，铜绿山已发现古代露天采场7个，地下采场18个，老窿约共100万立方米，竖井252个，已发掘93个，井巷总长约8000米。据已掘出土的矿井支架推算，整个矿区所用的木料约有3000立方米；古采场内遗留矿石3万~4万吨（铜品位12%~20%），人工堆积物70万立方米。发现古冶炼场50余处，出土完整炼铜竖炉10余座。经测定，古炉渣分布面积约为14万平方米，估计50万~60万吨，据此推算整个矿区累计产铜不少于8万~12万吨。据出土文物的年代测定，其开采年代最早为商代小乙时期，经春秋战国到西汉，持续了1000多年[6]，见表1.1。

二、冶炼技术研究现状

已有的研究认定：铜绿山古矿冶遗址采掘、冶炼的是氧化矿石。

采矿和冶炼遗址发掘获得的氧化矿石分三类：第一类属于低铜高铁，含硅低的碱性矿石，这类矿石接近地表，大部分为露天开采；第二类属于高铜低铁，含硅高的酸性矿石，赋存于主矿体底盘破碎带内；第三类属于高铜型矿石，主要为孔雀石矿脉，在仙人座1号矿体和铜绿山2号矿体均有大量出现。三类矿石的比例为：第一类：第二类：第三类=3：2：1[6]。表1.2是古采场遗留的各类矿石成分及按上述比例推算出的冶炼的入炉矿石的成分，表1.3给出了其他地点发掘出的矿石成分。

上述类别的氧化矿石配合在竖炉内以木炭还原熔炼成粗铜和炉渣。已发表的粗铜成分见表1.4。曾分析过几百个炉渣样品，含铜量为0.4%~1.3%，平均为0.7%[7]。但见诸文献者共有19个炉渣的分析数据，为多位研究者所引用，见表1.5。用比重瓶法测定炉渣比重为3.5~4。在氩气保护下测定的13个炉渣样品的熔点多为1100℃~1200℃[8][9]。

表1.1　铜绿山古矿冶遗址放射性碳年代测定数据表

样品号	样品来源性状	年代测定值（年）
WB79~35	7号矿体2号古矿支护	BP2795 ± 75　BP2720 ± 75　BC972~810
WB79~36	7号矿体3号平巷立柱	BP2600 ± 80　BP2530 ± 80　BC800~446
WB79~37	7号矿体铁斧木柄	BP2575 ± 135　BP2500 ± 135　BC800~400
WB80~06	7号矿体3号平巷南端木	BP2430 ± 65　BP2360 ± 65　BC512~291
WB80~07	7号矿体5号古矿井坑木	BP1905 ± 75　BP1850 ± 75　AD66~240
WB80~39	7号矿体211井背棍	BP2810 ± 80　BP2730 ± 80　BC986~813
WB80~40	7号矿体223井背板	BP3140 ± 80　BP3050 ± 80　BC1420~220
WB80~41	4号矿体437井支护木	BP2500 ± 75　BP2430 ± 75　BC765~403
WB80~42	7号矿体202井背板	BP2680 ± 75　BP2600 ± 75　BC829~662
WB80~43	7号矿体208井背棍	BP2470 ± 75　BP2400 ± 75　BC758~397
WB80~44	7号矿体203井壁	BP3150 ± 80　BP3060 ± 75　BC1424~225
WB83~20	4号矿体2403井木	BP2610 ± 75　BP2540 ± 74　BC801~450
WB83~21	4号矿体2403井框	BP2570 ± 75　BP2500 ± 75　BC793~415
WB83~23	4号矿体458井框	BP2390 ± 110　BP2320 ± 110　BC516~214
WB83~24	4号矿体2404井框	BP2560 ± 75　BP2490 ± 75　BC792~413
ZK~0297	2号矿体铜斧木柄	BP2485 ± 75　BP2410 ± 75　BC761~399
ZK~0559	11号矿体6号炉木炭	BP3205 ± 400　BP3110 ± 400　BC1880~840
ZK~0560	7号矿体小井井架	BP2735 ± 80　BP2660 ± 80　BC899~793
ZK~0561	24线矿体竖井架（木）	BP2075 ± 80　BP2020 ± 80　BC167~AD58
ZK~0758	7号矿体古井木头	BP3260 ± 100　BP3170 ± 100　BC1530~325
ZK~0876	7号矿体Ⅰ（1）井2木头	BP2705 ± 80　BP2630 ± 80　BC891~788
ZK~0877	7号矿体Ⅰ（1）井1木头	BP2720 ± 80　BP2640 ± 80　BC893~790
ZK~0878	7号矿体Ⅰ（1）井28木头	BP2570 ± 80　BP2500 ± 80　BC794~414
ZK~0879	7号矿体I（1）井32木头	BP2475 ± 80　BP2410 ± 80　BC762~398

注：①此表中数据散见于文献［1］~［6］，这里以中国社会科学院考古学研究所编《中国考古学中^{14}C年代数据集1965—1991）》第191~194页经过重新校正过的数据辑录而成。

②年代测定值一栏有三列数据，其中第一列是以5730年为半衰期而年代整数化为5年、误差取1δ的测定值；第二列是以5568年为半衰期而年代整数化为10年、误差取1δ的测定值；第三列是树轮校正年代，一律按1986年高精度校正表微机程序，将原发表于刊物中的第一、二列数据校正。年代数据中的BP为距今即1986年，BC/AD为公元前/后。

炉3金门前的大块炉渣第二层即表1.5中第11号炉渣，经显微镜矿相鉴定，可见：

①渣中的铜元素基本是金属铜，呈不规则粒状；

②含铜磁铁矿遗留在渣中，证实了铜铁矿石作为炼铜原料入炉；

③铁橄榄石为主晶，说明渣对炉壁有侵蚀作用[9]。

原编号为T19-5、T20-6的炉渣经显微镜矿相鉴定，其组成为：

1）铜矿物（为辉铜矿、黄铜矿、斑铜矿等硫化矿物）多呈圆滴状和椭圆状，以稀疏侵染状（粒度>0.01毫米）分布在渣中，以弥散状（粒度<0.01毫米）分布在渣的玻璃相中，而且有些颗粒由几种铜的硫化物组成；

2）铁橄榄石约占一半；

3）玻璃相中析出莫来石晶体，说明炉温较高[9]。

文献[7][10]也有性质相同的报导。

经查对存于我室的原始报告，被鉴定的炉渣还有原编号为T19-3-3、T27-4-9、T35-3-5、T35-4-11，并使用了扫描电镜能谱分析，所得结论除上述三点外，仅在个别硫化物颗粒内部发现有金属铜。

在发掘出的春秋时期八座炼炉残址研究基础上对竖炉进行了复原。竖炉各部位的建筑材料成分及其耐火度见表1.6。

表1.2 古采场遗留矿石成分[6]*

矿石类型	Cu%	Fe%	SiO_2%	Al_2O_3%	CaO%
第一类	10~16	42~48	8~9	1	1~2
第二类	20~30	11~25	27~33		4~8
第三类	30~40	3~5	25~30		2~8
入 炉	17~25	26~38	20~25	1~2	3~6

*本论文所有表中皆以重量百分含量表示成分。

表1.3 各遗址发掘的矿石成分[9]

类型	名称	出土地点	Cu%	Fe%	SiO_2	CaO%	$A1_2O_3$%	MgO%	S%
第一类	铁矿石	炉6旁	0.98	68.00	25.53	1.18	2.25	0.61	0.18
第一类	铜铁矿	炉6旁	3.28	17.06	9.68	0.47	1.63	0.82	
第一类	铜铁矿	炉6旁	2.06	15.79	17.60	1.22	1.37	1.51	
第一类	铜铁矿	铜绿山	1.87	54.20	12.44	1.64	2.10	0.48	
第二类	硅孔雀	炼铜场西	20.34	6.34	48.83	0.23	10.72	0.42	0.59
第二类	硅孔雀	西周矿井	40.40	3.42	20.00	0.64	4.41	0.37	0.53
第二类	包裹体	炼铜场西	31.88	18.30	15.72	1.27	2.50	0.22	0.53
第三类	孔雀石	春秋矿井	51.82	1.90	2.88	0.07	0.77	0.14	0.57
第三类	孔雀石	炉6旁	53.52	0.70	3.52	0.29	0.33		
	黑铜矿	春秋矿井	22.45	21.29					

注：包裹体为孔雀石、铁矿石包裹体。

表1.4 出土的铜锭成分[9][11]

出土地点	重量	Cu%	Fe%	S%	Sb%	Pb%	Zn%	Sn%
炉3西侧	94克	93.32	3.35		0.0075	0.038	0.014	0.023
炉4内	2.3千克	93.99	3.99	1.33			0.66	
大冶湖边	1.5千克	91.86	5.44					

表1.5　文献所见之铜绿山古代炼铜渣成分

样品号	Cu%	S%	Cu/S	FeO%	Fe_2O_3%	SiO_2%	$A1_2O_3$%	MgO%	CaO%
1	0.68	0.31	2.19	47.03	5.75	34.32	8.53	0.97	4.46
2	0.90	0.68	1.32	53.93	1.54	29.92	7.48	0.86	3.29
3	0.77	0.75	1.03	48.97	2.29	34.32	10.11	1.12	2.98
4	0.60	0.31	1.94	50.40	5.23	31.02	6.99	0.71	2.93
5	0.99	0.63	1.43	53.01	0.90	29.26	6.30	0.86	2.68
6	0.96	0.39	2.46	44.73	5.61	36.74	7.81	0.91	3.17
7	0.86	0.93	0.92	50.46	0.53	25.96	6.30	1.51	1.95
8	1.12	0.57	1.96	51.81		28.60	6.41	1.62	3.90
9	0.80	0.84	0.95	36.02	1.84	22.22	4.36	1.33	1.34
10	0.58	0.76	0.76	41.92	7.15	24.11	6.00	0.76	1.20
11	0.67			46.70	13.71	25.08	3.60	0.90	2.00
12	0.70	1.02	0.69	46.83	14.33	26.90	3.00	2.00	1.68
13	0.52			54.23	13.08	23.40			3.46
14	0.55			51.72	5.58	39.02			3.38
15	0.87			42.84	21.33	24.26			1.52
				Fe%	Fe_3O_4%				
16	0.63	0.58	1.09	43.88	8.00	31.92	6.66	0.68	0.46
17	0.56	0.38	1.47	40.15		30.34	6.55	1.17	3.50
19	0.52	0.35	1.49	42.32		30.77	7.80	1.37	3.59
19	0.62	0.21	2.95	36.24		30.34	6.50	1.09	6.18

注：表中Cu/S一栏为本论文作者所加。

表中样品号与取样点及样品性状对应关系如下：

样品号	取样点	性状	文献
1	T-33（T指探方）	片状	[3] [9]
2	T-36	片状	[3] [9] [11]
3	T-37	片状	[3] [9] [11]
4	T-45	片状	[3] [9] [11]
5	T-45	片状	[3] [9]
6	6号炉旁	片状	[3] [7] [9] [11]
7	6号炉旁	片状	[7] [9]
8	6号炉旁	片状	[3] [7] [9] [11]
9	6号炉内	粗糙	[3] [9] [11]
10	3号炉第一层	片状	[3] [9] [11]
11	3号炉第二层	片状	[3] [9] [11]
12	3号炉第三层	片状	[3] [9] [11]
13	11号矿体		[6]
14	11号矿体		[6]
15	11号矿体		[6]
16	5号炉尾渣		[11]
17	T-19-17或T-19-v		[8] [11]
18	T-19-3		[8] [10]
19	T-27-29		[8] [10]

表1.6 铜绿山筑炉材料耐火度及成分[9]

炉号	取样点	耐火度℃	SiO_2%	Al_2O_3%	Fe_2O_3%	CaO%
炉4	金门拱顶内衬	1580	76.67	18.35	4.04	0.16
炉5	金门拱顶内衬	1580	72.43	18.68	4.75	0.48
炉5	内衬		73.48	19.43	1.52	2.20
炉9	次内壁	1610	69.26	21.95	5.19	0.28
炉4	外壁		38.28	15.10	21.24	3.78
炉5	外壁		61.60	17.85	1.03	1.98
炉4旁	高岭土	1370	53.68	19.43	4.45	0.86
炉6旁	铁矿粉		30.36	6.65	28.04	0.42

在上述研究及结论下进行了模拟实验。最早的模拟实验是由铜绿山矿于1973~1974年用2.5米高的鼓风炉进行的，所用矿石见表1.2，还使用了含铜低于10%（4%~6%）的矿石，都成功地炼出了含铜90%以上的粗铜，其炉渣成分为含Cu 0.58%，FeO 49.21%，Fe_2O_3 5.36%，CaO 7.35%，SiO_2% 25.1 3%[1][6]。1980年6月连续进行两次模拟实验，第二次获得成功，使用矿石成分如表1.7，另加富矿（未分析成分）100千克共计1102.5千克，石英111千克，石灰石122.5千克，加入炉料总计为1336千克，计投料109批，每批平均加料量12.26千克，加料频率为了5.95分钟/每批，烧木炭731千克（不计烤炉用碳），料柱高度为800~900毫米。实验排渣14次，放铜2次，获得粗铜约70千克，停炉后又从炉缸中取出积铜30千克。14次排渣的平均值为含Cu0.837%，Fe36.67%，SiO_2 32.67%，CaO 10.00%，粗铜的成分见表1.8[11]。

表1.7 铜绿山工作队模拟实验所用矿石成分[11]

矿样	Cu%	S%	FeO%	Fe_2O_3%	SiO_2%	CaO%	MgO%	Al_2O_3%	TiO_2%
1号	7.08	0.06	2.60	72.81	7.12		0.16	0.76	0.12
2号	8.07	0.08	2.50	71.92	6.51	0.22	0.08	0.76	0.12
3号	11.30	0.08	2.43	66.35	6.78		0.08	0.85	0.10
4号	8.77	0.11	2.44	59.20	11.49	1.93	0.08	1.14	0.13

表1.8 模拟实验的粗铜成分[11]

铜样	Cu%	Fe%	S%	Pb%	Sb%	Zn%	Ni%	Sn%	Bi%
第一次放出	94.41	3.18	0.117	0.05	0.0036	0.021	0.0078	0.0085	0.0027
第二次放出	97.25	2.52	0.106	0.074	0.0047	0.035	0.0065	0.014	0.0035

须特别指出：迄今所见的全部文献，都是根据采矿遗迹的发掘资料，先认定开采的是氧化矿石，然后由此引出冶炼氧化矿石的结论；冶炼技术的研究在此结论之下探讨了配矿、造渣、筑炉等问题；以铜绿山氧化矿为原料的模拟炼铜实验获得了粗铜和性能良好的炉渣，有力地支持了古代只开采、冶炼氧化矿石的结论。

铜绿山古铜矿遗址规模宏伟，开采持久，产量巨大，是目前我国发现发掘的最大的青铜时代至铁器时代铜矿产地，在我国乃至世界冶金考古领域占有重要地位。铜绿山古铜矿遗址的发掘研究成果也为探讨我国商周时期铜料来源、春秋战国时期楚国的兴衰、长江中下游地区早期开发等重大历史问题提供了新的考古证据，更为进一步揭示其冶炼技术、用自然科学方法深入研究上述问题准备了基础资料。

三、冶炼技术研究方面的问题

发掘和研究文献显示，铜绿山古铜矿遗址的采矿技术研究较为系统深入，但冶炼技术研究似有不足之处。

第一，铜绿山50余处冶炼遗址，经过科学发掘的只有11号矿体上的一处，其年代以春秋战国时期为主。

第二，问题恰恰出在那些11号矿体上的炉渣上。据称，有关部门曾化验数百个古炉渣样品，但见诸文献者皆为11号矿体上的炉渣分析数据。作者曾欲将这些分析结果作为氧化矿石冶炼成铜的炉渣特征，来研究我国其他地区的古炼铜技术，结果发现铜绿山11号矿体上的炉渣（以下简称11号矿体炉渣）并不符合氧化矿石冶炼成铜的炉渣特征。

1）从见诸文献的有硫分析数据的炉渣成分看，冶炼过程存在硫的不平衡。即使将冶炼过程脱硫率设定为零，按表1.2、表1.3、表1.7载的矿石成分，无论以何种比例配合，都炼不出含硫量如表1.4中炉4的含硫量的粗铜和表1.5中的有含硫量分析值（共15个渣样，平均含S为0.58%）的炉渣。若要炼出如表1.5中含硫量的炉渣，必须有另外来源的硫加入到炉料中来。

2）除炉3金门前大块炉渣的第二层即表5中的第11号渣样的显微镜矿相鉴定发现铜以金属颗粒形式存在外，其余作过同类鉴定或扫描电镜分析的炉渣中铜不是以单独存在的金属铜颗粒而是以硫化物颗粒形式存在，仅在个别铜的硫化物颗粒中发现包裹着的金属铜。这表明：表1.5中的炉渣根据铜的微观赋存状态可分为两类，即一类是以金属铜颗粒为主，另一类是以硫化物颗粒为主但无单独存在的金属铜颗粒。

3）渣中硫的含量应在宏观上反映上述铜的微观赋存状态方面的不同，虽然第11号渣样未见含硫，但由于其中的铜以金属颗粒形式存在，其硫含量应较低，而其他那些其中铜以硫化物颗粒为主的炉渣的含硫量应较高。这表明：在宏观统计上也分有硫低和硫高两类炉渣。

综合上述，表1.5中的炉渣似应分成两类：一类铜以金属颗粒形式存在且含硫较低；另一类铜以硫化物颗粒形式为主、无单独存在的金属铜颗粒，且含硫较高。表1.5中第12号渣样属第一类；而有硫分析值的15个渣样含Cu0.5%~1.12%，平均0.75%；含硫S为0.21%~1.02%，平均0.58%，Cu/S为0.69%~2.95%，平均1.29%，应属第二类。13~15号渣样因无硫分析值而难以定性。

两类不同的炉渣，其冶炼产物也应不同。如第一类炉渣冶炼的产物是金属铜，那么第二类炉渣的产物是什么？而且这第二类炉渣的数量据表1.5看又占绝大多数，其冶炼产物应是主要产品。现在看来，第二类炉渣的直接冶炼产物可能不是金属铜。

第三，模拟实验未能获得与古代第二类炉渣相同的炉渣。

模拟实验虽然炼出了粗铜，证实复原的竖炉能够成功地冶炼铜绿山氧化矿石，但没有获得如表1.5的炉渣，特别是没有获得占绝大多数的第二类炉渣。鉴于文献提供的分析数据有限，作者初步分析了存于冶金史研究室的模拟实验14次排渣中的前5次炉渣分析，分析结果见表1.9、表1.10。

表1.9　模拟实验炉渣SEM分析和化学分析

样品号	Fe%	Si%	Al%	Ca%	K%	Cu%	S%	Cu/S
第一次	36.19	29.30	10.86	19.07	3.72	0.60	0.048	12.5
第二次	53.40	23.32	6.14	12.19	2.46	1.02	0.036	28.5
第三次	42.47	26.96	8.20	19.77	2.54	1.02	0.046	22.2
第四次	55.39	21.49	5.65	14.32	1.62	0.72	0.062	11.6
第五次	53.10	21.65	5.18	16.71	1.68	0.76	0.029	26.2
平均	48.11	24.54	7.21	16.41	2.40	0.83	0.044	20.2

注：①SEM分析为扫描电镜能谱分析的简称，下同；

②表中Fe、Si、Al、Ca、K的数据为SEM分析值，扫描分析面积为12~20平方毫米；

③表中Cu用原子吸收法测定，S用燃烧法测定。

表1.10　模拟实验炉渣中的含铜颗粒的SEM分析

样品号	粒度（μm）	Cu%	Fe%
第一次	10	99.54	0.46
第二次	7	99.18	0.82
第三次	20	99.87	0.13
第四次	10	98.56	1.44
第五次	30	99.55	0.45

注：①每一炉渣样品中都发现有较多大小不一的铜颗粒，这里每一渣样仅给出了一个铜颗粒的分析数据；

②因未见有S的谱线，故表中没有S的分析数据。

从表1.9可知，前5次放出的炉渣平均含Cu 0.83%，与前述14次放出的炉查的平均含Cu 0.837%基本相同；由前5次放出的炉渣SEM分析平均值可换算出炉渣组成为：FeO 40.19%、SiO_2 34.16%、Al_2O_3 8.85%、CaO 14.9 2%、K_2O 1.88%，与前述14次放出的炉渣的化学分析的平均值大致相等，仅Ca含量略有上升。从表1.9还可知，前5次放出的炉渣平均含S 0.044%，Cu/S平均为20.2。以表1.10为代表的SEM分析表明，铜以金属颗粒的形式存在于模以炉渣中，仅含少量的铁。

比较见诸文献的11号矿体炉渣分析数据与模拟实验炉渣的分析数据，可发现以下不同：

1）渣型不同。模拟实验炉渣含CaO比11号矿体炉渣高出10%以上，相应地FeO含量比古代炉渣低。

2）渣中Cu、S含量不同。模拟实验炉渣的含Cu量高于11号矿体炉渣的含Cu量，含S量比绝大多数11矿体炉渣即表1.5中有S分析数据的第二类炉渣的含S量低一个数量级，相应地反映渣中Cu与S相对含量的渣的Cu/S也比11号矿体炉渣高出一个数量级。

3）渣中铜的赋存状态不同。模拟实验炉渣中铜以金属颗粒形式存在，与11号矿体炉渣中占极少数的第一类炉渣相同，与占绝大多数的第二类炉渣不同。

由以上对模拟实验炉渣与11号矿体炉渣的对比可知，如果不考虑渣型因CaO含量不同而引起的差别，可认为模拟实验炉渣模拟出了在表1.5的11号矿体炉渣中仅可认定一例（即第11号渣样）的第一类炉渣，而没有模拟出占其中绝大多数的第二类炉渣，亦即没有模拟出第二类炉渣所代表的冶炼技术。

总而言之，已有的研究没有对11号矿体炉渣进行深入探讨，而是将其认定为冶炼氧化矿石的炉渣；模拟实验虽然炼出了铜，但没有获得与11号矿体炉渣相同的炉渣。因此，11号矿体炉渣所代表的冶炼技术尚须进一步研究。

四、课题目标

经初步查阅我国古代炼铜技术文献、国外古代炼铜炉渣分析文献、特别是近现代关于炼铜炉渣中铜的含量与赋存状态的研究文献，作者更坚定了对11号矿体炉渣的看法。鉴于铜绿山古铜矿遗址在国内外学术界影响巨大，且冶金考古对由古代炼铜炉渣来研究其冶炼技术在方法上尚存有空白，作者选定铜绿山古代炼铜炉渣研究作为博士论文主要内容，目标是：

1）建立以炉渣分析为主揭示古代火法炼铜的工艺类型和技术水平的实验室研究方法；

2）研究包括11号矿体上炉渣在内铜绿山诸冶炼遗址炉渣，以鉴定其所属之冶炼技术；

3）利用建立的方法研究南京九华山唐代炼铜炉渣。

第二章 古代火法炼铜技术研究文献综述

从20世纪初即已开始的铜冶金考古，在第二次世界大战后进入以古矿冶遗址发掘为主的阶段，到20世纪80年代末已在西亚、南亚、东南亚、东南欧、西南欧、南美等地区进行了大量的发掘和研究工作，对揭示冶金技术的起源、传播及其对文明发生、发展的影响提供了丰富的资料。关于国外铜冶金考古发展的基本历程，作者已发表3篇文献综述，分别报告了欧亚大陆[12]、东南亚[13]、美洲大陆[14]的发掘和研究状况。以下仅围绕古代炼铜技术的研究方法进行文献综述，以便通过广泛的比较、归纳来认识铜绿山古代炼铜技术。

一、炼铜技术的基本类型

作者曾根据我国宋代洪咨夔《大冶赋》、明代陆容《菽园杂记》等文献的诠释，结合冶金物理化学分析，提出在古代条件下，存在以下五种炼铜工艺类型[15][16]。

1）氧化矿石还原熔炼成铜，简称“氧化矿—铜”工艺。此工艺视矿石脉石为高硅型或高铁型而添加铁矿石或石英等作造渣剂。

2）硫化矿石死焙烧后还原熔炼成铜，简称“硫化矿—铜”工艺。此工艺所用硫化矿石品位通常较高，一般添加石英作造渣剂。

3）硫化矿石经多次交叉进行的部分脱硫焙烧、浓缩熔炼，依次炼得品位从低到高的多种中间产品即含铜量逐步富集的冰铜，高品位冰铜再经死焙烧后还原熔炼成铜，简称“硫化矿—冰铜—铜”工艺。此种工艺所用硫化矿石品位较低，一般为含铜黄铁矿类型铜矿石，每次熔炼都须添加石英作造渣剂。

4）天然的或由硫化矿石堆浸、硫酸化焙烧而获得的胆矾即硫酸铜晶体还原熔炼成铜，简称“硫化矿—硫酸铜—铜”工艺。理论上此种工艺不排渣。

5）水法炼铜，以铁置换天然的或由硫化矿石堆浸、硫酸化焙烧而获得的胆矾溶液中的铜，过量的铁在精炼时造渣而与铜分离，应添加石英作造渣剂。简称“硫化矿—硫酸铜—铁—铜”工艺。

5种炼铜工艺中，前3种是火法技术，从古文献上难以追溯其起源；后两种是水法技术，我国古文献记载其大规模采用的年代是宋代；第4种当属半火法半水法技术，仅见于我国唐代记载。因此，除了宋代前后长江中下游地区既采用火法技术又大规模地使用水法技术外，我国古代其他历史时期都使用火法技术炼铜。从世界范围看，除有个别学者提出古代塞浦路斯、西班牙有上述第4种炼铜技术但尚未被接受外，也都是使用火法技术炼铜。在铜绿山遗址所处的年代里，只存在火法炼铜技术，故以下仅论及火法炼铜技术。

3种火法炼铜工艺中，前两种技术简单，流程短，数日可完成，但矿石资源有限。第3种即“硫化矿—冰铜—铜”工艺技术复杂，流程长，焙烧、熔炼时间可达数月之久，但矿石资源巨大。图2.1是根据我国宋代《大冶赋》和明代《菽园杂记》转录的宋代记载绘出的“硫化矿—冰铜—铜”工艺流程图，从流程后期已能加铅提银的事实看，此工艺在宋代已完全成熟。Agricola（1494~1555）所记载的炼铜技术[17]即古老德国炼铜法或大陆炼铜法的流程也与图2.1类似，甚至更长[18]。

由图2.1可知，含铜约3.3%的硫化矿石至少要经过27昼夜的焙烧、熔炼及加铅提银才能最后炼出“净铜（粗铜）”。每炼出250斤铜需“炭七百担，柴一千七百段，雇工八百余”[19]，如果再加上“一人一日之力，可得矿二十斤或二十四五斤”即不到一斤铜的采矿能力[19]，使得“硫化矿—冰铜—铜”工艺的成本大为提高，以至“所费不赀，坑户乐于采银，而惮于采铜。……得铜之艰，视银盖数倍”[19]。这一工艺的长期大规模使用，必然在铜、银的成本、产量方面产生相应的影响，更进一步地作用于当时的社会经济。因此，揭示出此工艺的起源、传播、发展及使用规模有重要的意义。

这一工艺的使用，本身就是人类认识自然、利用自然的能力提高的标志，是冶金技术的一大进步，是人类文明发展到一定阶段的产物，标志着找矿、采矿、选矿、焙烧、造渣等一系列相关技术的存在，更标志着较大规模的手工业及相应的组织管理水平的存在。揭示这一工艺的使用规模、产量，可从技术史角度为历代“铜荒”、铜进口等经济史方面的问题提供新的论据。廓清这一工艺的使用地区、时代和规模，还可对该地区的经济开发、环境变迁等问题的研究提供新的论据。

鉴于我国缺乏宋代以前的文献记载，欧洲文献缺乏15世纪以前的记载，早期的炼铜技术，特别是意义较大的“硫化矿—冰铜—铜”工艺的揭示，就只有靠冶金考古通过发掘和研究来实现。

二、已有的研究方法

铜冶金考古大致从两个方面来研究炼铜技术。第一是对古代铜制品进行金属学、冶金学等方面的研究，目的主要是研究合金使用和铜器制作等方面的规律，探索铜料的来源及使用的矿石类别，并建立了一些相应的研究方法，因而为冶炼技术的研究提供了论据。第二是对古矿冶遗址进行发掘、调查，通过对冶铜遗迹遗物的考古学、冶金学分析，恢复古代炼铜技术的面貌，揭示其工艺特点和技术水平，认定其产品特征、数量，为探索其产品去向等更具社会经济意义的课题提供研究基础。这两方面的研究相辅相成，使铜冶金考古在世界很多地区取得了丰硕的成果，也提供了可资借鉴的研究方法。

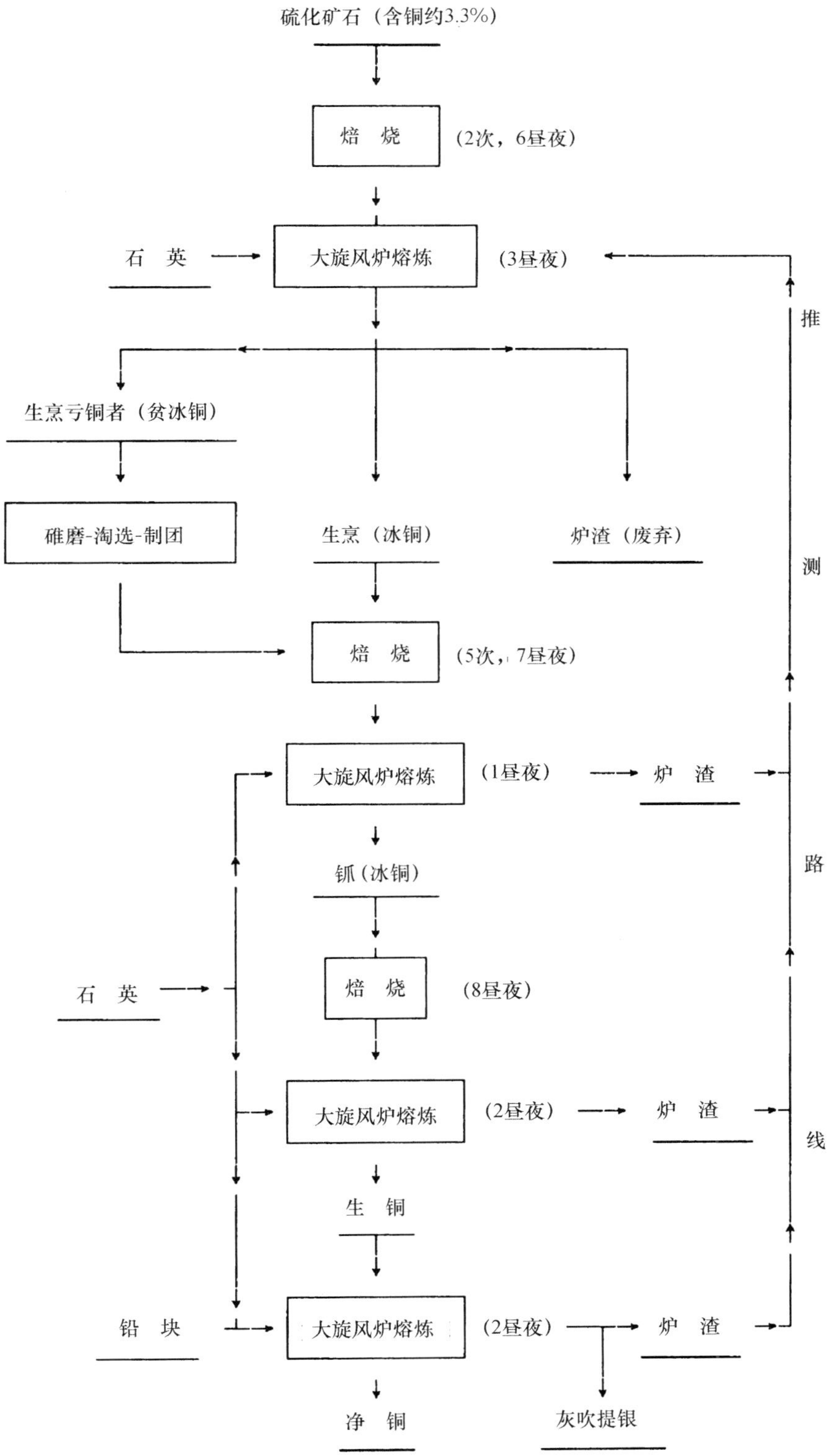

图2.1　宋代文献记载的“硫化矿—冰铜—铜”工艺流程[15]

（一）由铜制品研究冶炼技术

铜制品指从各种古代遗址获得的铜或铜基合金制造物，也包括作为原料但未制成成品的铜料等。由铜制品来研究冶炼技术是从铜中的微量元素和同位素两个方面进行的。其基本的理论假设是：铜制品中的某些微量元素或同位素的较高含量可标志其矿石来源、种类及冶炼技术。

（1）由微量元素研究冶炼技术

通过铜制品的金相鉴定、元素分析，特别是微量元素的分析来确认是自然铜还是人工冶炼铜、是氧化矿石冶炼的铜还是硫化矿石冶炼的铜的尝试较多。

1966年，美国阿尔贡国家实验室和芝加哥自然历史博物馆7位学者把6种微量元素与矿石类型联系在一起，提出了一个统计性较强的方法[20]。

7位学者用从欧洲、非洲、西亚、美洲取得的自然铜、氧化矿石、硫化矿石共130个样品分别冶炼成铜，然后分析铜中各微量元素的含量与矿石类型的相关性，指出Ag、As、Fe、Bi、Pb、Sb6个微量元素含量最为重要。每一微量元素含量可划分为9个区，将某铜制品的6种微量元素分别对应每种矿石的可能性的积经规一化处理作为该铜制品属于此种矿石之冶炼产物总的累积可能性，进而确定出可能性最大的矿石种类，见表2.1、表2.2。如果某元素含量低于检出限，则按第一区为其可能性取值范围。

用上述方法，7位学者分析了从中东和西半球取得的40件铜制品，对20件古代铜制品的研究显示，北美印第安人的铜制品属于自然铜的可能性都在90%以上，这与北美古印地安人只使用苏必利尔湖区自然铜的历史事实相符；但巴勒斯坦古代的三件铜制品则被判定为由硫化矿石炼成的，可能性最低的也在84%以上。

表2.1　各微量元素含量区间与每种矿石的可能性[20]

区号	Ag			As			Fe		
	Ⅰ	Ⅱ	Ⅲ	Ⅰ	Ⅱ	Ⅲ	Ⅰ	Ⅱ	Ⅲ
1	0.1	0.62	0.27	0.84	0.62	0.43	0.42	0.35	0.10
2	0.05	0.08	0.03	0.05	0.04	0.03	0.26	0.04	0.07
3	0.26	0.12	0.13	0.05	0.08	0.03	0.10	0.15	0.03
4	0.58	0.04	0.27	0.05	0.19	0.23	0.05	0.08	0.03
5	<0.005	0.05	0.13	0.05	0.04	0.07	0.05	0.08	0.30
6	<0.005	0.04	0.17	<0.005	0.08	0.13	0.05	0.19	0.13
7	<0.005	<0.005	0.03	<0.005	<0.005	0.03	<0.005	0.04	0.03
8	<0.005	<0.005	0.03	<0.005	<0.005	0.10	<0.005	0.08	0.10
9	<0.005	<0.005	<0.005	<0.005	<0.005	<0.005	<0.005	0.08	0.30

续表

区号	Bi			Pb			Sb		
	Ⅰ	Ⅱ	Ⅲ	Ⅰ	Ⅱ	Ⅲ	Ⅰ	Ⅱ	Ⅲ
1	1.00	0.73	0.60	1.00	0.46	0.40	1.00	0.85	0.50
2	<0.005	0.04	0.03	<0.005	0.04	0.03	<0.005	0.04	0.03
3	<0.005	0.19	0.23	<0.005	0.12	0.30	<0.005	0.04	0.17
4	<0.005	0.08	0.03	<0.005	0.27	0.07	<0.005	0.08	0.03
5	<0.005	<0.005	0.03	<0.005	0.04	0.13	<0.005	0.04	0.17
6	<0.005	<0.005	0.10	<0.005	0.04	0.03	<0.005	<0.005	0.07
7	<0.005	<0.005	<0.005	<0.005	0.04	0.03	<0.005	<0.005	0.03
8	<0.005	<0.005	<0.005	<0.005	0.04	0.03	<0.005	<0.005	0.07
9	<0.005	<0.005	<0.005	<0.005	0.08	0.03	<0.005	<0.005	<0.005

注：Ⅰ，表示自然铜；Ⅱ，表示氧化矿石；Ⅲ，表示硫化矿石。

表2.2　元素含量区划分 [20]

区号	含量范围（%）
1	<0.004
2	0.004~0.01
3	0.01~0.04
4	0.04~0.1
5	0.1~0.4
6	0.4~1.0
7	1.0~4.0
8	4.0~10
9	>10

表2.3　铜绿山模拟实验（上）和出土的铜（下）对应矿石的可能性

矿石	单元素可能性						累积可能	归一可能
	Ag	As	Fe	Bi	Pb	Sb		
Ⅰ	0.1	0.84	<0.005	1.00	<0.005	<0.005	<1.05　E-8	<8.4　E-5
Ⅱ	0.62	0.62	0.04	0.73	0.27	0.04	1.21　E-4	96.50%
Ⅲ	0.27	0.43	0.03	0.60	0.07	0.03	4.39　E-6	3.50%

矿石	单元素可能性						累积可能	归一可能
	Ag	As	Fe	Bi	Pb	Sb		
Ⅰ	0.1	0.84	<0.005	1.00	<0.005	<0.005	<1.05　E-8	<1.4　E-4
Ⅱ	0.62	0.62	0.04	0.73	0.12	0.04	5.59　E-5	74.14%
Ⅲ	0.27	0.43	0.03	0.60	0.30	0.03	1.88　E-5	25.86%

注：因表1.8中模拟实验炼出的铜只给出了6个选定微量元素中的4个即Fe、Bi、Pb、Sb，表1.4中只给出了3个即Fe、Pb、Sb，基余的微量元素按含量低出检出限处理而将其含量视为表2.2的第一区。E-8表10^{-8}。

用上述方法计算铜绿山模拟实验获得的铜（成分见表1.8）和出土的铜（成分见表1.4）所属矿石的种类，结果见表2.3。

从表2.3可知，模拟实验炼出的铜来自氧化矿石冶炼的可能性高达97%，与模拟实验仅使用氧化矿石的事实较为符合得相当好；而炉3旁出土的铜来自氧化矿石冶炼的可能性则相对降低，仅为74%。当然，不可把这一区别的意义夸大。原因之一是建立前述方法时就没考虑不同种类的矿石的混合冶炼，且对硫化矿石仅考虑了死焙烧后炼成铜的情形，却没涉及炼成冰铜的情形，这就导致方法本身适用范围较小。原因之二则是已分析的铜绿山铜制品很少，且未能给出全部6个微量元素的含量，难以得到较多的可靠计算结果。因此，表2.3的计算仅具参考意义。

总而言之，7位学者提出的方法的思路是有价值的，实践上也取得了一些成果，已提出的模型对由早期铜制品研究炼铜技术开辟了一个方向，如能进行适当修正使之适用范围更广，将会有更大的意义。

Caley和Easby认为含硫量可以用来辨别由氧化矿石和硫化矿石炼出的铜[21]，但被Ericson等3人批驳。Ericson等也注意到不同来源的铜制品硫含量有别，指出由氧化矿石炼出的铜含硫比含自然铜高得多，如南美洲被设定为氧化矿石炼出的铜含硫约200ppm，而自然铜含硫还不到1ppm，利用这一点可区别由氧化矿石炼出的铜和自然铜制品，同时又指出用含硫量不能区分由氧化矿石和硫化矿石炼出的铜[22]，实际上等于说用硫含量只能鉴别自然铜和人工冶炼铜。

砷铜曾被认为是硫化矿石冶炼的。砷铜是指含砷约5%且其他元素含量较低的铜合金，包括南美洲在内的许多古老文明地区在金石并用时代晚期、青铜时代早期都曾广泛地使用这种合金。Wertime于1964年[23]、Charles于1967年[24]都提出欧洲大陆普遍出现砷铜是由于氧化矿石耗尽因而使用次生硫化矿石的结果。Coghlan和Case于1957年[25]、NorthOver于1980年[26]都提出英国早期的砷铜制品是由含砷和锑的硫化矿石冶炼出来的。近年上述观点受到了批驳。许多实验和研究表明，含有砷氧化物的氧化矿石的冶炼、含砷硫化物的硫化矿石的冶炼、另外添加含砷矿物的冶炼及向熔融的铜液中添加砷矿物等都可获得砷铜[27]。因此，砷铜和硫化矿石的冶炼就不存在对应的关系。

含有微量锌曾作为塞浦路斯产出铜的特征[28][29]，并且还被作为硫化矿石冶炼的证据[30]。Tylecote等后来的研究表明，塞浦路斯铜矿的锌含量变化很大，而且地中海沿岸其他铜矿也含有锌，实验结果也对此予以否定，指出不能用锌含量来辨别铜是氧化矿石还是硫化矿石冶炼而来的[31]。同样，用钴作为安纳托里亚产出铜的判据也被否定[32]。

（2）由同位素研究冶炼技术

地质学使用硫同位素探讨矿床成因，促使一些学者试图用铜制品的硫同位素分辨其使用的矿石类别。从已有的数据看，不同类别的矿石的硫同位素确有分馏效果，但由于冶炼用的木炭及添加的造渣剂都可含有硫，使硫的来源和数量难以确定。因此，

Ericson等虽对此进行了较多的讨论，但最后还是认为此法需进行更多更广泛的试验才可能有应用价值[22]。

其他的同位素，如铜本身的和铅的同位素分析，主要用于判定产地而非冶炼技术，也没有取得预期的效果。铜同位素分析因其含量范围小于方法自身的误差范围而难以应用[33]。铅同位素分析的尝试很多，作者的总印象是用此法来判定铅和银的来源要比判定铜的来源的结果好，但根本不可能判定具体的矿石种类及冶炼技术。

综上，由铜制品中的微量元素和同位素来研究冶炼技术的努力，虽有许多著名的学者参与，经历了几十年的积累，但未取得重大突破。其根本原因乃是其基本理论假设过于理想化，没有考虑采矿、冶炼、铸造过程中各种复杂的就连现代炼铜学也未能很好理解的问题。Maddin等[34]、Ericson等[22]、Gale等[33]在1982年都对这一类方法作了近乎否定的论断。Ericson等较全面地评述了铜制品中的硫及硫同位素在鉴别矿石类别方面的文献后，指出：（古代）冶炼（指炼铜）技术的重建，最好是通过直接的考古证据来完成[22]。

（二）由炼铜炉渣研究冶炼技术

古代铜的采矿遗址和冶炼遗址大都相距不远，可简称为古矿冶遗址。调查和发掘古矿冶遗址，即是为了获得所谓“直接的考古证据”来研究古代采矿和冶炼技术，这首先是一田野考古过程，然后才是具有多学科交叉性质的实验室研究过程。田野考古进行得越充分、获得的实物资料越多，实验室工作的难度就相对小一些。如果调查和发掘能够认定使用矿石的类别，找到了中间产物，辨明了炼炉性质，确立了各种遗迹遗物的地层即年代关系，那么实验室工作就只是在业已判定的冶炼工艺类型的前提下进行更细致的研究。但大多情况下，调查和规模不大的发掘难以获得种类齐全的样品，而且对使用时间持久的大型遗址，仅凭少量田野工作不易准确断定各遗迹遗物的时代关系，就必须依靠实验室工作通过炉渣来揭示其冶炼工艺类型和技术水平。

（1）区别炼铜渣与非炼铜渣

古代冶金炉渣如炼铜渣、炼铅（银）渣、炼铁渣多呈同样的玻璃态或非玻璃态块状物被大量遗弃在遗址上，分析表明，它们皆可为铁橄榄石类渣型，并可含有钙铝等成分。

中国古代冶金技术的某些特点可能有助于从渣型上分辨古代有色冶炼渣和炼铁渣。中国在战国时期就已广泛冶炼生铁，其炉渣为钙硅型，含铁很少，与现代高炉渣相同，参见表2.4[35]。 除中国之外的其他古文明地区没有大规模冶炼生铁，主要冶炼块炼铁，其炉渣为铁橄榄石渣型，且含铁量甚高。因此，在中国文明圈内发现的年代为生铁技术发明后的铁橄榄石型炉渣属于有色冶炼渣的可能性就较大，但更早期的此类炉渣也可能是炼铁渣。

表2.4 河南古荥汉代炼铁炉渣[35]

编号	SiO_2%	Al_2O_3%	CaO%	MgO%	MnO%	FeO%	S%
1	53.74	12.14	22.7	2.52	0.63	3.74	0.114
2	54.42	13.23	24.0	2.07	0.34	2.44	0.172
3	51.52	11.85	27.5	3.31	0.39	1.51	0.157
4	49.16	11.01	25.6	2.66	0.34	4.10	0.450
平均	52.20	12.06	24.9	2.64	0.43	2.94	0.223

并非所有已被认定的有色冶炼渣都是铁橄榄石型的，除有的含较高的钙以外，还可能有含铁很少的有色冶炼渣。西亚地区多处遗址发现有含锰的炼铜渣，系以黑锰矿代替铁矿石作造渣剂的结果；中国新疆尼勒克曾发现含钡的炼铜渣，钡从矿石脉石中来[36]。巴基斯坦发现有含钡的炼铅渣，钡是冶炼时添加的[37]；西班牙里奥廷托也发现有含钡的炼铅（银）渣[38]。因此，渣型虽与冶炼性质有关，但仅凭渣型甚至难以分辨有色冶炼渣和炼铁渣，更难以从有色冶炼渣中判定是炼铜渣还是炼铅渣。

更多的研究是通过炉渣中某金属的含量和存在形式来判定其是否为冶炼此种金属的炉渣。

Tylecote指出，有色冶金炉渣的唯一辨别方法是测定以颗粒或硫化物形式存在的金属含量，并认为各项条件合适的炼铜渣含铜应低于1%，建议以0.5%为早期炼铜渣含铜量的下限，同时指出现代炼铜渣含铜可低至0.3%[39]。Tyeeolte从炉渣外观和渣内含有的金属存在形式等方面界定了各种炉渣的特点，见表2.5。

表2.5 几种主要的古代炉渣的鉴别特点[39]

外观特征	夹杂颗粒等性质	比重	渣的类别
黑色结晶态	Cu，Cu/Fe（磁性）冰铜	3~4	炼铅渣
黑色玻璃态	Ph、Sn，通常没有	3.5~4	炼铅、锡渣
黑色玻璃态	Sn	3~4	炼锡渣
灰-黑色	Sb、Sb、SbS+FeS，Fe	3~4	炼锑渣
黑色结晶态	Fe，很少，通常没有	3.5~4	块炼铁渣等
蓝-绿黄色	生铁，少，通常没有	2~2.7	鼓风炉生铁渣

Craddock认为，含铜、铅或锡量低于0.1%的早期炉渣可能是炼铁渣。富铅的、有时富锌的炉渣可能是炼银渣。含银量约100ppm是炼银炉渣的强有力的证据，而含银远低于此的炉渣意味着矿石含银过低难以经济地提取，含银远高于此的炉渣则表明银的存在没有被认识到[40]。

西班牙里奥廷托古矿冶遗址的大量炉渣长期被认为是炼铜渣，近年有研究认为其中大部分应是炼银渣[41]。1974~1976年Rothenberg等对里奥廷托古矿冶遗址的39处遗址进行了考察，将含铜低于0.5%、含铅为1%~5%的炉渣视为炼铅（银）渣，含铅低、含铜高于0.5%~5%（一般为0.5%~2%）的炉渣视为炼铜渣，对各遗址的炉渣进行了界定[42]。

（2）炼铜渣的分类

Tylecote较早注意到了炼铜渣的分类并进行了探索，指出炼铜炉渣的主要问题是区分（使用合适造渣剂——通常是铁质的）的氧化矿石直接还原熔炼炉渣与冰铜熔炼炉渣。氧化矿石直接还原熔炼炉渣包含有含少量硫（假如有的话）的球状（Globules）铜颗粒，周围常围绕晕状硫化亚铜；冰铜熔炼炉渣含有呈条带状（Globles'Stringers'）硫化亚铜（CuS_2），或冰铜（$FeS+CuS_2$）颗粒[39]。

Tyleeote还注意到不同炼铜渣的铜与硫的相对含量有别，先是认为炼冰铜的炉渣的Cu：S为100：4[43]，近年又提出这一比值应是1：1或1：2[39][44]，而氧化矿石还原熔炼（原文为Oxide-smelting，应包括死焙烧的硫化矿石的还原熔炼）的炉渣的Cu：S则为10：1[39]。

三、文献所见的古代炉渣数据分析

本节辑录了见诸文献的炉渣数据，并简介各遗址的发掘状况、研究结论、不同意见等背景资料，以便归纳出某些有借鉴意义的规律性。为加强统计效果，主要选取了分析的样品较多的遗址的数据。

（一）以色列提姆纳的古代炼铜渣

提姆纳（Timna）谷地产出富铜高硅氧化矿石，冶炼时须添加铁矿石等造渣。金石并用时期的冶炼还不能排渣，炉渣和铜不能分离，冶炼结束后破炉取出渣铜混合物破碎成小块，拣选出其中的铜粒，余下的小块炉渣丢弃，研究者将其称为“非排出渣”（Non-Tapped Slagl）；新王国时期已能排渣，排出的炉渣呈厚1~3厘米的块状，称为“小渣”（Small Slag.），新王国时期还能排出一种直径30~50厘米的圆饼状炉渣，中间有一直径10~15厘米的洞，厚3~8厘米，重15~25千克，称为“圈状渣”（Ring Slag）；更晚期的炉渣则呈表面平滑的块状，称为“片状排出渣”（Plate-Shaped Tap Slag）[45][46]。

表2.6给出了提姆纳谷地部分炉渣的成分，渣的形态主要是“小渣”“片状排出渣”。

提姆纳炉渣皆属氧化矿石还原熔炼渣无疑，按Tylecot的观点，其Cu/S应约为10。提姆纳大量炉渣的分析结果大多没有化验硫含量，少数化验了硫的炉渣显示出某些渣的硫含量较高。表2.6中，遗址2的LR6渣Cu/S为27.1，MnO含量为0.40%；遗址30的2渣Cu/S为0.67，MnO含量为32.50%。由此观之，MnO含量高的炉渣的硫含量也高，甚至使渣的Cu/S下降到冶炼冰铜的炉渣的水平。从表中数据看，MnO含量在2.50%以上时，渣的Cu/S就已下降得很显著（遗址2的LR3渣），当然也有反常的，如遗址30的100渣的MnO含量为36.00%，但Cu/S却为10。可能是矿石中原来引入的硫量本来就很少所致。

表2.6中的炉渣渣型可分为铁硅型、锰硅型、铁钙硅型，表明锰矿石、石灰石也用作造渣剂。所有炉渣的硅含量都较高，已达饱和程度。

表2.6 提姆纳谷地古代炼铜渣成分[45][46]

遗址	渣号	Cu%	S%	FeO%	MnO%	SiO_2%	CaO%
2	LR3	0.27	0.20	53.10	2.50	29.70	4.70
2	LR4	0.61	0.10	43.30	1.70	40.20	9.30
2	LR6	3.80	0.14	46.20	0.40	32.50	3.30
30	2	0.40	0.60	3.90	32.50	42.40	8.90
30	25	0.50	0.30	6.10	36.50	44.50	5.40
30	26/Cr	0.80	0.50	7.50	38.00	40.20	6.90
30	100	2.00	0.20	7.40	36.00	42.60	5.40
28	127A	2.87		31.98	1.08	37.88	19.14
28	127B	0.99		27.90	1.79	38.63	18.70
28	134	1.28		37.83	2.03	24.73	16.43
28	137	5.06		21.48	1.01	38.59	18.88
200	155/1	1.85		47.34	0.38	33.23	7.20
200	155/1	0.81		42.62	0.14	40.23	8.31
200	322/1	3.08		42.09	0.13	40.20	6.67
200	322/2	7.51		53.95	0.23	41.43	9.28
200	322/3	2.73		34.54	0.16	43.06	8.21

（二）希腊古代炼铜渣

1975年，雅典地质和矿产开发学会调查了某些岛上的古代炉渣的遗存，并于1982年与牛津大学地质系联合考察研究了其中的基斯诺斯（Kythnos）岛的一个遗址和锡罗斯（Seriphos）岛的两个遗址。研究表明古代冶炼的是铁高铜低的氧化矿石，SEM分析发现炉渣中的铜颗粒有含少量铁、砷、铅等，部分铜颗粒包裹有一圈硫化亚铜，并有个别单独存在的硫化亚铜颗粒。表2.7给出了这两岛三个遗址的炉渣成分[47]。

表2.7 希腊古代炼铜渣成分[47]

样品号	CuO%	S%	Cu/S	FeO%	SiO_2%	CaO%	PbO%
1	7.43	0.36	18.2	39.95	32.64	5.27	2.81
2	1.49	0.04	42.7	27.95	43.19	6.74	1.17
3	4.73	0.08	52.0	23.26	50.43	7.90	0.08
5	0.62	0.06	9.1	32.32	44.16	8.46	0.15

续表

样品号	CuO%	S%	Cu/S	FeO%	SiO_2%	CaO%	PbO%
6	0.56	0.46	1.1	31.01	40.52	8 73	0.08
7	1.58	0.06	23.2	41.04	32.98	7 04	4.87
8	0.75	0.11	6.0	32.70	43.93	8 73	0.11
12	4.23	0.19	19.6	25.84	44.99	6 64	0.24
13	8.78	0.08	96.6	24.90	39.45	1.91	0.44
14	0.48	0.80	0.5	31.89	41.39	8.75	0.27
15	1.38	0.28	4.3	28.24	44.20	2.60	0.14
16	1.25	0.37	3.0	56.00	29.70	3.50	0.26
17	3.25	0.35	8.2	44.00	34.40	6.30	2.06
18	3.29	0.39	7.4	30.60	43.40	7.00	0.28
AVY1	6.97	0.15	48.9	32.19	37.41	7.79	0.05
AVY2	1.36	0.17	7.0	40.91	39.89	8.35	0.25
AVY3	9.81	0.13	66.4	32.81	42.83	4.78	0.05
AVY4	1.81	0.18	9.0	40.30	41.22	6.85	0.04
AVY5	1.64	0.34	4.2	41.76	37.00	7.56	0.05
AVY6	1.56	0.15	9.2	56.20	29.00	2.52	0.08
AVY7	0.57	0.16	3.2	37.18	45.00	8.00	0.06
AVY8	0.63	0.40	1.4	50.00	36.50	8.80	0.10
KEF1	6.31	0.17	32.7	37.03	42.89	3.99	0.02
KEF4	0.35	0.47	0.7	44.30	38.00	9.80	0.06

表2.7中计有炉渣24个，只有4个渣的Cu/S较低（6、14、AVY8、KEF4），原因不明；渣中虽含少量铅，但看不出其含量对硫含量有明显的影响；其余20渣的Cu/S都较高，但与Tyleeote给出的氧化矿石还原熔炼的炉渣Cu/S约为10的指标相比，部分渣的Cu/s（如1、2、3、7等）特别高，另一部分接近10但低于10（如15、16、17等），表明还可分出不同的亚类。从渣型看，表2.7炉渣属铁硅型，硅也达饱和程度。

（三）阿曼古代炼铜渣

德国波鸿采矿博物馆从20世纪70年代起在阿曼进行了近20年的工作，发现百余处古铜矿冶遗址。研究表明，阿曼的铜矿曾在公元前第三个千年至第二个千年的青铜时代早期、公元9至10世纪的穆斯林时代早期、公元12至19世纪的穆斯林时代中期到现代时期三次开采。阿曼铜矿属含铜黄铁矿，主矿体品位2%~2.5%，上部次生富集带早已开采一空，穆斯林时代早期的矿洞深达百米，进入了原生硫化矿带[48]。

公元前第三个千年冶炼的是氧化矿石，技术很原始，渣铜分离不好。至迟到公元前第二个千年，氧化矿石中已掺入少量硫化矿石，未经焙烧直接在还原气氛下炼出铜和白冰铜，已能排出部分液态炉渣，但最后仍须破炉取铜，从炉渣中拣选铜和冰铜颗粒。铜颗粒熔化铸成更大的铜锭，但发掘未找到对冰铜进一步处理的迹象[48]。

公元9至10世纪已大规模地冶炼原生硫化矿石。选矿获得的品位可达20%~30%的矿石经部分脱硫焙烧后在高约1.5米的竖炉内炼成品位50%~60%的冰铜，此冰铜再经数次部分脱硫焙烧入炉富集熔炼浓缩成品位70%~80%的富冰铜，富冰铜经死焙烧后炼出最终产品黑铜（可能在坩埚中），后段工序的炉渣返回了前段工序[48]。

公元12至19世纪没有开采新的矿石，而是以早期冶炼遗留下的炉渣为原料，重新再炼以提取其中残留的铜。此期技术特点是用锰矿作造渣剂，冶炼产物是品位约60%的冰铜，有时伴生有少量含铁很高的底铜[48]。

Franklin等曾于1975年使用矿相显微镜、扫描电镜、X射线衍射、化学分析等手段对两块阿曼古代炉渣进行了研究，虽然极其细心但仍然没能在渣中任何部位确认出以金属和氧化物形态的铜，只有与铁和硫共同存在的铜，因而得出结论：渣中不存在金属铜或铜的氧化物，铜仅以铜铁硫化物形式存在，被研究的炉渣应是冶炼硫化矿成冰铜的炉渣[49]。

表2.8给出了阿曼各时期的炉渣成分。结合原文献[48]认定的不同时期的冶炼流程，表2.8中炉渣似可分五种。

1）氧化矿石（可含少量次生硫化矿石）还原熔炼渣，属于此类的有第一部分炉渣之全部及第二部分的336、325/1炉渣，Cu/S高（5.1~12.5），铁高硅低，FeO_n为38.2%~48.5%，SiO_2为21.7%~33.1%。

2）冶炼原生硫化矿石（可部分脱硫焙烧）成品位50%~60%的冰铜的炉渣，属于此类的有第二部分中占很大比例的Cu/S低（32号渣为0.6、96号渣为1.3）、铁高硅低的炉渣，含FeO_n39.5%~63.7%，SiO_2 24.6%~36.1%。

3）冶炼焙烧过的冰铜成品位70-80%的富冰铜的炉渣，在第二部分中占少数，Cu/S稍高，铁低硅高，如304、305、328/1、338（Cu/S分别为1.2、2.0、3.7、4.2）炉渣，含FeO_n%为33.0%~46.3%，$SiO_2$39.9%~43.1%。

4）富冰铜死焙烧后还原熔炼成铜的炉渣，Cu/S高，铁低硅高，如298炉渣，Cu/S为7.5，含FeO_n为36.1%，SiO_2%为43.5%。

5）第三部分炉渣，铜低硫高，铁低锰高，FeO_n仅2.58%~3.59%，MnO%高达26.2%~28.2%，含Cu 0.22%~0.36%，S 2.4%~2.7%，锰引起硫含量升高之作用显而易见。

比较这五种渣，可发现矿石直接入炉熔炼的炉渣含铁高，冰铜再炼的炉渣含铁低，这应是由原矿石铁含量比冰铜铁含量高造成的。

表2.8　阿曼古代炼铜渣成分[48]

样品号	Cu%	S%	Cu/S	FeO_n%	MnO%	SiO_2%	MgO%	CaO%
48/1	1.63	0.13	12.50	39.00	0.27	30.70	10.70	7.10
48/4	1.20	0.19	6.30	38.20	0.22	33.10	9.16	9.14
48/5	2.21	0.27	8.20	44.20	0.20	28.90	11.50	5.73
289/1	1.26	0.15	8.40	39.00	0.24	30.40	6.61	9.79
289/3	2.40	0.39	6.20	43.80	0.21	29.30	7.10	8.50
350/1	1.58	0.31	5.10	46.70	0.32	26.70	7.74	6.81
350/2	3.78	0.34	11.10	43.50	0.31	26.40	10.70	6.05
114	7.30	0.70	10.40	45.70	0.70	28.50	7.60	3.60
32	7.71	2.90	0.60	56.8	0.48	29.2	1.10	1.28
96	1.39	1.10	1.30	45.8	0.48	35.3	4.53	1.97
97	1.62	0.54	3.00	39.7	0.51	34.6	6.76	4.05
102	0.59	0.61	1.00	39.5	0.50	36.1	6.67	2.66
105	3.96	3.50	1.10	46.4	0.49	29.9	4.13	1.80
193	0.76	3.40	0.20	63.7	0.49	24.6	0.73	0.59
298	1.50	0.21	7.50	36.1	0.19	43.5	4.54	4.54
304	0.44	0.36	1.20	39.3	0.17	42.6	6.79	7.49
305	0.77	0.39	2.00	46.7	0.18	43.1	6.42	2.70
325/1	1.11	0.13	8.50	41.6	0.20	32.5	3.96	8.98
325/2	3.14	0.97	3.20	44.2	0.19	32.1	7.01	3.38
326	1.82	0.16	11.40	52.5	0.15	32.7	2.89	2.29
328/1	2.15	0.58	3.70	33.0	0.19	39.9	6.63	6.23
328/2	3.02	1.02	3.00	38.2	0.19	32.5	7.57	3.35
338	2.32	0.56	4.20	41.0	0.17	41.8	3.93	4.35
361	2.69	1.06	2.50	44.7	0.19	30.7	7.00	4.15
396	2.81	1.35	2.10	52.9	0.16	30.5	3.89	2.04
397	3.07	1.25	2.50	41.1	0.20	31.5	7.91	5.13
18	0.28	2.40	0.10	3.59	28.20	36.30	5.32	11.90
19	0.36	2.60	0.10	3.59	26.40	35.50	5.03	14.10
21	0.22	2.70	0.10	2.98	26.20	33.60	3.47	15.20

注：表中以细线将数据分成三部分，从上至下依次是第一部分，公元前第三个千年间冶炼氧化矿石及第二个千年间冶炼含有少量硫化矿的氧化矿石的炼铜渣。第二部分，早期穆斯林时期即公元9至10世纪冶炼硫化矿石的炼铜渣。第三部分，以早期炉渣为原料的炼铜渣。表中FeO_n%为FeO%与Fe_2O_3%之和。

（四）里奥廷托古代炉渣

里奥廷托（RioTinto）是欧洲著名的古矿，位于西班牙西南韦尔发（Huelva）省，属横贯葡萄牙和西班牙两国的巨型黄铁矿床的南端，盛产铜、铅、锌、银共生矿。Rethenberg等对里奥廷托遗址的考察和对炉渣的分类已如前述，表2.9给出了里奥廷托各种炉渣的成分[42]。

Rethenberg等区分了炼铜渣和炼铅（银）渣，描述了部分炼铜渣中有金属铜颗粒，没有明确辨别使用的矿石和工艺类型，也未对炼铜渣进行分类；遗址考察资料有限，不能从采矿遗迹和炼炉等遗存方面提供有力的直接证据。Tylecote认为里奥廷托多数炼铜遗址属罗马时代，并且仍然冶炼氧化矿石和焙烧过的硫化矿石，但没有指出硫化矿石是如何冶炼的[39]。极力主张塞浦路斯古代曾使用过硫化矿堆浸制成硫酸铜晶体后直接入炉炼出铜，即使用“硫化矿—硫酸铜—铜”工艺的Koueky等还认为里奥廷托古代也使用过同一工艺[50][51]。Salkield认为Koucky等的观点是完全错误的，里奥廷托从罗马时代至公元1907年一直都在冶炼含铜黄铁矿，矿石经多次焙烧（以脱除足够的硫）后炼成冰铜；炉渣堆中常见有储存的冰铜，炉渣中也含有冰铜，但呈极细小的微粒形式[41]。这表明其使用的是“硫化矿—冰铜—铜”工艺。

从表2.9的原文献认定的炼铜渣的分析数据看，有4个Cu/S很高、硅含量也高的炉渣（遗址27的60渣、遗址28的64渣、遗址48的195和199渣）应是氧化矿石还原熔炼的炉渣，一个Cu/S高但硅低铁高的炉渣（遗址52C的158渣）可能是死焙烧硫化矿石或冰铜的还原熔炼渣，其余的Cu/S很低、高铁低硅的炉渣应是冶炼冰铜的炉渣。

表2.9的最后5个炉渣，原文献认定是炼铅（银）渣，但其中遗址58的两个渣含铜较高，已达到文献作者所界定的炼铜渣含铜量，其渣型和Cu/S都符合冰铜渣的特征。

表2.9　西班牙里奥廷托古代炉渣成分[42]

遗址渣号		Cu%	S%	Cu/S	TFe/%	Fe^{2+}%	SiO_2%	Pb%	Zn%
22	54	1.71	0.4	4.30	49.8	33.30	22.50	0.034	0.32
27	60	0.97	0.05	17.4	32.0	23.90	45.60	0.01	0.029
27	62	1.50	1.30	1.20	38.9	23.70	27.90	0.09	0.44
28	64	1.58	0.20	7.90	28.40	27.40	44.00	0.016	0.185
35	84	1.54	0.60	2.70	49.70	32.40	21.30	0.065	1.12
36	87	0.25	0.50	0.50	44.00	36.60	26.90	0.09	0.144
55A	114	1.09	0.70	1.60	48.70	42.10	23.80	1.68	0.014
55A	115	4.1	1.30	3.20	43.40	34.00	25.00	1.41	0.22
53B	135	0.91	1.00	0.90	50.00	29.50	20.50	0.035	0.54
52C	158	3.70	0.30	12.30	44.90	23.80	25.70	0.14	1.04
52C	163	0.92	0.30	3.10	32.80	21.90	41.90	0.049	0.08

续表

遗址渣号		Cu%	S%	Cu/S	TFe/%	Fe^{2+}%	SiO_2%	Pb%	Zn%
47A	175	2.50	1.70	1.50	45.50	14.90	20.60	0.018	0.141
47E	179A	0.50	0.80	0.60	41.00	36.20	26.00	0.015	0.88
47E	179B	0.80	1.00	0.80	46.00	22.60	23.90	0.018	0.36
47A	183	0.90	0.50	1.80	35.50	27.50	32.50	0.020	0.078
47A	184	3.80	1.20	3.20	40.90	26.30	26.50	0.03	0.030
47B	188	1.34	0.70	1.90	39.40	30.10	29.40	0.006	0.153
48	195	2.10	0.10	21.0	29.10	19.10	48.40	0.091	0.148
48	199	2.90	0.05	58.0	34.50	28.70	41.50	0.071	0.31
32C	71	0.12	1.10		39.80	33.80	29.20	3.72	0.054
42A	95	0.15	1.30		39.40	36.80	25.90	3.00	0.068
42A	98	0.16	0.80		36.40	32.60	24.40	1.90	0.051
58	143	0.61	0.50		47.80	42.40	25.40	1.35	0.043
58	144	0.57	0.40		45.60	41.20	27.40	1.61	0.046

注：原文献认为表中最后5个渣样是炼铅（银）渣，余为炼铜渣。

（五）塞浦路斯古代炼铜渣

塞浦路斯岛中部的特罗多斯（Troodos）山区盛产含铜黄铁矿。从20世纪二三十年代起就有学者不断地研究岛上的古铜矿遗址，1973~1980年美国考古队对20多处遗址进行了发掘和研究。1981年6月在拉纳卡（Larnaea）举行了题为“塞浦路斯公元前4000—500年的早期冶金”的国际会议。

关于塞岛古代使用何种工艺冶炼硫化矿石有分歧。Tyleeote认为是冶炼冰铜即使用“硫化矿—冰铜—铜”工艺，但并未否认死焙烧的即“硫化矿—铜”工艺的存在[44]。Zwicker等还找到了冰铜块[44]。Forbes甚至认为含铜黄铁矿冶炼成冰铜的技术最早就起源于塞浦路斯[52]。Koueky等据炉渣分析、遗迹研究、文献诠释等提出还存在硫化矿石堆浸制取硫酸铜再炼成铜的“硫化矿—硫酸铜—铜”工艺[50][51]。

Koucky等曾搜集分析了20个不同遗址约100个炉渣，发现除少量年代属于中世纪的富锰炉渣外，可将塞浦路斯炉渣分为富铁和富硅两类，表明古代存在有两种不同的冶炼技术[51]。Koucky等又认为焙烧（没有指出是死焙烧还是部分脱硫焙烧）矿石冶炼出的炉渣与硫化矿石堆浸制成的硫酸铜冶炼的炉渣在基本组成上可能没有区别，并寄希望于从微量元素含量方面来区分不同工艺的炉渣[51]。这与其两类炉渣对应两种冶炼技术的论断自相矛盾。Koucky等的观点在1981年那次国际会议上受到多方质问，至今尚未有赞同者。

表2.10是部分有硫分析值的塞岛古代炼铜渣成分[53]。从表中五处遗址的炉渣分析数据看，Kala.遗址的14个炉渣Cu/S皆在1.0以下，渣型为高铁低硅，平均含FeO

为20.95%、SiO_2为59.99%，接近纯铁橄榄石之组成，当为原矿石入炉冶炼成冰铜的炉渣；Mit.、Kokk.两遗址各有3个含锰渣，前者含MnO为12.70%~17.35%、FeO为33.56%~39.28%，后者含MnO为6.18%~6.75%、FeO为44.43%~51.75%，二者渣型有别，但Cu/S基本相同，也应是冶炼冰铜的炉渣；Skou.遗址的1个、Agro.遗址的2个共计3个炉渣所含的Cu/S为6.0%~13.3%，渣型硅量较高，含FeO为54.0%~56.7%、SiO_2为31.8%~37.7%，当属直接炼出铜的炉渣，似应为冰铜死焙烧后还原熔炼成铜的炉渣，但也有可能是冶炼氧化矿石成铜的炉渣。

值得注意的是6个含锰渣的Cu/S与含锰很少的K ala.炉渣相比变化不显著，与前文的阿曼含锰渣对渣的Cu/S的影响似不相同，这可能与渣中铁含量有关。阿曼含锰渣的FeO已低至4%以下，且塞岛的含锰渣最低也达33.56%，锰的作用显然不如前者大。提姆纳的含锰渣也有类似的区别，锰取代铁的程度越大，对渣中硫量的影响可能就越大。

表2.10　塞浦路斯部分古代炉渣成分[53]

遗址	渣号	Cu%	S%	Cu/S	SiO_2%	FeO%	MnO%	CaO%
Kala.	29	1.10	1.66	0.60	22.04	60.67	0.31	2.28
	30	1.08	1.41	0.77	22.04	56.03	1.37	3.80
	31	1.40	1.66	0.84	21.32	56.59	0.44	3.20
	32	1.06	1.68	0.60	20.68	61.03	0.53	3.05
	33	0.80	1.85	0.54	20.80	60.67	0.53	3.00
	34	1.12	1.58	0.61	22.20	57.47	0.43	3.10
	35	0.92	1.72	0.53	22.68	61.20	1.16	2.77
	36	0.82	1.25	0.66	23.16	60.67	0.37	2.55
	37	1.02	1.62	0.63	19.24	59.59	0.43	3.17
	38	1.10	2.00	0.55	19.28	63.81	0.43	2.25
	39	1.46	1.96	0.76	20.68	57.45	0.34	3.35
	40	0.90	1.57	0.57	18.12	64.26	0.43	2.95
	41	1.12	2.10	0.49	18.88	63.54	0.37	3.30
	42	1.04	1.14	0.91	22.20	56.82	0.37	3.52
平均		1.07	1.66	0.64	20.95	59.99	0.54	3.52
Mit.	70	0.68	1.85	0.37	27.50	39.28	12.70	
	71	1.24	1.40	0.89	27.60	33.56	17.26	
	72	0.74	1.24	0.60	28.42	36.59	17.35	
Kokk.	73	1.20	1.58	0.75	22.20	51.75	6.75	
	74	0.58	1.20	0.48	26.52	46.93	6.09	
	75	0.64	1.28	0.50	25.68	44.43	6.18	
Skou.	95	2.0	0.25	8.00	32.5	56.7	tr	5.00
Agro.	96	4.0	0.30	13.30	31.8	54.0		4.88
	97	3.0	0.50	6.00	37.7	51.9	tr	4.32

注：本表由文献105个炉渣分析辑录而成，原文献中铁、锰、铜分别计为Fe_2O_3，Mn_3O_4、CuO，作者换算为表中形式。

四、文献综述之结论

通过前四节的文献综述，可肯定地确认如下几点。

1）古代火法炼铜技术有“氧化矿—铜”“硫化矿—铜”“硫化矿—冰铜—铜”三种工艺类型。第三种工艺是主要的炼铜方法。

2）通过铜制品研究炼铜技术是很困难的，通过炉渣等研究炼铜技术则是可能的。

3）凭渣型难以区分炼铜渣和非炼铜渣，应从铜含量和赋存状态方面辨别炼铜渣。

4）炼铜渣可分两种基本类型，一种产品是铜，一种产品是冰铜。两种炉渣在铜的赋存状态、铜与硫的相对含量上确有较明显的区别。

5）冶金考古文献仅从经验方面给出了两种炼铜渣的区别，且较粗略。

6）从古代炉渣的分析数据看，两种炉渣渣型可以相同，但多数情况下是有别的。相对地，直接炼出铜的炉渣趋于富硅，炼冰铜的炉渣则趋于富铁。

7）炼铜渣多为铁橄榄石型，可含较高的锰、钙等。

8）含锰炉渣硫含量偏高，渣含铁少时尤为明显，此时不宜仅用铜硫相对含量来简单判定炉渣种类。事实上高锰低铁的炉渣只能是冶炼富硅氧化矿石的炉渣。

第三章　炉渣与产品对应关系的理论分析

第二章的铜冶金考古文献综述使作者坚定了对铜绿山11号矿体炉渣的看法。但仅据第二章综述出的炉渣鉴别方法，还不能完全解释11号矿体炉渣所代表的冶炼技术：Tylecote等提出的炉渣铜硫比数据，并没有给出理论上的论证，对冰铜品位与炉渣的铜硫比的关系、品位与渣中含铜颗粒成分的关系都没有论及，而冰铜品位高低变化很大，必须予以鉴别。

本章借助现代炼铜学关于炉渣的铜硫含量及其赋存状态的文献，试图在理论上界定不同的炉渣，建立由炉渣分析来判定冶炼技术的方法，以更深入地揭示古代铜绿山的冶炼技术。

一、两种熔炼过程及其炉渣

第二章提出的所有炼铜工艺类型，其熔炼过程可分为两种，即产品是铜（可有部分白冰铜）的熔炼，产品是冰铜的熔炼。在古代以木炭为燃料的鼓风炉中进行的前一种熔炼实质上主要是氧化矿石的还原熔炼，后一种熔炼则是在还原气氛下处理硫化矿石使铜进入冰铜从而与铁和脉石分离的还原硫化熔炼。为简明起见，以下分别称之为还原熔炼和冰铜熔炼，相应地分别称其炉渣为还原渣和冰铜渣。

按上述分类，则“氧化矿—铜”工艺、“硫化矿—铜”工艺只进行还原熔炼并排出还原渣，而“硫化矿—冰铜—铜”工艺则先进行数次冰铜熔炼排出相应次数的冰铜渣，最后才进行一次还原熔炼并排出还原渣。因此，冰铜渣的存在就标志着“硫化矿—冰铜—铜”工艺的使用，而还原渣则不对应唯一的工艺，不能仅凭其存在而判定某一工艺的使用。

在吹炼技术发明前的近代使用“硫化矿—冰铜—铜”工艺炼铜实践中，曾把由带有脉石的原矿石或焙烧矿石的首次冰铜熔炼获得的低品位冰铜称为矿石冰铜，以后各次由低品位冰铜焙烧后冰铜熔炼所获品位较高的冰铜称为富集冰铜。为简明起见，以下把首次冰铜熔炼的产物分别称为首次冰铜和首次冰铜渣，二次冰铜熔炼产物称为二次冰铜、二次冰铜渣，依次类推。成熟的“硫化矿—冰铜—铜”工艺一般都会有返渣操作，只废弃前一二次熔炼的冰铜渣，如第二章图2.1所示，以回收更多的铜。

二、炉渣基体成分及其来源

炉渣基体由构成渣相的复杂硅酸盐的各成分组成，习惯上以氧化物形式表示，如SiO_2、FeO、CaO等，其总和在正常炉渣中占95%以上。构成炉渣的各氧化物可有以下几个来源。

1）矿石。依其类别和品位不同而含各氧化物的量也不同，有的含硅高，有的含铁高。矿石中的各氧化物有的是真实存在的，有的是以氧化物之间形成的矿物形式存在的，同一氧化物也可同时以多种形式存在，如铁硅钙即呈单独的Fe_2O_3、SiO_2、$CaCO_3$形式，也可以它们之间的脉石矿物形式存在。这些氧化物，不论其存在形式如何，熔炼时都将进入炉渣。一些主矿物如黄铜矿（$CuFeS_2$）、黄铁矿（FeS_2）、硅孔雀石（$CuSiO_3 \cdot 2H_2O$）中的铁硅经氧化或分解后也会进入炉渣。

2）造渣剂。矿石多难以自熔，须针对矿石特点添加相应的造渣剂才能形成炉渣，使熔炼顺利进行。一般地，高硅矿石要加铁矿石、高铁矿石要加石英（SiO_2）作造渣剂。

3）炉壁。熔融的炉渣对炉衬有浸蚀和冲刷作用，使其成分进入炉渣。碱性的初渣对酸性炉衬的侵蚀尤为强烈。

4）灰烬。木炭燃烧后的灰烬成分如钙钾等也将进入炉渣。

由上述分析可知，渣中某一氧化物的来源不一定是唯一的，这使得利用渣基体判定炉渣属性要考虑多种因素。可从如下两方面考虑。

首先，矿石脉石的各成分必然会出现在此矿石熔炼的炉渣中，这作为一个基本原则，有助于判定炉渣出于哪一熔炼工序。凡是由矿石熔炼工序排出的炉渣必含有从矿石脉石中来的成分，凡是由中间产物熔炼工序排出的炉渣必不含从矿石脉石中来的成分。如果矿石脉石的某一成分能够鉴别，则可利用这一点判定炉渣出处。具体地，"氧化矿—铜"工艺、"硫化矿—铜"工艺的还原渣含有矿石脉石的可鉴别成分，作者曾利用这一点判定出辽宁凌源红山文化含镁很高的炉渣为冶炼当地脉石含镁的氧化矿石炉渣[54]。同样，"硫化矿—冰铜—铜"工艺的首次冰铜渣也含有矿石脉石的可鉴别成分，但其后的二次冰铜渣和最后的还原渣不会含有矿石脉石的可鉴别成分。作者也曾利用这一点分辨出新疆尼勒克冶炼脉石含钡的硫化矿石的冰铜渣和还原渣，前者含钡，后者不含钡[36]。

其次，各炉渣成分源中，某些成分之间可存在不变的相对量，并以同一比例进入炉渣，这作为另一个基本原则，可对熔炼过程进行物料平衡计算，进而判定炉渣的性质。在矿石中，脉石矿物成分之间的相对量是由该矿物的化学式所规定的，物理的选矿方法只能改变这些成分的绝对量，不会改变这些成分的相对量。如矿石脉石的这些相对量不变的成分既不挥发，也不进入产品，只进入炉渣，那么它们之间的相对量将会被保留下来。同样，造渣剂、炉壁、灰烬中的各成分也将以不变的相对量进入炉渣。即使某些炉渣成分是多源的，同一来源中这些成分之间的相对量也应是不变的。假如矿石脉石、造渣剂、炉壁、灰烬中都以其各自的相对量含有SiO_2、CaO、Al_2O_3，那么通过炉渣中三成分的各自含量，即可求出每一成分分别由矿石脉石等来源所贡献的分量。

利用上述第一条原则，可对某些炉渣定性，指出排出这一炉渣的工序是属于矿石熔炼还是属于中间产物熔炼。如果数据充足，利用第二条原则，可对炉渣各成分的来源进行定量的鉴别，进而也能判定出排出某一炉渣的熔炼的属性。但所有这些判定，还不能一一对应地判定炉渣出自哪一具体工艺的哪一工序，计算出来的物料平衡也只是炉渣基体成分之间的平衡，不是被冶炼的主金属铜和与其密切相关的硫的平衡，更不能由其准确判定冶炼产物的成分。

三、炉渣内铜与硫的赋存状态

熔炼过程中矿石、产品、炉渣之间存在有物料平衡和物理化学平衡。还原熔炼和冰铜熔炼的原料氧化矿石与硫化矿石之间、产品铜与冰铜之间的区别都在于铜与硫的赋存状态及含量不同，因而还原渣与冰铜渣的区别也一定在于铜与硫的赋状态及含量不同。现代炼铜学对炉渣的近百年研究，为从理论上分析这种区别提供了基础。

现代炼铜学限于炼铜工业的实践和要求，主要对冰铜渣进行了大量的实验室研究和工业炉渣统计分析。许多观点获得了大量的重复性良好的验证，进而大大加强了结论的可靠性。

以下暂不考虑杂质的存在，对含有铝镁钾的铁（钙）硅系炉渣的铜硫赋存状态进行分析。

20世纪初Grabill就已经把渣内铜的存在划分为物理的或机械的损失和化学损失两大部分，并指出物理损失是由沉淀不良、渣与冰铜的比重差不合适、冰铜为上升气泡所裹携三种原因造成的，化学损失则是以铜的或其硫化物的形式溶解和以铜的氧化物、铁酸盐、硅酸盐等形式造渣两种原因造成的[55]。物理和化学两大部分铜损失的划分，以及物理损失部分的三种原因的划分，直到目前依然为众多的研究者所接受和遵循并加以深化。但化学损失的铜的溶解形式和造渣形式的研究却经历了近半个世纪才获得较统一的认识。

（一）冰铜渣中铜的赋存状态

Wright于1909年注意到冰铜渣中金、银与铜的比例低于冰铜中的相应比例，因而推断渣中必有部分铜不是以机械夹杂的状态存在的，而是以溶解状态存在[56]。Channing则把这些溶解状态的铜视为氧化物形式，并计算出了其比例[57]。此后的诸多研究者分成两种倾向，一种认为冰铜渣中有单独的和造渣形式的铜氧化物，一种认为没有这些形式的铜氧化物，并且都有分析数据支持各自的论点。这一争论最后在20世纪40年代为黄培云的博士论文所定论。

黄培云指出了那些证实冰铜渣中存在铜氧化物的实验所用的试剂在选择性方面的问题后，向炉渣直接添加Cu_2O，使用显微镜分析、化学分析、X射线衍射分析等手段，完全否定了铜的硅酸盐存在，并指出只有添加Cu_2O达34.5%时才能在X光谱上出现其线条，大于10%时才能见到铁酸亚铜的线条[58]。

Maier和VanArsdale对鼓风炉、反射炉冰铜渣的显微镜研究表明，金属铜只存在于硫化物夹杂的内部[59]，Aksoy的博士论文也获同样结论[60]。Jackman和Hayward用X射线衍射分析了研细的冰铜渣粉末，认为金属铜在检出限内不存在[61]。

冰铜渣中存在溶解的FeS和Cu_2S，这已为许多研究者接受。分歧在于Cu_2S的溶解机理。Lathe先是否定[62]后又肯定[63]少量的硫化亚铜能溶解在渣中。Vanyukov认为大部分Cu_2S溶于炉渣但在冷却时析出[64]。Aksoy以纯Cu_2S与炉渣在铂坩埚中长时间共熔，48小时后渣中铜降为零，因此认为纯Cu_2S实质上不溶解于炉渣，工厂炉渣是因为含有FeS而使少量的Cu_2S进入炉渣[60]。黄培云认为铂坩埚可能与渣中铜形成合金而把铜除去，他用$HgCl_2$浸出冰铜颗粒中的铜，分析余下的铜与冰铜中Cu_2S关系，得到了均匀上升的曲线[65]，这显然认为Cu_2S是溶于炉渣的。

到20世纪50年代，Ruddle[66]和Evans[67]分别对半个世纪以来的炼铜炉渣研究文献进行了综述，前者的综述构成其经典性炼铜学著作的一章，后者是一篇硕士论文。其关于冰铜渣的综述结论要点如下。

1）可靠地确定了在大部分炉渣中的铜的主体是以硫化物夹杂形式存在。夹杂颗粒中FeS的溶解和氧化作用使其组成可从冰铜变化至几乎纯粹的Cu_2S。

2）Cu_2S在渣中溶解的证据不够可靠，即使有也十分小，还不可能据文献以得出确定的结论，需进一步研究。

3）铜的硅酸盐不存在于炉渣中。

4）证明反射炉渣或鼓风炉渣中有溶解的铜的氧化物或铁酸盐的实验数据很少。热力学计算指出，溶于与冰铜接触的炉渣中的CuO_2的活度在平衡情况下是小的（最高约为5×10^{-5}）。

5）反射炉和鼓风炉渣仅含少量金属铜（存在于硫化物夹杂的内部）；此铜在硫化物分解时析出，分解可在结晶之前或结晶时进行。可以假定，铜在炉渣中溶解的极少，但要证明这一点也需进一步研究。

Akia Yazawa于20世纪50年代初就通过实验认定炉渣中Cu_2S的溶解并指出其量约为冰铜品位的0.5%[68]。后又在纯铁坩埚中测定了Cu_2S、FeS在多个渣型的冰铜渣中的溶解及其影响因素，指出溶解在渣中铜和硫的量随着硅量的增多和饱和而变至最小，钙和铝量的增加会降低硫化物的溶解量，简单的硅铁二元系炉渣可溶解相当数量的铜和硫，铜（Cu_2S形式）溶解量随温度升高而增加[69]，这表明Cu_2S可溶解于渣中，但溶解度较小。

（二）冰铜渣中硫的赋存状态

Wanjukoff于1912年研究了炉渣中硫化钙的存在量，结果表明渣中硫化钙量与FeS量相比非常小[70]。Vogt于1919年通过显微镜鉴定确认，Fe/Ca大于1/10~l/15的炉渣中溶解的硫实际上是呈FeS形式的[71]。Rocca于1951年也报告高铁（高于10%）炉渣中与钙结合的硫量相对于溶解总硫量仅占微小份额[72]。基于上述文献，Akira Yazawa等经计算，认定（冰铜）渣中的除溶解的cu_2s以外的溶解硫可视为FeS[68]。

综上，在还原气氛下熔炼出的液态冰铜渣中，无论是夹杂部分的铜，还是溶解部分的铜，都可视为以Cu_2S形式存在。与渣中Cu_2S的数量级相比，可认为不存在以金属铜形式夹杂和溶解的铜，不存在氧化物形式的铜。硫除了以Cu_2S形式存在外，还以FeS形式存在。炉渣凝固后，可在硫化物夹杂中析出少许金属铜，此铜为冰铜分解而形成；溶解的硫化物也因溶解度下降而部分析出。

（三）冰铜渣中硫化物颗粒与冰铜品位

夹杂的硫化物颗粒和冰铜位之间的对应关系，对本文的目标即判定产品成分有重要意义。

在正常冶炼温度下的熔融炉渣中的某一时刻，硫化物夹杂颗粒可分如下几情形。

1）某些硫化物颗粒形成后正处于下降过程中，没有到达冰铜层就随炉渣放出来。这种颗粒可称之为初生颗粒。

2）多个初生颗粒凝聚在一起，形成较大的颗粒而随炉渣排出。这种颗粒可称之为凝聚颗粒。

3）某些颗粒由于气泡上升等从冰铜层中裹携到炉渣中而成为夹杂，可称之为裹携颗粒。

4）裹携颗粒与初生颗粒、凝聚颗粒汇合形成更大颗粒，可称之为混合颗粒。

上述四种颗粒中，初生颗粒的成分依矿石中各硫化矿物之间随机结合而不同；凝聚颗粒和混合颗粒的成分应比初生颗粒更接近冰铜成分；裹携颗粒成分应等同于冰铜成分。原矿石中矿物种类越单一，初生颗粒的成分应越趋同，矿物种类越繁多，初生颗粒的成分差异越大。其他颗粒都来源于初生颗粒，因而也呈相同的变化规律。按此分析，则冶炼很低或很高品位冰铜的炉渣中的各种颗粒的成分应趋同并接近冰铜品位。

同一时刻，渣中各种颗粒的数量应依冶炼条件不同而不同。如氧化气氛强、冰铜层遭受氧化使上升的气泡多，则裹携颗粒就会增多。在还原气氛强的古代鼓风炉的冰铜渣中，冰铜被氧化的可能性很小，上升气泡不多，裹携颗粒的数量不会太多；初生颗粒的数量也不会很多，它们之间在此一时刻前相汇而成为凝聚颗粒的机会应远大于不汇合而残存下来的机会；凝聚颗粒的数量应占大部分。

在同一冶炼温度下继续熔炼时，除了继续发生相互间的汇聚作用外，各种硫化物颗粒的成分也可能因FeS的溶解和氧化而致含铜量升高。鼓风炉风口带上高温区渣中的FeS应是饱和的，渣层的温度则相对低一些，此时FeS理应因溶解度下降而析出，不会再溶解。如氧化气氛强，则FeS可被氧化而使颗粒含铜升高。在还原气氛强的鼓风炉渣中，FeS被氧化的可能性也很小，由此引起颗粒中铜含量升高的可能性也应很小。因此，在还原气氛下鼓风炉熔炼冰铜的炉渣中，夹杂颗粒因FeS的溶解和氧化而导致铜富集的可能应很小。这与前面文献的固态炉渣中硫化物颗粒有铜富集的现象似乎矛盾，实际上这应是炉渣凝固造成的。

炉渣排出到炉外后，在短时间内冷却凝固。正常冰铜渣的成分属于SiO_2-FeO系相图2FeO·SiO_2富硅的那一侧。炉渣凝固开始时，首先析出的是铁橄榄石晶束。余下部分仍呈液态且硅量升高，夹杂的硫化物颗粒也以液态进入其中，先结晶的部分炉渣中溶解的硫化物也部分地析出进入残余液态渣中。王林生等于1991年用电子探针分析冰铜渣，发现铁橄榄石中含有一定量的铜和硫，玻璃相中含有大量的铜和硫[73]，表明炉渣凝固时确有硫化物从铁橄榄石向残存液相的迁移。硅量的增多使余下的部分液相的硫化物溶解度变小，加之温度进一步下降，使之过饱和而析出。析出的硫化物可进入仍呈液态的夹杂的硫化物颗粒中，也可呈单独的液态颗粒存在。温度再下降，残余液相可连同其中的硫化物颗粒一同凝固。凝固后，未析出的溶解硫化物仍会随温度下降以凝固的硫化物颗粒为晶核而继续析出。硫化物颗粒也开始像冰铜一样分解，依其含铜量的不同而生成各种矿物，包括金属铜。

温度对渣中Cu_2S、FeS溶解度的影响是不同的。Akia Yazawa通过实验指出温度升高对Cu_2S溶解度的增加效果，远大于对FeS溶解度的增加效果[68][69]，见表3.1。据此可以认定：温度降低使Cu_2S溶解度下降的幅度远大于使FeS溶解度下降的幅度。这导致炉渣凝固时Cu_2S的析出量大于FeS的析出量，结果表现为固态炉渣中硫化物颗粒铜的富集现象。

表3.1 温度对渣中冰铜成分溶解度的影响[68][69]

渣型	冰铜品位（%）	温度（℃）	溶解度（%）				Cu/S
			Cu	S	Cu_2S	FeS	
（a）FeO-SiO_2	56.5	1200	0.494	1.17	0.618	2.70	0.42
		1250	0.530	1.18	0.663	2.71	0.45
		1300	0.557	1.12	0.697	2.67	0.50
		1350	0.602	1.12	0.752	2.66	0.54
（b）FeO-SiO_2-CaO	57.60	1150	0.169	0.329	0.212	0.784	0.514
		1200	0.249	0.416	0.312	0.967	0.599
		1250	0.266	0.430	0.333	0.995	0.619
		1300	0.307	0.469	0.384	1.074	0.655
（c）FeO-SiO_2-CaO-Al_2O_3	32.0	1200	0.518	1.93	0.65	4.93	0.26
		1250	0.559	1.79	0.70	4.52	0.31
		1300	0.634	1.83	0.79	4.58	0.35
		1350	0.656	1.82	0.82	4.55	0.36

注：①a型渣为含SiO_2 36.5%，b型渣为含SiO_2 45.13%、FeO 42.02%、CaO 11.42%，c型渣为含SiO_2 30%，CaO 4%，Al_2O_3 4%；

②本表由文献[68]的表1[69]、表3综合而成，其中Cu/S为作者所加。

由上述分析可知，还原气氛下鼓风炉熔融冰铜渣中，含铜夹杂物的大部分应是含铜量以冰铜品位为中心而波动的硫化物颗粒；所有硫化物颗粒汇集的宏观结果，应能反映冰铜的成分，但任何一个颗粒的成分都难以无条件地代表冰铜品位。凝固时，溶解的硫化物以Cu_2S显著高于FeS的比例析出造成固态冰铜渣中各种来源的硫化物颗粒富铜化。

固态冰铜渣中，原来夹杂的、凝固时又吸收了一些析出Cu_2S、FeS的硫化物颗粒，与凝固时单独析出的硫化物颗粒二者之间在粒度上似应有所差别。莫鼎成于1989年对渣型和冷却制度与硫化物颗粒分布的关系进行了最新研究，通过16个不同试验条件下的样品、每一样品1000~3000个硫化物颗粒的测定，指出同样冷却条件下，渣中冰铜颗粒的粒度随SiO_2/Fe的比值减小而增大；冷却速度对高硅渣中的冰铜颗粒粒度影响不大，但对低硅渣中的冰铜颗粒粒度影响较大；1000℃~900℃之间的冷却速度对冰铜颗粒粒度的影响较大。同一研究还发现急冷条件下，炉渣中冰铜颗粒很小（<1μm），均匀地分布在玻璃相中；而在800℃、900℃、1000℃、1100℃四个温度上恒温1小时后再于空气中自然冷却的炉渣则析出了不同粒度的硫化物颗粒；各渣型的硫化物颗粒累积分布图上，粒度在50μm以上的颗粒累积分布率都为零[74]。按此，固态冰铜渣中粒度大于50μm的硫化物颗粒应是夹杂的。

固态渣中粒度大于50μm的硫化物颗粒成分能否代表冰铜品位，还应具体分析。这些颗粒在液态时的成分接近但未必等于冰铜成分，凝固时又会有析出的Cu_2S、FeS汇入其中。前文已论及，Cu_2S比FeS更易于析出。如果原来夹杂颗粒含铜量高于冰铜品位，汇入析出的硫化物将使其含铜量更高于冰铜品位；反之，如果原来夹杂颗粒含铜量低于冰铜品位，则汇入析出的硫化物将使其含铜量向冰铜品位有所靠近。液态渣中夹杂的硫化物颗粒越大，其成分应越接近冰铜品位，凝固时汇入的析出硫化物的量占凝固后整个颗粒的份额也就越小，该颗粒的富铜化作用也越小。因此，固态冰铜渣中的大夹杂颗粒的成分，应非常接近以至可以代表冰铜的成分。液态渣中一个直径为200μm的大夹杂颗粒，相当于由1000个成分在冰铜品位上下波动、直径为20μm的小夹杂颗粒，其成分事实上就应是冰铜的成分；这样一大夹杂颗粒冷却后，即使汇入几个10~20μm的析出硫化物颗粒，也难以显著改变其组成，仍然可代表冰铜的成分。

综合上述分析可知，固态冰铜渣中所有含铜颗粒皆为硫化物，其中大夹杂硫化物颗粒的成分可代表冰铜品位。

（四）还原渣中铜硫的赋存状态

近现代炼铜业已很少有氧化矿石或死焙烧矿石的还原熔炼的实践，因而也难以引证相应的文献。由前文引用的黄培云的研究可以肯定，还原渣中也不会显著存在铜的硅酸盐和铁酸盐及单独氧化物。根据第二章综述的结果及还原熔炼的反应过程，可以认定还原渣中铜将主要以夹杂的金属颗粒形式存在，少部分铜可呈Cu_2S形式夹杂或溶解。夹杂的Cu_2S可单独呈颗粒状存在，也可与夹杂的Cu颗粒一起存在。溶解的Cu_2S在冷却时也可能部分析出，呈单独的颗粒或与夹杂的Cu及Cu_2S颗粒汇合。铜能否以金属形式溶解于炉渣还无定论，即使有，其量也很小，也可能在冷却时析出成为小颗粒或与其他颗粒汇合。因此，固态还原渣中必有大量单独存在的、主要是夹杂的铜颗粒，这是其与固态冰铜渣最显著的区别。

四、炉渣的铜硫含量

两种炉渣中的铜与硫的赋存状态业已确定如前。既然铜硫的赋存状态可用以区分两种炉渣的存在，那么从数量上反映铜硫赋存状态的渣的铜硫比即Cu/S，应如第二章Tylecote所认定的那样，可用以区分两种炉渣。

（一）冰铜渣的铜硫含量

Heywood于1904年报告了两座鼓风炉2.5年内的SiO_2含量约为30%~33%的2590个渣的含铜量与冰铜品位的关系[75]，Lathe于1907年以鼓风炉6~30周的运行炉渣的平均值为一个数据点测定了SiO_2含量为43.0%~47.4%的含铜量与冰铜品位的关系[62]，其结果都表明：同一SiO_2含量的炉渣含铜量随所炼冰铜品位升高而升高，冶炼同一品位冰铜的炉渣含铜量随渣中$Si0_2$含量的升高而降低。

Wanjukoff于1912年报告了FeO、CaO、MgO、ZnO、Al_2O_3在不同酸度的人造炉渣中相互取代冶炼各个品位冰铜时炉渣含铜量变化的实验结果，表明：以CaO、Al_2O_3取代FeO、以MgO取代CaO都会使渣含铜量降低，以Al_2O_3取代CaO对渣含铜量的降低不明显，以ZnO取代CaO使渣含铜量显著升高[70]。

此后相继进行了大量类似的研究，并提出渣含铜量的各种经验公式。有许多文献指出，冰铜渣中含铜量约是所炼冰铜品位的1%，工厂冰铜的大量取样分析结果与此经验符合较好。

随着渣中铜的夹杂和溶解两种损失形式的确立，又分别研究了各个因素对每种形式损失的铜量的影响，其中尤以实验室条件下对渣中溶解的铜量及其影响因素的研究为多。所有的低氧势下的研究都表明：渣溶解铜量随冰铜品位升高而升高，溶解硫量随冰铜品位升高而降低；渣中CaO、MgO、Al_2O_3可降低，FeO、MnO则增加Cu_2S的溶解度，温度升高也增加Cu_2S的溶解度；FeO等可增大渣的比重、ZnO可增高渣的黏度从而增加冰铜的夹杂损失量，MnO、Na_2O可降低渣的黏度从而减少冰铜的夹杂损失量，温度升高也降低渣的黏度从而减少冰铜的夹杂损失量。按此，则还原气氛下鼓风炉冰铜渣含铜总量的变化规律应是：渣型一定，渣含铜量随冰铜品位升高而升高，含硫量随冰铜品位的升高而降低；冶炼的冰铜品位一定，渣中各氧化物含量的变化对渣含铜（硫）量的影响应取其对溶解和夹杂两部分损失的综和作用结果，一般是SiO_2、CaO、

MgO、MnO等含量的适当升高可降低渣中铜含量，FeO、ZnO等含量的升高及温度的升高可增加渣中铜含量。

对冰铜渣中两部分铜损失的比例的报道很不一致，有分析认为溶解部分占60%，夹杂部分占40%[76]，有的研究认为夹杂部分至少占全部铜损失的一半以上[77]。由于两部分损失的影响因素及其效果各不相同，很难使其比例固定，因而冶炼一定品位冰铜的炉渣含铜总量也就不固定，亦即渣含铜总量与冰铜品位难以准确对应。同理，渣含硫总量也不能准确对应冰铜品位。因此，仅凭单一的铜或硫的绝对含量不能判定冰铜渣的存在。只有先判定冰铜渣的存在，然后才能通过大量冰铜渣分析结果，参照已知品位冰铜的炉渣的大量分析结果来判定冰铜品位，因为大量取样可能抵消两部分损失比例波动造成的误差。

随着所炼冰铜品位的升高，冰铜渣的含铜量升高，含硫量降低，则渣的铜硫比也随之升高，即渣的Cu/S和冰铜品位呈正比例关系。冰铜品位最高值为含铜80%，此时渣中铜与硫都以Cu_2S形式存在，其铜硫比也达最大值即为Cu_2S所规定的64×2：32=4。因此，4是冰铜渣铜硫比的最大值，冶炼含FeS即品位低于80的冰铜的冰铜渣的铜硫比将小于4。Tylecote指出冰铜渣的铜硫比为1或2，不是冰铜渣铜硫比的最高界限值。

进一步地，冰铜渣的铜硫比与所炼冰铜的品位存在着对应关系。

设渣中：总含铜量、硫量为$Cu_{渣}$、渣的铜硫比为Cu/S；

总含硫化亚铜、硫化亚铁量为$Cu_2S_{渣}$、为$FeS_{渣}$；

夹杂部分的铜、硫化亚铜为$Cu_{夹}$、$Cu_2S_{夹}$；

夹杂部分的硫化亚铁为$FeS_{夹}$；

溶解部分的铜、硫化亚铜为$Cu_{溶}$、$Cu_2S_{溶}$；

溶解部分的硫化亚铁为$FeS_{溶}$；

渣中硫化亚铜、硫化亚铁活度系数为$f_{Cu_2S渣}$、$f_{Fes渣}$；

冰铜中硫化亚铜、硫化亚铁活度系数为$f_{Cu_2S冰}$、$f_{Fes冰}$；

冰铜按$mCu_2S \cdot nFeS$计，其含铜量为$Cu_{冰}$；

含硫化亚铜、硫化亚铁量为$Cu_2S_{冰}$、为$FeS_{冰}$；

夹杂冰铜成分与冰铜相同，其中的铜占渣中总铜量的n；

溶解的硫化物量符合分配定律，分配系数为Kcu_2s、KFeS。

则有：

$$Cu_2S_{渣}=Cu_2S_{夹}+Cu_2S_{溶} \tag{3.1}$$

$$FeS_{渣}=FeS_{夹}+FeS_{溶} \tag{3.2}$$

$$\frac{fCu_2s_{渣} \cdot Cu_2S_{溶}}{fCu_2s_{冰} \cdot Cu_2S_{冰}}=Kcu_2s \tag{3.3}$$

$$\frac{fFes_{渣} \cdot FeS_{溶}}{fFos_{冰} \cdot FeS_{冰}}=KFes \qquad (3.4)$$

$$\frac{Cu_2S_{夹}}{Cu_2S_{渣}}=\frac{Cu_{夹}}{Cu_{渣}}=n \qquad (3.5)$$

$$\frac{Cu_2S_{夹}}{FeS_{夹}}=\frac{Cu_2S_{冰}}{FeS冰} \qquad (3.6)$$

$$Cu_2S_{冰}+FeS_{冰}=100 \qquad (3.7)$$

$$Cu_{冰}=\frac{64\times 2}{64\times 2+32}\times Cu_2S_{冰} \qquad (3.8)$$

解方程（3.1）至（3.8）可得：

$$Cu_{冰}=\frac{1600}{[44/(Cu/S)-11]/P+20} \qquad (3.9)$$

其中　　$P=K-n(K-1)$

$$K=\frac{KFeS}{KCu_2S}\times\frac{\frac{fFeS_{冰}}{fCueS_{冰}}}{\frac{fFeS_{渣}}{fCu_2S_{渣}}} \qquad (3.10)$$

据式（3.9）$Cu_{冰}$-Cu/S曲线如3.1所示。

对式（3.9）、（3.10）讨论如下：

1）由式（3.9）可知Cu/S=O $Cu_{冰}$=O　Cu/S=4　$Cu_{冰}$=80分别对应着冶炼纯FeS和纯Cu_2S两种极限情形。

2）如n=1 即渣中所有的铜都是夹杂的，则式（3.9）变为

$$Cu_{冰}=\frac{1600}{44/(Cu/S)_{冰}+9} \qquad (3.11)$$

式（3.11）实际就是冰铜品位与冰铜本身铜硫比的关系式，其位置由冰铜组成所规定，

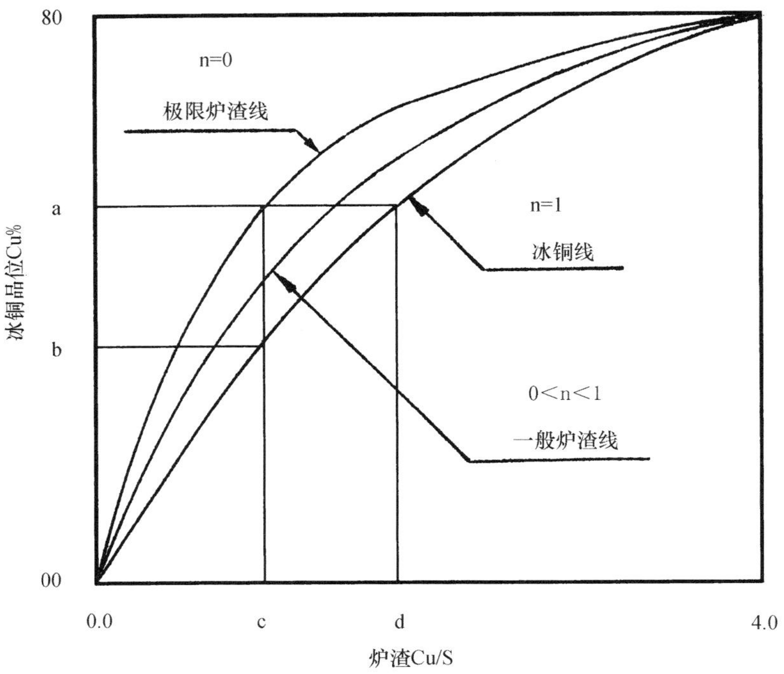

图3.1 冰铜品位与炉渣铜硫比关系示意图

是固定的（图3.1中的冰铜线）。当渣中夹杂大量冰铜即含铜量很高使n接近于1时，可用式（3.11）近似地计算冰铜品位。

3）如n=0 即渣中的铜都是溶解的，则式（3.9）变为

$$Cu_{冰}=\frac{1600K}{44/(Cu/S)+20K-11} \quad\cdots\cdots（3.12）$$

式（3.12）是夹杂部分铜为零时冰铜品位与其炉渣Cu/S关系式，如图3.1的极限冰铜线。实验室条件下把夹杂部分铜降低到最低点的情形将近似的符合式（3.12）。

4）由式（3.10）可知K值由三部分组成

令 $K_1=\frac{K_{FeS}}{K_{Cu_2S}}$ $K_2=\frac{f_{FeS冰}}{f_{Cu_2S冰}}$ $K_3=\frac{f_{FeS渣}}{f_{Cu_2S渣}}$

则 K_1表示炉渣对FeS、Cu_2S的溶解能力之比。

K_2表示冰铜中FeS、Cu_2S的活度系数之比。

K_3表示炉渣中溶解的FeS、Cu_2S的活度系数之比。

大量文献的研究表明，炉渣对FeS的溶解能力远大于对Cu_2S的溶解能力，纯铁橄榄石可溶解约9%的FeS，约0.9%的Cu_2S，前者约为后者的10倍，即此时K_1约为10；渣基体成分的变化对硫化物的溶解度有所影响，因而将影响K_1[69]。表3.1也反映出渣对FeS的溶解能力大大高于对Cu_2S的溶解能力。K_2、K_3都可能因冰铜品位不同等引起的组份

活度与浓度的偏差不同而有所变化，不是恒定的常数，因缺乏数据而难以准确计算。可以肯定，K值将主要由K_1决定。如近似地把冰铜和炉渣都视为理想溶液，则确定的渣型在一定温度下的K值应是一常数。

5）对式（3.9）取导数，则可得：

$$\frac{dCu_{冰}}{d(Cu/S)}=\frac{70400P}{[44+(20P-11)(Cu/S)]^2} \qquad (3.13)$$

当20P−11>0即K>（0.55−n）/（1−n）时，式（3.13）就随铜硫比的增大而减小。所有炼铜炉渣，K>>0.55，故$Cu_{冰}$−Cu/S曲线的斜率是随铜硫比的增大而减小的。这表明：低铜硫比时铜硫比增大引起的冰铜品位升高，要比铜硫比高时铜硫比同样幅度的增大引起冰铜品位的升高显著得多。

6）一般冰铜渣的曲线位置，应在（2）、（3）两极端情形之间，冶炼状态良好的冰铜渣的曲线应向情形（3）的曲线即n=0 时曲线靠近。仅从铜硫比考虑，图3.1中品位为a的冰铜对应的炉渣铜硫比可在c与d之间变化，同一铜硫比c的炉渣对应的冰铜品位也可在a与b之间变化。

表3.2　不同品位冰铜在渣中的溶解[69]

温度（℃）	冰铜品位	渣中铜硫含量及铜硫比		
	$Cu_{冰}$%	Cu%	S%	Cu/S
1200	10.11	0.055	1.162	0.047
	22.21	0.098	0.915	0.107
	37.90	0.142	0.527	0.269
	57.60	0.249	0.419	0.599
	69.13	0.383	0.186	2.059
	77.50	0.455	0.126	3.611
1300	10.14	0.073	—	—
	16.13	0.086	1.015	0.085
	37.93	0.217	0.627	0.246
	57.90	0.307	0.469	0.655
	69.02	0.437	0.310	1.410
	77.50	0.635	0.210	3.024

注：①本表中Cu/S一栏作者所加。

②1200℃、1300℃的实验渣成分分别如下：

FeO 45.30% SiO_2 43.34% CaO 11.49%

FeO 40.96% SiO_2 46.24% CaO 11.61%

Akira等1954年对渣中铜硫含量与冰铜品位的研究有助于对式（3.9）的深入理解。

Akira等用石英坩埚在石墨保护下测定了冶炼不同品位冰铜的炉渣的铜硫含量，结果见表3.2[69]。

按其实验条件和急冷渣的显微镜分析，Akira等认为渣内已不存在夹杂损失的铜，表3.2测定的是溶解损失的铜和硫，并作了1200℃、1300℃时渣含铜、硫量与冰铜品位关系曲线如图3.2示。根据表3.2的原始数据，参考图3.2的曲线趋势，可获如图3.3的冰铜品位与炉渣铜硫比曲线。

由图3.3可知温度降低，将使$Cu_{冰}$-铜硫比曲线向左移动，这表明K值除受渣型影响外，还受温度的影响。温度升高，温度降低，K值增大，其原因乃是前文论述过的Cu_2S溶解度随温度下降得快。但对一般炉渣而言，温度降低，会使黏度增加，夹杂比例n升高，又会使曲线向右移动。因此，温度降低，由K和n变化引起的曲线移动趋势是相反的。n的控制因素较多，可通过其他途径如增加沉降时间等在低温下也保持较小。因此，在渣含铜较低的正常炉渣中，如把K-n（K-1）定义为P，这P会随温度降低而升高，曲线显现随温度降低而向左移动的趋势。

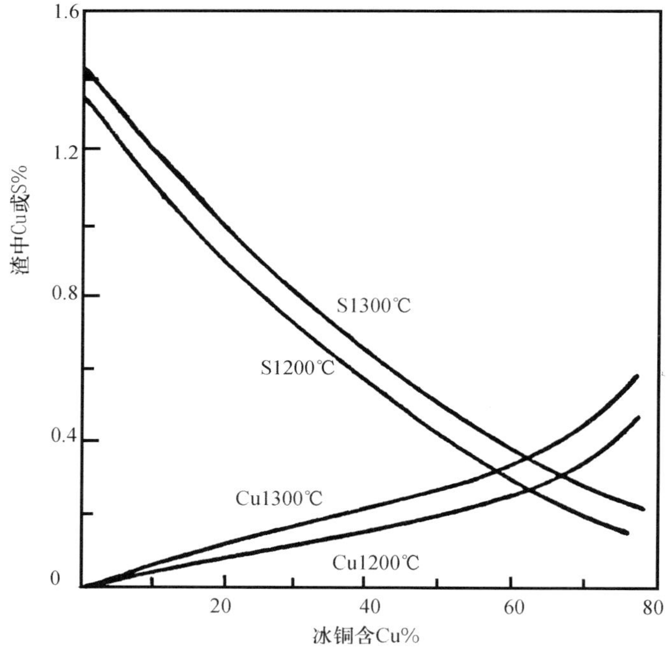

图3.2　渣的Cu、S含量与冰铜品位关系[70]

（二）还原渣的铜硫含量

现代已无氧化矿石在鼓风炉内还原熔炼成铜的工业实践。从近代为数不多的几个此类熔炼的资料看，还原渣的铜含量一般较高。亚利桑那于19世纪80年代用鼓风炉冶炼含铜11%~39%的氧化矿石，炉渣含铜1%~3%，见表3.3[78]。20世纪初在反射炉

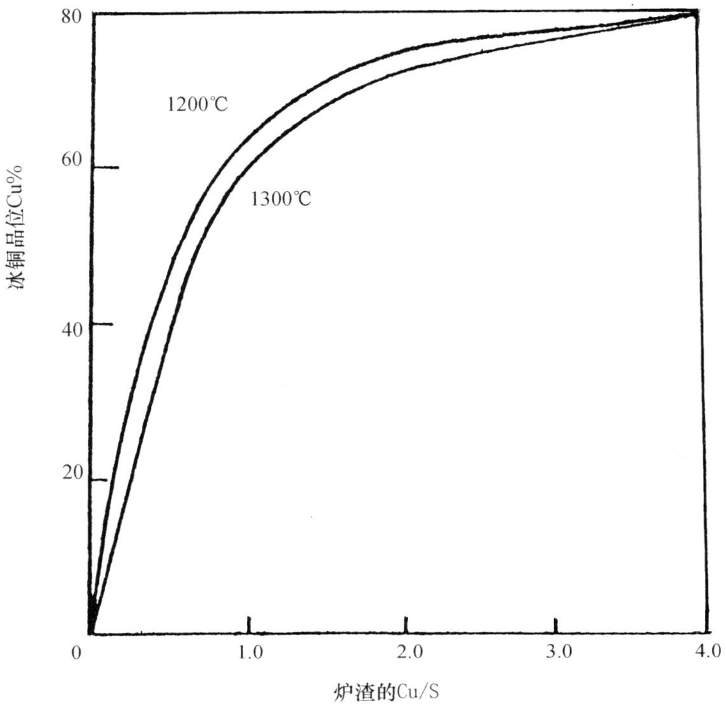

图3.3 冰铜品位与炉渣铜硫比曲线

冶炼苏必利尔含氧化铜的自然铜矿石的炉渣含Cu 11%~15%，SiO_2 40%，FeO 16%，CaO 11%，MgO 5%，Al_2O_3 13%，此渣需在鼓风炉内贫化，贫化后炉渣成分为Cu 0.75%、SiO_2 40%、FeO 20%、CaO 16%、Al_2O_3 14%[79]。非洲喀坦加1926年冶炼含Cu 15%~23%、SiO_2 40%的氧化矿石，添加铁矿石和石灰石作熔剂，炉渣含Cu 1.5%~3%、SiO_2 42%、FeO 23.5%、CaO 14.5%、Al_2O_3 7.5%[80]。当氧化矿石带有少量硫化矿物使炉内生成了少量白冰铜时，其还原渣含铜量可降低至0.6%~0.8%，论者认为是FeS能硫化渣中硅酸铜而使然[80]。

表3.3 氧化矿石还原熔炼炉渣成分[78]

厂家	Cu%	S%	Cu/S	SiO_2%	FeO%	MnO%	CaO%	MgO%	Al_2O_3%
Copper Queen	2.10	0.28	7.50	24.67	44.85	0.39	10.92	1.75	15.57
Copper Queen	0.97			30.06	53.35	11.10			
Detroit	1.82	0.30	6.07	29.50	37.27	8.05	10.13	7.44	14.07
Prince	1.64	0.33	4.97	27.16	34.62	0.49	17.42	3.51	14.70
Old Domimiom	3.01			27.23	51.30	1.65	5.14	5.54	5.22
United Verde	2.25			35.79	37.89		12.98	0.75	8.29

Nakamura等于1985年报告了含铁铜合金对炼铜渣的净化作用，其实验以不同含铁量的铜合金为金属相，以加入金属铜使其含量达4.1%的人造铁橄榄石为渣相（此渣在

炼制时已将铜氧化），分别测定了不同气氛下不同时间的净化效果，表3.4是其接近鼓风炉气氛条件的实验结果[81]。

表3.4　含铁铜合金对炉渣的净化[81]

气氛	初始条件				结果	
Po_2 / $Po^{\ominus}_2$	合金含Fe（%）	反应时间（min）	金属相量（g）	炉渣相量（g）	合金含Fe（%）	炉渣含Cu（%）
5×10^{-11}	0.50	20	34.4	3.4	0.33	2.9
		40	43.2	4.3	0.30	1.4
		90	45.1	4.5	0.30	1.3
		240	36.1	3.6	0.29	1.5
	1.68	20	44.1	4.5	1.54	0.6
		40	45.1	4.5	1.61	0.9
		90	43.1	4.3	1.61	0.5
		240	48.1	4.8	1.43	0.3
	5.27	20	42.5	4.3	4.26	0.6
		40	41.1	4.1	3.74	0.5
		90	39.5	4.0	3.67	0.4
		240	43.5	4.4	4.21	0.3

据表3.4可知，还原渣中含铜量与产物粗铜含铁量存在有反比关系，粗铜含铁量越高，还原渣含铜量越低。这一关系有助于确定还原渣与其产品的对应关系。

在统计上还原渣比冰铜渣含铜量高一些，但这不足以用来鉴别两种渣，因为某些操作良好的还原渣会比冰铜渣含铜量还要低。

还原渣中铜以Cu和Cu_2S的形式存在，其铜硫比必然大于4。根据Cu-Cu_2S相图，在冶炼温度下还原熔炼的产物可能分为上下两层。上层是饱和以Cu的Cu_2S液体，下层是饱和以Cu_2S的Cu液体，如1100℃时上层含Cu_2S 85%、Cu 15%，下层含Cu_2S 9%、Cu 91%。因此，还原渣的铜硫比大于但接近4，表明冶炼产物有一层白冰铜；还原渣的铜硫比远大于4，表明冶炼产物只是铜而无单独的白冰铜层。按此，产生白冰铜和未产生白冰铜的还原渣之间铜硫比似也应有一界限。

根据前文对冰铜渣的铜损失形式、还原渣中铜硫赋存状态的分析，可以认为在还原渣中：

铜的损失=溶解损失+夹杂损失

夹杂损失=夹杂冰铜+夹杂粗铜

溶解的铜为Cu_2S形式。夹杂冰铜与夹杂粗铜的比例和产物中二者的比例相同。设夹杂的铜量占渣中铜量的分数为n。产物中粗铜的分数为w。则有：

溶解形式铜：夹杂形式铜=（1/n−1）：1

产物中冰铜：产物中粗铜=（1/w−1）：1

按此时之冰铜和粗铜组成分别符合1100℃时的Cu-Cu_2S相图的成分，既上层含Cu 83%、S 17%，下层含Cu 98.2%、S 1.8%。如渣中含有100份夹杂铜，则有：

夹杂形式铜=夹杂粗铜中的铜+夹杂冰铜中的铜

=98.2+83（1/w−1）

溶解形式铜=夹杂形式铜×（1/n−1）

=［98.2+83（1/w−1）］（1/n−1）

渣中总铜量=夹杂形式铜+溶解形式铜

=［98.2+83（1/w−1）］（1/n）

夹杂形式硫=夹杂粗铜中的硫+夹杂冰铜中的硫

=1.8+17（1/w−1）

溶解形式硫=溶解形式铜×［32/（64×2）］

=0.25［98.2+83（1/w−1）］（1/n−1）

渣中总硫量=夹杂形式硫+溶解形式硫

=1.8+17（1/w−1）+0.25［98.2+83（1/w−1）］（1/n−1）

$$Cu/S=\frac{\text{渣中总铜量}}{\text{渣中总硫量}}$$

$$=\frac{[98.2+83(1/w-1)](1/n)}{1.8+17(1/w-1)+0.25[98.2+83(1/w-1)](1/n-1)}$$

$$=\frac{83+15.2w}{20.75+3.8w-3.75n-19wn} \quad \cdots\cdots\cdots (3.14)$$

式（3.14）表明还原渣Cu/S受渣中夹杂的铜的比例、产物中粗铜的比例的共同影响。n、w上升都使还原渣的Cu/S升高。

当w=0时，相当于产物中没有粗铜，只有饱和了铜的白冰铜，式（3.14）变为如下形式：

$$Cu/S=\frac{83}{20.75-3.75n}$$

此时若n=1即所有的铜都以饱和了铜的白冰铜形式夹杂，则炉渣的铜硫比为4.88；若n=0即所有的铜都以Cu_2S形式溶解，则炉渣铜硫比为4。这对应着一较为极端的冶炼情形，即冰铜中FeS已不存在，铜虽已产生但被白冰铜所溶解，未成呈独立相存在。

当w=1时，相当于产物中没有白冰铜，只有饱和了Cu_2S的粗铜，此时渣的铜硫比应是还原熔炼有无冰铜层产生的界限，式（3.14）变为如下形式：

$$Cu/S=\frac{98.2}{24.55-22.75n}$$

当　n=50%　　Cu/S=7.47

n=60%　　Cu/S=8.63

n=70%　　Cu/S=9.00

n=80%　　Cu/S=15.49

n=1　　Cu/S=54.56

按夹杂的铜占渣中总含铜量的60%~80%，当铜硫比大于8.63~15.49就表明此时的还原熔炼没有产生白冰铜层。第一章中铜绿山发掘队用氧化矿石进行的模拟实验只生成了铜而无冰铜，其还原渣铜硫比最小为11.6，见表（1.9）；第二章已述及，Tylecote曾认为铜硫比为10的炉渣是还原（熔炼）渣。当代连续炼铜法在强氧化气氛下炼出白冰铜和铜的炉渣的典型铜硫比为12，在鼓风炉的还原气氛下炼出白冰铜和铜的还原渣的铜硫比不应超过此值。可将铜硫比小于或大于10作为还原渣对应的冶炼产物中是否有一层白冰铜的参考标准。

将还原熔炼产物包括白冰铜和粗铜视为一物，则其含铜量Cu%与前文定义的粗铜占产物的分数w之间有Cu%=83+15.2w的关系，式（3.14）可变为：

$$Cu\%=\frac{100n}{(1.25n-0.25)+l/Cu/S} \quad \cdots\cdots（3.15）$$

式中4<Cu/S<+∞。

对每一固定渣型、固定的n值，由式（3.15）可获还原渣铜硫比从小到大的连续产物含铜量曲线，当n之值变化时曲线的位置也发生相应的变化，如图3.4所示。

五、判定炉渣种类及工艺类型的准则

综合本章以上全部论述，对炉渣种类及其所代表的冶炼工艺类型的判定应遵循如下准则：

1）炉渣基体的可鉴别成分可用以判定渣的来源；

2）炉渣中铜的赋存状态可用以区别渣的种类；

3）炉渣的铜硫比可用以判定渣的种类、计算产品的成分。

具体见表3.5。

应用表3.5，可能出现如下情形。

（一）按渣铜硫比判定冰铜熔炼次数困难

由第二章图2.1已知，“硫化矿—冰铜—铜”工艺可进行多次熔炼，分别获得品位

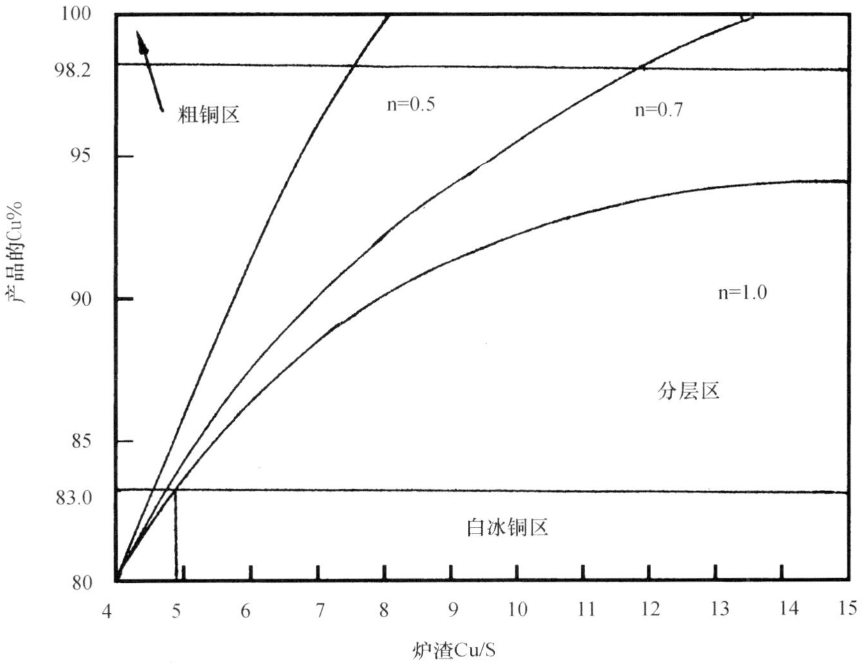

图3.4 还原渣产物组成与渣铜硫比关系

表3.5 各工艺及其炉渣的特征

工艺类型	渣类	渣基体特征	含铜颗粒特征	渣Cu/S及产品
硫化矿—冰铜—铜	冰铜渣	只有首次冰铜渣含有矿石脉石中的可鉴别或计算成分	硫化物，含铜量大于或等于冰铜品位，特大颗粒成分代表冰铜品位	<4可用式（3.9）算冰铜品位
硫化矿—铜	还原渣	不含来自矿石脉石的成分	以铜颗粒为主，可出现少量Cu与Cu_2S混合颗粒及单独的Cu_2S颗粒	>4可用式（3.15）算产品成分
氧化矿—铜		含矿石脉石中可鉴别或计算成分		

由低到高的冰铜及最后的产品铜。按表3.5，则每次熔炼的炉渣的铜硫比应依次升高，大量炉渣的分析结果在理论上应能表现为铜硫比由小到大的分级现象，分级次数会对应熔炼次数。如能做到这一点，就等于判定出了全部工序。事实上这是很困难的。

1）各次熔炼的炉渣在数量上不是等量分布，而是依次急剧减少。这使得随机取样时难以获得后段工序的炉渣。

2）返渣操作使遗址上虽然产生过、但已不存在后段工序的数量较少的炉渣。

3）后段工序异地操作，使进行前段工艺的遗址上根本就没有产生过后段工艺的炉渣。

因此，遗址上能获得的是大量首次冰铜渣。当然，通过首次冰铜渣的分析能判定出矿石冰铜的品位，进而也可以间接地推断整个流程的熔炼次数。

（二）杂质元素的影响

杂质是指其硫化物稳定性接近铜铁硫化物的元素，这些元素可分布在铜、冰铜和炉渣中。

Wanjukoff于1912年就已指出，渣中某些金属易于呈硫化物形式存在，常见的金属呈硫化物由强到弱的顺序是Cu、Ni、CO、Fe、Mn、Zn、Ca、Mg、Al[70]。这一顺序和硫化物的稳定性顺序基本相同。如果矿石中有数量较多的Ni、Co硫化物，产品和炉渣中就可能有一定量的同类硫化物。ZnS、PbS是矿石中较常见的杂质矿物，它们在焙烧时可大部分氧化，在冶炼时大部分挥发。余下的锌大部分呈ZnO形式造渣，少量以ZnS形式进入冰铜和炉渣。余下的铅可以被还原，也可能有一部分以PbO形式造渣，少量的以PbS形式进入冰铜和炉渣。

第二章对西亚古代炼铜渣的分析已表明，渣中锰含量高时，渣含铜量较低，硫含量偏高。现代炼铜工业的实践证明，加入少量的MnO就能显著降低炉渣的含铜量。以MnO代替FeO，能使炉渣黏度急剧下降，还可减少铁被还原为金属而造成的不利影响。当大量的MnO作为造渣剂进入炼炉中时，部分锰可被硫化为MnS并分布在冰铜和炉渣中。

其他元素如Sb、As、Ag、Sn等也可在渣中呈硫化物形式。由于杂质存在的情形比较复杂，现代炼铜学对此研究尚待深入，在此只可定性地认为：杂质元素可使炉渣的含硫量增加，进而导致渣的铜硫比降低。这给根据铜硫比判定炉渣类别和产品成分造成困难，如杂质元素的硫化物可能使还原渣的铜硫比降低到4以下因而被误认为是冰铜渣。含Pb、Zn较多的炉渣是否属于炼铜渣也需谨慎判定。因此，对含较多杂质元素的炉渣的定性，务必使用多种手段综合判定其属性。

第四章　铜绿山诸遗址炉渣分析

为研究冶炼技术而作重点发掘的铜绿山11号矿体上的炉渣堆积，已为发掘后矿体之现代露天开采所毁。所幸冶金史研究室尚存发掘时取得的炉渣样品30余块，铜绿山遗址博物馆也迁移保存了部分炉渣，使本课题能够获得足够的11号矿体炉渣样品。

铜绿山尚存数处未毁于现代露天开采的古代炉渣堆积。作者在黄石市博物馆卢本珊馆长的指导下，于1991年6月、1992年4月两次至铜绿山考察，取得了铜绿山11号矿体发掘迁移炉渣、铜绿山矿动力科仓库院内炉渣、铜绿山二村农行边炉渣、铜绿山7号矿体南脚炉渣。以下对铜绿山的四处遗址的炉渣分别简称为11号矿体炉渣（包括发掘取样炉渣和后取之迁移炉渣）、动力科炉渣、农行炉渣、7号矿体炉渣。除11号矿体炉渣外，其他三处炉渣未作正规发掘。据黄石市博物馆周保权、卢本珊二馆长面告，此三处炉渣堆积也属先秦时代无疑。

一、样品处理和分析方法

铜绿山诸遗址炉渣外表无明显差异，皆呈片状黑灰色非玻璃态，厚1.5~3厘米，坚实至密，底面略有凸凹并黏附或填充少许砂粒泥土，上面或平坦如镜或呈水纹状。渣内很少气孔，呈纵向结晶状，显黑色发亮。表面有约0.5毫米灰色薄层，似为风化所致。以上迹象表明诸遗址炉渣皆为形态良好的放出渣。

选取炉渣样品的基本原则是：在大量的形态良好的炉渣中随机取样，以确保其为正常冶炼之炉渣。对样品表面黏附物、风化层等，以机械方法清除，尽力避免污染、氧化等影响所引起的分析误差。

分析的基本原则是：使用多种不同方法分析同一炉渣样品进行，使各分析结果能互相印证，以获得可信性最佳之结论。

炉渣样品处理及分析方法见图4.1。全部炉渣样品都作了铜、硫含量化学分析和SEM对基体及含铜颗粒的观测分析。铜、硫等分析粉样都制备了20~30克，充分混合后按各分析方法所需量提取。炉渣基体SEM分析面积约为20平方毫米以上，在此条件下对同一炉渣样品的多个分样品的分析，以及对同一份样品的多次分析结果之间重复性相当好；渣中含铜颗粒的分析视颗粒的大小分别采取不同放大倍数下的面扫描、区扫描、点扫描，以便被分析区域最大限度地接近该含铜颗粒的截面面积，使获得的分析结果在最高程度上反映其真实的平均成分。

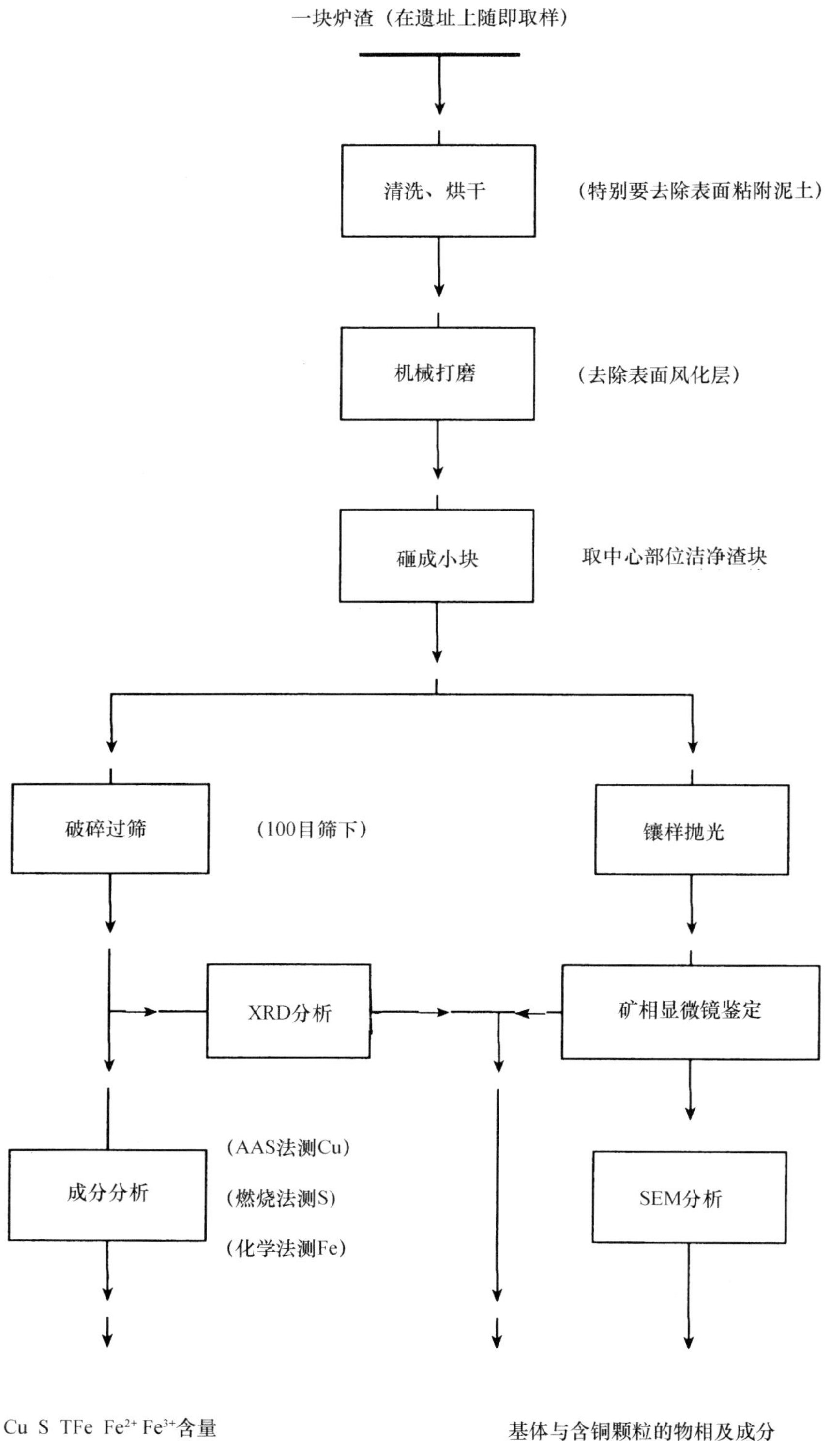

图4.1 炉渣样品处理及分析方法

二、各遗址炉渣分析结果

本节依次给出了按前述样品处理和分析方法对铜绿山的11号矿体炉渣、动力科炉渣、农行炉渣、7号矿体炉渣的各项分析结果。所有炉渣基体的SEM分析结果中还含有很少量的铜、硫、镁、锰、钛，各表没有列出其具体数据。炉渣内含铜颗粒的粒度系指该颗粒被抛光面所截取的截面直径，假如把颗粒看做是球状的，那么它应小于或等于颗粒的真实直径。

（一）11号矿体炉渣分析

此遗址被分析炉渣样品共计52个。其中有发掘时取得的渣样31个，其样品号由原发掘取样者黄石市博物馆卢本珊馆长所编定；发掘后迁移的渣样21个，样品号为35~55。表4.1是其铜硫含量化学分析和渣基体成分SEM分析结果，表4.2是其内含铜颗粒SEM分析结果。

用扫描电镜对37号渣样的258个颗粒尺寸进行测定，其粒度分布为：

粒径μm	个数	占有率
6~15	64	24.8%
16~25	145	56.2%
26~35	23	8.9%
36~45	16	6.2%
46~210	10	3.9%

对表4.1的所有55个渣样的混合样品的X射线衍射分析图谱见图4.2，经谢逸凡教授指导释谱，铜主要以Cu_2S、Cu_2FeS_2等硫化物形态存在，有少许复杂的铜氧化矿物，但没有金属铜。

表4.2中的电镜分析样在抛光之后、喷碳之前都由作者进行了金相显微镜观察，部分样品由请李前懋教授进行了矿相显微镜鉴定，结果显示渣中铜以辉铜矿、黄铜矿、铜蓝等矿物形态共存于含铜颗粒中，仅在少量颗粒中发现有毛细铜，没有发现任何单独存在的金属铜颗粒，图4.3是37号渣样中矿相鉴定时发现的内有毛细铜硫化物颗粒。

表4.3是37号样品内含铜颗粒SEM详细分析观测结果及对应图号。

表4.1　11号矿体炉渣成分

样品号	化学分析			SEM分析				
	Cu%	S%	Cu/S	Fe%	Si%	Al%	Ca%	K%
11-8001	0.70	0.80	0.88	62.60	19.18	6.57	7.43	1.31
11-8002	0.75	0.27	2.78	62.80	21.45	6.94	4.27	1.08

续表

样品号	化学分析			SEM分析				
	Cu%	S%	Cu/S	Fe%	Si%	Al%	Ca%	K%
11-8003	0.48	0.40	1.20	60.80	22.24	7.55	5.25	1.03
11-8004	0.66	0.34	1.94	55.16	25.77	9.09	5.57	1.48
11-8005	0.62	0.50	1.04	63.59	19.88	6.68	6.36	1.13
11-8006	0.76	0.17	4.47	58.15	23.68	7.85	4.93	1.30
11-8007	0.71	0.12	5.92	60.21	23.15	8.27	4.14	1.21
11-8008	0.59	0.57	1.04	67.02	19.01	6.25	3.30	1.06
11-8009	0.74	0.46	1.61	66.72	19.82	7.38	3.15	0.87
11-8010	0.73	0.27	2.70	66.72	27.66	9.10	4.14	1.25
27-3-4	0.51	0.29	1.76	57.95	23.83	9.87	3.57	1.76
27-4-18	0.49	0.22	2.23	65.03	19.11	6.86	5.17	1.01
11-4-6	0.61	0.34	1.79	63.67	20.79	7.40	4.14	1.00
19-4-17	0.52	0.34	1.53	58.81	22.44	8.13	5.21	1.14
35-4-10	0.52	0.25	2.08	58.47	25.03	9.64	2.57	1.63
12-5-26	0.51	0.39	1.31	61.80	21.50	7.34	4.29	1.16
12-5-27	0.64	0.79	0.81	70.90	18.40	5.17	1.25	0.63
12-5-29	0.51	0.32	1.59	60.40	23.01	7.78	3.93	1.17
12-5-30	0.55	0.24	2.29	66.80	18.80	6.81	1.96	0.58
19-5-12	0.88	0.17	5.17	59.69	24.94	7.64	3.04	0.87
19-5-13	0.52	0.37	1.41	61.59	19.96	7.85	3.52	1.31
19-5-14	0.51	0.36	1.42	66.60	19.68	5.92	3.00	0.96
19-5-18	0.60	0.27	2.22	54.88	24.08	9.37	4.33	1.32
19-5-9.	0.61	0.93	0.66	63.93	18.71	5.36	6.26	0.67
19-5-9	0.72	0.29	2.48	60.82	21.04	7.20	5.85	0.99
20-5-4	0.52	0.37	1.41	64.47	20.50	6.43	3.98	1.12
20-5-23	0.67	0.42	1.60	60.29	23.19	7.90	5.17	1.30
20-5-9.4	0.65	0.71	0.92	65.20	19.41	6.29	1.64	0.00
20-5-25	0.54	0.15	3.60	61.19	22.44	9.05	2.61	1.31
20-5-26	0.79	0.15	5.26	55.09	27.74	9.32	3.61	1.11
20-6-12	0.61	0.52	1.17	62.00	19.23	6.90	5.56	0.36
35	0.52	0.42	1.21	61.42	24.52	5.80	4.12	1.27
36	0.55	0.31	1.77	56.08	28.78	7.44	4.32	1.69
37	0.54	0.28	1.93	52.79	30.89	7.63	4.40	1.70
38	0.56	0.42	1.33	57.33	26.98	7.47	4.62	1.29
39	0.68	0.40	1.70	63.86	23.42	4.50	3.16	0.88
40	0.53	0.54	0.98	59.84	24.53	5.93	5.58	1.54
41	1.87	0.40	4.67	64.74	21.47	7.14	1.96	1.14
42	0.54	0.37	1.46	57.88	26.35	7.04	5.08	1.49
43	0.54	0.33	1.64	57.27	27.47	7.37	4.55	1.39

续表

样品号	化学分析			SEM分析				
	Cu%	S%	Cu/S	Fe%	Si%	Al%	Ca%	K%
44	0.56	0.35	1.60	59.14	25.68	6.47	5.32	1.49
45	0.53	0.34	1.56	61.03	25.72	5.45	3.66	1.74
46	0.51	0.39	1.31	61.63	25.35	6.38	3.21	1.44
47	0.53	0.38	1.39	54.37	27.18	7.53	4.92	1.55
48	0.64	0.41	1.56	56.26	27.54	6.87	5.23	1.48
49	0.58	0.38	1.53	54.19	29.16	8.35	4.22	1.61
50	0.81	0.22	3.68	57.72	27.86	7.06	3.76	1.50
51	0.65	0.29	2.24	59.99	26.10	6.63	4.10	1.31
52	0.48	0.43	1.12	58.24	25.70	7.02	4.79	1.48
53	0.55	0.38	1.45	64.23	23.30	5.59	3.70	1.26
54	0.86	0.32	2.69	61.22	27.11	5.28	2.29	1.58
55	0.80	0.49	1.63	65.11	22.14	4.05	2.11	0.88
平均	0.61	0.38	1.61	60.92	23.52	7.13	4.12	1.21

表4.2 11号矿体炉渣内含铜颗粒SEM分析

样品号	粒度（μm）	Cu%	Fe%	S%
11-8001	14	14.33	55.70	29.97
	22	11.19	55.34	33.46
11-8002	20	70.28	8.01	21.71
	18	69.04	9.50	21.46
11-8003	11	32.91	39.13	27.96
11-8004	8	35.42	32.84	31.76
	9	46.35	22.31	31.34
11-8005	24	29.02	38.93	32.06
	16	57.20	17.93	25.52
	5	21.78	47.40	30.83
11-8006	25	74.08	3.31	22.61
	5	72.62	4.31	23.09
11-8007	24	67.72	10.46	21.83
	10	77.35	2.56	20.10
11-8008	24	42.76	32.52	24.72
11-8009	18	57.88	15.99	26.13
	7	30.36	37.75	31.89
	5	23.48	44.93	31.59
11-8010	24	42.76	32.52	24.72
27-3-4	35	63.90	15.81	20.28
	25	75.07	2.85	22.09
	10	66.60	7.67	25.73

续表

样品号	粒度（μm）	Cu%	Fe%	S%
27-4-18	20	64.57	9.16	26.27
	23	64.49	8.34	27.18
11-4-6	24	67.09	9.05	23.86
	18	22.23	46.71	31.06
19-4-7	20	65.08	9.59	25.53
	18	63.94	10.94	25.12
35-4-10	30	50.04	20.31	29.75
	20	61.18	13.47	25.35
12-5-26	30	64.99	10.98	24.03
	22	53.08	20.73	26.19
12-5-27	25	60.63	12.91	20.77
	18	56.39	15.91	27.71
12-5-29	28	62.98	16.25	20.77
	30	61.13	6.87	32.00
12-5-30	34	74.16	4.40	21.44
	80	69.26	7.50	23.19
12-5-12	2000	69.26	2.87	27.87
	22	69.07	7.51	23.42
19-5-13	40	67.52	10.17	22.31
	12	56.36	18.22	25.42
19-5-14	40	67.57	9.70	22.72
	20	65.86	8.39	22.76
19-5-18	25	62.11	12.64	25.52
	55	62.86	11.72	25.42
19-5-9	17	55.19	15.69	29.12
19-5-9	30	73.92	3.67	22.41
	22	64.74	10.14	25.12
20-5-4	8	19.91	48.36	31.72
	18	21.71	45.49	32.81
	11	5.80	61.11	33.09
20-5-23	14	64.25	10.67	25.07
20-5-24	15	25.02	49.34	25.64
	20	50.63	19.38	29.99
	25	54.40	18.80	26.80
20-5-25	30	71.34	6.06	22.60
	45	70.20	6.43	23.36
20-5-26	18	68.24	13.89	17.89
20-6-12		69.42	3.15	27.43
		71.64	1.91	26.45

续表

样品号	粒度（μm）	Cu%	Fe%	S%
35	40	63.44	11.79	24.78
	70	65.77	9.96	24.48
36	15	70.67	3.85	25.49
	50	68.11	4.12	27.78
37	25	70.66	4.09	25.27
	35	64.07	9.18	26.76
	30	60.18	11.20	28.64
38	40	66.62	5.68	27.72
	50	68.81	3.08	28.16
	20	48.02	18.48	33.51
39	20	64.55	5.98	29.49
	30	69.24	1.14	29.64
40	15	7.57	54.96	37.48
	20	18.06	46.54	35.41
41	25	64.04	7.57	28.40
	70	65.01	7.83	27.18
	50	60.28	10.20	29.53
42	35	60.74	11.55	27.72
	15	47.47	19.54	33.55
	60	66.96	6.90	26.15
43	55	64.39	7.54	28.09
	40	56.93	13.05	30.04
	60	65.18	7.52	27.32
44	15	56.78	12.62	30.61
	25	68.04	3.80	28.16
	40	61.08	10.88	28.06
45	10	57.33	13.80	28.88
	30	59.48	12.90	27.63
	50	63.10	9.79	27.12
46	40	63.31	11.34	25.36
	15	65.01	7.98	27.03
47	15	58.42	12.08	29.51
	60	60.90	11.39	27.72
48	50	69.95	6.72	23.35
	55	66.42	6.93	26.67
	40	70.29	4.67	25.06
49	25	57.58	13.19	29.24
	40	68.98	6.09	24.94
	30	66.12	8.12	25.77

续表

样品号	粒度（μm）	Cu%	Fe%	S%
50	25	72.51	3.99	23.52
	40	71.49	4.15	24.38
	35	70.66	4.84	24.52
51	35	64.93	10.50	24.58
	25	72.97	3.41	23.62
	45	65.47	8.11	26.43
52	10	20.28	43.31	36.42
	40	65.49	8.03	26.49
	25	52.92	16.39	30.92
53	15	35.20	28.17	36.65
	10	39.10	27.38	33.52
	8	9.11	53.75	37.15
54	4	64.21	10.68	25.12
	60	64.72	7.31	27.98
	70	64.45	6.84	28.72
55	4	35.20	31.36	33.44
	85	55.12	12.95	31.95
	50	64.90	5.29	29.83

表4.3　37号炉渣内含铜颗粒SEM分析

粒度（μm）	Cu%	Fe%	S%	位置	图号
30	67.09	5.06	27.87		
20	65.93	7.71	26.04	1	图4.4
5	46.16	20.06	19.36	2	
10	63.14	10.33	26.54	3	
150	61.43	8.20	30.39	1	图4.5
80	66.08	6.06	27.89	2	
90	62.42	7.38	30.22	3	
20	59.32	11.31	29.38	4	
10	66.02	7.43	26.57	5	
120	62.82	4.58	32.61		图4.6
80	64.91	2.96	32.13		图4.7
12	47.78	15.61	36.62	1	图4.8
8	45.09	17.44	37.49	2	
90	67.31	5.71	27.00	1	图4.9
10	59.55	13.48	26.98	2	
5	58.42	14.36	27.23	3	
8	54.86	16.51	28.63	4	
12	61.66	11.57	26.78	5	
85	58.43	6.37	35.23		图4.10

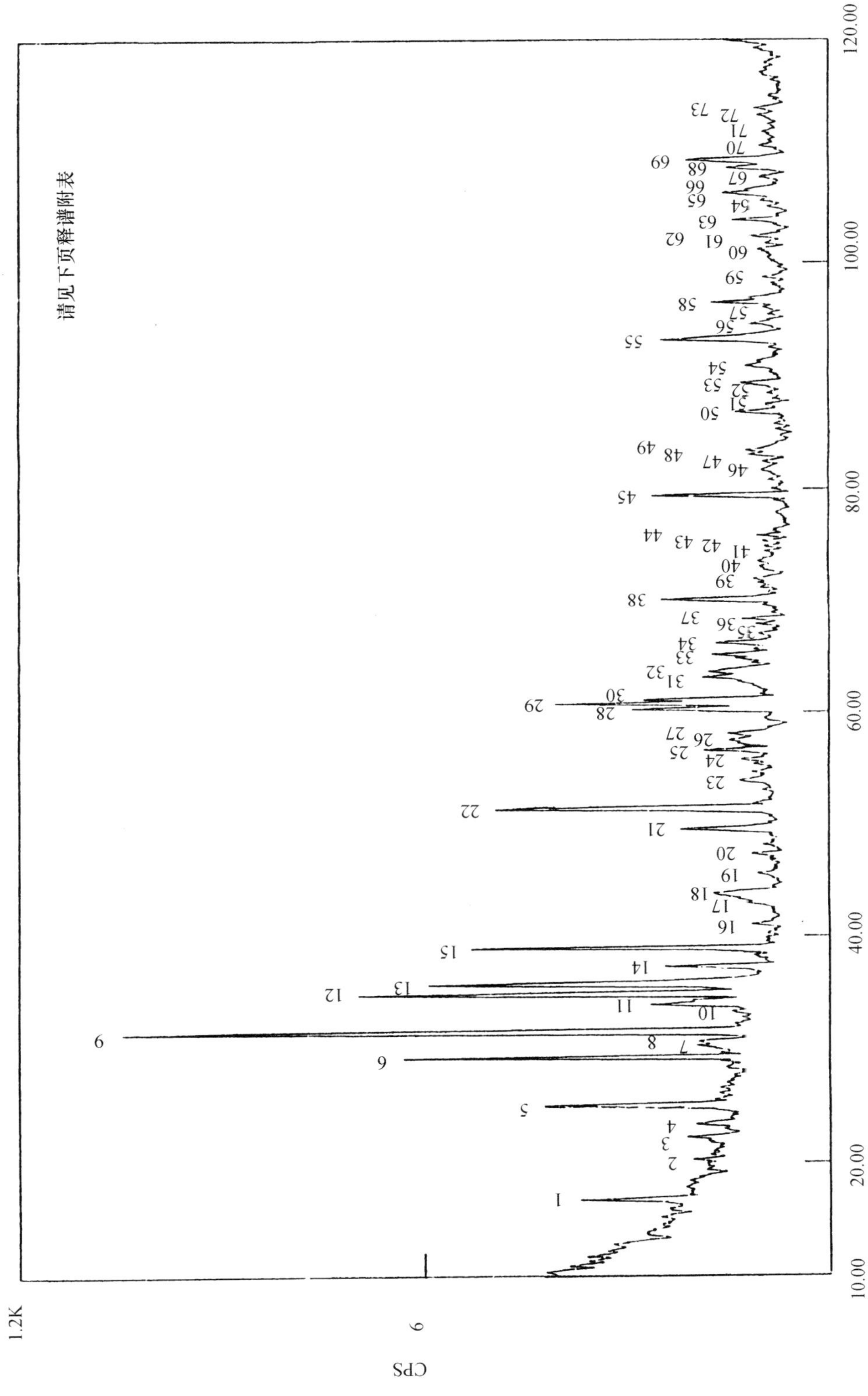

图4.2　11号矿体炉渣X射线衍射谱图

SAMPLE NAME: D11-H（大冶铜绿山 11#矿体炉渣）

NUMBER OF REFLECTION LINES (K70) = 70

Lambda = 1.5405

DATE: 1993.12.1

注：分子式后带"·"者，准确度±0.01，其余准确度±0.01～±0.02

Reference phases (card no. – phase): 3-879· 副黑铜矿 Cu_4O_3; 19-268· 碳 C; 20-1139· 铁橄榄石 Fe_2SiO_4; 4-878· κ-Al_2O_3; 4-880· χ-Al_2O_3; 24-3· Cu_9Al_4; 5-669· Cu_2Ti_4O; 30-257· $CaFe_5O_7$; 33-664 赤铁矿 α-Fe_2O_3; 26-1078 碳 C(8H); 29-723 磁黄铁矿 $Fe_{1-x}S$; 25-264 $Cu_6As_4S_9$; 25-288 $CuFeS_2$; 25-14 $CuAlS_2$; 24-57 Cu_2S; 6-464 CuS; 29-585 $Cu_{2.1}Ti_3S_6$; 11-480 $CuMn_2O_4$; 19-395 $Cu_6Fe_3O_7$; 3-865 CaO_2

No.	2-THETA (Ob.)	SIN² (Ob.)	d (A°)	I/I1
1	16.86	.021	5.2541	35
2	20.3	.031	4.3703	19
3	22.3	.037	3.9831	20
4	23.46	.041	3.7887	19
5	25.1	.047	3.5448	41
6	29.42	.064	3.0334	60
7	30.38	.069	2.9397	17
8	30.82	.071	2.8987	19
9	31.68	.075	2.8219	100
10	33.38	.082	2.682	18
11	34.06	.086	2.63	25
12	34.96	.09	2.5643	67
13	35.84	.095	2.5033	57
14	37.38	.103	2.4037	28
15	39	.111	2.3075	51
16	41.08	.123	2.1953	11
17	42.94	.134	2.1044	11
18	44.04	.141	2.0544	14
19	45.66	.151	1.9852	10
20	47.38	.161	1.9171	11
21	49.52	.175	1.8391	21
22	51.38	.188	1.7768	42
23	53.9	.205	1.6995	13
24	55.76	.219	1.6472	12
25	56.58	.225	1.6252	18
26	57.46	.231	1.6024	14
27	58.08	.236	1.5868	14
28	60.32	.252	1.5331	28
29	60.86	.257	1.5208	39
30	61.32	.26	1.5105	28
31	63.2	.275	1.47	18
32	63.72	.279	1.4592	17
33	65.26	.291	1.4285	17
34	66.2	.298	1.4105	16
35	67.1	.305	1.3937	10
36	67.92	.312	1.3789	10
37	68.42	.316	1.37	12
38	70.2	.331	1.3396	24
39	72.06	.346	1.3095	11
40	73.16	.355	1.2925	10
41	74.48	.366	1.2728	9
42	74.92	.37	1.2664	9
43	75.4	.374	1.2596	9
44	75.88	.378	1.2528	10
45	79.46	.409	1.2051	25
46	81.86	.429	1.1757	9
47	82.5	.435	1.1682	9
48	83.08	.44	1.1615	11
49	83.56	.444	1.1561	11
50	86.84	.472	1.1206	13
51	87.54	.479	1.1135	9
52	88.42	.486	1.1046	9
53	89.34	.494	1.0956	12
54	90.88	.508	1.081	12
55	92.18	.528	1.0603	24
56	94.56	.54	1.0434	11
57	95.46	.548	1.0409	9
58	96.46	.556	1.0327	17
59	98.72	.576	1.0151	9
60	101.3	.598	.9961	9
61	101.78	.602	.9927	9
62	102.4	.607	.9883	11
63	103.9	.62	.9781	14
64	105.14	.631	.97	9
65	106.32	.641	.9624	15
66	106.78	.644	.9596	11
67	107.9	.654	.9527	9
68	108.64	.66	.9482	14
69	109.32	.665	.9442	20
70	110.6	.676	.9369	10

图4.2　11号矿体炉渣X射线衍射谱图附表

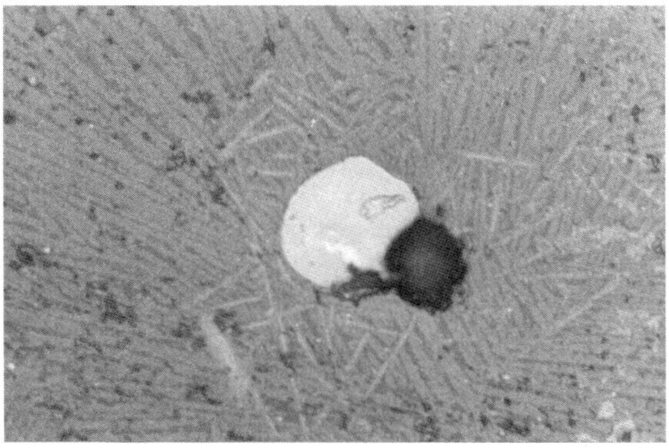

图4.3　37号炉渣中有毛细铜析出的硫化物颗粒（矿相单偏光照片120倍）

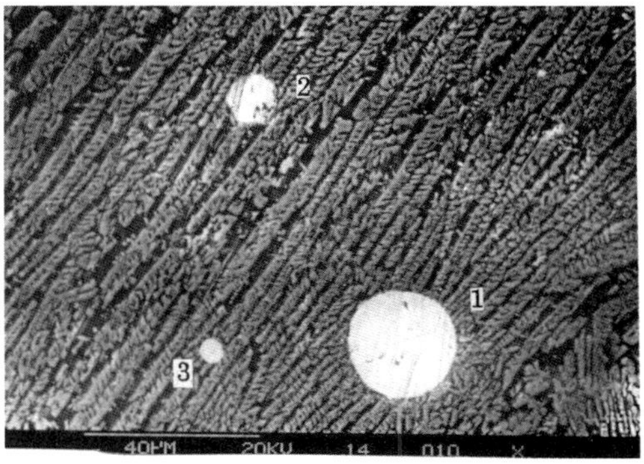

图4.4　37号炉渣含铜颗粒二次电子像

图4.5　37号炉渣含铜颗粒二次电子像

图4.6　37号炉渣含铜颗粒二次电子像

图4.7　37号炉渣含铜颗粒二次电子像

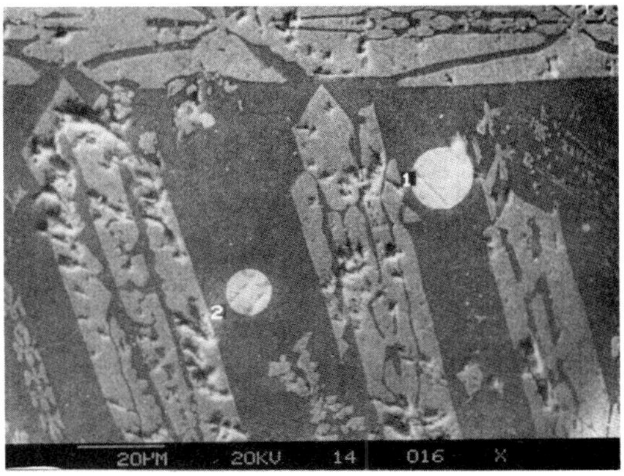

图4.8　37号炉渣含铜颗粒二次电子像

图4.9　37号炉渣含铜颗粒二次电子像

图4.10　37号炉渣含铜颗粒二次电子像

（二）动力科炉渣分析

动力科炉渣共取样12个，样品号编为DLI-12。表4.4是其铜硫含量化学分析及基体成分SEM分析结果，表4.5是其内含铜颗粒SEM分析结果，表4.6是DL4号样品内含铜颗粒SEM详细分析观测结果及对应图号。X射线衍射分析（DL4炉渣）同样检出有金属铜，矿相显微镜鉴定都发现动力科炉渣中铜主要以单独的金属颗粒形式存在，有少量以单颗粒独存在的、或与铜颗粒共存的Cu_2S；X射线分析还发现少量铜的复杂氧化物。

表4.4　动力科炉渣成分

样品号	化学分析			SEM分析				
	Cu%	S%	Cu/S	Fe%	Si%	Al%	Ca%	K%
DL1	0.71	0.017	41.80	56.05	30.86	10.09	1.95	1.05
DL2	0.97	0.015	64.70	53.45	33.21	9.97	2.26	1.12
DL3	0.85	0.015	56.70	53.92	32.12	9.82	2.78	1.36
DL4	0.67	0.024	27.90	51.73	35.56	9.58	1.96	1.73
DL5	1.25	0.015	83.30	48.49	36.95	11.04	2.26	1.27
DL6	1.01	0.014	72.10	55.79	32.41	8.70	2.04	1.07
DL7	1.04	0.015	69.30	50.18	35.95	10.21	2.19	1.48
DL8	0.59	0.018	32.80	51.62	33.87	10.81	2.18	1.52
DL9	0.58	0.018	32.20	56.54	31.11	9.43	1.85	1.07
DL10	0.36	0.018	20.00	58.45	27.87	10.32	1.85	1.52
DL11	0.69	0.015	46.00	52.58	32.60	11.05	2.29	1.47
DL12	0.59	0.018	32.80	51.76	32.41	11.10	3.10	1.63
平均	0.78	0.017	45.90	53.38	32.91	10.18	2.23	1.36

表4.5 动力科炉渣内含铜颗料SEM分析

样品号	粒度（μm）	Cu%	Fe%	S%
DL1	16	95.14	4.51	0.35
	10	93.89	5.19	0.22
DL2	15	94.51	5.19	0.30
	20	93.82	5.65	0.53
DL3	15	93.24	5.30	1.47
	40	97.20	2.09	0.75
DL4	80	90.05	6.83	3.12
DL5	7	93.02	5.96	1.05
	28	91.83	7.56	0.61
DL6	30	93.50	6.01	0.48
	50	93.68	5.85	0.44
DL7	25	95.45	3.83	0.74
	35	97.60	1.31	1.10
DL8	40	88.79	5.59	5.30
	8	93.63	5.21	1.21
DL9	20	95.80	3.29	0.95
	10	97.69	1.83	0.50
DL10	8	95.21	3.67	1.13
	40	97.28	2.59	0.80
DL11	20	94.36	4.85	0.13
	50	94.71	4.21	1.13
DL12	15	94.75	4.15	1.15
	25	95.33	4.33	0.34

表4.6 DL4号渣样内含铜颗粒SEM分析

粒度（μm）	Cu%	Fe%	S%	位置	图号
	94.52	4.82	0.65	A	图4.11
	73.30	9.25	17.46	B	
	88.29	7.91	3.80	C	
4	92.61	7.03	0.36	1	图4.12
4	94.03	5.91	0.04	2	
2	89.02	10.71	0.26	3	
2	81.03	8.59	10.39	4	
10	94.54	4.81	0.64		图4.13
10	95.12	4.76	0.11		
	91.48	5.38	3.15		

续表

粒度（μm）	Cu%	Fe%	S%	位置	图号
8	94.31	5.67	0.02	1	图4.14
4	93.40	6.59	0.00	2	
1	91.83	7.42	0.75		
8	91.46	5.80	2.74		
16	96.17	3.58	0.25	A	图4.15
	83.02	5.84	11.15	B	
10	94.47	5.39	0.13		
15	94.62	4.36	0.00		
16	96.76	2.98	0.26		
6	94.28	5.39	0.32		
40	98.82	1.65	1.53		图4.16

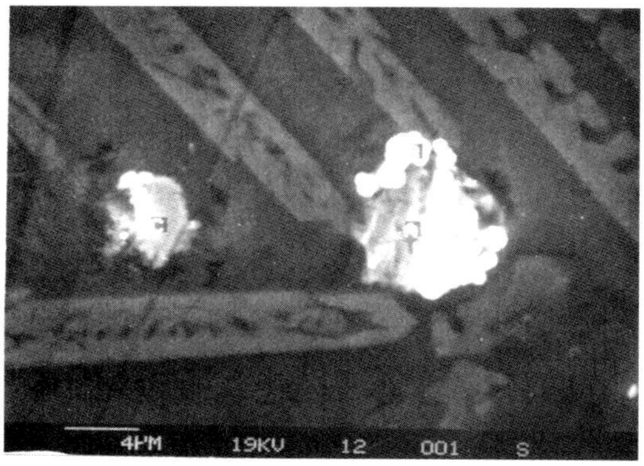

图4.11　D L4炉渣含铜颗粒二次电子像

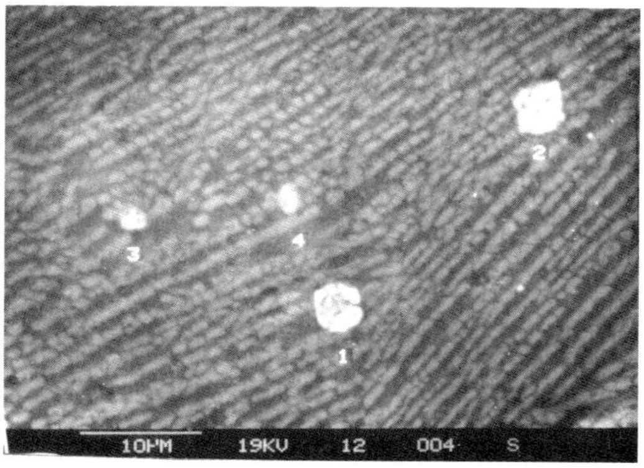

图4.12　DL4炉渣含铜颗粒二次电子像

图4.13　DL4炉渣含铜颗粒二次电子像

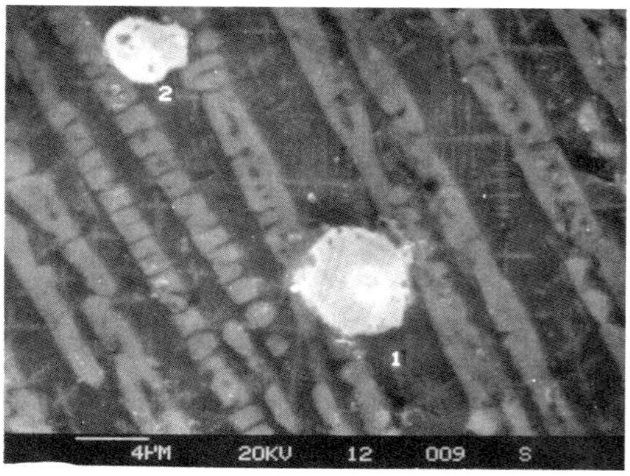

图4.14　DL4炉渣含铜颗粒二次电子像

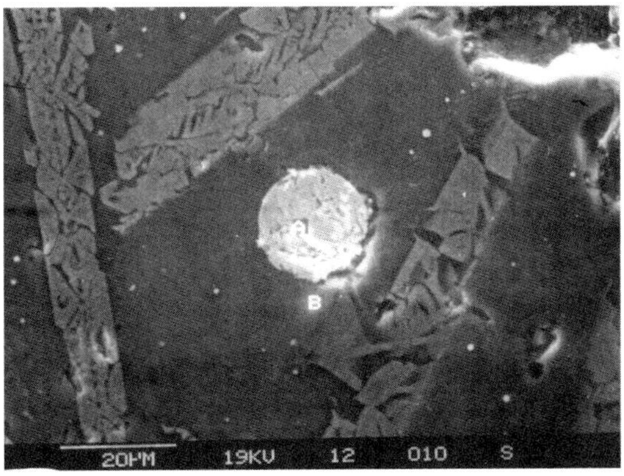

图4.15 D L4炉渣含铜颗粒二次电子像

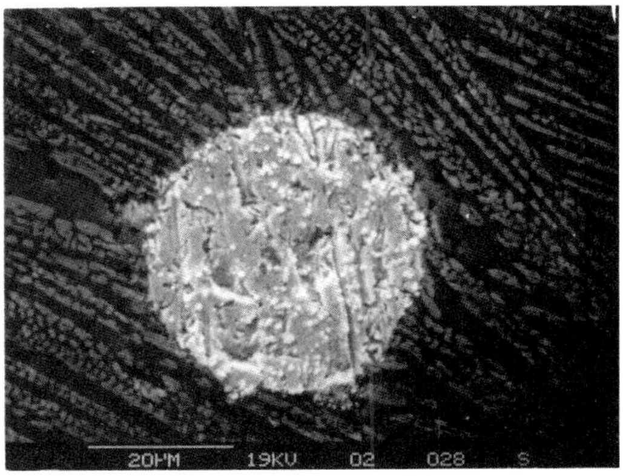

图4.16 D L4炉渣含铜颗粒二次电子像

（三）农行炉渣分析

农行炉渣共取样5个，样品号编为NHl-5。表4.7是其铜硫含量化学分析及基体成分SEM分析结果，表4.8是其内含铜颗粒SEM分析结果。

表4.7 农行炉渣成分

样品号	化学分析			SEM分析				
	Cu%	S%	Cu/S	Fe%	Si%	A1%	Ca%	K%
NH1	1.75	0.023	76.1	44.26	36.40	12.97	2.18	1.25
NH2	0.87	0.026	33.5	50.10	33.16	10.83	1.44	1.71
NH3	0.45	0.039	11.5	49.66	34.27	11.30	1.95	1.30
NH4	0.61	0.022	27.7	53.56	28.08	10.55	1.76	1.95
NH5	0.54	0.027	20.0	62.27	24.91	8.53	1.03	1.46
平均	0.84	0.027	31.3	51.97	31.36	10.84	1.67	1.55

表4.8 农行炉渣内含铜颗粒SEM分析

样品号	粒度（μm）	Cu%	Fe%	S%
NH1	20	96.73	3.17	0.10
	25	97.21	2.79	0.00
NH2	5	94.80	5.20	0.00
	6	94.76	5.05	0.18
NH3	50	98.68	1.02	0.31
	20	98.14	1.86	0.00
	30	98.50	1.45	0.05
NH4	40	97.45	2.22	0.32
NH5	10	94.12	5.68	0.21
	15	93.62	6.30	0.07

（四）7号矿体炉渣

7号矿体炉渣共取样5个，样品号编为QHl-5。表4.9是其铜硫含量化学分析及基体成分SEM分析结果，表4.10是其内含铜颗粒SEM分析结果。

表4.9　7号矿体炉渣成分

样品号	化学分析			SEM分析				
	Cu%	S%	Cu/S	Fe%	Si%	Al%	Ca%	K%
QH1	0.35	0.081	4.3	51.70	29.60	9.54	4.56	2.06
QH2	0.45	0.061	7.4	49.28	30.53	9.27	4.96	2.40
QH3	0.33	0.057	5.8	58.73	23.79	9.31	2.87	2.10
QH4	0.90	0.059	15.3	52.11	28.69	6.77	7.23	1.58
QH5	0.43	0.099	4.3	53.04	28.47	8.66	4.52	2.08
平均	0.49	0.071	6.9	52.97	28.22	8.71	4.83	2.04

表4.10　7号矿体炉渣内含铜颗粒SEM分析

样品号	粒度（μm）	Cu%	Fe%	S%
QH1	10	95.31	4.39	0.29
	5	70.85	4.80	24.38
	15	96.66	3.28	0.05
QH2	7	95.58	4.03	0.39
	3	71.35	4.21	24.56
QH3	5	90.90	6.02	3.09
	10	93.94	5.90	0.16
QH4	5	94.48	5.01	0.51
QH5	5	69.49	5.50	25.03
	15	97.16	2.70	0.14

（五）久置样品再分析

前文所有都在制备后即付诸分析，所有分析皆在一周内完成。各遗址的炉渣，特别是11号矿体的炉渣，其新鲜样品中的含铜颗粒扫描电镜图像都看不出明显的分相。后对渣样进行复查时，发现原制备的电镜样因放置日久（2~12个月）而出现新相。表4.11是放置6个月后的11号矿体37渣样、动力科DL4渣样的典型含铜颗粒SEM再分析结果及二次电子像，两样品中的含铜颗粒大部分分别变成了如表2.11的成分及形貌，只是变化程度有所差别，参见图4.17~图4.22。

表4.11　久置渣样中含铜颗粒的SEM分析

样品号	粒径μm	Cu%	Fe%	S%	分析区域	图号
37	250	68.42	5.11	26.49	颗粒基体凸出亮点	图4.17~图4.19
		80.32	1.96	17.72		
DL4	50	98.31	0.91	0.80	颗粒基体凸出亮点	图4.20~图4.22
		75.03	1.30	23.67		

三、分析结果讨论及结论

铜绿山四处炉渣堆积取样分析的结果显示，各遗址炉渣的性质不同。虽然取样的数量有别，但各遗址的炉渣分析数据，以充分地反映了各自的特点。表4.12是四处遗址炉渣部分分析结果的综合，可据以比较不同炉渣的异同。

表4.12　各遗址炉渣分析结果平均值

遗址号	渣样数	化学分析			SEM分析				
		Cu%	S%	Cu/S	Fe%	Si%	Al%	Ca%	K%
11号矿体 动力科农 行7号矿体	55	0.61	0.38	1.61	60.92	23.52	7.13	4.12	1.21
	12	0.78	0.017	45.8	53.38	32.91	10.18	2.23	1.36
	5	0.84	0.027	31.1	51.97	31.36	10.84	1.67	1.55
	5	0.49	0.071	6.90	52.97	28.22	8.71	4.83	2.04

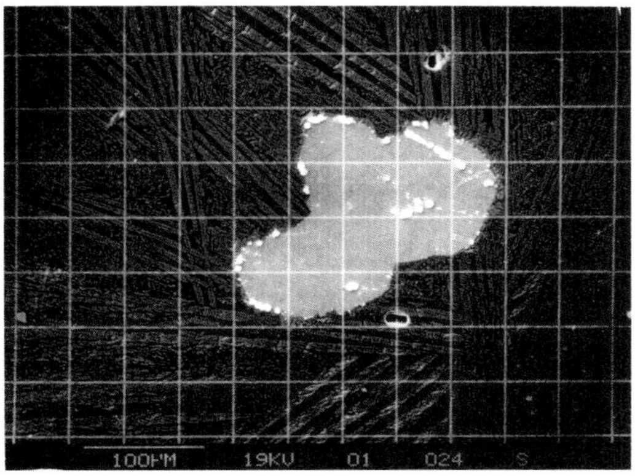

图4.17　37炉渣含铜颗粒析出相二次电子像

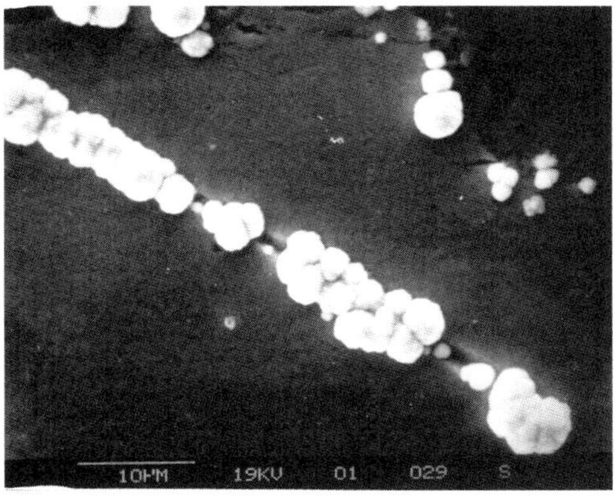

图4.18　图4.17局部放大

（一）11号矿体炉渣

11号矿体炉渣曾是考古发掘的重点对象，见诸文献的铜绿山古代炼铜技术研究分析的也都是此遗址的炉渣（见第一章），对其性质的认定就显得尤为重要，且11号矿体及其古代开采冶炼遗迹已毁于现代开采，故此遗址的炉渣取样较多，总计达52个，

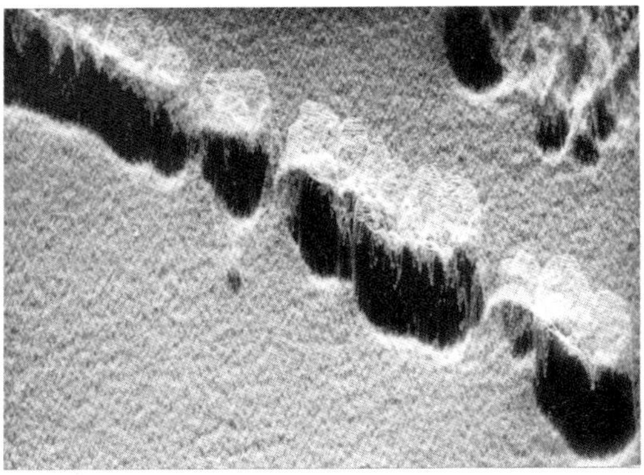

图4.19　图4.18视场的立体分布

图4.20　DL4炉渣含铜颗粒析出相二次电子像

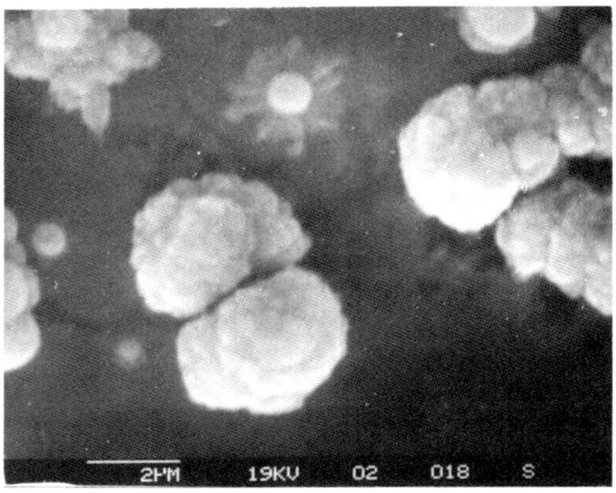

图4.21　图4.20局部放大

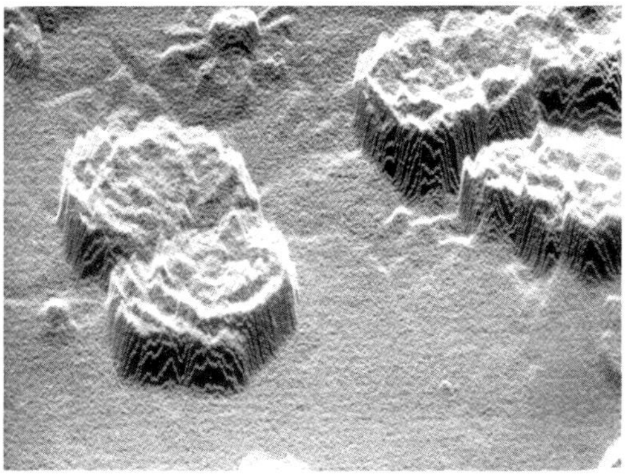

图4.22　图4.21视场的立体分布

包括了所有各地层的渣样。

表4.1的11号矿体全部52渣样的化学分析表明，渣的Cu/S绝大多数低于4，只有5个高于4，但其中最高者也仅为5.92（渣号为11-8007）；所有渣样中只有一个含Cu高于1%（渣号为41、含铜为1.87%）；所有渣样的平均含Cu为0.61%、含S为0.38%，平均Cu/S为1.6l。表4.2中全部52渣样普查、表4.3中37号渣样重点SEM分析，都没有发现单独存在的金属铜颗粒，炉渣中所有含铜颗粒多属高品位冰铜颗粒，粒度在40μm以上的较大颗粒的含Cu量都约为60%~70%。矿相鉴定和SEM分析，都曾在某些冰铜颗粒中发现有毛细铜存在。所有这些检验结果都符合第三章所论证的冰铜渣之特征，因此11号矿体的炉渣应是冰铜渣。少数几个渣样的Cu/S高于4应是分析误差或样品表面清除不净等原因所致，X射线衍射分析未发现金属铜，也符合冰铜渣之特征，可能存在的微少铜氧化矿物应是表面氧化层清除不净等原因所致。

按第三章之论述，可从渣中较大冰铜颗粒的成分和渣的Cu/S两方面来判定11号矿体冰铜渣所冶炼的冰铜品位。从较大含铜颗粒的成分看，11号矿体炉渣冶炼的冰铜应是品位60%~70%的富冰铜。按式3.9由渣的cu/s计算冰铜品位，须先求出炉渣的P即K−n

（K–1）。第三章引用的Akira Yazawa的实验数据中，有一组实验结果可有助于计算11号矿体炉渣的P值。实验使用含SiO_2 30%、CaO 4%、Al_2O_3 4%的炉渣在不同温度下与品位为32%的冰铜共熔，以其所获得的炉渣Cu/S，按式（3.9）可得相应的P值，再按同一P值计算出cu/s为1.61时相应的冰铜品位：

$$Cu\% = \frac{1600}{[44/(Cu/S)-11]/P+20}$$

1200℃ Cu/S为0.27 P=5.01 如Cu/S为1.61 则Cu%=68.69

1325℃ Cu/S为0.31 P=4.33 如Cu/S为1.61 则Cu%=67.31

1300℃ Cu/S为0.35 P=3.80 如Cu/S为1.61 则Cu%=65.85

1350℃ Cu/S为0.36 P=3.71 如Cu/S为1.61 则Cu%=65.57

上组实验的渣型与11号矿体炉渣渣型很相近，只是含Al_2O_3量略低而含FeO量一些，而它们对P的影响作用是相反的，既前者使之降低，后者使之升高，因此在同一温度下11号矿体炉渣的K值应与实验渣相近，上述计算应能反映出11号矿体的冶炼情况。

另外，根据冰铜渣含铜量约为所炼冰铜品位的1%的经验，平均含铜0.61%的Ⅺ矿体炉渣冶炼产物应是品位约61%的冰铜。

总而言之，11号矿体炉渣的冶炼产物应是品位为60%~70%的冰铜，不是曾被认定的金属铜。

（二）动力科和农行炉渣

从表4.12可知，两遗址的炉渣的含铜量、Cu/S，渣型都非常接近，表明它们是性质相同、冶炼技术相同的炉渣。从它们的Cu/S比远大于4、炉渣内存在许多单独的铜颗粒的事实看，这两处炉渣应是冶炼含硫量很低的炉料的还原渣，冶炼时不可能产生单独存在的白冰铜层。

（三）7号矿体炉渣

表4.10中此遗址炉渣5个渣样中，有4个铜含量较低，Cu/S大于但接近4；一个含铜较高且Cu/S也较高（QH4）；所有渣样中都发现有单独存在的铜颗粒，并有少许白冰铜颗粒；渣型与动力科、农行两处炉渣相近，但已稍微向11号矿体炉渣偏移。这表明，此处炉渣虽仍属还原渣，但炉料内已含有少量的硫化矿物；从第三章对还原渣Cu/S讨论结果看，冶炼时很可能生成少量白冰铜并单独分层存在于铜液与渣层之间。

（四）久置样品中硫化物的析出

两种炉渣的电镜分析样品制备后放置过久都产生了新生的凸出相，SEM分析显示析出物都是Cu_2S，见表4.11。推测此现象产生的原因，可能是炉渣在较短的时间内凝固、冷却、收缩，产生的压力使其中的含铜颗粒不能依其组成按相图生成各相；当2000年后渣样被抛光后，暴露在抛光面上的颗粒受内部压力作用向外凸出；颗粒在低温下缓慢地按相图生成新相，由于仅在抛光面一侧压力得到了解除，故新生相颗粒向外生长，形成凸出的小晶粒。冰铜渣如11号矿体炉渣久置样品生成的新相，应是按Cu_2S-FeS相图从富冰铜中析出的硫化亚铜；还原渣如动力科炉渣久置样品生成的新相，则应是按Cu_2S-Cu相图从饱和了硫化亚铜的铜中析出的硫化亚铜。

第五章　铜绿山11号矿体炉渣冶炼产物的实验判定

第四章分析结果，按第三章鉴定炉渣的判定方法，业已认定铜绿山11号矿体炉渣的冶炼产物是品位60%~70%的冰铜。为证实此一判断，在实验室对11号矿体的炉渣的冶炼产物进行模拟实验。按第二章的理论分析，炉渣的各项指标如渣型、Cu/S、含铜量等都与11号矿体炉渣相同，其产物的组成也应和11号矿体炉渣的冶炼产物的组成相同。这是模拟实验的基本指导思想。

一、炉渣成分的计算

炉渣的SEM分析不能确定各元素的价态，因而难以据之获得炉淹这真实成分。炉渣中只有Fe可呈Fe^{2+}、Fe^{3+}，其余元素价态通常是不变的。如能确定出Fe的各价态含量，则炉渣成分就可推算。为此特对铜绿山11号矿体、动力科两处遗址的部分炉渣的不同价态铁含量进行了化学分析，结果见表5.1。

表5.1　11号矿体、动力科部分炉渣铁含量分析

炉渣	样品号	T Fe%	Fe^{2+}%	Fe^{3+}%	Fe^{3+}/Fe^{2+}
11号矿体炉渣	36	38.85	34.58	4.27	0.12
	37	35.13	31.24	3.89	0.12
	39	41.25	35.38	5.87	0.16
	40	45.10	41.30	3.80	0.09
	43	38.92	34.00	4.92	0.14
	51	41.40	38.00	3.40	0.09
	平均	40.11	35.75	4.36	0.11
动力科炉渣	DL2	36.50	31.80	4.70	0.15
	DL4	30.90	24.30	6.60	0.27
	DL5	29.00	24.00	5.00	0.21
	DL10	36.06	28.21	7.85	0.28
	DL12	27.06	21.19	5.85	0.28
	平均	31.90	25.57	6.00	0.23

按表5.1两遗址炉渣各自不同价态铁的平均值，对第四章表4.1、表4.6的SEM分析平均值配氧，计算过程及结果见表5.2。

表5.2　炉渣基体SEM分析平均值配氧计算

11号矿体炉渣SEM分析平均值配氧（按表5.1 Fe^{3+}/Fe^{2+}=0.11）			
SEM分析平均值	铁的分配	氧化物量	折合百分数
Fe=60.92	Fe^{2+}=54.88	FeO=70.56	46.94%
	Fe^{3+}=6.04	Fe_2O_3=8.63	5.74%
Si=23.52		SiO_2=50.42	33.54%
Al=7.13		Al_2O_3=13.47	8.96%
Ca=4.12		CaO=5.77	3.84%
K=1.21		K_2O=1.46	0.97%
		∑=150.31	
动力科炉渣SEM分析平均值配氧（按表5.1 Fe^{3+}/Fe^{2+}=0.23）			
SEM分析平均值	铁的分配	氧化物量	折合百分数
Fe=53.28	Fe^{2+}=43.40	FeO=55.80	33.91%
	Fe^{3+}=9.98	Fe_2O_3=14.26	8.67%
Si=32.91		SiO_2=70.52	42.85%
Al=10.18		Al_2O_3=19.23	11.68%
Ca=2.23		CaO=3.12	1.90%
K=1.36		K_2O=1.64	1.00%
		∑=164.57	

遗址简称	计算结果						
	TFe%	FeO%	Fe_2O_3%	SiO_2%	Al_2O_3%	CaO%	K_2O%
11号矿体	40.53	46.94	5.74	33.54	8.96	3.84	0.97
动力科	32.44	33.91	8.67	42.85	11.68	1.90	1.00

在表5.1与表5.2中的11号矿体、动力科两遗址的炉渣的TFe平均含量分别是40.11%与40.53%、31.90%与32.44%，后者的TFe含量仅比前者的TFe含量略高一点，可能是表5.2未计入炉渣所含的少量铜铁硫化物造成的。第四章表4.1的11号矿体炉渣化学分析平均含Cu为0.61%、含S为0.39%，表4.6动力科炉渣化学分析平均含Cu为0.78%、含S为的0.17%，按这些数据可对表5.2的炉渣基体配氧计算结果进行校正，获得炉渣的所有成分的百分比，见表5.3。

表5.3 表5.2的炉渣基体配氧计算结果校正

炉渣	Cu%	S%	Cu/S	TFe%	FeO%	Fe_2O_3%	SiO_2%	Al_2O_3%	CaO%	K_2O%
11号矿体	0.61	0.38	1.61	40.13	46.48	5.68	33.21	8.87	3.80	0.96
动力科	0.78	0.02	45.9	32.18	33.64	8.60	42.51	11.59	1.88	0.99

表5.3与表5.1中的TFe含量几乎相等，这表明表5.3符合炉渣的实际组成。由此也可证明，通过SEM分析与Fe价态的化学分析可求得炉渣的实际成分。

二、冶炼气氛的判定

鼓风炉炼铜法与其他炼铜法的区别是其冶炼气氛具有较强的还原性。反射炉氧分压为l-8 × 10^{-11}MPa，闪速炉氧分压为4 × 10^{-10}–5 × 10^{-11}MPa，诺兰达连续炼铜氧分压为5 × 10^{-8}–5 × 10^{-9}MPa.，转炉吹炼时的氧分压为10^{-7}–10^{-9}MPa，而鼓风炉的氧分压则可达10^{-12}MPa[82]。

鼓风炉的操作气氛是由其燃料和结构特点决定的。由于炉内始终有过量的木炭，炉内的气氛总是由在冶炼温度下进行的碳燃烧反应所控制，因此炉料的组成难以改变炉内的气氛。

古代的鼓风炉（竖炉）虽规模小一些，但其操作机理和结构都与近现代鼓风炉相同，其运行气氛也应呈较强的还原气氛。至于表5.3的炉渣分析数据中那些能反映炉内原始的冶炼气氛；还应具体分析。

动力科炉渣的产品已被判定为是含铁约5%的粗铜，这可以用来估算其冶炼气氛。在铜冶炼的温度下，生成铁的反应是

$FeO_{(s)}+CO=Fe_{(s)}+CO_2$

而 $CO+1/2O_2=CO_2$，因此可由下式直接计算氧分压：

$2Fe_{(s)}+O_2=2FeO_{(s)}$

$\Delta G^{\ominus}=-518738+124.98T$（J/mo1）（298–1642K）[83]

按1250℃（1523K）H寸正常冶炼情况下，取aFeO为0.4，aFe按Fe-Cu合金活度图在含铁5%H寸取为0.8[84]，则：

$\Delta G=\Delta G^{\ominus}+RTIn〔(a_{FeO}/a_{Fe})^2/Po_2/Po^{\ominus}_2〕$

$=-518738+124.98\times1523+8.314\times15231n〔(0.4/0.8)^2/Po2/Po^{\ominus}_2〕$

平衡时，ΔG=0　　则$Po_2=2.6\times l0^{-12}$MPa

计算表明，动力科炉渣的冶炼气氛应达到氧分压为10^{-12}的数量级，这与鼓风炉的气氛相符。欧洲古代的大陆炼铜法冶炼冰铜时常生成熟铁块，长江中下游地区包括铜绿山遗址所在的大冶县也多次出土先秦时期的含铁达40%多的铜（铁）锭，说明鼓风炉炼铜可达到更强一点儿的还原气氛。因此，铜绿山的炉渣，无论其产品是铜还是冰

铜，其冶炼气氛都应是接近甚至达到了生成铁的程度，即氧分压约为10^{-12}MPa。

按上述较强还原气氛，则冶炼温度下的炉渣中高价铁的含量应是很低的。表5.3中炉渣的高价铁的含量已达到现代在氧化气氛下运行的反射炉、闪速炉炉渣的高价铁含量，这不仅与冶炼的气氛相矛盾，也与渣含铜量和高价铁存在的方式相矛盾。如果在冶炼温度下的炉渣中确存在表5.3组成的炉渣，则高价铁应以Fe_3O_4的形式存在并在渣冷却时析出，渣含铜量也应较高。但第四章炉渣X射线衍射分析表明，固态渣中有赤铁矿（Fe_2O_3）等形式的高价铁，而赤铁矿只能在近于空气氧分压的条件下才能析出，这表明表5.3炉渣的高价铁应是放渣时氧化形成，不是炉内形成的。Koucky等对塞浦路斯古炉渣的进行了大量的研究，也认为炉渣中的高价铁应是放渣时氧化的结果[50]。因此，表5.3中的炉渣虽然是固态炉渣的真实成分，却不是冶炼温度和气氛下的炉渣的真实成分，炉内熔融状态的炉渣组成应将所有的铁都视为FeO。

三、实验材料及装置

鉴于铜绿山发掘队已进行的模拟实验可证实动力科类型的炉渣是氧化矿石还原熔炼成铜的炉渣，验证了铜绿山古炼炉可以有效地炼出铜，本实验仅对11号矿体的炉渣的冶炼产品进行实验验证。

（一）实验原料

炉渣：以第四章中11号矿体50个被分析渣样的备存样品的混合物为实验用渣相，破碎至1厘米以下小块充分混合备用。以古代炉渣为实验渣相可保证可能存在但没检出的少量杂质参与熔炼，同时可缩短成渣时间。另有部分实验使用了化学药品直接配渣。

Cu_2S：以铜粉（含量>99%）与沉降硫（含量>99%）为原料，按Cu_2S的化学比例并使硫略有过量充分混合，于1200℃下在碳管炉中用石墨坩埚熔炼120min，通氩气保护，并以石墨片封盖坩埚口。熔炼产物在炉中冷至约800℃后取出后冷至室温，冷却时始终呈以石墨片封盖坩埚口，以防止氧化。产物呈致密灰色结晶，自然解理面呈银灰色，有金属光泽，称重与计算的Cu_2S量相同，视之为Cu_2S。

FeS：以还原铁粉（含量>98%）和沉降硫为原料，操作如上。产物较酥脆，呈深黄色结晶状，有金属光泽，称重与计算相符，视之为FeS。

其他物料：Fe_2O_3、SiO_2、CaO、Al_2O_3、CuO、Cu_2O、CuS、FeS分析纯或化学纯制品。

（二）实验器材

实验用炉：气体发生器：按布多尔反应原理设计。CO_2气、Ar气备用。碳管炉、钼丝炉，见图4.1。

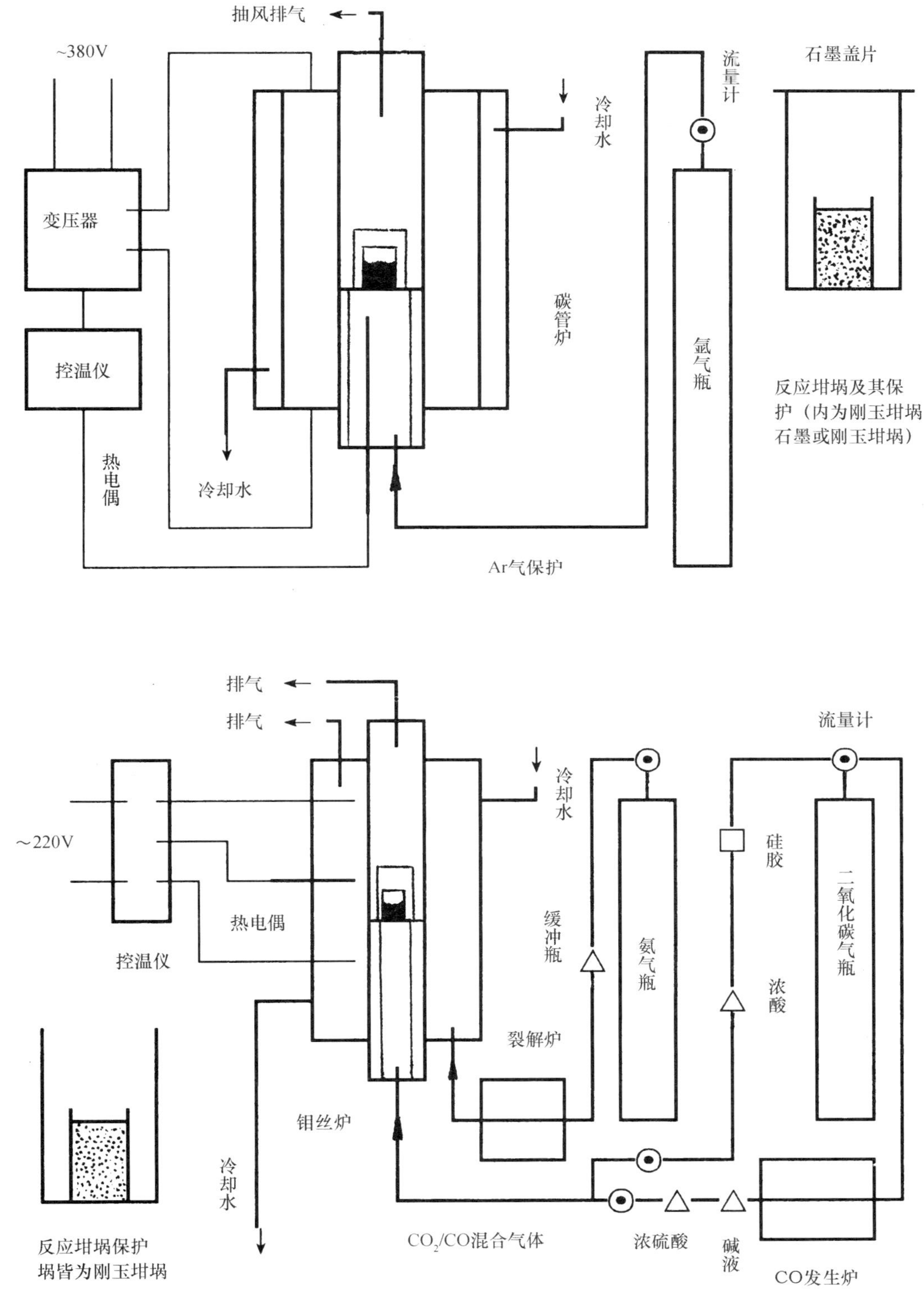

图5.1 碳管炉（上）钼丝炉（下）实验装置示意图

坩埚：刚玉坩埚，30毫升等各规格若干个，作为冶炼容器。较大石墨坩埚、刚玉坩埚，作为保护容器。

（三）熔炼温度的选定

第一章已引述，11号矿体炉渣的13个样品在氩气中测定的熔点多为1100℃~1200℃。正常的熔炼温度一般要超过炉渣熔点100℃~150℃，故选定1250℃为实验之熔炼温度。

（四）熔炼气氛的实现

许多文献对冰铜及其炉渣的研究是在氮气或氩气保护下于石墨坩埚中、或外套石墨坩埚的刚玉坩埚中进行的，这两种情形下的熔炼经大量文献证实符合鼓风炉的熔炼结果，但第一种情形在温度高时可能还原出铁。另有不少文献是用CO_2和CO混合气体来固定气氛，在石英或刚玉坩埚中进行实验的，此时氧分压由反应[85]：

$2CO+O_2=2CO_2$　$\Delta G^{\ominus}=-557512+167.62T$（J/mo1）的平衡控制。当温度为1250℃即1523K时，控制CO和CO_2分压相同，平衡氧分压为4.2×10^{-12}MPa，正在鼓风炉的运行气氛范围之内，故以此氧分压作为钼丝炉实验的气氛。按布多尔反应$C+CO_2=2CO$在1000℃时平衡气体事实上已完全是CO，再经碱液净化，可获纯CO，故布多尔反应炉温度控制在1000℃。净化后的CO、CO_2按等流量混合后即可获得预定的氧分压。

（五）实验操作要点

碳管炉系列实验是以石墨坩埚直接熔炼或作保护器而进行的，反应坩埚的入炉和出炉皆以坩埚钳为夹具。钼丝炉系列实验的刚玉保护坩埚预先置入炉内并随炉升温至冶炼温度；刚玉反应坩埚以铁铬铝电炉丝邦扎成提梁，盛入炉料后在布多尔反应炉外壁预热（约100℃），以防坩埚急热炸裂，反应至出炉时间后以粗铁丝钩挂住坩埚上电炉丝提梁将其迅速提出炉管冷却。

四、实验结果

共进行了16次实验，各实验的配料及控制条件见表5.4。实验结果见表5.5~表5.7。反应坩埚连同产物冷至室温后破碎，发现炉渣和冰铜分离良好；所有冰铜表面都有少许毛细铜析出，矿相及电镜观测都发现冰铜内部有细小条状铜相存在；除实验5、6的炉渣呈玻璃态外，其余实验炉渣皆为结晶态。由于冰铜的毛细铜是冷却后析出，故对冰铜仅进行了SEM大面积分析以获知其品位。

表5.4 实验条件

号	配料（g）	时间	熔炼控制
1	CuO 45 FeS 50 Fe_2O_3 40 SiO_2 50 $A1_2O_3$ 6	60min	在碳管炉内于石墨坩埚中熔炼，通Ar气120ml/min保护，熔炼温度1250℃，至预定时间取出并封盖石墨片在空气中冷却
2	Cu_2O 48 FeS 36 Fe_2O_3 51 SiO_2 45 $A1_2O_3$ 11 CaO 5		
3	Cu_2O 48 FeS 33 Fe_2O_3 51 SiO_2 45 $A1_2O_3$ 11 CaO 5		
4	实验1冰铜30 $CuS·H_2O$ 29 Cu_2O_2混合渣120		
5	Cu_2O 48 FeS 47 Fe_2O_3 51 SiO_2 45 Al_2O_3 11 CaO 5	90min	
6	Cu_2O 48 FeS 42 Fe_2O_3 51 SiO_2 45 Al_2O_3 11 CaO 5		
7	Cu_2S 15 FeS 15 混合渣77	60min	在碳管炉内于刚玉坩埚中熔炼，通Ar气120ml/min保护，刚玉坩埚置于石墨坩埚中并封盖石墨片，熔炼温度1250℃，至预定时间取出并封盖石墨片在空气中冷却
8	Cu_2S 19 FeS 11 混合渣77		
9	Cu_2S 23 FeS 7 混合渣77		
10	Cu_2S 26 FeS 4 混合渣77		
11	Cu_2S 10 FeS 1 混合渣38		
12	Cu_2S 5.0 FeS 5.0 混合渣35	90min	在钼丝炉内于刚玉坩埚中熔炼，通混合气体CO_2/CO=1共计240ml/min，熔炼温度为1250℃，至预定时间取出，在渣面撒石墨粉并埋沙冷却
13	Cu_2S 6.0 FeS 3.6 混合渣35		
14	Cu_2S 7.5 FeS 2.5 混合渣35		
15	Cu_2S 8.5 FeS 1.5 混合渣35		
16	Cu_2S 10.0 FeS 1.0 混合渣35		

表5.5 实验结果

号	冰铜SEM分析			炉渣基体SEM分析					炉渣化学分析		
	Cu%	Fe%	S%	Fe%	Si%	Al%	Ca%	K%	Cu%	S%	Cu/S
1	49.35	24.76	24.17	57.64	34.14	2.75	0.13	0.03	0.76	0.90	0.84
2	48.75	25.03	26.22	55.52	31.31	8.00	4.12	0.00	0.60	0.62	0.97
3	49.98	23.88	26.15	55.29	31.23	8.06	3.87	0.02	0.52	0.56	0.93
4	46.89	24.79	25.81	56.86	27.05	7.23	4.83	0.00	0.54	1.05	0.51
5	46.34	32.98	20.76	48.91	36.89	9.03	3.73	0.00	0.40	0.52	0.77
6	46.58	30.26	23.16	47.03	37.66	9.01	5.21	0.00	0.34	0.46	0.74
7	36.44	35.79	27.78	69.81	21.90	5.33	2.42	0.54	0.69	1.38	0.50
8	44.99	26.93	28.08	68.47	22.51	5.83	2.59	0.61	0.76	0.96	0.79
9	53.73	17.56	28.73	65.61	24.25	7.68	1.84	0.62	0.76	0.71	1.07
10	62.78	10.17	27.06	63.47	24.77	5.98	4.31	1.47	0.97	0.60	1.62
11	73.10	2.33	24.57	69.17	22.90	5.29	2.21	0.43	0.70	0.33	2.12

续表

号	冰铜SEM分析			炉渣基体SEM分析					炉渣化学分析		
	Cu%	Fe%	S%	Fe%	Si%	Al%	Ca%	K%	Cu%	S%	Cu/S
12	36.79	35.03	28.19	60.38	25.77	8.62	3.94	1.29	0.58	1.18	0.49
13	43.85	28.52	27.64	60.53	26.57	7.15	4.38	1.37	0.70	0.83	0.84
14	52.44	20.06	27.51	62.95	25.04	6.65	4.23	1.14	1.86	1.33	1.40
15	62.34	11.27	26.41	69.96	21.61	3.52	4.39	0.52	0.95	0.85	1.06
16	69.83	4.64	25.55	69.16	21.30	3.79	5.03	0.71	0.89	0.58	1.53

表5.6　部分实验炉渣铁价态分析

（炉）号	TFe%	Fe^{2+}%	Fe^{3+}%	Fe^{2+}/Fe^{3+}
7	45.20	43.70	1.50	0.03
8	44.50	44.30	0.20	0.00
9	46.10	44.60	1.50	0.03
10	44.50	42.60	1.90	0.04
11	45.30	42.90	2.40	0.06
14	43.90	42.30	1.60	0.04
15	48.50	44.10	4.40	0.1 0
平均	45.40	43.50	1.90	0.04

表5.7　部分实验炉渣含铜颗粒SEM分析

（炉）号	粒径（μm）	Cu%	Fe%	S%	图号	分析位置
1	20	54.07	17.54	28.39		
	20	54.07	18.29	27.64		
4	40	46.17	27.96	25.87		
	60	53.14	16.97	29.38	图5.2	颗粒1
	10	43.81	25.38	29.60	图5.2	颗粒2
	20	51.13	18.41	30.31		
	10	0.00	97.78	0.06		
5	30	4.41	95.55	0.05	图5.3	
6	40	2.16	97.41	0.43		
		6.71	90.40	2.90		
7	60	35.08	46.27	18.65		
8	10	52.78	17.24	30.00		
9	50	52.41	15.90	31.70	图5.4	颗粒
		93.19	5.03	1.80	图5.4	颗粒内毛细铜
	40	56.32	13.50	31.34		
	10	51.29	17.38	31.34	图5.5	颗粒1
	15	52.10	16.74	31.17	图5.5	颗粒2
10	20	60.00	10.44	29.57	图5.6	颗粒
	65	59.69	10.02	30.30	图5.7	颗粒

续表

（炉）号	粒径（μm）	Cu%	Fe%	S%	图号	分析位置
10	35	63.57	8.17	28.28	图5.8	颗粒1
	30	60.69	10.29	29.03	图5.8	颗粒2
	25	49.92	17.76	32.33	图5.9	颗粒内非毛细铜
11	60	73.18	1.13	25.70	图5.10	颗粒
	45	70.76	3.44	25.80	图5.11	颗粒
	8	59.56	12.06	28.38		
	5	58.98	12.05	28.98		

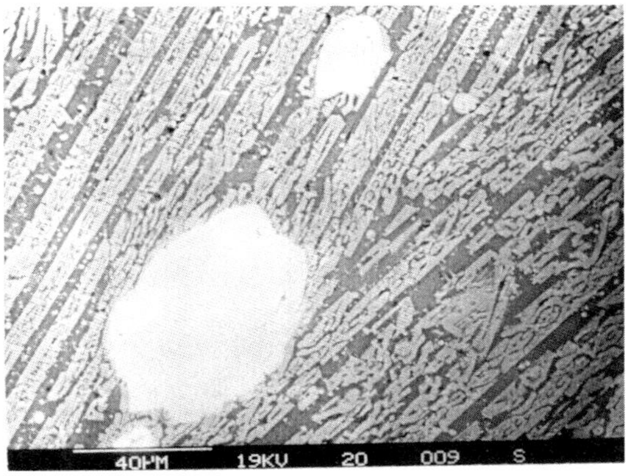

图5.2　炉4渣中含铜颗粒二次电子像

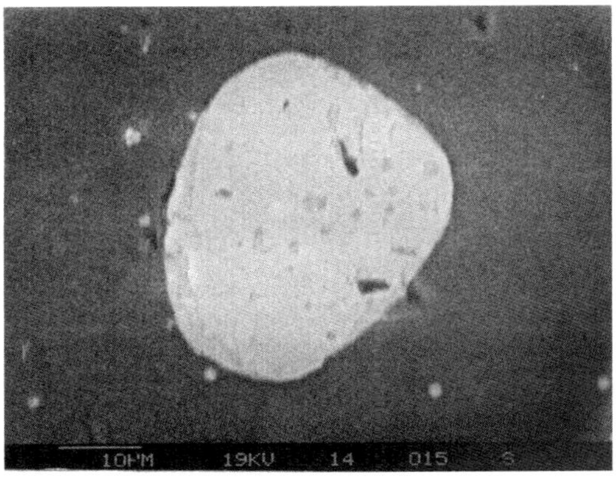

图5.3　炉5渣中含铁颗粒二次电子像

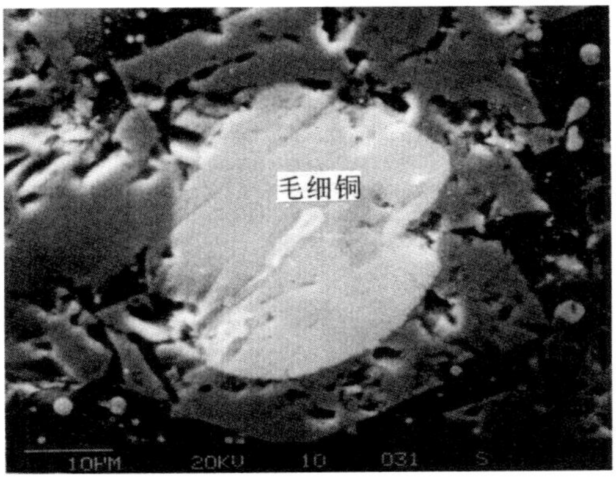

图5.4　炉9渣中含铜颗粒二次电子像

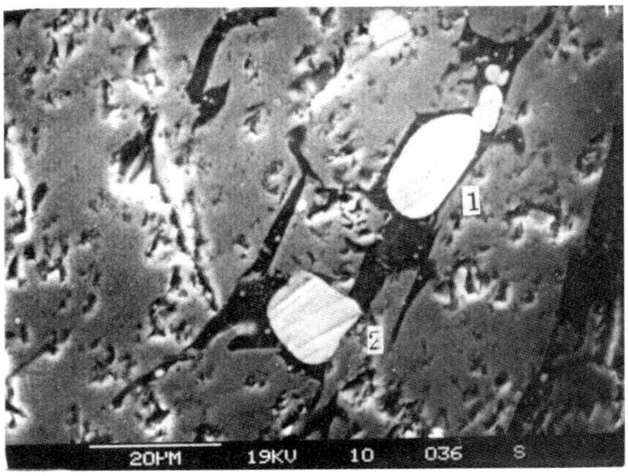

图5.5　炉9渣中含铜颗粒二次电子像

五、实验结果讨论

实验结果显示，三种条件下熔炼的实际渣型和气氛是有别的。

用石墨坩埚在碳管炉进行的1~6号实验还原气氛太强了，除了生成冰铜，还还原出了部分铁，如4、5、6炉渣中都发现有铁颗粒（表5.7、图5.3），炉渣含硅量升高，特别是冶炼时间稍长（90分钟）的5号、6号实验炉渣铁量下降到47%~49%，炉渣已变成

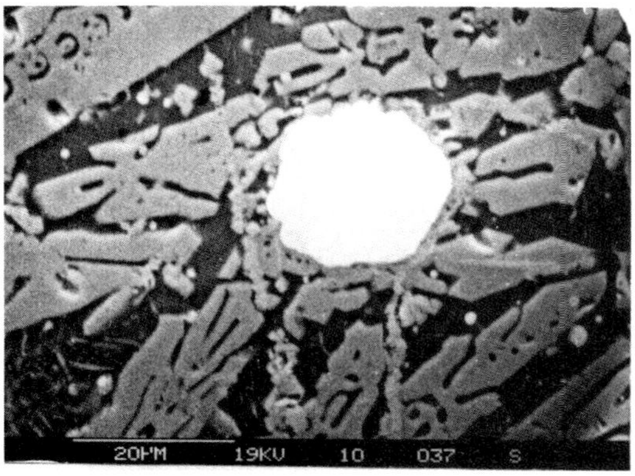

图5.6　炉10渣中含铜颗粒二次电子像

图5.7　炉10渣中含铜颗粒二次电子像

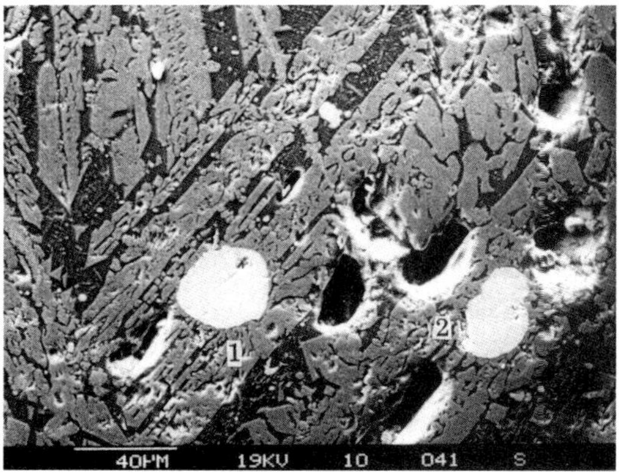

图5.8　炉10渣中含铜颗粒二次电子像

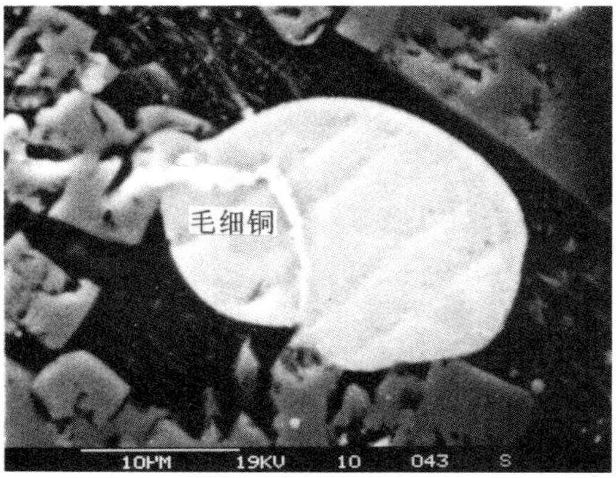

图5.9　炉10渣中含铜颗粒二次电子像

图5.10　炉11渣中含铜颗粒二次电子像

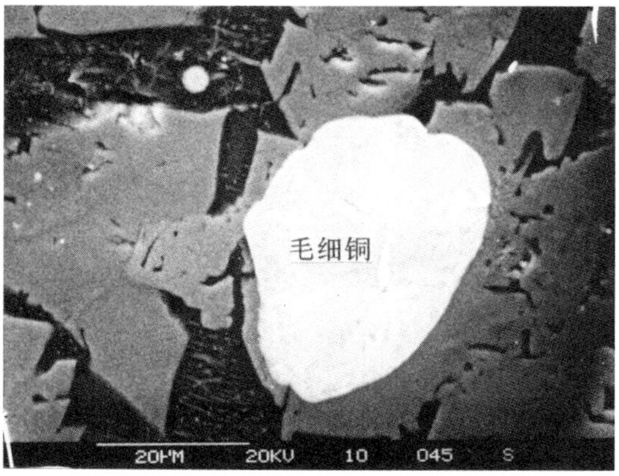

图5.11　炉11渣中含铜颗粒二次电子像

玻璃态，相应冰铜含铁量升至30%~33%，含硫量降至20%~21%（表5.5），说明有金属铁进入冰铜。11号矿体炉渣中并无金属铁颗粒检出，因此用石墨坩埚进行的生成了铁的1~6号实验在渣型和气氛上都和古代有别。

用刚玉坩埚在碳管炉内进行的7~11炉炉渣、在钼丝炉内进行的12~16炉炉渣内都没有检出金属铁，炉渣基体SEM分析结果显示其含铁、硅量皆落在11号矿体炉渣基体同类分析数值范围内（参见第四章表4.1），从渣型上看这些实验炉渣与11号矿体炉渣相同。

用刚玉坩埚在碳管炉内进行的实验的气氛是自营的。Turkdogan[86]、Ruddle[87]的研究都表明渣中三价铁二价铁的比值与气氛之间有线性关系，据此可认定同类渣型高价铁与低价铁的比值相同时，其平衡气氛也应是相同。表5.6测定了部分实验炉渣的Fe^{3+}/Fe^{2+}，其中14、15两炉渣是在控制氧分压条件下炼出的。从表5.6可知，Fe^{3+}含量除8炉渣略低（0.2%）、15炉渣略高（4.4%）外，其余6个被分析炉次的渣都在1.5%~2.4%之间，平均1.9%，基本上是相同的。据此可以认定7~11号炉与控制气氛的12~16号炉的熔炼气氛是相同的，其氧分压都达到了10^{-12}MPa，符合鼓风炉的运行气氛。比较表5.6与表5.1，可发现11号矿体炉渣的Fe^{3+}含量确比实验炉渣高，但高出量并不多，平均为2.5%，说明古代炉渣虽有氧化，但并不强烈。

（一）冰铜品位与铜硫比曲线

实验炉渣的渣型和熔炼气氛即与古代炉渣相同，那么在同一熔炼温度下，炉渣对FeS和Cu_2S溶解能力之比K应相同，但炉渣的机械夹杂比例系数n的取值则有一定的随机性。熔炼时间的长n值较小，反之就较大。同样的熔炼时间，但熔炼的冰铜品位高，冰铜比重大，沉降就较快，因而n也会变小。炉渣取样的部位不同，被取渣块中的n也不同；坩埚上部离冰铜层远的炉渣中可能n小些，但如有上升气泡裹携了冰铜颗粒，则此部位炉渣的n又可能变大；坩埚底部靠冰铜层的炉渣中未及沉降的冰铜颗粒较多，因此其n值就较大。总之，在坩埚内的熔炼与实际炼炉内的熔炼的沉降条件是有差别的，炼炉内的各种粒度的冰铜颗粒是在高温区连续生成并汇入渣层参与沉降的，坩埚内熔炼的冰铜颗粒是一次生成的，二者的冰铜颗粒度的垂直分布不同，要在坩埚内完全模拟出炼炉内的颗粒沉降历程很困难，只能近似地模拟。如果熔炼的冰铜品位相同，渣型和温度也相同，炉渣的含铜量再相同，则可在宏观统计上认定实验渣和真实熔炼渣的n是相同的，但微观上的冰铜粒度分布是不同的。

鉴于存在有上述对渣样中的n的种种因素，本文的实验所取渣样是坩埚冷却后的渣层中间部位的渣块。可能是由于渣量较少的原因，钼丝炉内进行12~16炉实验各别炉渣含铜量偏高，如14炉的渣含铜为1.86，Cu/S为1.40，冰铜品位为52%（见表5.5），明显地n值偏大，其数据点不可能落在正常的冰铜品位与渣铜硫比曲线上。除14炉实验外的7~16炉实验渣的含铜、硫量都落在了11号矿体炉渣含量范围内，但略显偏高

（参见第四章表4.1）。据表5.5中实验7~16分析结果绘出的冰铜品位于炉渣铜硫比曲线如图5.12所示。

11号矿体炉渣的铜硫比平均为1.62，据图5.12的曲线，对应的冰铜品位应约为

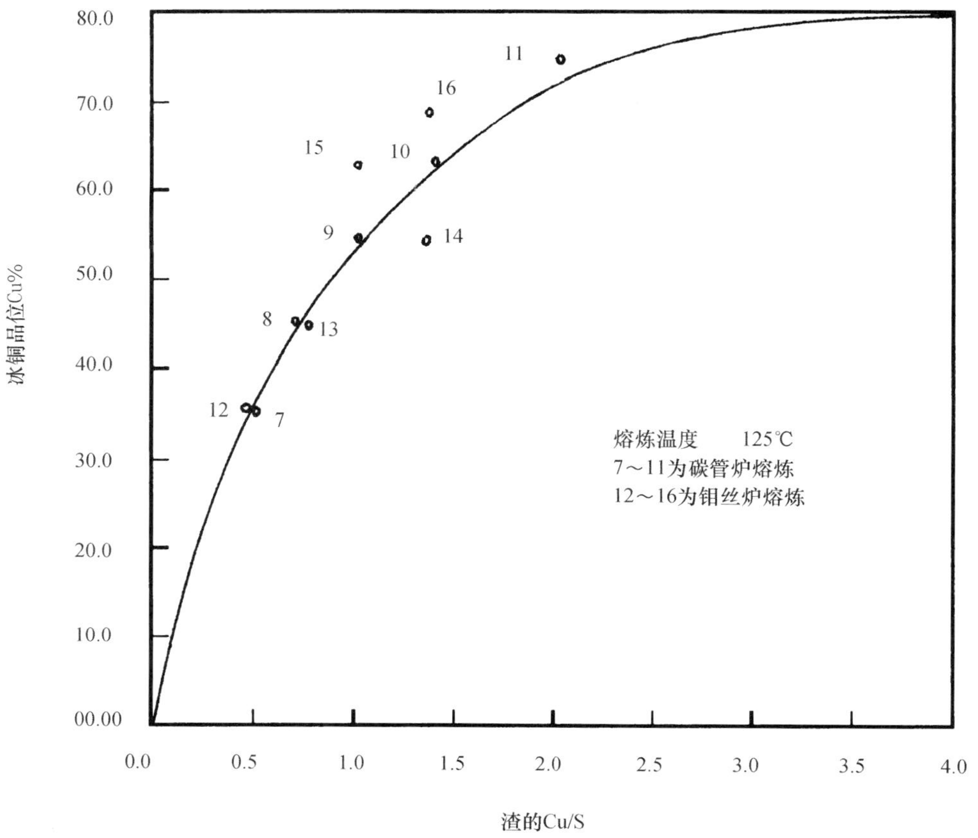

图5.12　实验7~16的冰铜品位与炉渣的铜硫比

65%，可将此值作为11号矿体炉渣熔炼冰铜的平均品位。

（二）渣中含铜颗粒分析

表5.7对部分炉次的实验渣中含颗粒的分析显示，渣中较大硫化物颗粒与冰铜的组成是相同的，如9炉的粒度在10μm以上的硫化物颗粒就已接近冰铜品位了，10、11两炉渣中大含铜颗粒也与其所炼的冰铜品位成分基本相同，而11号矿体炉渣中的绝大部分较大含铜颗粒的成分又与这两炉、特别是第10炉的渣中的较大含铜颗粒成分相同（参见第四章表4.2），这也说明第10炉的熔炼产物即品位为63%的冰铜最符合11号矿体炉渣熔炼的冰铜组成。

表5.7中部分炉次的渣中较容易发现硫化物颗粒中析出有毛细铜（图5.2等），同时部分颗粒小颗粒含铜量也较小，如11号炉中有三个含铜低于60%的颗粒被检出，而11号矿体炉渣中虽有此现象但不易发现。这可能与炉渣的冷却速度不同造成的。

虽然在机理上还有不同意见，但冰铜冷却过程中析出毛细铜已是不争之事实。可以肯定，冷却速度慢应有利于冰铜中毛细铜的析出，且实验炉渣随坩埚埋砂降温的冷却速度可能比古代炉渣的慢，结果使实验渣中较多的硫化物颗粒析出了毛细铜。毛细铜析出后，硫化物颗粒中其余部分的含铜量必然降低，如表5.7中10炉最后一个颗粒的非毛细铜析出部位含铜量降到了50%（图5.9）。如某一颗粒中析出了毛细铜，但未暴露在抛光面上，则此颗粒的SEM分析含铜量也会较低，表5.7中某些颗粒含铜低可能是由此造成的，当然也不能排除这些颗粒是正在形成中的初生颗粒未及汇合、沉降而保留下来的可能性。须指出，炉渣凝固后的冷却快慢不会影响渣的铜硫比，因为硫化物被封闭在渣中，无论如何分解，铜硫总量都不会变。当然凝固前的缓慢降温将会对渣的铜硫含量有较大影响，但实验中没有使用此种冷却制度。因此，前述实验炉渣的铜硫比不会因渣冷却较慢而变化。

前述实验所获冰铜中的毛细铜都是在冷却过程中形成，但可能在凝固之前就已经开始，第三章理论分析中曾引述了Ruddle的类似观点。假如冰铜在凝固前长时间保持局部之间的温度梯度，就像鼓风炉炉缸底部与渣层间可能存在有一温差那样，能否有少量析出的铜积聚在炉底成为“积铜”？假如能够，则炉渣中也不会有单独存在的金属铜颗粒，因为炉渣是在较高温度下排出炉外的。这一点需设计相应的实验来进一步证实。

第六章　冶炼过程的讨论

实验已证实铜绿山11号矿体炉渣的冶炼产物是品位为60%~70%的冰铜。但实验只能验证冶炼结果，不能阐明冶炼过程。据炼铜学原理，多种矿石组合都可获得同一冶炼结果。铜绿山诸遗址的冶炼过程须从冶炼原理和可能存在的矿石组合两方面来讨论。

一、铜绿山铜矿地质概况

铜绿山大部古代开采、冶炼遗迹已毁于现代露天采矿，包括11号矿体在内的多数矿体、特别是上部矿体也已采掘一空，矿区已不易找到有关证据。这里只能从地质勘探和考古发掘的文献来讨论古代可能开采的矿石种类。

（一）铜绿山各矿体矿石特点

铜绿山共有矿体12个，各矿体具体情况如下[88][89]。

1号矿（仙人座）矿体位于矿区南部26—10线间，规模最大，占已探明矿床铜储量的24%。由于氧化程度不同，在22—16线间全部为氧化矿石，在14—10线间可划出氧化带和混合带。

2号（铜绿山）矿体位于18—10线，矿体大部已被侵蚀掉，氧化很深，大部分为氧化铜铁矿石，规模较小。

3号（蛇头山）矿体分为上下两部分。上部矿体位于2—11线，为低品位结合式铜矿和氧化铜铁矿，规模较小。下部矿体位于矿区中部0—13线，为隐伏矿体，是矿床中规模最大矿体，占铜总储量的39%。

4号（蛇头山西）矿体位于矿区北部13—39线，由三部分组成。上部为隐伏矿体，中部矿体出露地表，下部矿体赋存于深部接触带。中部矿体是主要部分，氧化程度较深。4号矿体规模较大，与1号矿体相当。

5号（蛇头山东）矿体约位于31—19线间，规模较小，主要为氧化的铜铁矿石。

6号（乌鸦塘）矿体位于矿区北31—51线间，大部已被古人采空，矿石类型为铜铁矿石为主，铜矿石次之，规模较小。

7号（大岩阴山）矿体由上下两部分组成。上部出露地表，位于9—15线，下部分为隐伏矿体，约位于7—15线。规模小，矿石类型为铁矿石、铜铁矿石、铜矿石。

8号（小岩阴山）矿体约位于0—3线，大部出露地表，由氧化铜矿石或铁帽组成，为一小矿体。

9号（螺丝塘）矿体小矿体，位于矿区东北，出露地表，几乎全被古人开采掉了。

10号（破钟山）矿体规模小，位于矿区西南，为小型铁矿体。

11号（铜绿山北）矿体地表位于6—2线，南端倾伏尖灭于8—10线间，北与1线的3号矿体相连，可分上下两层。上层矿体为铜铁矿、铜硫矿；下层矿体为铜矿体。规模较大，铜储量占矿床总同量的7%。

12号矿体位于矿区北部51—57线，为隐伏小矿体。

（二）矿化带的划及矿石类

地质勘探按如下标准对矿体进行了分带：[90]

铜的氧化率 >30% 为氧化带

10%<铜的氧化率<30%为混合带

铜的氧化率<10%为原生带

对氧化带从上至下垂直划分了四个亚带[90][91]：

1）铁帽。由赤铁矿、磁铁矿、褐铁矿组成，偶见孔雀石，深3~5米。

2）氧化淋失亚带。由磁铁矿、赤铁矿组成，含少量孔雀石等，深5~30米。

3）过渡带。有大量红色黏土充填裂隙，褐铁矿、赤铁矿吸附有铜离子及肉眼看不见的氧化铜矿物。

4）次生氧化富集亚带是氧化矿石的主要富集地段，由磁铁矿、赤铁矿、孔雀石、蓝铜矿、辉铜矿、自然铜、赤铜矿，厚10~30米。矿区以氧化带发达著称，氧化带一般深度为40~60米，最深可达130~230米。

各矿体氧化程度差别很大。就全矿区而言，南部矿体氧化带最深，北部矿体次之，中部最浅。1号矿体发育最为完整，3、4、11号矿体缺淋失亚带，氧化次生富集亚带发育不完全。同一矿体局部地段矿石氧化依然不均一，受岩性和构造控制。在火成岩中的矿体氧化带下限标高4.5米，产于矽卡岩化大理石岩与磁铁矿中的矿体氧化带下限表高负186米，二者高差约191米。在破碎带内矿石氧化程度高，矿体上下盘受破碎带控制，上盘氧化带下限标高负75米，下盘氧化带下限标高负20米，而中部氧化带下限标高则为0米。因此，全矿区及各个矿体的氧化带下限都是起伏波动的[90][91]。

铜绿山原生铜矿石可分四个类型：黄铜矿、斑铜矿、磁铁矿型，含铜金云母透辉石矽卡岩型，含铜硅化大理岩型，含铜斜长石岩及花岗岩闪长斑岩型，以第一类为主，第二、三类次之。第一类矿石空隙较大，裂隙也较大，易于氧化；而第二、三类矿石致密坚硬，空隙度小，裂隙大多为后期玉髓充填，受硅化作用较强，难氧化。故同一标高上两种矿石前者氧化，后者都未氧化[91]。因此，即使在氧化带内，也可以残留有原生硫化矿石。

地质文献将铜绿山矿床铜矿石分为铜铁矿石、铜矿石和铜硫矿石三大类，每一类又分出不同自然类型，见表6.1[91]。

表6.1　铜绿山铜矿石分类[91]

工业类型	自然类型	矿石名称
铜铁矿石	氧化铜铁矿石	孔雀石自然铜赤铁矿褐铁矿石
	混合铜铁矿石	孔雀石自然铜褐铁矿磁铁矿石
	原生铜铁矿石	黄铜矿斑铜矿赤铁矿磁铁矿石
铜矿石	氧化铜矿石	孔雀石磷铜矿矿石
	原生铜矿石	辉铜钱斑铜矿黄铜矿石
铜硫矿石	原生铜硫矿石	黄铜矿黄铁矿石

从地质文献看，11号矿体较为独特。首先，该矿体氧化带分布规律不明显，整个氧化带属淋滤过渡亚带，铜品位大多在1%~2%之间，局部虽有富集的高品位含铜磁铁矿石，含铜高达3.36%~29.31%，但分布极不稳定。其次，表6.1中的铜硫矿石仅分布于该矿体上层，由黄铁矿（可达70%~80%）、镜铁矿、辉铜矿、孔雀石等组成，黄铁矿具有强烈的压碎结构，镜铁矿呈片状结构，孔雀石为葡萄状、胶状，铜品位一般为1.65%~3.15%。11号矿体氧化带下限在4线最深，只有91.66米（相当于–48米标高）[92]。

11号矿体的上层矿体在负230米标高处尖灭。下层矿体于负413米标高处尖灭，在0线剖面上226孔深188米处见2.79米厚的辉铜矿。品位高达36.11%[88]。

铜绿山矿副矿长杨永光（即文献［6］的作者）于1992年面告，11号矿体露天剥离时发现矿体上部就有“一包子硫”（杨为四川人）。

此外，矿区铁的氧化程度低于铜的氧化程度，铁的氧化带与铜的氧化带界线是不相符的。铁的氧化带下限较铜的氧化带下限高10~15米。

上述地质文献中氧化带的确定使用了六种方法：矿石薄片鉴定、矿石光片鉴定、X射线鉴定、光谱鉴定、组合与简相分析、相分析。同一试样采用不同分析方法分析，所得的氧化带、混合带下限误差为1~2倍，把硫化矿石误为混合矿石，混合矿石误为氧化矿石。由相分析划分的氧化带与混合带下限偏低，而划分矿石为三带，主要利用的是相分析[90]。矿样久置，氧化率提高，如1962年在鄂东铜铁矿床试验，同一样品前后相差5个月，氧化率提高了3%~12%，平均6.7%[90]

综合上述地质文献，可以发现：氧化带是按矿石中铜氧化率大于30%的标准划定的；氧化带下限是波动的，各矿体的氧化带发育程度相差很大；11号矿体氧化带发育尤为不良，矿体上部即含为其所独有的铜硫矿石；已划定的矿带可能有误差，且此种误差只能是使氧化带、混合带的下限偏低。

须指出，地质勘探划定的现代矿石分带，不一定就是两千多年前的情形。特别是古代露天和地下开采之后，有利于矿体上部通气透水，可能会加速矿石氧化，使氧化带进一步加深。

二、古代开采情况

业已揭示的铜绿山古代开采状况是通过考古发掘和露天剥离获得的，所有迹象表明古代曾在不同时期分别进行过露天开采和地下开采，以地下开采为主。露天开采主要以2号矿体、1号矿体、4号矿体、11号矿体、6号矿体为主，地下开采则遍及整个矿区各个矿体[6]。

（一）文献所见之古代开采

11号矿体（T4）古采坑，在海拔标高正25米以上，完全是人工堆积物，约20立方米，在端部留有品位4%的铜矿石。在堆积物中分布有36个春秋时期的竖井，证明在开掘竖井之前就露采挖去了矿体的露头部分，采后又将废石回填的露天采场（或由其他采场剥离排土1）。到春秋时期又沿废石堆下掘竖井，开采深部矿石。同类现象在1号矿体南部、2号矿体等处都有发现。矿区发现的地下开采矿井，有很大部分处于人工堆积物内或其底层，充分说明露天开采早于地下开采。从分布范围看，露天开采大都在经氧化的铜矿体的露头部分，很少出现在铁帽区域。开采深度一般为20~30米，大都是未完全封闭的露天采坑；只有6号矿体乌鸦塘是个封闭的露天古采坑，其封闭圈尺寸约为130米×130米，坑底标高正5米，封闭圈标高正15米，坑两边各有一人工堆积的山头，即排土场，后称乌鸦山[6]。

考古发掘的地下开采矿井是7号矿体的西周时期、1号矿体12线春秋时期、1号矿体24线战国至西汉时期的遗存。西周时期矿井一般深为20~30米；春秋时期最大井深已达64米，延伸至潜水面下8~10米；战国至西汉时期境井深一般50~60米，几个较大的竖井延伸到潜水面下28~30米，据此由原地貌推算井深达80~98米[6]。文献仅提及11号矿体在人工堆积中有36个竖井外[6]，没有开采深度等进一步资料。

古矿井的挖掘还发现，被埋在充填料中的矿巷木支护立架和底梁上，有许多羽毛状和绒毛状的自然铜及粉状赤铜矿的析出物，为充填料中的铜矿物经两千多年演变而成。[6]这表明，古矿井废弃后，氧化及次生富集作用确实是存在的。

（二）11号矿体可能开采的矿石

按地质和发掘资料提供的信息，如以春秋、战国至西汉时期所能达到的已知最大采矿深度（64~98米）对11号矿体进行开采，完全可以采出氧化带下部甚至是混合带的矿石（11号矿体最大氧化深度在4线，为98.66米）。以11号矿体氧化带发育不良，上层矿体主要是铜铁矿石、铜硫矿石的特点，春秋时期以后在更早期露天采坑之下进行的地下开采的矿石应含有孔雀石、黄铜矿、黄铁矿、斑铜矿、辉铜矿等铜铁氧化、硫化矿物。按铜的氧化率划分，这些矿石可能属于氧化矿石，也可能属于混合矿石，铜氧化率都接近于30%的界限值。

古代分露天、地下早晚两期开采的事实，当对应早晚两期的冶炼，即早期冶炼遗址应冶炼露天开采矿石，晚期冶炼遗址应冶炼地下开采矿石。早期的露天开采迹象，如乌鸦塘（山）等，是不利于在采区当地进行冶炼；而晚期的地下开采则可以在采区矿体地表进行冶炼。矿区50多处古冶炼场中，处于边缘地段的炉渣堆积，如动力科和农行的炉渣，可能是冶炼早期露天开采的氧化矿石的炉渣；而矿体之或附近的炉渣，如Ⅺ矿体的炉渣，则可能是冶炼晚期地下开采矿石的炉渣。11号矿体炉渣很可能就是此矿体地下开采矿石的冶炼产物，这些炉渣和该矿体地下开采井巷都是春秋至战国西汉时期，二者在年代上也相吻合。

三、未焙烧矿石冶炼冰铜过程分析

已发表的文献都没有提及铜绿山有焙烧炉的遗迹。杨永光在一份未发表的报告中云铜绿山炼炉有“竖炉和焖炉（推算有数万个）”[93]。此种“焖炉”的结构和作用不清，作者认为这像焙烧冰铜的炉子，不像矿石焙烧的炉子，因为近代的冰铜焙烧炉是封顶的，符合“焖”的词意。若如是，并设定11号矿体的炉渣就是该矿体同期地下开采的矿石的冶炼产物，则11号矿体的混合矿石应是直接入炉熔炼的。

（一）脱硫机理

硫化矿石中硫的脱除与矿石中矿物组合及冶炼气氛有关。由低价硫化物如黄铜矿（$CuFeS_2$）、黄铁矿（FeS_2）分解成高价硫化物（Cu_2S、FeS）而脱除的硫可称为分解脱硫，由硫化物氧化而脱除的硫可称为氧化脱硫。

铜绿山古代竖炉的冶炼无疑是在还原气氛下进行的，在此条件下熔炼焙烧矿石时的脱硫率（氧化脱硫）也应和近代鼓风炉还原气氛下熔炼的情形相同，可视为零。但如果未经焙烧的硫化矿石直接在鼓风炉内熔炼，则会有分解脱硫率存在；如矿石中即有硫化矿物，又有氧化矿物，则情形将更复杂。铜绿山11号矿体炉渣究竟是在多大脱硫率下熔炼的，应与其入炉矿石成分有直接关系。

1　分解脱硫

混合矿石将在炉内不同温度区分别发生分解、硫化反应。黄铜矿、黄铁矿、斑铜矿等在500℃~700℃的温度区先后分解，设各硫化矿物的重量百分数如下：

黄铜矿	$CuFeS_2$	含Cu 34.8%	S 34.8%
铜　蓝	CuS	含Cu 66.7%	S 33.3%
斑铜矿	Cu_5FeS_4	含Cu 63.3%	S 25.4%
辉铜矿	Cu_2S	含Cu 80.0%	S 20.0%

黄铁矿　FeS_2　含Cu O　S 53.3%

$2CuFeS_2=Cu_2S+2FeS+S$　分解脱硫率25%

$2CuS=Cu_2S+S$　分解脱硫率50%

$Cu_5FeS_4=2.5Cu_2S+FeS+0.5S$　分解脱硫率12.5%

Cu_2S　分解脱硫率0

$FeS_2=FeS+S$　分解脱硫率50%

由于单矿物分解脱硫程度不同，上述矿物的不同组合所表现出总的分解脱硫率也就不同，矿石分解脱硫率将是各矿物分解脱硫率与其所拥有的硫在矿石中的占有率之积的和。如果矿石中黄铁矿中的硫占总硫量的份额大，则其分解脱硫率将接近50%；如斑铜矿的份额大，则分解脱硫率接近12.5%；如辉铜矿的份额大，则分解脱硫率接近零。如按一般情况，以矿石中的硫化物为黄铜矿、黄铁矿，则分解脱硫率应在25%~50%。

2　氧化态铜硫化

硫化矿物分解脱除的硫在还原性气氛下不会被氧化，将以蒸气形态随炉气上升，并将铜的氧化矿物等硫化。

据刘纯鹏、华一新于1984年对原料为天然单体氧化铜矿物配以方解石而形成的含铜为0.64%的矿砂的硫化研究，金属铜、铜的氧化物及各种结合态的氧化铜矿物在低温下（300℃~350℃）均能与硫蒸气进行彻底的硫化反应，速度也较快，在100分钟内基本完成；硫化后的矿相为黄铜矿、斑铜矿、辉铜矿及铜蓝；硫化后的矿粒多呈细粒状，从原生氧化物晶体中脱出以硫化物形态单独存在；而用$CaCO_3$在同一温度条件下的空白实验难于生成SO_2，反应速度极慢[94]。从此文献的实验结果可知：铜的硫化易于进行并很彻底，铁可少量被硫化，钙可以认为不硫化。铜的硫化产物不全是辉铜矿，但其中的黄铜矿等在炉子下部也会分解多余的硫，这些硫在炉子上部再硫化其他的铜，总的结果依然是把铜硫化成Cu_2S。

进入炉内的不同价态的铜对硫的吸收也不同，具体如下：

金属铜　$Cu+S=Cu_2S$　硫回收率100%

一价铜　$2Cu_2O+3S=2Cu_2S+SO_2$　硫回收率66.7%

二价铜　$2CuO+2S=Cu_2S+SO_2$　硫回收率50%

此外，高价铁也可能性被硫化，二氧化硫也可能被再还原，还原出的硫可重新参与对氧化态铜的硫化。氧化态的铜也易于被还原为金属，使之按金属铜的形式与硫结合，加大了硫的回收率。

总的看来，主要是有两个因素影响硫的回收率，即分解出的硫参与硫化反应的比例、矿石中氧化态的铜的含量和价态控制。有机会参与硫化反应的分解硫比例受动力学因素影响，块状的铜氧化矿物不会像文献[94]的低品位粉状氧化矿石那样易于硫化，扩散环节的约束使分解出的硫难以参与矿块内部的硫化反应，结果是有一部分分解出的硫随烟气上升到炉顶而脱除，矿石中却余下一部分氧化态的铜，这些铜将在炉子下部被FeS硫化但不脱硫。参与硫化反应的硫的回收程度将主要受矿石中氧化态铜的价态控制；如铜皆以二价形式被硫化，参与反应的硫有50%可被回收；如铜皆以金属形式被硫化，参与反应的硫全都被回收；氧化态铜的还原、二氧化硫的还原、铁的硫化也会增加硫的回收率。

当如炉的硫化矿物都是黄铁矿或铜蓝时，分解脱硫率最大为50%。因此总脱硫率无论如何也在50%以下。近代的类似熔炼总脱硫率为20%~40%[95]。

（二）脱硫率与矿石铜硫含量

就冰铜熔炼而言，脱硫率、入炉矿石的铜硫含量与冰铜品位之间存在数量上的关系。

设矿石含铜量为Cu矿，含硫量为S矿，矿石的铜硫比为（Cu/S）矿，炼得的冰铜含铜为Cu冰，含硫为S冰，脱硫率为T，忽略铜硫在炉渣中的少量损失，则有：

$(Cu/S)_{矿}=Cu_{矿}/S_{矿}$

$(Cu/S)_{冰}=Cu_{冰}/S_{冰}$

$Cu_{冰}\cdot M=Cu_{矿}\cdot K$　　（M为冰铜量）

$S_{冰}\cdot M=(1-T)\,S_{矿}\cdot K$　（K为矿石量）

可得：

$$(Cu/S)_{矿}=(1-T)(Cu/S)_{冰} \quad (6.1)$$

冰铜的（Cu/s）冰可按其理组成mCu2s · nFeS计算，或由第三章式3.9夹杂比例定为l来计算，都可得：

$$(Cu/S)_{冰}=\frac{11Cu_{冰}}{400-2.25Cu_{冰}} \quad (6.2)$$

将式（6.2）代入式（6.1）得：

$$(Cu/S)_{矿}=\frac{11(1-T)Cu_{冰}}{400-2.25Cu_{冰}}$$

$$=\frac{11HCu_{冰}}{400-2.25Cu_{冰}} \quad (6.3)$$

按式（6.3）可计算出不同脱硫率下，熔炼各品位冰铜所需的矿石铜硫比。冶炼一定品位的冰铜，（Cu/S）矿与l−T即硫回收率H有线性关系。

（三）矿石中铜氧化率与冶炼脱硫率

设矿石氧化率为Y，Cu全、Cu硫、S全分别为矿石中的全铜量、硫化矿物的铜量、全硫量，（Cu/S）硫矿石中硫化矿物的铜硫比，则：

$$Y=1-Cu_{硫}/Cu_{全}$$

而

$$(Cu/S)_{矿}=Cu_{全}/S_{全}$$

$$(Cu/S)_{硫}=Cu_{硫}/S_{全}$$

故

$$Y=1-\frac{(Cu/S)_{硫}}{(Cu/S)_{矿}}$$

将式（6.3）代入式（6.4），得：

$$Y=1-\frac{400-2.25Cu_{冰}}{11(1-T)Cu_{冰}}\times(Cu/S)_{硫}$$

$$1-Y=\frac{400-2.25Cu_{冰}}{11(1-T)Cu_{冰}}\times(Cu/S)_{硫} \qquad (6.4)$$

定义L=1−Y为矿石硫化率，H=I−T已定义为冶炼时硫回收率：

$$L=\frac{400-2.25Cu_{冰}}{11HCu_{冰}}\times(Cu/S)_{硫} \qquad (6.5)$$

这表明：冶炼硫化矿物的铜硫比一定的矿石成为某一定品位冰铜时，矿石硫化率L与冶炼时硫的回收率有双曲线关系，可获得一系列等（Cu/S）硫线。

（四）氧化亚铁进入炉渣量

矿石中氧化态的铜受动力学等原因未能被分解硫全部硫化，下降到炉子高温成渣区可为被硫化亚铁硫化。

设矿石中总S量为1.00，则依式（6.1）可得：

总Cu量为$(Cu/S)_{冰}H$，折合Cu_2S为$1.25(Cu/S)_{冰}H$，

冰铜量M=总Cu量/冰铜品位

$$=(Cu/S)_{冰}H/(Cu\%)_{冰}$$

$$=H/(S\%)_{冰}$$

冰铜中FeS量=冰铜量−冰铜中Cu_2S量

$$=H/(S\%)_{冰}-1.25(Cu/S)_{冰}H,$$

设矿石硫化矿物中的铁硫比为$(Fe/S)_{硫}$，因矿石总S量已设定为1.00，故矿石硫化物中；总Fe量就是$(Fe/S)_{硫}$，折合FeS为$1.57(Fe/S)_{硫}$，矿石硫化矿物分解出的FeS量高出冰铜FeS需要量的FeS必然按下面反应进入炉渣，W是FeO的生成量：

$$Cu_2O+FeS=Cu_2S+FeO$$

88	72
1.22W	W

$$1.22W = 1.57（Fe/S）_{硫} - [H/（S\%）_{冰} - 1.25（Cu/S）_{冰}H]$$

将上式两边除以冰铜量，整理后得：

$$f = W/M = 1.28（S\%）_{冰}（Fe/S）_{硫}/H + 1.02（Cu\%）_{冰} - 0.82$$

$$= 1.28（S\%）_{冰}（Fe/S）_{硫}/（1-T）+ 1.02（Cu\%）_{冰} - 0.82 \quad (6.6)$$

这里f的意义是每冶炼一单位重量的冰铜，进入炉渣的FeO重量。当冰铜品位一定时，可在（Fe/S）$_{硫}$–H图上画出一系列等f线，可称之为等FeO生成线；如果f=0，则是炉渣中FeO不增加的（Fe/S）硫与H关系，是冶炼的最佳状态，此时炉渣量最少；f出现负值，说明体系是缺FeS的，不能炼出需要品位的冰铜。总之，式（6.6）把矿石特征、冰铜特征、冶炼状态联系在一起了。

四、11号矿体炉渣及其冰铜熔炼初步讨论

上一节对冰铜冶炼过程的分析，已发现矿石总的铜和硫化物中的铜硫比、铁硫比、矿石氧化率、冶炼脱硫率、冰铜产量与炉渣铁的增加量等参数之间的关系。本节利用这些参数之间的关系，对11号矿体炉渣及其产品60%~70%品位的冰铜的冶炼流程进行推导。

（一）矿石的铜硫比

按式（6.3）可做出矿石铜硫比（Cu/S）矿与冶炼过程脱硫率T或硫回收率H的关系线，见图6.1。如把冶炼脱硫率T按近代经验取为20%~40%，则11号矿体冶炼品位为60%~70%冰铜的入炉矿石之（Cu/S）$_{矿}$值落在图中阴影区内，为1.5~2.5。如把冰铜品位平均地视为65%，则（Cu/S）$_{矿}$=2.82（1–T）=2.82H，满足此式的所有的矿石，都可在设定脱硫率下炼出品位65%的冰铜。

（二）炉渣增铁量

当冶炼的冰铜品位为65%时，式（6.6）具体化为：

$$f = 0.29（Fe/S）_{硫}/H - 0.16$$

$$= 0.29（Fe/S）_{硫}/（1-T）- 0.16$$

可得

$$（Fe/S）_{硫} = 3.45（f+0.16）H$$

$$= 3.45（f+0.16）（1-T）$$

这表明在f一定时，（Fe/S）硫与H有直线关系，可在（Fe/S）$_{硫}$–H上得到一系列等f线，见图6.2。在矿石的铜铁硫化物中，能够提供硫使氧化态铜硫化的主要是黄铜矿和黄铁矿。黄铜矿和黄铁矿中铁与硫的比值是相同的，都是0.88，这表明无论二者以何种比例混合，（Fe/S）$_{硫}$都是相同，因此冶炼应是在这一数量关系的限制下进行的。此时当T取40%时，f为0.26；T取20%时，f为0.16；即如把脱硫率取出20%~40%的经验值，

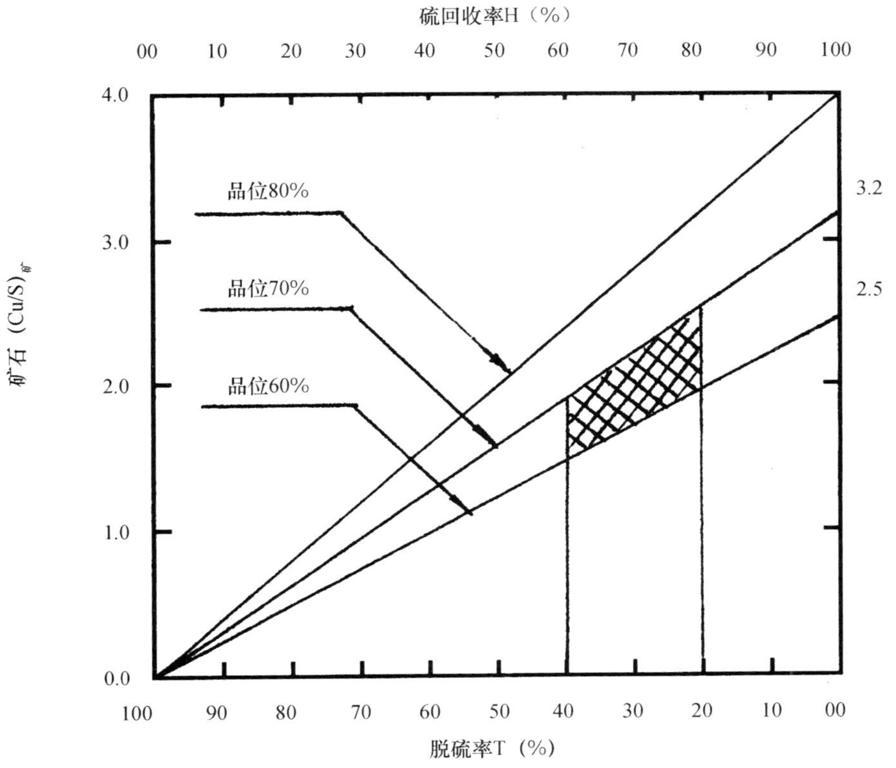

图6.1 冶炼各品位冰铜的矿石铜硫比与脱硫率

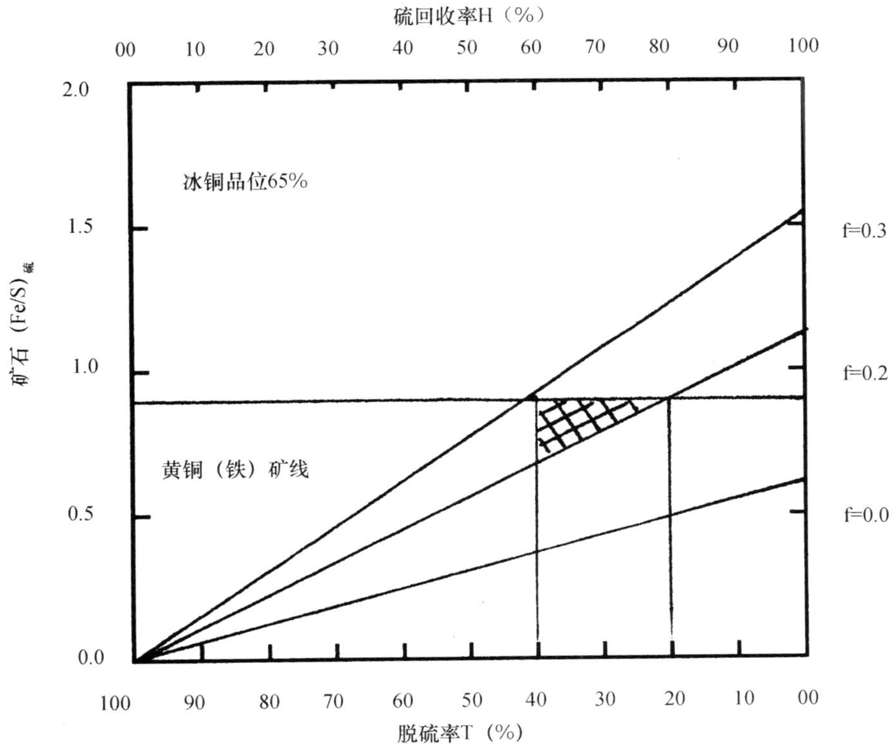

图6.2 不同f值的（Fe/S）硫与脱硫率

f相应地应为0.16~0.26；这意味着在此脱硫率范围内，每炼出一份冰铜，将有0.16~0.26份的FeO进入炉渣。按此，炉渣的FeO含量应比脉石提供给炉渣的FeO有一相应的高出量。

11号矿体炉渣的成分也符合上述推断。表6.2是据第四章炉渣分析平均值核算的各遗址炉渣成分。

表6.2　冶炼温度下熔融炉渣的组成

炉渣	Cu%	S%	Cu/S	FeO%	SiO_2%	Al_2O_3%	CaO%	K_2O%
11号矿体	0.61	0.38	1.61	51.88	33.41	8.92	3.82	0.97
11号矿体	0.49	0.071	6.90	43.90	38.99	10.61	4.36	1.59
动力科	0.79	0.017	45.9	41.73	42.88	11.69	1.90	1.00
农行	0.84	0.027	31.3	41.74	41.97	12.79	1.46	1.17

表6.2显示，11号矿体炉渣的平均FeO含量要高于其他三处的炉渣平均FeO含量约10%，同时各遗址的炉渣的SiO_2/Al_2O_3又是基本相同的（为3.28%~3.75%、平均为3.59%）。依此可以设定各遗址冶炼的矿石的脉石组成相同，11号矿体炉渣FeO含量的升高，应是冰铜冶炼过程有f值存在所造成的。

如f为0.16，T为20%，接近黄铜矿单独作硫源的情形，此时炼出1份品位为65%的冰铜生成了0.16份的FeO，则要使11号矿体炉渣FeO含量升高10%，即100份渣中有10份FeO是增加的，相当于炼出了62.5份冰铜。如f为0.26，T为40%，接近黄铁矿单独作硫源的情形，则相当于100份炉渣炼出了38.5份冰铜。显然前一情形的冰铜量过高，后一种情形则比较符合熔炼所应有的渣与冰铜的比例。

（三）矿石氧化率

以$Cu_{冰}$为65代入式（6.5）得，可得冶炼品位为65%的冰铜时的矿石氧（硫）化率Y（L）与脱硫率（硫回收率）T（H）的关系式：

$L=1-Y=0.36(Cu/S)_{硫}/H=0.36(Cu/S)_{硫}/(1-T)$

得 $(Cu/S)_{硫}=2.82H \quad L=2.82(1-T)(1-Y)$

即 $(Cu/Fe)_{硫}=0.82L/(f+0.16)$

当f=0.16时 $(Cu/Fe)_{硫}=2.56L$　　当f=0.26时 $(Cu/Fe)_{硫}=1.95L$

即存在于矿石硫化物中铜铁比与矿石硫化率有线性关系，如图6.3所示。

由图6.3可知，氧化率高的矿石（Cu/S）需硫较低即含黄铁矿较多才能炼出指定品位的冰铜，同时熔炼脱硫率较高，生成的FeO也较多；氧化率低的矿石只能在含黄铜矿较多，生成的FeO较少、脱硫率较低的情形下炼出同样品位的冰铜。前文引述的地质文献表明，11号矿体的黄铁矿含量较高，因此实际发生的情形可能接近前者，即11号

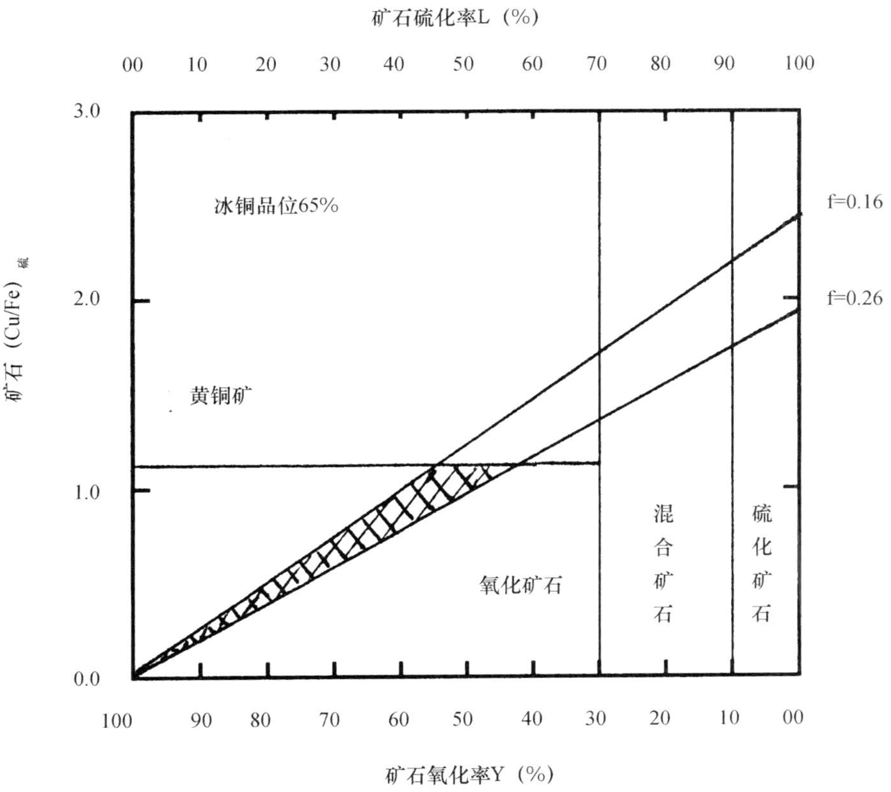

图6.3 不同f值的矿石（Cu/Fe）硫与矿石氧化率

矿体炉渣及其产物60%~70%品位的冰铜很可能是氧化率较高但含黄铁矿较多矿石炼出的。

第四章的分析未发现11号矿体冰铜进一步处理成铜的迹象，发掘也没有找到冰铜。作者认为，冰铜可能是在前文提及的“焖炉”中死焙烧后炼成了铜。第一章引述的炉3金门前出土的大块炉渣共有三层，其上下两层是冰铜渣，中间一层却是还原渣，可能是用同一炉子交替熔炼矿石成冰铜和死焙烧冰铜成铜造成的。需指出，炉3前的这块分三层的大炉渣是炉子废弃前的最后一炉渣，不能推广到正常熔炼的情形，正常熔炼的冰铜也可能作为产品运到使用地再炼成铜，只是最后遗址要废弃时才在当地炼了一次死焙烧冰铜。

五、动力科等炉渣的熔炼

表6.2显示四处炉渣中的$SiO_2/A1_2O_3$基本相同，平均为3.59，与第一章表六炉5的内衬耐火材料的$SiO_2/A1_2O_3$ 3.78(73.48 : 19.43)很接近，这表明四处炉渣熔炼的矿石都应是低硅的，炉渣中的硅铝主要由炉衬和造渣剂而来，而且造渣剂的硅铝比与炉衬的硅

铝比是相近的。杨永光指出，早期露天开采的氧化矿石属低硅高铁矿石[6]，按此则动力科、农行、7号矿体三处炉渣可能是熔炼这种露天开采氧化矿石的，因而年代可能较早。

文献还表明铜绿山也存在高硅氧化矿石，铝含量相对于炉衬而言又较低（参见表1.3），如此种主要位于矿体底盘破碎带内的矿石曾开采、熔炼，则铜绿山似应还有一种硅高铝低、铁低的还原渣。这些情形存在与否，有待进一步工作证实。

第七章 九华山唐代炼铜炉渣研究

九华山古铜矿冶遗址位于今南京市江宁县汤山镇东北3千米处，属现代九华山铜矿之南山矿区。遗址最早于1985年10月为现代采矿所发现，1987年7~8月由南京市博物馆、南京博物院、九华山铜矿联合进行了调查，后发表了调查报告。北京科技大学冶金史研究室教授韩汝玢、研究生王可曾于上述三单位联合调查期间到遗址考察，并取得部分炉渣、矿石等样品。作者本人曾于1991年6月在南京市博物馆易家胜馆长华国荣先生的指导下，1993年5月在南京博物院邹厚本先生的帮助下，两次到遗址考察取样。

一、遗址概况

九华山铜矿属矽卡岩型及中温热液交代充填型铜矿，矿床主要赋存于石榴石矽卡岩带与透辉石矽卡岩带中，围岩主要是坚固的石英闪长岩等。遗址所在之南山有主矿体3个，其储量占矿床铜总量的80%以上，另有小铜矿体数十个。以含黄铜矿、黄铁矿的铜硫型矿石为主，占总铜矿石量的73.8%，其次是含黄铜矿、黄铁矿、闪锌矿的铜锌（硫）型和含黄铜矿的铜型矿石，分别占总铜矿石量的23%和3.2%。古代开采遗迹集中的3号矿体铜硫型矿石则占83%，铜锌（硫）矿石占13.3%，铜型矿石占3.7%。矿区铜平均品位1.1%，一般为0.5%~1.5%，最高为16.65%；硫平均品位为7.87%。铜矿物以黄铜矿为主，偶见有斑铜矿、辉铜矿。物相分析表明铜的原生硫化矿物占88.69%，次生硫化矿物占6.0 1%，氧化矿物占5.30%。脉石矿物以钙铁石榴子石为主，次为透辉石，再次为绿泥石、透闪石、方解石、石英、白云母、绿帘石、绢云母等[96]。

（一）采矿遗迹

南山地表发现有古代陷落区10处，3处爬窿口，其中一处洞口有很多弃石堆积。古代陷落区下发现古坑道12处，古采场4处，总面积约为1000平方米，其中最大的1号采场采空区南北长21米、东西长23米、最高5米。4处采场顶部和壁面共发现天井10个、巷道口28个。出土遗物有装载、提升等竹木工具及瓷器。在南山东与之一沟相隔的和尚山地表也可见3处爬窿口及其他遗迹，其中2号洞口有大量带铜绿色的废石[97]。所有采矿遗迹表明古代开采的是品位较高的硫化矿石，局部品位可高达8%[98]。另据韩汝玢教授面告：矿山技术人员曾采得古人遗留的黄铜矿石，分析表明含铜10%、含硫20%。

（二）冶炼遗迹

在和尚山废石堆积的西侧断层上发现一处炉渣堆积，最厚可达1米，范围不明。1987年7月韩汝玢教授等、1991年6月作者本人取得的炉渣样品即选自此处炉渣堆积中。在废石堆积中部发现并清理了一处呈长方形之冶炼遗迹，长6.7米、宽1.7米，上部已破坏。遗迹内部堆积有明显的层次：上为现代采砂废石层，中为棕、黄色板泥层，下为厚约0.1米的红烧土层。遗迹东、北、西三面有残墙，均被火烧烤过，呈红色，坚实。东墙高出地表0.3米处有一烟孔，券顶，孔壁被火烧过。在底部红烧土中间、靠近北侧墙中段处发现一圆形圆底坑，径0.6米、深0.2米。坑内填土为灰黑色堆积，包含红烧土块、渣屑，同时还发现一形似锅底的残渣块，调查报告认为应是残存的炉壁。

在矿区南北两侧的小伏牛村、老伏牛村也发现有较多的炉渣堆积。作者本人于1991年6月、1993年5月两次从老伏牛村的一处炉渣堆积中取得样品。

（三）遗址年代

古采场内取得的木支护样品经^{14}C年代测定为距今1385±50年（公元565±50年），树轮校正为距今1320±55年（公元630±55年），属唐代初期。陈兆善等认为此年代略偏早，并据出土的青瓷碗判断古铜矿的年代应属唐代中晚期，又引证古文献指出伏牛山（包括九华山）铜矿的开采上限应在天宝年间[98]；伏牛山铜矿在唐以后废弃，可能与附近另一铜矿的兴起有关。据华国荣先生面告，老伏牛村的那处为作者所取样的炉渣堆积亦属唐代。

二、炉渣分析

和尚山与老伏牛村的炉渣皆属冶炼炉内放出渣。炉渣呈片状，厚1~3厘米，外表多显黑灰色，有水纹状渣皮，表明炉渣放出时流动状态良好。一部分炉渣新鲜断面为黑色结晶态（F），坚实至密，无孔无未熔夹杂物，较难破碎；另一部分炉渣新鲜断面呈黑红色玻璃态（B），同样均匀至密无夹杂，质脆，较易破碎；尚有部分炉渣介乎两者之间，外层为玻璃态，内部为结晶态。经比重瓶法测定，固态块状炉渣的比重多为3.1~3.5。

表7.1给出了和尚山（编号HSl-27）和老伏牛村炉渣（遍号HSl-40）分析结果。样品制备方法同第四章。表7.3给出了位于3号矿体距地表108米深古矿洞竹筐中的矿石成分。

表7.1 九华山两遗址炼铜渣成分

样品号 外观形态	化学分析			SEM分析				
	Cu%	S%	Cu / S	Fe%	Si%	A1%	Ca%	K%
HS1F	0.33	0.45	0.73	44.10	30.80	8.91	14.67	0.66
HS2F	0.14	0.58	0.24	32.42	34.46	2.39	30.13	0.16
HS3F	0.19	1.20	0.16	48.83	28.56	3.40	18.57	0.47
HS4F	0.20	0.60	0.33	38.28	34.18	3.77	23.67	0.61
HS5F	0.16	0.64	0.25	42.39	35.39	3.33	18.57	0.63
HS7F	0.15	0.77	0.19	41.69	36.21	3.94	16.61	0.68
HS8F	0.13	0.61	0.21	34.58	34.12	4.00	27.17	0.62
HS9F	0.13	0.64	0.20	37.96	32.29	3.54	26.13	0.56
HS10F	0.15	0.43	0.35	29.05	36.58	4.17	29.87	0.69
HS11F	0.17	0.94	0.18	49.52	31.44	2.01	16.53	0.50
HS12F	0.35	0.54	0.65	35.97	38.02	3.51	21.59	0.70
HS13F	0.22	0.36	0.61	45.12	30.53	8.18	14.86	0.63
HS14F	0.29	1.29	0.22	33.67	33.97	7.29	24.55	0.70
HS15F	0.19	0.54	0.35	37.22	37.16	3.99	20.22	0.70
HS16F	0.21	0.42	0.50	37.21	33.98	5.29	23.19	0.65
HS17F	0.16	0.49	0.33	30.22	36.37	3.96	28.56	0.68
HS18B	0.26	0.77	0.34	42.48	30.01	5.20	22.15	0.54
HS19B	0.26	0.68	0.38	39.75	33.23	6.35	19.49	0.65
HS21B	0.29	0.53	0.55	34.60	34.73	2.89	26.61	0.60
HS23F	0.33	0.42	0.79	36.54	33.29	2.70	26.54	0.56
HS24B	0.34	0.39	0.87	33.89	34.81	2.49	28.38	0.60
HS26F	0.24	0.54	0.44	31.73	34.93	3.15	29.28	0.61
HS27F	0.34	0.55	0.61	37.61	36.50	6.80	17.84	0.76
FN1B	0.26	0.18	1.44	31.56	37.81	5.07	24.15	1.11
FN2F	0.26	0.52	0.52	47.56	26.63	1.78	23.81	0.24
FN3F	0.11	0.46	0.24	38.84	33.98	2.83	22.12	0.51
FN4F	0.23	0.34	0.68	39.59	32.38	2.47	25.13	0.30
FN5B	0.32	0.19	1.68	33.10	39.04	4.58	22.24	0.82
FN6B	0.25	0.19	1.32	30.77	38.66	4.60	24.70	0.72
FN7F	0.23	0.37	0.62	39.45	32.39	2.82	24.23	0.53
FN8B	0.15	0.35	0.43	35.41	41.88	5.13	14.78	1.83
FN9B	0.32	0.20	1.60	32.96	38.95	4.75	22.28	1.07
FN10F	0.30	0.23	1.30	36.45	34.31	3.12	25.56	0.39
FN11B	0.27	0.23	1.17	31.80	39.50	6.69	19.70	2.32
FN12B	0.52	0.12	4.33	29.33	40.54	8.70	19.96	1.49
FN14F	0.22	0.49	0.45	37.08	30.95	3.08	28.05	0.68
FN15B	0.41	0.27	1.52	38.00	30.60	4.44	26.09	0.88
FN16B	0.17	0.34	0.50	35.74	36.40	3.04	20.96	0.79

续表

样品号 外观态	化学分析			SEM分析				
	Cu%	S%	Cu / S	Fe%	Si%	A1%	Ca%	K%
FN17F	0.22	0.46	0.48	40.23	30.90	1.85	26.54	0.48
FN19F	0.32	0.33	0.97	42.23	31.57	6.22	18.65	1.01
FN20F	0.19	0.39	0.49	36.18	36.02	6.56	19.53	1.72
FN21B	0.16	0.25	0.64	25.49	40.84	6.04	25.83	1.60
FN22F	0.29	0.26	1.12	39.03	31.06	3.10	26.20	0.61
FN23B	0.41	0.13	3.15	31.03	41.24	8.87	17.57	1.28
FN24F	0.10	0.50	0.20	41.06	32.03	3.82	22.49	0.62
FN26F	0.60	0.65	0.92	43.85	31.32	6.87	17.44	0.54
FN27F	0.18	0.70	0.26	52.68	30.64	1.63	14.97	0.01
FN28F	0.29	1.21	0.24	56.77	22.06	2.38	18.11	0.54
FN29B	0.20	0.32	0.63	38.88	35.60	4.14	19.05	0.79
FN30F	0.13	0.65	0.26	42.00	29.82	4.09	26.36	0.72
FN31B	0.31	0.13	2.28	30.79	38.73	7.12	22.68	0.68
FN32F	0.41	0.13	3.15	32.90	39.98	8.39	17.72	0.89
FN33F	0.21	0.53	0.40	45.18	28.03	1.48	24.19	0.39
FN34B	0.18	0.22	0.82	28.46	37.53	6.16	26.73	1.14
FN35F	0.10	0.99	0.10	49.21	26.22	2.72	20.81	0.63
FN36F	0.16	0.48	0.33	43.31	30.95	3.62	21.63	0.51
FN37F	0.16	0.53	0.30	41.80	30.19	3.50	23.72	0.63
FN38B	0.11	0.34	0.32	34.82	42.33	5.66	14.54	1.87
FN40F	0.13	0.38	0.38	28.72	34.79	3.32	32.48	0.19
平均1	0.24	0.48	0.50	37.92	34.19	4.44	22.48	0.75
HS6F	0.54	1.10	0.49	57.88	28.63	5.66	5.23	0.52
HS20F	0.78	1.58	0.49	67.16	22.39	4.23	4.19	0.36
HS22F	0.65	1.46	0.46	62.52	24.62	5.04	5.30	0.42
HS25F	0.57	1.04	0.55	59.93	27.06	5.56	4.90	0.48
FN13F	0.90	1.09	0.83	67.24	22.57	3.35	4.94	1.90
FN18F	0.62	0.58	1.07	55.70	27.98	6.01	7.41	2.90
FN25F	0.75	1.63	0.46	64.57	21.65	4.20	6.71	2.75
FN39F	0.72	1.55	0.46	67.95	20.71	5.22	4.41	1.71
平均2	0.69	1.25	0.55	62.87	24.45	4.91	5.39	1.38

表7.1分析的67个渣样，Cu / S皆远远低于4，皆属冰铜渣无疑。但按含钙量高低分为两组。

第一组为含钙较高的炉渣59个，炉渣基体SEM，分析含Ca最高32.48%、最低14.54%，平均22.48%，其中高于30.00%的有2个、低于19.99%的有19个、其余38个介于20.00%~29.99%。Fe最高52.68%、最低25.49%，平均37.92%，其中高于40.00%

的有18个、低于29.99%的有5个、其余36个介于30.00%~39.99%；含Si最高42.33%、最低22.06%，平均34.19%，其中高于40.00%的有5个、低于29.99%的有6个、其余48个介于30.00%~39.99%；炉渣化学分析含Cu最高0.60%、最低0.10%，平均0.24%，其中低于0.19%的有21个、介于0.20%~0.30%的有25个、介于0.31%~0.40%的有7个、高于0.41%的有4个；含S最高1.29%、最低0.13%，平均0.38%，其中低于0.30%的8个、介于0.31%~0.50%的有24个、介于0.51%~0.80%的有20个、高于0.81%的有7个。以下称此种炉渣为高钙渣。

第二组为含铁较高的炉渣8个，其成分波动较小，炉渣基体SEM分析含Fe为67.57%~55.70%，平均62.87%；含Si为28.62%~20.71%，平均24.45%；含Ca为4.19%~7.41%，平均5.39%。炉渣化学分析含Cu为的0.54%~0.78%，平均0.69%；含S为0.58%~1.63%，平均1.25%。以下称此种炉渣为高铁渣。

表7.2　和尚山炉渣内含铜颗粒SEM分析

样品号	粒度（μm）	Cu%	Fe%	S%
HS1	100	43.61	19.63	36.77
	20	51.39	16.71	31.91
HS2	10	12.99	50.95	36.07
HS3	10	1.03	64.56	34.42
	5	1.58	59.72	38.71
HS4	5	12.77	47.47	39.77
HS5	5	7.14	53.65	39.22
	5	0.88	56.11	43.02
HS6	30	3.69	56.83	39.50
HS7	10	34.08	23.60	42.33
	5	12.08	40.84	47.09
HS8	5	0.37	63.23	36.41
HS9	5	23.97	33.46	42.59
	5	1.64	60.47	37.91
	8	5.41	55.95	38.65
HS10	5	15.74	49.36	34.90
	5	2.51	56.79	40.70
HS11	8	1.01	57.77	41.23
	8	2.46	62.22	35.33
HS12	10	20.99	36.84	42.19
HS13	8	28.49	37.48	34.04
HS14	5	33.17	34.29	32.55
HS15	10	12.77	45.19	42.02
HS16	40	51.43	16.32	32.27
	5	48.61	16.11	35.20
HS17	10	23.46	42.27	34.28
	15	24.61	40.94	34.46

续表

样品号	粒度（μm）	Cu%	Fe%	S%
HS18	5	50.20	20.65	29.16
	20	52.90	19.86	27.25
HS19	20	32.04	34.79	33.17
	15	61.99	12.24	25.78
HS20	15	21.68	39.10	39.22
HS21	20	16.13	43.85	40.03
HS22	10	27.17	32.25	40.59
	10	1.32	56.51	42.19
HS23	10	45.60	18.81	35.60
HS24	6	26.13	38.57	35.31
HS25	10	3.34	58.04	38.63
HS27	600	20.76	41.58	37.66

注：HS27的颗粒SEM二次电子像及能谱见图7.1。

表7.2对和尚山的26渣样中的部分含铜颗粒的SEM分析表明，炉渣中一般含铜颗粒皆为硫化物，符合冰铜渣的特征。和尚山渣样的SEM分析较难找到含铜颗粒，特别是较大颗粒。只有HS27中发现一表观直径为600μm的大颗粒，含铜为20.76%，见图7.1。

表7.3　古矿井里箩筐内盛矿石成分

样品号	Cu%	S%	TFe%	Al_2O_3%	SiO_2%	CaO%
J01	0.20	3.80	22.9	0.29	28.0	30.4

表7.3分析的矿石仅含Cu0.20%、83.80%，显然过低。地质文献已指出，九华山的铜矿石脉石以钙铁石榴子石为主，而表7.3的脉石中SiO_2和CaO的比例很接近其理论组成，但CaO略微过量，说明有少量钙以其他形式存在。以SiO_2为基准，按表7.3分析值，可对矿石中铁的存在形式进行核算。

钙铁石榴子石分子式$Ca_3Fe_2(SiO_4)_3$可写作$3CaO \cdot Fe_2O_3 \cdot 3SiO_2$，按此则有如下关系：

$3CaO : Fe_2O_3 : 3SiO_2$

168　　160　　180　　　　X=26.1

X　　28.0　　Y　　　　Y=24.9和Fe=17.4

即有30.4−26.1=4.3的CaO不是以钙铁石榴子石形式存在的，折合$CaCO_3$=7.7；有22.9−17.4=5.5的Fe不是以钙铁石榴子石形式存在的，在原矿石中应以硫化物形式存在，无论是$CuFeS_2$还是FeS_2形式，5.5份的Fe都需要6.3份的S，而表7.3中仅有3.8份的S，这表明此矿石已经被氧化，由此必然造成了Cu、S的流失。因此，表7.3的Cu、S分析值不是原采矿石的含量，但其SiO_2、CaO分析值则可反映原开采矿石脉石中二者的比例。

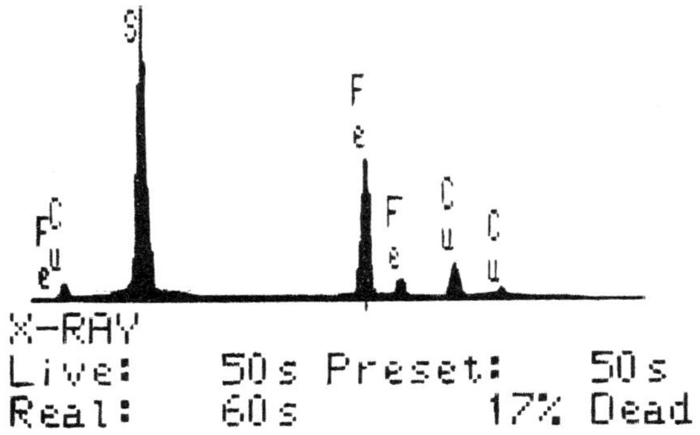

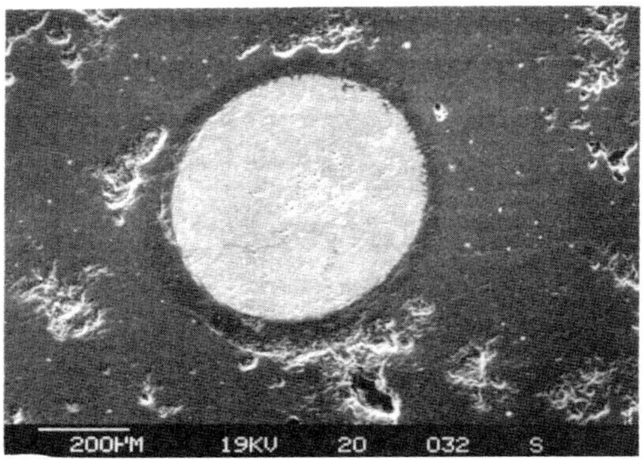

图7.1　HS27渣样SEM分析图像

（上）谱图，成分见表7.2

（下）二次电子像

三、冶炼产物的确定

高钙渣、高铁渣的渣形不同，因而溶解和夹杂冰铜的能力也不同。高钙渣含CaO、SiO_2高FeO低，高铁渣含CaO、SiO_2低FeO高，因而高钙渣溶解硫化物特别是FeS的能力小于高铁渣，密度也小于高铁渣，故其夹杂冰铜的比例也小于高铁渣，两种炉渣虽然Cu / S较为接近，但冶炼的冰铜品位是不同的。

第三章已述及，大量炉渣的统计经验显示冶炼状态良好的冰铜渣含铜量约为冰铜品位的1%，按此则平均含铜为0.24的高钙渣所炼冰铜品约为24%。根据Wanjukoff本世纪初所作的广为引用的渣含CaO量对含铜量影响关系图[70]，符合的高钙渣的酸度（为2）和CaO含量的曲线位置应在图7.2含CaO量为12%和36%两线之间偏上，如图7.2虚线所示，按此线则含铜0.24%的高钙渣所炼的冰铜品位约为25%。

第三章已确定，渣中特大含铜颗粒的成分可代表冶炼产物的组成。如将渣样HS27发现的粒径为600μm的大冰铜颗粒成分视为冰铜成分，则此渣所炼的冰铜品位约为20%。

以表7.1的高钙炉渣中成分最接近其平均值的6个古炉渣混合样为渣相，以自制Cu_2S、FeS配成冰铜相，按第五章的实验6~10相同的实验条件进行的两个模拟实验，当获得的冰铜品位为20%时，渣含Cu为0.24、S为0.59，Cu / S为0.4 1，与高钙渣的含铜相等，只是Cu / S略小0.09，见表7.4。

综合上述文献及模拟实验的情况，把高钙渣所炼的冰铜品位平均地定为25%是合适的。

表7.4　高钙渣所炼冰铜品位的模拟实验

编号	冰铜SEM分析（%）			炉渣SEM分析（%）					炉渣化学分析		
	Cu	Fe	S	Fe	Si	Ca	Al	K	Cu%	S%	Cu / S
1	11.04	54.41	34.55	35.19	35.65	23.56	4.67	0.94	0.15	0.66	0.23
2	19.43	47.87	32.70	36.17	33.84	25.61	3.84	0.54	0.24	0.59	0.41

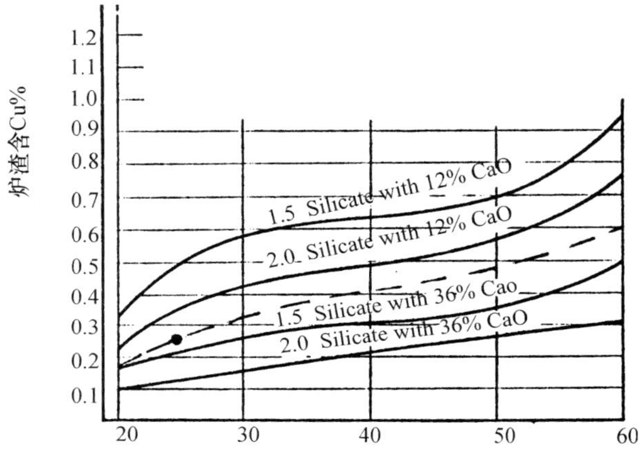

图7.2　不同含钙量炉渣含铜量与冰铜品位关系[70]

（虚线为作者所加）

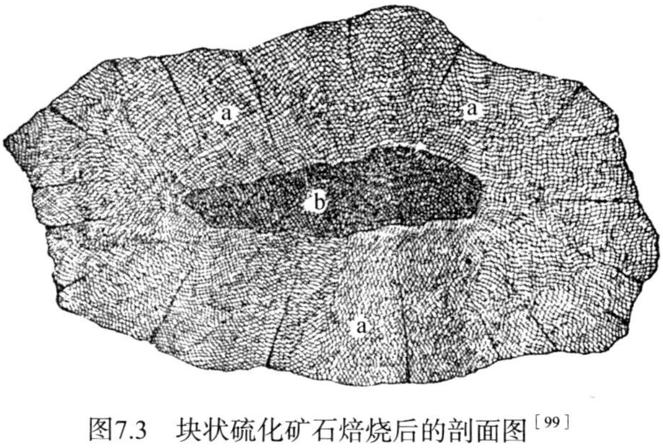

图7.3　块状硫化矿石焙烧后的剖面图[99]

a为氧化铁层，b为硫化物富集核

高铁渣与第四章铜绿山11号炉渣组成相同，但含铜较高（平均为0.69%）、铜硫比较低（平均为0.55%），二者所炼冰铜品位和操作水平有别。如按渣含铜约为冰铜品位1%的经验估算，高铁渣（平均含铜0.69%）冶炼的冰铜品位应约为69%，但从铜硫比看这是不可能的，因为铜绿山11号矿体炉渣所炼接近此品位冰铜的炉渣铜硫比平均已达1.6，铜硫比为0.55的九华山高铁渣的冰铜品位一定比69%低得多，渣含铜量较高只能是渣中夹杂的冰铜量较高造成的。从第五章模拟实验7、8、12、13等结果看，高铁渣冶炼的冰铜品位应在36%~44%，约为40%。

四、冶炼流程之推断

由炉渣矿石的各项分析结果，结合前述冰铜品位的判定，用第三章理论分析为指导，对九华山的炉渣所代表的冶炼技术进行讨论，推断其工艺流程。

（一）炉渣来源的判定

模拟实验等表明高钙渣冶炼产物是品位约25%的冰铜，高铁渣冶炼产物是品位约40%的冰铜。这两种渣型有别、含铜量不同的炉渣虽然都属冰铜渣，但其产物的品位相差甚大，不可能是同一熔炼过程的排放出来的。

第三章的理论分析曾指出，矿石和炉渣中某些可鉴别的成分可用以判定渣的来源。九华山的两种冰铜渣的主要区别是含钙量，地质文献已指出九华山铜矿的脉石以钙铁石榴子石为主，表7.3的矿石分析可知其含钙高达30.4%，这表明可用钙含量来判定炉渣的来源。含钙较高的矿石入炉熔炼获得的首次冰铜渣应含有来自矿石脉石的钙；而非首次冰铜渣则不会含有从矿石脉石中来的钙，即使含钙其来源也应是造渣剂等而不是矿石。因此，高钙渣应是首次冰铜渣，高铁渣应为对低品位冰铜进行浓缩熔炼以获得品位较高之富集冰铜的非首次冰铜渣，两种炉渣是从同一“硫化矿—冰铜—铜”工艺的不同工序排放出来的。

高铁渣即已被判定为非首次冰铜渣，但它究竟是哪一次浓缩熔炼的冰铜渣还须加以认定。从冰铜品位、可能存在的返渣操作的规律性看，高铁渣应是二次冰铜渣。首次冰铜渣的产物为品位为25%的冰铜，假如冶炼品位为40%冰铜的高铁渣是三次冰铜渣，那么必有冶炼品位为25%~40%的冰铜的二次冰铜渣，而品位为25%的冰铜经焙烧后炼出的二次富集冰铜品位不会如此低，而二次冰铜品位为40%则是比较合适的。表7.1共计67个随机选取的渣样中有高钙渣59个、高铁渣8个，二者比例为7.4∶1，以此比例作为二者的重量之比，也很符合首次冰铜渣与二次冰铜渣应有的比例，而不符合首次冰铜渣与三次冰铜渣应有的比例；首次冰铜渣与可能存在的三次冰铜渣的比例要远远高于7.4∶1。另外，废弃二次冰铜渣，将含铜更高、数量更稀少的三次冰铜渣返回前段工序合理的，而废弃三次冰铜渣返回二次冰铜渣是不合理的。因此，高铁渣只能是二次冰铜渣。此外，表7.1中高钙渣分析结果显示其含铜量、铜硫比波动较大，可能是矿石品位波动或首次焙烧效果不同造成的；而高铁渣相对地波动较小，当是由多炉次的品位有波动的首次冰铜混合焙烧后（因而含铜量较稳定）共同进行二次冰铜熔炼造成的。

表7.1中没能检测到三次冰铜渣及最后的还原渣，可能的原因有三：一是遗址上有这些炉渣，但因其数量太稀少而在随机取样时没出现；二是返回到了前段工序，因而虽然冶炼时曾产生过、但遗址上却没有留下这些炉渣；三是后段工序因燃料短缺或管理方面等原因异地进行，在只进行前段工序操作的遗址上根本就没有产生过这些炉渣。无论实际存在的是哪种情形，这些炉渣都将因数量稀少而不会影响以下的物料平衡计算。

（二）冶炼流程的推断

两种含钙不同的炉渣之来源判定之后，按其渣型组成、数量比例及矿石脉石成分，可从物料平衡的角度对冶炼流程进行较详细的推断。

1. 脱硫率的论证

若欲完全得出各项平衡值，须知道焙烧和熔炼过程的脱硫率。根据近代鼓风炉熔炼等文献，可以先对熔炼焙烧矿石时的脱硫率进行论证。

硫化矿石经部分脱硫焙烧后，各种铜铁硫化物如CuS、FeS_2、$CuFeS_2$等分解和氧化为简单硫化物Cu_2S、FeS及Fe_2O_3，这些简单硫化物在熔炼时不会再分解，因此焙烧矿石熔炼时的分解脱硫率可视为零。

焙烧矿石在古代竖炉中熔炼，与在现代鼓风炉中熔炼的氧化脱硫率是不同的。在氧化气氛下，以硫的氧化为全部或部分热源而对未经焙烧硫化矿石进行的自热、半自热熔炼的总脱硫率可达70%~90%，其中一半为氧化脱硫率，同样条件下熔炼焙烧矿石时也有相同的即35%~45%的氧化脱硫率。而以木炭为燃料、还原气氛很强的鼓风炉中则不存在使焙烧矿石中的硫氧化脱除的条件。主要有以下两点。

1）鼓入空气中的氧全部用于木炭的燃烧，没有剩余氧可用于硫的氧化。

风口区氧势虽然高一些，但液态冰铜是裹携在炉渣液滴中流过风口区的，处于一种被保护状态，很难被直接氧化。而炉渣中的铁则可能少部分被氧化。

2）硫也难以被焙烧矿石中的高价铁所氧化。古代使用的是堆烧法，与近代的堆式核心焙烧相同，产出的焙烧矿石呈块状，成分是不均匀的。

焙烧良好矿块中间部分为含铜较高的硫化物核心，外包氧化生成的含Fe_2O_3等高价铁氧化物厚层。这一厚层的外表多孔，向内越靠近硫化物核心越趋于致密，见图7.3[99]。这种块状焙烧矿石在还原气氛下熔炼，其核心内的硫化物因不能与外层的Fe_2O_3等充分接触，使得它们之间的固相反应难以在炉料熔化之前进行而脱除部分硫。高价铁在固态下（700℃~1000℃）被还原为FeO而失去脱硫能力，最后与SiO_2造渣与冰铜分离。

由上面分析可知，较强还原气氛下在鼓风炉内熔炼块状焙烧矿石，无论是氧的直接的氧化，还是高价铁的间接氧化，都难以有效地进行。因此，这两种情形脱硫效果之和即总的氧化脱硫率也应很小。近代炼铜工业的实践也与上述分析相符。矿石在鼓风炉的还原气氛中熔炼，其脱硫率可低至0.1%变动到30%甚至40%[100]，其中脱硫率低至千分之一的情形只能是指焙烧硫化矿石的熔炼。Peters在1884年其第一本炼铜学著作中指出，并在1911年出版的另一部炼铜专著中再次强调：“熔炼工序的钥匙是放在焙烧工头的口袋里的（The key to the smelting process is carried in the pocket of the roaster foreman）”；他排除了氧化脱硫的可能性，给出了还原气氛下熔炼焙烧矿石时生成冰铜的三条原则：焙烧矿石中留下的硫量决定熔炼生成的冰铜量，硫首先满足铜以生成Cu_2S，余下的硫与铁生成FeS[101]。

综上，在鼓风炉还原气氛下熔炼焙烧矿石，从理论到实践皆可将其分解脱硫率和氧化脱硫率视为零，即总脱硫率为零。“硫化矿—冰铜—铜”工艺中硫的脱除是由各焙烧工序完成的，焙烧矿石的熔炼工序不能脱硫，其作用等同于冰铜与炉渣的机械分离。

2. 流程及物料平衡计算

根据前文的论证结果，以如下八点作为计算的基本前提。

1）首次冰铜渣与二次冰铜渣重量比例按其在表7.1中随机取样出现的比例即59：8=7.38计算。

2）不考虑可能存在的返渣操作。

3）冰铜熔炼工序不脱硫，所有硫皆由焙烧工序脱除。

4）将燃料灰烬及炉壁因浸蚀冲刷而进入炉渣的部分算作造渣剂之内，每次浓缩熔炼所加入的造渣剂成分是相同的。

5）矿石无论经过何种古代可能存在的选矿和焙烧处理，其脉石中的硅钙含量可变，但相对量不变。根据表7.3中分析的矿石成分，将进入首次浓缩熔炼的焙烧矿石中的SiO_2：CaO定为28.0：30.4。

6）矿石脉石以SiO_2为基准，按钙铁石榴子石$Ca_3Fe_2(SiO_4)_3$即$3CaO \cdot Fe_2O_3 \cdot 3SiO_2$的比例计算，超出其比例的铁、钙按硫化物、碳酸钙计算。

7）矿石中的铜矿物按黄铁矿$CuFeS_2$计算，超出其比例的与硫结合铁按黄铁矿FeS_2计算。

8）忽略矿石脉石中含量很少的Al_2O_3。

按表7.1中的两种冰铜渣的基体SEM分析平均值，根据第五章关于古炉渣铁价态的讨论，将其换算为以氧化物形式表达的炉渣组成，见表7.5。

按首次冰铜品位为25%，二次冰铜品位为40%，以熔炼20单位重量的首次冰铜为起点，由SiO_2、CaO、Cu、Fe的平衡计算的冶炼流程如图7.5所示。

表7.5　两种渣形炉渣基体SEM分析平均值折成氧化物成分

渣类	Cu%	S%	Cu / S	FeO%	SiO_2%	Al_2O_3%	CaO%	K_2O%	酸度
高钙渣	0.24	0.48	0.50	29.95	45.01	5.15	19.34	0.55	1.97
高铁渣	0.69	1.25	0.55	53.32	34.56	6.12	4.90	1.10	1.40

由图7.4的计算可知，含铜6.15%、硫30.53%的手选矿石经焙烧脱除74%的硫，获得的焙烧矿石含铜9.38%，硫9.61%，矿石经焙烧后，减重18%。每产出20份品位25%的首次冰铜，须投入焙烧矿石69.32份，引入造渣剂38.80份，排出首次冰铜渣85.68份，渣与冰铜之比为4.28∶1，铜回收率为95%。20份矿石冰铜经脱硫率为42%的焙烧后，获得的19.30份品位为25.91%的焙烧冰铜进入二次浓缩熔炼，须引入造渣剂5.42份，排出二次冰铜渣11.61份，产出12.30份品位为40%的二次冰铜，渣与冰铜之比为0.94∶1，铜回收率为98%。

和尚山冶炼遗址发现的炉址看来应该是焙烧炉；中外古文献记载有这种长方形焙烧炉，近代块状矿石的焙烧的"烧坑"也是长方形的。看来首次焙烧工序应是在这种长6.7米、宽1.7米的焙烧炉中进行的。明代《菽园杂记》所记载的工艺中的矿石品位为3.3%，首次焙烧分两次进行，共需6天（见图2.1）。近代美国蒙大拿的Butte品位为3.2%的矿石同类焙烧炉长2.44米、宽1.98米，填装20t矿石，需8~9天才能完成，每10天为一周期，相当于每天处理2吨矿石，焙烧矿石减重1 5%。近代大型堆烧，其原理与坑烧完全相同，只是规模大时间长。例如一长20米、宽12米、高2.0~2.5米的烧堆，可容纳矿石约4000吨，须烧80昼夜，矿石含硫25%，焙烧矿石含硫降至8%。 若按焙烧减重15%计算，则脱硫率为81%[102]。与古代、近代这些焙烧操作技术指标相比较，图7.4的计算应是较为符合实际情况的。按操作规模相近的Butte焙烧的生产效率和周期，则和尚山的焙烧炉每天可处理矿石4.72吨，约合焙烧矿石4吨。

冰铜的焙烧要比矿石的焙烧难一些，其焙烧炉规模一般较小，操作次数也较多，脱硫率较低。《大冶赋》记载，矿石要"堆阜于平陆，矗岑楼于炉步"，冰铜则"复烹而精者聚，排烧而汕溜倾"。《宋会要辑稿·食货》记载，南宋嘉定年间（1208~1224年）矿石须经"排烧窑次二十余日"才能炼出铜来。这些记载也说明矿石和冰铜的焙烧装置是有区别的。九华山遗址可能还存在有没被发现的另一种焙烧冰铜的炉或窑。按《菽园杂记》所载，首次冰铜的须焙烧5次，耗时7昼夜（见图2.1）。按图7.4的计算，品位25%的首次冰铜焙烧总脱硫率为42%。

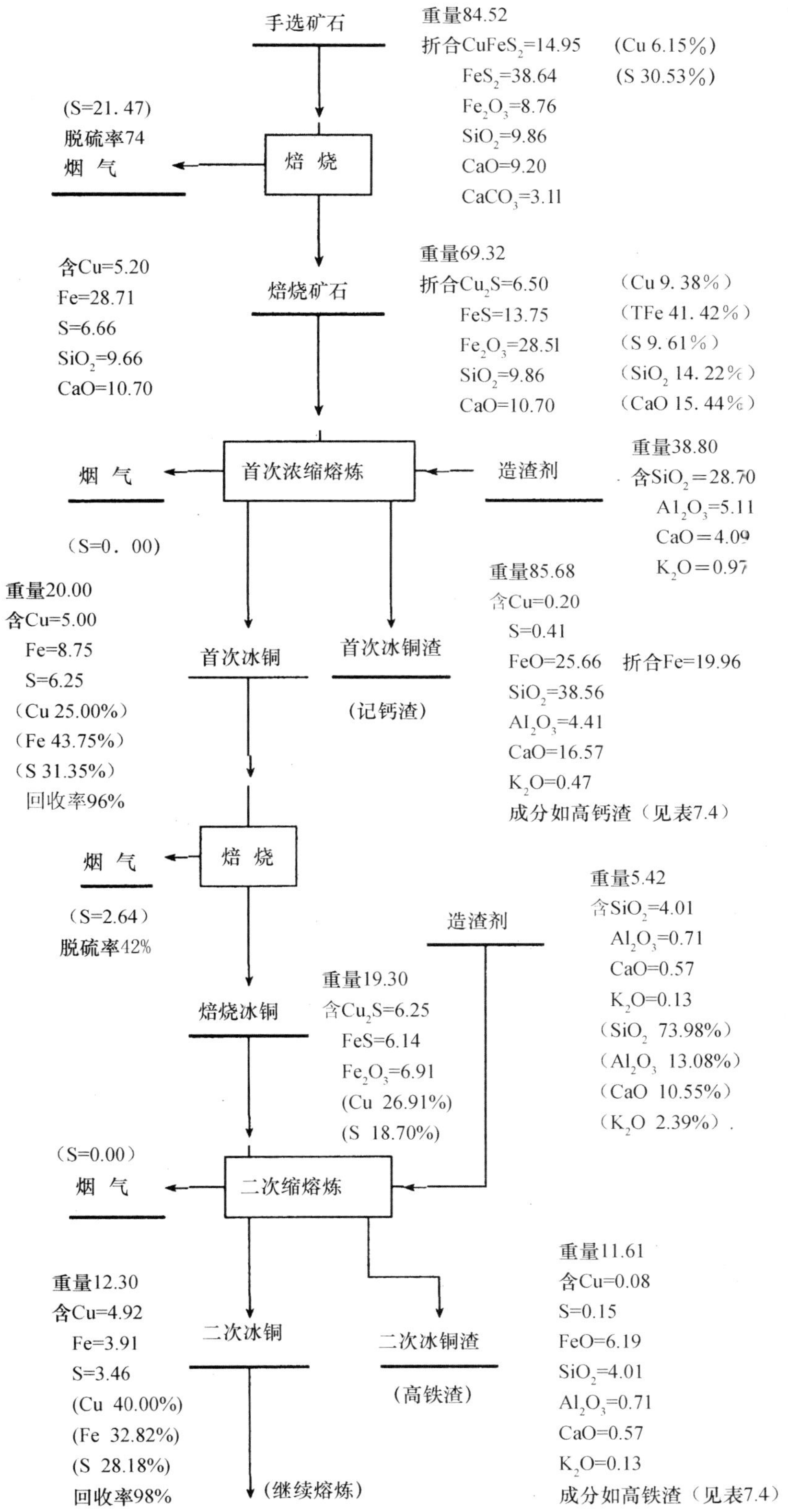

图7.4 冶炼流程及物料平衡计算

第八章　结　　论

通过前七章的文献综述、理论分析、模拟实验、流程计算，可获得结论如下。

一，通过对铜硫赋存状态和相对含量的分析鉴别古代炼铜渣的种类、进而结合炉渣基体成分的分析等判定古代使用的工艺类型和流程的方法是可行的。

二，铜绿山11号矿体上的炉渣是“硫化矿—冰铜—铜”工艺排出的冰铜渣，其冶炼产物为含铜60%~70%的冰铜；动力科、农行、7号矿体三处炉渣是“氧化矿—铜”工艺排出的还原渣，其冶炼产物是含铁约5%的粗铜。

三，九华山古铜矿冶遗址使用“硫化矿—冰铜—铜”工艺冶炼低品位含铜黄铁矿，流程至少经历了两次冰铜（浓缩）熔炼，分别获得了含铜25%和40%的两种中间产物冰铜。

铜绿山、九华山两遗址在地理上分别位于长江中下游铜铁成矿带两端，在年代上分别属于较早的春秋战国时期和较晚的唐代。两遗址冰铜渣的发现，表明在长江中下游地区由宋代、明代文献记载的“硫化矿—冰铜—铜”工艺至迟在春秋战国时期就已投入使用，至迟在唐代已发展到经多次焙烧、熔炼处理低品位含铜黄铁矿的成熟阶段。

可以肯定，“硫化矿—冰铜—铜”工艺在长江中下游地区开始使用的年代应在春秋战国时期之前，开始处理低品位含铜黄铁矿的年代应在唐代以前。近年来在长江中下游地区发现了大批古铜矿冶遗址，如湖北大冶县除铜绿山以外还有约200处古代炉渣遗存，安徽铜陵、南陵也发现了近百处古铜矿冶遗址，对这些遗址的研究将进一步揭示“硫化矿—冰铜—铜”工艺的演变历程。

参考文献

［1］　湖北省博物馆：《湖北古矿冶遗址调查》，《考古》1974年第4期。

［2］　铜绿山考古发掘队：《湖北铜绿山春秋战国古矿井遗址发掘简报》，《文物》1975年第2期。

［3］　黄石市博物馆：《湖北铜绿山春秋时期炼铜遗址发掘简报》，《文物》1981年第8期。

［4］　铜绿山工作队：《湖北铜绿山东周铜矿遗址发掘》，《考古》1981年第1期。

［5］　夏鼐，殷玮璋：《湖北铜绿山古铜矿》，《考古学报》1982年第1期。

［6］　杨永光，李庆元，赵守中：《铜绿山古铜矿开采方法研究》，《有色金属》1980年第4 期、1981年第1期。

［7］　朱寿康：《我国古代的炼铜技术》，《科技史文集（第13集）》，上海科学技术出版社，1985年。

［8］　卢本珊：《铜绿山春秋早期的炼铜技术》，《科技史文集（第13集）》，上海科学技术出版社，1985年。

[9] 卢本珊，张宏礼：《铜绿山春秋早期炼铜技术续探》，《自然科学史研究》1984年第2期。
[10] 朱寿康，韩汝玢：《铜绿山冶铜遗址冶炼问题的初步研究》，《中国冶金史论文集（一）》，北京钢铁学院学报编辑部，1986年。
[11] 朱英尧：《铜绿山古矿冶遗址炼铜技术的讨论》，《有色金属》，1981年第4期。
[12] 李延祥：《旧大陆铜冶金考古——世界铜冶金考古研究综述》，《中国冶金史料》1993年第2期。
[13] 李延祥：《东南亚冶金考古》，《中国冶金史料》1993年第2期。
[14] 李延祥：《安第斯冶金考古》，《考古科学与文物保护》1998年第2期。
[15] 李延祥：《从古文献看长江中下游地区火法炼铜技术》，《中国科技史料》1993年第4期。
[16] 李延祥：《冶金史上的奇篇——〈大冶赋〉》，《中国冶金史料》1992年第4期。
[17] Georgius Agricola: De Re Metallica. The Red House, London, 1912:207.
[18] 莫斯托维奇、诺维科夫：《火法炼铜学》，冶金工业出版社，1958年，第149页。
[19] 陆容：《菽园杂记》卷十四，中华书局，1958年，第177页。
[20] A. M. Friedman, M.Conway, M.Kastner, et a1: Copper artifacts: correlation with source types of copper ores. Science.152 (1966).
[21] E. R. Caley, J. T. Easby: The smelting of sulfide ores of copper in preconquest Peru. American Antiquity. 25 (1959).
[22] J. E. Ericson, L. Pandoifi, C. Patterson: Pyrotechnology of copper extraction: Methods of detection and implications. Early pyrotechnology, Smithsonian Institution Press, Washington, DC. 1982.
[23] T. A. Wertime: Man’s first encounters with metallurgy: Man's discovery of ores and metals helped to shape his sense of science, technology, and history. Science. 146 (1964).
[24] J. Charles: Early Arsenical Bronzes: A metallurgical view. American Journal of Archaeology. 71 (1967).
[25] H. H.Coghlan, H.J.Case: Early metallurgy of copper in Ireland and Britain. Proceedings of the Prehistoric Society. 23(1957).
[26] J. P. Northover: Guide catalogue to the Bronze Age collections of the National Museum of Wales. National Museum of Wales, 1982:229.
[27] P. Budd, D. Gale, A. M. Pollard, R. G. Thomas, et al: The early development of metallurgy in the British Isles. Antiquity, 66 (1992).
[28] H. G. Buchholz: Analysen prahistorischer metallfunde aus Zypern und den Nachbarlandern, Berl. Jahr.Vor-Fruhgesch, 7 (1967).
[29] U. Z. Zwicker, E. Crembler, H. Rollig: Investigations on copper-slag from Cyprus. Cyprus, 1977:309.
[30] T. S. Wheeler, R. Madin, J. D. Muhly: Tin in the ancient near east-old questions and new finds. Expedition. 19 (1977).
[31] R. F. Tylecote, H. A. Ghaznavi, P. J. Boydell: Partitioning of trace elements between the ores, fluxes, slags and metal during the smelting of copper. Journal of Archaeological Science. 4 (1977).

[32] J. D. Muhly: The copper ox-hide ingots and the Bronze Age metals trade. Iraq. 39 (1977).

[33] N. HGale, Z. A. Stos-Gale: Bronze Age copper sources in the mediterranean: a new approach. Science. 216 (1982).

[34] R. Maddin, T. S. Wheele, J. D. Muhly: Distinguishing artifacts made of native copper. Journal of Archaeological Science. 7 (1980).

[35] 郑州市博物馆：《郑州古荥镇汉代冶铁遗址发掘简报》，《文物》1978年第2期。

[36] 李延祥：《中国早期炼铜技术和硫化矿石冶炼技术初步研究》，北京钢铁学院硕士学位论文，1988年。

[37] S. A. Siddiqni, W. E. Shsrp: Lead smelting slags near Nal, Balochistan Province, Pakistan. Geoarchaeology, 8 (1993).

[38] P. T. Craddock, L. C. Freestone, N. H. Gale, et al: The investigation of a small heap of silver smelting debris from Rio Tinto, Huelva, Spain. British Museum Occasional Paper No.48: Furnaces and Smelting Technology in Antiquity, British Museum,1985.

[39] R.F.Tylecote: The early history of metallurgy in Europe. Longman Archaeology Series, New York,1987:300.

[40] P. T. Craddock: Scientific analysis in archaeology and its interpretation, Oxford University Committee for Archaeology, Institute of Archaeology, 1989:198.

[41] L. U. Salkield: The Roman and Pre-Roman slags at Rio Tinto Spain. Early pyrotechnology. Smithsonian Institution Press, Washington, D.C. 1982.

[42] B. A. Rothenberg, Blanco-Freijero: Studies in ancient mining and metallurgy in south-west Spain. London: Institute for Archaeo-Metallurgical Studies, 1981:312.

[43] Prentiss. S. de Jesus: Metallurgical practices in early Anatolia. Bulletin of the Mineral Research and Exploration Institute of Turke. 87 (1976).

[44] R. F. Tylecote: Early metallurgy in Cyprus 4000-5000BC. Nicosia, 1982:81.

[45] Beno Rothenberg: The ancient metallurgy of copper. Institute for Archaeo-Metallurgy Studies, London, 1990:69..

[46] Bone Rothenberg: The Egyptian mining temple at Timna. Institute for Archaeo-Metallurgy Studies, London, 1988:199.

[47] N. H. Gale, A. Papastamataki, Z. A. Stos-Gale, et al: Smelting Technology in Antiquity. British. Museum Occasional Paper 48 (1985).

[48] A. Hauptmann:5000 Jahre kupfer in Oman. Bochum, 1985:100..

[49] M. U. Franklin, Jean-Claude Grosjean, Mark J. Tinkler: A study of ancient slags from Oman. Can. Met. Quart, 15 (1) (1976) .

[50] F. L. Koueky: American expedition to Idalion,Cyprus,1973-1980. Oriental Institute of the University of Chicago, 1989:276.

[51] L. K. Frank, S. Arther: Ancient mining and mineral dressing on Cyprus. Early pyrotechnology. Smithsonian Institution Press, Washington, D.C. 1982.

[52] R. J. Forbes: Studies in ancient technology. Brill Archive, 9 (1964):78.

[53] L. K. Frank, S. Arther: American expedition to Idalion, Cyprus, Cambridge, Mass.1971-1972:149.

[54] 李延祥，韩汝玢，宝文博，陈铁梅：《红山文化冶铜炉壁残片研究》，《文物》1999年12期。

[55] C. A. Grabill: Notes on the metal losses in copper slags. Eng. Min. J. 89 (1910)

[56] T. W. Lewis: Metal-losses in copper-slags. Trans. of A. I. M. E., 40 (1909).

[57] J. P. Channing: Metal-losses in copper-slag. Discussion of the paper of Lewis T Wright. Trans. of A. I. M. E., 41 (1911).

[58] Huang P., H ayward C. R.: Evidence of formation of copper ferrite from reaction between cuprous oxide and copper reverberatory slags. Trans. Am. Inst. Min. Metall. Engrs., 182(1949).

[59] C. G. Maier,G.D.VanArsdale: Copper-smeltery slag from the microscopic and chemical point of view. Eng. Min. J., 107(1919).

[60] Aksoy A. M.: An investigation of copper losses in copper reverberatory slag. S. D. Thesis. Massachusetts Institute of Technology, 1943.

[61] R. B. Jaekman, C. R. Hayward: Forms of copper fund in reverberatory slags. Trans. of A. I. M. E. 106 (1918).

[62] Lathe F. E.: Metal losses in copper slag. Eng. Min. J., 100(1915).

[63] Lathe F. E.: Copper losses in slags. Eng. Min. J., 110(1920).

[64] Vanyukov, V. A., Kiseleva, N. A.: The heat of formation and stability of metal sulfides. Khim. Referat. Zhur. L (1940).

[65] Huang P. Y.: On the form of copper in reverberatory slags. S. D. Thesis. Massachusetts Institute of Technology, 1945.

[66] R. W. Ruddle: The physical chemistry of copper smelting. IMM, London, 1953:64

[67] G. L. Evans: Copper in smelting-furnace slags. Min. Mag. 88(1953).

[68] Akira Yazaw, Mitsuo Kameda: Fundamental studies on copper smelting (II) Solubilities of constituents of matte in slag, The Technology Reports of the Tohoku University. 19(1)(1954).

[69] Akira Yazawa: Fundamental studies on copper smelting(6), Effects of slag compositions on solubilities of constituents of matte into slag. 日本矿业会志. 76(1960).

[70] W. Wanjukoff: Matte smelting: Conditions influencing the entry of copper into the slag during the state of combination of copper in the slag and the reduction of copper loss by slagging. Metallurgie, 9(1912).

[71] J. H. L.Vogt: Die Sulfid-Silikat Schmelzlosungen. Kristianta.1919.

[72] R. Rocca, N. J. Grant, J. Chipman: Iron and steel division - A thermodynamic study of the reaction CaS + H2O = CaO + H2S and the desulphurization of liquid metals with lime - Discussion. Trans. of A. I. M. E., 191(1951).

[73] 王林生，莫鼎成：《渣内铜存在形态的研究》，《有色金属(冶炼部分)》1991年第3期。

[74] 莫鼎成：《炉渣的渣型和冷却制度对渣中硫化物颗粒分布的影响》，《有色金属(冶炼部

分)》1989年第1期。
[75] W. A. Heywood: Copper losses in blast furnace slags. Eng. Min. J., 77(1904).
[76] 冶金工业部矿冶研究总院技术情报室：《国外连续炼铜文集》，冶金工业出版社，1981年，第97页。
[77] 阿维齐祥：《粗铜冶金学》，冶金工业出版社，1957年，第199页。
[78] A. F. Wendt: The Copper ores of the southwest. Trans. of A. I. M. E., 15(1886-1887).
[79] H. O. Hofman: Metallurgy of copper. London, 1914:360.
[80] 莫斯托维奇，诺维柯夫：《火法炼铜学》，冶金工业出版社，1958年，第37页。
[81] T. Nakamura, B. Chan, J. M. Toguri: Physical chemistry of extractive metallurgy (The Symposium Physical of AIME Annual Meeting), New York, February, 1985: 24-28.
[82] P. J. Mackey: The physical chemistry of copper smelting slags -A review. Can. Metall. Quart, 21(1982).
[83] 魏寿昆：《冶金过程热力学》，上海科技出版社，1980年，第18页。
[84] A. D. Kulkarni, E. Johenson: Thermodynamic studies of liquid copper alloys by electromotive force method. Trans. AIME, 4(1973).
[85] 魏寿昆：《冶金过程热力学》，上海科技出版社，1980年，第31页。
[86] E. T. Turkdogan, P. M. Bills: Thermodynamic optimization of the FeO–Fe2O3– SiO2 (Fe–O–Si) system. J.of the Iron and Steel, 186(1957).
[87] W. Ruddle: The solubility of copper in iron silicate slags.Trans. Inst. Min. Metall, 75(1966).
[88] 地质档案44741（1）（藏中国地质档案馆，下同）。
[89] 地质档案70426（1）。
[90] 地质档案37653（1）。
[91] 地质档案70778（1）。
[92] 地质档案39644。
[93] 杨永光:《对大冶铜绿山古矿冶遗址的初步认识》（原件存铜绿山矿资料室）。本文引用的为冶金史研究室手抄摘要。
[94] 刘纯鹏，华一新，谢宁涛，倪明新：《氧化铜矿物硫化速率及其硫化矿相的研究》，《昆明工学院学报》1986年第1期。
[95] 莫斯托维奇，诺维柯夫：《火法炼铜学》，冶金工业出版社，1958年，第95页。
[96] 地质档案45722(1)
[97] 南京市博物馆，南京博物院：《九华山铜矿》，《文物》1991年第5期。
[98] 伏牛山铜矿调查小组：《南京伏牛山古铜矿遗址》，《东南文化》1988年第6期。
[99] H. O. Hofman: Metallurgy of copper. London,1914:69.
[100] 斯米尔诺夫:《铜镍冶炼学（上册）》，高等教育出版社，1955年，第167页。
[101] Peters: The practice of copper smelting. McGraw-Hill Book Company, New Yerk, 1911:196.
[102] Peters: The practice of copper smelting. McGraw-Hill Book Company, New Yerk, 1911:105.

致 谢

本论文在钟香崇、柯俊、洪彦若、韩汝玢四位教授悉心指导下完成，作者在遗址考察取样过程中得到了湖北省黄石市博物馆周保权、卢本珊二位馆长、南京市博物馆易家胜馆长、华国荣先生、南京博物院邹厚本先生的热情指导和大力协助，黄石市博物馆为课题提供了部分经费。作者衷心感谢诸位导师和考古学家，他们的指导和协助，是本论文得以完成的最大保证。

美国丹佛艺术博物馆E.C.Bunker女士、赛克勒美术馆T.H.Chase先生、中国留美博士生王东宁女士提供的塞浦路斯古代炼铜技术研究资料，国际冶金考古学会的Beno ROthbreng、德国波鸿采矿博物馆的A.Weisgerber先生等赠送的阿拉伯谷地、西班牙、阿曼等古铜矿冶遗址发掘研究论著，日本东北大学井垣谦三先生提供的炼铜炉渣研究资料，是作者据以进行文献综述和理论分析的重要文献。这些文献在国内是难以查找的，作者在此真诚感谢这些前辈和同行的大力支持。

理化系重点实验室、同位素实验室为本论文实验提供了设备和部分器材，作者由衷地感激洪彦若教授、韩其勇教授，陈宏、金从进、李有芬等同学及李宝山师傅在实验期间的指导和协助，感谢样品分析过程中地质系李前懋教授、材料物理系谢逸凡教授、材料系中心实验室裘宝琴、王连伟老师的无私协助，冶金史研究室所有成员在本课题进行期间都曾予作者以大力支持。无论是在工作还是在生活上，韩汝玢、吴坤仪、孙淑云三位教授予作者以母亲般的关怀，梅建军、李秀辉、苗长兴老师，刘建华、姚建芳女士予作者以兄弟般的支持，使作者得以在一个团结合作、学术气氛浓厚的小气候下完成本课题，作者的感激之情实难言表，愿在今后的工作中以行动来回报他们的精诚合作。

最后，作者再次感谢论文撰写过程中韩汝玢、洪彦若教授的细心指导，感谢师弟周忠福同学在论文录入打印过程中的全力协助。

长江中下游金属资源与商周青铜文明
——申遗问题之管见

金正耀

铜绿山古铜矿遗址是我国上古时期金属资源与矿冶考古的重大发现，今年适逢其发现发掘的40周年大庆，有幸躬逢盛会，特撰此小文以志。

在中国的三大铜矿带中，长江中下游地区，包括湖北、湖南、安徽、江西，既蕴藏有丰富的铜矿资源，也有部分锡矿资源。但很长一段时期，考古学家因为本地区距离安阳也好，郑州也好，路程都较远，在考虑有无可能是中原商王朝青铜生产的金属资源供应地时，否定的倾向十分明显。石璋如在安阳发掘20多年后的1955年，在《殷代的铸铜工艺》一文中就殷墟的青铜资源供应问题发表了如下意见（《中央研究院历史语言研究所集刊》1995年第26期，第 95~129页）：

“在 1000~5000公里之间，宽约500公里的地带计有：安东的安东、凤城，辽宁的本溪、辽阳、盖平、兴城、绥中，江苏的句容、江宁，安徽的当涂、宣城、宁国、繁昌、南陵、青阳，湖北的大冶、阳新，湖南的浏阳、湘潭、辰溪、沅陵、桃源、石门、大庸、桑植，湖北的咸丰、鹤峰、恩施、建始、房县、竹山，陕西的镇安，甘肃的靖远、永登等34处。这34处的铜矿区，多在大江南岸、黄河以西、汉水流域以及东北关外。虽然这些距离，也是在半径千米左右的遥远之区，但据殷墟出土之遗物中，确有与东南有关的海产如蚌贝鲸鱼龟甲等；可能与西北有关的矿产，如绿松石等。箕子与朝鲜的关系，虽然发生在殷代亡国之后，可推知当殷代国力盛时两者当有交通，由此看来，殷都的铜砂取自各该等处，似非不可能之事，问题是该处之铜矿，在当时是否已经发现。”

其最终结论是：“直线距在五百公里之外的，来回需要一个月至半年以上的时间，恐怕于运输上很成问题。直线距在四百公里之内，而且平常多有来往，少者半月可以来回，多者一月可以来回，这个在运输上尚有可能 ”“则殷代铜矿砂之来源，可以不必在长江流域去找，甚至不必过黄河以南，由济源而垣曲，而绛县，而闻喜，在这中条山脉中，铜矿的蕴藏比较丰富”。

两年后李济在其《中国文明的开始》一书中说：“关于锡的问题，和二十年前一样，并未发现新的论据。我们现在可以再予强调的是此一金属是以锭的形式存在，意味着系由外地运来者。铜则系在当地冶炼，因孔雀石之发现屡见不鲜。此种矿石显然在未经预加工已运至铸造地。既然锡系外来的，那么进一步的问题是它是由南方运来还是由其他地方运来的呢？旧的记载是在华北，因为安阳百千米方圆之内有锡矿存在。不过现在的矿冶家不全同意此种说法，但亦无法全予否认。”

李济踵石璋如之说，也将殷墟青铜生产所需的金属资源，包括铜和锡的供应地限定在安阳周边三四百千米的范围，但所依据的并不是考古学的田野证据，而是属于常识范围的路程远近和运输难易上的思考。石、李二位虽然引历史上的矿产开发资料以为支持，但并不相信现代地质学家（“矿冶家”）的不同意见。可见，即使在最专业的考古学家那里，如果考古学的田野证据和地质矿床学知识都不充分，问题的讨论便只能限定于一般常识。

又过了20多年，张光直在题献给李济的《商文明》一书中这样写道：

“上述二位的研究结果，令人信服地证明了，铜和锡对于商的采矿工人来说是可以得到的，但却不能证明它们确实是由商人自己开采的。要证明这一点，我们必须找到从矿井中得到的考古学证据，或者找到将安阳发现的矿石与其产地联系起来的科学依据。迄今为止，我们没有找到任何证据。”

显然张光直的思想大大朝前迈进了一步。他正确地区分了“可能的”金属资源产地和“实际开采的”金属资源产地，在回归考古学注重田野实际证据的同时，还提出，找到“将安阳发现的矿石与其产地联系起来的科学依据”，也同等重要。显而易见，张光直对科学依据的重视显示了其欧美考古学背景下更为开阔的学术视野，故其思想能够超越前人。我们今天不能因为张光直将目光投向科学依据时仅限于强调殷墟矿石遗物而未及青铜工业产品，而减少对其思想高度的敬意。

从《商文明》初版的1978年直到今天，已经过去35年。早期考古学家提出的、以安阳为中心、“最为可能”供应殷墟金属资源的是位于200~300千米远的山西垣曲等地，我们的田野考古和科技考古获得了哪些新的资料和认知？1984年秋季位于垣曲小盆地的商城遗址开始考古勘查，经过长年发掘，证实这是一处以二里岗下层文化和二里岗上层文化为主的遗址。遗址中发现有炼铜遗迹，还有炉壁、炼渣等冶炼遗物。新近崔剑锋等发表垣曲商城出土冶炼遗物的分析工作，表明该处冶炼遗址的铜矿石来自较近的中条山部分铜矿（《文物》2012年第7期）。但这里一直没有发现更多考古证据证明其在安阳时期也是重要铜料供应地之一。

反倒是远在“ 500~1000公里之间”的长江中下游地区，先后有重要矿冶遗址发现。其中之一即是湖北铜绿山古铜矿遗址。它于1973年开始调查发掘，第一篇发掘简报在两年后公布于《文物》杂志。这处遗址展现的丰富矿冶文化内涵，使江淮地区上古存在的“金道锡行”等金文记载获得田野资料支撑，填补了学术界关于周代铜金属资源开发利用的知识空白，具有极为重要的意义。但是，因为这里不曾发现更早时期的矿冶遗迹和遗物等直接证据，因而很少被引入商代金属资源的相关讨论。例如，张光直在其《商文明》一书中论述安阳青铜生产所需的金属资源，即对已经公之于众的铜绿山古铜矿遗址资料未置一词。

不过，近年来，这种情形在部分研究者中似乎在发生变化。

梅建军于2009年发表如下看法："根据铜绿山古矿冶遗址发现的古代炉渣堆积的总量，有人曾推断该遗址所生产出的铜应在10万吨左右。这是非常惊人的数字，如果以重达875千克的司母戊大方鼎为参考物，那铜绿山遗址生产出的铜至少可以铸造出10万个大方鼎。"（《中华遗产》2009年第11期）韩汝玢在2011年宝鸡召开的青铜文明国际研讨会上，更为直截了当地提出，铜绿山遗址有40万吨炼渣，产出的铜料足够商代安阳之用。

我们知道，像安阳郭家庄第160号墓这样的重要贵族墓葬，出土青铜器291件，但总重量也只有253千克（见《安阳殷墟郭家庄商代墓葬》，中国大百科全书出版社，1998年，第77页）。一件后母戊大鼎抵得上三个160号墓出土铜器总量还要多，也就是接近1000件青铜器的重量，10万个这样的方鼎，也就相当于1亿件青铜器。至今殷墟出土青铜器的总数，不知道有没有人做过统计，会不会达到这个数量。如果按照这个数量做一个简单计算，安阳定都即使按上限300年粗略计算，每年差不多要生产30余万件，日平均生产近千件。这样的青铜生产能力可以说是相当惊人。也就是说，铜绿山铜矿遗址出的铜，如果真的全部供应安阳，也真的是绰绰有余。

梅建军的《铜绿山古铜矿：揭开商周铜料来源之谜》一文，提出的意见很重要，结果当然也令人欢喜。梅、韩二位的意见，都是以铜绿山存在40万吨炼渣为依据的，因此，这一依据的可靠性如何，就有讨论的必要。查"40万吨炼渣"的说法首见于正式文献，就在 1975年《文物》第2期上的铜绿山古铜矿遗址发掘简报之中。原文说是"初步估算"，并认为是"春秋战国时代长时期的堆积结果"，看得出作者的谨慎态度，其判断尚未失分寸。现在既然可以根据这"40万吨炼渣"的说法推算出 "10万吨铜料"，进而提出它是中原商王朝青铜生产的铜金属资源的来源，那么，关于这些炼渣的确切数量和确切年代，应该要有更为深入的研究工作，不能老是停留在 40年前的"初步估算"上。尤其重要的是年代问题。最初发表的发掘报告说这些矿渣都属于春秋战国时代不断堆积的结果，现在说这里炼出的铜料完全供应安阳的青铜生产，如何可能？对此，从未见有关专家提出说明。铜绿山古矿冶遗址的年代，如果有线索可能提前，也必须要有扎实的科研工作，取得过硬的年代证据。同时也要搞清楚，现存这些炼渣中属于商代的有多少，属于西周时期的有多少，而属于春秋战国时代的又究竟占有多少比例。在这些基本问题搞清楚之前，在没有新的年代学证据可以用来推翻原来的年代结论之前，我以为，讨论商代青铜金属资源问题实在不可轻易拿东周的炼渣进行演论。盲目提前铜绿山古矿冶遗址年代的做法，并不可取。

丁文江总结中国历史上铜业中心的迁移时说，"在汉为豫浙""在唐为晋鄂，在宋为闽赣，在明清为川滇，一地之兴殆无过三百年者”。丁氏所讲的铜业，实为铜资源的采冶业，即初级铜金属的生产。而铜业生产链条的终端产品，即器物的生产，其中心在历史上并不随采冶中心的变化迁移而迁移，商周时代尤其如此。1988至1991年，江西考古工作者对瑞昌铜岭铜矿遗址进行了发掘，后来发表的正式报告（见《考古学报》1998年第4期）根据^{14}C数据并结合陶器、铜器类型特征分析，说明该遗址自二里岗时期开始开采，直到战国早期才停采。遗址中发现的冶炼遗迹遗物证实，这是长江中下游地区又一处采冶结合的上古青铜金属资源开发重要遗址，也是目前为止发现的中国上古时期最早的矿冶遗址。该遗址以二里岗时期遗存遗物为主，但当时商王朝的青铜器物生产中心仍然在中原地区，距离以千米计，依据石璋如的计算，来回也许需要半年之久。可是我们已经知道，当时已经在距离较近的山西南部垣曲盆地建城筑邑，并获取中条山一带的铜资源，为什么同时要大费周折，也到1000多千米以外的长江南岸地区开采铜资源？“舍近求远”，已经有违一般生活常识；且附近中条山铜资源已经被发现并被开采利用，为什么还要到遥远的南方去开采？古代金属资源研究是资源考古学的重要领域，类似这样的课题都需要持之以恒的深入研究才有可能破解个中谜案。但目前我们至少可以明白，所谓运输困难和地理距离，显然不是当时人们首先考虑的问题；如果我们一定要执著于此，认识上必然走向歧途。认为寻找商王朝的青铜金属资源出产地不必到长江流域，或者不必到比铜绿山更远的地方，例如长江流域的其他地区，实际上都存在这样一种认识上的偏差。

商周两代加起来1000多年，风水流转，前后都开采利用了哪些地区的金属资源？它们的前后交替次序和原因又是什么？进一步的问题，在不同采冶中心彼消此长的历史过程中，它们在不同时期占有的资源贡献份额的具体量度及消长变化，也都是不能不加以重视的问题。对于铜绿山古矿冶遗址文化内涵的深入开掘，弄清其开采利用的时代上限只是问题之一，就目前所有的认识看，甚至不会是最重要、主要的问题。20世纪80年代我曾经在一篇关于妇好墓部分青铜器的铅同位素分析的小文中，论及其中有几件铅同位素组成数据接近铜绿山孔雀石的数据。这一意见受到欢迎的程度超过我关于殷墟青铜器高放射成因铅金属资源可能来自西南地区的看法。其实，回过头来看当时的工作，以当时的仪器分析条件，铅同位素数据中高放射成因铅和普通铅的区分今天仍然站得住，但要在普通铅数据之间进行细致区分，80年代的数据结果应该被重新审视。我们的研究团队已经着手做该项工作，不久的将来大家会看到相关报告。今年我有一篇谈安阳时期商王朝青铜金属资源的小文，我认为，在殷墟早期，长江中下游一带的铜金属资源在殷墟青铜生产中并不占有主要地位，当时商王朝的地域经略方向与二里岗时期相比较，已经发生重大转移（安阳前期殷人经略地域的方向转换与青铜资源保障，《金玉交辉——商周考古、艺术与文化研讨会论文集》，历史语言研究所会议论文集之十三，台北 2013年 11月）。这一看法希望大家批评指正。

铜绿山矿冶遗址在商周青铜文明史上的历史地位，我个人以为，不宜孤立考求。江西瑞昌铜岭商代矿冶遗址，湖北铜绿山周代矿冶遗址，安徽铜陵战国至汉代矿冶遗址，已然构成一个完整的中国商周时代铜金属资源矿冶遗址群，历史跨度1000多年，为全国范围内所仅见，就亚洲古青铜文明重要工业遗存而言，也是首屈一指。在思考铜绿山古矿冶遗址的历史定位及世界文化遗产申报等问题上，我们不妨从这一认识出发。如果能够做好协调工作，整合资源，打包申报，可能对各方更为有利，成功的可能性更大。

长江中下游流域古铜矿遗址的分布及与中原商周王朝的关系

李健民

一、前　　言

中国是历史悠久的文明古国。商周时代创造的光辉灿烂的青铜文化是博大精深的中华文明巨著的恢弘篇章。

商周青铜器种类繁多，礼乐器、兵器、生产工具、生活用具及各类杂器，涉及政治、军事、经济、文化等诸多领域。铜器的冶铸需耗费大量铜材。著名的殷商司母戊鼎重达875千克。战国早期的曾侯乙墓编钟更是重达5吨以上。夏代是青铜器的初创期，所见出土青铜器数量有限。自商代开始，青铜器冶铸技术逐渐成熟，面世的出土青铜器也逐渐增多。早商至战国长达14个世纪中，青铜器冶铸所用铜材数量巨大、难以计算，商、西周皆定都中原，东周诸国定都也以中原居多。青铜器出土地点集中于都城、王畿自在情理之中。据目前所知，古铜矿虽在全国广泛分布，但储量巨大、矿脉集中、富矿比例高，且在商周时期即已大量开采冶炼的古铜矿，主要分布于长江中下游流域。本文即探讨以长江中下游流域古铜矿冶遗址的分布及其与中原商周王朝的关系。

二、中国铜矿资源的分布

据文献记载和现代地质矿产勘探资料证实，全国绝大部分地区都有铜矿资源，而主要矿区又集中于少数地区，依次为长江中下游流域，川滇的东川、易门等地，山西的中条山及甘肃的白银厂、金川等地。这四大地区的储量占全国总储量的三分之二以上。其中，尤以长江中下游流域铜矿带居首，包括阳新在内的湖北大冶矿区是中国最大的铜矿基地之一，为屈指可数的大型富铜富铁矿床，素有“状元矿”之美称。值得注意的是，一些重要的现代铜矿冶企业也是重要的古铜矿遗址所在地。例如，大冶有色金属公司的铜绿山矿，在所有的12个矿体中，10个已见有老窿（古矿井的俗称）。由此可见，古今采铜的历史联系判然可辨。

三、长江中下游流域的商周铜矿冶遗址

考古发掘的资料表明，长江中下游流域是中国铜矿冶开发最早的地区，其中尤以江西瑞昌铜岭矿冶遗址的年代为早。瑞昌铜岭矿冶遗址分布范围约为0.5平方千米。从1988年至1991年的考古发掘中，揭露采矿区面积为1800平方米，冶炼区面积为600平方米，共发现采坑7处，古矿井102口，巷道18条，工棚2处，炼炉2座，以及斧、锛、凿等青铜工具，铲、锄、筐、桶等竹、木装载工具，绞车、滑轮等运载、提升工具，竹、木质的选矿工具，鬲、斝、豆、罐等陶质的生活用具，照明用的竹签，矿工穿的草鞋等400余件物品。由露采、开挖槽坑转入地下开采，以及采用大型木槽选矿，均为国内首次发现。已采用井巷联合开采，木支护结构随年代循序渐进。经^{14}C测定所出坑木的年代，最早为商代中期，尔后经西周、春秋以至战国早期。这与遗址地层所出陶器的时代特征亦相符合。

铜绿山古矿冶遗址位于湖北大冶矿区，面积约为21平方千米，为该矿区已发现的近40处矿冶遗址中内涵最丰富者。在12个矿体中，已知至少有10个曾被古人所开采。自1974年至1985年，发掘其中6个矿体的部分遗存，已清理地下采区多处，井巷数个（条），冶炼遗址2处，炼炉多座，出土大量竹、木、石、铜、铁材质的采矿工具、井巷支护构件，以及自然铜、孔雀石、铜锭、青铜兵器、陶器等遗物。初步估算矿区周围的炼渣堆积达40余万吨。从出土器物的形制和^{14}C年代测试，可知这一矿区的开发至迟始于西周早期，并一直延续至汉代。3号竖井坑木测年为距今2795 ± 75年，树轮校正距今2905 ± 110年，看来遗址最早开采年代很可能始自殷墟前期。迄今已发现和发掘的先秦矿冶遗址中，以铜绿山的规模最为宏大，科学技术内涵最为全面和丰富，相关研究也最为详尽深入。结合铜岭遗址的发掘成果，得以窥知长江中下游流域古矿冶技术自商中期历经西周、春秋战国乃至汉代的发展历程及演变轨迹，具有重大的学术价值。

四、商周时期长江中下游流域古铜矿冶遗址与中原王朝的关系

商周时期，中原王朝与长江中下游流域地区有着不可割舍的密切关系，关键在于对铜矿藏的巨大需求。武丁是殷商王朝最有作为的国王，其统治年代约当殷墟一期晚段和二期早段。《史记·殷本纪》云：“武丁修政行德，天下咸驩，殷道复兴。”国力的强盛，使武丁得以举行征伐叛服无常的方国大事，每次使用的兵力动辄以数千计。荆楚是武丁征伐的主要方国之一。《诗经·商颂·殷武》云：“挞彼殷武，奋伐荆楚。深入其阻，裒荆之旅。”《毛诗》曰：“殷武，祀高宗也。”郑玄笺：“殷道衰而楚人叛，高宗挞然奋扬威武，出兵伐之。”武丁劳师远征蛮荒，其目的显然是为了攫取荆楚的丰厚铜矿资源。考古发掘所获实测数据显示，在殷商王朝冶铸青铜器所用铜料中，荆楚之地的铜矿确实占有相当大的比重。实测数据表明，铜绿山所出铜炼

渣、矿石、铜锭的铅同位素比值和部分安阳殷墟青铜器相重合。从而反映出殷墟青铜器铸造所用铜料中很可能有相当大的数量即取自于长江中下游流域铜产地。据文献记载，两周时期，周王室及诸侯国与荆淮诸侯经常发生争战，重要原因之一便是对铜产地的控制或打开铜锡等金属原料输送贸易的通道。两周铜器铭文于此多有记载，如蔡侯鼎铭："蔡侯获巢，孚厥金。"过伯簋铭："过伯从王伐反荆，孚金，用作宗室宝尊彝。"

概言之，商周是中国古代历史上光辉灿烂的青铜时代，中原乃商周王朝的核心地区。长江中下游流域虽地处偏远，但是盛产铜矿，对中原商周王朝有着至关重要的作用，因而在中国古代文明发展的进程中占有显著地位。

湖北大冶铜绿山古铜矿冶炼产物输出地初步研究

秦　颖　魏国锋　罗武干　龚长根　黄凤春　胡雅丽

长江中下游地区横跨中国大陆东部，地跨多种大地构造单元，是一条十分醒目且独具特色的Cu、Fe、Au、Ag多金属成矿带，在现今我国铜矿资源的采冶量中仍占据着举足轻重的地位。今天如此，历史时期更是如此。经过考古、地质、矿山等部门工作者多年的共同努力，业已发现该带内矿冶遗址密布，在中国乃至世界范围内都是屈指可数的采冶规模宏大、历史悠久、延续时间长、保存状况较好的古代铜矿冶遗址带。可以说，长江中下游地区古铜矿采冶遗址已不是多少个点，而是形成一个个以铜矿区为中心分布区，向外逐渐稀疏的矿冶遗址群；形成一个绵延数百千米的长江中下游地区古矿采冶遗址带（如图一）。

铜绿山古铜矿采冶遗址位于黄石市西南30余千米处的大冶湖畔，是我国迄今已发掘的生产时间最长（最晚始于西周，经春秋战国一直延续到汉代）、规模最大的古铜矿。已发掘古采矿井、巷360多条（个），古代冶铜炉10座，地表古代炼渣估计数量有40万吨，累计生产粗铜在10万吨以上。该铜矿遗址的发现和发掘为研究我国矿冶技术发展史提供了一批珍贵的实物资料。

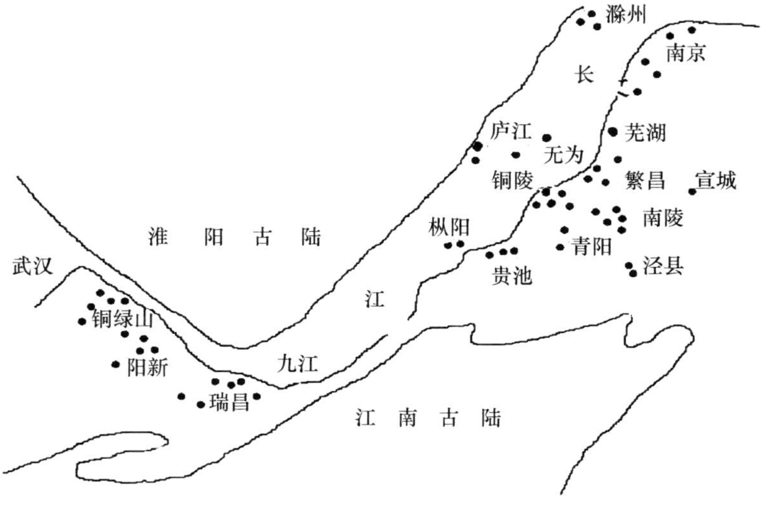

图一　长江中下游地区古矿冶遗址分布

铜绿山等古铜矿的铜料输出到了什么地方？目前从自然科学的角度探讨青铜器产地和矿料来源，主要有同位素和微量元素示踪两种方法，尤其铅同位素被广泛采用。

就铜绿山古铜矿而言，其矿石铅同位素组成都属正常铅分布范围，与长江中下游其他古铜矿，甚至我国其他成矿带的矽卡岩型铜矿铅同位素组成差异不明显，尤其是铀铅206Pb/ 204Pb、 207Pb/204Pb比值变化小。再者，该矿床，尤其是冶炼后的粗铜中铅含量很低（如表一），但中国古代青铜器大都含铅较高（人为加入铅料或使用含铅青铜回炉料）。因此，在青铜器中铜料所携带的微量铅信息大多数可能已被其他产地的铅料所覆盖。

青铜器所含次要和微量元素与来源区矿料之间不是简单的对比关系，或者说不是所有元素都存在可比关系。原因是矿石在冶炼过程中元素要发生重新分配，且大多数微量元素数据是重叠的，真正具有示踪意义的微量元素只是少数，且获取这些特征元素需要通过对古矿石、古冶炼产物的系统对比研究。在还不清楚矿料来源区的矿石及冶炼产物中的特征或指示微量元素的情况下，任何想通过微量元素追踪青铜器矿料来源的企图都不可能取得实效。

因此，要解决青铜器矿料来源问题，首先要解决古采冶场的产品输出方向问题。这是一项基础的研究工作，该问题不解决，前一问题也无从谈起。虽然大多数同类的金属矿床所含的主要、次要成矿元素，甚至伴生的大多数微量元素可能相近，但每一矿床都有其特殊的成矿背景和成矿过程，故某些微量元素存在明显差异是肯定的，这是我们能够利用微量元素追寻矿料来源的矿床理论基础。要解决这一问题，必须先从矿源地的基础研究开始，通过矿石、炼渣及冶炼出的金属产物的系统对比分析和模拟实验，利用矿床地球化学、冶金学的理论和研究方法，探索冶炼过程中的元素化学亲合性，筛选出既是某矿床的特征元素又能在其冶炼产物金属锭中再现的那些特征元素（包括元素组合、元素比值等）。

铜绿山是矿床规模大、品位高、矿种多的矽卡岩型矿床，矿床在氧化带发育，次生氧化富集带铜品位高，除Cu、Fe两种主要成矿元素外，伴生元素有Au、Ag、Co、In、As、Pb、Zn、Sn、S、P、Se、Te、W、Th、Ga等。表一是湖北大冶铜绿山部分古采冶遗物及利用古矿石仿古冶炼出的铜锭的实验分析结果。从分析结果我们可以得出如下初步看法。

1）冶炼过程中元素化学的亲合性表现为和铜一起得到富集的元素有：Cu、Bi、Ag、Au、As、Sb、Sn、Ni、Cd、Se、Te、Ge等亲铜亲硫元素；在炉渣中富集的元素有：Fe、Ca、Si、Al、K、Na、Zn、Ti、W、Mo、Mn、Nb、Ta、Zr、Hf、V、Th、Be等亲石亲铁元素和稀土元素；在粗铜和炉渣中都未明显富集的元素有Co、Zn、Pb、Cd等；有些元素是以挥发份的形式在冶炼过程中丢失了，如S、B等。

2）从分析结果看（除未分析的元素外），Se、Te、As、Co、Au、Ag等既是该矿床中伴生的主要元素，又能在其冶炼产物铜锭中再现的元素，方可作为本区铜矿的指示元素；连同含量较低的Sb、Bi、Mo等可作为探索本区铜矿输出方向的综合判别标志。Fe、Th、Ga、Zn、W、Sn、Pb等虽然也是本矿床比较特殊的元素，但是要么它们在冶炼过程中跟炉渣结合了，要么在以后铸造青铜过程中有被添加的可能（Sn、Pb即是如此），故这类元素对冶炼出的铜锭及其铸造出的青铜器来说不具指示产地意义。对于Fe、Mn、Ti、V、Zn等亲石元素，虽然它们可能在该区或其他地区（如铜陵等）早期冶炼的粗铜中含量较高（受冶炼技术和矿石特征制约），但它们存在着在之后的熔铸过程中随熔炼渣跑掉的可能，造成青铜器中这些元素强烈贫化，故这类元素也不适宜做产地的示踪元素。相比较而言，大冶灵乡出土铜锭中Sb、Bi、Ag等含量高，其他元素含量相近。

当然，我们最终追踪的目标是青铜器，而非铜锭。上述提出的某些指示元素也可能存在着在制造合金过程中被添加的锡料（或还有铅料）伴生的微量元素覆盖、综合的情况，需要对混合后的这些元素进行判别和筛选，这也是我们下一步工作的重点。但铜矿和锡（铅）矿在伴生微量元素尤其是元素组合方面总是有显著区别，所以上述这些元素中的一些将会最终成为真正指示其铜绿山产地信息的“指纹”元素。

3）对于大多数矿冶遗址来说，要直接获取其残存的金属产物并不容易实现。但大多数早期冶炼遗址内的炉渣里都包含一些残存的小的铜颗粒。通过分析可看出（样品htt2051为从炼渣htz205分离出的铜颗粒，htt206为与其相伴而生的铜锭），分离出的铜颗粒的微量元素含量可以代表其冶炼出的铜产品的微量元素含量，这就给我们开展类似的工作奠定了基础，打开了思路。

4）利用微量元素判断矿料来源不能只靠个别的元素，而是要多元素综合判别，包括同位素资料和相对而言较贫化的元素均可作为判别指标。

5）图二是利用上述特征元素对铜绿山金属产物与皖南、山西中条山、宁夏中卫照壁山等古代矿冶遗址出土金属铜进行的聚类分析，相互之间还是有明显差异。

表一　铜绿山矿冶产物ICP的分析结果（铜及氧化物为%，其他元素为10^{-6}）

样品号 / 样品名	htk201 古铜矿	Htk207 围岩	Htz202 古炼渣	Htz203 古炼渣	Htz204 古炼渣	Htz205 模拟渣	Htt2051 铜颗粒	Htt206 模拟铜锭	古代铜锭**	大冶灵乡 古铜锭
SiO_2	9.44	36.43	18.49	31.35	22.74	32.38				
Al_2O_3	0.95	9.07	3.87	6.20	5.24	6.37				
Fe_2O_3	71.27	28.38	72.06	61.05	73.13	50.40				
MgO	1.32	5.47	0.70	0.87	0.51	1.11				
CaO	1.84	0.54	1.74	2.84	1.09	6.53				
Na_2O	0.05	0.07	0.03	0.10	0.05	0.11				

续表

样品号 样品名	htk201 古铜矿	Htk207 围岩	Htz202 古炼渣	Htz203 古炼渣	Htz204 古炼渣	Htz205 模拟渣	Htt2051 铜颗粒	Htt206 模拟铜锭	古代铜锭**	大冶灵乡 古铜锭
K_2O	0.05	0.59	0.17	0.90	0.36	1.04				
MnO	0.17	0.54	0.35	0.40	0.32	0.39				
TiO_2	0.48	0.65	0.22	0.32	0.27	0.32				
P_2O_5	0.03	—	0.17	0.34	0.16	0.47				
SO_2	0.99	—	0.50	0.49	0.98	0.07				
Cu	8.06	1.65	0.96	0.49	0.68	8.35			92.43	
Ba	74	289	163	276	281	390				
Sb	0.10	1.10	1.20	0.70	0.40	0.90	19.10	20.30	51	271.70
Mo	44.1	7.90	46	52	57	52	15.90	4.3		
As	6	25	11	4	5	9	229	233	370	218.90
Pb	5	40	21	27	40	59	188	194	5300	
Ag	21.2	4.90	4.8	1.40	2.30	4.8	99.80	99.40	440	929.50
Bi	3.10	2.60	2.80	1.10	4	0.80	<0.50	6.40		726.60
Zn	697	771	335	470	439	543	330	341	630	
Co	268	77	335	570	251	169	101	63	310	285
Ni	65	47	58	50	60	43	60	51	340	112
Se	0.30	0.10	1.20	1.90	2.10	0.20	10.30	7.2	160	68.25
Te	—	—	—	—	—	—	17	16	74	95.64
Hg	0.004	0.03	0.01	0.005	0.002	0.004	—	—		
V	68.40	109.40	109	127.8	132.2	122.5	0.40	0.3	20	
W	320	—	741	516	350	350	<1	<1		
Nb	1.30	—	5.50	8.40	6.90	8.90	<0.50	<0.50		
Ta	<0.50	—	<0.5	<0.5	<0.5	<0.5	<0.50	<0.50	0.80	
Zr	19.50	—	56.7	72.30	64.40	67.70	0.50	<0.50	570	
Hf	<0.50	—	2.20	3.00	2.40	2.70	2.4	0.60	1.10	
Be	1.14	1.54	1.14	2.10	1.48	2.45	0.02	0.02		
B	1.90	>600	1.00	8.80	6.60	16.90	—	—		
Th	1.10	—	4.20	4.70	4.70	4.40	<0.50	<0.50	0.68	
Cd	0.94	0.78	<0.20	<0.2	1.14	<0.20	3.42	2.23		
Ge	—	—	—	—	—	—	11.40	10.60		
Ga	3.7	20	5.70	11.60	11.40	11	—	—		
Fe	—	—	—	—	—	—	45393	31966	29000	
Sn	—	—	—	—	—	—	68.30	65.10		
Au*	1.33	0.22		0.61	0.34	0.048		14.60	78	

（分析：武汉综合岩矿测试中心。*为北京核物理所中子活化分析结果；**引用陈建立等中子活化资料）

6）图三是利用上述特征元素对湖北枣阳九连墩、荆门左冢出土的部分青铜器进行的聚类分析。它们各自所用铜矿料比较稳定，其中所分析的左冢青铜器矿料可能来自大冶灵乡。

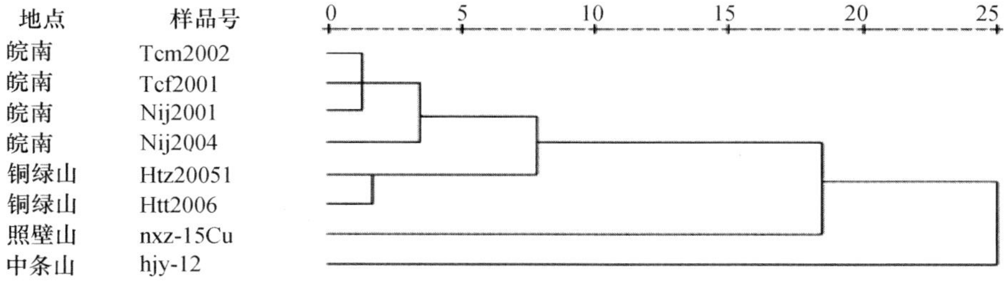

图二　皖南、铜绿山、中条山和照壁山金属铜聚类谱系图

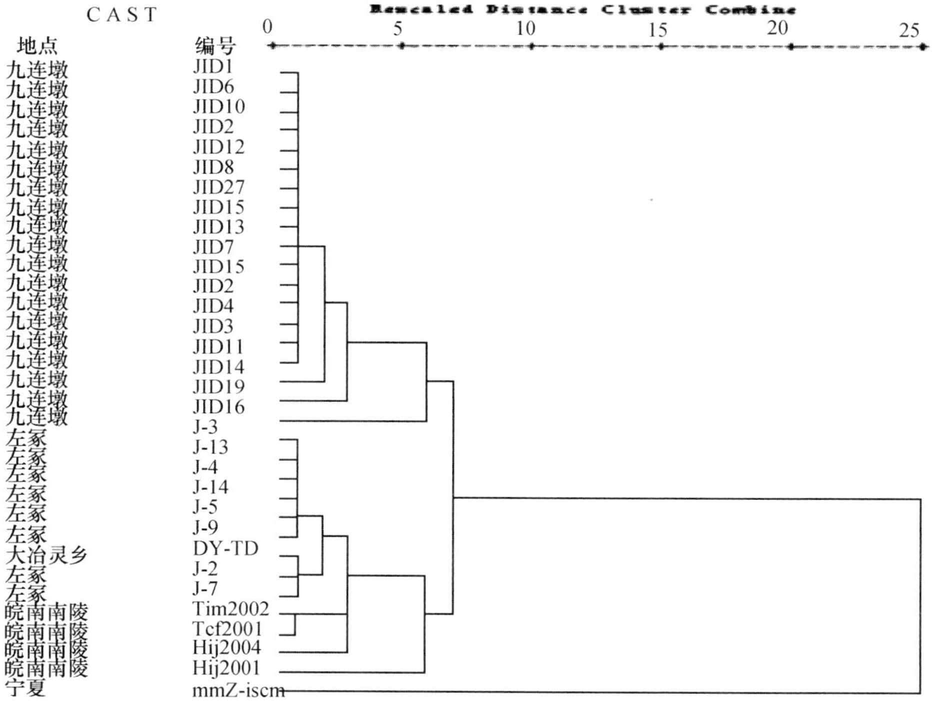

图三　湖北枣阳九连墩、荆门左冢出土的部分青铜器及矿冶遗址铜锭聚类谱系图

7）图四是利用上述特征元素对湖北郧县乔家院出土的部分青铜器与附近安城铜矿进行的聚类分析，表明这些青铜器中微量元素特征与皖南、宁夏等地古铜锭的差异比较明显，但与大冶灵乡铜锭颇为一致。

8）图五是利用上述特征元素对安徽部分地区出土的青铜器及各矿冶遗址金属铜因子进行分析的散点图，从图中可以看出，青铜器所用铜料部分可能来自铜陵地区，部分可能来自铜绿山及其他地区。

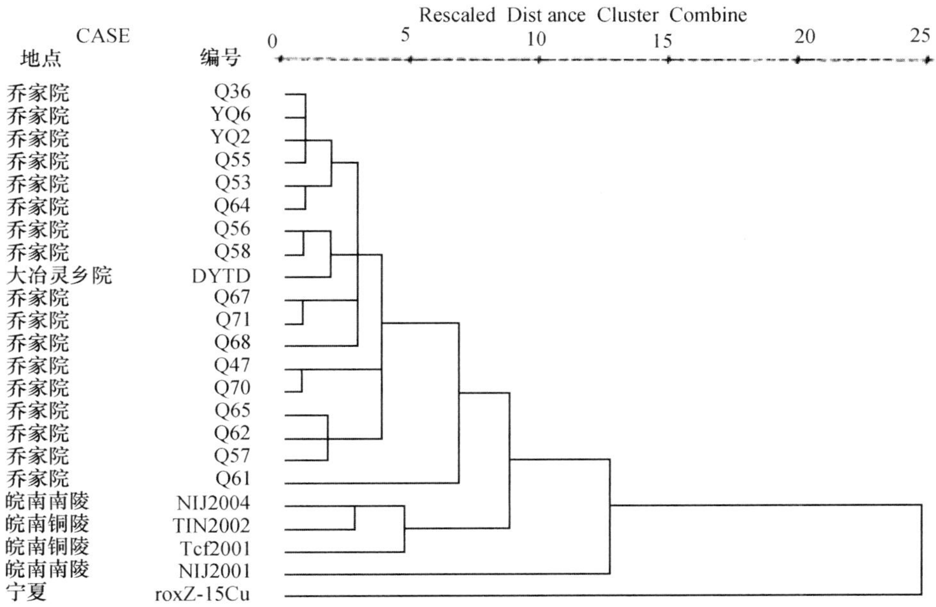

图四 湖北郧县乔家院出土的部分青铜器及矿冶遗址铜锭聚类谱系图

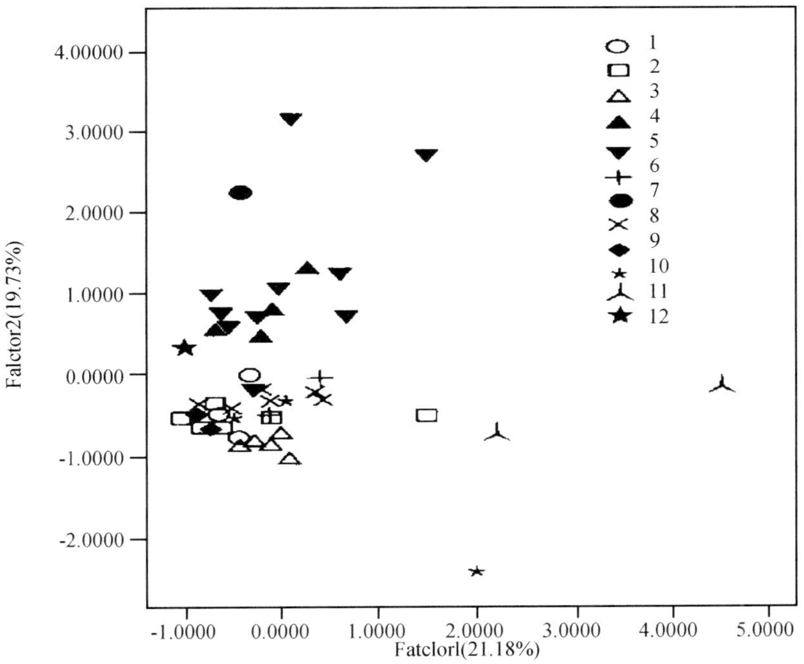

图五 安徽部分地区出土的青铜器及各矿冶遗址金属铜因子分析散点图

1. 繁昌；2. 淮北；3. 何郢；4. 侯马；5. 辽西；6. 南陵；7. 照壁山铜颗粒；
8. 铜陵；9. 铜绿山铜锭；10. 皖南铜锭；11. 李家；12. 中条山铜块

9）利用微量元素判断青铜器矿料来源是可行的，但它必须建立在前期对古铜矿采冶遗物的系统微量元素研究之上。随着这些资料（主要是特征微量元素和同位素资料）的不断积累，诸如中原青铜器矿料来源等难题就有可能得到解决。可能会有不同产地铜料混合使用的情况，这会给青铜器矿料示踪带来不少麻烦。尤其是在大比例混合的情况下，特征元素的辨别等问题还需进一步探讨。

铜绿山古铜矿工业遗产申报世界文化遗产对比分析研究

王　晶

铜绿山所在的长江中下游南岸地带，群山环抱，水系纵横，孕育了各种丰富的矿产资源。铜绿山古铜矿遗址作为中国古代矿冶工业遗产的突出代表，以其规模之大、开采历史延续之长、技术水平之高，代表了亚洲古代手工业矿冶生产的最高水平。目前，铜绿山古铜矿遗址主体包括：7号矿遗址、6号矿遗址、9号矿遗址及冶炼遗址，考古发掘确认采冶遗址范围为2平方千米。

铜绿山古铜矿遗址自1973~1985 年陆续发掘，清理出7 个露天采场和18 个保存完好、规模宏大的地下开采区，有竖井（包括斜井、盲井）199 座，大小平巷177 条，井巷总长8000余米，老窿采空区达70 多万立方米；古冶炼场50 余处，古炼铜炉数十座。出土的文物有木制、石质及铜、铁生产工具千余件，筑炉工具、木炭及冶炼辅助原料、陶器、照明器具、生活用品和兵器等多件套。

一、矿冶工业遗产价值要点

矿冶工业遗产是为开采活动而人为形成的具有较高历史、技术或艺术价值的矿区遗存。作为代表矿冶工业文化的一类独特范例，从历史或技术角度来看，矿冶工业遗产具有突出普遍价值。它可以是一个复杂的文化景观中的一处古迹或一个组成部分。

根据《实施世界遗产公约的操作指南》（Operational Guidelines for the Implementation of the World Heritage Convention）第24段的价值判断标准，按照矿冶工业遗址特性，笔者总结了铜绿山古铜矿矿冶工业遗产的价值要点。

1. 标准iii：能为现存的或已消逝的文明或文化传统提供独特的或至少是特殊的见证

铜绿山古铜矿工业遗产已经成为中国古代矿冶生产传统在青铜文明时期的稀有见证，对中国乃至东亚地区的矿冶工业发展具有重要作用。铜绿山古铜矿工业遗产以其规模之大、开采历史延续之长、技术水平之高代表了亚洲古代手工业矿冶生产的最高水平。

铜绿山古铜矿矿冶工业遗产所反映的中国古代矿冶生产传统以其独特的技术力量，成为中国重要历史阶段支撑国家政治、军事需求的物质基础和历史源头，不断地推动着社会的发展和进步，并成为古代青铜文化的独特证据。铜绿山古铜矿遗址的发现和发掘揭示了中国青铜文化的起源，它所代表的古代矿冶生产传统，作为一种社会形态的独特写照，其重要性不仅在物质生产方面，更在于国家与文明的制度层面。铜绿山古铜矿矿冶工业遗产为中国乃至世界青铜文明找到了重要的原料产地和历史源头，见证了中华文明由于铜的出现而由原始社会过渡为奴隶社会及因为铁器的使用而演变至封建社会的社会形态变化，为人类社会的发展和进步做出了重要贡献。

2. 标准iv：体现重要历史时期的一种建筑结构或特色的突出典范，对重要建筑形式、重大技术发展、景观设计产生伟大影响

铜绿山古铜矿工业遗产是中国古代矿冶生产的杰出典范，为中国青铜文化的物质基础和历史源头铭刻了青铜文明发展、鼎盛和繁荣的足迹。

铜绿山古铜矿工业遗产体现了古代矿冶技术水平成熟、工具先进、体系完整、规模宏大、影响广泛，集中再现了中国青铜时代的矿冶技术成就，成为人类古代矿冶工业技术的非凡范例，并对世界矿冶技术史和后世采冶技术有着深远的影响。矿冶工业遗产类型多样、系统完整，保存的矿冶工业要素构成一个融合了时间性和空间性的非凡的整体矿冶工业序列，反映出古代传统矿冶工业和现代机械化矿冶工业持续演进的生产方式和先进的技术创造，并发挥了启蒙性和先进性的突出作用，为东亚区域矿冶工业技术、可持续的工业发展模式提供了独特的范例。同时，铜绿山古铜矿遗址揭示的古代矿冶生产活动促进了矿冶经济的发展和管理水平的提升，成为青铜时期矿冶社会、经济可持续发展的独特例证。

二、亚洲矿冶工业遗产比较

矿冶生产活动是人类最早进行的认识自然、改造自然的活动之一。已知最早的铜矿位于奥地利别希霍夫荷劳的密特堡，年代约为公元前3000年，遗址为长1200米、深15米的沟槽，属于露天开采。著名的古代埃及提姆纳采铜遗址位于亚喀巴海湾附近，开采年代距今约3000年，竖井最深达36米，采矿用“锤-锲”法，有专用的通风井巷和提升用的绞车。

在铜绿山古铜矿工业遗产的对比分析中，同处于东亚地区、已成为世界文化遗产地的日本石见银山文化景观应是最具有可比价值的考古遗址。石见银山开创了世界规模的重要经济文化交流，大量、完好地保留了采用传统技术的银生产方式，且完整而明确地展示了从银的生产到运出的整个过程。两者表现出的共同点是：它们都是以矿产开采、矿产冶炼为主的遗址群，且在各自的时代都是当时有重大影响力的矿冶工业地区。但两者在突出普遍价值比较方面存在明显的差异，主要表现在三个方面。

（1）时空范围及历史作用不同

从时空范围和历史作用方面来看，两者代表了不同时期、不同地区的两大民族的

图一　石见银山银矿遗址

矿冶中心。

石见银山位于地处东亚东端的日本列岛西部，面临大陆的日本海岸附近，是代表日本的矿山遗址（图一）。该矿山自1526年由九州博多的富商神屋寿祯发现以来，持续开采约400年，直到1923年停止了矿山开采活动。在大航海时代的16世纪中期至17世纪前期，石见银山银矿开采达到鼎盛时期（图二）。

铜绿山古铜矿工业遗产区位于长江中游、湖北省东南部黄石市境内，地处长江中游铁铜等多金属成矿带西段，矿源丰裕，素有“江南聚宝盆”之称。铜绿山先民早在商代即开始了开矿炼铜，兴于春秋战国，为青铜文明提供了强大的物质基础，并支撑了当时的政治、军事物质需求。铜绿山古代矿冶生产传统产生时间较石见银山早了2000余年，延续时间更是极大地长于后者。铜绿山古铜矿工业遗产代表了中国古代青铜开采、冶炼的最高水平，见证了中国古代青铜文明的顶峰。这一点与日本石见银山作为一处单纯的银矿开采遗址及与贸易交流相关的文化景观，对整个工业文明进程的历史作用也有很大差别。

图二　日本石见银山矿山井巷

（2）矿冶种类及技术特点不同

铜绿山古铜矿工业遗产以铜铁矿采、冶为主，但日本石见银山是以单纯银矿开采为主。由于矿冶工业所处时代不同和种类不同，因此二者在矿冶技术特点上也有很大区别。虽然都是以手工业采冶技术为主，但技术方法和开创性价值却有较大差异。

石见银山银矿的冶炼方法为“灰吹法”，即从矿石中将银吹分出来的方法，工序为粗选→素吹→灰吹、清吹。天文二年（1533年），博多的富商神屋寿祯从朝鲜半岛请来了庆寿和宗丹两位技术人员，在日本全国矿山中，首次将“灰吹法”引进到石见银山，增加了日本银的产量，成为日本在16世纪大航海时期引进手工开采银矿的见证（图三）。

图三　“灰吹法”工序图示

以铜绿山古铜矿遗址为代表的黄石古代矿冶遗址，发展了地表露采和地下坑采相结合的采冶技术系统：地表（最大洪水位以上）或露天采场底（潜水面以上）→竖井（群井）或斜井→盲立井或平巷与盲斜井→平巷（或组成采场）。并已经采用浅井和重砂技术等探矿技术，改进井巷开拓技术与支护技术（图四），突破性地运用竖炉结构进行冶炼，并掌握了精准的配料技术，即使与当时世界范围内的冶炼技术水平相比，这都是最先进的。

铜绿山古铜矿遗址至迟从商代中晚期（距今3300年左右）开始，经西周（距今3056年）、春秋战国（距今2781~2266年），延续开采上千年，采选兼备，结合露天开采和地下开采，运用了以铜斧、铜锛、铜镢三大器类为主的一大批先进的生产工具，以古代传统手工生产方式实现了浅井和重砂探矿技术、多种地下采矿方法、先进的井巷开拓与支护技术、采掘装卸技术、矿井防水和排水系统、矿井通风、照明技术及鼓风竖炉炼铜、造渣与配矿等一系列技术复杂的矿冶技术要求，运用分地进行并互有分工的采矿、冶炼和铸造工序管理方式，实现了对铜矿资源自成体系的大规模开采和利用活动。

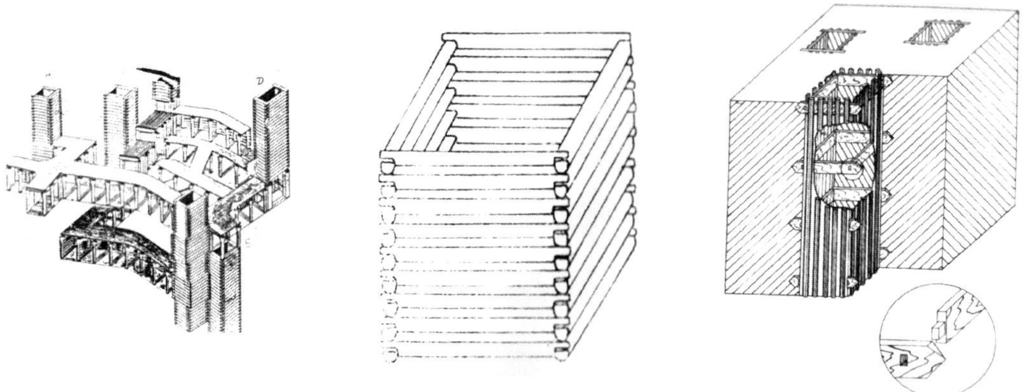

图四　铜绿山古铜矿遗址矿体矿井开拓示意图及竖井盘垛结构、支护结构示意图

铜绿山古铜矿工业遗产集合矿冶开采、冶炼、制造加工的深刻技术影响对中国古代青铜文明起到了有力的支撑作用，相对于日本石见银山矿冶文化景观，其技术体系更加完整，影响更为多元。

（3）遗产类型及文化内涵不同

铜绿山矿区与石见银山分处不同的文化背景，其所产生的文化内涵也各不相同。石见银山更多地形成的是自然文化景观，而铜绿山矿区兼具古今人文、矿冶文化内涵。

石见银山展示了从银的生产到运出的整个过程。在石见银山遗址中，以从开采到冶炼的矿山遗址为中心，在周围的山地中还遗留着保护这些矿山免受外敌袭击的城堡遗址，运输银矿石、银及银山所需物资的两条古道从银山直通港口。另外，曾经因银山的开采而繁荣的矿山街道和港口城镇，至今仍是当地居民生活的场所（图五）。

铜绿山古铜矿所处的黄石地区矿产资源极为丰富，目前已探明的矿产多达数十种，尤以铜铁最为丰富。据考证，早在商代中晚期开始，经周代至西汉，黄石地区先民就在黄石铜绿山进行地下采矿，并就地筑炉炼铜，其开发之早、规模之大、技术之精，为青铜文化的萌芽和发展做出了杰出的贡献。以铜绿山为中心的黄石地区先秦矿冶文化，至迟始于商周，兴于春秋战国，与楚文化的发展历程和阶段同步，是楚文化发展历程的重要体现和组成部分。

图五　石见银山矿区口及矿山街道

三、世界遗产中矿冶工业遗产比较

矿冶工业遗产作为一个新型遗产的重要专题类型和研究方向，越来越受到国际关注。人类在不同时空范围内，对于各类矿产资源的开采利用活动，形成不同技术特点、文化内涵的矿冶工业遗产。已经列入世界遗产名录的工业遗产有新石器时期的比利时斯皮耶纳燧石矿，有公元前2世纪开始的奥地利萨尔茨卡默古特盐矿，有17世纪挪威勒罗斯铜矿及19世纪德国的弗尔克林根钢铁厂等54项。由此可见，矿冶工业遗产时间分布极为广泛，其所代表的技术和时代特征也各有不同，铜绿山古铜矿工业遗产就充分体现了矿冶工业遗产的这一广泛性特征。

据考古资料研究表明，世界上从事采矿业的古代民族为中国人、巴比伦人、埃及人、希腊人，以及地中海沿岸的人和其他民族。中国是世界上最早认识、开发和利用矿物的国家之一，传说距今5200多年前，炎帝神农氏就在陕西一带“采峻缓之铜为器”，开始了铜矿的开采，且众多商周铜矿点的发现，更证实了中国的采矿业在这些民族中处于领先地位，有着自成体系的采矿方法（表一）。

四、比较结论

与日本石见银山文化景观相比，铜绿山古铜矿工业遗产始于晚商，持续演进，见证了中国古代手工业矿冶生产传统及其矿冶技术典范，矿冶生产历史更为悠久、持续时间更长，并在类型上形成集采矿、选矿、冶炼的完整矿冶工业序列，矿冶工业技术更加体系化、类型更为完整。铜绿山古铜矿矿冶工业遗产在工业构成、技术体系、生产传统和国家支撑等方面都独具特色，是在以人力生产为特征的传统手工业时期和特定的社会背景之下，人类延续的矿冶生产传统而产生的独特工业遗产。

铜绿山古铜矿遗址工业遗产是人类持续的矿冶生产传统的典型代表，该项工业遗产规模大、类型多样、内涵丰富、技术先进，与中国江西、安徽、山西、内蒙古等地以先秦时期矿冶遗址为主要核心价值的大部分遗产在延续时间和矿冶生产传统上差异较大，与欧洲等国家和地区的工业遗产相比，铜绿山古铜矿工业遗产所代表的矿冶生产技术和文化传统与该地区的文化历史背景和地理自然环境密切相关，并作为支撑国家的政治、军事需求的重要物质基础，使得矿冶工业的技术演进和生产规模都得到充分的发展，具有鲜明的中华文化传统背景，这是铜绿山矿冶工业遗产最大的特点和价值所在，也是与其他国家和地区工业遗产在文化背景、技术演进等方面最大的区别。

（已载《湖北理工学院学报（人文社会科学版）》2014年第2期）

表一　与世界文化遗产中其他矿冶工业遗产对比分析[7]

世界范围内矿冶工业遗产	适用标准 延续时间	国家 地区	简要描述	与铜绿山古铜矿矿冶工业遗产差异	图片
艾恩布里奇戈尔热工业区（铁桥峪谷）	标准i、ii、iv、v 18世纪	英国 欧洲	乔治铁桥区是工业革命的象征，它包含了18世纪推动这一工业区快速发展的所有要素。连接铁桥峡上的桥是世界上第一座用金属制成的桥，对科学技术和建筑学发展产生了巨大影响	铁桥峡谷作为现代遗产的典型代表了现代工业革命的开端。铜绿山古铜矿工业遗产则是以中国古代手工业矿冶生产为核心价值为代表	无 无
哈尔施塔特-达赫斯泰因-萨尔茨卡默古特文化景观（盐矿）	标准iii、iv 公元前20世纪至公元20世纪	奥地利 欧洲	这个地区是兼具自然美和科技价值的自然景观的一个杰出典范，它还体现了人类活动的基础，把自然景色与人类活动以和谐、互惠的方式融合在了一起	以自然景观类型申报，强调人与自然在盐生产系统中的融合，而铜绿山矿冶工业遗产强调矿冶技术水平及其影响	

续表

世界范围内矿冶工业遗产	适用标准 延续时间	国家 地区	简要描述	与铜绿山古铜矿矿冶工业遗产差异	图片
斯皮耶纳的新石器时代燧石矿	i、iii、iv 新石器时代	比利时 欧洲	斯皮耶纳的新石器时代是燧石矿的杰出代表，体现了人类早期杰出的发明创造能力。古矿汇集地生动地展现了代表人类文化和科技发展里程碑的新石器时代文化	该遗址代表新石器时期石矿开采活动，主要生产工具为石器，而铜绿山矿冶工业遗产生产工具主要为金属	 
勒罗斯铜矿	iii、iv、v 17世纪开始持续至1977年	挪威 欧洲	这一遗产的价值在于体现了如何在气候严酷而偏远的地区，建立起一种以铜矿开采为基础的文化。木结构建筑也是该遗产的一项特点	该遗产与铜绿山矿冶工业遗产所处地理环境截然不同，它突出的木结构建筑群也与铜绿山矿冶工业遗产突出的矿冶技术特征不同	 

续表

世界范围内矿冶工业遗产	适用标准 延续时间	国家 地区	简要描述	与铜绿山古铜矿矿冶工业遗产差异	图片
亨伯斯通和圣劳拉硝石采石场	ii、iii、iv、 1880年	智利 南美洲	硝石工业的开发让从南美洲及欧洲来的各式各样组织影响了当地的综合知识、技能、技术及财政投资风潮，并发展出一个广大又非常独特的都市形态，智利北方的硝石矿业也是世界最大的天然硝石矿场工业	该项工业遗产以单纯的硝石开采为技术核心和生产传统，铜绿山矿冶工业遗产以铜矿冶工业技术为核心，代表的生产传统影响了整个区域市	 
弗尔克林根钢铁厂	ii、iv 始建于1873年，1986年停止运营	德国 欧洲	弗尔克林根钢铁厂开发并规模运用出几项生铁制造的重大技术创新，已在全球范围内得到普遍应用，19世纪和20世纪早期主导生铁制造业的综合钢铁工厂的杰出典范	此项遗产主要突出在19世纪和20世纪早期钢铁制造业的技术典范价值，这与铜绿山古铜矿工业遗产从古代延续至今的完整矿冶技术序列的历时性存在差异	 

晋材楚用
——中条山和塔儿山对铜绿山历史地位的启示

田建文

“晋材楚用”取于“楚材晋用”，不是反其意而用之，而是因其意而用之。典故出自《左传·襄公二十六年》：“及宋向戌将平晋、楚，声子通使于晋。还如楚，令尹子木与之语，问晋故焉，且曰：‘晋大夫与楚孰贤？’对曰：‘晋卿不如楚，其大夫则贤，皆卿材也。如杞、梓、皮革，自楚往也。虽楚有材，晋实用之。’”说的是楚国的人才为晋国所重用，本文则是说山西在早期青铜器和晋文化冶金考古的研究、宣传、利用等方面的材料，对湖北大冶铜绿山历史地位的启示。

山西铜矿有两处，即：

1）中条山，以垣曲为中心，涵盖夏县、闻喜、绛县等县，今天的中条山有色金属公司，是我国四大产铜基地之一，主要矿区为垣曲胡家峪、篦子沟、铜矿峪和绛县横岭关等；

2）塔儿山，在襄汾、翼城、曲沃等县，包括与之相邻的二峰山一带，储量2.7万吨，主要矿区为襄汾四家湾等。

从汉代起，开始有关于铜矿的记载。刘钊先生撰写的《汉代铜器铭文研究》认为，汉代，有“河东”“铜官”“河东所造”“河东安邑造”的铜器铭文，河东就是河东郡，现在习惯上称为晋南地区，包括临汾、运城两个市，以前叫地区。

唐代，《新唐书·地理志》记载平陆“有铜穴四十八”、解县“有铜穴十二”，又载“绛州曲沃南十三里山有铜”“翼城有铜源”“闻喜有铜冶”。《新唐书·食货志》记载天宝年间铸钱“天下炉九十九，绛州三十”。

明代，《明史·地理志》记载“曲沃县南有紫金山，产铜”“翼城县东南有浍高山，产铜”“闻喜县东南有汤山，产铜”“垣曲县西北有折腰山，有铜冶”。

以上铜矿都是在中条山地区。章鸿钊先生在《古矿录》中指出：“古之产铜最著者，乃在晋南豫北，西连陕西终南山一带，其范围尤为广大。”说的也是以中条山为主的地区。

但即使是以中条山为主的地区，矿冶考古也十分薄弱。只是1958年在运城（旧安邑）的洞沟发现一处东汉铜矿，1961年安志敏等人调查过并发表的报告[1]，发现有东汉题记的古矿洞和“凵”形炉址。20多年过去后的1987年，李延祥调查了垣曲县境内的铜锅、马蹄沟、店头等矿冶遗址[2]，对这三处遗址的矿渣进行了取样分析，^{14}C测年结果显示，垣曲的铜矿冶炼最晚到战国或汉代就已经开始了。

然而塔儿山则是直到2009年以来才在翼城古署村安坡冶炼遗址开展工作[3]，炉渣中含有东周时期的陶片，具体年代还要等^{14}C测年结果出来之后才能确定。

下面分三部分来谈山西考古学遗存与中条山、塔儿山冶金考古的进展。

一

山西最早的“早期”与铜器有关的材料是，1942年日本人和岛诚一在榆次源涡镇调查发现的铜炼渣[4]，安志敏先生在《中国早期铜器的几个问题》[5]中说得很清楚：“1942年发现的一块陶片上附有铜渣，最初认为是由上层混入的；后来对它进行光谱分析，并根据有彩陶、黑陶和灰陶共存，判断为龙山文化早期的遗物。……不过，根据作者的调查简报，这里包括仰韶文化、龙山文化和青铜器时代的遗物，曾怀疑这件坩埚片是从上层混入的，证实这里确有地层混淆的可能。因而不排除上述铜渣属于晚期遗存的可能性，其所以缺乏锡的成分，正说明它是熔铜的炼渣，当与铸造无关，不能由于其中不含锡，就判断它是早期的遗物。”但也有另一种意见，严文明先生在《论中国的铜石并用时代》里说[6]，“1942年在那里（源涡镇）发现过一块陶片上附有铜渣，后经化验知其含铜47.67%，硅26.81%，钙12.39%，铁3.00%等，应是冶铜留下的炼渣”“从过去发表的资料和现存北京大学考古教研室的部分陶片标本来看，源涡镇遗址的文化性质和太原义井遗址基本一致，是仰韶文化晚期分布于晋中地区的一种地方类型，年代当在公元前3000年左右”。

这件铜炼渣，若是早，到现在为止在山西还属孤例，又是调查得来的遗物，故舍弃不用；若是晚，就与本文没有多大关系了。目前，在山西发现的早期铜器只有“陶寺遗存”的两处遗址。

（1）襄汾陶寺

1983年在M3296（原报告图一，右）发现一件铜铃[7]，为含铅红铜，多合范铸，这座墓的人骨经^{14}C测定，树轮校正年代为距今3835±130年（1885BC），已经进入夏代的纪年范围内，但原报告认为当时居民以小米为主食，人骨测年得增加200年左右，应为公元前2085年左右，其实是凭空想象。近年来又发现三件铜器，见于何驽《山西襄汾陶寺遗址铜器群及其相关问题初探》[8]中，分别是：2001年中期城址北墙外的“晚期”墓地里M11中所出的一件铜齿轮形器（原文图五），为砷铜（“原铜矿石里含较高的砷”），范铸；2005年中期小城内ⅡT7464③发现一铜环（原文图四），为含铅红铜，范铸；2007年在“中期”核心建筑ⅠFJT3的“主体殿堂基础内夯土板块里”，发现一圆形铜器口沿残片”（原文图二），为含砷红铜，范铸。何驽把铜环、铜铃都放在中期，它们通过不同的形式在晚期出现。他在《陶寺文化遗址 走出尧舜禹“传说时代”的探索》[9]中认为，早期，公元前2300~公元前2100年；中期，公元前2100~公元前2000年；

晚期，公元前2000~公元前1900年。因此，本文所述这四件铜器的年代可推定。

（2）绛县周家庄

2004年在该遗址一座灰坑内出土一件铜片[10]，铜片为铜镍锌三元合金，材质为镍黄铜，整体热锻加工，“与铜片共同出土的两个陶片如图一（原报告）所示。上边的陶片饰宽斜篮纹和附加堆纹，下边的陶片饰窄竖篮纹其中有少量横丝。灰坑内涵单一，通过对其遗物的综合分析，其时代应为龙山时期”“初步的考古学研究表明，周家庄遗址龙山时期文化面貌接近于紧邻的临汾盆地陶寺文化”，其中的一片陶片，光释光测年为距今4400±220年，“鉴于光释光测年有一定的误差，结合其考古学年代，铜片的年代约相当于陶寺文化早中期（公元前2500~公元前2100年）”。这个年代判断，值得进一步推敲，陶寺遗存这种“窄竖篮纹其中有少量横丝”的纹饰，很有特点。现在被称为“陶寺文化”的遗存，过去被称为“陶寺类型”，都是分成早、中、晚三期，各期遗存大同小异。1984年高天麟等《龙山文化陶寺类型的年代与分期》说[11]，晚期“纹饰中绳纹仍占过半数，篮纹的数量急骤增长，占到四分之一以上”“夹砂陶多施绳纹，泥质陶多施篮纹。篮纹的特点是在竖条中又有隐浅而纤细的横条，排列整齐而密集”。1985年高炜等《陶寺遗址的发掘与夏文化的探索》[12]，对这一纹饰做了补充，“中期开始有较宽的竖篮纹，纹路长短整齐，间距均匀，在凸起的竖条中间，或隐约可见纤细的横向条纹；晚期盛行整齐、密集的窄条竖篮纹，在竖条之间，均见隐浅而纤细的横向条纹”。所以周家庄铜片只能在“陶寺文化”中、晚期里寻找自己的位置。

综览上述五件铜器，其中陶寺四件，皆为范铸；周家庄一件，整体热锻加工。五件铜器的年代为公元前2100~公元前1900年，材质为含铅红铜、含砷红铜、砷铜、镍黄铜。铜或铜矿从何处来？就近选是塔儿山，陶寺遗址就位于塔儿山北麓；周家庄处在陶寺遗存的边缘地带，不同于中条山西部的运城盆地和垣曲县的同期考古学文化，绛县横岭关就在周家庄东南不远处，可以考虑。

总之，陶寺遗存中、晚期的五件铜器，年代约与夏代初期相当，在人们的日常生活中没有普及，还属“高科技”。把发现铜器的两个地点同塔儿山和中条山联系起来，我们看到了希望。就山西来看，是“铜石并用时期”，为下个阶段青铜时代的到来，做了200年的准备。

二

夏商时期在夏县东下冯和垣曲商城都进行过大规模的发掘。

东下冯[13]，以遗址命名的东下冯类型分为四期，一、二两期不见铜器。三期，发现铜凿一件，H9：17（原报告图七七，20）；铜镞4件，H531：1、F597：17、H525：14（原报告七九，30、31、29）、T6619：3E：3（原图版二五，22）；残铜器两件，一件不知何器，一件“似属刀之残片”，和铜炼渣20余小块；后者H501中发现6块陶范（原报告图七八，10、11、12、13，图版二三，5、6），其中有4块为斧外范。四期，发现铜凿一件，T4423：3C：12（原报告图一一九，16），铜刀一件，T1102：4：19（原报告一二〇，3）；铜镞4件，发表两件T4423：3C：11、T1022：4：12（原报告一二一，21、22），一件“似为铜爵流部残片”；以及铜炼渣10余小块。三期H9：17铜凿为红铜，其余皆为青铜。3块陶范，其中T4424：3B：33与T4425：3B：9（原报告图版六九，5左、中）为一套斧外范，T5512：3C：1（原报告图一四八，7）为镞、凿、斧等工具多用范。

东下冯五、六期相当于商代早期二里岗文化上、下层。五期有铜刀4件，发表的有T4424：3B：17、J2：14、H38：1（原报告图四九，15、14、13）；铜镞10件，发表的有T4451：3B：20、T2106：3：1（原报告图一五一，14、18）、T1012：3：14、T5507：3C：4（原报告图版七〇，8、9）、T5522：3C：23、T4455：3B：27（原报告图一五一，15、17）。六期有铜刀一件H35：1（原报告图一七一，10）；铜镞3件，发表的有T5515：3B：13、T5531：3A：4（原报告图一七二，12、11）；铜爵一件，M4：1（原报告图一七八，3）。

公元前1600年为夏商的分界线是中国的传统认识，公元前1600~公元前1300年为商前期，实际上就是二里岗文化，东下冯类型三、四期当早于公元前1500年，五、六期当早于公元前1300年。东下冯青铜和铸造已经进入成熟阶段。东下冯报告附有北京钢铁学院冶金史组、金相教研组《关于夏县东下冯遗址三件铜器的金相鉴定》，铜凿H9：17没有出现锡、铅、锌和砷的谱线，证明是比较纯的铜；铜镞T1012：3：4和残铜器H104：1，没有出现锌和砷的谱线，证明这两件是青铜制，但没有产地分析。

垣曲古城[14]，二里头晚期出有铜镞一件H161：5（原报告图九八，8），二里岗下层有铜镞两件H235：15、H113：6（原报告图一三三，2、1）；二里岗上层一座墓M1随葬铜鼎、爵、斝三件铜器（原报告图一五八，2、3、1）和铜炼渣H105：41（原报告图版八六，4）。报告中附有姚青芳的《山西垣曲古商城遗址青铜器研究》，对M1的三件铜器进行了研究，虽有成分分析和显微金相，但仍然没有产地分析。

这两处遗址出土的铜器，都没有产地分析，使近在咫尺的中条山铜矿在夏商时期有没有被开发、利用，不能得到很好的研究。我在2009年做了如下推测[15]，“东下冯五期的那个商代小城，先于垣曲古城发现近10年，规模相差无几，当时放弃了殊为可惜。现在垣曲古城报告和论文成群结队，但东下冯少有人提。不管是学术界做出什么推测，都与商代统治方式有关，这肯定是对早期国家形成历程有着极其重要意义的好材料。从生业方面来讲，垣曲古城镇守着蕴藏丰富铜矿的中条山，东下冯小城在盛产池盐的解州盐池前沿，就没有一点关系吗？我这里提出的问题，当然需要做深入的考证”。现在看来，还是相当有道理的。

三

西周，下面详论，先越过这一时间段。春秋晋国的铜器，有目共睹。当年周景王向晋国大夫索要铜器遭到婉拒后竟不顾天子之威大骂晋大夫籍谈“数典忘祖”，这还得从侯马晋国遗址中的铸铜作坊遗址说起[16]。从1957年开始到2003年，在牛村古城之南、之西南发现有几处铸铜作坊遗址，总发掘面积达7000余平方米，其中两处铸铜陶范达十万余块，其中完整的或能配套的有近千件。能识别出器类的有工具范、兵器范、空首布范、礼器范、乐器范、车马器范、生活用具范及其他范等八个种类。陶范中带有花纹的模、范共3000余块，纹饰种类多达25种，其中蟠螭纹及其变形种类最为多见，是晋国最富有特色的纹饰。2003年，在白店村西北部的大运高速公路至侯马市区的连接线上，又发掘了200余平方米[17]，其中以H15出土陶范最为丰富，发表的照片与线图也全面、系统，原报告认为年代在“公元前415~前380年前后甚至更晚”。

侯马铸铜遗址生产出的铜器，被称为“晋式铜器”。我在《千年之初看新田》一文中[18]，对于“晋式铜器”的特点，总结出两个特点，这里不再细说。出土“晋式铜器”的地点，经发掘的墓地有山西侯马上马、下平望，万荣庙前、襄汾大张、曲沃望绛、翼城浇底、浮山南霍、乡宁内阳垣、隰县瓦窑坡、运城南相村、闻喜邱家庄、芮城坛道村、临猗程村、太原金胜、榆次猫儿岭、长治分水岭、长子牛家坡（含羊圈沟）、鲍店、潞城潞河、原平峙峪赵家垴、刘庄塔岗梁、练家岗、东社镇，昔阳阎庄民安村等墓地，另外出土地点有襄汾单家庄等；山西以外在河南辉县固围村、琉璃阁、汲县三彪镇、陕县后川，陕西绥德、临潼秦始皇陵园，四川成都百花潭等。藏有“晋式铜器”的博物馆除山西博物院和许多县市的博物馆外，国内有：故宫博物院、台北博物院、中国历史博物馆、北京保利艺术博物馆、上海博物馆、辽宁博物馆、内蒙古自治区博物院等；国外有美国华盛顿弗利尔博物馆、美国华盛顿塞克勒美术馆、美国明尼阿波利斯艺术研究所、美国Cleavland Museum of Art、美国哈佛大学博物馆、美国旧金山亚洲艺术博物馆、美国弗吉尼亚诺福克Chrysler博物馆、美国芝加哥艺术博物馆、美国堪萨斯纳尔逊博物馆，英国伦敦不列颠博物馆、伦敦大英博物馆，法国巴黎吉美博物馆藏、法国Cernuschi博物馆，丹麦哥本哈根Kunstindustrie博物馆，瑞典斯德哥尔摩远东博物馆，日本出光美术馆、日本大阪山中商会等。参见中国美术分类全集《中国青铜器全集（东周二）》[19]和李夏廷等《晋国青铜艺术图鉴》[20]。

这么多的青铜器，铜矿来自何方？春秋早期以前，中条山还不为晋国所控制，晋人要用很多车的盐到南方换取铜，可见于晋姜鼎铭文“嘉遣我锡卤积千两（辆），勿废文侯显命，俾贯通弘，征繁汤□，取厥吉金”和戎生钟铭“嘉遣卤积，俾譖（潜）征繁汤，取厥吉金”[21]，前者的“卤积”与后者“卤积”都是指委积储藏的盐，就有千辆之多，用来换取“吉金”。到了晋献公时，他所宠爱的骊姬为了达到借赤狄之手除掉晋国太子申生的目的，唆使晋献公派申生征伐位于今垣曲的赤狄东山皋落，今垣曲县城南还有皋落镇。《左传·闵公二年》（公元前660年）："晋侯使大子申生伐东山皋落氏。"《国语·晋语一》："骊姬曰：'以皋落狄之朝夕苛我边鄙，使无日以牧田野，君之仓廪固不实，又恐削封疆。……'公说。是故使申生伐东山，衣之偏裻之衣，佩之以金玦。……至于稷桑，狄人出逆……果败狄于稷桑而反。"又《国语·晋语二》："反自稷桑，处五年。"韦昭注："从伐东山，战于稷桑而反也。"从晋国的青铜业在春秋时期繁荣、到春秋晚期达到顶峰看，盛产铜矿的中条山为其主要的资源保障，占据中条山的东山皋落，或在其时、或在不久后，便落入晋国之手。晋占据了中条山，大量的铜为晋所拥有，是侯马铸铜遗址兴旺发达的必要条件，也为春秋晚期晋国的强大奠定了雄厚的基础。

尽管有这么好的条件，但垣曲县和中条山有色金属集团有限公司不知道宣传它，让它作为县里的文化名片和企业文化的标志。且客观上各个墓地和遗址的报告对铸铜的铜料来自何方，也是泛泛而谈，缺乏唯一性，使垣曲县和中条山有色金属公司长期以来蒙在鼓里，不知所措。说到底，就是相互之间没有沟通。

以上分三个章节简述了山西铜器和冶金考古的概况，中条山和塔儿山对铜绿山历史地位有什么启示呢？我想应该有如下几点。

1）铜绿山目前发现西周至西汉时期铜矿开采与冶炼遗址[22]，还有没有早于西周的夏商时期，甚至龙山时代的？需要考虑。山西的中条山和塔儿山晚期的有资料发表的断断续续有三次，工作的规模都不大，早期就没有进行，已经远远落在别的矿冶遗址的后头了，这个教训应当汲取。

2）铜绿山遗址的采矿竖井、炼铜竖炉、开采工具和数十万吨炼铜矿渣，是一处大规模的铜矿开采与冶炼遗址，山西是有铜器去寻找铜矿，铜绿山有的是铜矿，需要寻找用它铸造的铜器，尤其是楚文化的典型器物，才能与之匹配。像春秋时期晋国最大的铜鼎、鸟尊、铜灶、铜蟠蛇纹镂空鼎、铜牺尊、铜镶嵌狩猎纹豆、铜错金云纹豆、牺背立人盘等，尽是有口皆碑、美轮美奂之器，我们知道，它们是侯马铸铜遗址生产出的，用的是中条山的铜。

3）要寻找到利用铜绿山的铜矿铸造的铜器，对典型的铜器要加大力度宣传，从城市名片和企业文化的高层次方面着手。光宣传铜矿的储量有成千上百万吨、开采出多少多少吨是不够的，没有一个或几个标志物，然而一旦有了城市名片和企业文化，大冶和铜绿山知名度就提高了不少，铜绿山的历史地位还有什么可说的呢？

注　释

[1] 安志敏，陈存洗：《山西运城洞沟的东汉铜矿和题记》，《考古》1962年第10期。

[2] 李延祥：《中条山古铜矿冶遗址初步考察研究》，《文物世界》1993年第2期。

[3] 李延祥 等：《山西省翼城县古暑村安坡冶炼遗址考察及初步研究》，《商周青铜器的陶范铸造技术研究》，文物出版社，2011年。

[4] 〔日〕和岛诚一：《山西省河东平原及び太原盆地北半部に於はろ先史学调查の概要》，《人类学杂志》58卷4号，1943年，158页。

[5] 安志敏：《中国早期铜器的几个问题》，《考古学报》1981年第3期。

[6] 严文明：《论中国的铜石并用时代》，《史前研究》1984年第1期。

[7] 中国社会科学院考古研究所山西工作队 等：《山西襄汾陶寺遗址首次发现铜器》，《考古》1984年第12期。

[8] 何驽：《山西襄汾陶寺遗址铜器群及其相关问题初探》，《古代文明研究通讯》2011年12月总第51期。

[9] 何驽：《陶寺文化遗址 走出尧舜禹“传说时代”的探索》，《中国文化遗产》2004年创刊号。

[10] 王建平 等：《山西周家庄遗址出土龙山时期铜片的初步研究》，《中国国家博物馆馆刊》2013年第8期。

[11] 高天麟 等：《龙山文化陶寺类型的年代与分期》，《史前研究》1984年第3期。

[12] 高炜 等：《陶寺遗址的发掘与夏文化的探索》，《中国考古学会第四届年会论文集》，文物出版社，1985年。

[13] 中国社会科学院考古研究所 等：《夏县东下冯》，文物出版社，1988年。

[14] 中国历史博物馆考古部 等：《垣曲古城东关》，科学出版社，2001年。

[15] 田建文：《让材料牵着鼻子走》，《北方文物》2010年第2期。

[16] 山西省考古研究所：《侯马铸铜遗址》，文物出版社，1994年；山西省考古研究所 等：《侯马陶范艺术》，普林斯顿大学出版社，1996年；山西省考古研究所侯马工作站：《1992年侯马铸铜遗址发掘简报》，《文物》1995年第2期。

[17] 山西省考古研究所：《侯马白店铸铜遗址》，科学出版社，2012年。

[18] 田建文：《千年之初看新田》，《晋国新田文化讨论会论文集》，山西教育出版社，2005年。

[19] 《中国青铜器全集》编委会：《中国青铜器全集（东周二）》，文物出版社，1995年。

[20] 李夏廷 等：《晋国青铜艺术图鉴》，文物出版社，2009年。

[21] 李学勤：《戎生编钟论释》，《保利藏金》，岭南美术出版社，1999年；冯时：《古文字所见之商周盐政》，《南方文物》2009 年第1期。

[22] 铜绿山考古发掘队：《湖北铜绿山春秋战国古矿井遗址发掘简报》，《文物》1975年第2期；夏鼐 等：《湖北铜绿山古铜矿》，《考古学报》1982年第1期；黄石市博物馆：《铜绿山古矿冶遗址》，文物出版社，1999年。

关于正确处理文物保护与矿山生产矛盾的思考

胡美洲　吴宏堂　周保权

位于湖北大冶市的铜绿山古铜矿遗址是中华人民共和国成立以来的重大考古发现之一，根据对出土文物的科学测定，它的年代从西周经过春秋战国一直延续到西汉，是我国迄今已发掘的古铜矿中时代久远、生产时间最长、规模最大的一处，不仅为回答我国灿烂的青铜文化的铜是怎样开采和冶炼这一历史课题，第一次提供了可靠的科学依据；而且有力地证明，早在两千多年前，我国采矿和冶炼技术已经达到很高的水平，在世界上处于遥遥领先的地位，与列入《世界文化遗产名录》的同类遗址比较，比挪威的勒罗斯矿和波兰的维耶利奇卡盐矿早两千多年。因而1982年铜绿山古铜矿遗址被国务院公布为全国重点文物保护单位；2001年被评为“中国20世纪100项考古重大发现”；2012年10月，铜绿山古铜矿遗址再次被列入《中国世界文化遗产预备名单》，且在全国150处大遗址名单中也榜上有名。历史又一次为铜绿山古铜矿遗址的发展提供了新的机遇与挑战。在纪念铜绿山古铜矿遗址发现40周年之际，我们以《关于正确处理文物保护与矿山生产矛盾的思考》为题，就文物保护与矿山生产如何坚持“两不误”“两有利”和“两兼顾”谈三点肤浅的认识，不妥之处，敬请批评指正。

一、坚持文物保护与矿山生产“两不误”

1973年6月至10月，大冶铜绿山矿职工在南露天采场北端剥离距地表40米的铜矿富集带时，发现一片古代采矿井巷，出土了13件铜斧、铜锛、木槌、木铲等器物，最大的一把铜斧重3.5千克。后还发现有被考古工作者称为中国采矿史上“中华第一斧”的大铜斧竟达到了16.3千克。面对这些古代的青铜工具及铜绿山矿矿区漫山遍野的炉渣，结合民间曾广泛流传南宋时期抗金名将岳飞曾在此“大兴炉冶”铸造兵器以御金兵的传说，人们希望得到权威的解读。

1973年10月16日，时任铜绿山矿革委会副主任的齐会彬先生根据广大职工的意愿，断然决定由矿办公室制作一口木箱，将一柄最大的铜斧从邮局直接寄送至中国历史博物馆，并以大冶有色金属公司铜绿山铜铁矿革命委员会的名义致信说：“我矿露天采场工人在今年开采+5米平台（实际从1965年开始开采至今已下挖50米左右）1号矿体时，挖出这种铜斧和各种木槌、木锹等多种古代劳动人民开矿时用的工具，据本地人民传说，是我国南宋时代岳飞带领士兵在我们铜绿山矿区开矿炼铜所留下来的历史遗物，距今有700多年的历史。现在我矿区还残留不少当时炼铜的炉渣和开矿的‘老窿’。为了保护历史文物，现将其中的一把铜斧寄来，看对研究我国的历史是否能起到一点作用，请你们收下吧。”随即，中国历史博物馆给铜绿山矿发来电报：“保留现场，即来人调查。”

11月7日，中国历史博物馆的孔祥星、范世民先生在湖北省博物馆李天元先生，黄石文化局与大冶县博物馆余为民的陪同下来到铜绿山矿。第二天，矿广播站就不时播放欢迎考古专家和要求广大矿工在生产中保护好文物的宣传，一时间，“保护文物，人人有责”“保护文物有功，破坏文物可耻，盗掘文物犯罪”的口号在矿区蔚然成风。职工们纷纷将铜斧、铁锤、古矿井坑木交给矿办。矿党委书记黄华臣，工程师杨永光等还亲自陪同考古工作者到矿山生产一线实地调查，凡发现有古矿井的地方，黄书记果断要求保护好文物现场，调整生产方案。经过一周的调查、试掘和对出土文物的初步考证，考古工作者认为该遗址应该是春秋战国时期的采铜冶炼遗址，需要尽快组织考古发掘。从这个意义上讲，如果说首先发现铜绿山古铜矿冶遗址“一块宝”的是铜绿山矿的广大职工的话，那么最终确认铜绿山古铜矿遗址价值的则是广大文物考古工作者。

铜绿山古铜矿的考古发掘与现代化“状元矿”的铜绿山矿的生产几乎同步进行。为了做到文物保护与矿山生产“两不误”，文物保护部门与矿山生产部门双方相互理解，相互支持，相互帮助，密切配合，通力协作。铜绿山矿领导、工程技术人员与广大矿工为了支持文物部门的工作，做出以下三点努力。

一是在文物保护上全力以赴。矿党委不仅明确一名党委副书记和副矿长亲自参加领导考古发掘与文物保护工作。而且为了原地保护11号矿体的古矿冶遗址，在地面划出了16000平方米的保护范围，原设计的400吨/日生产能力的小露天矿也不能开采，只能改为胶结充填法进行坑采。为此共压矿7846000吨，含铜量132000吨。

二是在生活上无微不至。发掘之初，考古队住的是矿招待所，吃的是矿职工食堂，享受的是一线矿工的劳保福利。工作服、肥皂、手套一应俱全，这在一切物资都需要计划供应的年代，应该说是一种很不错的福利待遇了。此外，看电影、打篮球也都是考古队优先。尤其是许多运输车师傅，只要在路上遇上考古队员，无论是雨天，还是晴天，总是主动停车，请考古队员搭乘“顺风车”。使考古队员打心眼里感觉革命大家庭的温暖和对工人阶级由衷的敬佩。

三是在发掘中尽心尽力。凡考古队工作，总是一路绿灯，要人给人，要车给车。当矿山生产与考古发掘工作发生矛盾时，总能从全局出发，统筹兼顾，千方百计地合理安排矿山生产进度，改变开采方法，甚至暂时局部停工。在发掘战国时期古矿井时，正位于采矿汽车的折返处，矿山领导决定汽车下行急转弯，虽然给运输生产带来困难，却为考古发掘带来了便利。

1975年冬，在矿山生产中又发现了一批“老窿”，即古矿井，其中一处“老窿”正处在爆破点周围，只要炮声一响，许多老窿将支离破碎，面目全非，但要发掘完这批老窿至少需要一个多月时间，如放弃此处的开采，又将严重影响矿山当年“百万方”采矿剥离的生产任务。最终矿山领导亲临现场，与技术人员和工人师傅们一起研究决定改放小炮保护老窿。如此珍爱祖国文化遗产的精神，深深地感动了全体考古工作者，主动向矿山领导和工程技术人员表示感谢和称颂，可矿山领导与工人却说：“发掘、保护中华民族的文化遗产，是我们共同的责任。”

广大文物保护工作者为了支持矿山生产也是全心全意，顾全大局，鼎力相助。一是坚持大配合，从1974年至1985年，文物部门配合矿山生产进行了一系列发掘。为了支持矿山生产，1974年1月，省、市、县联合成立了以省博物馆考古队副队长王劲为队长的铜绿山考古队进入铜绿山矿，对铜绿山古矿冶遗址进行科学发掘，拉开了铜绿山古矿冶遗址考古发掘的序幕，经过5个多月的抢救性发掘，不仅完成了1号矿体24线战国时期采矿遗址的发掘清理任务，共清理竖井5个，平巷10条，斜巷1条，出土了铁斧、铁锤、铁耙、木槌、木绞车、木钩、木溜槽、木撮瓢、竹筐、竹簸箕等采矿工具70多件。揭开了中国古代铜矿开采的神秘面纱。而且也为矿山生产创造了条件。

1975年1月至1978年，为配合矿山“百万方”生产，铜绿山考古队的省博物馆王善才、李天元同志带领黄石博物馆祁少斌、吴宏堂、苏长旺及大冶县博物馆余为民完成了7号矿体古文化遗址的试掘，为古铜矿遗址的断代提供了一批珍贵的实物资料。此后，考古队为了加快考古发掘进度，特邀了铜山口矿、龙角山矿、赤马山矿、丰山铜矿等一批工人和柯锡太村农民庄奎胜、王宝明、余红兵、柯立善等参与考古，当时被称为“工农兵占领上层建筑”。加班加点完成了7号矿体上部春秋时期22个古矿井的发掘清理，发掘深度达十几米，既为抢救保护祖国的优秀历史文化遗产作出了积极贡献，又为矿山完成“百万方”生产的目标赢得了时间。

二是坚持“大会战”。为了降低因考古给生产带来的影响，1979年11月至1983年，由国家文物局黄景略先生负责，组织中国社会科学院考古所、河南省博物馆、内蒙古昭乌达盟文化站、湖北省博物馆、黄石市博物馆等单位进行考古发掘大会战，先后对7号矿体1号点、2号点古矿井和11号矿体冶炼遗址进行考古发掘，其中黄石博物馆完成2号点发掘面积为1000平方米，共清理出竖井、盲井101个，平巷、斜巷36条。根据矿井支护形式，井巷打破关系及^{14}C测年资料，遗址年代分属于商代晚期，西周至春秋。而由中国社科院考古所殷玮璋先生主持发掘的7号矿体1号点的春秋时期古矿井遗址更是这次会战的一大亮点。深井采矿的井巷掘进、支护、提升、排水、照明等一系列复杂的技术问题在这里清晰可辨。与此同时，王富国、卢本珊先生主持发掘的冶炼遗址也完成了1700平方米的发掘任务。发掘资料表明古人完全掌握了鼓风竖炉的构筑、矿料整粒，造渣与配矿，炉温控制等一系列复杂技术。通过现代化科学仪器对遗留下来的粗铜块和炼渣的检测分析，粗铜纯度接近94%，渣含铜仅为0.7%，说明当时铜绿山古代采矿、冶炼技术已经进入到相当成熟的阶段。这次会战不仅在考古上取得了丰硕成果，也为矿山生产赢得了时间。

1983年8月至1985年7月，黄石市博物馆还对铜绿山矿11号矿体进行了发掘，完成发掘面积为511平方米，平均发掘深度为5米，共清理竖井58个，平巷10条，出土了一大批珍贵的文物，其年代为西周早中期。在此期间，黄石博物馆为了配合大冶其他矿山的生产和摸清这些矿的古矿井与铜绿山矿的古矿井之间的关系，先后到大冶有色金属公司所属的铜山口铜铁矿、叶花香铜矿、赤马山铜矿、丰山铜矿、新冶铜矿及武汉市在大冶开办的石头嘴铜铁矿，大冶市开办的冯家山铜矿等进行了考古调查与配合矿山生产的清理发掘，不仅发现这些古矿井支护方法多为榫接式方框支护和搭接式支护，与铜绿山古铜矿发掘的矿井支护基本相同，而且也确保了这些矿山生产的正常进行。

三是坚持大保护。铜绿山古铜矿遗址北起大冶湖边的乌鸦扑林塘，南迄铜大铁路，东起铜绿山矿尾砂库，西迄柯锡太村，东西长1千米，南北宽约2千米，面积约为2平方千米。矿区内12个矿体，有10个矿体古人都进行过不同程度的采掘，估算老窿采空区约70多万立方米。在矿区1平方千米内，炉渣的覆盖面也有14万平方米，初步计算最少约40万吨。而在长达11年的发掘中，文物部门配合矿山生产仅重点发掘了5000多平方米。先后清理出不同时代、不同结构、不同支护方法的竖井231个，无支护竖井10多个，大小平巷100多条，春秋时期炼铜竖炉10座，战国时期炼铜竖炉2座和宋代炼铜地炉17座。对于这些珍贵的文化遗产，如果全部按原地保护要求，矿山生产则无法进行。于是，我们提出了一个大保护的思路。1979年8月15日，国家文物局会同冶金部在黄石海观山宾馆主楼召开了“铜绿山古铜矿遗址文物保护”第一次座谈会，出席这次会议的有国家文物局副局长彭则放副局长，冶金部郑之英、苏文贤工程师、湖北省文物局邢西彬副局长，黄石市刘道喜副秘书长等。湖北省委书记韩宁夫同志，黄石市委第一书记刘广泉同志专程到会听取了汇报。韩宁夫同志指出：“世界第一的重要遗址，如果在我们手里破坏了，将来要挨骂的，湖北、黄石是有责任的。不流芳百世，也会遗臭万年。”与会专家本着对祖国、对民族、对历史、对子孙高度负责的态度和“既有利于基本建设，又有利于文物保护”的原则，在充分肯定铜绿山古铜矿遗址考古发掘、文物保护和科学研究工作成绩时，一致认为：“由于目前文物保护技术还不过关，发掘出的古矿冶文物难以长期保存，因此，不应全部发掘出来。”并首次提出将7号矿体的古矿井进行发掘，“将11号矿体作为遗址，原地保护”的大保护方案。会议形成《纪要》。使保护文物与矿山生产在“两利”方针上达到了高度的契合。1979年9月13日，冶金部以113（29）冶色字第2834号通知有色金属公司，要求“在未编制出发掘和保护方案之前，对7号、11号矿体全部停止开采，并要妥善保护”。1980年2月11日，冶金工业部、国家文物局考虑到文物是不可再生的民族文化瑰宝，对《纪要》进行了批复。决定将11号矿体的古矿冶遗址进行原地保护，不再进行露天开采。其余矿体清理发掘后全部交矿山生产，使文物保护和矿山生产实现了“两不误”。

二、坚持文物保护与矿山生产“两有利”

随着矿山生产的不断发展，文物保护与矿山生产的矛盾越来越突出，越来越尖锐，如何有效解决这一矛盾，促进矿山生产与文物保护协调发展，是摆在广大文物保护工作者面前的一项重要课题。著名文物保护专家罗哲文先生认为：“古矿遗址作为举世罕见的古代采矿奇迹，它的价值是长期的、永远的，是无法以经济价值来衡量的，若为十几亿元的产值而毁掉古矿遗址，是会遭到世人贻笑和后代唾骂的。”为了避免矿山生产对文物造成破坏，或为了保护文物而影响矿山生产，我们必须始终坚持既要有利于文物保护，又要有利于矿山生产的原则，切实做到既守土有责，又顾全大局，只有这样才能真正实现文物保护与矿山生产的“双赢”。一是在文物保护方面，必须始终坚持守土有责。抓住一切机会宣传古铜矿遗址的价值，通过各种途径争取各级政府、领导和相关部门、专家的支持。只要是中央有关领导来湖北，我们就带着实物和资料上门求见，并尽一切努力把他们请到铜绿山矿实地考察。为了扩大宣传效果，请湖北电影制片厂潘定石厂长将古铜矿遗址拍成纪录片。抓住中央机关司局级以上领导干部集中在北京友谊宾馆听科学讲座的良机，经引荐“闯进”报告厅，向领导作“影视宣传”。当打听到全国冶金工作会议在武钢召开时，立即通过熟人关系挤进会场，向冶金部领导请示汇报，又通宵达旦整理资料送到北京。此外，还先后争取文化部、国家文物局、冶金部、中国有色金属工业总公司和湖北省委、省政府10多次召开专门会议，解决了生产过程中加强文物保护的一系列棘手难题。

在古矿冶遗址年代的确认和价值评估及文物保护方面，争取中科院考古所、中国历史博物馆等著名文物考古学家夏鼐、苏秉琦、俞伟超、张忠培、严文明、李伯谦、徐萍芳、殷玮璋、谢辰生、罗哲文，以及中国科学院院士柯俊、中国工程院院士葛修润等给予了大力支持。夏鼐先生在美国大都会博物馆召开的中国古代青铜学术会上说：“铜绿山古铜矿的发现、发掘，对了解我国古代的社会生产，尤其是青铜业的生产具有重要意义”“这是中国古代青铜器研究的一个新领域，也是中国考古学新开辟的一个领域”。中国科学院学部委员贾兰坡先生指出：“铜绿山古铜矿遗址，既然国务院已列入全国重点文物保护单位，又在申请列入世界文化遗产名录，这样的遗址都不能下决心保护，后代人要骂我们的。”北京大学宿白教授强调“铜绿山古铜矿遗址是人类奇迹，国之瑰宝”“解决生产建设与文物保护的矛盾，不能拿古矿冶遗址特别是全国重点文物保护单位中独一无二的古矿冶遗址开刀”。在地质、采矿、冶炼研究等方面，大冶有色金属公司、湖北省地质一队、大冶钢厂、黄石矿务局、大冶县金湖人民公社和铜山大队、北京钢铁学院、长沙有色金属设计研究院专家朱寿康、孙淑云、韩汝玢、李延祥、潘别桐、李征夫、施林森、蔡恩礼等也都给予了无私的支持和帮助。

在宣传方面，邀请华师黄石分院阮国华先生以《铜绿山古矿冶遗址是奴隶创造历史的见证》为题，在《黄石日报》发表了宣传铜绿山古铜矿遗址的专题文章。随后新华社、《人民日报》《光明日报》《湖北日报》《长江日报》、中央电视台、湖北电视台、黄石电视台等多种媒体以不同的方式对铜绿山古铜矿遗址的发现、发掘、保护、研究进行了广泛的宣传报道。特别是1979年4月19日，中国社会科学院自然科学史研究所所长仓孝和同志向有关部门发出的《关于保护铜绿山古矿井的呼吁信》和1979年5月12日，新华社《内部参考》刊登的《湖北大冶铜绿山发现春秋时期古矿井群，考古队建议严加保护和组织力量发掘》的文章，引起了有关领导的高度重视，得到了原冶金工业部几位领导的重要批示。其中高扬文副部长在批示中指出："我主张选择有代表性的古矿井、古炉子（冶炼基地）原样保留，即使压一些矿，减少一些产量也值得。"

二是在矿山生产方面，必须始终坚持顾全大局。客观地说，基本建设与文物保护的关系是既对立又统一的关系。二者都是为了满足人们日益增长的物质文化生活而进行的一种活动，但是二者的表现形式或者说工作特点又各不相同。文物保护工作的特点是"保"，要尽一切可能使文物保持原有状态，而基本建设则大多数是在"破"的基础上来"建"，两者矛盾不可避免。依法解决好这一矛盾的有效办法，是在坚持选择一处重要的具有典型意义的古铜矿遗址原地长期保护的前提下，同时充分考虑矿山生产的需要，适时调整11号矿体与7号矿体内古矿冶遗址的保护方案。

由于11号矿体处于铜绿山矿南露天采场边缘，致使南露天采场无法扩帮下延，如不对原保护方案进行调整，将严重影响矿山生产。根据矿山生产部门的要求，并征求文物主管部门意见后，1981年1月26日，湖北省人民政府给冶金部、国家文物局呈报了《关于调整大冶铜绿山古矿冶遗址文物保护方案的请示报告》。1981年4月6日至9日，国家文物局和冶金部又在黄石召开了"湖北大冶铜绿山古矿冶遗址文物保护第二次座谈会"并形成《纪要》。1981年8月13日，冶金部和国家文物局批复了《湖北大冶铜绿山古矿冶遗址文物保护第二次座谈会纪要》，同意7号矿体作为古矿井永久保存，不再进行开采，并划定保护范围，修建保护围墙。11号矿体交由生产部门设计生产。尽管有些遗憾，但用谢辰生先生的话说："文物部门从大局出发同意了这个方案。"矿山也为此将保留矿石139万吨，铜金属1.92万吨，铁矿石64万吨，品位48.42%。7号矿体400吨/日的生产规模消失，少回收矿产资源的产值超过10亿元。这与1993年发生的驰名中外的咸阳秦阿房宫遗址，因修公路，前殿遗址夯土被铲去150立方米；洛阳龙门石窟入口处，建起大型仿古商业建筑，严重破坏了石窟原有的格调和人文景观等建设性破坏文物的事件相比，不能不说是生产建设中妥善保护文物的一个典范。因此，1981年12月1日，国家文物事业管理局、湖北省人民政府在铜绿山矿召开了"奖励保护铜绿山古矿冶遗址有功单位、个人大会”，表彰了一批在保护铜绿山古矿冶遗址方面的佼佼者。国家文物事业管理局副局长孙轶青同志和湖北省人民政府副省长李夫全同志出席大会并发表了讲话。

三是在文物利用方面，必须始终坚持保用结合。7号矿体永久保留后，我们以高度的文化自觉，立即对已发掘的1号点400平方米的古矿井遗存搭建了简易的临时保护棚。为了合理利用文物的价值，充分发挥文物的作用，1983年9月13日，国家文物局调整湖北文物保护拨款项目，拨专款在7号矿体1号发掘点上兴建了一座独具风格的古铜矿遗址博物馆，建筑面积为1646.66平方米，著名考古学家夏鼐先生题写了馆名。这是继西安半坡、秦始皇兵马俑后在遗址上建设的第三座博物馆。划定保护范围54874.51平方米。铜绿山古铜矿遗址博物馆建成开放以来以其鲜明的特色，吸引了国内外成千上万的观众。至2012年年底，共接待中外观众近千万人次，广大观众面对两千多年前我们的祖先在矿冶业上创造的辉煌业绩赞叹不已，认为它“是全人类的共同财富”“是中华民族精神的体现”“是中华民族的骄傲”，并赞誉“这是中国继秦始皇兵马俑后一奇迹”“可与中国的长城、埃及的金字塔相媲美”。世界冶金史专家美国滨州大学麦丁教授在考察铜绿山古铜矿遗址后说：“在世界其他地方，看了许多采冶遗址，铜绿山是第一流的，中东等地虽然很早就开始了铜矿的冶炼，但没有这样大规模的地下采掘遗址，较完好的冶炼用炉，炉渣温度高、流动性好、含铜量低是很少见的，留下了十分深刻的印象。”中国工程院院士、著名冶金史专家、北京科技大学教授柯俊先生说：“铜绿山古铜矿代表了一个时代的采铜冶炼技术。”中国文物学会名誉会长、原国家文物局顾问谢辰生先生认为：“大冶铜绿山古铜矿遗址是中华民族古代青铜文化的历史见证。其历史科学价值是不能以经济数字来衡量的，必须妥善保护，为建设社会主义精神文明作贡献。”

三、坚持文物保护与矿山生产“两兼顾”

铜绿山古铜矿遗址“原地保护”，还是“搬迁保护”的论争始于1983年。铜绿山矿在二期工程建设中，拟将原定的《坑内及小露天联合开采方案》改为全露天开采方案。但7号矿体处于主体矿（3号、4号）的上盘，影响了全露天开采方案的实施。因此，生产部门提出将7号矿体上部的古矿井向东北方向整体搬400米，进行搬迁保护。这样，生产部门可以增加十几亿元的矿产量。搬迁方案一经提出，政府和文物部门的领导对此十分关切，社会各界对此也反应强烈。

1985年7月，湖北省黄知真省长到铜绿山古铜矿遗址视察后题词“对历史负责”。9月9日，他又在《关于铜绿山矿二期工程开发与古矿井遗址长期保护方案的异议——紧急呼吁信》上批示：“这次到黄石了解了座谈会的纪要，实地看古矿遗址。觉得纪要中移动古矿博物馆围墙，对博物馆安全无保证，故省政府不批，现在冶金总公司已批复，黄石有色公司也不能执行（请省经委把关）。” 1988年8月22日，湖北省委书记关广富在黄石市委书记袁照臣、市长徐子伦的陪同下参观铜绿山古铜矿遗址时指出：“铜绿山古铜矿遗址是稀世之宝，一定要保护好，不是99.999%，必须是100%。为保护遗址，虽压了一些矿，但还是在我们的土地上，要相信我们的子孙一定比我们更聪明，更有办法，能把矿拿出来，不会损失的。”

1989年11月17日至20日，中国有色金属工业总公司，国家文物局，湖北省经济委员会在黄石市海观山宾馆联合召开了铜绿山古矿遗址保护可行性研究报告审查会议，38位文物、科研、工程技术等方面的专家、教授本着尊重科学，面对现实，实事求是，求同存异的精神和“两利”方针，畅所欲言，各抒己见，在相互理解、相互尊重的气氛中进行了认真、严肃、热烈的讨论。大多数专家认为：“搬迁保护虽然对遗址的价值有一定的影响，但国际、国内均有先例。搬迁后还可以建立一座国家级博物馆进行补充完善。因此，采取搬迁保护是一种经济上合理，技术上可行，资金筹措上有渠道，基本上又不损害古遗址内涵的可行性保护方案。”

1989年10月，新华社《内部参考》刊登了时任黄石市人大副主任、湖北师范学院教授黄瑞云撰写的《铜绿山古铜矿遗址不应搬迁》的署名文章，强调：“守住文物保护这条脆弱的防线，避免造成严重的后果，古矿遗址也不应搬迁。”同时，中国敦煌研究院遗址研究所就铜绿山遗址保护问题致函黄石市人大常委会，指出：“我们国家的确还很穷，但用不着采取杀鸡取卵的办法来治穷。”1990年1月13日，湖北省人民政府召开省长办公会，专题研究古铜矿遗址的保护问题。常务副省长李大强主持，出席会议的还有徐鹏航、韩南鹏、厉有为、伍愉凝、方贤华、张维先、苏国安、徐春林、胡美洲和大冶有色金属公司的负责同志。会议一致认为“铜绿山古矿遗址的发现，填补了我国古代科学技术发展史的空白，具有重大的历史价值和科学价值，是中华民族和世界人类文明的珍贵文化遗产”，为了完整保存其历史、科学价值和真实性，古铜矿遗址应原地保护。并及时向国务院写出报告，陈述湖北省对古铜矿遗址的保护意见，提请国务院决策。

1990年7月5日，国务院秘书长罗干主持会议，研究大冶铜绿山古铜矿遗址的保护问题。并以国阅〔1990〕75号文下发了《会议纪要》。《会议纪要》指出：“要坚持文物保护兼顾矿山生产建设的原则”“在妥善保护好文物的前提下，为矿山生产建设创造一些有利条件，矿山生产建设要服从于文物保护”。同时，要求湖北省和中国有色金属工业总公司，分别组织专家对《原地保护》和《搬迁保护》方案进行论证。出席这次会议的有国家计委张珩、文开元，国家文物局沈竹、李季，中国有色金属工业总公司吴建常、李织云、黄启根，湖北省人民政府厉有为、张维先、胡美洲、栾丽娜。

为贯彻落实国务院国阅〔1990〕75号《关于研究铜绿山古铜矿遗址保护问题的会议纪要》，实现文物保护与矿山生产两“兼顾”，认真抓好《原地保护》和《搬迁保护》方案的论证。一是突出文物保护的迫切性。根据“矿山生产要服从于文物保护”

的精神，立即组织有关文物保护，工程地质等方面的专家，编制了铜绿山古铜矿遗址应急保护措施，并于1990年8月3日，以黄石文物管理处名义上报黄石市人民政府。提出了在国家对原地保护和搬迁保护两种方案尚未作出决策前，确保古铜矿遗址安全的十项应急措施，包括地表水的引流和排水疏干工程；古矿井坑木及围岩加固；遗址博物馆的检测与维修；划定遗址的保护范围和控制地带；遗址西部边坡的加固；控制矿山露天开采的爆破药量；矿山应合理布置井下开采系统，保证巷道的充填质量；建立水文、气象观测系统和爆破震级系统；加强2号发掘点古矿井保护和在铜绿山建立文物保护实验室等，确保遗址的安全。

1990年10月26日至29日，湖北省人民政府牵头，国家文物局、中国有色金属工业总公司在黄石市召开了《铜绿山古铜矿遗址保护现场办公会议》，贯彻落实国务院《纪要》中关于对铜绿山古铜矿遗址采取应急保护措施问题。湖北省副省长韩南鹏主持会议并讲了话。国家文物局副局长沈竹，湖北省人民政府副秘书长张维先，湖北省科委领导，湖北省文化厅副厅长胡美洲，黄石市副市长余旦溪，大冶有色金属公司副经理郭玉民、王保生，以及湖北省和中国有色金属工业总公司系统的有关部门、科研单位的负责同志与科技工作者共36人出席了会议。会议根据《纪要》的要求，审议了铜绿山古铜矿遗址采取的11项应急保护措施的方案，要求除第10项（进行古铜矿遗址的勘探）以外，其余各项应急保护措施要在1991年3月底之前完成，并希望各有关单位顾全大局，密切配合，加强协作，共同努力，按时、保质完成已经确定的任务，为保护好这一中华民族和世界人类文明的珍贵遗产作出贡献。与此同时，还组织国内有关工程、地质、采矿、考古、文物保护方面的专家，根据《文物保护法》和《联合国宪章》的有关规定，从文物的不可再生性与文物应坚持原地保护的原则，多次对大冶铜绿山古铜矿遗址原地保护与合理开采方案进行了认真深入的研究，适时提出了《大冶铜绿山古铜矿遗址原地保护与合理开采方案论证报告》。

二是突出方案论证的科学性。1991年6月5日至10日，中华人民共和国国家计划委员会受国务院委托，在黄石市海观山召开大冶铜绿山古铜矿遗址保护方案论证会，组织全国32位文物、考古、采矿、冶金、地质、工程等方面专家对中国有色金属工业总公司和湖北省人民政府分别组织有关专家经过论证提出的“大冶铜绿山古铜矿遗址搬迁保护可行性研究报告”和“大冶铜绿山古铜矿遗址原址保护与合理开采方案论证报告”进行了科学的论证。论证领导小组组长是国家计委委员、党组成员石启荣，副组长是国家文物局副局长张柏，成员有国务院秘书二局副局长石秀诗，国家计委局长白洁，中国有色金属工业总公司副总经理吴建常，湖北省人民政府副省长韩南鹏，中国科学院考古研究所所长是徐萍芳。专家组组长是徐萍芳，副组长是中国国际工程咨询公司局长韦思超、北京科技大学教授于学馥、中国地质大学（武汉）教授潘别桐。

专家们本着实事求是的精神和科学严谨的态度，各抒己见，畅所欲言，经过公开、透明的争论，大家一致认为，全国重点文物保护单位铜绿山古铜矿遗址是迄今世界上发现的两三千年前保存最完整的古矿冶遗址，是研究古代青铜文化、矿冶发展史的极其重要的资料和实物见证，是中华民族乃至全人类历史文化遗产中的瑰宝。因此，文物、考古专家和部分地质、工程专家认为应该采用“原地保护方案”。主要理由是：铜绿山古铜矿遗址属于不可迁移的历史文化遗存；原地保护方案可以较好地保存古铜矿遗址的历史文化和自然内涵，有利于对遗址及其内涵文物的保护，有利于今后对遗址进行不断深入研究，体现了矿山生产服从文物保护，文物保护兼顾矿山生产的原则。

多数的采矿、工程方面的专家则认为应该采用“搬迁保护方案”。主要理由是：古矿遗址的地形地貌和水文地质条件已经改变，已不可能在原地长期保存；原地保护，–185米以下采用胶结充填法坑采，–185米以上采用56°陡边坡加固露天开采，矿山生产必然要对古铜矿遗址的稳定和安全产生影响，也增加了矿山在施工和生产管理方面的困难。搬迁后，既可解决古矿遗址长期保护，又可为国家多回收产值10亿元左右的矿产资源。此外，7号矿体开采所获利润抵偿搬迁费用后，余额还可作为矿冶遗址的长期保护和研究基金。

经过反复的讨论和协商，持后一种认识的专家表示理解和尊重持前一种认识的专家的意见，同意原地保护方案。这个决策反映了专家们对优秀文化遗产的热爱与对祖国、对历史、对子孙负责的精神，彰显了中国知识分子严谨的治学态度和实事求是的作风，体现了文物保护兼顾矿山生产的原则。

1991年8月20日，国务院以国函〔1991〕49号批复：原则同意经专家论证会评审通过的“大冶铜绿山古铜矿遗址原地保护与合理采矿方案”。并明确规定“古铜矿遗址的正常保护及长期保护所需经费由文物保护部门负责”。至此，长达8年之久的铜绿山古铜矿遗址文物保护的论争终于尘埃落定，划上了一个圆满的句号。《大冶铜绿山古铜矿遗址原地保护与合理采矿方案》因此也荣获了湖北省人民政府科学进步一等奖。这件事对1992年襄樊市为保护襄阳夫人城，不惜多预算经费4000万元，改动汉江长虹大桥选址起到了很好的示范作用。也为日后正确处理三峡、南水北调工程建设与文化保护的关系开了一个好头。在三峡工程文物保护中，三峡工程投资9292.51万元，采用“护坡仰墙”的方式原地保护了全国重点文物保护单位重庆忠县的石宝寨；投资19018.75万元，原地保护了由中国工程院院士葛修润先生提出兴建“无压容器”水下博物馆对水文题刻进行原地保护的方案，这也是迄今为止世界上唯一一座为保护一处单体文物而新建的博物馆。在南水北调文物保护中，南水北调工程投资18524.11万元对世界文化遗产组成部分的遇真宫文物实施原地垫高和顶升保护。由此可见，在社会主义条件下，文物保护与工程建设的矛盾能够在“既有利于基本建设，又利于文物保护”的原则下实现统一。

三是突出文物保护管理的创新性。为了贯彻落实国务院国函〔1991〕49号文件，不断创新文物保护的思路，加大铜绿山古铜矿遗址本体保护力度，切实做好为铜绿山古铜矿遗址文物保护工作。1991年11月5日至8日，国家文物局与湖北省文化厅在武汉东湖宾馆召开了《湖北大冶铜绿山古铜矿遗址保护研讨会》，会后，湖北省文化厅向国家文物局申报了“湖北大冶铜绿山古铜矿原址保护前期研究课题”，陈中行担任总负责。1999年1月国家文物局批准了这个课题后，从1992年至1994年先后组织中国地质大学（武汉）、武汉钢铁学院、鄂东南地质大队、湖北省博物馆、中科院武汉岩土力学研究所、故宫博物院、河南龙门石窟保管所及黄石市博物馆等单位专家、教授就铜绿山古铜矿遗址水病害治理、微生物防治、围岩加固、古坑木防腐等工作进行了前期研究，课题总顾问蔡学昌、黄克忠。其中铜绿山古铜矿遗址地面防渗排水工程施工设计研究由武汉钢铁学院李征夫教授牵头。国家文物局先后投资500多万元，完成了混凝土防渗铺盖7122平方米，各种形式的排水沟（涵管）1080米，浆砌坡脚581立方米，场地平整20930平方米，填挖土石方7179立方米，搬运土石方3800立方米，土工布铺盖14000平方米等，工程完工后，遗址的水病害有了明显的好转。仅1号点而言，暴露在地表古坑木离地面1米深以内的温度明显降低，根部腐烂现象有明显好转，遗址地面温度已降至10℃~25℃，霉菌发生率大大降低。同时还兴建了古矿井陈列室、古炼炉陈列室、矿石林等，从而使铜绿山古铜矿遗址得到有效的保护和合理利用。

在加大古铜矿遗址本体保护的同时，加强了管理体制的改革，其一，理顺了管理体制。2009年，按照属地管理的原则，铜绿山古铜矿遗址管理权由黄石市文物局正式移交给大冶市文物局实施管理。其二，提升了管理级别，大冶市政府为了加强对古铜矿遗址的管理，成立了大冶市铜绿山古铜矿遗址保护管理委员会（副县级），隶属大冶市市政府领导。其三，加大了遗址周边的治理。2010年3月28日，启动了大冶铜绿山古铜矿地质环境治理工程，工程分三期进行，总投资2.57亿元，这是湖北省迄今规模最大的矿山地质环境治理工程，再一次掀起了铜绿山古铜矿遗址保护与利用的新篇章。

回顾铜绿山古铜矿遗址发现、发掘、保护的历程，我们深深体会到，人是要有一点精神和担当的，文博工作者尤其要有一种对祖国历史文化遗产的深深热爱和保护祖国优秀文化遗产的执著与锲而不舍的无私奉献。唯有如此，才能赢得领导、专家和生产部门的理解与支持，才有利于正确处理好文物保护与矿山生产的矛盾，动员和团结全社会共同唱响文物保护的主旋律，使铜绿山古铜矿遗址在建设“五个湖北”和实现中国梦中焕发出生机与活力，从而进一步促进社会主义文化大发展大繁荣。

参考文献

[1] 黄石市博物馆：《铜绿山古铜矿发掘报告》，文物出版社，1999年。
[2] 周保权：《世界文化遗产瑰宝——铜绿山古铜矿》，香港天马图书有限公司，2000年。
[3] 吴宏堂：《白鹭飞过》，科学出版社，2003年。
[4] 龚长根：《青铜文化与矿冶文化研究》，湖北人民出版社，2012年。
[5] 吴宏堂，王风竹：《守望大三峡》，文物出版社，2010年。

［6］ 胡永炎，马景源：《黄石矿业开发史》，湖北人民出版社，2011年。
［7］ 尹汉宁：《湖北读本》，湖北人民出版社，2012年。
［8］ 大冶市人民政府研究室：《大冶青铜文化》，湖北科学出版社，2010年。
［9］ 李经国：《谢辰生先生往来书札》，国家图书馆出版社，2010年。
［10］ 孟宪民 等：《大遗址保护理论与实践》，科学出版社，2012年。
［11］ 姜胜：《让铜都之火永远升腾》，湖北人民出版社，2012年。
［12］ 石晓轩：《关于文物保护与基本建设关系的几点思考》，《博物馆研究》2008年第4期（总第104期）。

青铜文明看大冶

卢本珊

一、青铜文明是铜造就的文明

举世闻名的商周青铜文化，是以数量巨大的青铜礼器、乐器、兵器、车器和生产工具、生活用具、钱币等为特征的。青铜器是商周时期体现国家政治经济实力、家族乃至个人社会价值的重要载体，是获取和维持政治权力的主要工具。而铜，是青铜器最重要的原材料，是灿烂的青铜文化赖以产生的最根本的物质基础，相当于钢铁之于20世纪初、中期，或石油之于当今世界。诚然，青铜文明是铜造就的文明。

商至战国，在长达14个世纪中，所用铜料是惊人的。然而，古文献和现代地质勘探资料表明，无论是商殷的铸铜中心安阳，还是西周的铸铜中心镐京、洛邑及其近畿地区都没有大的铜矿资源，因此青铜时代数量巨大的铜料来源备受中外学者关注。

就中国铜矿资源的分布来说，其特点是相对集中。全国主要矿区集中于少数地区，依次为长江中下游铜矿带，川滇地区的东川、易门等矿区，中条山矿区，甘肃的白银厂、金川矿区。这四大矿区的储量占全国总储量的三分之二以上。其中，尤以长江中下游铜矿带居于首位，占全国总储量的31.9%。

从迄今已发现的商周铜矿遗址来看，几乎与中国铜矿资源的分布特点相对应。从数量及规模来看，商周时期长江中下游铜矿带的开发尤胜于北方地区（表一），湖北大冶、阳新，江西瑞昌，安徽南陵、铜陵、枞阳，湖南麻阳等铜矿遗址分布密集。此外，内蒙古林西大井铜矿、中条山铜矿的开发至迟始于西周时期，新疆尼勒克奴拉赛铜矿、宁夏中卫铜矿、川滇铜矿等，为东周时期。也有学者认为，商代早期的铜料产地在川滇邻接地带，但这一问题还有待考古发现来加以阐明。

表一　商周时期主要的采矿炼铜遗址

地区	地点	年代	范围及规模
长江中下游	湖北大冶市	商代中期至战国	商周采矿炼铜遗址的分布面积约占全市面积1566平方千米的86%。大型古矿山有铜绿山、铜山口、东角山、叶花香、冯家山等7处，0.5平方千米左右的古矿山有罗家山、石头嘴、小箕山等多处。炼铜遗址有百余处

续表

地区	地点	年代	范围及规模
长江中下游	湖北阳新县	商周	大小遗址分布面积约占全县面积的二分之一，大型古矿山有丰山、赤马山等，还有港下、铜挡山等多处。炼铜遗址有30余处
	江西瑞昌市铜岭	商代中期至战国早期	铜岭铜矿采矿遗址。炼铜遗址分布在铜岭夏畈等地
	安徽铜陵、繁昌、枞阳等县市	两周	采冶遗址分布在铜陵大工山、凤凰山、狮子山等古矿区及繁昌县铜山、枞阳县井边等地
	湖南麻阳县	战国	麻阳铜矿古采区面积为32351平方米
北方	内蒙古林西大井铜矿遗址	西周中期至春秋早期	古矿区面积约为2.5平方千米，发现古采坑47条，长12~500米，宽1~25米
	中条山铜矿遗址	两周	中条山矿区的店头、铜锅、马蹄沟、篦子沟调查发现有采冶遗物
	宁夏中卫铜矿遗址	东周	分布矿冶遗址10余处，遗存采矿井巷及炼铜炉渣
	新疆尼勒克县奴拉赛铜矿遗址	春秋	有露采场2处，长90~123米，深50米。有地下采场2处。周围为炼铜遗址

其实，我国古代早期的铜产地，古文献中早有明示，通览先秦典籍，最著名、著录最多的铜产地首推荆、扬两州，即长江中下游铜矿带。安徽当时属古扬州地区。至于今湖北大冶、阳新和江西铜岭，学术界有属“古荆州”与属“古扬州”说相对，观点各有所据。从地理位置看，大冶至阳新到江西瑞昌铜岭连成一片，正处于古荆扬两州分野。

二、大冶是青铜时代铜料的主产区

比较迄今已发现的长江中下游铜矿遗址，如果将其开发的年代以商周计，数大冶地区最多，延续时间最长，生产规模最大。

（一）自商代中期至战国时期，大冶地区矿冶业持续发展

关于大冶地区铜矿开发始于何年代，原定为商代晚期。但从考古发现看，这一地区最早开发年代始于商代中期并非不可能。

大冶、阳新境内的一些新石器晚期地层中，发现有铜炼渣，很值得引起人们重视。

大冶金湖、罗桥、茗山、陈贵的一些商代中期文化层中，也含有炼铜炉渣等冶炼遗物。在铜绿山7号矿体被扰乱的文化层中，早已发现大量商代早中期的陶器残片。

20世纪80年代以来，用铅同位素比值探寻商周青铜器矿料来源，也为大冶铜绿山的开发年代提供了佐证。

湖北盘龙城出土了不晚于商代中期的青铜器（样品号94175、94182），所得数据与铜绿山所出孔雀石、粗铜、炼渣相近，即它们可能是源于铜绿山的产品。

金正耀检测殷墟妇好墓所出青铜试样12件，其中有6件的数据与铜绿山相近。

彭子成等检测陕西宝鸡西周弜国墓地所出的青铜器中，所得数据有13件与铜绿山相近，进一步暗示铜绿山铜料向中原地区输送的可能性。

从大冶铜绿山7号矿体2号点的井巷坑木^{14}C年代测定看，与江西铜岭的数据较为相近（表二）。

表二

大冶铜绿山 VII·2	^{14}C年代（B·P）	树轮校正年代（B·C）	江西铜岭	^{14}C距今年代（AGE）
J4	3260 ± 100	1530-1325	J11	3330 ± 60
J3	3150 ± 80	1424-1225		3310 ± 60
X3	3185 ± 70	1422-1263	X1	3220 ± 70
J23	3140 ± 80	1420-1220	X12	3120 ± 80

商代，长江中下游已属于商朝南土范围，商人在大冶地区的活动，可以从大冶出土的青铜器铭文“”得到直接印证。大冶境内发现的130余处遗址和阳新境内发现的30余处遗址内都有铜炼渣，其时代虽然大部分为两周时期，但少部分可早到商代。

其实，从黄石铁山、新下陆向东，经大冶全境至阳新，再到江西铜岭，这一东西约90千米的长轴周围，分布着的众多商周铜矿遗址连成一片，也在同一个成矿带上。诚然，它们同属长江中游特大型铜料生产基地，自商代中期始一直到战国时期，均在持续发展。

然而江西铜岭与皖南之间约200平方千米的区域内，迄今没发现商周铜矿遗址，所以，皖南铜矿遗址群应属长江中下游的铜料生产基地，即古扬州基地。

皖南矿冶遗址的最早年代为西周时期，即南陵江木冲炼铜遗址的^{14}C测定为距今2725 ± 115年，树轮校正年代为2815 ± 115年，属西周晚期。铜陵木鱼山炼铜遗址^{14}C测定为距今2885 ± 55年，树轮校正年代为3015年，相当于西周早期。更早的矿冶遗址迄今还没发现。

（二）采冶生产规模宏大

中国先秦矿冶遗址的考古调查、发掘及研究工作，数大冶地区最详尽。

今大冶市面积为1566平方千米，辖11个乡镇、3个街道办事处，其中12个镇街密集分布着商周时期炼铜遗址，约占全市总面积的86%。其分布之广，年代之早，实属罕见。

仅就统计的考古调查的97处大冶商周炼铜遗址的规模而言，其中面积为6000平方米以下的占22%；6000~11000平方米的占25%；1.2万~9万平方米的占36%；10万~20万平方米的占17%。地层中的炼铜炉渣堆积厚度一般为1~2米，最厚达3~4米。炼渣总量居然以数百万吨计，足见炼铜规模巨大。

铁山、大冶及阳新有铜铁共生矿床139个，其中大型矿床占7%、中型矿床占20%、小型矿床占73%。在地质勘探和现代开采中，几乎无例外地都发现有老窿（古矿井的俗称）。经考古发掘或清理的商周采矿遗址有大冶铜绿山矿、石头嘴矿、罗家山矿、东角山矿、叶花香矿、小箕山矿、铜山口矿。阳新有丰山洞矿、港下矿、铜垱山矿、赤马山矿等（其规模见表三、表四）。

表三　大冶部分商周铜矿山规模

序号	矿名	年代	遗址范围及规模
1	铜绿山铜矿	商代中期至汉代	主矿区面积约为2平方千米，分布12个矿体，其中10个矿体有古人井下开采遗迹，计55处。地质调查测算炼铜炉渣大于50万吨。地下开采最深达60余米。考古发掘的矿体有5个。清理春秋早期炼铜竖炉10座，战国炼铜竖炉2座
2	罗家山铜矿	西周	铜绿山东南约4千米，矿区面积约为0.5平方千米。古地下采矿距地表以下36米。采用井巷开采和矿房法开采
3	石头嘴铜矿	春秋至战国	铜绿山以东约1.5千米，矿区面积约为0.8平方千米。春秋井巷深度大于40.5米。矿区北部为战国时期井巷
4	东角山铜矿	东周	铜绿山东南约13千米，邻近阳新，属大型矿山。在现代1-4勘探线的露天采场，发现大量井巷
5	叶花香铜矿	东周	铜绿山以东约9千米，属大型矿山。古采区范围为莫皮山腰至9号勘探线，出土铜斧、木槌等遗物
6	小箕山铜矿	东周	铜绿山东南约12千米，与阳新交界。矿洞高宽约3米，可见进深30米
7	铜山口铜矿	东周	铜绿山西南约14.3千米，属大型矿山。采矿遗址主要在金竹顶、牛鼻峰和狮子山，井巷密集。狮子山采矿区采用自然支护，距地表深约40米，水平进深100余米。出土钺形铜斧14把等采掘工具。炼铜炉渣分布面积约为3.5平方千米

表四　阳新部分两周时期铜矿山规模

序号	矿名	年代	遗址范围及规模
1	丰山铜矿	西周至战国	东南与江西铜岭邻近，属大型矿山，共有大小铜矿体10个，其中1号矿体规模最大，埋藏较浅。井巷深度一般距地表40米左右，发现大量采矿遗物
2	港下铜矿	西周晚期	与丰山铜矿隔山相背。距地表10米深处发现古矿井巷
3	赤马山铜矿	东周	铜绿山东南17千米，属大型矿山。距地表50米发现大量井巷，支护结构与铜绿山相同
4	铜垱山铜矿	战国	位于阳新县陶港镇青龙村。地下开采为井巷及采场两种，出土大量支护木及铁锤等采掘工具

注：鸡笼山铜矿等周代矿冶遗址未列入此表。

大冶铜绿山矿是中国屈指可数的特大型富铜矿山，储量居全国第二，品位居全国之首。铜绿山有12个矿体，长者为520米，短者也有165米，最大延深447米，其中10个矿体被古人开采，露天及地下采区规模宏大。炼铜炉渣主要分布在近南北走向矿体的两侧，共十几处，炼渣堆积最厚的达4米。估算生产粗铜十几万吨。考古调查和试掘证明，与铜绿山规模接近的还有铁山铁铜矿、铜山口铜矿、阳新丰山铜矿。规模稍小于铜绿山的有大冶东角山矿、叶花香矿、新冶铜矿、冯家山铜矿、阳新赤马山矿。这些大型矿山和中小型矿山周围的商周炼铜遗址，主要集中在今黄石市铁山、下陆，大冶地区的大箕铺、罗桥、金湖、陈贵、灵乡、金牛、金山店、还地桥等镇街。

大冶地区的铜矿山，能吸引商周先民大规模地开发利用，其原因有如下几点：有高品位铜矿石并具可选性；矿床赋存的形态使剥采比合适，让古人在技术上可行，在经费上合理；矿山铜资源的储量服务年限长久；矿区地理位置靠近水陆通道，利于外运；矿区周围木材资源充足，就近可解决采矿井巷支护木用材和炼铜燃料木炭；矿山一般都有石英砂、高岭土等脉石矿物作耐火材料用于砌筑炼铜炉。由此可见，大冶地区早期铜矿的开发，除了具备适宜的社会、人文环境和成熟的相关技术外，更重要的是有许多座大中型的适应中国早期采冶技术持续发展的铜矿山。

阳新与大冶今虽为两地，但在一个成矿带上，历史上也曾隶属大冶，更不用说商周时期了。

今阳新有商周炼铜遗址30余处，主要分布在白沙、太子、陶港、兴国等镇及丰山铜矿群周边。

江西铜岭资源虽然丰富，主要矿山有德兴、瑞昌、九江、铅山和东乡五处。但是德兴属斑岩型铜矿山，古人不易找矿及利用之，始采年代为唐代。商周的铜矿遗址，仅见瑞昌铜岭。铜岭矿为铜铁共生矿床，全长480米，考古及地质浅井探矿工程资料表明，铜岭商周采区范围长约385米，短径约190米，面积约为7万平方米，含铜品位高。周边的炼铜遗址发现4处，总面积约为18万平方米。经科学发掘及研究，铜岭采矿遗址内涵全面丰富、意义重大，但与铜绿山的采区范围即生产规模相比，差距较大。

安徽境内的铜矿资源主要分布在铜陵、南陵、贵池、安庆、宣城等地。今铜陵面积为1113平方千米，现为我国主要的铜基地之一。

迄今，安徽先秦铜矿遗址主要是考古调查发现的，考古发掘仅在局部地区进行。在皖南大工山古矿区，采矿遗址有井坍、暮云山、龙池庵、西边冲、寨山、狮子山、马鞍山等7处，但显露不明，仅井坍等处见数十口竖井。冶炼遗址有刘家井、江木冲、乔冲、涧滩西、洪家冲、水龙湖、深冲、寨脚、夏家柏、崔家涝、岗巴垅等11处。年代以西周晚期至战国时期为主。

凤凰山古矿区有万迎山等8处采矿遗址，冶炼遗址主要分布在山间盆地，年代多在西周晚期至东周时期。

狮子山古矿区以今狮子山铜矿为中心，其中木鱼山遗址于1988年试掘，炼铜渣面积约为10万平方米，时间为西周至战国。还有大小冲遗址。

铜官山古矿区尚未发现先秦遗物，其时代可上溯至汉代。繁昌县横山镇铜山铜矿遗址的时代为战国时期。在长江北岸的枞阳县井边发现东周时期采矿遗址。

皖南地区的铜矿开发，汉代是兴盛期，六朝至唐代是发展期，皆被考古调查和发掘所证实。而两周时期，皖南已是我国重要的铜料生产基地，这在古文献中早有记载，但遗址多为考古调查，脉络不够明朗，有些关键问题还有待考古发掘和新的发现来加以阐明。据目前所知，采矿遗址虽然集中在大工山、凤凰山、狮子山矿区，但分布较散，规模大的古矿山情况不详，这可能与铜陵地区的成矿条件有关。该区铜矿化主要受一些来自地壳深部的浅成小岩体制约。成矿作用特点是垂直区间大，但水平方向的连续性相对较少，因此隐伏矿体的存在机会较多，地表含矿性差，这给古人找矿带来困难。

综上所述的生产规模，商周时期，长江中下游铜矿带的开发尤胜于北方地区，而大冶地区（包括阳新）的铜矿开发又尤胜于长江沿线的江西、安徽。由于大冶地区的铜矿遗址多，规模大，科学技术内涵最为全面和丰富，研究也最详尽深入，这使我们得以窥知自商代中期历经西周、春秋战国时期，大冶地区采矿炼铜技术的发展历程及对中国青铜文明的巨大贡献。

（三）采矿炼铜技术先进

商代，大冶地区采矿技术完备成熟。已采用地下开采技术，并形成提升、运输、通风、排水等系统，其中有伐木运输、木材加工、凿岩、测量、支护、回采、排水、提运等作业及管理。

地下开拓采用联合开拓法，规范化的井巷支护技术有效地维护了采空区的围岩稳定；采掘工具已使用青铜工具；有了便于操作的提运工具；地下排水设备已使用木水槽。

西周时期，井巷支护形式不断改进，支护水平不断提高；青铜采掘工具的数量和品种都有了增加，习见有斧、锛、铲、镢等多种；地下采矿方法增多，如创造的水平棚子支柱充填法已相当完善，支护能力亦更强；井巷断面较商代扩大；出现了专用于地下排水的巷道和暗槽；矿井通风出现风墙、风障构筑物。

春秋战国是我国历史上奴隶制向封建制社会转变的大变革的时代，矿冶术作为一种社会现象，植根于多重技术条件的积累，其矿冶技术的创新具体表现在以下七个方面，显示了中国古代早期最先进的矿冶技术水平。

一是凿岩工具与凿岩技术的创新。例如铜绿山的青铜斧，由西周不足2千克发展到春秋中期达16.3千克。这种主要采掘器具为挂式操作，爆发力强，冲击力大，适合大型井巷生产的需要。春秋中期铜绿山还使用了铁锛。战国时期已由铁制工具完全代替了铜制工具，而且种类齐全、质量优良，足以证明当时的凿岩工具有了划时代的变革，结束了矿山屈蹲式回采作业方式，使空场采矿法得以空前发展，产能也大幅攀升。

二是春秋后期，铜绿山是最早采用平口接方框垛盘支护竖井的矿山。其优点是构件节点简单，便于制作、架设，结构稳固，节省功时，且增大了井筒作业的断面和深度。

三是地下采矿方法有多种创新，如链式方框支柱法、横撑支架开采法、护壁小空场法是前所未有的。

四是矿山提运机械的变革。铜绿山、红卫等，在井下都发现了战国时期大型木制绞车，它有利于地下深处的矿石提升出井口。

五是矿井防水与排水技术的创新。除地下排水系统中有水仓、水渠外，还采用地面和地下的多种堵水方法。

六是选矿方法的变革。水介质选矿法，由采用淘洗工具换成溜槽设备，其结构先进、利于选矿、效率较高，被作为井下的选矿设备，大大减少了废石的提运量。

七是炼铜竖炉的创新。中国发现年代最早、保存最完整、结构最先进的炼铜竖炉迄今只见于大冶铜绿山。竖炉分炉基、炉缸和炉身三部分组成，已具备高炉的特点。炉基有防潮保温功能；炉缸前壁设有金门，便于开炉点火、排放炼渣和铜液及检修。炼铜技术十分高超，已具备良好的整粒技术、造渣与配矿技术、炉温控制技术。古炼渣含铜量一般都小于0.7%，说明矿石中的铜得到充分的还原。上述研究证明，炼铜竖炉的众多优点，为炼铁竖炉及生铁冶铸术的发明及其后的迅速发展提供了技术前提。

大冶春秋中期始属楚国所辖。东周时期的楚国独领风骚，成为南方的大国、强国，这与大冶的贡献分不开。

（四）结语

就商周时期采矿技术水平而言，大冶铜绿山与江西铜岭别无二致，是当时中国乃至世界最先进的。就春秋早期炼铜技术水平而言，铜绿山是世界一流的。

鉴于大冶地区在商代中晚期已具备高水准的采矿技术，春秋早期已掌握高超的鼓风竖炉炼铜工艺，在此之前，必定还有一个萌生与形成的发展阶段，也就是说，其所反映的采矿炼铜技术是流而非源。大冶地区更早的铜矿采冶遗存仍有待发现。

青铜文明，是铜造就的文明。作为青铜时代中国最大最重要的铜料生产基地的大冶，能源源不断地为青铜文明贡献大量的铜，是大冶特有的资源优势、人才优势及技术优势所决定的。

大冶，作为中国青铜时代的铜都，实至名归。

铜绿山与盘龙城及中国早期青铜文明*

徐少华

铜绿山古矿冶遗址自1973年被发现、确认以来，至今已有40年了。其间经过一系列的田野调查、勘探和发掘[1]，逐步明确了该遗址当时开采、冶炼的基本过程、布局及时代范围；尤其是《铜绿山古矿冶遗址》发掘报告的正式出版[2]，给学术界的研究提供了非常难得的资料和有利条件，推动了我国矿冶考古与古代青铜文明研究的深入开展。本文结合有关出土资料和已有的学术成果，就铜绿山古矿冶遗址与盘龙城及中国早期青铜文明的相互关系，谈几点粗浅的看法，以期进一步明确该矿冶遗址在中国上古文明发展中的重要地位和作用，为今后的深入探索提供参考、借鉴。

一

铜绿山古铜矿遗址南北长约2千米，东西宽1千米，面积约为2平方千米，从1974年1月至1985年7月，考古工作者先后对其进行了多次发掘，清理面积达4900多平方米，发现古代采矿竖（盲）井231个、平（斜）巷100条、炼炉12座[3]，可谓中国矿冶考古领域前所未有的发现和十分重要的成果，正如夏鼐、殷玮璋先生所言："铜绿山古铜矿的发现和发掘，对了解我国古代的社会生产，尤其是青铜业的生产，具有重要意义。"[4]

通过对遗物、遗迹的分析鉴定，该遗址铜矿开采、冶炼的时间，始于商代晚期，兴盛于东周时期，迄于西汉，前后延续长达1000多年，如经过11号矿体采矿遗址地层叠压关系及遗物的比较与出土铜斧木柄的检测，估计该矿体的开采时间约在西周早中期；从7号矿体2号点的支护结构、打破关系和^{14}C测年数据的综合比较来看，其开采时间可上溯至商代晚期；4号矿体的开采时间大致在春秋中晚期，隋唐时期亦在此有过开采；在1号、2号矿体的遗存中发现有一批当时的采矿工具，如铜斧、铜锛、铁锤、铁钻和木瓢等，经过器形比较和测年分析，1号矿体开采于战国至西汉时期，2号矿体开采于春秋晚期至战国早期[4]。

铜绿山遗址范围内所覆盖的冶炼矿渣达40万吨左右，估计从中所提炼的粗铜总量应在10万吨以上，由此可见当时开采、冶炼的规模，以及对中国古代社会、经济发展的

* 本文为武汉大学自主科研项目"《楚居》与楚都丹阳研究""周代汉淮地区列国青铜器及其历史地理探析"（2012年）的阶段性成果。

巨大贡献，为中国古代青铜文明的进步及辉煌成就，提供了源源不断的战略资源和保障。

自大冶铜绿山遗址被发现以后，考古工作者又先后在长江中、下游之交或下游偏上的湖北阳新港下、江西瑞昌铜岭、安徽铜陵等地发现了一批类似的古铜矿开采与冶炼遗址[5]，其中阳新港下和瑞昌铜岭两地与铜绿山的直线距离都在几十千米的范围内，按自然形势划分实际上处于同一地理单元，只是被现在的行政区划所割裂，早期的铜矿开采和冶炼，有可能处于相对集中的管理和控制之下。

资料表明，阳新港下遗址的开采时间在西周晚期至春秋[6]；而瑞昌铜岭一带的古矿冶遗址分布密集、范围较大、文化层较丰富，该遗址的采冶时间约从商代中期一直延续到战国。值得注意的是，在铜岭遗址古代采矿区发现有比较明确的商代中晚期的地层和文化遗物，如陶斝、陶鬲之类的生活用具和铜斧、铜凿之类的生产工具等，遗址范围内亦存留有数十万吨的古代冶炼矿渣，说明当时的生产规模也蔚为壮观，其时代上限或可追溯至郑州二里岗文化偏晚阶段[7]，是目前所见该地域铜矿资源的采冶与商文明关系的最早物证。

由此可见，位于长江中下游之交、长江以南的今湖北大冶、阳新至江西瑞昌一带，古铜矿开采与冶炼遗址分布较多，前后采冶时间较长，大致从商代前期一直延续到西汉，其规模与持续时间在全国范围内都是非常少见的，说明这一地区应是当时铜矿资源最主要的采冶基地或中心，同时也表明该地铜矿资源的丰富与相对便利的交通条件。

二

根据现代科学的地质调查，我国的铜矿资源主要集中在长江中下游铜矿带、川滇地区铜矿带、甘肃白银铜矿区、山西中条山铜矿区，其中以长江中下游铜矿带的资源最为丰富，居全国之首，直到今天，仍是国内最主要的产铜基地之一。

中国古代青铜器出现甚早，而青铜容器则出现于二里头文化（夏文化）的晚期，但数量有限；即或在二里岗文化的前期（即二里岗下层），青铜容器数量仍然不多，器体都还比较小；进入二里岗文化的后期（上层），青铜器的数量骤然增多，且出现了一批青铜重器，如郑州杜岭街等青铜器窖藏所出土的以大方鼎为代表的器物群，以盘龙城李家嘴M2为代表的一批贵族墓所出土的青铜器群等，说明到了早商后期，青铜器的铸造有一个较大的飞跃，再继续发展到晚商时期，即达到中国古代青铜文明的高峰[8]。

从中国古代青铜文明的演进过程来看，由于二里头文化至二里岗文化下层时期铸造和使用的青铜器不多，所需青铜原料有限，今山西中条山一带的铜矿资源应该说足以供给。到二里岗文化上层即早商后期，随着青铜文明的迅速发展及青铜礼器的大量使用，对青铜原料的需求成倍增加，尤其是进入晚商青铜文明的高峰时期，这种需求就更大了。就资源的角度而言，中条山一带有限的铜矿资源到这时是难以满足需求的，商王室势必向中原以外的其他地方寻求足够的资源，以保障其青铜文明发展的巨大需求。

以商代政治地域形势和目前商文化的分布而论，川滇地区与河西走廊铜矿区距商王室的中心（今河南郑州、偃师、安阳一带）相对较远，可能当时还不在商人势力的控制范围之内；而长江中下游地区铜矿带，不仅铜矿资源丰富，与商王室中心区相去不是太远，且往来交通比较便利，则势所必然成为商王室战略资源需求的重要目标。盘龙城遗址的出现，特别是其城址的兴建，当与这一背景密切相关。

从地理位置来看，盘龙城位于长江北岸、长江与汉水交汇处附近，往北越过桐柏山中段的山口（即古之“义阳三关”）直通商都郑州和偃师；东至大冶铜绿山的直线距离不足100千米，去瑞昌铜岭的直线距离不足200千米，正好处于陆路与水路交通的枢纽位置，商人南下获取大冶、瑞昌一带的铜矿资源，并以盘龙城作为中转和集散地，可以说是最佳选择。从盘龙城遗址发现有大量的陶缸和坩埚之类遗物、遗迹的情况分析，商人在今大冶、瑞昌等地获取初步冶炼的铜料之后，在盘龙城一带进行进一步的加工、提炼，然后再转运北上，亦是十分便利、可能的。

就目前的田野工作和资料整理来看，盘龙城遗址的文化遗存上下可分为七期，除第一、二期约当二里头文化的晚期之外，第三至七期类似于郑州二里岗时期的商文化遗存，盘龙城三期相当于二里头四期至二里岗下层一期偏早，盘龙城四期相当二里岗下层二期至上层一期偏早，盘龙城第五期相当二里岗上层一期偏晚，六期相当二里岗上层二期偏早，七期相当二里岗上层二期偏晚[9]。如果我们细加类比，在盘龙城遗址的某些部位，如杨家湾等地，可能还有少量比目前所划分的第七期更晚一些的文化内涵，即相当郑州二里岗与殷墟文化之间的遗存[10]，或因这部分遗存处于盘龙城遗址的末年，原本就不太丰富，又受到后世长期的自然侵蚀与人为破坏、扰乱，保存下来的非常有限，所以将它们单独列为一期还有一定的困难。

盘龙城城址，修建于盘龙城遗址的第四期，即二里岗文化的上下层之际或上层一期偏早，兴盛于盘龙城第五、六期，即二里岗上层一期至二期早段；废弃于盘龙城第六、七期之际，即二里岗上层二期偏晚[11]，也就是说，盘龙城城址兴盛于二里岗上层的大部分时期，前后存在时间有数十年或近百年。

关于商文化的分期，早年由于资料的原因，一般将其分为商代早期和晚期两大期，早期以郑州二里岗文化为代表，又细分为四期；晚期以殷墟文化为代表，亦细分为四期；随着资料的不断丰富和研究的深入，部分学者进而将商文化划分为商代早期、中期和晚期三大期，其中早商、中商又各分三小期，晚商仍为四期，反映了商文化研究的新进展[12]。

按照以前对商文化的分期，盘龙城遗址和城址均属商代早期[13]；若以新的分期体系，盘龙城城址的存在时间约从早商后段至中商前段，盘龙城遗址的跨度，则从早商前段偏晚延续到中商晚期[14]，即经历了早商与中商的绝大部分时期。

在盘龙城遗址出土的墓葬随葬品及历年来所采集的各类器物中，有一大批铸造精美的青铜器，包括较多数量的青铜礼器，如李家嘴M2，墓室面积有12平方米，随葬各类器物77件，其中青铜器50件，除了兵器和工具之外，礼器包括酒器、食器、水器等一应俱全，其中鼎、爵各4件，斝3件，还有1件形体巨大、身饰夔纹的铜钺；又杨家湾M11，墓坑规模并不大，然而随葬器物丰富，其中青铜器有35件，包括觚、爵、斝等酒器4套，另有铜尊3、鼎1、簋1，其中鼎的口径达55厘米，为目前所见商代早期最大的圆鼎，还有2件铜钺等[15]。随葬如此众多的青铜礼器的贵族墓葬，目前在郑州、偃师早商都邑及其他城址和遗址均发现不多，这一方面说明盘龙城遗址所见此类贵族的等级较高，同时也表明盘龙城遗址的主人在当时具有相对富有的青铜资源，且这些资源，当与其附近不远的大冶铜绿山、瑞昌铜岭诸矿冶遗址密切相关。

三

就目前资料所见，在整个铜绿山古矿冶遗址范围内，开采最早的是7号矿体的2号点，其年代数据为距今3260±100年，开采时间约在商代晚期[16]，与属于商代早中期的盘龙城遗址在时间上仍有一段缺环；若以瑞昌铜岭遗址最下层（约当商代中期）的遗迹和遗物[17]与盘龙城遗址的晚期遗存（第七期）相比，时间上虽可以大体衔接，但这时盘龙城城址或已废弃，整个遗址的商文化亦将终止，因而将铜绿山、铜岭等古矿冶遗址的开采、冶炼与商文化及盘龙城遗址相联系，情理上虽然可通，但缺乏可靠的田野资料和检测数据方面的支撑，值得我们认真思考。

从青铜矿料的分布和地理区位的角度而言，盘龙城遗址所出土的大批青铜器，其资源理应来自于大冶铜绿山至瑞昌铜岭一带的古矿冶遗址，据铅同位素示踪分析，盘龙城出土的青铜器，多数为本地铸造，其矿料当主要来源于附近的铜绿山和铜岭等矿冶遗址[18]，可能为郑州商城等地所见青铜器的原料，亦有相当部分来自于这一地区[19]。然而目前在铜绿山、铜岭乃至安徽铜陵等地，很少发现明确属于商代中晚期以前开采、冶炼铜矿的遗迹，致使早商青铜文化的探索，包括盘龙城遗址及城址存在的背景与意义，存在若干不确定因素和一定的被动局面。我们觉得，出现这一缺环，当不出几个方面的原因。

首先，商代早期及以前，青铜文化的发展水平不高，对青铜矿料的需求有限，开采、冶炼的规模不大，矿点也不会太多，留下的遗迹、遗物原本就不多，且往往被后来规模更大、持续时间较长的开采、冶炼活动所扰乱甚至毁坏，因而今天不易被我们发现和认识。

其次，在铜绿山、铜岭一带，原有不少富矿显露于地表，在对矿料需求量不大的早商时期，一般的露天开采即可满足需求，当时工程相对简单，所需人力、物力不多；后来随着矿料需求的增加，必须构筑井巷深入到表层以下采矿，从而致早先露天开采的遗迹、遗物亦随之受到破坏。在铜绿山古矿冶区内，曾先后发现7处古代露天开采的场地，如11号矿体采矿遗址的井巷外壁填土中，即残存有较多的陶片和生产工具，发掘者估计它们应是先前露天开采时留下的遗物[20]。该矿体使用井巷开采的时间为西周至春秋时期，则此前的露天开采，有可能到商代晚期或更早。

我们相信，随着田野考古工作的进一步开展及研究的不断深入，处于盘龙城遗址商文化与大冶铜绿山和瑞昌铜岭等古矿冶遗址早期采冶之间的时间缺环，将会逐步得以弥补、解决。

四

资料表明，长江中下游地区的铜矿资源，至迟于商代即得到逐步开采、冶炼，历两周至秦汉，前后延续有1000多年，几乎伴随着中国古代青铜文明的整个历程，烘托着中国青铜文明的灿烂辉煌，以铜绿山为代表的一大批古矿冶遗址，就是这一辉煌文明的重要物资源地和有力见证，为中国乃至世界文明做出了巨大贡献。

盘龙城遗址是商王室统治南方的区域中心，除了政治、军事上的作用之外，获取南方丰富的青铜矿料资源，并以此作为加工、中转基地，源源不断地输往中原商王室，当是其重要职能之一。从某种程度上说，盘龙城商文化的兴起、发展，与铜绿山、铜岭等地青铜资源的开采、冶炼和转运具有密切的内在联系，盘龙城遗址所出的远较其他早中商文化遗址富有的青铜器即可说明这一点。

（已载《湖北理工学院学报（人文社会科学版）》2014年第1期）

注　释

[1] 铜绿山考古发掘队：《湖北铜绿山春秋战国古矿井遗址发掘简报》，《文物》1975年第2期；中国社会科学院考古研究所铜绿山工作队：《湖北铜绿山东周铜矿遗址发掘》，《考古》1981年第1期；黄石市博物馆：《湖北铜绿山春秋时期炼铜遗址发掘简报》，《文物》1981年第8期；中国社会科学院考古研究所铜绿山工作队：《湖北铜绿山古铜矿再次发掘》，《考古》1982年第1期。

[2] 黄石市博物馆：《铜绿山古矿冶遗址》，文物出版社，1999年。

[3] 夏鼐，殷玮璋：《湖北铜绿山古铜矿》，《考古学报》1982年第1期；黄石市博物馆：《铜绿山古矿冶遗址》，文物出版社，1999年，第9~17页。

[4] 夏鼐，殷玮璋：《湖北铜绿山古铜矿》，《考古学报》1982年第1期。

[5] 港下古铜矿遗址发掘小组：《湖北阳新港下古矿井遗址发掘报告》，《考古》1988年第1期；江西省文物考古研究所 等：《铜岭铜矿遗址发掘与研究》，江西科学技术出版社，1997年；安徽省考古研究所 等：《安徽铜陵市古代铜矿遗址调查》，《考古》1993年第6期；安徽省文物考古研究所 等：《安徽南陵县古铜矿采冶遗址调查与试掘》，《考古》2002年第2期。

[6] 港下古铜矿遗址发掘小组：《湖北阳新港下古矿井遗址发掘报告》，《考古》1988年第1期。

[7] 江西省文物考古研究所，瑞昌博物馆：《铜岭铜矿遗址发掘与研究》，江西科学技术出版社，1997年，第1~90页。

[8] 程潞：《中国经济地理》，华东师范大学出版社，1993年，第118~131页；黄石市博物馆：《铜绿山古矿冶遗址》，文物出版社，1999年，第5~9页。

[9][11] 湖北省考古研究所：《盘龙城—— 一九六三年— 一九九四年考古发掘报告》（以下简称《盘龙城》），文物出版社，2001年，第441~446页；陈贤一：《试论盘龙城城址的年代》，《武汉城市之根——商代盘龙城与武汉城市发展研讨会论文集》，武汉出版社，2002年。

[10] 中国社会科学院考古研究所：《中国考古学（夏商卷）》，中国社会科学出版社，2003年。

[12] 徐少华：《从盘龙城遗址看商文化在长江中游地区的发展》，《江汉考古》2003年第1期；盛伟：《盘龙城遗址废弃的年代下限及相关问题》，《江汉考古》2011年第3期。

[13] 湖北省考古研究所：《盘龙城—— 一九六三年— 一九九四年考古发掘报告》（以下简称《盘龙城》），文物出版社，2001年，第447~450页；陈贤一：《试论盘龙城城址的年代》，《武汉城市之根——商代盘龙城与武汉城市发展研讨会论文集》，武汉出版社，2002年。

[14] 唐际根：《中商文化研究》，《考古学报》1999年第4期；中国社会科学院考古研究所：《中国考古学（夏商卷）》，中国社会科学出版社，2003年。

[15] 邹衡：《试论夏文化》，《夏商周考古学论文集》，文物出版社，1980年，第95~182页；湖北省考古研究所：《盘龙城—— 一九六三年— 一九九四年考古发掘报告》，文物出版社，2001年，第441~504页。

[16] 黄石市博物馆：《铜绿山古矿冶遗址》，文物出版社，1999年，第106、183页。

[17] 江西省文物考古研究所，瑞昌博物馆：《铜岭铜矿遗址发掘与研究》，江西科学技术出版社，1997年，第12~35页。

[18] 彭子成 等：《盘龙城商代青铜器铅同位素示踪研究》，《盘龙城——一九六三年— 一九九四年考古发掘报告》，文物出版社，2001年。

[19] 彭子成 等：《赣鄂豫地区商代青铜器和部分铜铅矿料来源的初探》，《自然科学史研究》1999年第3期。

[20] 黄石市博物馆：《铜绿山古矿冶遗址》，文物出版社，1999年，第11、53页。

大冶铜绿山古铜矿遗址裂隙成因研究

刘佑荣　陈中行　胡　斌　胡修文

一、前　　言

铜绿山古铜矿遗址是一处从商代开始并一直延续至东汉的古铜矿遗址，分布范围约为2平方千米。考古发掘清理出商代至汉代千余年间不同结构不同支护方法的竖井、斜井、盲井数百座，平巷百余条，以及一批春秋早期的炼铜竖炉。是我国迄今发掘规模最大、生产时间最长、保存最为完好的一处古铜矿遗址。1985年被列为考古十大发现之一。

遗址发现后，各级政府和文物部门采取了有力的保护措施，提出以地面防渗、杜绝大气降水入渗为主的保护工程方案。监测表明工程达到防渗排水的效果，遗址处于逐步疏干状态，各项保护措施也得以按计划逐步实施。

随着铜绿山矿开采的加速，越界开采、乱采乱挖甚至盗采等行为不断发生，致使遗址路面、围墙等出现开裂、倾斜和沉降等破坏现象，严重威胁到古铜矿遗址的安全。开裂破坏现象始于2006年7、8月份，并呈现不断发展的趋势，引起黄石市政府和省市文物部门的高度重视。为落实专家意见和黄石市政府指示，中国地质大学（武汉）承担了铜绿山古铜矿遗址裂隙成因研究工作，目的在于查明遗址区裂隙成因并对下一步工作提出建议，于2006年11月至2007年4月多次组织研究人员进入现场调查，提交了研究报告，本文即是在此基础上形成的。

二、遗址区工程地质条件

铜绿山古铜矿遗址位于大冶市区西南，属大冶市金湖街管辖。区内总体地势南高北低，地面标高一般为15~70米，最大标高72.048米。遗址区西侧紧邻露天采坑，目前坑底标高为-60米左右。遗址区东侧呈缓坡延伸至大冶湖。南、北两侧为丘陵岗地。本区为典型的亚热带大陆性季风气候，雨量充沛。多年平均降雨量为1387.24毫米，最大可达2391.5毫米，最小仅为949.9毫米。

本区位于鄂东南大冶褶断带，主要构造有马叫-铜绿山背斜。遗址位于该背斜的东翼，构造上整体为一单斜构造。背斜受岩体侵入干扰较大。

遗址区基岩以石英正长闪长玢岩和大理岩为主，其次还有矽卡岩和铜铁矿。其中大理岩、矽卡岩和铜铁矿被闪长玢岩包围呈包裹体状产出。区内地表处还广泛分布一层第四系松散堆积物。

遗址区岩体中结构面类型主要有：断层、节理、岩层面、各类岩体接触面等，其中以节理及构造裂隙为主。据结构面实测统计和网络模拟研究，可得出遗址区岩体结构以碎裂结构为主，局部为块裂结构。岩体破碎，完整性差，同时渗透性较好。表1为各类岩土体力学计算参数建议值。

表一　岩体力学计算参数建议值表

岩石名称	E（GPa）	μ	ρ（kg/厘米^3）	C（米Pa）	φ（°）
闪长玢岩	10.6	0.225	2.7	2	35
高岭石化闪长玢岩	2.2	0.27	2.4	0.27	30
大理岩	6.3	0.2	2.65	1.5	30
风化大理岩	2	0.16	2.12	0.21	26
矿体	8.4	0.2	3.9	1.5	35
采空区充填体	0.1	0.35	1.9	0.15	18
第四系残坡积	0.015	0.3	1.92	0.015	15
人工铺盖	0.01	0.4	1.81	0.01	10

遗址围岩内构造裂隙发育，岩体破碎，透水性差异较大。大理岩、矿体等透水性好，闪长玢岩透水性相对较差。受矿山排水影响，形成特殊的补、迳、排关系。深层基岩岩溶裂隙水水位埋深大，浅层岩体处于疏干状态。浅层风化基岩裂隙岩溶——第四系孔隙水（浅层水）埋藏于浅部风化带和第四系松散堆积物内（即遗址围岩内），与遗址区病害有密切关系。

区内浅层水接受大气降水和生活排水入渗补给，受地形影响向四周径流，以泉水、潜流、人工抽水及蒸发等形式排泄，地下水的循环属于渗入–迳流型。据勘探资料：3号遗址点北部地下水位最高，标高为51.8米。遗址点东水塘的水位约为53米，为地下分水岭所在，由此往北、东南和西南方向，地下水位逐渐降低。

三、遗址周围采矿活动现状

1. 现状

铜绿山铜矿的开采历史至少可追溯至商代，开采规模较大、较集中的有西周至西汉、宋元和新中国成立后等时期，断续开采了3000余年。

新中国成立后，从1963年开始至现在是采矿规模最大的一次。大致可分为三个阶段：第一阶段为20世纪70年代以前，以国有企业露天开采为主，主要开采1号、2号、

4号、5号及8号、11号等矿体；第二阶段为20世纪70年代中叶至90年代，露采与坑采相结合，以国有企业开采为主；第三阶段为20世纪90年中叶至现在，以坑采为主，露天开采为辅。同时由于国家经济体制改革，各种经济成分陆续进入采矿行业，不仅有国有经济，还有个体经济、集体经济和股份制经济加入采矿活动，这不仅加速了铜绿山矿的开采力度，也使监控难度增大，一度出现无序竞争、越界开采和盗采盗挖等局面。

遗址周边采矿活动非常活跃。据大冶市国土局提供的资料（图一），除大冶有色金属公司所属的铜绿山铜铁矿外，在遗址周围2千米范围内有13家企业在开采。与遗址关系密切的采矿活动如下。

（1）铜绿山铜铁矿

1）露天开采。铜绿山矿的露采始于20世纪60年代，至90年代形成南北两个采坑，南露天坑目前已停采，转入紧邻遗址西侧的北露天和中露天，主要开采4号、5号、8号

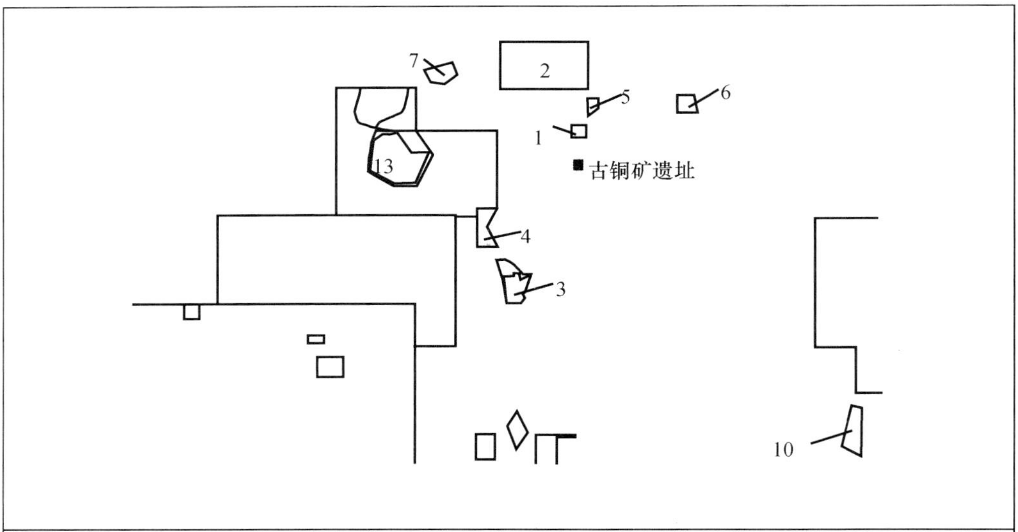

铜绿山古铜矿遗址半径2千米范围内井下矿山名单		
序号	企业名称	距古矿遗址距离（千米）
1	大冶有色三友实业有限公司	0.4
2	大冶市鲤泥湖矿业有限公司	0.804
3	大冶市铜绿山铁矿	1.264
4	大冶市喻家山矿业有限公司	0.922
5	大冶市泉塘铜铁矿	0.529
6	大冶市泉塘村三号坝铜铁矿	1.106
7	大冶市桃源铜铁矿	1.555
10	大冶市兴红矿业有限公司	3.92
13	大冶市猴头山铜钼矿	1.502

图一　铜绿山古铜矿遗址半径2千米范围内采矿企业分布图

资料来源于大冶市国土局（2007.1.31）

等矿体。露采不仅向下延伸，同时也向东扩帮，逐步形成东帮高陡边坡。目前该边坡平均坡度约47°，局部在62°以上，坡高90~120米，由于无任何防治措施，边坡正在变形，并导致坡顶3号公路滑坡。

2）地下开采。据铜绿山矿提供的资料，遗址下虽然没有直接开采活动，但至少有–185米、–245米、–305米和–365米中段四个水平的地下巷道通过遗址区。这些巷道有的与位于遗址东南石家湾的新副井相连。

3）三友公司。为铜绿山矿的挂靠企业，调查中在遗址北部的北露天坑东帮坡脚发现该公司的一处斜井，井口标高0米左右。走向南，大致沿北露天和中露天边坡脚向南掘进，并在–55米、–84米、–93米和–102米等水平有采矿巷道分布，地下巷道十分复杂，巷道延伸多远尚不清楚，采空区未见填充。该井以开采5号等矿体的挂帮矿为主，并于2006年年底关闭。

4）珠宝公司。也是铜绿山矿的挂靠企业，该公司有一地下采矿点位于遗址大门南侧露天坑东帮，井口标高–24米，走向东且斜向下，以人工开采孔雀石和高品位铜矿石为目的。采空区未见填充。该井于2007年1月底关闭。

（2）民营采矿点

1）曹家湾采矿点。属大冶市泉塘铜铁矿，位于遗址正北，距遗址500~700米不等，调查中发现有5口井（2竖3斜）正在开采，其中可见斜井倾向遗址方向。

2）熊家湾采矿点。属大冶市泉塘铜铁矿，位于遗址北尾矿库西侧，调查中发现4口井正在开采。

3）柯锡太采矿点。位于北露天坑西北侧，调查中发现2口竖井正在开采。

4）喻家山、破钟山采矿点。属大冶市喻家山矿业有限公司，位于南露天坑西南侧，据湖北省水勘院调查有3口井正在开采。

以上4个民营采矿点的开采深度多在标高–150米以内，最深可达–300米。据介绍，遗址周围各矿体除7号外均已采完，浅表部已无矿可采了，唯存7号矿体。为求发展，目前铜绿山铜铁矿正在进行深部探矿，钻探深度在600米以上。

2. 采矿活动特点

综合调查和收集的各种资料进行分析，遗址周围的采矿活动有如下特点。

1）参与采矿的企业多而杂。据大冶市国土局提供的资料，在古矿冶遗址周围2千米范围内，除铜绿山铜铁矿外还有13家企业在采矿。其中，主矿井距遗址距离远的仅1.55千米，近的就在遗址边坡脚下。这些采矿企业中不仅有国有企业，且多数为个体与集体企业或股份制企业，多数技术设备简陋。

2）个别采矿企业无视国家及地方政府部门的法规和相关规定，无证开采、越界开采，甚至是掠夺性盗采。

3）多数采矿企业生产技术低，井下安全措施差，未对采空区未作任何处理。

4）政府监控力度不够，导致各企业间无序竞争。如有许多企业发了开采证，但其设计和开采能力及采矿行为没有任何监控资料。还有一些企业属无证开采，但政府没有及时取缔。

5）环境保护不够，生态环境恶劣。1995年国家将其列入申报《世界文化遗产预备名录清单》，1998年9月联合国教科文组织国际文物保护专家专程来华对遗产申报工作进行先期考察和复核，认为：“黄石铜绿山古铜矿的文化内涵、年代久远和在当时的先进程度，在全世界范围内具有不可比拟的优势，非常珍贵；但建议我们不要申报，因为黄石铜绿山古矿遗址保存现状和周边环境有待改善。”因而放弃了世界文化遗产的申报，并从申报预备名录清单中除名。

6）露天采矿边坡防治不到位。该边坡自20世纪90年代形成以来，从未进行过治理，也没有监测资料说明边坡没有变形。但事实上该边坡一直在不断变形，最后导致2007年3月边坡上部3号公路出现大规模变形和滑坡。

四、遗址地面变形现状与机理分析

1. 变形现状

遗址区地面变形最早发现于2006年6、7月间，在遗址博物馆内西侧及通往遗址的水泥路上最先出现开裂。变形范围北至遗址馆，南至铜绿山矿速凝剂厂，西至露天坑边坡，东以遗址馆到速凝剂厂一线为界（图二），面积约为33800平方千米，涉及围墙内面积为16000平方千米，约占围墙内总面积的1/3。共发现大小裂缝100余条，其中包括地面裂缝60余条。裂缝长度在1米至数米不等，长者20余米，裂缝宽度从数毫米至数厘米，宽者可达20多厘米。经调查遗址区地面变形有如下特点。

1）遗址区地面变形主要集中在3个地段，即遗址馆内、遗址前草坪至速凝剂厂及北露天边坡3号公路。

①遗址馆内变形区（图三），以地面裂缝为主，主要分布在馆西侧（紧邻北露天边坡）地面，共发现大小裂缝20余条，裂缝长度一般在1至数米，长者10多米，宽度不大，约1毫米至数毫米不等。其中最长的一条几乎贯穿整个遗址馆。该裂缝最早发现于2006年6月，走向近南北，从南至北由3条裂缝断续相连。此外在遗址馆外散水及墙体上也发现许多裂缝，但这些裂缝多为老裂缝，少数新裂缝也多沿老裂缝发育。

②遗址前草坪至速凝剂厂变形区（图四），是遗址区变形发现最早也是变形最严重的区域。调查中共发现大小裂缝50余条，长度一般在2~5米，最长者可达20余米，宽度较大，最宽达10余厘米，且有垂直和水平方向的位错。本区是遗址地面变形的重灾区，裂缝最先发现于2006年7月，在通往遗址的水泥路上的伸缩缝有扩大和下错的迹象，其后相继出现了10多条裂缝，同时在西侧的草坪及门房附近也发现大量裂缝。与

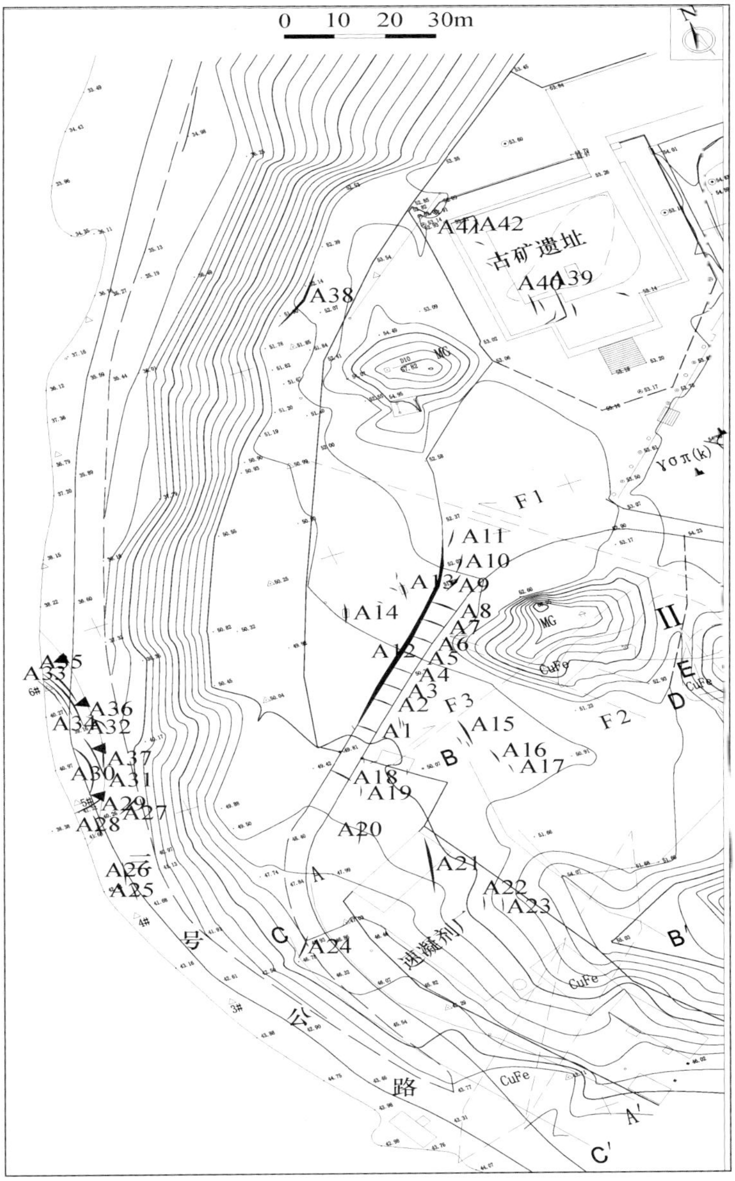

图二 遗址区地面变形分布图

此同时，铜绿山矿也在速凝剂厂内的地面和墙体上发现大量裂缝，经简易监测表明其主要裂缝有不断发展的趋势。由于开裂变形太严重，速凝剂厂已经废弃并被拆除。

调查中特别注意了草坪内的裂缝，发现不仅草坪表面有裂缝，而且土工布下也有裂缝并有一定的深度。这引起了我们的高度重视，观测表明这些裂缝在不断发展，到最后不仅有水平位移而且还垂直下错达3~5厘米。

③北露天边坡3号公路变形区（图五），位于北露天边坡顶部3号公路拐弯处，变形范围长约40米、宽10余米，共发现裂缝20余条。裂缝长2~10米，长者30多米，裂缝

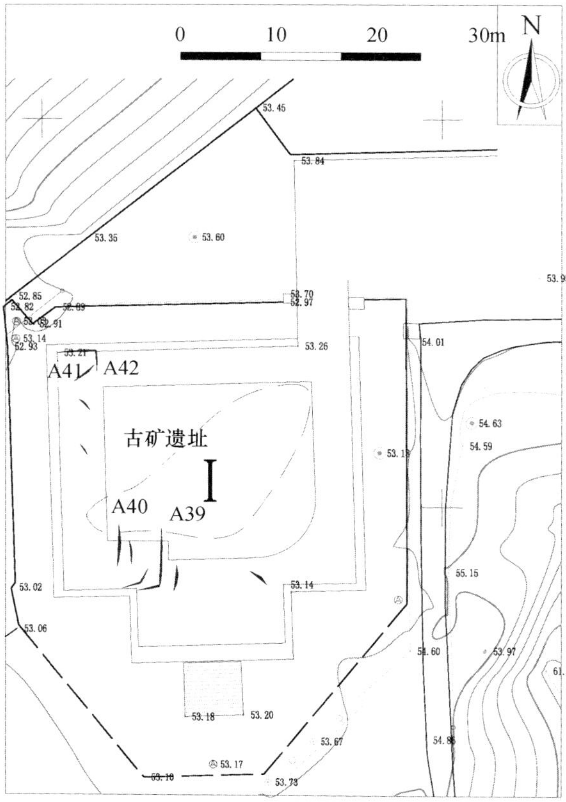

图三　遗址馆内地面变形分布图

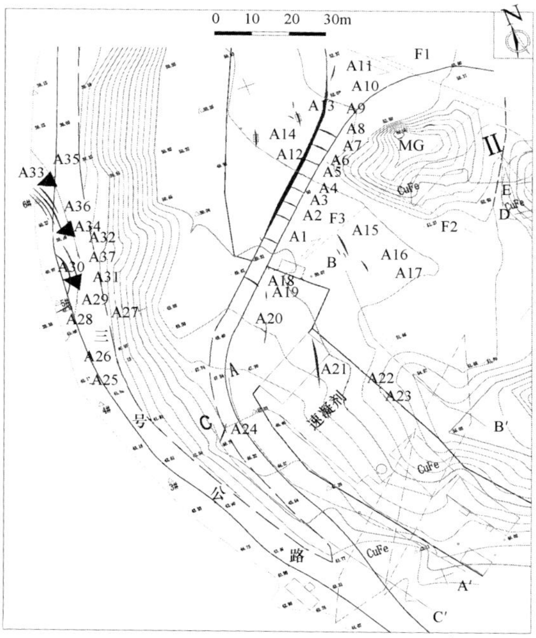

图四　遗址前草坪至速凝剂厂地面变形分布图

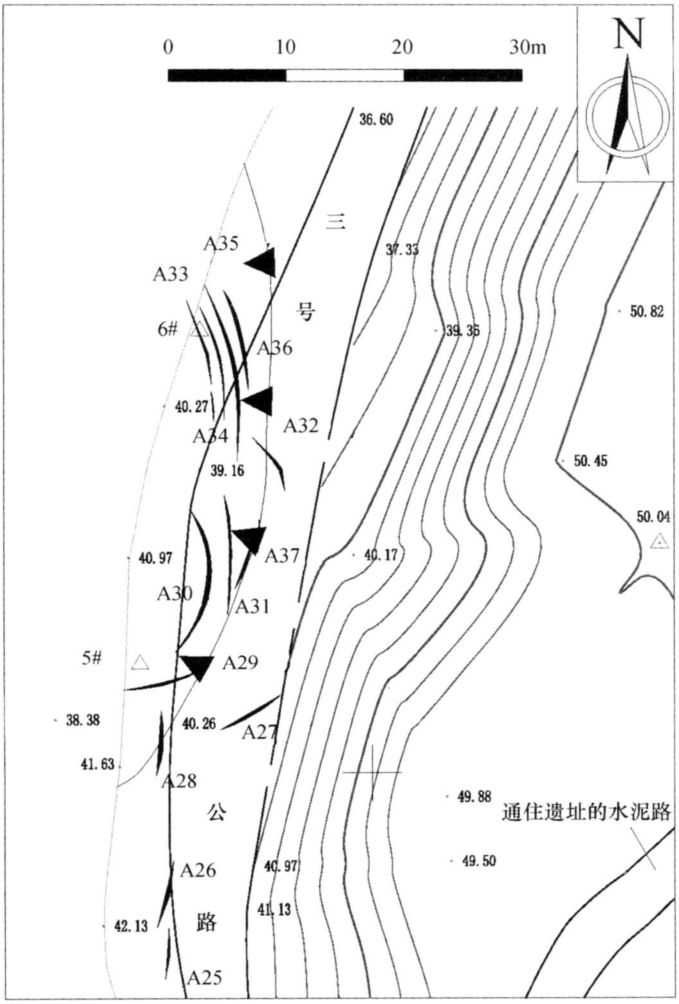

图五　北露天边坡3号公路地面变形分布图

宽度为5~20厘米，可见深度为0.3~1米，坎高0.1~1米。

该区裂缝最早发现于2007年1月的野外调查中，当时发现有数条细小裂缝断续分布于变形监测墩W2—5—W2—7，且明显呈弧形排列，走向与边坡近平行，说明边坡变形在加剧。在与露采车间负责监测的同志交流后，建议立即封闭3号公路并加强监测。该处边坡在2007年2月22日发生滑坡。从现有资料看，该区变形处于不断发展之中，如遇降雨随时可能再次活动。

2）地面变形主要分布在遗址区西侧紧邻北露天边坡的长条形地带，其他地方特别是东侧没有变形，证据有：①从2007年1月至4月的3次调查中均未发现东侧地面及建筑物有变形迹象；②遗址馆附近的地下水观测孔和集水井从2006年7、8月以来便无水了，而东侧的3个大水池无漏水迹象。

3）目前变形仍在继续，证据有：①图六的裂缝变形观测曲线表明裂隙变形在不断

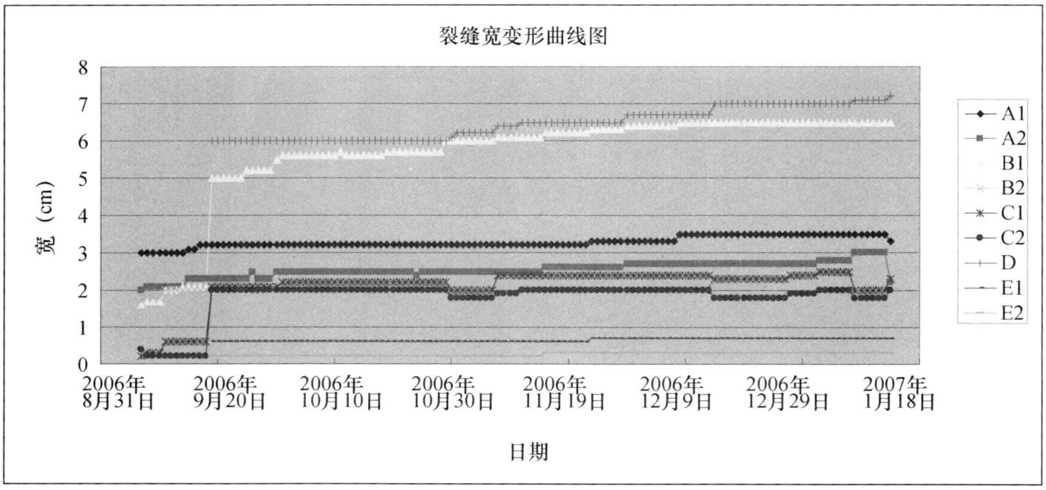

图六　遗址裂缝变形观测曲线图

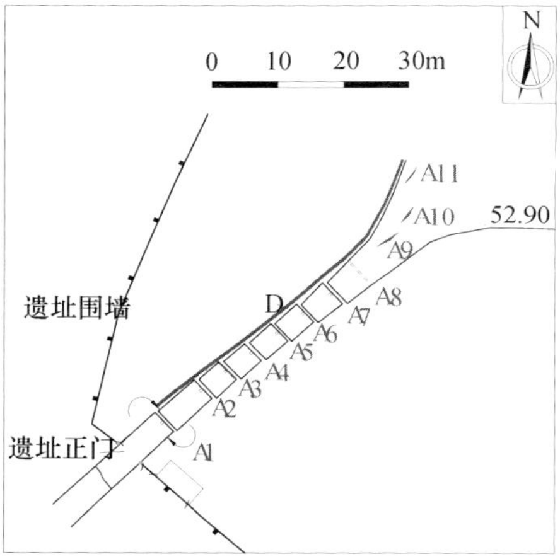

图七　遗址区水泥路上的裂隙

增加；②3号公路边坡从发现变形到大规模滑坡才经历1个多月的时间；③遗址区地面及遗址展馆墙体不断有新的裂缝出现。

4）裂缝延伸在方向上主要有3组：①NW345°~NE15°，主要分布在遗址馆内，长度多在1至10余米，宽度不大，宽者为数毫米；②NE20°~45°，主要分布在遗址前草坪及速凝剂厂地面，走向与北露天边坡近平行，长度较大，长者可达20余米；③NW280°~320°，走向与北露天边坡近垂直，主要分布在遗址区水泥路上，且多沿接缝发育，规模较小。

5）多数裂缝为拉张裂缝，且有垂直及顺时针两个方向的错动，如遗址区水泥路上的裂缝（图七），顺时针位移量大者约为10厘米，垂直位移量大者约为8~10厘米。

6）地面变形南侧大于北侧，临近露天边坡处大于遗址内，特别是遗址大门至速凝剂厂一带和北露天边坡3号公路两处变形最严重，裂缝发育密集，单条裂缝长度大，宽度也大，水平及垂直位移十分明显。从遗址地面变形矢量分析，其变形主方向为SW或SWW向。

2. 变形影响因素分析

影响遗址区地面变形的因素可分为内在因素和外在因素。内在因素包括：岩土工程性质、岩体结构、水文地质条件及地形地貌等。外在因素包括：采矿活动、地震、降雨等。以上诸因素有的是直接影响因素，有些因素是瞬时变化的，有的则在短时期内不变化，有的是间接因素。它们对遗址边坡稳定性和地面变形的影响小，程度和方式也各不相同。但造成遗址边坡稳定性及地面变形的最主要的因素是采矿活动，特别是不规范的乱采乱挖，对遗址边坡稳定性的影响很大。而其他因素的影响则是间接的，但也是累计性的和非可逆性的。

3. 变形机理分析

综合以上采矿与地面变形现状可以得到如下认识。

1）铜绿山矿的大规模开采始于20世纪90年代中后期，2000年以后特别是近几年达到高潮。同时具有参与采矿的企业多而杂，企业间无序竞争，无证开采、越界开采甚至是掠夺性开采等特点。这在时间上与遗址地面变形基本吻合。

2）遗址西侧边坡在变形，特别是近几年来有加剧之势。

3）遗址地面变形区紧邻西侧边坡，其主要长大裂缝与边坡走向近平行，且表现为拉张性。

因此，遗址地面变形无疑与西侧边坡变形密切相关，而边坡的大规模变形与近年来的大规模采矿活动密切相关。即由于频繁复杂的采矿活动引起了边坡变形与局部破坏，进而引起遗址地面变形开裂。也就是说采矿活动是引起边坡变形的直接原因，而边坡变形又是引起遗址地面变形开裂的直接原因。

应当指出，遗址周边的采矿活动包括露天开采和地下开采，一般来说任何单一的开采行为都难以引起如此大规模的地面变形，必然是多种采矿行为共同作用的结果。图八为1992年露采边坡与2007年1月露采边坡线的对比图，可知北露天坑从1992年的-10米左右下采至现在的-60米，下切深度约50米，东扩距离也不大，如果不是地

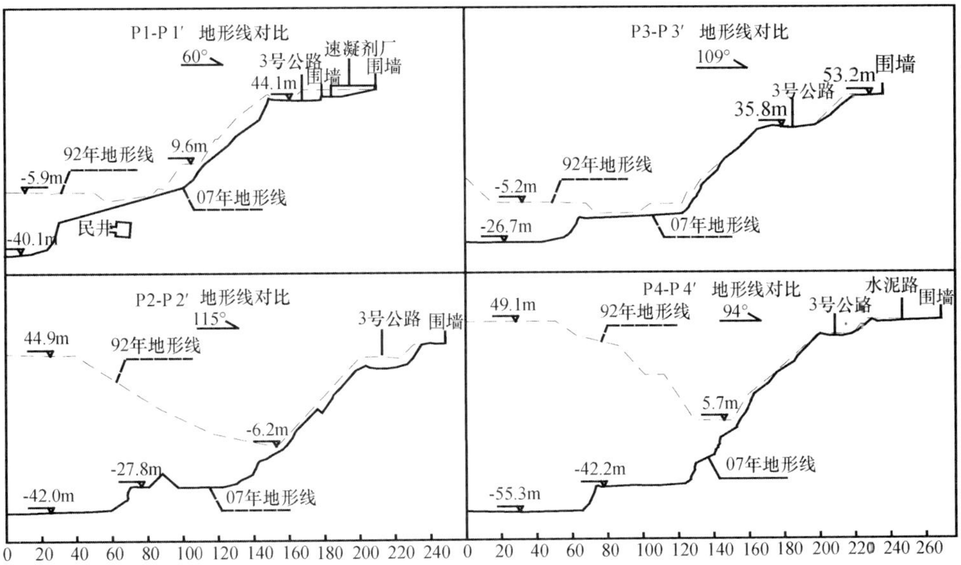

图八 1992年露采边坡与2007年1月露采边坡线的对比图

下开采同时作用，单靠露天开采难以形成如此大规模的地面变形。但事实是，在北露天下开采东扩使露天边坡不断加深变陡的同时地下开采也达到高潮，而且不止一家单位在遗址周边开采。大约从2005年开始，北露天逐渐挖去了东帮边坡的–16米、–28米和–40米等台阶。与此同时，除铜绿山铜铁矿的大规模地下开采外，三友公司在北露天坡脚地下开采5号矿等矿体的挂帮矿。珠宝公司在遗址大门南侧露天东帮边坡上开采孔雀石和高品位铜矿石。此外还有众多民营的地下采巷也深入到了边坡下，如此等等。地下采矿在边坡底下留下了大片采空区，在露天和地下开采的共同作用下，边坡变形和遗址地面变形开裂在所难免。

五、遗址裂隙成因分析

1. 定性分析

古铜矿遗址地面大规模开裂变形最早发现于2006年6~7月，主要分布在遗址区西侧紧邻露天采坑边坡处，共发现大小地面裂缝60余条。地面变形有：主要裂缝平行于边坡走向且紧邻边坡，南部变形大，往北逐渐变小和以拉张性质为主等特点。

铜绿山铜矿的开采时间长，地下开采与露天开采并重，采空区分布复杂。特别是近几年来开采活动达到高潮，具有参与采矿的企业多而杂，各企业无序竞争，无证开采、越界开采和盗采盗挖现象严重等特点。

随着露天开采的深入，遗址西侧形成大型高陡边坡，该边坡自20世纪90年代初步形成以来未做治理任其变形，且地下采矿又在边坡下留下了大片采空区。在露天采矿和地下采矿的共同作用下，导致边坡加速变形，进而导致遗址地面开裂变形。由此可知，频繁而复杂的采矿活动是造成遗址地面变形的最主要的因素。

由于各种采矿活动留下的采空区十分复杂，且多数已经废弃或破坏，难以准确查明，给地面开裂成因分析造成难以克服的困难。因此，本次分析拟采用数值模拟反分析的方法进行，即在现有调查资料的基础上假设各种不同的采矿工况及相应的采空区进行试算，借以推测其地面开裂成因。

2. 数值模拟分析

将岩土体看成一种理想的弹塑性体，其应力–应变关系服从弹塑性本构关系；采用增量–初应力法进行求解。模拟研究选择FLAC3D作为模拟软件。在计算过程中，程序能随意改变计算参数与边界条件；因此，较适合处理复杂的非线性岩体开挖卸荷和流变问题。破坏判据采用Drucker-Prager塑性屈服准则，模拟不同的采矿活动及相应的采空区对地面变形的影响，结合定性分析对铜绿山古铜矿遗址边坡变形和裂隙成因给出初步评价。

根据现场调查的裂缝分布区域和前人勘察资料，建立遗址区三维地质模型（图九）与网格剖分图（图一○）。计算参数见表一。模型底面采用全约束；垂直于x轴向和y轴向的面均采用法向约束；竖直方向的自然坡面自由。模拟工况如下。

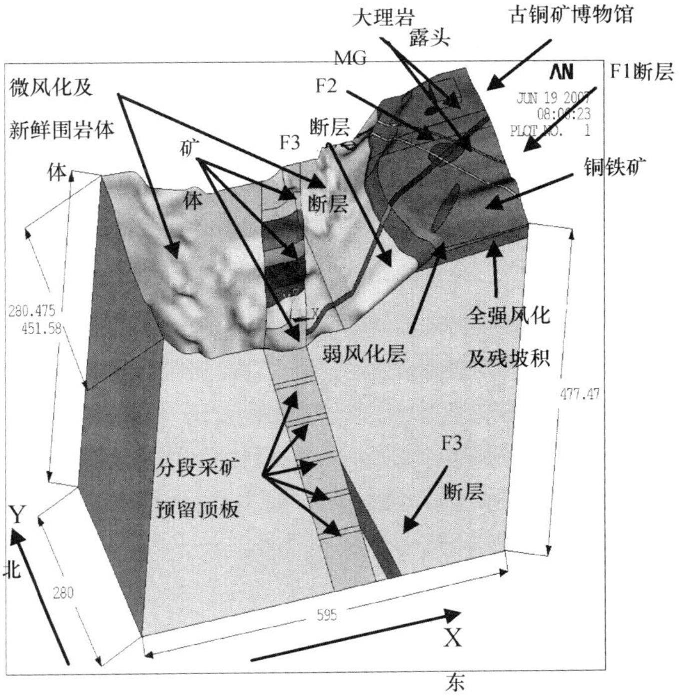

图九　遗址区地质模型图

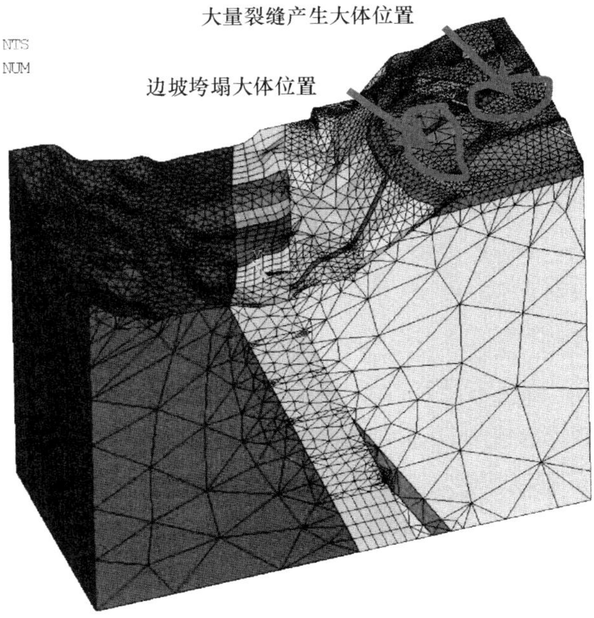

图一○　计算模型与网格剖分图

工况1：以2007年地形为基础，地下不做任何开挖和开采。

工况2：在边坡下开采3、4、5号矿体，其顺序按60米水平进行开采，共计5个中段，预留8米厚的顶板，矿房间预留矿柱，矿房以水泥砂浆充填。

工况3：遗址北侧按-60 米、-84 米、-92 米、-103米等水平顺序开采。

工况4：在工况2+工况3。

工况5：在工况2+工况3的同时进行露天开采，露天边坡加深变陡。

在此基础上得到5种工况下的三维模拟结果图、塑性区分布图、位移分布及位移矢量图，以及X方向（东向）和Z方向（铅直向）位移值随计算步数的变化曲线图等成果。图一一至图一四为部分成果图，从以上结果可知如下几点。

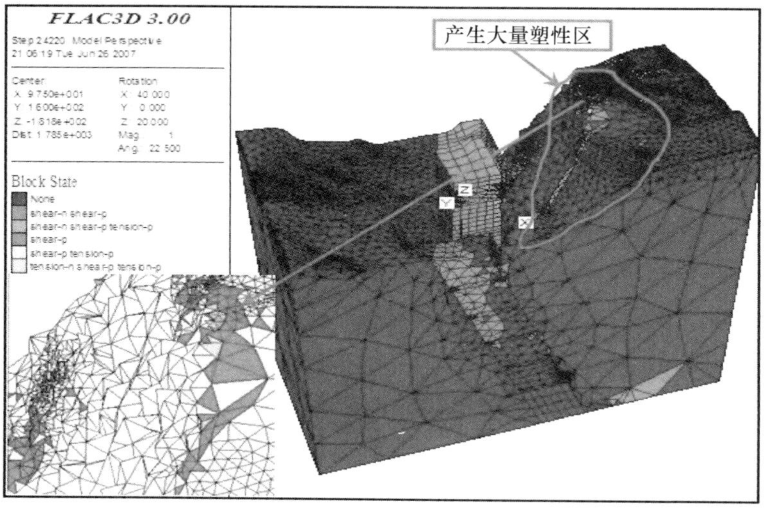

图一一　三维模拟塑性区分布图

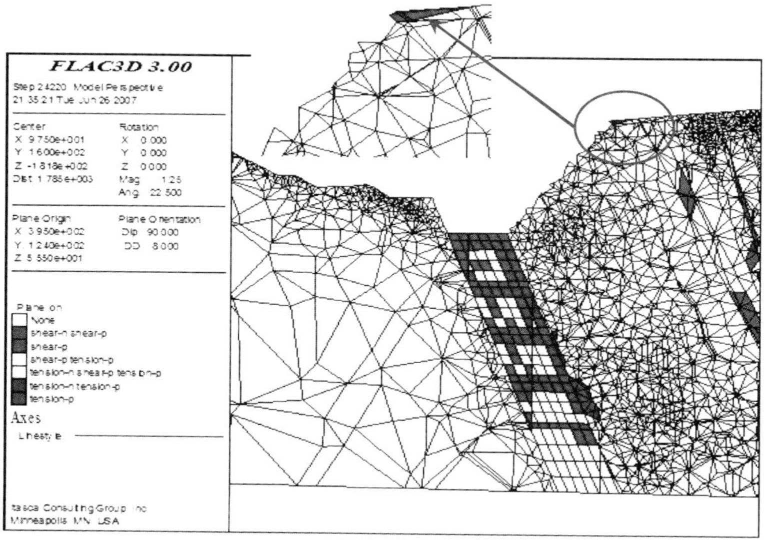

图一二　剖面塑性区分布图

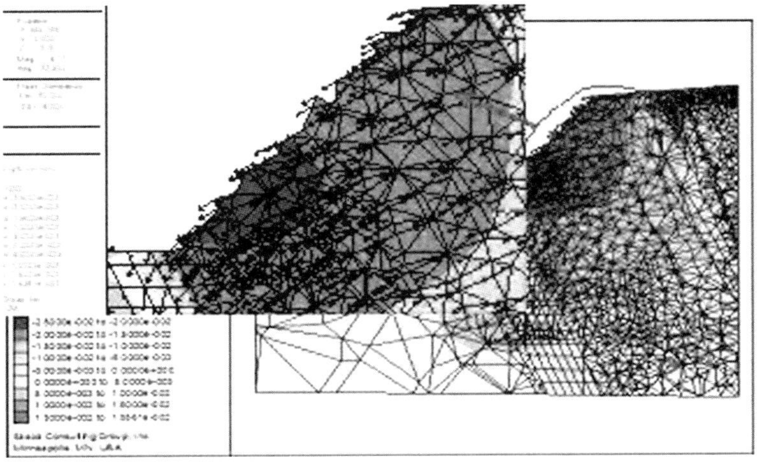

图一三　剖面位移分布及位移矢量图

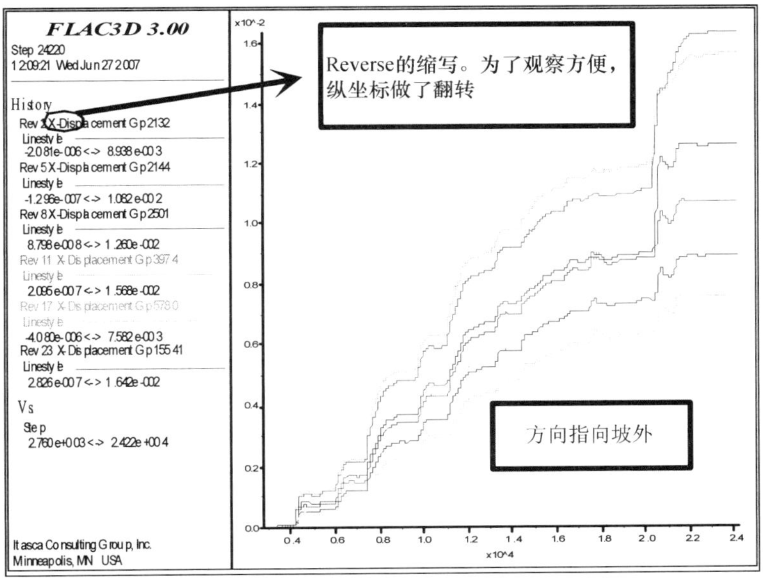

图一四　X方向位移值随计算步数的变化曲线图

1）随着地下开采和露天开采的不断深入，边坡附近的塑性区范围从无塑性区逐步加大、加深，以工况5的塑性区范围最大，且连接成片，这与地面调查的裂隙区大致吻合。

2）剖面上位移分布及其矢量，每种工况都有不同程度的位移产生，且随地下开采和露天开采的不断深入位移不断增大，到第5工况有的部位还出现了位移突变现象，位移矢量均指向边坡外。另外，边坡的侧向和铅直向位移均随地下开采和露天开采的不断深入而不断加大。

3）遗址地面变形与各种采矿活动密切相关，也说明如此大规模的地面变形，必然是各种采矿活动共同作用的结果。

4）无论是在哪种工况下，边坡都有不同程度的位移，当这种位移达到一定大小的情况时边坡即产生破坏，说明边坡变形是遗址地面开裂变形的直接原因，而边坡变形破坏的直接原因是各类采矿活动。

3. 地面变形趋势预测

目前所掌握的资料表明，古铜矿遗址的直接底板7号矿体没有被采动。湖北省水文地质工程地质勘察院通过大量的井下与走访调查及钻探也得出同样的结论。若果真如此，则在对露天边坡进行治理的同时规范各单位采矿行为的情况下，遗址地面变形将会得到有效遏制，为此必须尽快建立变形监测网进行监测，并建立采矿行为监督机制。相反，如果7号矿体已被采动，则遗址的毁坏不可避免，当然这须有一个过程。

六、结论与建议

1）铜绿山矿的开采历史长，地下开采与露天开采并重，采空区分布复杂。特别是近几年来开采活动达到高潮，具有参与采矿的企业多而杂，各企业无序竞争，无证开采、越界开采和盗采盗挖现象严重等特点。

2）地面开裂变形主要分布在遗址区西侧，共发现大小地面裂缝60余条。地面裂隙有如下特点：分布集中，主要裂缝平行于边坡走向且紧邻边坡，南部变形大，往北逐渐变小，以及多以拉张裂隙为主。

3）遗址西侧露采边坡自形成以来长期暴露未得到治理，一直处于变形之中，而边坡的加速变形是引起遗址地面开裂变形的直接原因。

4）近年来频繁而复杂的采矿活动（包括露天采矿和地下采矿），特别是非法盗采和越界开采是导致边坡加速变形与遗址地面变形的最主要的因素。

5）建议采取强有力的措施坚决杜绝一切危害遗址安全的采矿与开挖行为，取缔遗址周边500米范围内一切非法开采活动，确保7号矿体不被采动；对北露天边坡进行加固处理；切实做好-185米以下采空井巷的回填。

6）建议建立专项研究遗址的地质与生态环境保护方案与对策，并对遗址区出现的裂缝进行必要的处理。

参考文献

[1] 中国地质大学（武汉）：《黄石市铜绿山古铜矿遗址裂隙成因》2007年5月。

[2] 湖北省鄂东南地质大队：《湖北省大冶县铜绿山矿第二期工程大露天开采引起的环境地质问题的研究》，1990年12月。

[3] 中国地质大学（武汉）等：《大冶铜绿山铜绿山古铜矿遗址原地保护与合理采矿方案论证报告》1991年3月。

[4] 中国科学院武汉岩土力学研究所：《大冶铜绿山露天矿陡边坡稳定性分析》，1987年。
[5] 中国科学院武汉岩土力学研究所：《关于铜绿山古铜矿遗址陡边坡稳定性评价和保护方案的意见》，1990年。
[6] 北京矿冶研究总院：《大冶有色金属公司铜绿山矿二期工程陡边坡试验研究报告》，1987年。

（已载《湖北理工学院学报（人文社会科学版）》2014年第1期）

磁法探测技术在铜绿山古冶炼遗址调查中的应用

王传雷　陈树祥　杨先杰　祁明松

一、工作概况

大冶铜绿山古铜矿遗址保护区自1973年底发现以来，经田野调查统计，在铜绿山保护区尚存有冶炼遗址13处[1]，但这13处遗址内炼炉遗迹的具体位置和范围却难以确认。为了配合铜绿山遗址博物馆新馆的选址和推进铜绿山古铜矿遗址保护区建成国家考古遗址公园及“申遗”工作[2]，2012年采用磁法技术对铜绿山卢家垴、岩阴山脚冶炼遗址进行探测试验，并结合随后的考古发掘验证来总结和提高磁法探测炼炉遗迹的技术，企图以这一技术方法来协助和加快对炼炉遗迹的考古调查工作。

二、磁法探测原理及野外工作技术

1. 探测原理及投入磁法探测的前提条件分析

在冶炼过程中，处在地球磁场中的古代炼炉有由低温升到高温然后降到低温的反复过程，当经过居里点温度时，冶炼炉可以多次获得磁性（热剩磁）。此外，古代炼炉遗存的铜铁矿料、炉渣本身就是强磁物体（见表一）。这些物体虽被掩埋在地下，但在其周围仍然保存着异常的磁场反应[3]。

由此，可以使用高灵敏度的磁力仪观测由上述古代炼炉遗存（冶炼炉、铜铁矿料堆放地、炉渣排放处等配套设施）引起的地磁场的异常变化，并根据其磁异常的强度、形态等特征进而识别和推导被掩埋的古代炼炉遗存的性质、位置和范围，以达到无损探测遗迹的效果。

这就是应用磁法勘察技术对古代炼炉遗存进行调查的工作原理和工作过程。

从对古代炼炉、遗留矿石料、炉渣及周边物质的磁化率的测量和统计中可以看到（见表一），古代炼炉、冶炼工作台（红烧土）、矿石原料、炉渣的磁性都大于周边的土层，它们之间存在明显的磁性差异，其中矿石原料的磁性最大。因此，采用磁法探测古代炼炉，具备明显的地球物理勘察的前提条件，可以取得预期的勘察效果。

表一 铜绿山古代炼炉、矿石、炉渣及周边物质的磁化率测量统计表

物质名称	磁化率（10-3SI）分布范围	磁化率（10-3SI）平均值	物质名称	磁化率（10-3SI）分布范围	磁化率（10-3SI）平均值
冶炼炉	4.34~10.4	6.78	黑色炉台	8.53~15.8	15.3
炉渣	1.59~24.01	5.90	含铁矿渣	116~236	188.83
砖瓦片块	0.16~3.19	1.31	红烧土	6.28~13.8	9.14
含铁铜矿石	126~999	521	农田土	0.03~10.2	< 1.00

2. 探测试验测区的选择和数据采集及质量评价

试验测区是选择在有炼炉遗迹显示的或者随后要发掘的地点，以验证磁法探测的效果和有利于总结提高。卢家垴遗址探测试验测区为农田，测区面积为30米×30米；岩阴山脚遗址探测试验测区在一山坡上，试验探测面积为41米×22米。

考虑到古代炼炉遗存的范围有限，因此选择磁法调查的测网密度为1米×0.5米，即线距1米，点距0.5米，两测区相同。为了获得其详细的磁场数据，磁力仪探头高度设为1米。按照《地面高精度磁测技术规程》[4]的要求（以下简称《规程》），选择了灵敏度为0.01nT的加拿大生产的GSM-19T 质子磁力仪进行测量。磁测工作精度定为二级精度（重复观测的均方误差为±1.0~±2.0 nT）。

施工前按照《规程》规定测试检查使用的磁力仪性能，经过统计计算，所使用的四台仪器的噪声误差水平均小于0.18nT，达到一级精度要求，满足本次工作的要求。

施工时按照《规程》要求对大于总测点数3%的测点进行了重复观测和质量检查（要求检查点数>38个，实际检查了136个测点）。按照《规程》的相关计算公式计算，重复检查均方误差为：±0.28nT，满足《规程》要求。

由此可见，本次使用高精度磁法技术进行古炼炉遗址的探测试验具备了良好的地球物理前提条件，使用的仪器性能及现场采集的数据质量均满足《规程》要求。

三、磁测资料整理及分析解释

在对高精度磁测资料进行分析解释前，对实测资料进行了预处理和图件绘制，绘制了卢家垴测区和岩阴山脚遗址测区的磁异常平面等值线分布图（见图一）。以此为基础，通过对磁异常强度的场值变化、形态分布、磁异常分布面积大小等特征进行分析和解释，以得到对引起磁场变化的场源的认识。

1. 测区磁异常的识别与划分

尽管在两个磁法测区内都圈定出不少磁场等值线的闭合区，而且有的是多条等值线圈闭，但是，根据本次工作的任务、目的及已知的考古调查资料，结合等值线的强

度、范围和分布形态，在两个遗址测区分别圈定标识了7个磁异常（见图一）。其中，卢家垴遗址测区磁异常编号为Myl-1~Myl-3，岩阴山脚遗址测区磁异常编号为Myy-1~Myy-4。

卢家垴遗址Myl-1磁异常位于考古调查发现的古炼炉炉壁附近［图一（a）］呈拉长的椭圆状，长轴为北东—南西走向，场值大于100nT，形态规则、完整可靠。

位于测区左下部的Myl-2磁异常面，无论是从磁异常的分布形态上还是走向上看，都与Myl-1磁异常十分相似，且场值比Myl-1强，达到170nT，因此可以得出这样的推论，即Myl-2磁异常的场源类似于Myl-1，而且规模还要大一些。

Myl-3磁异常面位于测区下部中间，分布面积最大，约为140平方米，场值达到170nT左右，尽管该异常没有完整圈闭，但是其可靠性没有疑问。

根据磁异常的整体特征，将岩阴山脚测区的磁异常划分为四组［见图一（b）］，其中Myy-1最明显，由三个各自封闭的椭圆状异常成串组成，呈北西—南东走向，磁异常以正值为主，场值大于1800nT，其中最强的达到3200nT，面积约为90平方米。Myy-2异常的长轴方向近南北向，孤立存在，场值达到1800nT，1/2极大值的范围约为3米×2米；将多个具有相对面积小、场值弱、异常长轴走向乱、聚集在一起的磁异常统一划定为Myy-3异常；Myy-4异常位于测区北部，具有明显的走向和较大的分布范围，其特点是以负值为主，场值在1200nT以上，没有与Myy-3异常伴生关系的特征。

2. 测区磁测资料的处理解释及考古发掘的建议

一般来说，在对探测区磁测资料进行推断解释前，都会进行常规的和特殊的转换处理，以突出场源的特征和平面分布位置。由于本次工作的目标物体埋藏浅，场源和磁异常具有较好的对应关系，而且数据处理后的效果不是太明显，所以基本上

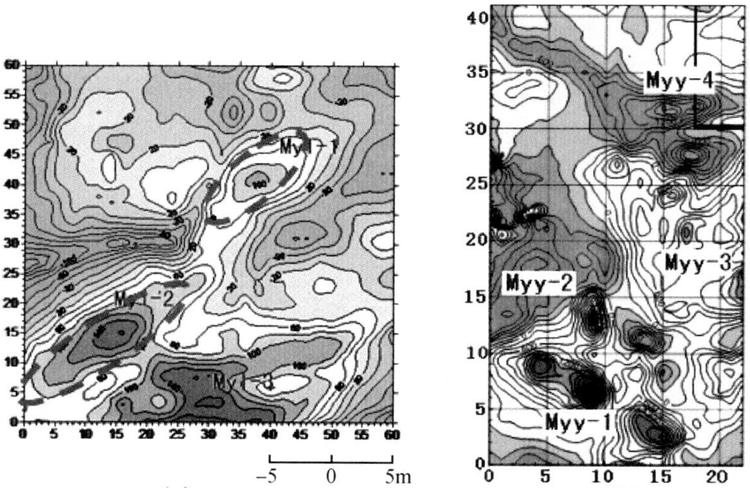

（a）　　（b）

图一　卢家垴测区（a）和岩阴山脚测区（b）磁异常平面等值线分布图

（图中坐标数值单位：米；等值线数值单位：nT；）

（a中蓝色圈为冶炼炉壁出露点，b中右上方线框是原挖掘探方位置。下同）

是结合已知的资料对场源的性质和位置进行分析解释和圈定，提供给随后的考古发掘人员参考。

根据磁异常的强度、形态和分布范围大小的特征信息，依照从已知到未知的认知顺序，结合古代炼炉的相关特征，将所探测发现的磁异常的场源性质分为两种类型，即炼炉及其工作平台的炼炉遗址类，认知矿石、矿渣等与冶炼配套衍生的遗址类。

卢家垴炼炉遗址的测区是根据考古人员地面调查的初步结果选定的，地面调查发现炼炉出露地面的部分外壁，磁法发现的Myl-1磁异常与其有很好的对应关系，因此认为Myl-1磁异常的场源就是这个地面调查发现的炼炉。从场源的起因上亦有可靠的推理逻辑，即冶炼炉是人为成型的并且有一定规模，在冶炼过程中整体获得磁性（热剩磁），因此磁场方向比较一致，这样就使得其磁异常强度大、形态规整。又因为冶炼炉平台或者是底座的存在，从而使得这类场源引起的磁异常不仅磁异常强度大、形态规整，而且磁异常具有比较明显的走向（见图二）。

按此推理，那么位于该测区西南中心约在15线14号点的强度达120nT的Myl-2磁异常就更值得关注。其走向、形态和分布范围与古冶炼炉磁异常Myl-1十分相似［见图一（a）］。同样，在岩阴山测区的Myy-1和Myy-2磁异常亦具有这种磁场特征类型，只是异常分布范围稍小一点儿［见图一（b）］，但磁场强度更大。从这类磁异常的分布形态规则、平面范围小及场值变化大的特征推测，其场源应该是人为的、局部的、浅地表的强磁性物体。

图二　仿制的古冶炼炉及平台设施模型（左）与Myl-1磁异常（右）的对应关系图
（右图中虚线表示推断的冶炼炉及平台的位置）

因此，我们初步认为Myl-2、Myy-1和Myy-2磁异常的场源都是与炼炉及其工作平台有关的炼炉类遗迹。

对疑是反映了与冶炼配套、衍生的遗迹类引起的磁异常应该包含Myl-3和Myy-3磁异常（图一）。尽管Myl-3磁异常没有被完整圈定，但是，目前所测得的磁场平面分布形态不具备类似Myl-1和Myl-2磁异常的特征。尤其是Myy-3磁异常，表现出是由多个局部场源组合的磁异常群，很可能是炉渣或者矿石原料的稀散堆积引起的。现场调查时发现Myy-4磁异常位于陡坎外，因此认为地形变化可能是场源的起因之一。

对磁异常的解释结果见表二。同时亦给出关于对卢家垴和岩阴山山脚遗址测区古代冶炼遗存考古发掘的建议、意见，供发掘探方布置参考（见图三），图中标出建议重点发掘/铲探的顺序（数值表示）、发掘范围（紫色实线方框）和物探推断的古炼炉遗址的赋存位置。

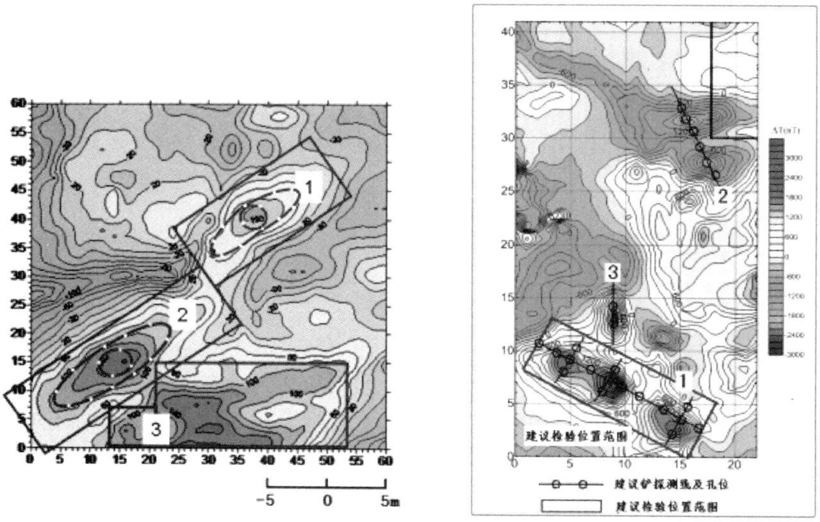

图三　磁测工作关于建议古代冶炼遗址考古发掘/铲探验证顺序、范围的示意图

四、现场发掘验证及再调查再认识

考古人员随即在卢家垴遗址及岩阴山脚遗址的磁法测区部分地点进行了发掘。探方发掘结果证实，磁异常与本次考古调查的目标物体有对应关系，即存在磁异常的地面地下肯定能够发现本次考古调查的目标物体。如Myl-1磁异常就与古代炼炉及平台对应（见图四）；在Myy-1磁异常范围内发掘出整体成片红烧土及部分废弃矿石，说明先期投入磁法调查掩埋在地下的冶炼遗址是正确的选择。前期磁法工作的认识与后期现场发掘的结果对比见表二。

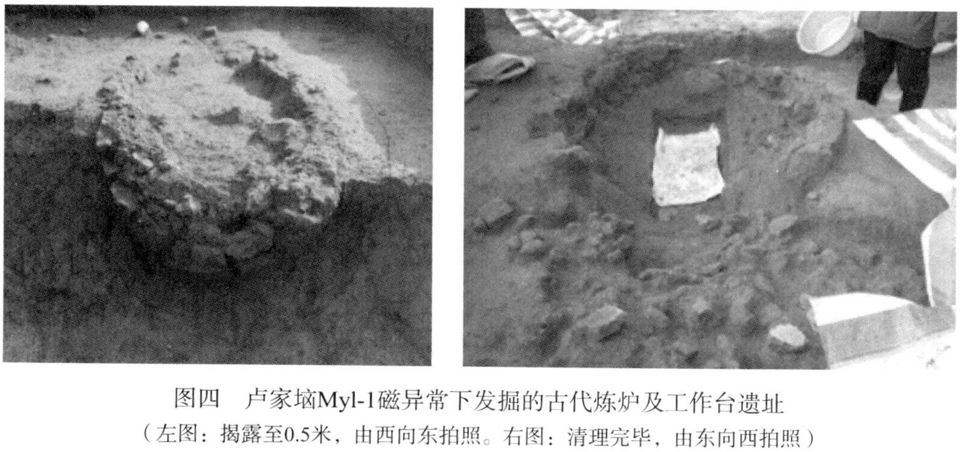

图四　卢家垴Myl-1磁异常下发掘的古代炼炉及工作台遗址

（左图：揭露至0.5米，由西向东拍照。右图：清理完毕，由东向西拍照）

表二 磁法探测与现场发掘对应关系一览表

位置	磁异常编号	磁法解释的遗存类别	现场发掘、调查情况
卢家垴遗址北部发掘区	Myl-1	炼炉及其工作台面遗存类	发现炼炉及其工作台面
	Myl-2	炼炉及其工作台面遗存类	发现堆积中有冶炼炉渣和砖瓦瓷片的灰坑
	Myl-3	矿石、矿渣等冶炼衍生类遗迹	发现冶炼炉渣、砖瓦
岩阴山脚遗址南部发掘区	Myy-1	炼炉及其工作台面遗迹类	发现一处成片含铁的红褐土及部分废弃矿石的选矿场
	Myy-2	炼炉及其工作台面遗迹类	发现冶炼矿石、残炉基
	Myy-3	矿石、矿渣等冶炼衍生类遗址	发现一处洗矿场、一处选矿场的矿石堆积
	Myy-4	地形变化	陡坎，有修筑梯田的砖块、矿石、黏土形成的堆积

卢家垴Myl-1磁异常处发掘出古代炼炉及其平台（见图四），但是在磁法上认为最有希望的Myl-2磁异常处却只发掘到堆积冶炼矿石、炉渣和砖瓦的灰坑。通过分析后认为在Myl-2磁异常附近已发掘的这些磁性物体的规模不足以引起Myl-2磁异常，场源和磁异常的关系不对称，因此重新在探方区域进行了磁法测量，希望通过再实践、再认识来提高认知能力和技术水平。

再次进行磁法测量的测区范围以Myl-2磁异常为主，经整理后绘制的测区磁异常平面等值线分布图见图五。

对比发掘前后的磁异常平面等值线图，可以看出Myl-2磁异常的形态、走向和强度等整体形态没有明显的变化，磁异常的极大值尚在发掘探方之外，考虑到磁异常与场源的对应关系——主体场源的位置基本上要向北偏离磁异常极大值的上方，认为Myl-2磁异常的场源应该在图五（b）中粗方框位置的地下。

五、磁测实验成果及认识

综上所述，本次使用高精度磁法技术调查古代炼炉遗址的试验取得明显的收获，意义较大。就整体情况看，基本上完成课题设计的任务，即通过物性测量和统计工作，证实古代炼炉及其遗存与周边介质之间存在着明显的磁性差异，从而夯实磁法调查古代炼炉遗址的地球物理前提条件；查明和总结了古代炼炉及其遗存的磁场分布特征，指出地形变化对磁异常的分布和走向有相当大的影响。且考古发掘成果证明，在本区投入磁法进行考古调查，可以为古代冶炼遗址保护、考古发掘提供可靠的、有意义的信息。

关于探测实验中Myl-2磁异常的场源没有完全证实的原因，我们认为一是物探施工与考古发掘时两者基准点不同，从而导致偏差出现；二是发掘的面积有限，考古发掘

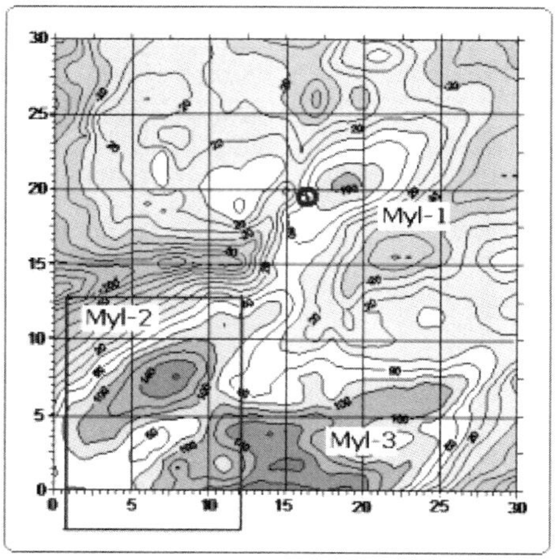

(a)

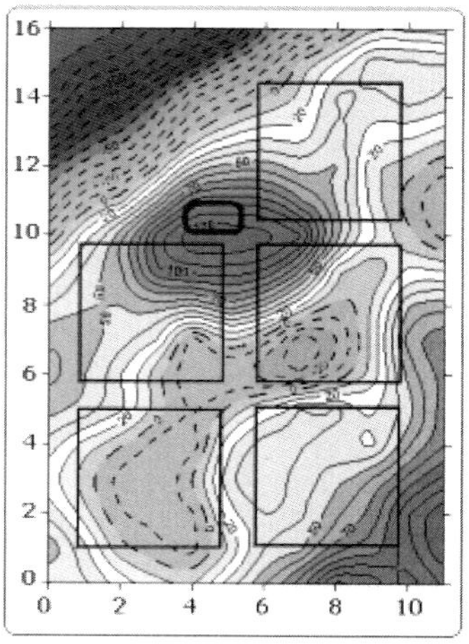

(b)

图五　卢家垴Myl-2磁异常测区位置（a，蓝色方框）示意图及测区磁异常平面等值线图（b）
（a中左下方框为重测范围，b中细方框为探方位置，粗框为推测场源位置）

探方的面积没有满覆盖磁异常范围。

因此，今后应进一步加强学科之间合作，通过实践—认识—提高、再实践—再认识—再提高的过程，提高磁法探测冶炼炉体的精准度，不断增强科技手段在文物保护和矿冶遗址考古中的运用。

在田野实验过程中，得到湖北省文物考古研究所、大冶市铜绿山古铜矿遗址管委会的热情支持和帮助，胡尊平、黄腾、张一、潘高峰、危唯、董林等地球物理专业的学生参与了本次物探田野考古工作，特此致谢！

注　释

［1］北京清华城市规划设计研究院：《湖北省大冶市铜绿山古铜矿遗址保护规划说明书》，2010年4月。

［2］北京清华城市规划设计研究院：《湖北省大冶市铜绿山古铜矿遗址保护规划基础资料汇编》，2010年4月。

［3］谭承泽，郭绍雍：《磁法勘探教程》，地质出版社，1984年。

［4］中华人民共和国地质矿产行业标准 DZ/T 0071—93《地面高精度磁测技术规程》，1994.01.01实施，中华人民共和国地质矿产部发布。

小议铜绿山古铜矿的先进性

李社教　谭元敏

1973年人们在黄石市大冶铜绿山地区发现铜斧，之后随着考古发掘的进行，举世闻名的铜绿山古矿冶遗址不断呈现在世人面前。铜绿山古矿冶遗址的发现具有重要的意义和价值，不但打破了中国"青铜文明外来说"的断言，而且通过源源不断的考古发掘，使铜绿山古铜矿采冶技术的先进性不断为人们所认识。

一、铜绿山古铜矿矿冶活动发生时间早

历史唯物主义观点认为，人类社会进步和发展的主要动力是生产力的发展，而生产力中最活跃、最革命的因素是生产工具。19世纪丹麦考古学家汤姆生提出，按照人类生产工具的不同，可以将人类文明划分为石器时代、铜器时代和铁器时代。青铜器的使用是人类文明进步的标志，而青铜器的使用是从铜的冶炼开始的。

先人们从事铜的冶炼活动，我们只能从现存的古铜矿遗址来进行科学考证和推测。目前，国内考古学家们一般认为江西省瑞昌市铜岭采铜冶铜遗址是我国最早的采铜冶铜遗址。考古学家们通过现场发掘和科学检测得出结论："铜岭古矿冶遗址是迄今为止出土实物和科学检测表明为我国年代最早的采铜炼铜遗址。"[1]运用现代科学技术检测的数据来看，"其遗址开采的最早年代为商代中期。如对在⑩ B层下开口的J11以及X1木样测定数据，J11的年代北京大学测定为距今3330 ± 60年。西安测定为距今3310 ± 60年"[2]。同样，考古学家们基于田野考古，认为"铜绿山古铜矿的历史年代，据出土文物测定最早的井筒距今3265 ± 100年，为我国历史上的殷–小乙时代。由此推证，露天开采的年代应上溯到商代或更早，开采年代大致上与我国青铜文化的历史相对应"[3]。铜岭古矿冶遗址科学检测为距今3330 ± 60年，但铜绿山古铜矿科学检测的结果是距今3265 ± 100年。这样看来，瑞昌铜岭古矿冶遗址的开采活动与黄石铜绿山古矿冶遗址的开采活动几乎是同时期发生的，都是中国最早采炼青铜的代表。

二、铜绿山古铜矿采冶技术的先进性

从考古发掘的材料来看，黄石地区古代的矿冶活动技术几乎代表了当时的最高水

平，其中尤其以铜绿山最为典型。有学者这样评价："遐迩闻名的大冶铜绿山古矿冶遗址……这一遗址的宏大规模与极为丰富的内涵以及通过多方面研究所揭示的早期采铜炼铜的高超水平，引起国内外的普遍瞩目。"[4]铜绿山古铜矿采铜炼铜的高超水平有哪些体现呢?

（一）铜绿山古铜矿探矿技术非常先进

与铜绿山古铜矿有关的矿冶活动，在具体的技术层面，有许多在当时都是非常先进的。要进行矿冶活动，首先必须进行探矿，要找到矿石所在地，这是开展矿冶活动的前提。

铜绿山古铜矿探矿技术非常先进，古代矿工已经掌握矿石的成矿规律。从铜绿山古铜矿遗址发掘情况来看，考古学家们得出这样的结论："古人探矿的主要手段是掘进竖井……仔细考察这些井巷大都打在矿体底盘大理岩破碎带和火成岩绢云母化蚀变带内。尤其是绢云母化矽卡岩是现代矿山生产找矿的重要标志，由此可见古人探矿是遵循着一定的规律进行的。"[5]两三千年前，铜绿山地区矿工们找矿就已掌握现代人的技术，这在当时是非常了不起的成就。

（二）铜绿山古铜矿矿石开采技术非常先进

考古学家们通过考古发掘发现，铜绿山古铜矿中矿工们开采矿石的技术在当时也是非常先进的。有专家指出："本区开采技术的发展，开始挖掘矿床露头的孔雀石、自然铜、赤铜矿等，逐步发展成为分台阶的露天开采。由于出露地表的矿体大都是铁帽（氧化的铜矿体露头少），限制了露天开采的规模，所以进而发展了地下开采。起初为群井开采，又演化为框架支护开采。以后出现了方框支柱充填法和空场法。特别是到了战国—西汉时代，大量使用了铁制工具如钎、铁锤等，劳动效率提高了，出现了阶段巷道，形成了比较完整的开采和提升、排水系统，生产规模有了较大的发展。"[6]从最开始的直接开采到分台阶的露天开采发展到地下开采，看似只是由地上转到地下，但需要大量技术支撑，而且在地下开采的过程中，随着开采活动的展开，开采技术也在不断进步。华觉明等也评价道："采矿方法，铜绿山和麻阳古铜矿将分层支柱法和充填法相结合，使采矿方法到达了一个新高度。"[7]

（三）铜绿山古铜矿选矿技术非常先进

通过现场发掘，考古学家们发现，铜绿山古矿冶遗址中，古代矿工们的选矿技术在当时也是非常先进的。铜绿山考古发掘队最初考古发掘就发现船形木斗一件，"用整木凿成，两端伸出平板，斜向上翘，中间为一方形圆角'仓'，整个器物近似元宝形。全长35.2、宽14、高7，'仓'内空长20、宽12.5、深3厘米。它是淘洗矿石的工具，类似今天的'淘金斗'。这种木斗装上矿土，在水里淘洗，比重较小的泥沙被淘去，比重较大的矿物就沉淀在盘里，类似今天的‘重力选矿法’，用来鉴定矿石品位的高低，确定井巷的开掘方向”[8]。考古学家夏鼐、殷玮璋也指出：“在发掘中曾见到一些类似‘淘金斗’那样的船形木斗。这种木斗体积较小，装上矿土在水中淘洗，比重较大的矿物就沉在底部，借以进行‘重力选矿’，可以用来鉴定矿石品位高低以确定采掘方向。”[9]“重力选矿”技术在当时无疑是非常先进的。

（四）铜绿山古铜矿配矿技术非常先进

铜矿石开采出来以后，还仅仅只是矿石，还需要经过加工、冶炼，才能变成铜料，这还需要经过复杂的程序，其中配矿是关键环节之一。铜绿山古铜矿古代矿工的配矿技术非常先进，考古学家夏鼐、殷玮璋在考古发掘过程中，通过模拟实验得出这样的结论：“春秋时代配矿技术达到什么程度？我们在实验过程中还做了以下试验：有的未加熔剂，有的则加了熔剂。从排渣情况看，未加熔剂时，渣稠、流动性很差；加配熔剂以后，炉渣的流动性明显改善，并冷凝成薄片状，表面有水波纹样，与古炉渣十分接近。根据这种情况，或可以推测古代工匠在冶铜时，已经掌握了较好的配矿技术。”[10]考古专家殷玮璋在其著作中这样评价铜绿山古铜矿矿工们的配矿技术：“特别要提到的是，地表的古炉渣冷凝成薄片，表面有水波纹样。经分析：它的酸度合适、渣型合理，含铜量为0.7‰，说明当时已掌握了配矿技术。……2500年前就掌握了配矿技术并使渣中的含铜量达到7‰的水平，这在当时是了不起的成就。”[11]

（五）铜绿山古铜矿冶炼技术非常先进

通过考古发掘，考古学家们发现，铜绿山古铜矿矿工们已经掌握了先进的冶炼技术。有专家通过实验得出结论：“仿铜绿山古冶炼模拟实验结果表明，我国从开始炼铜到春秋战国的漫长年代里，积累了丰富的炼铜生产经验，标志着我国当时铜的冶炼生产技术已发展到相当高的水平。”[12]还有专家通过检测和分析指出：“化学分析指出，铜绿山的早期炼渣硅酸度一般在1.2~1.8之间波动，渣的含铜量大都低于0.7%，说明矿石中的铜份大部分被成功地提取。炼渣的化学成分和物相组成还反映出该时期配矿造渣的技术成就。经测试，可知冶炼温度在1200℃左右，炼渣均呈薄片状，表面光滑，流动性能良好，这些都是炼铜技术具有较高水平和工艺稳定性的表征。”[13]无论是模拟实验还是化学分析，均可得出一样的结论，那就是铜绿山古铜矿冶炼技术已经达到相当高的水平。

（六）铜绿山古铜矿使用的炼铜炉非常先进

要炼出好的铜料，除了要掌握先进的技术外，炼铜炉也是非常重要的因素。铜绿山古铜矿使用的炼铜炉在当时也是非常先进的。考古学家们通过现场发掘得出这样的结论："铜绿山春秋炼铜遗址的发掘，使我们初步认识到（一）我国春秋时期已采用鼓风竖炉炼铜。（二）竖炉结构合理：①采用鼓风设备，选择合理的风口区截面，故能达到炼铜所需要的温度；②采用了风沟这一重要的防潮保温措施；③竖炉的抗压性能良好。"[14]有专家指出："1973年在湖北大冶铜绿山发现了一处古矿冶遗址……最近出土了几座比较完整的炼铜炉（同时出土的木炭经^{14}C测定年代，距今已3200±400年），有风口、金门，基本上已经具备现代鼓风炉的式样了。"[15]3000多年前铜绿山古铜矿使用的炼铜炉就已经具备现代鼓风炉的式样，这在当时是了不起的成就。难怪有学者这样评价道："炼炉以铜绿山采矿区附近发现的最为丰富，铜绿山发现的8座春秋竖炉是中国先秦时期对铜矿石的冶炼处于一个较高水平的象征。"[16]

（七）铜绿山古铜矿安全防护非常先进

自古以来，采矿业都是比较危险的行业，所以，安全生产在采矿活动中显得尤为重要。考古学家们从现场发掘发现，铜绿山古铜矿"无论是早期的，还是晚期的矿井支架，都没有塌毁伤人的现象，说明当时采取的这些支护措施，已经有效地承受了四周的压力，在采掘过程中较好地发挥了作用，基本满足了生产过程中的安全要求"[17]。这说明铜绿山古铜矿在安全防护方面是非常先进的。

三、结　论

通过前人尤其是考古学家们大量辛勤的工作为我们提供的材料，可以得出这样的结论：铜绿山古铜矿的矿冶活动发生时间非常早；铜绿山古铜矿在具体的技术层面，包括探矿、选矿、采矿、配矿、冶炼、炼炉、安全防护等方面都代表着当时的先进水平；铜绿山古铜矿从生产的整体来看，也代表着当时的先进水平。铜绿山古铜矿最早被发掘时，现场的考古发掘队就指出："铜绿山春秋炼铜遗址的发掘，使我们初步认识到……（五）矿冶规模较大，采矿、炼铜已有一套完整的生产组织形式和分工协作秩序。"[18]最近对铜绿山的考古发掘发现"从采掘出来的矿石，到进入冶炼炉冶炼，还需要一道关键的工序，即选矿。这次，东周时期的选矿场出土了，表明黄石地区在东周时期就有采矿、选矿、冶炼一条完整的矿产产业链"[19]。早在东周时期，铜绿山地区的矿冶活动就已经是集采矿、选矿、冶炼于一体了，这似乎是今天的流水线作业，无疑是先进生产的典型了。

注　释

[1] 周卫健，卢本珊，华觉明：《瑞昌铜岭古矿冶遗址的断代及其科学价值》，《江西文物》1990年第3期。

[2] 江西省文物考古研究所铜岭遗址发掘队：《江西瑞昌铜岭商周矿冶遗址第一期发掘简报》，

《江西文物》1990年第3期。
[3] 杨永光，李庆元，赵守忠：《铜绿山古铜矿开采方法研究（续）》，《有色金属》1981年第1期。
[4] 周卫健，卢本珊，华觉明：《瑞昌铜岭古矿冶遗址的断代及其科学价值》，《江西文物》1990年第3期。
[5] 杨永光，李庆元，赵守忠：《铜绿山古铜矿开采方法研究》，《有色金属》1980年第4期。
[6] 杨永光，李庆元，赵守忠：《铜绿山古铜矿开采方法研究（续）》，《有色金属》1981年第1期。
[7] 华觉明，卢本珊：《长江中下游铜矿带的早期开发和中国青铜文明》，《自然科学史研究》1996年第15卷第1期。
[8] 铜绿山考古发掘队：《湖北铜绿山春秋战国古矿井遗址发掘简报》，《文物》1975年第2期。
[9] 夏鼎，殷玮璋：《湖北铜绿山古铜矿》，《考古学报》1982年第1期。
[10] 夏鼎，殷玮璋：《湖北铜绿山古铜矿》，《考古学报》1982年第1期。
[11] 殷玮璋：《百年考古之谜》，中国经济出版社，2001年。
[12] 朱英尧：《铜绿山古矿冶遗址炼铜技术的讨论》，《有色金属》1981年第4期。
[13] 华觉明，卢本珊：《长江中下游铜矿带的早期开发和中国青铜文明》，《自然科学史研究》1996年第15卷第1期。
[14] 黄石市博物馆：《湖北铜绿山春秋时期炼铜遗址发掘简报》，《文物》1981年第8期。
[15] 朱寿康：《略论我国有色金属生产的起源和发展》，《有色金属》1980年第1期。
[16] 高崇文，安田喜宪：《长江流域青铜文化研究》，科学出版社，2002年。
[17] 夏鼐，殷玮璋：《湖北铜绿山古铜矿》，《考古学报》1982年第1期。
[18] 黄石市博物馆：《湖北铜绿山春秋时期炼铜遗址发掘简报》，《文物》1981年第8期。
[19] 叶建鹏：《黄石铜绿山古矿遗址发现东周时期“选厂”》，《东楚晚报》2012年8月4日。

大冶铜绿山
——我国古矿冶遗址中的一颗明珠

王善才

大冶铜绿山古矿冶遗址，是20世纪后期发现的我国最重要的古铜矿采掘及冶炼遗址，距今已整整40年了。同时，它也是我国矿冶考古的开创之地。尽管此后在江西、湖南、安徽、山西和内蒙古等地也陆续发现了不少的古采矿遗址，但湖北大冶铜绿山仍是最重要的一处。因它是迄今为止我国保存最好、最完整、采掘时间最早、冶炼水平最高、规模最大的一处遗址。仅就地面上堆积的约14万平方米的古代炼铜炉渣就有约40万吨之多，估计前后至少冶炼了8万~10万吨铜。地下矿井和巷道密布、四通八达，出土遗物也极为丰富。因此，说它是我国乃至世界古矿冶遗址中的一颗明珠，并不过誉。

铜绿山古矿冶遗址这颗明珠，是在我国现代大型采矿企业单位大冶有色金属公司铜绿山铜铁矿的采矿范围内，由该矿的工程技术人员于20世纪后期的1973年首先发现的。

他们在铜绿山矿南露天采场北端剥离距地表40余米（海拔10~15米）的铜矿富集带时，在一群古代采矿井巷中，先后发现采掘铜矿的大型铜斧、铜锛、木槌、木铲和陶罐等器物。考古人员调查，认定这里主要为我国古代春秋战国时期的一处采矿遗址，具有重要的历史、科研价值，故建议国家组织考古发掘。经上报国家文物局批准后，于1974年2月上旬由湖北省博物馆会同黄石市、大冶县的文物考古人员，对这处古采矿遗址进行了考古发掘，这也是我国进行矿冶考古的开始。在这史无前例的古矿冶遗址的考古发掘中，本人就是当时的两位考古领队之一，另一位是湖北省文博部门的一位女考古队长（后任湖北省博物馆副馆长）王劲研究员。

经过考古发掘后，弄清这里原是上起商代晚期、下至西汉时期的采掘和冶炼铜矿的遗址，前后长达千余年。其中春秋战国时期出土的采矿工具最多。当然，以后隋、唐、宋时期也在这里进行过采掘。

从1974年春至1985年夏，前后断断续续地发掘了11年。其中1979年冬至1980年夏，国家文物局还在这里组织了一次全国性的考古大会战，参加单位有中国社会科学院及河南、湖北和内蒙古等地的文博部门。本人就是当时考古会战的主要考古领队之一。在前后11年的考古发掘中，发掘的总面积多达4923平方米，揭露古代采矿竖井和盲井共计231口，其中最深的竖井距地表面50多米；平巷和斜巷共计100多条，巷道有大有小，春秋时期的巷道较窄小，战国和西汉时期的巷道较宽大；炼炉近30座。其中，春秋时期的炼铜竖炉10座，战国时期2座，宋代的冶炼地炉17座。

铜绿山古铜矿遗址，出土采矿工具和生活用具上千件。其中，采矿工具近300件，共分七类：探矿工具有船形木斗、木杵、木臼等；采掘工具有铜镢、铜锛、铜铲、铜斧、铁斧、铁锛、铁镢、铁锤、铁钻、铁耙等；铲装工具有铜锄、铁锄、长柄木铲、短柄木铲、木锹、木锨、木撮瓢等；选矿工具有木水槽等；排水工具有木撮瓢、木桶等；提升工具有平衡石锤、草（麻）绳、木勾、木辘轳等；装运工具有竹筐、竹箕等。这批古代采矿工具，数量之多，种类之齐全，保存之完整，在国内外均属罕见。

铜绿山古矿冶遗址，对研究我国古代历史和科技成就有重大价值。据有关科研单位对地面堆积的约40万吨呈黑色薄片状的炼铜炉渣进行化学分析，发现它的含铜量很低，一般低于0.7%，渣面显示流动波纹，说明炉渣的流动性良好。经测试，渣的熔点控制在1200℃左右，与国内外同时期的冶炼水平相比，其炼铜技术相当成熟、先进，处于当时世界第一流的水平。就其遗留的大量炼渣看，冶炼规模是相当巨大的，无疑也是我国乃至世界一流的冶金基地。联想到过去“大冶县”名称的由来，应与此有关。还联想到我国唐代大诗人李白在《秋浦十六首》里以工人为题材写的一首诗，大概也是指像大冶铜绿山这种大规模冶炼铜矿的景象。诗云：“炉火照天地，红星乱紫烟。赧郎明月夜，歌曲动寒川。”这诗中的主旋律无疑是热情歌颂了冶矿工人的勤劳和勇敢，歌颂了他们创造世界的雄伟气魄和场面，当然也流露出诗人热爱劳动人民的真实感情。

我们再从这处古矿冶遗址的地下采矿技术上看，更是令人吃惊和感叹。出土的大量史迹表明，远在两千多年前的我国古代劳动人民，不仅在没有现代机械的条件下，用最简单的铜、铁、木、石工具，把矿井开掘到深达50余米处，而且有效地采取了竖井、盲井和平巷、斜巷相结合的开拓方式，成功地解决了井下支护、通风、排水、提升和照明等一系列复杂的技术问题，应该说是非常聪明能干的。

在炼铜技术方面，也已成功地解决了运用鼓风器送风进行高温冶炼及配料造渣等一系列炼铜工艺中许多复杂而又重要的问题。同时在对出土的春秋时代早期炼铜鼓风竖炉（即炼铁高炉的前身）进行筑炉技术方面的考察，也较先进。且发现筑炉材料采用的是高岭土、石英砂等耐火材料，并已具备良好的防潮保温性能。竖炉结构也很先进，已具备现代竖炉的炉基、炉缸和炉身三大主要部分。其建筑结构的先进和完善，为国内外所罕见。

结合对铜绿山古矿冶遗址中出土的铜铁工具，特别是一批采矿用的铁工具如铁耙、铁钻、铁锤、铁斧和铁锄取样进行化学分析和金相观察，发现既有锻铁件，又有铸铁（即生铁）件，而且有三分之二的铁器是铸件。能否炼出生铁，取决于冶炼的温度。铁的熔点主要随碳成分的高低而变化，纯铁还原温度为1545℃，碳增加，则熔点逐渐下降，含碳4.3%时熔点最低，约在1135℃。铜绿山出土的六角形铁锄，其厚度仅0.3厘米。

这样薄的白口件，浇注得好，应有摄氏100度左右的过热，因此可知当时已能达到摄氏1250度或更高的冶炼温度了。能否达到这么高的温度，关键在于鼓风技术如何。

从国外的历史记载看，西欧到14世纪才能由熟铁渗碳得到生铁，但我国通过铜绿山的铁工具表明，远在两千多年前的春秋战国时代，就已发明生铁冶铸技术，这比西欧要早1000多年。我国古人的这种惊人的先进技术成就，使我们无不为之骄傲和自豪！不仅如此，当时为了改善铸铁的脆性，还出现了成功的柔化处理工艺。如矿井中的铁斧，主要用于冲凿，既要克服生铁过脆的缺点，又要有较高的耐磨性，因此进行了高温（大于900℃）退火的热处理，同时还要加以保护，防止表面严重脱碳，结果变成一个白心可锻铸铁件。再如六角形铁锄，锄板很薄，需要韧性更好些，因此进行了强烈的脱碳退火处理。这种根据铁工具的不同使用要求，对生铁铸件进行不同工艺的柔化处理比西方早2300多年，在冶金技术上堪称开创之举，世界领先！所造产品堪称杰作，令人惊叹不已！特别是在当时能出现铁斧这样的白心可锻铸铁，堪称奇迹，世界各国无与伦比！这充分说明我国是使用可锻铸铁最早的国家。

通过以上这样一些冶金技术上的对比，铜绿山古矿冶遗址的学术研究价值和历史地位就大大地改变了，不仅提高了知名度，而且很快受到我们国家各级领导和国内外学术界的高度重视。

为了加强保护我国这处不可多得的历史珍宝，1982年2月，国务院公布铜绿山古铜矿遗址为第二批全国重点文物保护单位。几十年来，凡来这处古铜矿遗址参观考察的国内外专家、学者，无不对其进行赞扬并给予很高评价，认为铜绿山古铜矿遗址保存得非常好，它所反映的技术水平无疑是世界第一流的，不仅是我国各族人民的宝贵财富，而且也是全世界全人类共同的宝贵财富。

参考文献

[1] 卢本珊，华觉明：《铜绿山春秋炼铜竖炉的复原研究》，《文物》1981年第8期。
[2] 冶军：《铜绿山古矿井遗址出土铁制及铜制工具的初步鉴定》，《文物》1975 年第2期。

长江中下游的铜矿带与盘龙城的铸铜业

陈贤一

根据文献记载，夏有九都，商有十三都，周有五都。有学者推断，中国古代早期都城的兴废、迁徙多以追寻矿源为主要因素。夏都的历次变迁均在中国铜锡产地的分布范围内；商都沿晋豫山地边缘迁徙；周都自西向东迁移，均与矿产产地有关[1]。青铜器的研究不仅包括形态、用途、纹饰、铭文、冶金成分、铸造法及相关地层学与组合的关系，还要研究青铜器原料的来源。对此，夏鼐先生指出："这是中国古代青铜器研究的一个新领域，也是中国考古学新开辟的一个领域。"[2]盘龙城是我国古代南方青铜文化的中心，其崛起应与商王朝掠夺南方矿产紧密相关。研究盘龙城的青铜器铸造必定要研究其原料的来源。本文将论述盘龙城青铜文化与江南铜矿带的关系。

一、长江中下游铜矿带及其开发

现代地质勘探资料表明，中国内地的铜、锡、铅矿主要分布在长江中下游的湖北、湖南、江西、安徽及西南的云南等地。长江中下游是中国蕴藏最丰富的铜矿带，鄂东南及江西等矿产的铜矿属矽卡岩型矿床，矿石品位较高。鄂东南矿区主要有大冶铜绿山、铁山，阳新港下、丰山洞。因此，阳新、大冶等江南铜矿区构成我国五大铜矿基地之一。铜绿山大型富铜矿藏素有"状元矿"之称[3]。从铜绿山、丰山和皖南矿冶遗址的炼渣堆积推测，商周时期长江中、下游铜矿带所产铜料的数量以万吨计，如此巨大的铜产量，其中相当大的一部分应以朝贡、贸易、掠取的方式供应中原地区。

鄂东南的大冶、阳新多发现有东周时期重要的冶铜遗址。阳新县境矿山林立，蕴藏铜、铅等矿产，也发现不少商周时期的文化遗址，说明商周王朝已涉此地，从事着矿产的开采。大冶铜绿山发现数处古矿遗址，矿井开采的时代早至商代，直至两汉。在铜绿山遗址发现有商代二里岗期陶鬲足，说明商族已在此地活动。长江中下游铜矿区主要分布在湖北、江西和安徽，其概况如下。

铜绿山古矿冶基地。位于湖北大冶矿区，面积约为2平方千米。已发现较丰富的矿冶遗址近40处。1975年以来考古发掘矿采区7处、井巷500余条，出土大量采矿工具、井巷支护构件及炼炉、铜锭等遗物，炼渣堆积达40多万吨。据^{14}C测定，采矿年代至迟自商代已开始[4]。

丰山洞矿区。位于湖北阳新，与大冶接壤。包含三处矿床，已发掘两处采区。出土有竖井、平巷、水槽、铜木工具等遗存。开采时间约从西周晚期至战国[5]。

江西矿区地质条件优越，资源丰富，产地多，规模大，类型齐全，矿量集中，已探明铜矿储量居全国之首，约占蕴藏总量的1/3。已发现的铜矿有瑞昌铜岭、德兴、九江、铅山、东乡、武山，以赣北储量大而集中，仅在赣东北丘陵山地就有6座铜矿，呈马蹄形分布在鄱阳湖的四周。地质勘探表明，鄱阳湖畔分布有200处铜矿床和铜矿点，亚洲最大的铜矿德兴铜矿石储量达16亿吨，含铜量在700万吨以上[6]。这样的储量在世界上亦属少见。

铜岭采铜冶铜遗址。位于江西省瑞昌市，为迄今所知中国最早的采铜冶铜遗址。已发现古代露采坑2处、探矿槽坑2处、矿井103口、巷道19条、选矿场1处、炼铜炉渣堆积4处、工棚6处及大量竹、木、石、铜质工具和用具等，是一处有相当规模、保存完好的矿冶遗址。采矿时间约在商代中期至战国早期[7]。在瑞昌铜岭，古矿井中发现有商代二里岗期的陶斝及商代遗物，其中陶斝敛口分裆，身附一鋬，形制与盘龙城出土同类器相似，进一步证实了商族先民已直接在这一带采矿。

皖南古矿冶遗址。地处安徽南陵、铜陵交会地带的大工山、凤凰山、铜官山等地。遗址规模宏大，已知矿点约有62处，其中属先秦时期的约有20处，分布在安徽境内长江南岸的贵池、青阳、铜陵、南陵、繁昌和宣城等。长江北岸的枞阳炼渣堆积量达百万吨以上，开采时间至迟自西周前期，也可能早在商代晚期[8]。

此外，还有位于湖南西部沅麻盆地的麻阳矿区，已发现古采区14 处，斜巷长400米，出土大量炼渣堆积，出土有铁、木工具和陶器，开采年代为战国。

上述铜矿遗址，周围都有充裕的粮食、燃料，交通便利，临近水道。所有遗址都是采冶联营，即山上采铜，山半腰或山下冶铜。各铜矿冶炼成铜锭后应是运往盘龙城及王畿等地冶铸作坊所在地。

二、商周王朝与江南铜矿的关系

夏商周王朝掠夺南方矿产，古文献屡有记载。殷墟卜辞中有“已未卜，贞立事于南，右比我，中比舆，左比曾”（《合集》5504），卜辞“丁亥卜，亘，贞乎取吕”（《合集》6567），大意是卜问某地某方采矿之吉凶，其中或有江淮夷方。曾伯霥簠铭文记：“克狄淮夷，印燮繁汤，金道锡行。”蔡侯鼎铭文记：“蔡侯获巢，俘厥金。”师簋铭文记：“征淮夷，……俘吉金。”过伯簋铭文记：“过伯从王伐反荆，俘金，用作宗室宝尊彝。”

夏商之时，江南铜矿已负盛名，产地首推荆、扬两州。《禹贡》云：“荆及衡阳惟荆州，……厥贡……惟金三品。”《周礼·职方氏》：“东南曰扬州，其川三江，其浸五湖，其利金、锡、竹箭。”《考工记》《越绝书》《史记·货殖列传》《谏逐客书》《盐铁论·通有》提到“吴粤之金锡”“荆扬……左陵扬之金”“江南金锡”等。《诗·鲁颂》：“憬彼淮夷，来献其琛，元龟象齿，大赂南金。”“南金”，即江南之铜。淮夷世居淮河中下游地区，皖南所产铜料需经淮夷之地北输中原。

我国商周青铜文化以大量精美绝伦的铸作彝器为显著特征，历年出土及传世的商周青铜礼器和乐器数以万计。商王朝自汤居亳至盘庚迁殷，王都郑州和安阳成为最重要的铸造中心，先后制作了不少巨型青铜器，如郑州大方鼎、后母戊鼎、后母辛鼎、牛鼎、鹿鼎等。长达五六百年历史的商朝，所用铜料数量可观。据文献和现代地质勘探资料，安阳虽有铜矿，但储藏量甚小。黄河流域已知古铜矿以中条山矿区为最重要，分布在山西垣曲、运城等地，在内蒙古的林西发现大井古矿冶遗址，在新疆尼勒克县发现奴拉赛古矿冶遗址，这些均属规模不大的铜矿遗址，可见黄河流域较缺乏铜矿产资源，难以满足王朝数以万计的青铜铸造的需要。而长江中、下游分布有丰富的铜矿带。因此，夏商王朝的实力必然要南下，其重要目的是获取南方矿产资源。盘龙城则成为铸造中心及转运铜料、铜器的中转站。

商王朝与江南铜矿的关系，可从江南铜矿合金成分获得一些信息。江南诸铜矿均属铜铁共生的矿体，赤铁矿常与铜矿石混杂，因而炼出的铜原料多含铁。1933年殷墟发掘时发现一孔雀石铜矿，重18.8千克，其中混杂大量赤铁矿，因此，学者推断铜矿石有可能来自江南铜矿。在湖北大冶铜绿山、安徽铜陵古矿冶遗址出土的青铜器，其成分即含有一定量的铁。河南罗山、固始晚商墓出土的铜器中有一件铜鼎腹部含铁量达1.3%，有8件青铜器表面含铁量达4%。盘龙城青铜器大部分也含铁，据何堂坤先生对盘龙城13件铜器的合金成分进行分析，其中8件有铁成分，含铁量达0.58%~1.83%[9]。以上这些含铁量较多的青铜器，有可能是采自江南的氧化型铜矿料而制作。学者金正耀、彭子成先生曾对盘龙城、殷墟妇好墓、宝鸡弜国墓等地出土铜器的样品进行铅同位素比值测定，结果表明部分铜矿料可能来自铜绿山及邻近地区[10]。

三、盘龙城发达的青铜铸造业

1. 出土一批具有中原风格的精美青铜器

盘龙城墓葬和祭祀坑出土的青铜器有礼器、兵器和工具，器类达36种，数量达400件以上。其种类及数量在我国商代前期的青铜器群中首屈一指，已超过作为中原王都的郑州、偃师及诸方国的出土数量，堪称全国第一。盘龙城青铜器的造型艺术，装饰纹样，铸造技术体现了一定的独特风格，并充分显示出中原青铜文化灿烂的一面，表现在以下几个方面。其一，出土一批商代二里岗期青铜器的精品。如细腰甗、双耳或无耳簋、冲天流盉、分裆斝、提梁卣、管状流爵、镂空圈足觚等，均为中原所少见。其二，出土一批大型青铜礼器。如杨家湾11号墓出土的一件大圆鼎，口径55厘米，为早商圆鼎中最大者。李家嘴2号墓出土的一件圆鼎，口径35厘米，通高55厘米，是早商第二号大圆鼎。其三，出土成套较完整的青铜礼器组合，器类有觚、爵、斝、尊、罍、鼎。李家嘴1、2号墓铜簋与鼎相配，是最早的青铜礼器鼎簋组合，也是两周鼎簋组合的最早源头。其四，出土一批青铜生产工具。盘龙城出土的青铜生产工具有臿、镢、斨、斧、锛、凿、锯等，是早商期考古发现种类及数量最多的一处，是我国迄今发现最早、最完整的一批青铜工具。其中臿、锯为中原所少见，铜斨在同期同类器中器形最大，长达27厘米，是早商期生产力发展的重要标志。其五，出土一批青铜武器。盘龙城已发现的青铜武器，形制及铸造技术与中原基本相同，器类有戈、矛、刀、钺、镞等，种类多，数量大，为中原商墓所不及。出土的一件铜钺长41厘米，刃宽26厘米，在商代同类器中属最大者。杨家湾11号墓出土的铜勾刀为商代兵器精品。盘龙城约有1/3的墓葬出土有青铜武器。有的墓葬出土有数种武器，墓主们很可能是军队的头目。

2. 发现有铸铜作坊遗迹

在盘龙城城址以北一带山冈，从遗址以东的杨家嘴经过杨家湾再至遗址以西的楼子湾，到处分布有木炭灰烬层及大量的坩埚、陶缸片，这就是早商时期盘龙城铸铜作坊所在。经考古发掘，在杨家嘴和杨家湾各发现一座灰烬沟遗迹。遗迹都是在冈丘坡上挖槽而建，形制特征与长窑相似，平面为不规则长条形，两端窄，中部较宽。因沟内积满灰烬土而被称为“灰烬沟”。灰烬沟的构造由沟底、沟壁和灰烬坑构成，发掘时顶面皆已坍塌。

（1）杨家嘴灰烬沟遗迹

位于杨家嘴的南坡[11]，南临盘龙湖边。沟首端在南面低处，尾端在北面高处，高差为1.5米。沟在中间部位束腰内收，全长27.5米，最宽处达5米。沟内灰烬土堆积为黑灰土，土质松软，厚薄不匀，一般为0.15~0.2米，最厚处在南端，厚0.5米（图一，1）。其结构如下。

沟壁：灰烬沟北段的西壁比较清晰，其他地带隐约可见。沟壁为黑灰土，作凹形的缓坡状，土质较硬。厚0.2~0.3 米。

沟底：灰烬沟底部铺垫一层以黄土为主的黄红砂土，叠压在红生土之上，土质较硬，似经夯筑。厚度为0.15~0.4米。

灰烬坑：沟底发现两个坑（K1、K2），坑内积满黑灰烬土。两坑分别位于沟底南、北两端，相距约1米。

1号坑位于灰烬沟北部，平面近椭圆形，长7.9、宽4.7、深0.3~0.5米。坑底平坦，坑内积满黑灰烬土，包含有大量木炭屑及少量红烧土块。坑内置坩埚2件、陶缸1件，还出土有铜刀、残铜片和铜渣等。2件坩埚置于坑的中部，中间有一石块相隔。石块为长方形，长0.3、宽0.16、厚0.14 米。其中1件坩埚作直立状，口略向西倾斜，内积满黑灰烬土和红烧土块；另1件坩埚口朝西南，底向东北。陶缸置于坩埚的西南侧，相距0.3米，作直立状，缸底西、南侧各有石块支撑，石块长0.3、宽0.25、厚0.15米。缸内遗留少量木炭屑和陶片（图一，2）。1号坑在灰烬沟的尾端覆盖有一层黄土，上铺有一层碎陶片，面积在4平方米左右，其作用有待研究。

2号坑位于灰烬沟南部，平面作不规则梯形，长8.5、宽2.5~3.3、深0.3米。坑底较平，坑内积满含木炭屑较多的黑灰烬土。坑内置较完整陶缸2个，还有一些残缸片、石块，出土有铜片和铜渣等，散布在陶缸附近。2件陶缸置于坑的南部，中间以石块

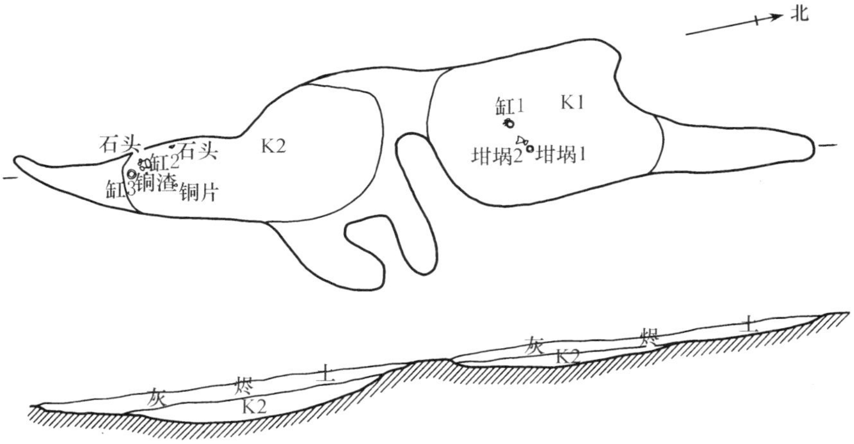

1. 杨家嘴盘龙城五期灰烬沟遗迹平、剖面图

2. 杨家嘴灰烬沟遗迹东段陶坩埚出土现场

图一

相隔。其中1件陶缸斜置，口向北，底朝南，缸内积满木炭屑及烧土碎块，缸底周围有4块长条形石块支撑陶缸，石块最大的长0.31、宽0.25、厚0.2米，最小的长0.22、宽0.18、厚 0.15 米。1件陶缸直立，周围散布有残铜片2块，似铜爵的足尖部，铜渣1块，呈椭圆形，通体为蜂窝孔状，似熔渣。

在杨家嘴灰烬沟的东、西两侧，与灰烬沟距离约8米处分布有大片灰烬堆积。灰烬堆积由北向南一直向湖边延伸，东西长约20、南北宽约10米。灰烬土色复杂，灰黑土、黄褐土与灰白淤土相互层层叠压，各层厚度在0.15至0.22 米之间，其中灰黑土质松软细腻，夹杂一些红烧土颗粒，各层都包含有一些陶片，器型有缸、鬲和盆等，还有少量碎铜片和熔渣。

（2）杨家湾灰烬沟遗迹

位于杨家湾上部，首端位于西北的低处，尾端位于东南的高处，全长约30米。沟内灰烬土堆积为黑灰土，夹杂大量的木炭屑（图二，1）[12]。

沟壁：灰烬沟的西段用黏性很强的灰黄土和红黄土筑成沟壁，土质较硬。厚0.05~0.2米。但东段是直接利用生土或黄土台作壁。

沟底：深浅不一，起伏不平，西段窄且浅，东段宽而深。

灰烬坑：沟底发现三个坑，坑内积满黑灰烬土。三坑分别位于沟底的西部、中部和东部。三坑内均放置有陶缸。

1号坑位于灰烬沟的后（东）部。坑内放置有5件较完整的陶缸 （缸1~缸5），呈丁字形排列。缸1的口颈残，缸2、3、4的底残，此4件缸皆口向下，底朝上。缸5完整，西连缸4，口朝北，底向南。5个缸的内外皆积满黑灰土夹木炭屑（图二，2）[12]。

2号坑位于灰烬沟的中部。坑内放置有1件形体较大的红陶缸，出土时陶缸倾斜，口朝西。缸底西、北、南侧分别有3块不规整长方形石块支撑陶缸。石块长0.5、宽0.3、厚0.25米（图二，3）。

3号坑位于灰烬沟的前（西）部。坑内放置有4件陶缸（编号缸1~缸4），呈方形排列。缸1出土时已残破，缸底有4块长方形石块支撑陶缸，石块最大的长0.7、宽0.2米，最小的长0.18、宽0.2米。缸2出土时已破碎，缸底有5块三角状石块垫撑。石块径0.2、厚0.1米。缸3保存较完整，出土时缸口朝南倾斜，底部未见石块。缸4仅残存缸底及2块缸片。缸底放置3块小石块垫撑，石块长0.2、宽0.2米。坑内陶缸周围都有较厚的黑灰烬层（图二，4）。在坑内的一块缸片上，发现附有一块长方形小铜渣。在灰烬沟前部的黑灰烬土中，出土一块长条状铜器残片，断面呈棱形，表面已氧化。

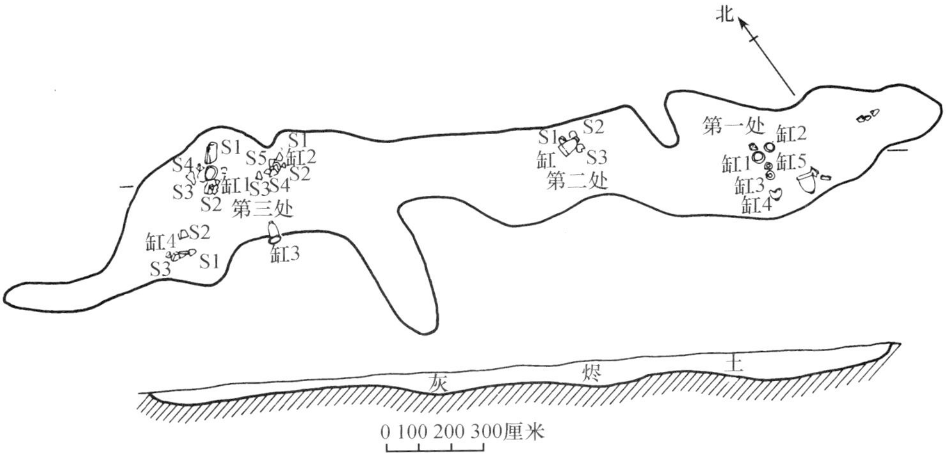

1. 杨家湾盘龙城六期灰烬沟遗迹平、剖面图

2. 杨家湾盘龙城六期灰烬沟遗迹平、剖面图

图二

3. 杨家湾灰烬沟遗迹中段陶坩埚出土现场

4. 杨家湾灰烬沟遗迹西段陶坩埚出土现场

图二

除上述地点之外，还有两个地点发现了疑为铸造的作坊遗迹。一处在盘龙城西城垣以东的湖沼地，一处在北城垣外的杜家塘中，均暴露有成片的黑灰烬土及成群的陶坩埚。

以上数处作坊遗迹内发现一些堆积很厚的木炭屑、熔渣、碎铜片，说明作坊与铸造业有关。这些作坊内也发现一些纯铜块，显然是外地运来的。在古代交通很不便的情况下，为减少运输上的困难，先在矿山附近的地方进行冶炼，待炼出纯铜后，再运到这里以备浇铸。

四、盘龙城的铸铜工具

盘龙城的铸铜工具分青铜工具、陶制工具和石制工具[13]。

1. 青铜工具

据发掘报告，约有33件，器类有锛、斨、斧、镢、凿、锸、刀、锯等。

锛：19件，王家嘴四期6件、六期1件，李家嘴四期2件、五期1件，杨家湾六期1件、七期2件，楼子湾五期4件，杨家嘴四期2件。器型特征：器身中空，扁平作方楔形，一面弧刃，器身断面及銎口作梯形，銎口外沿正面及两侧有凸边，刃部与銎宽相当，刃两侧略呈弧形，器身正面有“十”“丫”“丬”等凸线。标本杨家湾M11：46，器身作长条状中空，一面刃，銎为梯形，銎外沿正面及两侧有长方形箍边，銎宽大于刃宽。全长13.6厘米（图三，1）。

斨：3件，杨家湾七期1件，采集五、六期各1件。标本杨家湾M11：35，扁平长条形，中空，平顶，单面弧刃，銎部一面平，一面弧形，单面弧刃，器身近顶端两面中部有圆形小孔各一，径1厘米，全长27.2厘米，刃宽11.2厘米（图三，2）。标本杨家湾采：07，三合范，体大，器身扁平，长方状中空，一面平，单面刃较直，刃角作弧状，器身断面及銎作梯形，銎外沿有方条状凸箍，器身上端各有一长方镂孔，通长27.3厘米。

凿：4件，李家嘴四期1件，杨家湾七期1件，采集五期1件、六期1件。标本杨家湾M11：37，扁平窄条形，平顶弧刃，梯形銎，长19.6厘米（图三，3）。标本李家嘴M2：72，实心无銎，单面刃，横断面呈梯形，长18.6厘米。

斧：2件，杨家湾七期1件，采集四期1件。标本杨家湾M11：36，长条状中空，銎梯形，上部及左右两侧作箍状，单面弧刃，刃宽于銎，器面正部上部有一小弓形耳，全长21.2厘米，刃宽9.6厘米（图三，4）。标本王家嘴采：068，体小，长方体中空，方銎，双面弧刃，刃大于銎，銎下有一窄带凸箍，全长6.2厘米。

锸：2件，李家嘴四期1件，采集五期1件。标本杨家嘴采：06，三合范，器身作长方形，扁圆銎，銎周边有带状凸箍，器身上端上下两面各饰一长方形镂孔，通长16.4厘米。标本李家嘴M2：3，器身近方形，扁圆銎中空，一面平，一面微凸起，刃呈弧形，器身中部有一对方形穿，长12.4厘米（图三，5）。

镢：2件，采集六期2件。标本P：011，器身作宽条楔形，身短体中空，两面弧刃，方銎，口沿作六角状，窄唇凸边，器身两面有十字凸线，两侧各有一脊线，全长15厘米，刃宽4.2厘米（图三，6）。

锯：1件。标本李家嘴M2：69，柄部略高于刀身，刀背略内凹，锯身作长方形，近柄处略宽，刃部作细密齿状，长25.6、宽4厘米（图三，7）。

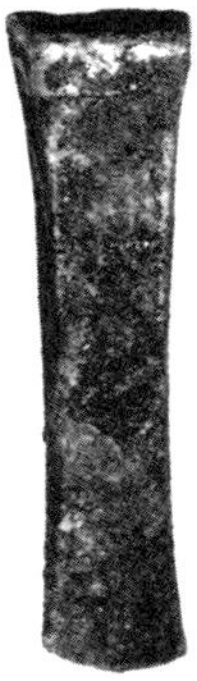

1. 铜锛
（杨家湾M11：46）

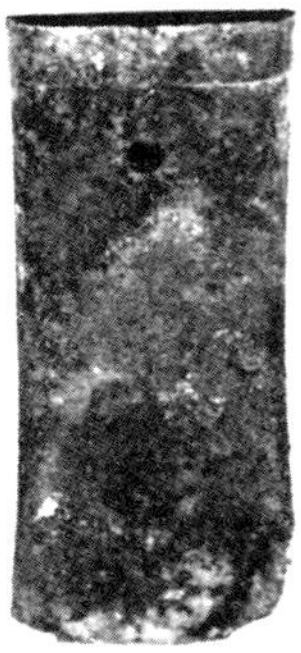

2. 铜斨
（杨家湾M11：35）

3. 铜凿
（杨家湾M11：37）

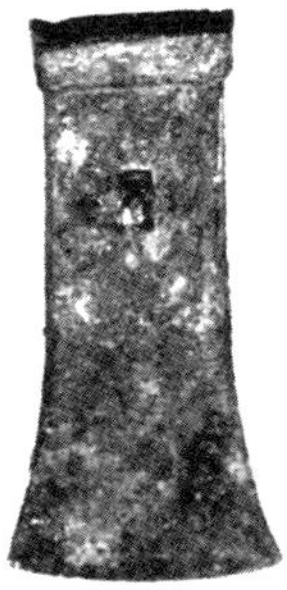

4. 铜斧
（杨家湾M11：36）

5. 铜锸
（李家嘴M2：3）

6. 铜镢
（盘龙城采P：011）

7. 铜锯
（李家嘴M2：69）

图三

以上青铜工具大多出土于墓葬和作坊中。在杨家湾杜家塘西侧的一个水塘田埂中，出土一件陶坩埚（PYW：093），出土时器身侧置，坩埚口之旁相距20~30厘米处置有一铜凿（PYW：0116）和一件铜块（PYW：0115），经考古探掘得知，杜家塘为一作坊所在，暴露有成片黑木炭灰烬土和红烧土，内置三五成群的陶缸和坩埚。在杨家嘴盘龙城第五期灰烬沟K1内，出土有大量木炭屑、少量红烧土块，内置陶坩埚、陶缸、铜刀、残铜片和铜渣等。

盘龙城遗址出土青铜工具数量较多，常见于制铜作坊内，共存的有坩埚、铜渣、木炭，推断它们多为制铜的手工工具。墓葬内也常见陶缸、坩埚、制铜工具等，反映了墓主生前从事的铸铜业。

2. 陶制工具

有坩埚和大口缸等。

陶坩埚：24件，形似倒置的将军盔，体大胎厚，敞口深腹，下腹急收呈漏斗状，器表饰附加堆纹、凸弦纹、绳纹、斜方格纹、网格纹等。标本PYZT13④：4，夹砂黄陶，侈口斜腹，足作中空高柄状，通高39、口径44、足径8.8厘米。标本PYWT18④：2，夹砂红陶，口外移，下腹壁斜收，底附加盖纽状长足，通高49.2、口径39.2、足径6.4厘米。标本杨家湾采：093，砂质红灰陶，口残，下腹壁较直，内壁作漏斗状，多层厚壁，底附小圈足，残高40.9厘米（图四，1）。

陶缸：125件，标本PYZT11⑤：6，夹砂黄陶，深腹筒体状，上体比下体略大，底残，通体饰八周平行堆纹，口径42.8、残高56厘米（图四，2）。

在杨家嘴、杨家湾、杜家塘作坊遗迹中，常出土有三五成群的陶坩埚或陶缸，伴出青铜工具及铜渣，因此推断这类陶坩埚或陶缸应属与制铜有关的陶器。

1. 陶坩埚
（杨家湾：093）

2. 陶大口缸
（PYZT11⑤：6）

图四

3. 石制工具

有锛、镰等。

锛：标本PYZT10⑤：10，磨制，长方体，单面刃，刃宽4.2、通长6.7厘米（图五，1）。

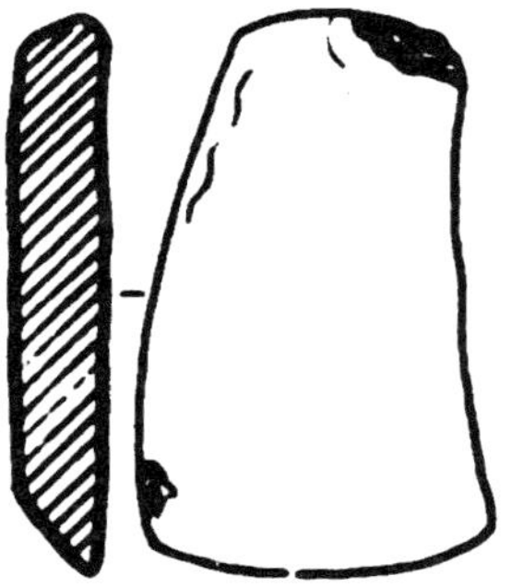

1. 石锛
(PYZT10⑤：10)

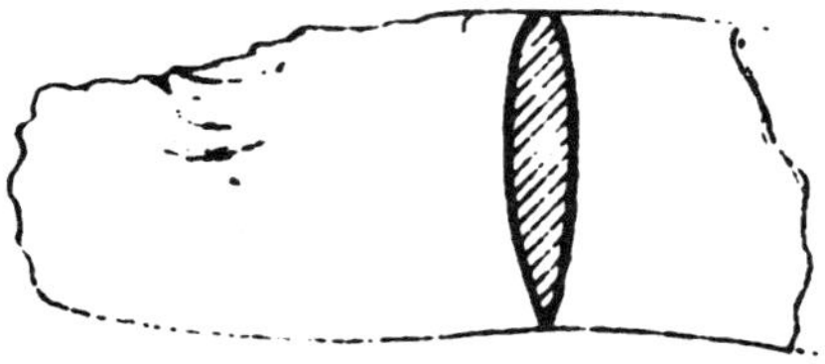

2. 石镰
(PYZT30⑤：1)

图五

镰：标本PYZT30⑤：1，磨制，弧背，两面刃略内凹，尖端较薄，尾残，残长11.5厘米（图五，2）。

在杨家嘴灰烬沟内，发现有石锛、石镰与陶坩埚共存，推断这些石锛、石镰应属与制铜有关的生产工具。

从盘龙城发现的遗迹、遗物来看，城外东北的杨家嘴、北边的杨家湾和西北的楼子湾等遗址发现了许多坩埚，有的坩埚片上黏附有铜渣。已出土的青铜器，经化学分析得知，有铜、锡、铅、锌、铁，特别是铅的含量一般高于同期郑州二里岗的青铜器和殷墟后期的后母戊大方鼎。说明盘龙城的冶铸工匠有自己的合金配料方法。

盘龙城遗址发现多处沟槽状的黑灰烬遗迹，沟内有为数不少的陶缸及厚胎坩埚，还发现少量溶渣或碎铜片。在杨家湾、楼子湾遗址，发现一些陶缸上留有熔渣残迹。李家嘴2号墓出土的一件铜簋，其器耳内侧尚留有泥范残余，至今清晰可辨。此外，在杨家嘴东侧北坡暴露的黑灰烬土断面上曾采集到一块熔渣，经北京科技大学及有关铸造专家推定，为炉壁残片。以上证明，商代的盘龙城已出现铸造场所。盘龙城出土的青铜器与郑州商城出土的青铜器相比，质薄而器表光亮，含铅量偏高，说明合金的配料有所不同，也可说明盘龙城有自己的制造业，是南方青铜器铸造的基地。盘龙城出土的一件大铜斧，形制与铜绿山的战国矿井出土的大铜斧相似，是探究铜斧发展变化的实例。盘龙城墓葬有的在二层台上发现厚胎坩埚及陶缸，一些墓葬随葬有铜凿，这些坩埚、铜斧、铜凿应与制铜业有关，从侧面反映了墓主人的地位及职业。

考古发现证明，在长江中下游发现了大型古铜矿冶遗址，而大冶和阳新及江西吴城发现的殷商时期文化遗迹，说明商人的势力在二里岗时期就到了赣水流域。那么，盘龙城在南方的作用显得更为重要。从政治上而言，它是商人统治长江两岸的政治中心。从经济上看，它是商人掠夺南方财富的集散中心。从地理位置看，向东可控制长江两岸，向西可进入巴蜀，向南可涉足江南，向北可直达中原王朝。因此，盘龙城是东西南北的交通要道。由于商人在盘龙城驻军长达200年之久，他们从中原带来先进的青铜文化，这些先进的青铜文化又通过盘龙城向东、南、北传播。同时，南方的青铜文化又通过盘龙城传到了中原。因而，盘龙城是东西南北文化交流的纽带。

商王朝为了牢固地掌握南方丰富的铜资源，在盘龙城建立城邑。商人以此为据点，东征西伐，控制鄂、豫、皖，越江南，直达鄂东南、江西、湖南等地。盘龙城与大冶铜绿山仅有一江之隔，与港下、铜岭、铜陵、南陵古铜矿几乎在同一条长江运输线上，方圆不过数百千米。江西吴城、大洋洲等均是商人为确保铜路安全而设定的据点。长江两岸的铜料正是通过江汉平原抵达南阳盆地，这是中原王朝始终控制的一条南铜北输的生命线。这条生命线维系王朝的青铜铸造业，而盘龙城则是肩负安全运送的中转站，为商王朝掠夺及转运矿产发挥了重要作用。

注　释

[1] 张光直：《关于中国初期“城市”这个概念》，《文物》1985年第2期。

[2] 夏鼐：《铜绿山古铜矿的发掘·代序》，《铜绿山古矿冶遗址》，文物出版社，1999年。

[3] 张正明，刘玉堂：《大冶铜绿山铜矿的国属——兼论上古产铜中心的变迁》，《楚史论丛》初集，湖北人民出版社，1984年。

[4] 华觉明，卢本珊：《长江中、下游铜矿带的早期开发和中国青铜文明》，《长江文化论集》，湖北教育出版社，1995年。

[5] 黄石市博物馆：《铜绿山古矿冶遗址》，文物出版社，1999年。

[6] 港下古铜矿遗址发掘小组：《湖北阳新港下古矿井遗址发掘简报》，《考古》1988年第1期。

[7] 刘诗中，卢本珊：《江西铜岭铜矿遗址的发掘与研究》，《考古学报》1998年第4期。

[8] 张国茂：《安徽铜陵地区古代矿冶遗址调查报告》，《东南文化》1988年第6期。

[9] 何堂坤：《盘龙城青铜器合金成分分析》，《盘龙城—— 一九六三— 一九九四年考古发掘》，文物出版社，2001年。

[10] 彭子成 等：《盘龙城商代青铜器铅同位素示踪研究》，《盘龙城—— 一九六三— 一九九四年考古发掘》，文物出版社，2001年。

[11] 湖北省文物考古研究所：《盘龙城—— 一九六三— 一九九四年考古发掘报告》，文物出版社，2001年。

[12] 湖北省文物考古研究所：《盘龙城—— 一九六三— 一九九四年考古发掘报告》，文物出版社，2001年。

[13] 湖北省文物考古研究所：《盘龙城—— 一九六三— 一九九四年考古发掘报告》，文物出版社，2001年。

大冶铜绿山古铜矿始采年代及相关问题研究

陈树祥

湖北大冶铜绿山古铜矿遗址的发现和发掘，是20世纪七八十年代中国考古界的一件大事，开辟了中国矿冶考古和中国青铜器研究的新领域[1]。铜绿山的考古资料公布前后，对铜绿山始采年代的探讨，学界众说纷纭，莫衷一是。传统的观点有商代二里岗期[2]、商代晚期[3]、西周[4]或东周[5]之说；近几年，随着研究的深入，新出现了不晚于商代说[6]，夏代晚期说[7]，笔者曾提出后石家河文化说[8]。这样，对铜绿山始采年代的认识，因所依据的材料不同而得出7种决然不同的结论。细研不同年代的学术观点，说明对铜绿山始采年代的认识仍有探讨的空间。为此，笔者经对已公布的铜绿山古矿冶遗址发掘资料进行疏理，结合近10年来新发现和公布的大冶市蟹子地遗址、阳新县大路铺遗址、武汉盘龙城和放鹰台遗址、江西吴城等发掘资料与之进行比较，试对铜绿山古铜矿始采年代及相关问题作进一步探析。

众所周知，铜绿山古矿冶遗址的考古发掘，不仅开创了矿冶考古的新学科，也引领了中国青铜时代铜料来源的研究。因而，探讨铜绿山古铜矿的始采年代意义十分重要，这关系到江南铜矿业文明的源头，其在中国青铜文明发展历程中的地位和作用，学术价值、历史价值不言而喻。

纵观学界对铜绿山古铜矿始采年代的不同认识，似乎与人们对铜绿山古铜矿出土资料的了解（主要是对未公布资料的了解）不太全面及与研究铜绿山古矿冶遗址的角度和方法有关。从掌握的资料上讲，有些资料因为种种原因至今“还藏在深闺人未识”。从研究方法来看，有的学者依据^{14}C测年，局限于对采矿及井巷支护技术的研究；有的只对青铜工具进行研究或对青铜器的铅同位素的分析予以推测。我们无意否认这些具有重大意义的研究成果，这些成果对于研究者前行与深入研究，具有指导和启示作用。但这些成果对于还原铜绿山古铜矿遗址的始采年代始终还有一步之遥，这与我们对资料全面、深入的认识与研究不够有关。比如，至今我们对遗址发现的陶器、石器采矿工具等所反映的文化面貌及时代特征还没有做足功课，因而认识不够全面也就在所难免了。

笔者以为，探讨和判定铜绿山古矿冶遗址开采铜矿的肇始年代，可从以下几个方面进行系统的考究。

一、采矿生产方式转变

根据早年地质勘探资料和矿山开采揭露的情况资料证实，铜绿山矿区的矿体多达12个，铜、铁等矿产储量大、品位高，而且部分铜矿出露或接近地表，经长期强烈的风化侵蚀，次生富集环境优越。铜在转移水沉淀过程中，大量的自然铜、赤铜矿、孔雀石和蓝铜矿等矿物在矿体及围岩破碎带内形成氧化富集带。含铜平均品位在6%以上（未经选矿品位），有的地方孔雀石（含铜品位40%左右）矿脉最厚可达10米。可以想象，这些出露或接近地表的铜矿石中，尤以色彩艳丽的孔雀石最容易被古人认识和开采。这种铜矿料的出露，即使至清代，仍可在同治版《大冶县志》中窥见一斑："铜绿山在县西马叫堡，……每骤雨过，时有铜绿如雪花小豆点缀土石之上，故名。"此前，多学科考古调查与发掘期间，在铜绿山1、2、4、6、11五个矿体上发现古代露天采场7个，露采坑的规模大小不一，开采深度一般为20~30米。露采场在11、1、2号矿体均发现人工排弃的废石、生活用具和生产工具等遗物。其中，11号矿体在海拔标高25米以上全部为人工堆积物，推测有约20万立方米[9]。对于古代开采程序，杨永光等认为，铜绿山古代采矿技术为"开始挖掘矿床露头的孔雀石、自然铜、赤铜矿等，逐步发展成为分台阶的露天开采。由于出露地表的矿体大都是铁帽（氧化的铜矿体露头少），限制了露天开采的规模，所以进而发展了地下开采""露天开采的年代应上溯到商代或更早，开采年代大致上与我国青铜文化的历史相对应"[10]。笔者认为，以杨永光为代表的一批矿山采矿工程师们的观点更符合实际，其说可从。在铜绿山11号矿体的露采坑的堆积下（即第⑤层），发现商代竖井2个（编号为X45、X52）及一批西周井巷，既可证明露采年代应比井巷采掘年代早，也为重新诠释铜绿山露采与井巷的年代分期提供了标尺。

其实，由地面露采到地下坑采，是一种生产方式的转变。这种转变需要一个较长时间的经验积累和探索，只有新的生产技术达到可行的地步，才有可能革新过去的技术和采矿方法。这是一个艰辛而又漫长的探索和实践过程。普遍而言，铜绿山古铜矿地下井巷坑采，晚于上部的露采。

二、井巷支护技术演变

从露采转入井巷开采，既是一次生产方式变革，也是一次技术上的飞跃。此后，人们需要用一种全新的开采方法和综合性技术手段来获取铜矿。这包括掘进、井巷支护、排水、照明、通风、提升等一系列复杂技术。当然，这还有赖于生产力水平的提高。而青铜工具的广泛使用就是生产力水平提高的重要标志，也是人们能够进行地下开采不可或缺的重要手段。当人们解决了地下掘进问题之后，井巷支护就成为安全生产至关重要的环节。

井巷开采可能萌兴于商代中期（详见后论）。此后至汉代的千余年，木质结构的井巷支护便成为最为重要的生产环节。古代工匠们便根据地质条件的变化、生产实际需要，不断地发展这种井巷支护结构技术。铜绿山古铜矿遗址发现大批竖（盲）井、巷道木支护结构，不仅反映出各时代不同的特点，也可以看出其技术进步、发展的演变轨迹。

根据井巷木支护框架结构的变革、尺寸变化，以及井巷打破关系等资料，发掘者将采矿竖井分为六式。其中，Ⅰ式的木支护结构最原始，其结构为两根平头板木的两头均凿成一个卯孔，另两根板木的两头制成榫头，榫卯穿接而成一组支护框架，木支护框架内空长52~68、净宽42~60厘米。发掘者将Ⅰ式竖井支护木框架的年代定在商代晚期。经统计，这类支护结构仅在7、11号矿体中发现，数量较少。具体而言，7号矿体2号点有10个竖井为Ⅰ式支护（原编号为1~5、7、43、56、83、84）；Ⅰ式平巷支护有2个（原编号为X94、X100），平巷支护净高50~75厘米。11号矿体竖井中有Ⅰ式木支护框架的仅有2个（原编号为45、52）；另见Ⅰ式平巷支护9条（原编号为X2~X9）。竖（盲）井中Ⅱ式支护较Ⅰ式木支护有变化，在《铜绿山古矿冶遗址》考古报告中，将Ⅰ、Ⅱ式的竖井木支护和Ⅰ、Ⅱ式平巷支护的年代定在商代晚期至西周（图一），Ⅰ式平巷支护甚至沿用至春秋时期。竖井中发现Ⅰ、Ⅱ式支护和平巷的Ⅰ、Ⅱ式支护虽然有共存现象，但也应有早晚关系。此前，杨永光、李庆元、赵守忠等学者主张商代晚期说，进而提出了“铜绿山古铜矿的历史年代，据出土文物测定最早的井筒（坑木）距今3265±100年，为我国历史上的殷-小乙时代”[11]。张潮[12]、卢本珊[13]等对木支护进行了细致研究，虽然他们对竖井和平巷的木支护称谓不同，但对Ⅰ、Ⅱ式井巷木支护始于商代晚期的认识是一致的。殷玮璋、周百灵先生对铜绿山采矿年代等问题持不同见解[14]。龚长根

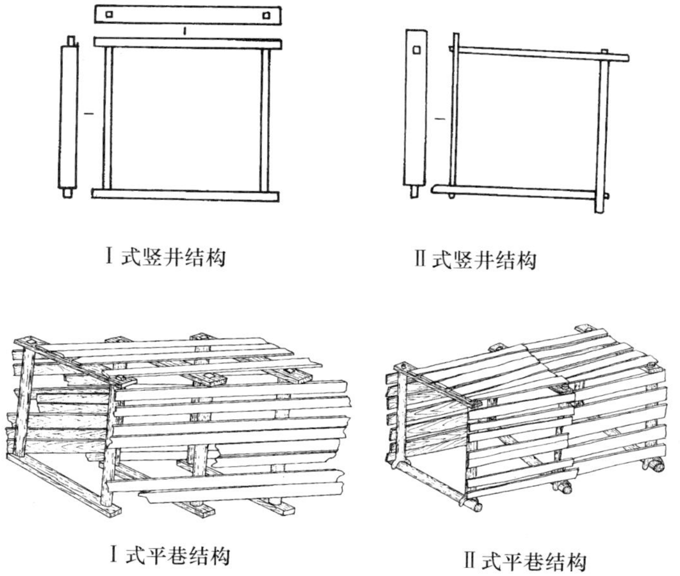

图一　Ⅰ、Ⅱ式井、巷结构示意图

则提出不晚于商代说[15]。比较诸家论据，以龚氏最新论据见长。

我们借助考古类型学的方法得知，商至西周初、西周、春秋、战国至西汉这四个阶段井巷支护的技术演变是清晰明了的，这在《铜绿山古矿冶遗址》发掘报告中有确切的记述。因而，毋庸置疑，Ⅰ式井巷支护结构确实要比西周时期的支护技术原始（本文只论述早期支护结构技术）。

三、对采矿工具年代的再认识

1. 测量工具

铜绿山7号矿体2号点西部61米高程处的破坏层中发现1件木垂球（标本号Ⅶ〈2〉：05），垂球为桃形，长径6、短径5.4厘米。球体上部有一个长方形的透孔，长2、宽1厘米[16]（图二）。木垂球酷似1994年江西德安陈家墩商代水井中出土的一件木垂球[17]（图三），此外，该水井中还出土了一件与木垂球配伍的木觇标。有学者认为木垂球是商代开凿矿井和水井时的测量工具[18]。此论可信。木垂球的发现，证实铜绿山商代矿井开凿采用了垂线技术，使井巷壁面保持垂直，便于统一制作和安装木支护框架。

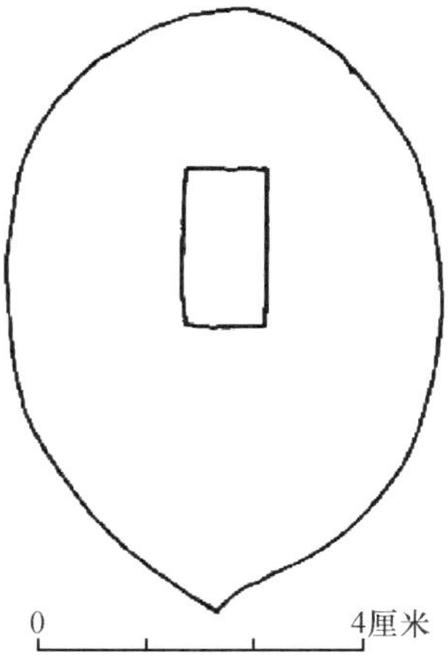

图二　铜绿山7号矿体2号点木垂球

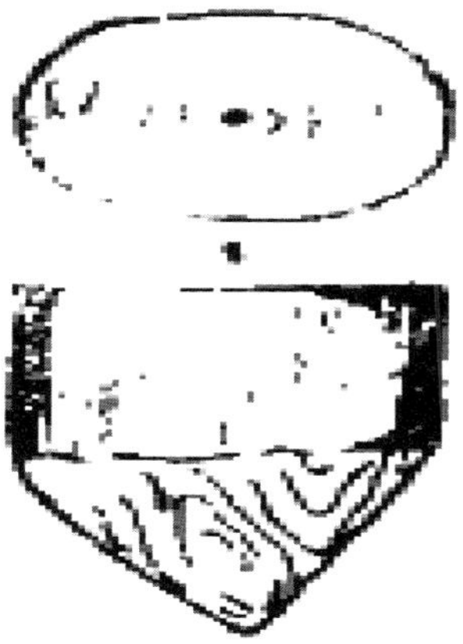

图三　德安陈家墩水井出土木垂球

2. 采矿工具

在铜绿山11号矿体古采矿井和冶炼场地发掘中，出土了3件铜斧。同时，铜绿山矿山企业采用机械化剥离矿体的生产中，大批不同时期的金属工具亦被挖出和散落，考古人员在现场收集到青铜、铁质等工具。其中，青铜工具32件，种类有斧、锛、凿、铲、锄、镢等。这批青铜工具多具有商周时期的特征，虽有学者进行了研究，但观点相异，仍需进一步甄别。现选择几件商代工具考述如下。

1）铜锛（采：6），圆角方銎，銎口外沿有一周凸箍，双面弧刃，刃角已磨损为圆弧状，刃宽大于身宽，器身长，中腰凹弧呈梯形，器身一面有近圆形铸孔。通长22.5、刃宽8.5厘米，重1.66千克[19]（图四）。卢本珊将该器定为Ⅲ式斧，推测其时代不会晚于西周晚期[20]。龚长根认为该器形制与盘龙城出土的铜斧无多大区别，“实际上是同一个时代、同一种风格、同一种器物”[21]。龚氏对比的盘龙城铜斧，实乃盘龙城杨家湾M11出土（标本号PYWM11：36）[22]（图五），杨家湾M11的这件铜斧器身一面的上部有一小弓形耳，其功能与铜绿山铜锛铸孔相同，均为固定木柄。盘龙城杨家湾M11出土的铜斧年代归入盘龙城第七期，相当于二里岗上层二期偏晚。

图四　铜绿山采集铜锛（采：6）

图五　盘龙城杨家湾出土的铜斧（M11：36）

2）铜镢6件，《铜绿山古铜矿遗址》考古报告将其分为A、B、C三型。其中B型2件2式（即Ⅰ式采：18、Ⅱ式采：19），器身均偏平，近似长方形，椭圆形銎，平刃略弧，刃宽小于器身宽和銎宽（图六）。龚长根认为该器特征亦斧亦锛，“其形制、规格和风格与盘龙城出土的铜斨极其一致”[23]。甚是。龚氏对比的盘龙城铜斨，为盘龙城杨家湾M11出土（标本号PYWM11：35）（图七），时代为盘龙城第七期，亦相当于二里岗上层二期偏晚[24]。

3）铜凿4件，《铜绿山古铜矿遗址》考古报告中将其分为A、B型，其中A型2件（标本号采：1、采：2）、B型2件（标本号采：3、采：4）[25]。其中，B型铜凿（采：4）的器身一面铸有5道铸纹，另一面却铸有1个“十”字形纹（图八），其造型、大小及重量与荆州市荆南寺遗址出土的商代二里岗时期的一件铜锛（T68④C：20）相似[26]（图九），亦与盘龙城杨家湾M11出土铜锛（标本号

图六 铜绿山采铜镢（采：19）

图七 盘龙城杨家湾M11出土铜斨（M11：35）

图八 铜绿山B型铜凿（采：4）

图九 荆南寺遗址铜锛

PYWM11：41）相似（图一〇）[27]。观察在铜绿山采集的4件铜凿，均为单面斜刃，刃部宽弧，我们认为均应定名铜锛为宜。

其实，铜绿山采集的铜凿（标本号采：01、采：4）的器表一面铸有1个“十”字形纹，这是盘龙城青铜工具中较为流行的纹饰标记。经统计，盘龙城四至七期青铜工

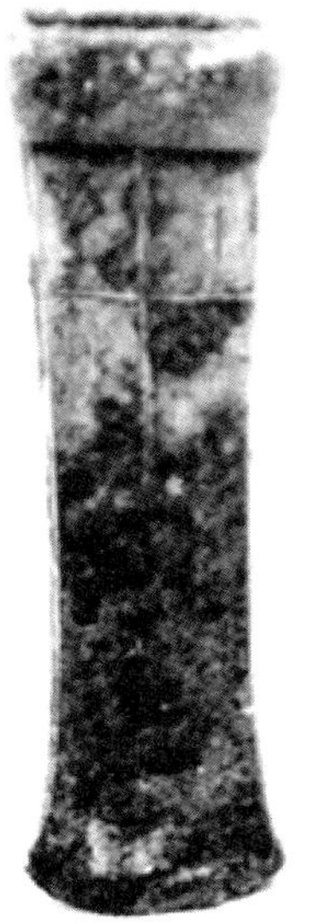

图一〇　盘龙城杨家湾铜锛（M11：41）

具中共发现10件铸有“十”字形纹饰，且以铜锛为多。具体而言，盘龙城四期有铜锛2件（原编号PLZM2：64、PYZM9：3）；盘龙城五期有铜锛3件（原编号PWZT82H7：3、PLZM4：1、PLWM3：5）；盘龙城六期有铜锛1件（原编号PWZM1：10），铜䦆1件（原编号P：011）；盘龙城七期有铜锛1件（原编号PYWM11：4）、铜斧1件（原编号PYWM11：36）、削刀1件（原编号PYWH6：31）[28]（见表1）。此外，晚于盘龙城的殷墟妇好墓中出土铸有“十”字纹的铜凿1件（原编号标本712）、大型铜锛2件（原编号706、719）、中型铜锛3件（原编号标本707、710、711）[29]，这种纹饰在殷墟三期则少见。

表一　盘龙城出土铸有“十”纹的青铜工具

分期及年代	王家嘴出土铜工具及器号	李家嘴出土铜工具及器号	杨家嘴出土铜工具及器号	杨家湾出土铜工具及器号	楼子湾出土铜工具及器号	盘龙城采集品
盘龙城四期/二里岗上层一期偏晚		锛（PLZM2：64）	锛（PYZM9：3）			
盘龙城五期/二里岗上层一期偏晚	锛（PWZT82H7：3）	锛（PLZM4：1）			锛（PLWM3：5）	
盘龙城六期/二里岗上层二期偏早	锛（PWZM1：10）					䦆（P：011）
盘龙城七期/二里岗上层二期晚段				锛（PYWM11：4）、斧（PYWM11：36）、削刀（PYWH6：31）、		

4）铜斧（ⅪX2：1），椭圆形深斜銎，长椭圆形銎，銎口有一道突箍，溜肩，圆弧刃，刃部宽于銎部。长9.4、刃最宽处6厘米。斧柄为一钩形树杈，木柄经^{14}C测定为3140±80年，树轮校正年代为BC1406~BC1139年[30]（图一一）。这种舌形銎口铜斧少见，铜斧的刃部与銎口因使用有残缺，其形制和大小仍酷似荆州市荆南寺M26出土

的一件铜钺（M26：3）[31]（图一二）。

M26为荆南寺遗址所发现的唯一一座铜器墓，且被H51叠压。其中H51出土的A型陶鬲被定为属于该遗址的第四期，相对年代为二里岗上层一期。显然，M26年代应早于H51。比较铜绿山铜斧（XIX2：1）形制特征和木柄^{14}C测年数据上限年代，应与荆南寺铜钺年代相近。

图一一　铜绿山采铜斧（XIX2：1）

图一二　荆南寺铜钺（M26：3）

铜绿山11号矿体古矿井中出土的另一件铜斧（XIJ46：1）的形制也很特别，椭圆形銎，銎下两侧形成三角状斜肩，圆弧刃，刃部宽于銎部，长6.4米，銎口长3.3、宽2.1厘米，重150克[32]（图一三）。这件铜斧上的木柄经^{14}C测定为距今2750±70年，这个测年数据未经树轮校正，不能代表铜斧年代，在《铜绿山古铜矿遗址》考古报告中将其年代定在西周早中期。卢本珊也认为该铜斧为西周的铜斤[33]。笔者认为这件铜斧与陕西汉中市城固县、洋县历年出土的11件Aa式銎口铜钺近同。其实，这件铜斧（XIJ46：1）的造型和大小均酷似1988年陕西汉中市城固县五郎乡出土的一件Aa式銎口铜钺（编号114-1）（图一四）。曹玮先生将Aa式銎口铜钺年代均定为殷墟二至四期，为巴人之器[34]。其论可从。

上述汉中市所出的一批商代铜器年代的上限为商代早期晚段，下限为商末，个别为商周之际。学界对其文化性质的研究观点纷纭，李伯谦先生认为是早期的蜀文化[35]；王寿芝、唐金裕、黄尚明等认为是殷商时期的巴方[36]，赵丛苍认为是早期的巴蜀文化[37]。李学勤认为出土的铜牙璋年代接近殷墟一期，族属当是商代西南夷的一支[38]。

图一三　铜绿山出土铜斧（XIJ46：1）

图一四　汉中市城固县五郎乡出土铜钺（114-1）

曹玮先生将汉中出土商代铜器群划分为三期，其中，将有銎口铜钺归入第三期铜器群，其年代为殷墟二至四期晚段。进而推测，在商代末期，生活于汉中的一支巴人迫于西周王朝的压力，从汉江上游流域向东发展，活动于汉水中游或江汉之间[39]。由此分析，笔者认为铜绿山XI J 46出土的这件銎口铜斧可能来源于商代晚期巴人，至少受到这支巴人文化的影响。

四、对地层及陶器分期年代的新认识

铜绿山古铜矿经历了历代多阶段的开采，这种立体式的全面开采必然造成对前代文化遗存的覆盖甚至破坏；又因为铜绿山古铜矿遗址发掘时期面临铜绿山矿山企业机械作业，多数采矿遗址的原始地层及大量的早期遗物被破坏掉。发掘者经地面调查，采集了一些陶片和石质工具。陶片经苏秉琦、王劲、陈贤一等先生鉴定，少数典型陶器残片如陶鬲等与盘龙城二里岗时期相同，具有中原商代文化的特征。因此，陈贤一先生在《盘龙城—— 一九六三年— 一九九四年考古发掘报告》的结语中说："大冶铜绿山发现大批的古代矿冶遗址，矿井的开采时代，早在商代，直至两汉，在遗址上发现有商代二里岗期陶鬲足，说明商族已活动到这块地方。"可惜在《铜绿山古铜矿遗址》考古报告编写时因故均未收录，且当初采集的陶片已不知所踪，这对于研究铜绿山早期采冶年代及文化内涵等失去了一批重要的实物资料！也使许多学者难以认同此遗址发现有二里岗时期陶鬲的结论。

《铜绿山古矿冶遗址》考古报告介绍了铜绿山11号矿体的探方发掘中的2处文化层。其一，为铜绿山11号矿体采矿发掘区，发掘大探方2个，发掘面积为511平方米。其中，T1地层共分6层，发掘者将④~⑥层均归为西周时期，公布陶质器物标本23件，器类有鼎、鬲、甗、尊、罐、瓮和硬陶尊等，其中第④层和第⑥层分别出土较为完整的陶鬲和陶双耳甗各一件，“所有的竖井井口均开口于该层（第⑤层）下”[40]。其二，在铜绿山11号矿体的古冶炼遗址上，即11号矿体东北坡，发掘探方68个，地层最厚的达3.1米，可分为7层，其中第⑥层定为西周晚期，公布陶质器物标本9件，器类有鬲、鼎、甗、豆、罐（壶）、瓮（罐）。所有器物皆为陶器残片（足），第⑤层相当于11号矿体采矿发掘探方的第②层，时代为春秋时期，在此不赘述。本文重点讨论铜绿山11号矿体采矿区遗存，当时发掘的探方T1较大，长23、宽17米。疏理探方地层中的第④、⑤、⑥层所出陶器特征，发现其时代存在早晚关系。其中，第⑥层公布陶器标本18件，除出土1件较完整的双耳甗外，其他出土物多为陶器残片，但仍可进行分析对比，重新判定其时代。现依据已发表的第④、⑤、⑥层典型陶器标本，略作如下考述。

1. 第⑥层陶质生活用具

1）陶双耳甗（XIT1⑥：11），上部呈深盆形，卷沿圆唇，溜肩，粗腰略束弧，腰内壁等距设有三个横凸的支撑；下部鉢腹较浅，三乳头状矮锥足，上腹饰6道弦断绳纹，其下满饰绳纹（图一五）。该器酷似阳新大路铺遗址商周遗存一期的Aa型陶护耳甗（Ⅰ03·E·T2409⑥：9）[41]（图一六）。阳新大路铺遗址商周遗存一期中与Aa型陶护耳甗同出有一件Ab型陶鬲（Ⅰ03·E·H82：2），发掘者认为，除Ab型陶鬲口沿与盘龙城杨家湾（盘龙城七期）出土的一件折沿平裆鬲（PYWH6：37）略有差异外，两器形制近同。盘龙城七期与二里岗上层二期晚段相当[42]，发掘者以这件陶鬲为标准将阳新大路铺遗址商周一期器物群的年代均定为二里岗上层二期晚段至殷墟四期。笔者以为其划分年代跨度太大，似可细分。比较而言，铜绿山11号矿体的陶双耳甗（XIT1⑥：11）年代应与杨家湾出土的折沿平裆鬲的年代相近。

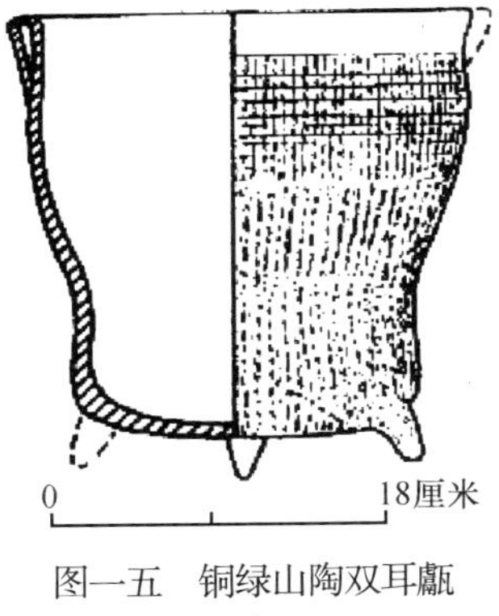

图一五 铜绿山陶双耳甗（XIT1⑥：11）

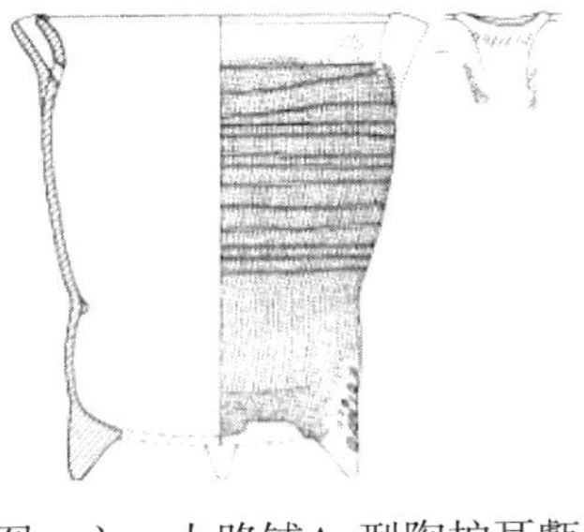

图一六 大路铺Aa型陶护耳甗（Ⅰ03·E·T2409⑥：9）

2）陶罐数件，皆存罐口部。其中，卷沿罐（标本：XIT1⑥：16）1件，仅存罐的上部。方唇，肩部饰二道凹弦纹（图一七）。该陶罐形制近同于盘龙城王家嘴（盘龙城六期）一件圆腹罐（PWZM1：16）的上部（图一八）[43]，盘龙城六期遗存的年代相当于二里岗上层二期偏早。

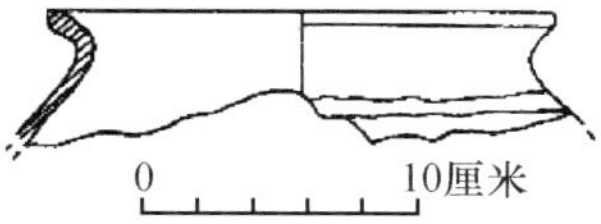

图一七　铜绿山卷沿罐
（标本ⅪT1⑥：16）

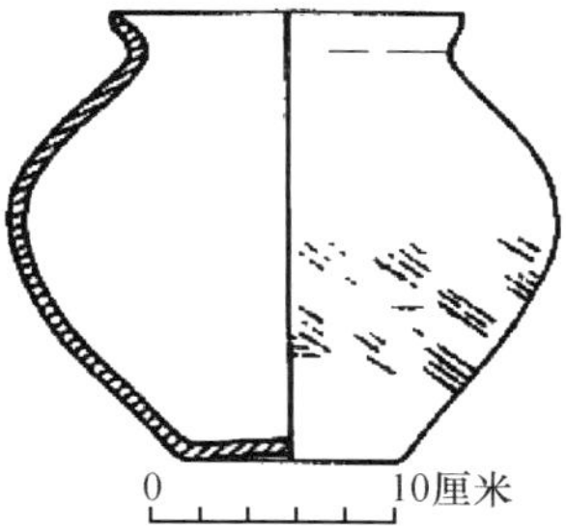

图一八　盘龙城王家嘴圆腹罐
（PWZM1：16）

陶罐口沿（ⅪT1⑥：17），泥质灰陶，上饰黑衣。折沿，小方唇，斜肩（图一九）。该罐口沿与吴城遗址Ⅲ式陶圆腹罐（1974秋QSW〈E〉T2④：3）（图二〇）和阳新大路铺遗址商周一期Fb残瓮（Ⅰ03·E·T2406⑥：12）近同[44]（图二一）。

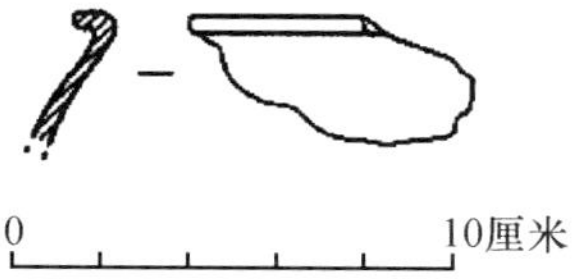

图一九　铜绿山折沿罐

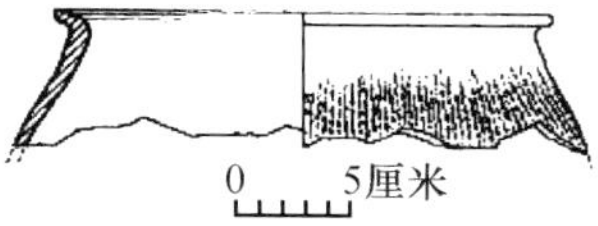

图二〇　吴城出陶圆腹罐

图二一　大路铺商周一期Fb残瓮

吴城Ⅲ式陶圆腹罐相对年代为殷墟二期早段（武丁晚期），发掘者根据夏商周断代工程年表，将其绝对年代定为公元前1255年至公元前1195年。大路铺遗址Fb残瓮归入大路铺遗址商周遗存一期，相对年代为二里岗上层二期晚段至殷墟四期早段。比较而言，铜绿山11号矿体罐口沿（ⅪT1⑥：17）可定为武丁晚期较合适。

印纹硬陶罐（ⅪT1⑥：18），仅存罐的肩和口部，灰色硬陶，仰折沿，尖唇，斜肩；肩部有二道双线条波浪纹，其下有二道凹弦纹（图二二）。该器形与江西吴城Ⅲ式陶圆腹硬陶罐（1974QSWT9（C）③：6）相似[45]（图二三）。吴城Ⅲ式陶圆腹硬陶罐年代定在吴城二期中段，相当于殷墟二期早段（约当武丁晚期），发掘者根据商周断代年表，定其绝对年代定为公元前1255年至公元前1195年。可从。

3）印纹硬陶大口尊（ⅪT1⑥：14），仅存尊的肩上部。灰色，仰折沿，尖唇，斜溜肩，肩部饰条纹（图二四）。该器形与吴城二期早段BaⅡ式釉陶高领窄折肩尊（标本号1974秋QSWT2④：5）相似[46]（图二五）。发掘者将吴城二期早段定为殷墟一期（约为盘庚、小辛、小乙、武丁时期），其绝对年代为公元前1370年至公元前1239年。

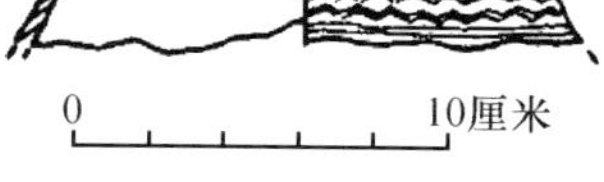

图二二　铜绿山印纹硬陶罐

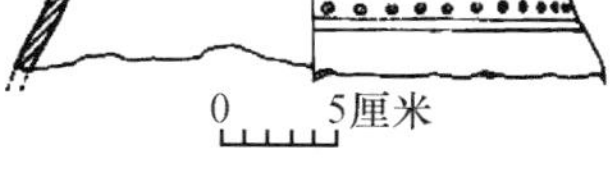

图二三　吴城Ⅲ式硬陶罐

图二四　铜绿山印纹硬陶大口尊
（XIT1⑥：14）

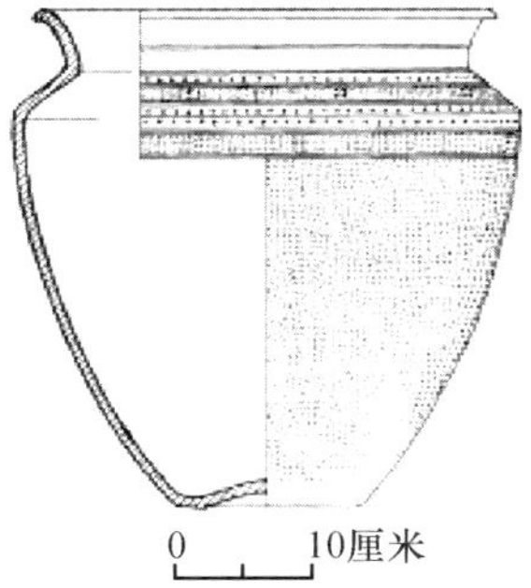

图二五　吴城釉陶大口尊
（XIT1⑥：14）

篮纹折沿罐（XIT1⑥：22），夹砂灰陶，平沿，方唇，敛口，溜肩，弧腹，腹部饰斜横篮纹。因该器仅存上部，且未报道尺寸，形如鼎口部（图二六），除口沿与大冶蟹子地遗址石家河文化晚期二期甲AⅢ式陶鼎（T3120⑤：14）略有差异外[47]（图二七），两器形制、纹饰近似。

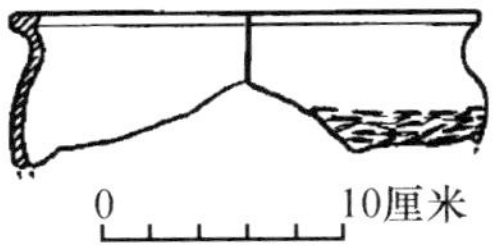

图二六　铜绿山篮纹折沿罐
（XIT1⑥：22）

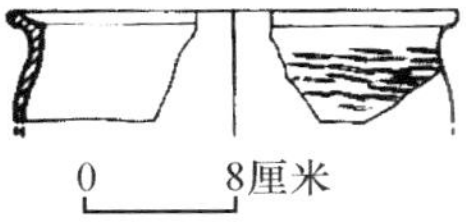

图二七　蟹子地篮纹AⅢ式陶鼎
（T3120⑤：14）

2. 第⑤层陶质生活用具

铜绿山11号矿体采矿区第⑤层发表的陶器标本仅3件，均为陶甗、罐口腹部残片。

1）陶甗（XIT1⑤：20），仅存器身上部。夹砂褐红陶，敞口圆唇，口沿上有半圆形耳，器颈与耳间有圆孔相通。腹上残存四道间断绳纹（图二八）。该器形近同大冶蟹子地遗址商周遗存早段AⅠ式甗（H3：8）（图二九）[48]。

2）陶溜肩罐（XIT1⑤：20），仅存器上部。夹砂褐陶，敞口，尖圆唇，长弧颈，溜肩，弧腹；腹饰间断绳纹（图三〇）。该器形与大冶蟹子地遗址商周遗存晚段（西周早期）的一件C型罐（T1830③：18）相近[49]（图三一）。

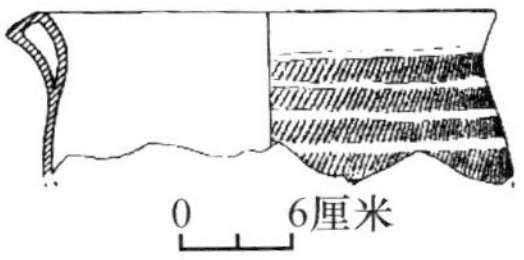

图二八　铜绿山陶甗（XIT1⑤：20）

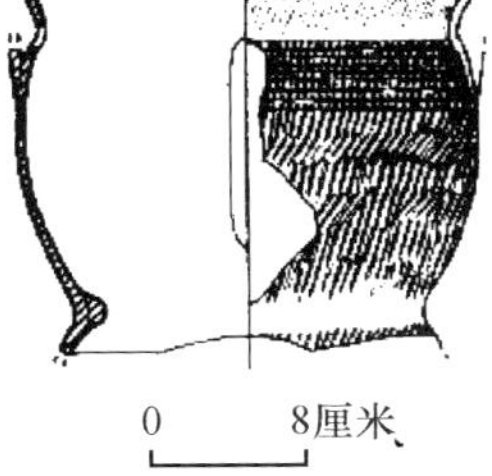

图二九　蟹子地AⅠ式甗（H3：8）

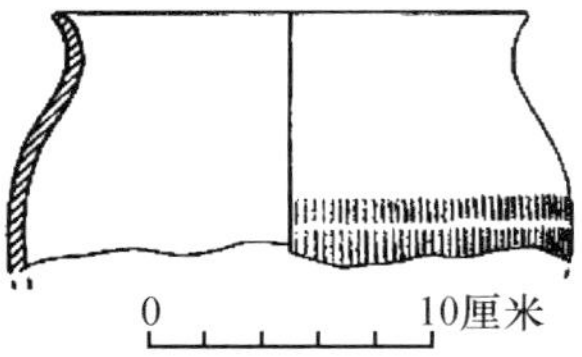

图三〇　铜绿山陶溜肩罐（ⅪT1⑤：20）

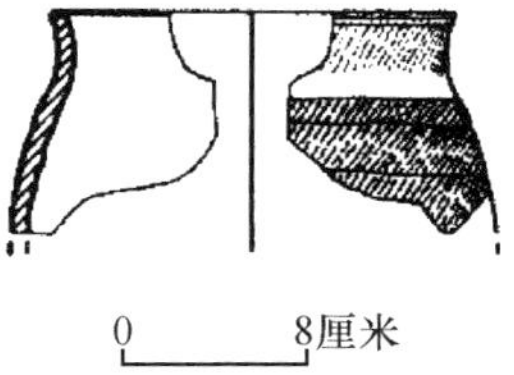

图三一　蟹子地C型罐（T1830③：18）

折沿罐（ⅪT1⑤：19），仅存器上部。夹砂灰陶，大口微敛，深弧壁略直，颈腹间饰一道凸弦纹，腹部满饰横竖相错的粗篮纹（图三二）。该器缺底部。其形制与大冶蟹子地遗址石家河文化二期的BⅡ式灰陶折沿罐（H35：8）相似[50]（图三三）。

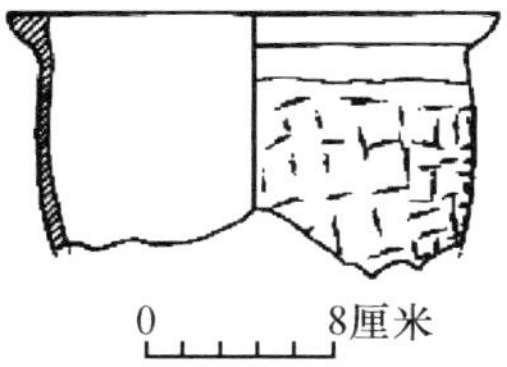

图三二　铜绿山折沿罐（ⅪT1⑤：19）

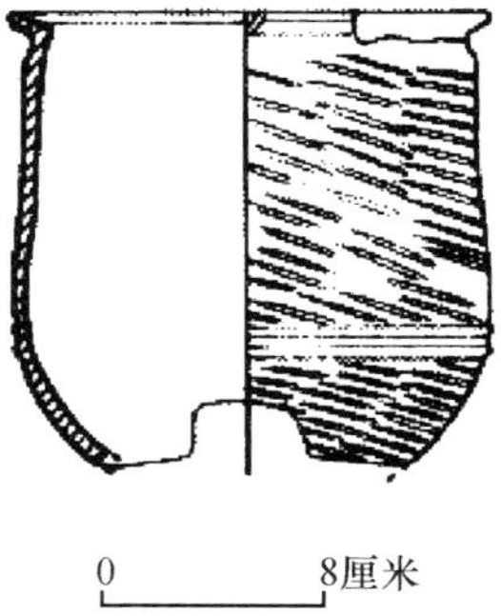

图三三　蟹子地BⅡ式折沿罐（H35：8）

3. 第④层陶质生活用具

铜绿山11号矿体采矿区第④层发表的陶器标本仅有2件，其中陶鬲及瓮肩颈残片各1件。陶鬲（ⅪT1④：9）较完整，为夹砂褐红陶，沿微卷，圆唇，颈略弧束，溜肩、下腹微鼓，圜底近平，足根略残，器表饰间断绳纹。口径14.5、残高12厘米（图三四）。这件陶鬲较小，近同于武昌放鹰台西周早期A型V式陶鼎（T11②：5）和阳新县大路铺Ha型陶鬲（Ⅱ90·E·T217⑤：1）[51]（图三五）。发掘者认为武昌放鹰台A型V式陶鼎（T11②：5）与“盘龙城杨家湾H6出土的一种鬲风格有相似之处”，暗示着其年代为二里岗上层二期偏晚，但又归入西周早期。阳新县大路铺商周遗址分为四期（段），其中Ha型陶鬲被划为商周遗存二期，相对年代推定为殷墟晚期至西周早期。综合比较，铜绿山11号矿体陶鬲（ⅪT1④：9）的时代可推定商周之际。

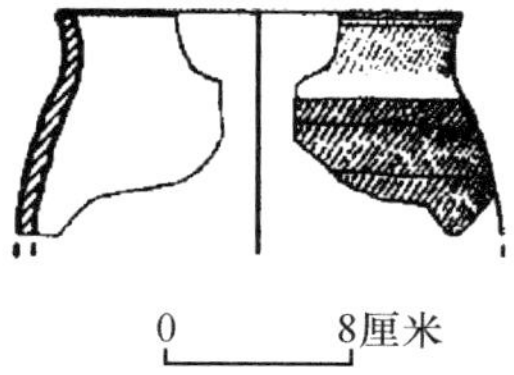

图三四　铜绿山陶鬲
（ⅪT1④：9）

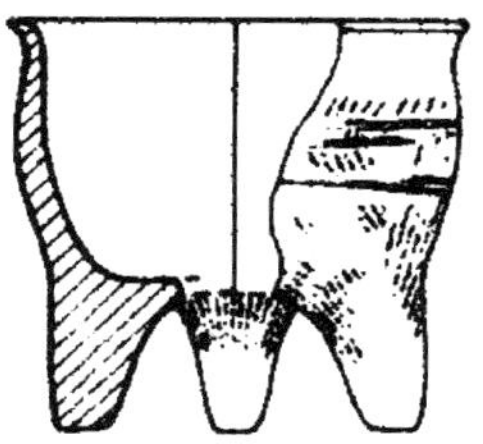

图三五　大路铺Ha型陶鬲
（Ⅱ90·E·T217⑤：1）

综合以上器物群对比分析，铜绿山11号矿体采矿区T1第④、⑤、⑥层出土陶器的时代早晚有别，见表二。

表二 11号矿体采矿区T1第④、⑤、⑥层出土陶器时代表

推定时代	器名及编号	原地层
石家河文化晚期或后石家河文化	折沿罐（XIT1⑥：26）	⑥
	折沿罐（XIT1⑤：19）	⑤
二里岗上层二期偏早	卷沿罐（标本XIT1⑥：16）	⑥
二里岗上层二期晚段	陶双耳甗（XIT1⑥：11）、	⑥
殷墟一期	印纹硬陶大口尊（XIT1⑥：14）	⑥
殷墟二期早段	罐口沿（XI T 1⑥：17）、印纹硬陶罐（XIT1⑥：18）	⑥
	陶甗（XIT1⑤：20）	⑤
商周之际	陶双耳甗（XIT1⑤：20）	⑤
	陶鬲（XI T 1④：9）	④
西周早期	陶溜肩罐（XIT1⑤：20）	⑤

从前文及表中可看出，陶器中，上限可到石家河文化晚期或后石家河文化（亦称“三房湾文化”[52]），下限至西周早期。其中，第⑥层的陶器多为二里岗二期至殷墟二期。第⑤层遗物年代跨度较大，既有石家河文化晚期的篮纹罐，又有商周之际的陶器残片，可归入第④层。第⑤层下叠压一批商周时期的井巷，出现这种现象，可理解为商周时期的竖井开口打破了早期的露采坑底。第⑥层堆积为商代殷墟二期以前，时间跨度较长，叠压于露采坑底。究其原因，露采坑年代早，采坑的形成并非一时之功，似经历了较长时间，后因故停止开采时，在短时期内自然的或人为的力量将早期堆积推入露采坑底而形成第⑥层堆积。因此，早期露采活动中遗留的遗物就混入其中。第⑤层的堆积形成的原因可能亦然。第⑤层（即露采坑底）下发现商周时期的58个竖井，并打破第⑥层，说明第⑥层在不同时期多次被采矿的时人翻动过。江西铜岭遗址亦报道了这种情况[53]，可获佐证。

此外，铜绿山古铜矿遗址发掘期间，考古人员在铜绿山1、2号等矿体的古代露天采矿地采集和征集了数十件石锤，现皆收藏黄石市博物馆，但资料一直未予公布。近来，幸从龚长根研究新论中窥见端倪[54]。这种石锤体长，大小不同，多呈不规则椭圆形或长圆形，一般中间有一圈浅凹槽；锤长20、直径12厘米左右（图三六）。观察这种石锤形制，既有别于大冶蟹子地遗址出土的1件西周石锤和阳新大路铺遗址出土的商周圆球状小石锤[55]，也与铜绿山11号矿体春秋冶炼场出土的4件碎矿的球状小石锤迥异[56]，而酷似山西晋南的毛巾沟采矿遗址（图三七）、陕西洛南县辣子岩绿松石采矿遗址调查发现的石锤[57]（图三八）。毛巾沟采矿遗址为二里头文化至二里岗文化遗存；辣子岩遗址及其附近发现仰韶文化、龙山文化和二里头文化的陶片。显然，这种石锤只发现于采矿场，是专为采矿制作的石工具，时代特征明显，显示了中国南北方

图三六　铜绿山采集石锤

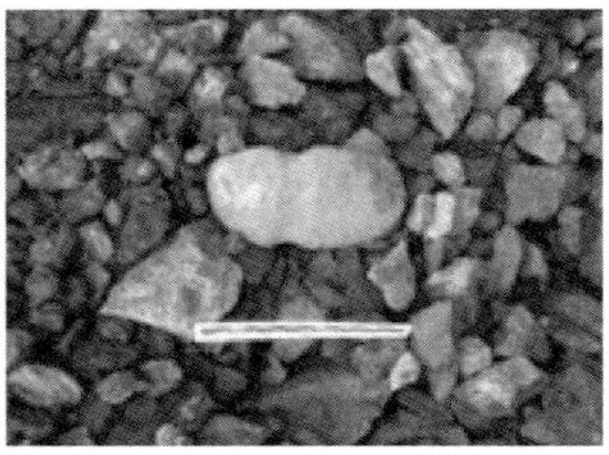

图三七　毛巾沟采矿遗址采集石锤

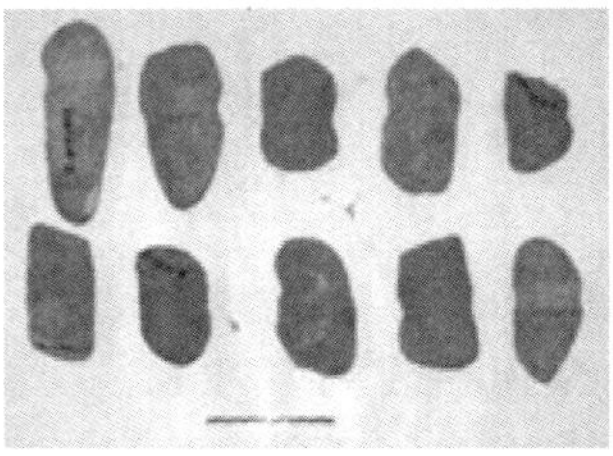

图三八　辣子岩遗址采集石锤

早期采矿工具的趋同性。比较而言，铜绿山古代露天采矿场所采集的这批石锤中，有的年代可能相当于二里头文化时期。

五、科技手段分析及测年数据

（1）青铜器铅同位素示踪

铜绿山早期古铜料输入何方问题，一直是学界关注的焦点。于是，对出土青铜器的铅同位素示踪研究应运而生。彭子成等学者选择盘龙城出土的9件商代青铜器，采用铅同位素的示踪技术进行研究，发现有“三个样品（实验号为94176、94182、94188）的207Pb/206Pb比值为0.840~0.882，落入统计分类的中比值范围（0.8~0.9）……”，提出有2件青铜样品与江西铜岭现代孔雀石样品相近。另有2个样品“落入大冶、铜绿山古矿样品（孔雀石、铜锭、粗铜、炼渣）的分布区内。这说明制造盘龙城青铜器的部分原料可来自于当地，是在当地铸造的”[58]。考查这两件落入大冶铜绿山古矿样品的铜器的地层年代，一件为盘龙城六期，另一件为盘龙城七期，分别为二里岗上层二期早、晚段。详见表三。

表三　盘龙城出土铜器标本铅同位素示踪年对一览表

实验号	样品名称及出土号	盘龙城文化分期	中原商文化分期
94176	铜罍89HPCM1：7	盘龙城七期	二里岗上层二期晚段
94182	铜镞PYWT24④	盘龙城六期	二里岗上层二期偏早

若以上述9个样品分期的百分比计算，二里岗上层二期时，盘龙城出土的青铜器中的铜料有22.2%来源于大冶铜绿山。

此外，金正耀先生对殷墟妇好墓葬的部分青铜器物、殷墟西区的数件青铜器及湖北铜绿山古矿渣、矿石、古铜锭等进行过铅同位素比值测定[59]。近年，易德生对金正耀先生文章中的图表样品进行了研究，认为至少有6件青铜器的铅同位素比值和铜绿山古矿遗物样品的铅同位素比值接近，推论其铜矿料可能来自铜绿山地区[60]。易氏还以盘龙城遗址出土物作为切入点，对历年来夏商青铜器的铅同位素进行疏理，重新加以矢量处理，推断“大冶铜绿山等鄂东南地区的铜矿被开采的时间应该较早，可能在二里头文化晚期至早商时期已经被开采”。其说可采信。

（2）^{14}C测年数据与王朝年代的对应关系问题

为了认识铜绿山古铜矿遗存的年代，铜绿山发掘者分别将出土遗物送中国社会科学院等单位进行^{14}C测年，已获数据20个，并作树轮校正，数据均公布。其中，有6个样品数据的上限年代和下限年代均落在商代，仅1个数据下限年代落在西周，现登录如表四。

表四 铜绿山古矿冶遗址出土遗物^{14}C年代测定一览表（5730年半衰期）

样品名称	出土地点	样品编号	^{14}C年代（B.P）	树轮校正年代按高精度表年代（B.P）
铜斧XIX2：1木柄	11号矿体采矿遗址X2		3140 ± 80	1406~1139
J 4支护木	7号矿体2号点采矿遗址	ZK-758	3260 ± 100	1530~1325
J 3支护木	7号矿体2号点采矿遗址	WB80-44	3150 ± 80	1424~1225
★X3支护木	7号矿体2号点采矿遗址	BK94058	3185 ± 70	1422~1263
J 23支护木	7号矿体2号点采矿遗址	WB80-40	3140 ± 80	1420~1220
★坑木			3265 ± 100	1521~1317
炉6木炭	11号矿体采矿遗址	ZK-559	3205 ± 400	1880~840

（本表除★号外，均摘自《中国考古学中^{14}C年代数据集（1965—1991）》，文物出版社，1991年）

从表三的年代数据得知，铜绿山古铜矿遗址出土遗物的^{14}C测年数据经树轮校正的最早年代为公元前1530年，似至商代早期，最晚的为公元前1139年，为商代晚期。诚然，这批数据多与上述出土器物推断的年代相对应。由此可证^{14}C测年并经树轮校正后获得的铜绿山古铜矿出土遗物年代的数据大多是可信的。此前，一些专家学者对铜绿山古铜矿遗物的测年数据偏早而提出质疑的观点，至此可以冰融。

其实，依据出土物建立类型学，结合文献资料并运用^{14}C测年与树轮校正数据，推定遗存的相对年代、对应王朝年代甚至王世，是20世纪兴起的研究方法，夏商周断代工程成果堪称典范。对出土青铜器铅同位素示踪研究，从而分析铜料的来源和时代，亦是20世纪90年代中期新生的科技考古方法之一，这种科技考古方法日益受到学界的重视。我们通过对井巷支护演变、生活用具和生产工具的研究，结合盘龙城等地出土商代青铜器采用铅同位素示踪研究，参考^{14}C测年数据和树轮校正测年数据，从而获得对铜绿山始采年代等相关问题的新认识。

其一，铜绿山11号矿体采矿遗址的地层中发现2件篮纹陶器，绝非偶然，这是本地区石家河文化或后石家河文化陶器中常见的装饰纹饰，以此为标界，往后的文化遗物中基本不见生活陶器装饰篮纹。石家河文化与后石家河文化是早晚相互衔接、发展的两种文化，构成本地史前末期矿冶文化发生和变化的脉络。前几年，王劲先生将后石家河文化重新命名为“三房湾文化”[61]。学界认为，石家河文化年代为距今4600~4100年；三房湾文化的测年数据有2个，一是鄂西北房县七里河遗址的第三期文化遗存，^{14}C测定其年代为距今4100年左右；二是宜都县石板巷子类型，^{14}C测定年代为距今4140~3880年[62]，综合年代数据，上限相当于中原夏文化早期，下限至夏代中晚期。据此，笔者认为，在距今4000年前后的三房湾文化，这里先民就在铜绿山11号矿体上从事开采铜矿石的活动。这种相当于夏早期的始采活动并非孤例，在铜绿山古矿冶周边的遗址考古工作中，亦发现了同时期矿冶遗物，有力地支持了这一认识。如在铜绿山之北约5千米的大冶蟹子地遗址的石家河文化二期（亦称后石家河文化）遗存中发现有孔雀石和碎矿工具石锤[63]。铜绿山之东南约15千米的阳新大路铺遗址的石家河文化晚期遗存和后石家河文化遗存中分别发现炼铜坩埚、铜铁矿料、炼渣、红烧土堆积和青铜片等冶炼遗存[64]。此前，笔者曾推测，上述两个遗址的铜矿料（孔雀石）的来源，极有可能采自铜绿山[65]。最近，笔者通过细研《铜绿山古矿冶遗址》考古报告，发现11号矿体采矿坑底第⑤、⑥层出土2件篮纹陶罐（鼎）残件，应为三房湾文化的遗物；同时，上述龚长根先生发表的铜绿山1、2号矿体古露天采矿坑出土的一批采矿石锤，年代相当于二里头时期。这些实物，恰好有力地印证了笔者原来的推测，也为将铜绿山始采铜矿的年代推定为夏早期，提供了更为直观的新资料。

其二，通过对铜绿山商代采矿工具及生活遗物的研究，可知其年代明晰，时代跨度为商代二里岗上层一期偏早至殷墟四期。结合采矿遗迹分析，说明铜绿山古铜矿在商代就有一定的开采规模。这一结论与^{14}C测年、铅同位素示踪分析的年代相吻合。由此我们可以进一步推测，古人先露采，再进行井下开采，已有的出土物证明，铜绿山古铜矿井巷开采技术大概始于商代中期或中期晚段，历经西周、春秋战国并延至汉代；隋唐亦袭之。

必须说明的是，上述延续数千年的采矿历程，其间可能因战争、矿政、自然灾害等危害，出现一定时段的间歇。由此蠡测，铜绿山矿冶生产可能经历过兴起、高峰、衰落、复苏这一周而复始的循环过程，这也是今后考古发掘和研究应注意的问题。

同时，从采矿工具和生活用具的特征分析，铜绿山与周边的文化交流十分频繁，就商代而言，这里的铜料输出，也带来不同地域的文化产品的输入，如铜锛上铸有“十”字形纹饰，证明这里受到北方商文化的影响，或可理解为这种铜锛直接由盘龙城输入。上述2件形制各异和年代不同的钺形斧，实为巴人的作战武器，也许来自鄂西江汉间巴人输入。遗址出土印纹硬陶尊等生活用具，无疑受到江西印纹陶文化传播的影响。

其三，大冶铜绿山与瑞昌铜岭同为我国长江中下游铜铁成矿带的重要组成部分，两地相距约百千米，两地矿体相同，在古代同属于一个文化圈，采矿技术基本相同。1988年江西瑞昌铜岭古矿井遗址J11出土1件完整陶斝（J11：1）和1件残鬲（J11：2）[66]，为判定竖井采矿年代提供了实物资料。这件陶斝与盘龙城杨家嘴出土的敛口连裆斝（PYZ1：5）近同[67]，年代为盘龙城四、五期，相当于二里岗上层一期偏晚阶段，证明铜岭矿冶遗址竖井采矿时代为商代中期。反观铜绿山古铜矿遗址，也发现一件与瑞昌铜岭陶斝年代相同的铜钺形斧（ⅪX2：1），说明铜绿山采矿使用铜工具的年代，不逊于瑞昌铜岭。因此，如果说过去学界认为瑞昌铜岭始采年代比铜绿山早的话，那么至此这种观点应该被重新定论。至于有的先生将铜绿山遗址肇始年代选定为西周或春秋，这与发现的资料相悖，在此无须商讨。

总之，通过全面系统地疏理铜绿山采矿遗存及学术观点，一些相关问题得到厘清，尤其铜绿山古代露采场所出土有三房湾文化时期的遗物，是目前江西瑞昌铜岭古矿冶遗址所不见的资料。两地古铜矿遗址分别出土了二里岗上层一期的生活用具和采矿工具，可印证井巷开采年代大致相同。故此，我们不得不得出新的结论：大冶铜绿山古铜矿肇采年代不会晚于夏代早期，距今4000年前后，极有可能是江南鄂东南古铜矿开采的源头之一。

（已载《湖北理工学院学报（人文社会科学版）》2014年第2期）

注　释

[1] 黄石市博物馆：《铜绿山古矿冶遗址》，文物出版社，1999年。

[2] 湖北省文物考古研究所：《盘龙城——一九六三年—一九九四年考古发掘报告》，文物出版社，2001年，第503页。

[3] 黄石市博物馆：《铜绿山古矿冶遗址》，文物出版社，1999年。

[4] 裘士京：《江南铜研究——中国古代青铜铜源的探索》，黄山书社，2004年；殷玮璋、周百灵：《铜绿山古铜矿采矿技术的思考》，《江汉考古》2012年第4期。

[5] 杨宝成，黄锡全：《湖北考古发现与研究》（武汉大学学术丛书），武汉大学出版社，1995年。

[6] 龚长根：《铜绿山古铜矿始采时间研究》，《湖北理工学院学报（人文社会科学版）》，2013第30卷第4期。

[7] 易德生：《关于大冶地区铜矿开采的年代推测》，《矿冶文化视野录》，湖北人民出版社，2011年。

[8] 陈树祥：《黄石地区古铜矿采冶肇始及相关问题探析》，《湖北理工学院学报（人文社会科学版）》2012第29卷第5期。

[9] 黄石市博物馆：《铜绿山古矿冶遗址》，文物出版社，1999年。

[10][11] 杨永光，李庆元，赵守忠：《铜绿山古铜矿开采方法研究》，《有色金属》1980年第4期、1981年第1期。

[12] 张潮，黄功扬：《铜绿山古代矿井支护浅析》，《江汉考古》1986年第3期。

[13] 卢本珊：《商代江南铜矿开采技术》，《文物保护与考古科学》2005年第4期。

[14] 殷玮璋，周百灵：《铜绿山古铜矿采矿技术的思考》，《江汉考古》2012年第4期。

[15] 龚长根：《铜绿山古铜矿始采时间研究》，《湖北理工学院学报（人文社会科学版）》2013第30卷第4期。

[16] 黄石市博物馆：《铜绿山古矿冶遗址》，文物出版社，1999年，第102页。

［17］ 于少先 等：《陈家墩遗址出土一批商代木器》，《中国科技史料》1994年第2期。

［18］ 韩汝玢，柯俊：《中国科学技术史·矿冶卷》，科学出版社，2007年，第22页。

［19］ 黄石市博物馆：《铜绿山古矿冶遗址》，文物出版社，1999年，第164页。

［20］ 卢本珊：《铜绿山古代采矿工具初步研究》，《农业考古》1991年第3期。

［21］ 龚长根：《铜绿山古铜矿始采时间研究》，《湖北理工学院学报（人文社会科学版）》2013第30卷第4期。

［22］ 湖北省文物考古研究所：《盘龙城—— 一九六三年— 一九九四年考古发掘报告》，文物出版社，2001年，第291页。

［23］ 龚长根：《铜绿山古铜矿始采时间研究》，《湖北理工学院学报（人文社会科学版）》2013第30卷第4期。

［24］ 湖北省文物考古研究所：《盘龙城—— 一九六三年— 一九九四年考古发掘报告》（第291页），文物出版社，2001年，第291页。

［25］ 黄石市博物馆：《铜绿山古矿冶遗址》，文物出版社，1999年，第164页。

［26］ 荆州博物馆：《荆州荆南寺》，文物出版社，2009年，第59页。

［27］［28］ 湖北省文物考古研究所：《盘龙城—— 一九六三年— 一九九四年考古发掘报告》，文物出版社，2001年。

［29］ 中国社会科学院考古研究所：《殷墟妇好墓》，文物出版社，1980年。

［30］ 黄石市博物馆：《铜绿山古矿冶遗址》，文物出版社，1999年，第45页。

［31］ 荆州博物馆：《荆州荆南寺》，文物出版社，2009年，第59页。

［32］ 黄石市博物馆：《铜绿山古矿冶遗址》，文物出版社，1999年，第45页。

［33］ 卢本珊：《铜绿山古代采矿工具初步研究》，《农业考古》1991年第3期。

［34］ 曹玮：《汉中出土商代青铜器》，巴蜀书社，2006年。

［35］ 李伯谦：《城固铜器群与早期蜀文化》，《考古与文物》1983年第2期。

［36］ 王寿芝：《陕西城固出土的商代青铜器》，《文博》1988年第6期；唐金裕：《汉水上游巴文化的探讨》，《文博》1984年第1期；唐金裕：《汉水上游巴文化与殷周关系的探讨》，《文博》1988年第1期；黄尚明：《城固洋县商代青铜器群族属再探》，《考古与文物》2002年第5期。

［37］ 赵丛苍：《城固洋县铜器群综合研究》，《文博》1996年第4期。

［38］ 李学勤：《论洋县范坝铜牙璋等问题》，《文博》1997年第2期。

［39］ 曹玮：《汉中出土商代青铜器》，巴蜀书社，2006年。

［40］ 黄石市博物馆：《铜绿山古矿冶遗址》，文物出版社，1999年。

［41］ 湖北省文物考古研究所，黄石市博物馆，阳新县博物馆：《阳新大路铺》，文物出版社，2013年。

［42］［43］ 湖北省文物考古研究所：《盘龙城——一九六三年——一九九四年考古发掘报告》，文物出版社，2001年，第136、268页。

［44］ 江西省文物考古研究所，樟树市博物馆：《吴城——1973~2002年考古发掘报告》，科学出版社，2005年，第236页；湖北省文物考古研究所，黄石市博物馆，阳新县博物馆：《阳新

大路铺》，文物出版社，2013年。

［45］［46］ 江西省文物考古研究所，樟树市博物馆：《吴城—1973~2002年考古发掘报告》，科学出版社，2005年，第236、267页。

［47］［48］［49］［50］ 湖北省文物考古研究所，黄石市博物馆：《湖北大冶蟹子地遗址2009年发掘报告》，《江汉考古》2010年第4期。

［51］ 湖北省文物考古研究所：《武昌放鹰台》，文物出版社，2003年，第102页；湖北省文物考古研究所，黄石市博物馆，阳新县博物馆：《阳新大路铺》，文物出版社，待出版。

［52］ 王劲：《后石家河文化定名的思考》，《江汉考古》2007第1期。

［53］ 江西省文物考古研究所铜岭考古队：《江西瑞昌铜岭商周矿冶遗址第一期发掘简报》，《江西文物》1990年第3期。

［54］ 龚长根：《铜绿山古铜矿始采时间研究》，《湖北理工学院学报（人文社会科学版）》，2013第30卷第4期。

［55］ 陈树祥：《黄石地区古铜矿采冶肇始及相关问题探析》，《湖北理工学院学报（人文社会科学版）》2012第29卷第5期。

［56］ 黄石市博物馆：《铜绿山古矿冶遗址》，文物出版社，1999年。

［57］ 李延祥：《近年新见中原及北方地区早期矿冶遗址考察与研究》，《矿冶文化研究文集（2）》，中国文史出版社，2013年。

［58］ 彭子成 等：《盘龙城商代青铜器铅同位素示踪研究》，《盘龙城——一九六三年—一九九四年考古发掘报告》，文物出版社，2001年，第552页。

［59］ 金正耀：《晚商中原青铜的矿料来源研究》，《科学史论集》，中国科技大学出版社，1987年。

［60］ 易德生：《关于大冶地区铜矿开采的年代推测》，《矿冶文化视野录》，湖北人民出版社，2011年。

［61］ 王劲：《后石家河文化定名的思考》，《江汉考古》2007第1期。

［62］ 中国社会科学院考古研究所：《中国考古学中碳十四年代数据集（1965—1991）》，文物出版社，1992年。

［63］ 湖北省文物考古研究所，黄石市博物馆：《湖北大冶蟹子地遗址2009年发掘报告》，《江汉考古》2010年第4期。

［64］ 湖北省文物考古研究所，黄石市博物馆，阳新县博物馆：《阳新大路铺》，文物出版社，2013年。

［65］ 陈树祥：《黄石地区古铜矿采冶肇始及相关问题探析》，《湖北理工学院学报（人文社会科学版）》2012第29卷第5期。

［66］ 江西省文物考古研究所铜岭考古队：《江西瑞昌铜岭商周矿冶遗址第一期发掘简报》，《江西文物》1990年第3期。

［67］ 湖北省文物考古研究所：《盘龙城——一九六三年——九九四年考古发掘报告》，文物出版社，2001年，第136、268页。

大冶铜绿山古铜矿遗址发掘的启示

冯少龙

毛泽东在《贺新郎·读史》词中说："人猿相揖别，只几个石头磨过，小儿时节。铜铁炉中翻火焰，为问何时猜得？不过几千寒热。……""石头"，是人类在"幼童"时代就已经认识和使用的自然物质之一，这可从石器时代考古研究中得到启示：人类通过"石头"的打磨，使之与动物"揖别"，走进"石器时代"，使我们初次见证了"石头"在人类社会发展进程中的划时代意义。铜绿山古矿冶遗址的发现与发掘给我们同样的启示：古代人们费尽波折，千辛万苦，运用多种技能，采取各种措施，也是为了采冶一种"石头"，一种含金属铜的"石头"。人类自从掌握了这种"石头"的采冶和铸造，也就逐渐步入一个崭新的时代——"铜器时代"，使我们再次见证了"石头"的划时代意义。"铁器时代"莫不如此，依旧使然，体现了"石头"的划时代意义。"石头"具有如此多的划时代意义，使我们不得不说，人类认识自然、利用自然、改造自然，是从石头开始的。石头伴随着人类渐渐远离"动物世界"，逐步跨入古代文明社会，向近现代文明社会迈进。

今年恰逢铜绿山古铜矿遗址发现发掘40周年纪念。借此机会，就铜绿山古铜矿遗址的发现与发掘带给我们的启示，谈谈粗浅认识，就教于方家。

一、铜绿山古铜矿遗址发掘的意义和作用

20世纪70年代，大冶铜绿山古矿冶遗址的发现与发掘，开创了我国矿冶考古研究的先河，促进了我国矿冶考古工作的全面展开。当丰富多彩、规模宏大的古代铜矿采冶场景展现给世人时，引起极大的轰动，大冶曾一度以我国古代的"铜都"而闻名于世。铜绿山古矿冶遗址也因此引起我国政府的高度重视，铜绿山7号矿体采矿遗址，于1982年被列为全国重点文物保护单位。铜绿山古矿冶遗址的发掘，震惊了考古学界和冶金史学界。发掘资料陆续报道后，引起国内外学术界高度关注。对铜绿山古矿冶遗址资料的综合研究，促进了社会科学和自然科学的发展。

湖北黄石大冶、阳新地区，位于鄂东长江南岸，是长江中下游有色金属成矿带的核心地区，铜绿山便是该地区以铜矿为主的一个矿区。自古以来，这里就是人们开采铜矿和冶炼铜料的中心地区。这一带分布着许多不同时代的采矿、冶炼遗址，是我国

古代矿冶生产的主要基地之一。因此，这里也就成为我国矿冶考古研究的“特区”和冶金史研究的重要基地之一。

大冶铜绿山古矿冶遗址发现较早，据《铜绿山古矿冶遗址》专题报告报道，至迟在20世纪60年代中期即已发现。1974年至1985年，连续对铜绿山古矿冶遗址进行了长达十余年的考古发掘，发掘总面积为近5000平方米。先后发掘清理6处采矿遗址、2处冶炼遗址。出土古代采矿竖（盲）井231个，平（斜）巷100条，炼炉12座，以及千余件生产、生活用具及大量的炼铜炉渣。此外，在铜绿山还发现7处古代露天采矿场。发掘期间还对黄石、大冶及阳新地区进行了专题考古调查，共发现古文化遗址109处。其中，55处为矿冶遗址。此外还发现3座东周时期的古城址和许多古代采矿矿井（“老窿”）。铜绿山古矿冶遗址发掘，首次采用多学科相结合的方法进行发掘与研究，研究成果可初步归纳为如下几点。

1）铜绿山古代采矿分露天开采和井巷开采，开采时代早，延续时间长。开始于商代，经西周、春秋、战国、汉代至唐宋时代，直至当代仍是重要的采矿区。

2）铜绿山井巷开采技术较为先进，支护结构符合力学原理。从商、西周经春秋、战国至汉代，在巷井开凿、支护框架方式与结构方面都在逐步改进，技术不断革新。这在建筑力学方面是一大进步，对后世有较大影响，意义深远。尤其是从井巷开凿、支护到矿石运输、提升，直到通风、照明、排水等系列采矿技术资料的发现，对研究我国采矿工业史而言，是一笔难得的宝贵财富。

3）铜绿山是一处集采、冶为一体的古代矿冶生产区。就地采矿，就近检选矿石冶炼。合理的炉体结构和低含铜量炉渣，体现了当时矿冶业技术的成就。这些为研究中国乃至世界冶金史提供了极为重要的实物资料。

4）铜绿山矿区由多处矿体构成，开采时代较早，采冶规模较大，采矿冶炼点多面广。因此，在铜绿山矿区及周邻地区，不排除还有时代更早、规模更大的古代采矿冶炼遗址存在。

夏鼐先生在谈到铜绿山古矿冶遗址的意义时指出：“铜绿山古铜矿的发现和发掘，对了解我国古代的社会生产，尤其是青铜业的生产具有重要意义。它证实了我国商周时代青铜器铸造业与采矿、冶炼业是分地进行的，并在采矿、冶炼和铸造业之间，甚至它们的内部都已有了分工。”夏鼐先生认为，对古铜矿的考古调查、发掘和研究，不仅是中国古代青铜器研究的一个新领域，而且也是中国考古学新开辟的一个领域[1]。不仅如此，铜绿山古矿冶遗址的发掘与研究，促进了我国矿冶考古学科的发展与繁荣。对它的研究，填补了我国古代科技发展史的一段空白，在国际采矿、冶金、考古、科技史学界产生极为重大而深刻的影响。并且，还引起对我国铜器起源问题更加广泛和深入的探讨。

二、中国铜器起源问题

铜器的出现和使用，在人类文明进程中有十分重要的作用。铜器，是构成探讨人类文明起源的基本要素之一。文明的要素主要有城（城市）、礼仪性建筑（宫殿、宗庙）、文字和冶金术等。冶金术实际上就是指铜的冶炼和青铜器铸造。城市、宫殿及宗庙的出现和使用，是政治的需要；文字的出现和使用，是文化的需要；铜器的出现和使用，是经济的需要。这些要素的出现和使用，是判断人类文明发展程度的重要标志。在这些要素中，唯有铜器的出现和使用具有提高社会劳动生产力和促进社会变革的作用。这是因为“制铜所需掌握的火温及造范的技术，虽能从制陶及冶石工艺中得到启发，甚至吸取一些技术，但比起制陶及冶石，制铜却是人们开发自然所创造的一种从检选矿石、冶炼到锻铸的新工艺，既需掌握技术的专业人员，又要有有组织的劳动协作，绝非任何熟练陶工或石匠所能把握的技术，故这一工艺的出现，是继快轮制陶之后更具时代意义的工业革命”[2]。由此可见，铜器的生产是科技进步的表现。铜器在人类文明进程中有着重要的作用，是促进社会变革的催化剂。因此，探讨铜器起源问题，实质上是探讨人类社会在文明发展进程中，所必须具备的物质条件和经济基础问题。

铜是人类最早认识和使用的金属之一。人类认识铜、使用铜是从自然铜开始的。根据目前已有的资料，世界上最早的自然铜锻打制品是在土耳其发现的。在土耳其埃尔加尼附近的恰约尼遗址中，发现了前陶新石器文化早期的铜器，器类有钻孔珠、方形扩孔锥和别针等。这些铜器是用铜矿石直接打制的，年代在公元前7500年左右。铜器在西亚（在两河流域，在美索不达米亚地区，在埃及和巴尔干半岛），最先闪烁自己的光辉。分布在土耳其、叙利亚和伊拉克交汇区域的哈拉夫文化和主要分布在伊拉克境内的欧贝德文化，先后于公元前5550年和公元前4300年进入铜石并用时代，这个时代以使用自然红铜器为标志，是新石器时代向青铜时代的过渡期。“在现伊朗西部的Zagers地区，发现了最早的冶铜制品，约距今6000~7000年。4000年前在克里特岛（Crete）的Mallia出土了石范，表明当时已有了铸造技术。公元前3500年，冶铜技术已见于今南斯拉夫地区，以后迅速向北传播，约距今3800年欧洲北部进入青铜时代。”[3]根据这些资料，有学者认为我国的青铜文化（包括青铜器铸造技术和青铜器具）是由西亚向东传播而来的。于是说：青铜之路与丝绸之路是一对相辅相成的概念。青铜之路活跃于夏商周三代，几乎没有文字记载，主要是由西向东传播青铜与游牧文化。丝绸之路繁忙于汉唐宋元时代，史不绝书，主要是由东向西传播丝绸与定居农业文化。两者先后相继而方向相反，可以说是青铜之路诱发了丝绸之路，丝绸之路取代了青铜之路等论述。这些论述值得商榷。铜器的起源和青铜文化的产生与传播，是两个不同的问题。青铜文化的产生与传播十分复杂，就目前已有的资料，还不能因为西亚铜器出现早，就断言中国的青铜文化是由西亚传播而来的。铜器与石器、陶器一样，是人类社会发展到一定阶段的产物。其产生在时间上有先后，其发展在阶段上有差别，这是人类文化多样性和发展不平衡性的反映。因此，铜器的起源与人类文明的起源类似，也是"满天星斗"似的"多元"模式。

最早的合金铜器，是由砷铜共生矿冶炼而成的。合金铜器的出现，特别是铜锡、铜铅和铜锡铅三元合金范铸青铜器的出现，对当时的国际社会而言，无疑是高科技产品。锡青铜最早始于西亚两河流域乌尔王朝，距今4750年[4]。我国最早的范铸锡青铜器，是1977年在甘肃东乡林家马家窑文化遗址（F20号房址）中出土的铜刀（距今4740年）[5]。铜刀由两块范浇铸而成，表面平整，厚薄均匀。其时代与乌尔王朝时期出土的青铜器大体相当。1983年在山西襄汾陶寺遗址（M3296号墓）中出土一件仿陶器的铜铃（距今4000多年）[6]，是迄今为止最早的范铸空心铜器。这件仿陶铜铃，与希腊地中海克里特岛上出土的石范年代相同。由此可见，我国掌握铜锡合金技术和范铸铜器技术的时代并不晚，与西亚基本同时。

在河南偃师二里头夏文化遗址第15区中，发现一处冶金遗物较多且堆积较厚的铸铜遗址，范围在10000平方米以上。"该铸铜遗址延续使用的时间300年左右，从二里头遗址第二期到第四期一直存在。同时还发现了多座工场式的作坊，出土了许多铜冶铸遗物，有坩埚、炼渣、熔炉壁等，另外还有数十块非常珍贵的陶范，其中个别陶范上雕刻有精致的纹饰。这是二里头遗址中目前唯一确定的铸铜遗址，也是我国迄今所知最早的大型铸铜遗址。"[7]二里头遗址历经半个多世纪的发掘，已出土铜器多达200余件。这批铜器经用电感耦合等离子体发射光谱技术取样分析，其化学组成可分为纯铜、铜锡、铜铅、铜砷、铜砷铅、铜锡铅等类型合金。其中，铜锡铅三元合金占多数。这批铜器种类较多，用途较广。有锛、凿、刀、锥、锯、鱼钩等工具；有戈、戚、镞等兵器；有爵、斝、鼎、盉、觚等容器；有带扉铜铃"乐器"和镶嵌绿松石铜牌等装饰品。这批铜器尽管型式多样、种类有别、用途各异，但是，这批铜器有一个共同的特点就是，各类器物的形态，绝大多数是仿照同一传统文化区域内早些时期或同一时期陶器、石（骨）器的形态铸造的。二里头夏文化铜器群的这一特点足以证明，我国铜器造型是建立在本地区陶器、石器和骨器造型基础之上的，我国的青铜文化是建立在我国传统的陶器文化基础之上的，是继承传统文化发展而来的。

上述考古资料表明，我国青铜文化起源于黄河流域，至少在距今4000年（夏纪年时代）进入青铜时代。继夏代之后的商周时代，我国青铜文化发展到全新阶段。商周时代的青铜器广泛分布在江河南北，长城内外。商周时代青铜器较之于夏代，不仅型式更加多样、种类更加丰富、用途更加广泛、工艺更加成熟，而且所承载的文化内涵更是丰富多彩。

铜器的使用，就目前已有的资料而言，我国不是最早使用铜器（自然铜）的国度，却是将铜器（合金青铜）使用到极致的国度。中华文明曾经拥有灿烂辉煌的青铜文化，面世的夏代、商代和周代青铜器数以万计。这些精美绝伦的青铜器是夏、商、周三代政治、经济、军事、文化艺术、科学技术及宗教礼仪等方面的载体。我国青铜文化可谓举世无双、独树一帜，是一个时代的标志。不仅如此，青铜时代的文化精髓被后世发扬，传承至今。然而，我们在赞美这个时代青铜文化的博大精深、源远流长的同时，首先想到的是我国古代青铜文化是建立在丰富的铜资源基础之上的，铜资源是青铜文化得以产生和繁荣发展的物质基础。于是，有必要对铜绿山铜矿开采的起始年代进行探讨。

三、铜绿山矿区古代露采年代推断

铜器的生产离不开铜矿资源的采冶。我国铜矿资源“分布广泛而又相对集中。全国绝大部分省、市、自治区都有铜矿储存，而主要矿区又集中于少数地区，有长江中下游铜矿带、川滇地区铜矿区、山西中条山铜矿区、甘肃白银铜矿区等，其中以长江中下游铜矿带居于首位”[8]。湖北大冶铜绿山和江西瑞昌铜岭[9]及安徽铜陵、南陵[10]等地发现的古矿冶遗址，便是古代人们在长江中下游铜矿带上采矿冶铜的代表。对上述地区的考古发掘，使我们对我国古代采矿冶炼技术、开采铜矿的起始年代等有了较为全面和系统的认识。

我国古代井下采矿技术和冶铜技术，根源于我国新石器时代传统的农业生产和定居生活。新石器时代农业生产、定居生活发明的掘井技术、木屋建筑技术和烧制陶器的陶窑营造技术，被矿冶业借鉴使用。铜绿山和铜岭铜矿井巷开采支护技术的发现，使人们很容易联想到浙江余姚河姆渡新石器时代遗址中的挖掘水井木柱围栏支护技术和干栏式木屋建筑技术[11]。人们将农业生产、定居生活中的建筑技术运用到铜矿井巷开采之中已成共识。而冶铜炼炉是受陶窑的启发产生的，显然这也是无需争辩的事实。

目前所知，我国最早开始井下采矿的地点是江西瑞昌铜岭铜矿区，时代为商代中期，这显然比铜器出现的时代晚得太多。“金属矿之开采总是和冶炼紧密相连的，所以，找到了最早的金属制品，也就找到了采矿技术的源头。迄今所知中国最早的冶铜遗物是属仰韶文化时期，即1971年陕西临潼姜寨出土的黄铜片，年代为公元前4675±135年。”[12]也就是说我国至少在距今6500年前就开始了采矿业。据《铜绿山古矿冶遗址》报告资料，大冶铜绿山矿区的井下开采起于商代晚期，7号矿体2号点是最早开始井下开采铜矿的地点。关于露天采矿，由于没有发掘，无法说明其年代。“但从开采程序推断，应早于同一矿体井下开采的年代。”这一推断很有道理，符合古代采矿的基本程序。古代采矿的基本程序为由表及里、由浅入深、由点到面、由简单到复杂。其中，露天采矿是最简单易行的方式。

大冶铜绿山矿区的特点是“矿体多、储量大、品位高，而且大部分矿体出露或接近地表”，为古人凿岩采矿提供了有利条件。露天采矿早于同一矿体井下开采的推断，得到考古发掘资料的支持。在铜绿山已发掘的6处（10个矿体）采矿遗址中，唯有11号矿体采矿冶炼遗址是由原始地表开始发掘的，是一处集露采、井巷开采和冶铜于一体的遗址，也是唯一一处可以说明露天采矿早于同一矿体井下开采的遗址。

铜绿山11号矿体采矿冶炼遗址分采矿遗址和冶炼遗址两个区域。以采矿为主的遗址地层堆积分1~6层，第①层为扰乱层；第②层为春秋时期文化层；第③层分③A、③B层，11、12号炼炉炉基构筑在③A层；第④层出土1件较完整的夹砂红陶鬲。所有的竖井井口均开口在第⑤层下，第⑤层打破第⑥层。以冶炼为主的遗址地层堆积分1~7层，第③层出“开元通宝”钱等，为隋唐文化层；第④层为春秋文化层，炼铜炉开口于此层，打破⑤、⑥文化层；第⑤层亦为春秋文化层；第⑥层为西周晚期到春秋早期文化层；第⑦层为自然淤积层，炼炉炉基坐落在此层。这处遗址层位关系清楚，包含的文化遗存丰富，井巷采矿和炼炉冶铜的时代明确，是探讨铜绿山矿冶史的重要资料。

铜绿山11号矿体采矿遗址，根据出土的铜斧木柄ⅪJ46和出土的铜斧木柄ⅪX2：1，经北京大学加速器质谱实验室测定，ⅪJ46：1木柄的年代为距今2750±70年；ⅪX2：1木柄的年代为距今3140±80年。由此推定11号矿体井下采矿的年代可初步定在西周早中期。这一推定显然不能反映11号矿体的全部采矿历史。根据报告“在11号矿体采矿遗址的发掘过程中发现，竖井井筒和掘进巷道均开拓在填土中，土质松软呈五花色。而井巷外壁的填土中残存有较多的陶片和生产工具，这些陶片和生产工具，应是露采废弃后的遗物。因此，我们认为11号矿体采矿遗址在进行深井开采前，古代工匠们曾在此进行过露天开采。” 的确如此，在该遗址第⑤和第⑥文化层中，不仅有西周早中期的文化遗存，而且还有早于西周早中期的文化遗存。如铜绿山ⅪT1⑤：19和ⅪT1⑥：21号陶鼎（原名“陶罐”）、ⅪT1⑥：22号陶罐、ⅪT1⑥：15号陶缸（原名“陶大口尊”）、ⅪT1⑥：8号陶鼎足、ⅪT1⑥：10号陶鬲足等[13]，这批陶器均为夹砂灰陶，口沿流行内折沿作风。与本地区西周时代以夹砂红（褐）陶为主，流行敞口、侈口等作风不同。因此，这类陶器应是晚期（第⑤、⑥层）地层中出土的早期遗物。夹砂灰陶，口沿上流行的内沿作风，是阳新大路铺[14]和大冶蟹子地[15]新石器时代陶器中的常见作风。在《铜绿山古矿冶遗址》报告附录二“湖北铜绿山古铜矿再次发掘”中，介绍了铜绿山11号矿体冶炼遗址10号炼炉发掘和模拟实验情况，并在文中附有一张炼炉遗址第③层出土的陶器照片。在照片中有一件三角形“侧装鼎足”（侧装三角形鼎足，足尖或平，或凿形，或鸭嘴形），此鼎足足尖残[16]。三角形侧装足陶鼎，是大冶、阳新地区新石器时代文化中的典型器物之一。在大冶蟹子地和阳新大路铺新石器时代晚期文化中，也是常见的陶器器类（表一）。由此推测，铜绿山11号矿体至少在以“三角形侧装足陶鼎”为代表的新石器时代晚期，已经开始露天采矿业。

表一　铜绿山11号矿体遗址陶器与大路铺、蟹子地新石器时代陶器比较

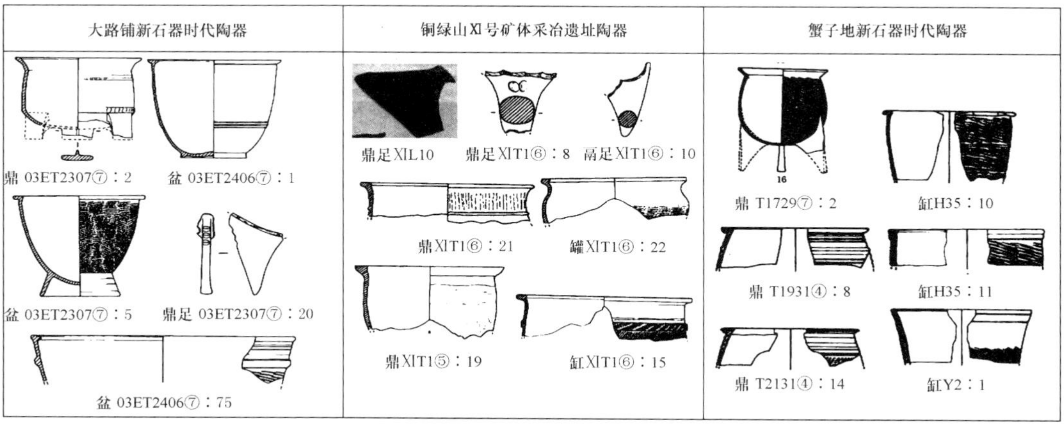

四、大冶、阳新地区矿冶文化的人文背景

湖北大冶、阳新地区的文物保护工作起步较早。20世纪50年代中期配合修筑武汉至大冶铁路时，就调查发现大批文化遗存[17]。自20世纪50年代以来，考古工作者多次开展文物考古调查、普查和试掘、发掘工作。调查、试掘和发掘，使我们对这一地区古代文化遗存的分布状况，遗存种类、数量、时代、文化面貌和基本特征等有了许多收获，取得诸多成果。20世纪70年代，铜绿山古矿冶遗址发掘，其意义重大而深远，不仅使人们认识到该地区的铜矿资源早在商周时代就得以采冶利用，是一个以矿冶文化为基本特征的文化区，而且还促进了矿冶考古工作的展开。在该地区，继铜绿山古矿冶遗址发掘后，20世纪80年代配合修筑湖北大冶至江西九江铁路时，发掘了阳新大路铺古文化遗址，2009年配合修筑大庆至广州高速公路时，发掘了大冶蟹子地古文化遗址，又获得一批与古代铜矿采冶和铜器铸造相关的新资料。尤其是阳新大路铺遗址的发掘，为研究该地区矿冶文化产生的历史和矿冶文化的人文背景提供了帮助。

阳新大路铺遗址是一处新石器时代晚期和商周时代的古文化遗址。大路铺新石器时代文化的陶器主要有鼎、罐、瓮、壶、盘、豆、杯等器类。这群陶器既有以江汉平原为中心的新石器龙山时代石家河文化因素，又具有浓厚的地方特色。因此，这支文化属于龙山时代石家河文化系统中的一个地方类型。在大路铺新石器时代文化中，不仅出土了矿石、炉壁和炼渣，而且还出土了一块青铜残片。铜片的主要化学成分为铜、锡、铅，属三元合金青铜片[18]。这块青铜器残片是迄今为止在大冶、阳新地区发现的最早的青铜器残片。它的出土意义重大，证明该地区矿冶文化的历史悠久。至少在4000年前的新石器时代晚期，这里的人们就已经掌握简单的采矿和金属铜冶炼及合金铜铸造技术。

阳新大路铺商周时代的文化遗存十分丰富，遗迹有灰坑、灰沟、房基（柱洞）、灶（坑）、陶窑、水井、烧坑、烧土堆积、墓葬等类，遗物有陶器、石（玉）器、铜器、漆木器等。继新石器时代后，商周时代的矿冶文化遗存更加丰富。除发现大量炼渣、矿石、炉壁外，还出土了一批与铜的冶炼和铜器铸造密切相关的文化遗存。如有与检选矿石相关的石砧、石锤；与炼铜相关的烧坑；与溶铜相关的陶缸；以及与铸造铜器相关的陶（石）范（模）等遗存（表二）。这批遗存反映了大路铺商周时代的矿冶文化特征，矿冶文化是大路铺商周时代考古学文化的重要组成部分。大路铺商周时代的文化遗存分为连续发展的早晚四期，自晚商时代早期至春秋初年，延续发展约600年之久。文化面貌以一群陶器为代表。这群陶器中的主要器类有陶鬲、甗、鼎、瓮、罍、豆、钵等，这群陶器是商周时代陶器的基本组合，也是大冶、阳新地区最常见的器物（表三）。这群陶器尽管器物种类不多，但出土数量较大，包含炊器、食器、储存器等最常用的生活器皿，体现了这支文化的基本特征。鉴于遗址中存在这样一群特征鲜明、前后衔接、一脉相承、连续发展的陶器群，因此，可将大路铺商周时代的考古学文化命名为大路铺文化。

表二　阳新大路铺商周时代与冶炼、铸造铜器相关的遗物

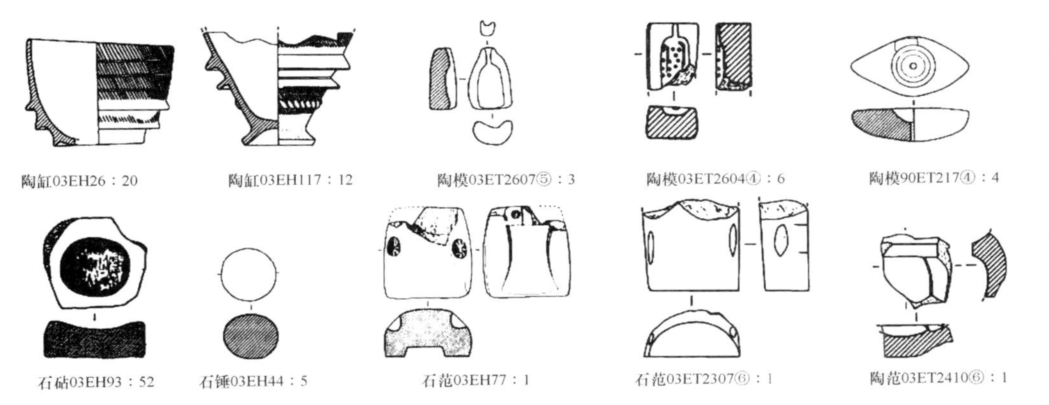

陶缸03EH26：20　陶缸03EH117：12　陶模03ET2607⑤：3　陶模03ET2604④：6　陶模90ET217④：4

石砧03EH93：52　石锤03EH44：5　石范03EH77：1　石范03ET2307⑥：1　陶范03ET2410⑥：1

大路铺文化中，最具代表性的陶器器类是垂裆、足部刻划槽的鬲，口外侧贴施两个对称泥片的护耳甗，肩部饰附加堆纹或饰鸡冠状、鸟头形耳罍，以及柄部镂长方形孔豆等主要的四类。其中，鬲、甗、豆等三类在鄂东及江西西北、安徽西南长江两岸有一定的分布。下面根据这三类代表性陶器，结合面上考古工作情况，廓定这支文化的大概分布范围。

长江南岸鄂东南至江西省西北，代表性遗址有湖北省武汉市武昌放鹰台遗址[19]、武汉市江夏大商家坝遗址[20]、大冶铜绿山古矿冶遗址[21]、上罗村遗址[22]、蟹子地遗址[23]、阳新县和尚垴遗址[24]等；江西省九江县神墩遗址、磨盘墩遗址[25]、瑞昌铜岭古铜矿遗址[26]等。此外，在湖北境内长江南岸的咸宁市所辖的赤壁市、嘉鱼县、通城县、崇阳县、通山县、咸安区等地，经考古调查，都发现有刻划槽风格的鬲足[27]。在

表三　大冶、阳新地区商周时代大路铺文化部分主要陶器

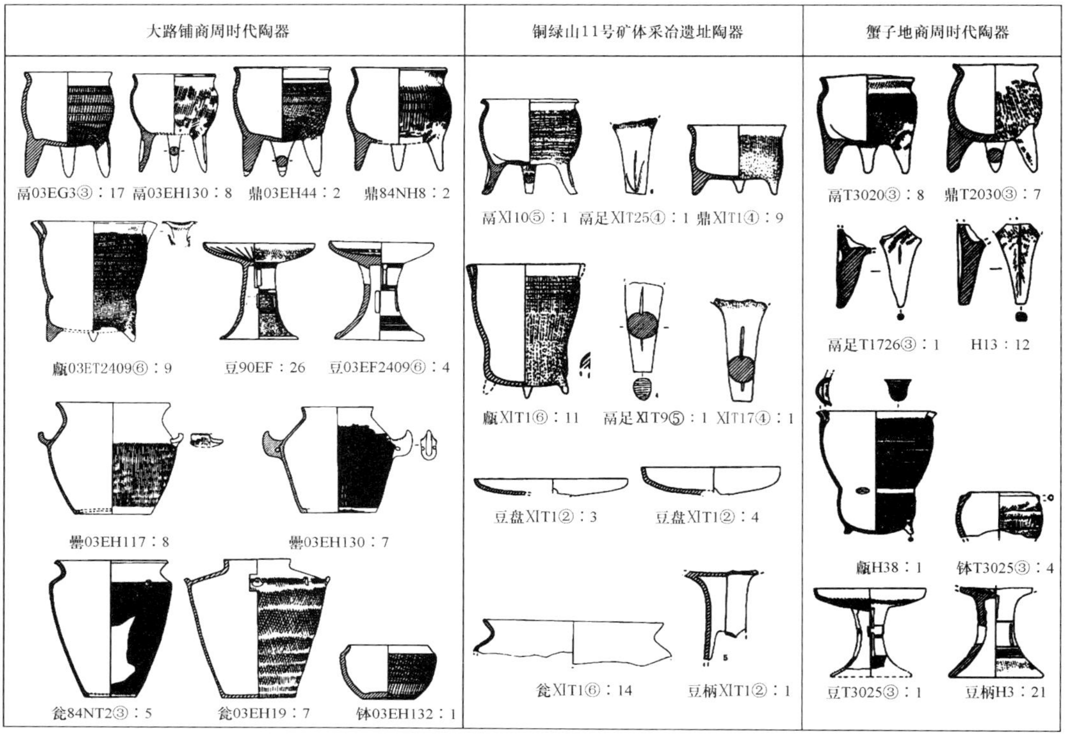

江西省境内，已播及“赣鄱地区”[28]。长江北岸鄂东北至安徽省西南，代表性遗址有湖北省黄冈市罗田庙山岗遗址[29]，英山白石坳、郭家湾、蕲春鳜鱼咀遗址，广济方家墩遗址[30]，浠水片街遗址[31]，武穴雨山垴家遗址[32]，黄梅姚松林、塔船墩、张墩、黄家大山、焦墩遗址[33]等。

通过上述遗址的分布情况，我们可勾画出这支文化的相对分布范围。即西南以湖南洞庭湖为界，与以费家河文化和炭河里文化为代表的考古学文化毗邻[34]；西北以湖北黄冈地区巴河为界，与以“盘龙城” 为代表的考古学文化类型毗邻[35]；东南以江西鄱阳湖为界，与以“吴城文化”为代表的考古学文化毗邻[36]；东北与安徽潜山薛家岗遗址为代表的“夏商周时期”考古学文化毗邻[37]。在这一广大区域范围内，这支以垂裆、足部刻划槽的鬲，口沿外侧贴施两个对称泥片“护耳”甗和柄部镂长方形孔豆等器类为代表的商周考古学文化，以湖北大冶、阳新和江西瑞昌为中心分布，是商周时代一支有着浓郁地域特征的考古学文化。

综上所述，大冶、阳新地区矿冶文化历史悠久，可追溯至距今4000年前的新石器时代晚期。新石器时代龙山时代石家河文化大路铺类型和商周时代大路铺文化，是先后形成大冶、阳新地区矿冶文化的人文背景。

注 释

[1] 夏鼐：《铜绿山古铜矿的发掘（代序）》，《铜绿山古矿冶遗址》，文物出版社，1999年。

[2] 张忠培：《中国古代文明形成的考古学研究》，《故宫博物院院刊》2000年第2期总第88期。

[3][4][12] 韩汝玢，柯俊：《中国科技史·矿冶卷》，科学出版社，2007年。

[5] 文物编辑委员会：《文物考古工作三十年（1949—1979）》，文物出版社，1979年第140~141页，第151页注释（13）。

[6] 张岱海：《山西襄汾陶寺遗址首次发现铜器》，《考古》1984年第12期。

[7] 梁宏刚，孙淑云：《二里头遗址出土铜器研究综述》，《中原文物》2004年第1期。

[8] 黄石市博物馆：《铜绿山古矿冶遗址》，文物出版社，1999年。

[9] 江西省文物考古研究所，瑞昌博物馆：《铜岭铜矿遗址的发现与研究》，江西科学技术出版社，1997年。

[10] 安徽省文物考古研究所，南陵县文物管理所：《安徽南陵县古铜矿采冶遗址调查与试掘》，《考古》2002年第2期。

[11] 浙江省文物管理委员会，浙江省博物馆：《河姆渡遗址第一期发掘报告》，《考古学报》1978年第1期。

[13] 黄石市博物馆：《铜绿山古矿冶遗址》，文物出版社，1999年，见第51、52页线图。

[14] 湖北省文物考古研究所 等：《阳新大路铺》，文物出版社，2013年。

[15][23] 湖北省文物考古研究所，黄石市博物馆：《湖北大冶蟹子地遗址2009年发掘报告》，《江汉考古》2010年第4期。

[16] 黄石市博物馆：《铜绿山古矿冶遗址》，文物出版社，1999年，见第201页照片。

[17] 任锡光：《武大铁路修建中发现大批古墓葬和古遗址》，《文物参考资料》1956年第11期。

[18] 秦颍，南普恒：《阳新大路铺遗址矿冶遗物的检测分析》，《阳新大路铺》，文物出版社，2013年。

[19] 湖北省文物考古研究所：《武昌放鹰台》，文物出版社，2003年。

[20] 据武汉市江夏区博物馆馆长刘志云先生介绍，该遗址于1984年调查发现，2005年和2008年进行过发掘，发掘资料现藏武汉市江夏区博物馆。

[21] 黄石市博物馆：《铜绿山古矿冶遗址》，文物出版社，1999年。

[22] 黄石市博物馆：《大冶上罗村遗址试掘简报》，《江汉考古》1983年第4期。

[24] 咸宁地区博物馆，阳新县博物馆：《阳新县和尚垴遗址调查简报》，《江汉考古》1984年第4期。

[25] 江西省文物工作队，九江市博物馆：《江西九江神墩遗址发掘简报》，《江汉考古》1987年第4期；江西省博物馆，九江县文化工作站：《江西九江县沙河街遗址发掘简报》，《考古学集刊》第2集，中国社会科学出版社，1982年。

[26] 江西省文物考古研究所铜岭遗址发掘队：《江西瑞昌铜岭商周矿冶遗址第一期发掘简报》，

《江西文物》1990年第3期；江西省文物考古研究所，瑞昌市博物馆：《铜岭古铜矿遗址发现与研究》，江西科学技术出版社，1997年。
[27] 此信息，由咸宁市博物馆副馆长袁红提供。
[28] 彭适凡：《赣鄱地区西周时期古文化的探讨》，《文物》1990年第9期。
[29] 湖北省文物考古研究所，黄冈地区博物馆 等：《湖北罗田庙山岗遗址发掘报告》，《鄂东考古发现与研究》，湖北科学技术出版社，1999年。
[30] 黄冈地区博物馆：《黄冈地区几处古文化遗址》，《江汉考古》1989年第1期。
[31] 黄冈地区博物馆：《湖北黄冈浠水流域古文化遗址调查》，《江汉考古》1995年第1期。
[32] 武穴市博物馆：《武穴市新石器及商周遗址调查》，《江汉考古》1995年第1期。
[33] 京九铁路考古队：《合九铁路（湖北段）文物调查》，《江汉考古》1993年第3期。
[34] 向桃初：《湘江流域商周青铜文化研究》，线装书局，2008年，第52~138页。
[35] 湖北省文物考古研究所：《盘龙城——1963—1994年考古发掘报告》，文物出版社，2001年。
[36] 江西省文物考古研究所 等：《吴城——1973—2002年考古发掘报告》，科学出版社，2005年。
[37] 安徽省文物考古研究所：《潜山薛家岗》，文物出版社，2004年。

随州叶家山西周青铜文化与铜绿山矿冶遗址

黄凤春

湖北出土西周青铜器早在宋代就有著录，宋政和三年（1113年），在湖北武昌太平湖出土了1件楚公逆镈[1]，宋重和戊午年（1118年）在安州（今孝感）出土西周铜器，被称为“安州六器”[2]。新中国成立后，西周青铜器出土日渐增多，几乎遍及湖北全境。见于报道比较重要的主要有蕲春毛家嘴[3]、安陆晒书台[4]、红安金盆[5]、武昌湖泗[6]、武昌放鹰台[7]、广济野鸭洲[8]、崇阳大桥[9]、江夏湖泗[10]、黄陂磨元城[11]、黄陂鲁台山[12]、汉阳纱帽山[13]、鄂城陈林寨[14]、浠水朱店[15]、新洲阳逻架子山[16]、蕲春达城[17]、随州羊子山[18]、随州三里岗[19]、随州熊家老湾[20]、枣阳郭家庙[21]、京山苏家垅[22]、江陵万城[23]、枝江万福垴[24]、当阳赵家湖[25]等。另在襄阳还保存有一些收购和收藏的西周青铜器[26]。

湖北出土西周青铜器最多的应是近年来在随州叶家山出土的一批西周早期的曾国青铜器。2010年年底，随州淅河镇蒋寨村村民在平整土地时，意外发现一批青铜器，2011年1月至6月，湖北省文物考古研究所对其进行了勘探发掘，共发现墓葬65座，马坑1座，出土文物达700多件套，其中青铜器多达300余件套。根据器物的形制，初步判定为西周早期。更为重要的是，这批青铜器不仅保存完好，且部分青铜器上还有铭文，多数为“曾”“侯”“曾侯”和“曾侯谏”一类的铭文，这批青铜器的国属显然应为西周早期曾国的器群。材料公布后，引起了学术界的高度关注，即被评为2011年中国考古学论坛六大新发现和2011年全国十大考古新发现[27]。考虑到随州叶家山西周墓地具有重大的学术价值，2013年3月至7月，湖北省文物考古研究所对该墓地进行了第二次发掘，再次发掘墓葬75座，马坑6座，出土文物近1200余件套，并再次发现大批带有“曾”及“曾侯”“曾侯谏”和“曾侯犺”铜器的铭文，进一步确认了随州叶家山应是一处西周早期的曾侯墓地。

湖北随州叶家山西周早期曾国铜器的批量发现，不仅是湖北有史以来的首次，也是全国西周考古发掘中最为重要的考古发现之一。它不仅把曾国的历史上溯至西周早期，更为重要的是，向世人昭示出西周早期南方青铜文化与北方青铜文化具有并驾齐驱之势，对探讨南方青铜文化的兴起与繁荣提供了重要的实物依据。

叶家山出土青铜器已具有高度的冶铸水平。从形制看，除具有北方姬周文化的特点外，还具有一些本地的文化因素。器类主要有方鼎、圆鼎、分裆鼎、圈足簋、方座簋、尊、斝、卣、觚、觯、爵、壶、罍、觥、盉、盘等。从这些琳琅满目的青铜器看，足以体现出西周南土方国青铜文化的发展水准。

如此之多的西周早期青铜器集中出土于随州叶家山，并非偶然。当随州叶家山墓葬批量出土带有“曾侯”一类的铜器铭文时，这批铜器主人的生前居住地成为考古工作者最为关注的课题。2011年，在发掘的同时，我们对以叶家山墓地为中心，方圆10千米范围内进行了一次较为详尽的区域考古调查。通过调查，在叶家山墓地以南约1公里的庙台子遗址发现了壕沟及大型宫殿建筑的遗痕，并且，其聚落遗址的范围达30万平方米以上，更为重要的是，遗址上所采集的陶器标本与墓葬中所出土的陶器的完全相同。由此推定，庙台子遗址极有可能就是一处西周早期的都城遗址。一处城址，一处侯墓地完整地揭示出了西周早期曾国的政治中心之所在。毫无疑问，叶家山所出土青铜器群所代表的就是西周早期曾国的青铜文化。

曾国青铜器屡见于汉东及汉北的随州、枣阳、京山、襄樊、谷城及河南新野等一带，但从过去所见众多青铜器的形制而知，其最早的年代不过西周晚期，以至于人们一直以来都认为这个青铜器铭文上所见的曾国就是西周晚期才被分封的。叶家山西周早期曾国青铜器的发现，彻底改变了人们已有的认知，说明曾国不仅早在西周早期就存在，而且已称侯。联系到历史记载的方国区域及文化因素分析，这个曾国极有可能就是《左传》一书中所记载的姬姓随国，这样就把姬姓曾国的历史上推至西周早期。也可以这样认为，叶家山西周早期的青铜文化也就是姬姓随国早期的青铜文化。

早在叶家山墓地发掘之初，大量精美绝伦青铜器的不断出土，青铜器的产地及矿料来源即成为我们关注的焦点，并成为我们本次发掘所要重点解决的课题之一。目前， 叶家山西周墓地的发掘资料正在整理中，相关科技考古课题也正在同步进行，在一些相关科学检测数据尚未出炉前，笔者仅就叶家山相关出土遗物和历史背景对叶家山西周早期青铜文化与铜绿山矿冶遗址的关系略陈己见。

随州地处汉东之地，正值随枣走廊的通道之上，有关这一区域在历史上素有“汉东”“汉阳”和 “汉川”之称。由于这一区域是北方经由南方的重要通道，由大量传世文献和出土文献材料而知，商周两代王朝在经略南方时，大多应是经由随枣走廊。因而，这里也是商周两代王朝的南土之域。就周代而言，仅《左传》一书所描述的这一带曾经存在的“汉阳诸姬”的政治地理格局，就可略窥随枣走廊所具有的非常重要的政治战略地位。毫无疑问，经商周两代王朝在此的惨淡经营，这一带自商至西周早期应有与中原同期并肩齐驱的文明，包括青铜文化。但由于考古发掘资料的限制，过去在随州境内极少发现商至西周早期的遗物，只是在随州的黎家畈[28]、三里岗和熊家老湾出土过少量的青铜器，以至于学界无法以考古学的实物证据来全面说明商至西周早期这一阶段在此区域的文化发展面貌和水准。

随州叶家山西周早期曾侯墓地发现后，大量曾国青铜器的出土，完全从考古学的层面上确凿无疑地证明汉东一带在商周时期有着发达的文明，包括青铜文化。这就为我们带来了更多值得深入探讨的课题。仅从青铜文化而言，随州西周早期的这些青铜器是哪里铸造的，其技术和矿料来源于何方等问题都是无容回避的问题。

在讨论上述问题前，我们必须先了解叶家山西周早期曾国青铜文化所具有的一些特质。经初步观察，叶家山出土的青铜器以尊、斝、卣、觚、觯、爵、罍、觥、盉为组合的酒器为主，同时也见有以鼎、簋、甗为组合的食器和盘、壶为组合的水器。一般而言，高等级的大墓所出酒器、食器和水器的品类都较全，除斝、觥、盉、甗多为1件外，且大多出土2件或以上酒器和食器。中型墓葬及小型墓中的较大者大多出尊、卣、觚、觶、爵为组合一套酒器和鼎、簋为组合的一套食器。从青铜器的铸造技术看，多为合范铸造，部分器物可明显看出有芯撑，一些鼎和簋的器底都有加强筋。器物纹饰主要为兽面纹、凤鸟纹、龙纹、也见有部分云雷纹、连珠纹、乳钉纹和十字背带纹等。从铭文而知，除曾国铜器外，也有一些常见的商周族氏或方国名，诸如有“冉”“鱼”“举”“雟”等铭文的铜器。从总的特征而言，叶家山新出土的西周早期铜器群既有西周中原姬周文化的特点，同时也具有一些不见于其他区域的器物，一些具有独特风格的器物显应视为本地铸造的产品。

从铭文而知，这批铜器的产地应当是多元的，即既有本地曾国生产的，也有一些外来的铜器。就一些带有族氏或方国的铜器而言，显应是外来产品，而不应是曾国生产的。这可能是因战争或赗赠而流入曾国的。一些具有明确曾国铭文的铜器，即使具有明显姬周文化特征也应视为曾国自己生产的产品。因为，叶家山西周墓地发掘后，足以证明西周早期的曾国不仅被封，且已称侯，可以说已是汉东一个势力非常强大的方国了，必定具备了冶炼和浇铸铜器的条件和技能。

在确立曾国有生产铜器的条件和技能后，还有两个至为重要问题是，生产铜器的铜矿料的来自何方和究竟是引进矿石而冶炼还是直接引进铜锭而生产。因为，随州境内东北虽然属桐柏山的余脉，西南有大洪山，也尽管在随北近淮河处有极少的铜矿资源，但迄今没有确认有古代铜矿遗址及古代开采铜矿的记录，而铜料只能仰仗外源。我们认为西周早期曾国铜器生产的矿料应与铜绿山矿冶遗址有着密切的关系，也就是说，曾国铜器生产所需矿料应主要来自于铜绿山矿冶遗址，生产铜器的铜料主要是以引进铜锭为主，可能也兼有料石输入。叶家山西周墓地出土文物及若干历史背景似可证明这一推断。

一个比较充足的证据是，在2013年发掘的M28二层台的东北角出土了2块铜锭。其中，1块为圆形（图一），1块为长条形（图二）。铜锭出土时保存完好，皆呈浅盘状，表面皆粗糙，可见有气孔，表面呈深绿色，底面均光滑。圆形铜锭直径29.5、厚1.8厘米，重2865克；长方形铜锭长36.3、宽14.1~14.6、厚1.2~2.3厘米，重2960克。经

图一　叶家山M28出土的圆形铜锭

图二　叶家山M28出土的长方形铜锭

Niton Xl3t便携式X射线荧光分析仪测试，皆为纯铜，铜含量达98%以上。铜锭是与青铜礼器的鼎、簋等放置在一起的，从共存关系可知，明显是作为随葬品而下葬的。

M28在叶家山墓地属大型墓，从其规模看应属侯一级的墓葬。用铜锭作为随葬品在全国西周墓葬尤其是高等级墓葬中是绝无仅有的。这一新发现向我提出了诸多课题，似乎向我们暗示出铜器的生产可能由诸侯国国君所控制和掌握。

另一个引为我们注意的例证是，在2011年发掘的叶家山M37中西北部的二层台上出土了一块不规则形的孔雀石。孔雀石呈淡绿色，部分表面圆润光滑，并可见一些并列线状的纹理，长10.4、宽3.6、厚2.9厘米，重74克（图四）。孔雀石的出土位置清楚，与该墓的随葬品有着共存关系，即都是出土于椁外的熟土二层台上。尽管是一块石头，但从共存关系而知，显应为该墓的一件特殊的随葬品，而不是填土中的伴出物。

叶家山M37虽是一座小型土坑竖穴墓，墓口长216、宽80~88、底长202、宽72~78厘米，墓葬的二层台还随葬有1件陶鬲、1件陶簋及2件铜戈，经体质人类学鉴定，其年龄只有15岁左右。但在其南及其西部都分布有一些大型墓，且都出土有大量青铜器。我们不论该墓随葬孔雀石是基于何种动因，但可以得出的结论是，在曾国境内没有古代铜矿开采记录的情况下，该件孔雀石必定是外来品，可能也是因为随铜料石的引进而进入曾国。尽管我们还没有对这件孔雀石作成分鉴定和检测，但我们推定其来源于铜绿山矿冶遗址的可能性极大。

图三　大冶湖边出土的圆形铜锭

由叶家山M28和M37出土的铜锭和孔雀石而知，西周早期的曾国极重视青铜原料。不然，是不会将其作为随葬品的。同时，也向我们确凿无疑地暗示出，西周早期的曾国应有着自己的青铜冶铸业，通过圆形铜锭外形的比较，与大冶所出圆形铜锭相同（图三）。由此而知，其铜料和铜矿料的输入地应主要来自于铜绿山，生产铜器的铜料可能主要是以引进铜锭为主，同时也应兼有铜矿料石的输入。

叶家山M37出土的这件孔雀石应当说是一次非常重要的发现，是第一次经科学发掘并与铜器生产及铜料资源有关的出土品，在我们探寻叶家山铜器产地及其铜料来源时，为推定叶家山西周早期铜器的产地及铜料来源的具体地点提供了强有力的实物依据。

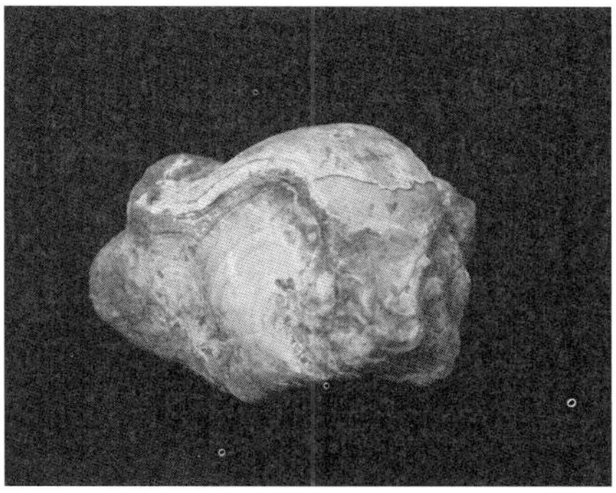
图四　叶家山M37出土的孔雀石

其实，若干历史背景也可进一步辅助证明随州叶家山西周早曾国高度发达的青铜文化与铜绿山矿冶遗址应有密切的关系。

首先，从共时性上考察，铜绿山遗址1973年发现，同年经调查的试掘确认为春秋战国时期的古矿冶遗址[29]。1974年1月至1985年7月，文物考古部门历时11年，先后对6处采矿遗址和2处冶炼遗址进行了发掘，揭露面积达4923平方米，揭露古代采矿竖（盲）井231个，平（斜）巷近100条，炼炉12座[30]。在此期间，中国社会科学院考古研究所及河南、内蒙古的文物考古工作者也对该遗址进行了发掘[31]。通过发掘，根据竖井的叠压关系、出土遗物的形制、井巷支护结构区别及^{14}C测年综合分析，铜绿山古矿冶遗址的大部分采矿遗迹的年代从商代开始一直至延续到西汉时期，其间，不间断地开采达千余年之久。近年来，有关其开采的起始年代又在不断刷新，据铜绿山考古发掘领队陈树祥先生面告，新发现的证据表明，铜绿山露天始采年代还可能早到夏代，商周时期已进行井下开采的技术和条件了。毫无疑问，商至西周时期，当铜绿山大量铜矿料被开采出，除了部分满足本地需要外，还另有相当一部分的剩余铜料和铜矿料需外输，对于与之共时且矿料资源匮乏的西周早期曾国而言必是其输出地之一。

其次，从历时性上考察，汉东之地作为商周两代王朝的南土之域，两代王朝都视此地为南略的重要屏障，并对此区域不断征伐和安抚。进入西周后，周王朝将周之宗亲分封于此，形成南方“汉阳诸姬”的政治版图。考古发现表明，自商至西周这一区域的青铜铸业已相当成熟了。盘龙城商代城址的发现和发掘，证明至少在早、中商时期这一区域的方国已具备自己独立的青铜冶铸业了。大多数学者在论及盘龙城的青铜文化时，都无一例外地与铜绿山矿冶遗址相联系，盘龙城商代青铜器的矿料也应来自于铜绿山。作为同属于南土区域且又是踵后的叶家山西周青铜文化地，无论是在生产技术上，还是在矿料的输入上都应是承袭了盘龙城的青铜文化模式。

再次，从交通这格局上看，随州叶家山位于汉东溠水的东岸，溠水为涢水的最大支流，涢水又为汉水的最大支流，由溠水可直接进入涢水并入长江，进而直达铜绿山，形成极为便利的水路交通体系。相对于其他区域而言，叶家山与铜绿山之间的运输则更为便捷。

一个引为我们注重的现象是，在湖北境内业已出土的商周青铜器中，如果以铜绿山为中心看，无论是矿冶遗址，还是青铜器的成品都有依次递减的态势，即东部区域多于西部区域。反映出铜绿山发达的采矿与冶炼文化对四域辐射的渐进性。相对于边陲之地而言，在商至西周时期，叶家山与铜绿山属相对邻近之域，彼此之间的联系与交往当更为频繁，反观叶家山如此发达的西周青铜文化，就可明晰铜绿山的矿藏资源对其青铜铸造业的发展有着举足轻重的作用。

当然，上列若干依据是我们推定叶家山西周青铜文化与铜绿山遗址之间关系不可否认的主要要素。另外，不可忽略的是，除铜绿山外，邻近的江西、安徽和湖南古铜矿遗址与叶家山西周青铜文化也应有关系。也就是说，部分铜料的输入也不排除来源于上述地点。但相比较而言，叶家山所见青铜器的生产原料的供输，来源于铜绿山矿冶遗址的应是主要的，因为铜绿山矿冶遗址更具有快捷、便利的地理优势。

综合上述讨论，叶家山西周墓地的发掘是一次非常重要的发现，从历史学和考古学的角度而言，将向我们解开诸多谜底。单从青铜铸造业而言，它向我们展现了汉东西周方国发达的青铜文化，说明西周时南方方国应有独立的青铜冶铸业。更为重要的是，在墓葬中首次发现有铜锭和孔雀石，成为我们推定其铜料来源的主要实物依据。

注　释

[1] 赵明诚：《金石录》卷十一，《古器物铭》第五。

[2] （宋）薛尚功：《历代钟鼎彝器款识法帖》，清嘉庆本；刘昭瑞：《“安州六器”辨》，《文物》1992年第10期。

[3] 中国科学院考古研究所湖北发掘队：《湖北蕲春毛家嘴西周木构建筑》，《考古》1962年第1期。

[4] 余从新：《安陆县晒书台商周遗址试掘》，《江汉考古》1980年第1期。

[5] 湖北省文物管理处：《湖北红安金盆遗址的探掘》，《考古》1960年第4期。

[6] 杨锦新：《武昌县发现西周甬钟》，《江汉考古》1980年第2期。

[7] 湖北省文物考古研究所：《武昌放鹰台》，文物出版社，2003年。

[8] 李金桥：《淘取河沙喜获古钟》，《江汉考古》1984年第3期。

[9] 湖北省崇阳县博物馆：《湖北崇阳县出土一件西周铜甬钟》，《江汉考古》1997年第1期。

[10] 江夏区博物馆：《江夏出土的周代青铜甬钟》，《江汉考古》1998年第4期。

[11] 武汉市黄陂区文物管理处 等：《湖北武汉磨元城周代遗址调查简报》，《文物》2011年第11期。

[12] 黄陂县文化馆：《湖北黄陂鲁台山两周遗址与墓葬》，《江汉考古》1982年第2期。

[13] 湖北省博物馆：《汉阳东城垸纱帽山遗址调查》，《江汉考古》1987年第3期。

[14] 鄂城县博物馆：《湖北鄂城县沙窝公社出土青铜爵》，《考古》1982年第2期。

[15] 叶向荣：《浠水县出土西周有铭铜盘》，《江汉考古》1985年第1期。

[16] 罗宏斌 等：《新洲县阳逻架子山铜器》，《江汉考古》1998年第3期。

[17] 吴晓松，洪刚：《湖北蕲春达城新屋塆西周铜器窖藏》，《文物》1997年第12期。

[18] 随州市博物馆：《湖北随县发现商周青铜器》，《考古》1984年第6期。

[19] 随州市博物馆：《湖北随州出土西周青铜镈》，《文物》1998年第10期。

[20] 鄂兵：《湖北随县发现曾国铜器》，《文物》1973年第5期。

[21] 襄樊市考古队，湖北省文物考古研究所，湖北孝襄高速公路考古队：《枣阳郭家庙曾国墓地》，科学出版社，2005年。

[22] 湖北省博物馆：《湖北京山发现曾国铜器》，《文物》1972年第2期。

[23] 李健：《湖北江陵万城出土西周铜器》，《考古》1963年第4期。

[24] 武家壁：《“楚季”其人与“楚季钟”的年代》，复旦大学出土文献与古文字研究中心网，2012年8月22日。

[25] 湖北省宜昌地区博物馆 等：《当阳赵家湖楚墓》，文物出版社，1992年。

[26] 襄樊市文物管理处：《湖北襄樊拣选的商周青铜器》，《文物》1982年第9期；襄樊市博物馆：《襄樊市、谷城县馆藏青铜器》，《文物》1986年第4期。

[27] 黄凤春，陈树祥：《湖北随州叶家山西周墓地考古发掘获阶段性重大成果——批出土青铜器铭文显示应为西周早期曾侯家族墓地》，《中国文物报》2011年10月12日第4版；湖北省文物考古研究所 等：《湖北随州叶家山西周墓地发掘简报》，《文物》2011年第11期；湖北省文物考古研究所 等：《湖北随州叶家山M65发掘简报》，《江汉考古》2011年第3期；湖北省文物考古研究所 等：《湖北随州叶家山西周墓地》，《考古》2012年第7期。

[28] 随州市博物馆：《湖北随州发现商代青铜器》，《文物》1981年第8期。

[29] 湖北省博物馆：《湖北古矿冶遗址调查》，《考古》1974年第4期。

[30] 黄石市博物馆：《铜绿山古矿冶遗址》，文物出版社，1999年；铜绿山考古发掘队：《湖北铜绿山春秋战国古矿井遗址发掘简报》，《文物》1975年第2期；黄石市博物馆：《湖北铜绿山春秋时期炼铜遗址发掘简报》，《文物》1981年第8期。

[31] 中国社会科学院考古研究所铜绿山工作队：《湖北铜绿山东周铜矿遗址发掘》，《考古》1981年第1期；中国社会科学院考古研究所铜绿山工作队：《湖北铜绿山古铜矿再次发掘——东周炼铜炉的发掘和炼铜模拟实验》，《考古》1982年第1期；夏鼐，殷玮璋：《湖北铜绿山古铜矿》，《考古学报》1982年第1期。

大冶三座古城址文化属性与铜矿采冶之关系

朱俊英

长江流经鄂东南形成一个弧曲，有如弓背，弧曲南端的鄂东南低山丘陵似弓弦，弓背与弓弦构成一个相对独立的地理单元。这片地域内分布有武汉市的江夏区，鄂州市、黄石市所辖的大冶市和阳新县，咸宁市管辖的嘉鱼县、咸安区等行政区域。近几十年来，为配合工程建设，我们在这一区域进行了大规模的田野考古工作，重点对大冶的五里界城、鄂王城、草王嘴城及分布在城址周围的遗址进行了系统调查，对五里界城进行了重点发掘。同时还对阳新的大路铺、和尚垴等商周遗址进行了大面积的发掘。

考古调查发掘材料表明，长江流经鄂东南形成的弓背弧曲与鄂东南低山丘陵之间的地带的物质文化在商周时期呈现出一种独特的面貌。这个区域内又以大冶境内分布的商周遗址最为密集，而且还有三座不同时代的古城遗址，具有代表性意义。所以我们选择大冶境内发现的三座城址和商周遗址进行分析，探究城址与城址、城址和遗址的关系及陶器群所反映的文化属性和功能。

一、五里界城、鄂王城、草王嘴城之间的关系

五里界城、鄂王城和草王嘴城是分布于大冶市境内不同时代的三座古代城址。通过对五里界城、鄂王城和草王嘴城的考古资料进行对比研究以后，可以确定三座城址有以下相同点与不同点。相同点主要有以下几点。

1）三座城址的面积都不是很大。五里界城有124740平方米，鄂王城有53972平方米，草王嘴城有55000平方米。以五里界城的规模最大，鄂王城与草王嘴城面积大体相当，从宏观上观察，三座城址的规模都很小。

2）三座城内的文化层均较薄，厚0.3~1米，文化堆积不是很丰富，遗物较少，说明城址使用的年代相对较短。

3）城址充分利用了所在地的地形。城址均修筑在四周低中间高的岗地上，城垣修筑随形就势，利用了所在的岗地和丘陵。如五里界城的南垣利用了南部丘岗，鄂王城的西垣利用了西部岗地，草王嘴城的南北城垣利用了南部和北部岗地。城外的城壕多利用

了城外较低的洼地，城壕都与河湖相通。城垣外较高的岗地则是开挖平缓的漕沟，让水流向低洼处的城壕，这说明城外的城壕没有护城功能，只有排水或运输作用。

4）城址距湖河较近，有便利的水上通道。鄂王城北去梁子湖较近，草王嘴城东傍大冶湖，五里界城东北邻近大冶湖。梁子湖与大冶湖有宽广的水域，北部直接与长江相通。

5）城址周围都有铜矿或密集的冶铜遗址，形成以城址为中心的遗址群。如五里界城北部有叶花香铜矿，东部有东角山铜矿，城周围有21处居住遗址和冶炼遗址。草王嘴城东南部有铜绿山古矿冶遗址，周围还分布有多处冶炼遗址，鄂王城东部亦分布有多处冶炼遗址。

不同点主要有如下几点。

1）城址平面形状不同。五里界城、草王嘴城呈南北向长方形，鄂王城呈不规则的东西向长方形。城内地表形态不相同。三座城址以五里界城城内地表形态最为平展，高低相差仅1.5~4.7米，鄂王城城内地表高低相差2~5米，草王嘴城内地表高低相差6~9米。鄂王城的形状与城内地表高差是受城址所在地的自然地形制约造成的。

2）城址的年代不同。五里界城的时代为春秋，是迄今大冶境内发现的时代最早的一座城址。在鄂王城内和城垣断面采集的陶器时代为战国时期。虽然在草王嘴城垣断面采集有春秋时期的陶鬲、豆残片，但城内采集的遗物以西汉时期为大宗，此城的时代应为西汉时期。

3）所处地理位置不同。从分布的空间位置来看，三座城址从大冶境内的西南到东南呈三角形分布。鄂王城在大冶市的西南角，处于大冶与武汉市江夏区和咸宁市的交汇地带。草王嘴城位于大冶市境内的中心部位。五里界城位于大冶市的东南部，与阳新县相距不远。

4）城址规模随时代变迁而逐渐缩小。如前所述，三座城址的规模大小不等。从时代上来看，似乎显示城址的规模是随着时代更递而逐渐缩小的。

5）城址使用年限的长短不同。三座城址的使用年限虽然均较短，但其使用年限各不相同。城内文化层的厚度和出土遗物丰富的程度表明，三座城址中五里界城的文化层最厚，使用年限最长；鄂王城的文化层堆积为次，使用年限较短；草王嘴城内的文化堆积最薄，使用年限最短。由此可见，城址的使用年限长短与城址所处的时代密切相关，时代越早的使用年限越长，反之，则使用年限越短。

通过对三座城址进行比较，我们不难发现，三座城址是一个早晚相随的纵向关系。那么它们之间是否有内在的逻辑关系呢？这还得从大冶地区古代铜矿的分布和采冶说起。我国的铜矿资源分布广泛而又相对集中，主要矿区集中在少数地区，如长江中下游铜矿带、川滇地区铜矿带、山西中条山铜矿带、甘肃白银铜矿区等。其中长江中下游铜矿带居于首位。包括阳新在内的大冶矿区为中国六大产铜基地之一。从大冶境内已发现的采铜古矿井与冶炼遗址分布规律来看，绝大多数是围绕这三座城址分布的。

五里界城周围共发现21处遗址，其中2处为单纯的新石器时代聚落遗址，其余19处遗址中，2处为未发现铜炼渣只见生活用具的居住遗址，6处遗址为只有铜炼渣未发现生活用具的纯生产性遗址，11处为既有人类生活用具又有铜炼渣的遗址。这说明遗址的功能各有不同。依据功能，这21处遗址可以分成三种类型：第一类是当时人们生活居住的聚落遗址，第二类是当时的生产性遗址，第三类是既生活又生产的复合型遗址。这些遗址大多数分布在五里界城的东南部，介于城址与铜矿区之间。五里界城的时代为春秋，但城周围遗址中西周时期的多，春秋时期的少，说明在建城之前，人们已在这里进行大规模的采矿和冶炼活动，铜矿的采冶已进入鼎盛时期。春秋时期，统治者为了对大冶及其邻近地区铜矿的开采与冶炼进行有序的管理，故在五里界修建城堡，设置行政机构和管理中心，这便是营建五里界城的根本原因。

随着时间的推移，采矿与冶炼中心向铜矿资源富集的地方转移，新的管理中心也随之转移。转移的条件一要铜矿资源富集，二要水陆交通便利，而鄂王城所处地理位置与资源环境刚好具备这两个条件。这就是采冶管理机构由五里界城转移到鄂王城的原因。文物普查与考古调查资料表明，鄂王城外的东部地区分布有不同时代的遗址45处，其中，新石器时代晚期的遗址5处，商代遗址1处，周代晚期的遗址16处，东汉及其以后的遗址2处，不明时代的遗址21处。这些遗址大都出土有铜炼渣。从鄂王城较小的规模与周围分布较多的冶炼遗址来看，该城应是继五里界城之后官府专门在此修筑的管理铜矿开采与冶炼的城堡。

关于鄂王城的年代与性质，学术界主要有如下几种观点：一，西周时期熊渠所至之鄂，即学术界所谓的“东鄂”说，与“西鄂”说相对；二，《鄂君启节》中启之封邑[1]；三，一度作为楚之别都[2]；四，楚国的军事城堡[3]。这些观点各有所据，以致鄂王城问题众说纷纭，令人无所适从。有关研究者通过对文献和考古材料梳理后认为：①西周时期楚人所到之鄂应为西鄂；②“东鄂”说之“鄂”并非指今鄂王城；③鄂王城的存在与鄂东南铜矿生产管理、运输有密切关系[4]。这些观点与我们对鄂王城的认识基本相同。鄂王城的规模较小，城内文化堆积很薄，年代为战国晚期。因此，鄂王城既不可能是西鄂，也不可能是东鄂，亦不可能是别都与军事城堡，而极有可能是战国时期修筑的管理铜矿开采与冶炼的一座城堡。

随着社会生产力的发展，技术的进步和选矿技术的提高，人们对铜矿富集区的认识也越来越清楚。到了汉代，大冶地区铜矿采冶的重心转移到铜绿山，随之管理中心也由鄂王城迁移到铜绿山附近的草王嘴城。文物普查时在草王嘴城周围发现各时代的遗址47处，其中，更新世时期的遗址2处，新石器时代晚期的遗址6处，商代遗址2处，周代遗址21处，汉代遗址7处，东汉以后的遗址3处，不明时代的遗址2处。在这些遗址中，除更新世与新石器时代遗址外，商代及其以后的绝大多数遗址都发现有铜炼渣。值得注意的是，大冶境内共发现8处汉代遗址，草王嘴城周围就分布有7处。草王嘴城的时代为西汉，而城址周围分布有数量较多的汉代遗址，这绝不是一种巧合，而是似乎只能说明到了西汉时期大冶地区铜矿的采冶重心与管理中心的转移。

综上所述，我们认为三座城址之间的关系是由城址为采矿冶炼管理中心这一性质决定的。在不同的时代，随着采矿冶炼重心的转移，随之修建一座城堡对铜矿开采和铜的冶炼等生产销售环节进行管理。三座城址以五里界城的时代为最早，这表明目前发现的我国最早建筑管理铜矿采冶生产的城址出现于春秋时期。因此，我们认为五里界城、鄂王城、草王嘴城是历时性关系，是春秋、战国、西汉为管理大冶地区铜矿的采冶而修筑的城址。

二、城址与周围遗址之关系

大冶市境内目前发现商周时期的遗址122处，其中绝大多数遗址都有两周时期的遗存。历史时期的遗址分布很有规律，它们明显地以若干个群体的形式分布于不同的区域。每一群体内的遗址相距较近，群体与群体之间有较为宽阔的空旷地带，分界区域较为明显。这些遗址群一般都紧邻铜矿，有些遗址绕铜矿分布，绝大多数遗址内都有铜炼渣，有的炼渣量还很巨大。遗址的这种分布特点表明，大冶地区历史时期的遗址大多与铜矿的开采和铜的冶炼有着异常密切的关系。

五里界城周围发现两周时期的遗址13处，其中已判明具有冶铜功能的有9处。这9处遗址中有5处未发现春秋时期遗存，最早的三角桥遗址，时代可早到商末周初。五里界城的时代属于春秋，说明在五里界城营建之前，五里界地区对铜的采冶已成规模。五里界城周围发现的春秋时期具有冶铜功能的遗址多达10处，反映出春秋时期五里界城处于使用阶段的当地铜矿采冶的宏大规模。在铜器时代，铜是一种最重要的战略资源。面对铜矿的大规模采冶，统治者自然应当采取有效的管理措施。如在矿冶密集的地区修建城堡、派驻常设机构就是管理铜矿采冶的措施之一。因此，五里界城的修建，应与当时当地众多冶铜遗址的存在有直接的关系。

对五里界城性质与功能的分析，还应考虑以下因素。

五里界城面积为124740平方米，规模不可谓小，且城垣、城壕完备。修筑这样的城堡，需要消耗大量的人力物力。但城内文化堆积薄、文化遗物少，说明当时城内人口少。这与一般古都市或城镇的情况大不相同。

在城内西南区清理出来的F2，墙体宽大，室内紧靠西墙壁还有与墙等宽的红烧土二层台。这样结构的房子，与人们生活居住的房屋很不相似。房间内发现有铜矿石、方解石等与冶炼有关的遗物，但没有发现生活用品，说明房屋并非居住之所。城内揭露出来的建筑台基形状特殊，规模较小，这种台基很难说是房屋的台基，应是堆放和承载其他物体的所在。

五里界城仅东垣北段有城门，但城门南部有天然河道，水上运输极为方便，与以往发现的作为当地政治、经济、军事中心的古城有明显的区别。

古城附近铜矿资源丰富，周围分布有密集而众多的矿冶遗址和聚落遗址，说明当时当地铜矿采冶生产规模大，且生产出的产品需要安全存放、便于转运和外销的场所。

城垣外城壕依地貌随形就势，宽窄不同，深浅不一，距城垣距离不等，不具备典型的军事防御功能，恰能起到排水和交通运输作用。近旁有3条天然河道与北边大冶湖相连，舟船从大冶湖进入长江，可直达长江下游、江汉地区乃至中原地区，交通极为便利。

上述情况同样表明，五里界城应是一座与铜矿采冶直接相关的古城。

五里界城与其周围遗址的关系既具历时性，又具共时性。五里界城修建之前，五里界地区在西周时已存在铜矿的大规模开采和冶炼。到了两周之际，统治者为了加强对铜矿采冶的管理，于是在五里界建造城堡。这就是城址与其周围遗址的历时性关系。在城兴建之后的春秋时代，以五里界城为中心对当地铜矿的采冶进行了有效的管理，使当地铜矿采冶生产、储藏、转运工作得到更加有序的发展。这就是城址与其周围遗址的共时性关系。

五里界城的遗迹及出土遗物以春秋时期为主，不见战国至宋代以前的文化遗物，这表明城址兴建、使用于春秋时期，春秋以后废弃，直到宋代城内才有人类活动。城址废弃的原因应与采矿冶炼的重心转移有关。且在城周围也恰恰很少发现战国时期的遗存。

五里界城自身的遗存情况、当地的地理环境、城周围遗址的状况都说明，五里界城是春秋时期与铜矿开采、冶炼生产密切相关的一处仓储、转运、管理场所，是铜矿及冶炼的初加工产品的集散地，是当时当地的经济生活中心。五里界城作为一个具有专门功能的古城，从另一个侧面反映出大冶地区是古代最重要的产铜基地。就这个方面的意义来看，五里界城在我国矿冶史的研究中，与铜绿山古矿冶遗址具有同等重要的地位。

三、城址遗址的文化属性

在前面的分期中已确定五里界城的时代为春秋，城周围遗址的时代多数为西周，少量遗址可早到商代，小部分为春秋，鄂王城的时代为战国，城址和遗址的时代属于商周时期。商，周是我国社会急剧动荡、发生重大变革的时代。因此鄂东南地区城址及周围遗址出土陶器的文化因素既有独特的地域特点，又与鄂西北乃至中原地区商、周时期考古学文化有着多样性与同一性。

鄂东南地区商、周时代的考古学文化面貌具有鲜明的个性，概而言之是以刻槽足外微弧连裆或平裆鬲、带耳甗（有双耳和单耳）、高粗柄镂孔豆、直口折肩罐、鼓腹小罐、折肩乳饼瓮为代表的一种区域考古学文化。这种独具特色的区域性考古学文化的陶质陶色在商末与西周早期以夹砂灰褐陶为主，西周中期以夹砂黄褐陶为主，西周晚期出现红褐陶，春秋时期的陶器以夹砂红褐陶或砖红陶为主，豆、盘类盛食器具绝大多数为泥质灰陶。陶器上的纹饰鬲、罐、甗、瓮以中粗绳纹为主，细密的压印条纹为次，粗柄豆以小长方形镂孔为主。西周早期绳纹占优势，晚期出现间断压印条纹。间断绳纹与间断压印条纹则是鄂东南最具个性的纹饰。

鄂西北商周时期的陶器组合与形态多受中原、丰镐地区的影响，西周早期的器类主要有鬲、罐、盆；西周中期有的器类主要有鬲、甗、盆、蛋形瓮；西周晚期的器类主要有鬲、盆、豆、罐、蛋形瓮；春秋时期陶器的器类主要有鬲、盂、盆、豆、罐、蛋形瓮。西周早期陶器的陶质陶色以夹砂和泥质灰陶为主，到了西周中期，红褐陶比重突然增多，西周中、晚期，除了盆、豆为泥质灰陶，其余器物均为夹砂红褐陶。到了春秋时期，陶质陶色以夹砂红褐陶为主，泥质褐陶、泥质灰陶、夹砂褐陶、泥质红陶、磨光黑陶、夹砂灰陶依次占有一定比例。陶质陶色与器类的功用有密切关系。陶器上的纹饰以绳纹为主，绳纹从西周早期一直延续到春秋时期，另外还有凸凹弦纹、附加堆纹、方格纹、网纹、三角纹、圆圈纹、锥刺点纹等。

从器类对比来看，鄂东南地区从西周早期至春秋晚期器类变化不大。但鄂西北在器类上则有所变化，西周中期增加了甗、豆和蛋形瓮，春秋时期增加了盂。从陶质陶色与纹饰对比来看，鄂西北在西周早期为夹砂和泥质灰陶，鄂东南以夹砂灰褐陶为主；鄂西北在西周中期红褐陶比重突然增多，鄂东南西周中期出现夹砂黄褐陶，直到春秋早期才出现红褐陶和红陶。陶器的纹饰也存在较大差别，鄂西北地区西周至春秋陶器的纹饰以绳纹为主体，但鄂东南在西周晚期出现压印条纹，从西周晚期开始至春秋时期，绳纹主要饰在鬲的外表，压印条纹主要饰在罐、瓮的外表，绳纹与压印条平分秋色占据纹饰的主导地位。鄂西北与鄂东南地区两周时期绳纹的一个最主要的差别是鄂西北区的绳纹不间断，但鄂东南陶器外表的绳纹多数为间断绳纹。

从器形来看，仅就陶鬲而言，鄂东南西周早期的鬲，沿微向外弧翻斜仰，圆唇，沿下肩上内弧束成短颈，圆鼓腹，裆部下坠连弧，羊角形尖锥足足尖微外撇，三足外侧有竖向刻槽，颈以下至足根部饰中粗间断绳纹。西周中晚期的鬲，沿面平仰，唇部尖圆，腹大径靠在上部，裆部连弧近平，尖锥足微外撇，晚期足尖变平，三足外侧有竖向刻槽，器表饰间断绳纹。春秋时期的鬲沿面向外平折，唇变方或斜方，器身变扁，连裆部变平或微下弧，三柱状足呈八字形外撇，外侧竖向刻槽变深。

鄂西北西周早期的鬲（下王岗T4①：45）瘦高，沿外斜仰，圆唇，腹微弧，裆深凹，短锥形袋足。到了中期，鬲体开始变宽（朱家台T92④B：6），侈口，肩部微鼓，瘪裆，柱足开始流行。西周中期偏晚阶段，沿面变平折，裆部近内弧连裆，三足柱状。西周晚期，沿面平折，颈部变长，上弧连裆更明显，柱足加高。到了春秋时期，大口鬲数量明显多于小口鬲，大口鬲整体呈倒梯形，卷沿，内弧裆，圆柱足。

在器形的差别上，西周早期的鬲的形态差别表现在，鄂东南的鬲整体形态横宽，腹部圆鼓；鄂西北的鬲瘦高，腹部微弧；鬲的裆部五里界的为下坠连弧，鄂西北的为瘪裆；鄂东南鬲足为羊角形尖锥足，鄂西北为短锥形袋足。鬲足的变化最具时代的特征。鄂东南鬲的圆柱状足出现在春秋早期，此前的商至西周晚期都是圆锥足。鄂西北的圆柱状足在西周中期阶段开始萌芽，出现的时间要比鄂东南早。粗柄豆是鄂东南与鄂西北西周时共有的器类，所不同的是鄂东南的豆柄长，且柄上有长方形镂孔，鄂西北豆柄短，柄上无长方形镂孔。甗是鄂西北与鄂东南两周时期的典型器，鄂西北的甗为内凹弧束腰，腰较细，上下器分界明显，内弧连裆，圆柱（锥）状足较高，与中原乃至宗周地区甗的形态相似。鄂东南的甗腰部微弧束，上下器分界不明显，底部（裆部）较平，三足较矮呈乳钉状，且有附耳。鄂东南与鄂西北的甗形态上存在较大差别。鄂东南的罐整体形态为斜折肩，斜折腹，外表纹饰以竖向条纹为主，鄂西北地区的罐多为圆肩圆腹，外表纹饰以间断绳纹为主体纹饰。两周时期鄂东南与鄂西北瓮的整体形态差别很大，鄂东南为斜折肩，肩沿有8个左右的乳饼或乳钉；但鄂西北的瓮形似鸭蛋。盂是鄂西北两周时代常见的器类，但在鄂东南则很少见到。

在考古学文化面貌上，虽然各民族在不同的空间和不同的时间创造的文化有多样性，但是任何事物都会有其共性，何况是历史时期的两周时代，整个民族的文化已高度统一，“普天之下，莫非王土”。把以五里界城及周围遗址为代表的鄂东南地区出土的两周时代遗物同鄂西北乃至中原地区同时代的遗物进行比较，不难发现他们之间存在明显的共性和同一性。首先是器类组合基本相同。鄂东南地区的器类以鼎、鬲、甗、豆、罐、瓮为主要组合，鄂西北地区乃至中原地区的器类组合也是以鼎、鬲、甗、豆、罐、盆、盂、瓮为基本组合，只是在春秋时期增加了盂。其次是陶质陶色大体相同：鄂东南地区在西周早期以夹砂灰褐陶为主，西周中期以夹砂黄褐陶为主，西周晚期至整个春秋时期以夹砂红褐陶为主。鄂西北地区西周早期以夹砂和泥质灰陶为主，西周中期夹砂红褐陶比重突然增大，西周中、晚期，除了盆、豆为泥质灰陶，其余器物均为夹砂红褐陶，春秋时期，以夹砂红褐陶为主。从总体上来看，陶质陶色在多样性的基础上又有同一性。其三，纹饰的同一性。不论是鄂东南还是鄂西北乃至中原地区，两周时期的纹饰以绳纹占据主导地位，只不过饰纹采用的方法各有不同。其四，器类的总体风格与形态相似。如鬲身均为罐形，足都由早期的尖锥足演变为圆柱状足。豆均有粗柄和细柄两型，均为喇叭形座，筒状圆柄承接圆盘。罐均为短颈、斜肩、平底等。

江汉地区两周时期不同形态的陶鬲，代表了不同区域的考古学文化。现有的考古材料和相关文献的记载证明，五里界城及周围遗址出土的以刻槽足鬲为代表的陶器群是两周时期鄂东南、赣北地区越文化的遗存。以内弧连裆（浅瘪）鬲为代表的陶器组合是鄂西北地区包括丹淅流域、襄樊地区周、楚文化的遗存。以釜和釜鼎为代表的陶器群则是鄂西南地区包括三峡、清江流域及荆州的江陵荆南寺、沙市周良玉桥等遗存在内的巴文化遗存。在文化因素上，不同时段总有一种文化因素占据着主体地位，如鄂东南区在西周时期一直为越文化因素占主体地位，楚文化因素处于弱势。鄂东南出土的春秋时期的遗物陶质陶色以夹砂灰褐陶为主、泥质灰陶为次，纹饰以绳纹为主，压印条纹、戳印点纹、刻槽为次，极个别器饰凸弦纹。绳纹多饰在鬲足根部，刻槽在鬲足外侧，压印条纹、凸弦纹主要饰在罐的肩腹部。戳印点纹饰在鋬上。器类有圆尖锥刻槽鬲足， 圆柱状绳纹鬲足，泥质灰褐陶矮粗柄豆，泥质灰陶矮领罐。春秋时期，鬲足是显示两个文化即越文化与楚文化因素的重要物证，其时代和地或特征在春秋阶段反映最为强烈。刻槽鬲足是越文化的重要特点，楚文化的圆柱状绳纹鬲足不刻槽。到了春秋中期晚段以后，越文化因素开始变弱，楚文化则占据了主导地位，到了战国时期，展现在我们面前的鄂东南地区的物质文化几乎全是楚文化因素，赤壁土城战国城址及城外东北部108座楚墓的随葬品就是最好的证明[5]。

总之，从考古学文化的整体面貌观察，两周时期鄂东南地区考古学文化面貌个性要多于共性，这就是我国先秦民族考古学文化的同一性与多样性的真实写照。

四、结　　语

鄂东南发现的采矿和冶炼遗址充分证明，特别是先秦时期大冶的铜矿开采和冶炼规模大，延续时间长，空间分布广，在我国科技发展史上占有重要地位，为我国的古代文明的形成和发展做出了重要贡献。

我国古代的青铜文化多姿多彩、奇异瑰丽、独具神韵，体现了美的艺术，是我国古代劳动人民勤劳、聪明、智慧和创造力的结晶。青铜器的出现在我国历史上占有举足轻重的地位，学术界曾将判断文明出现的要素概括为青铜器、城市、礼仪中心和文字四个方面，可见铜器的出现在我国文明起源和文明的形成过程中占有何等重要的位置。我国从夏代开始青铜器就应用到人们的生活当中，二里头文化的青铜器已较发达，既有较多的生产工具，如凿、锛、锥、刀、鱼钩，又有武器如曲内戈、直内戈和戚，也有复杂的礼器鼎、爵、觚、斝，同时还有乐器铃和特别引人注目的镶嵌绿松石的兽面纹铜牌饰，这些已不是普通的装饰品，而是应该属于祭祀用具了。到了商、周时代，铜除了用来制造工具和更普遍、更广泛地应用于农业和手工业生产外，还有一个重要用途就是用来制造生活用具和礼器。可见商周时代铜与人们的生产生活密切相关，因此铜的开采与冶炼在我国历史上具有划时代的意义。

我国的铜矿资源分布广泛而又相对集中。集中分布在长江中下游地区的铜矿带无论是蕴藏量还是铜的品位都居于全国首位，特别是包括阳新在内的大冶地区，是我国六大产铜基地之一，其辖区内的铜绿山矿为国内屈指可数的大型富铜矿山，储量居全国第二，品位居全国之首。

考古调查发掘资料证明，从商代开始，大冶就是我国重要的铜资源生产基地。大冶境内的铜矿主要分布在三个区域，即铜绿山铜矿区、龙角山铜矿区、铜山口铜矿区。在三个矿区内发现有石头嘴、铜山口、冯家山、叶花香等多处古采矿遗址和100多口古矿井。同时在大冶境内发现的200余处遗址中，有150余处遗址内有铜炼渣，其中大部分遗址的时代为两周时期。发现有炼渣与陶质生活用具共存并处于同一层位的，其时代可早到商代。还有一个值得注意的现象是，在大冶境内调查发现的一批被商周遗址叠压的新石器晚期地层中也有铜炼渣，对于这些铜炼渣的时代我们持审慎态度，认为它应属于商周时期。关于大冶地区铜矿开采的最早年代，通过对铜绿山矿冶遗址的发掘和资料整理可以确证为商代晚期。

1974年1月至1985年7月，我国考古工作者分别对大冶铜绿山古矿冶遗址的1、2、4、7、11号矿体采矿遗址和11号矿体冶炼遗址、柯锡太冶炼遗址进行了发掘。遗址文化堆积层内出土的鬲、甗、大口尊等遗物的时代为西周中晚期和春秋时期。^{14}C测年最早的数据为距今3260 ± 100年，树轮校正为公元前1530至公元前1325年，约当商代晚期。最晚的年代数据为距今2470 ± 75年，树轮校正年代为公元前758年至公元前379年，相当于春秋晚期。柯锡太冶炼遗址的年代要晚于矿体的年代，为战国晚期。铜绿山古矿冶遗址揭示的材料证明，我国工匠早在商周时期对铜矿的开采和冶炼已形成一套完备的技术体系。

大冶地区古代铜矿采冶技术充分反映了我国古代人民的聪明才智和创造精神，记录了我国古代矿冶业在地质探矿、矿山开采和金属冶炼等方面取得的辉煌城就。

注　释

[1] 郭沫若：《关于鄂君启节的研究》，《文物参考资料》1958年第4期；谭其骧：《鄂君启节铭文释地》，《中华文史论丛》（二），又《再论鄂君启节地理答黄盛璋同志》，《中华文史论丛》（五）；黄盛璋：《关于鄂君启节交通路线的复原问题》，《中华文史论丛》（五）中华书局，1964年；于省吾：《“鄂君启节”考释》，《考古》1963年第8期；刘和惠：《鄂君启节新探》，《考古与文物》1982年第5期。

[2] 顾栋高：《春秋大事表·春秋列国疆域表》，中华书局，1993年；王国维：《观堂集林》卷十八《夜雨楚公钟跋》，中华书局，1959年；殷崇浩：《楚都鄂补》，《江汉考古》1984年第1期；马世之：《关于楚之别都》，《江汉考古》1985年第2期。

[3] 陈振裕：《东周楚城的类型初析》，《江汉考古》1992年第1期。该文据文献认为鄂王城既是楚之别都，又根据考古材料认为它更是楚国的军事城堡。

[4] 朱继平：《“鄂王城”考》，《中国历史文物》2006年第5期。

[5] 湖北省文物考古研究所，咸宁市博物馆，赤壁市博物馆：《赤壁土城——战国西汉城址墓地调查勘探发掘报告》，科学出版社，2004年。

黄石地区先秦时期青铜铸造业

胡新生　龚长根

铜绿山古铜矿遗址的考古发现，使历史学者们对中国古代灿烂的青铜文明有了新的认识。正如夏鼐先生所言："今天，我们不仅研究青铜器本身的来源，即它的出土地点，还要研究它的原料来源，包括对中国古铜矿的调查、发掘和研究。这是中国古代青铜器研究的一个新领域，也是中国考古学新开辟的一个领域。"

铜绿山古铜矿遗址是先秦时期重要的产铜基地，且类似于铜绿山的古铜矿规模的遗址在黄石地区有数十处。商周时期，铜绿山古铜矿已经开始批量使用青铜工具进行采矿，大多数青铜采矿工具也是绝无仅有的。就铜斧而言，最重的达16.3千克，依次还有11.5~135克（照片一）重的各种铜斧十余种类型。其他青铜工具还有铜锛、铜镢、铜铲、铜凿等。那么，这些青铜工具是哪里生产的呢？但我们更想知道的是，商周时期这一地区有青铜铸造业吗？因为资料原因，人们只知道黄石大冶地区先秦时期是一个采矿、冶炼遗址。事实上，先秦时期这里也存在一定规模的青铜铸造业。

一

蟹子地遗址位于湖北省大冶市罗桥街道办事处王家湾村五组墩下自然村。2009年5~9月，湖北省考古所和黄石市博物馆对这处遗址进行了联合考古发掘，发掘面积为700平方米（照片二）。遗址地层共分⑧层，第①层为表土；第②层为明代扰乱层；第③层时代定位西周早期，第④层为商初；第⑤⑥⑦⑧层为新石器时期[1]。

在第③层的地层中即西周时期文化层，主要遗迹、遗物有炼炉残块堆积、炉壁、炼渣、木炭、红烧土块、孔雀石块、红铜块、青铜箭镞、青铜凿、玉片、石范、锡铅合金丝、石斧、石锛和石镞等。这里要特别提到的是锡铅合金丝、红铜块和石范。这段锡铅丝出土于文化层的第三层，而第三层的时代为商代晚期——西周早期，也就是说，锡铅丝的下限时代不会晚于西周早期[2]。

锡铅合金丝（标本号：DXT1930③：1；照片三），是一段直径约2毫米、弯曲长度约2厘米、重0.95克的白色金属丝，形状类似钩形，表面青灰色，质地柔软，手铲可以刮掉表皮。经过中国科技大学科技考古系检测，锡铅合金丝含锡79.7%，含铅

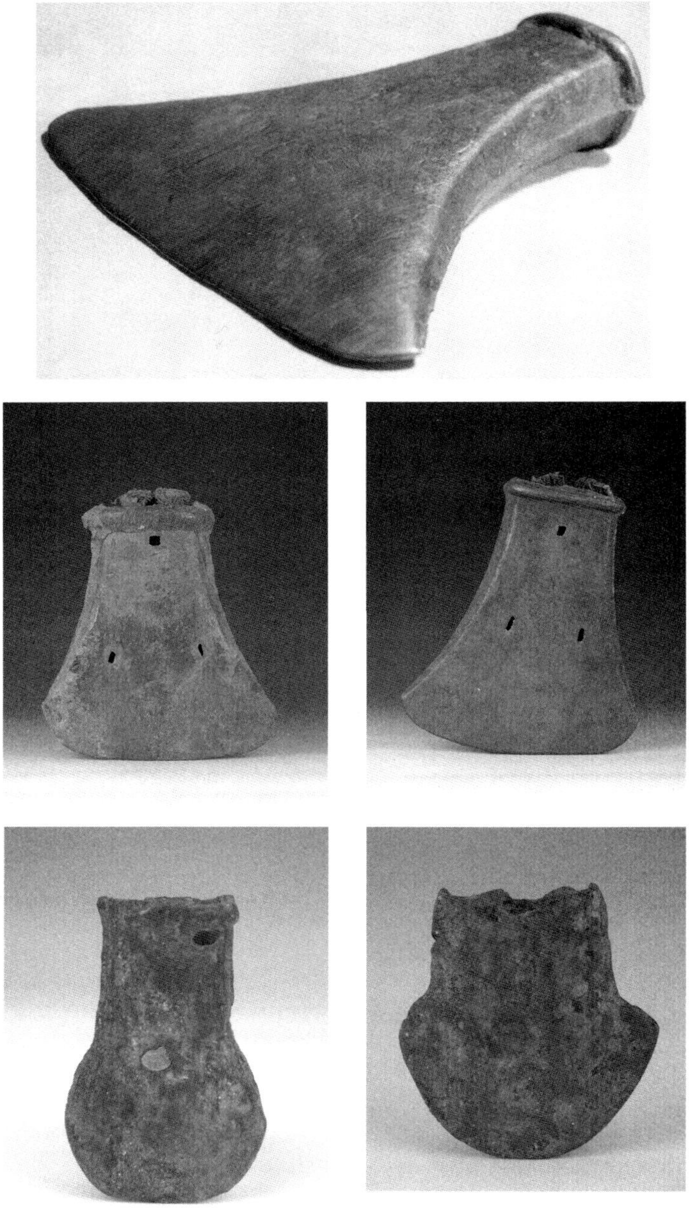

照片一　铜绿山古铜矿遗址出土的各式铜斧

18.4%，微量杂质可以忽略不计，确定为金属锡、铅合金丝（表一）。

金属锡、铅合金丝中还含有少量硅（Si）、铝（Al）、钙（Ca）等杂质或污染物未计。成分分析在中国科学技术大学理化实验中心进行。采用的仪器为日本岛津公司生产的XRF-1800型X射线荧光仪。工作条件为：4kW端窗铑（Rh）靶X光管，管口铍窗厚度为75μm，电压、电流分别为40kV和95mA（照片四）。

其成分已经属于焊锡丝的结构，与现代共晶焊锡成分有差异是完全可以理解的，因为当时焊接技术刚开始出现，还处于最原始的焊接阶段。目前还没有出土材料证明当时用焊丝的精细焊接技术。同时，东周的大量青铜焊接器物，如鼎足和腹部连接，器物耳部与器物主体的连接，古代是怎样操作焊接的，目前没见到一例实验报告来验证。将来一旦发现焊丝的焊接技术，至少可溯源在商末周初已经有了焊丝[6]。有学者据此认为这有可能是焊接青铜器的焊丝，但也不排除是铸造青铜器的配料。

同时，还对蟹子地出土的三块疑似铜块进行检测（照片五）（标本DXT11③2、3、4号），其含铜量分别为83.68%、93.47%、96.23%，可以确定，这是经过冶炼的粗铜块（表一）[3]。

照片二　T11、T12、T13、T14、T17、T18、T19④下平面西-东

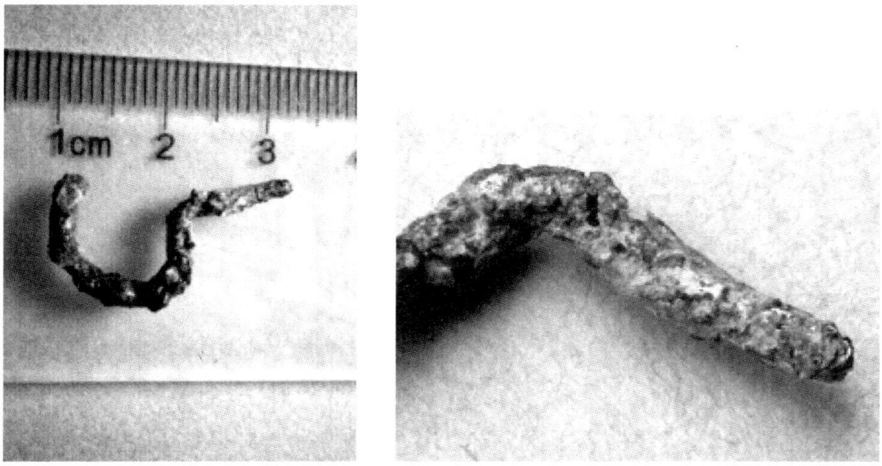

照片三　金属锡铅丝出土情况及局部

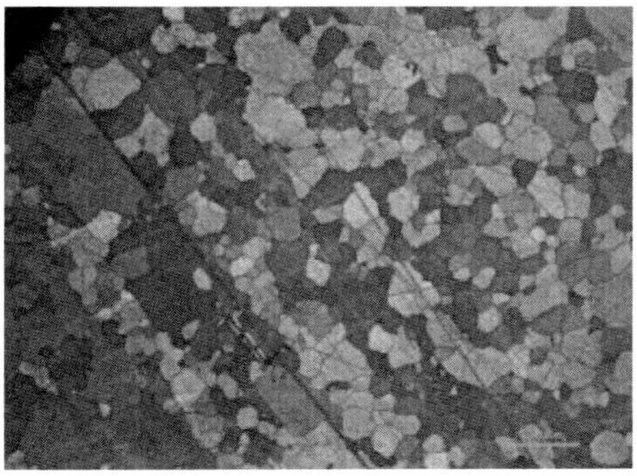

照片四　锡、铅合金丝金相照片

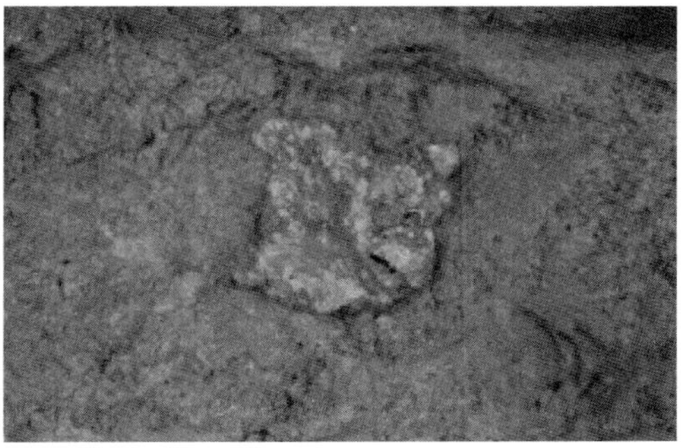

照片五　铜块

表一　检测数据＊

采样位置	样品名称	Cu（铜）	Sn（锡）	Pb（铅）	Fe（铁）	S（硫）
DXT13③：1	锡铅合金丝		79.7	18.40		
DXT17③：2	砸不碎石块	83.68	0.25		3.06	
DXT17③：3	碎铜块	93.47			2.13	0.61
DXT11③：4	孔雀绿色石块	96.23				

＊检测：中国科技大学科技考古系

照片六　粗铜块

铜绿山古铜矿遗址11号矿体春秋早期地层及3号炉西侧也曾出土一块粗铜（照片六），重94克，化学成分如下（%）[4]：Cu（铜），93.318；Sb（锑），0.0075；Pb（铅），0.030；Zn（锌），0.014；Sn（锡），0.023。

铜绿山出土的粗铜块与蟹子地相比，粗铜含量大致接近。也就是说，西周时期蟹子地冶炼遗址的冶炼技术水平与铜绿山春秋早期的冶炼技术水平相当。

蟹子地遗址出土陶范、石范各一件[5]。陶范（H4：1），夹砂灰陶，内芯为红色细粉砂，外表有一薄层灰泥，质细腻。长方形，一端残断，顶面有半圆形凹槽。残长6.8、宽5.2、胎厚4.5厘米（图一），为箭镞的范。石范（照片七），红砂岩，表层灰红，长4.2、残宽3.6厘米，为箭镞范。

此外，该遗址还出土了一些诸如铜箭镞的小铸件。

关于蟹子地遗址出土铅锡合金丝，无论是焊丝、还是铸造青铜器的配料，都只能

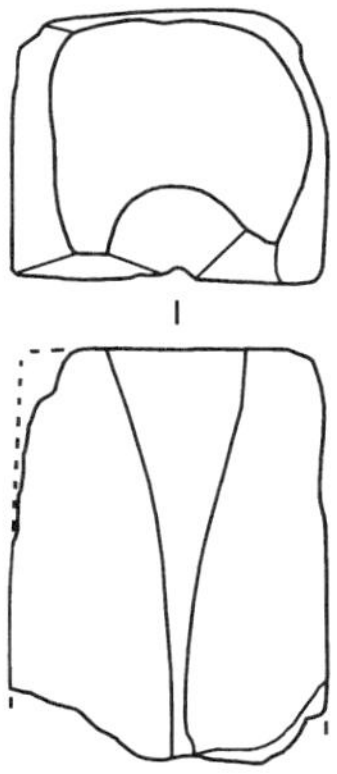

图一　陶范

照片七　石范

证明这个遗址与青铜器的铸造有关。第一，本地没有锡铅资源，铅锡丝显然来自于外地；其二，铅锡丝进入这处冶炼遗址的用途也只有两个，那就是用于青铜器的焊接和作为铸造青铜器的配料。这证明，这处遗址当与铸造有关。再加上出土的粗铜块、石范、陶范及青铜器小铸件，构成一个完整的青铜器铸造证据链。也就是说，蟹子地遗址在商周时期，不仅是一处重要的粗铜冶炼遗址，也是一个重要的青铜器铸造作坊。

二

1978年4月28日，我们在铜绿山古铜矿遗址进行考古发掘时，收到两件比较奇特的铜器，下午笔者赶往出土地点进行详细的考古调查。

茅城垴遗址（图二）位于大冶市金湖街道办事处柯家湾村南50米，西北距栖儒桥1千米，北距草王嘴城约3千米（西汉早期城址），西北侧距牌坊遗址1.5千米（新石器时代至商周时期的遗址），东侧1千米则是摇罗山遗址。遗址位于西北向的一个缓坡地带，南北长200米，东西宽150米，总面积在30000平方米以上。出土文物主要有石器、陶器、铜器、大量炼渣及红烧土块。出土文物主要有工具，生活用具，铜器，冶炼遗物。尤其是黑色冶炼渣遍布山冈，最厚处超过1米，经检测确认，这是冶铜炼渣。其炼渣平均含铁为65.46%，含铜平均为1.30%[6]。毫无疑问，这是一处商周时期的冶铜遗址。

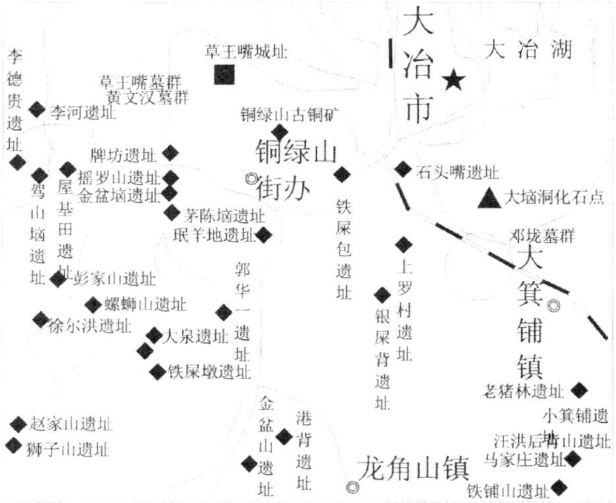

1. 茅城垴遗址位置示意图

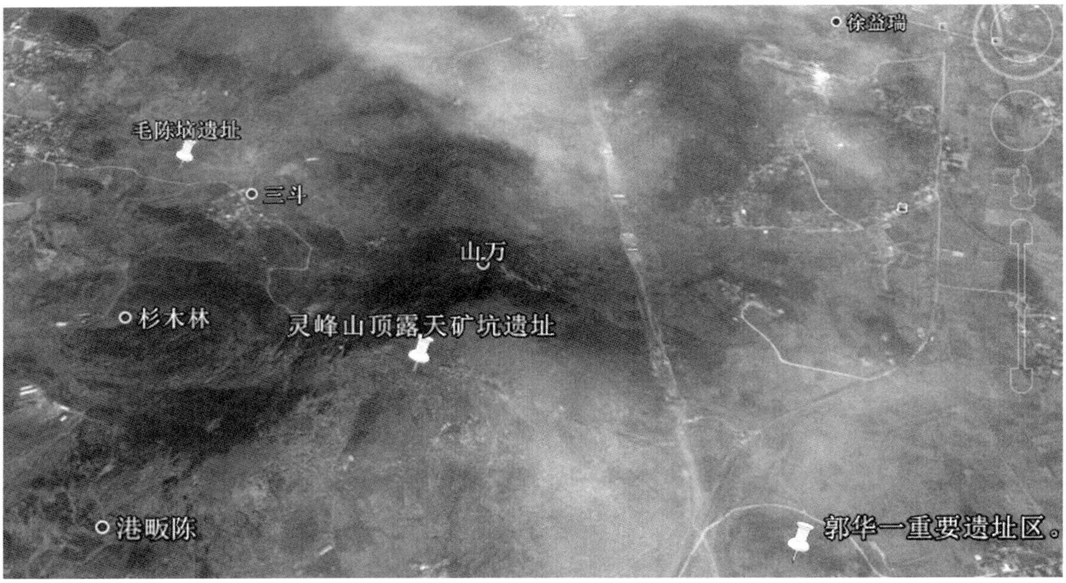

2. 茅城垴遗址卫星示意图

图二

这种奇特的铜器，暂称为“无名铜器”（照片八、图三）。无名铜器，之所以未定名，主要还是因为我们并不知道它的真正用途，故名。无名铜器不包括残件共有97件（农民还卖掉了一大部分）。该铜器平面呈鞋底状，周边呈冰凌形凸起，通长16.4厘米，宽4.6厘米，平均重量为201克。制作方法为双面合范浇注。据考古调查资料分析，这批铜器时代大约为两周时期。

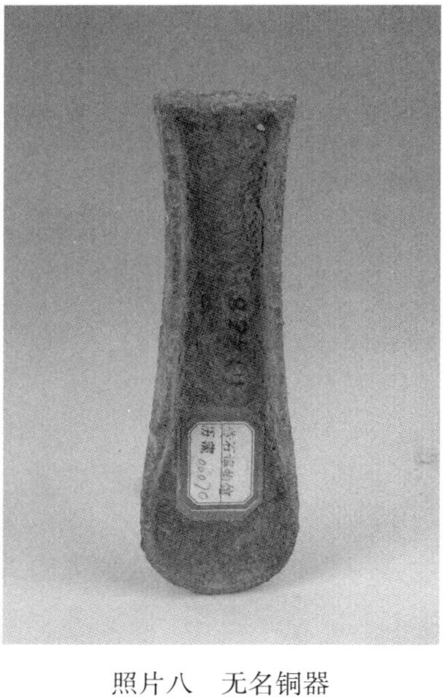

照片八　无名铜器

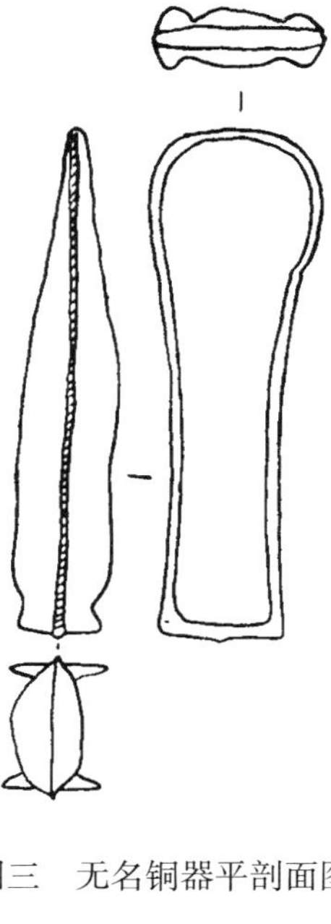

图三　无名铜器平剖面图

与这批铜器一同出土的还有铜凿、铜削和铜铲。铜凿，上部残，残长4厘米、宽3厘米、厚1厘米、长形弧刃。铜削、削柄和前端部残，中段断裂，残长8.9厘米，宽2.6厘米，刃稍凸弧，刃口锋利。铜铲，通长16.1厘米。其中，銎长6.9厘米，铲长9.2厘米，铲宽8厘米。铲面中间饰有凸起对称的两个小半圆形纹饰，銎部和铲背均饰凸起直条纹，重240克。

我们随意选了20件无名铜器进行了统计分析。从统计数据看，单个最重的为208克，最轻的为137.5克，平均为177.025克。应该说这个重量与早期由铜工具演变成的金属铜货币如铲币、布币比较接近。这种重量和造型比较容易再次溶解还原，因为毕竟还是属于粗铜产品，同时在生产其他青铜器过程时很容易知道需要量，并易于溶解。无名铜器究竟是粗铜锭还是青铜工具呢？对此，我们也作了检测与分析（表二）。

表二　大冶地区部分矿渣、铜样品分析报告部分数据*

计量单位：Si2–Cu（%）；Ba–Mo（μg/g）

编号	标本编号	As砷	Pb 铅	Ag 银	Zn锌	Co 钴	Bi 铋	Fe 铁	Sn 锡
11488	htz2002	11	21	4.8	335	335	2.8		
11491	htz2005	9	9	4.8	543	169	0.8		
11496	htz2006	233	59	99.4	341	63	6.4	31966	299.8
11498	htz20051	299	194	99.8	330	101	< 0.5	45393	68.3
11497	htz2012	2621	188	141	9	454	60.9	2631	162
11499	htz2011	4	26	6.4	17	0.2	< 0.5	144	17

*地矿部武汉综合岩矿测试中心

htz2002铜绿山古炼渣；htz2005现代模拟炼铜渣；htz2006现代模拟炼铜铜块；htz20051现代模拟炼铜渣中含铜颗粒；htz2012铜绿山矿周边出土铜锭；htz2011大冶茅城垴遗址出土无名铜器。

编号1149的茅城垴遗址无名铜器残片中As（砷）、Pb（铅）、Ag（银）、Zn（锌）、Co（钴）、Bi（铋）、Fe（铁）的含量大大低于古代炼渣[（编号11488）、现代模拟古代炼铜铜块（编号11496）、现代模拟古代炼渣中含铜颗粒（编号11498）、铜绿山古铜矿周边出土的铜锭（11497）]。其铅含量也大大低于铜绿山出土的铜锭。所以无名铜器不可能是粗铜锭类的产品，而应该是在粗铜锭的基础上再次铸造加工后的产品，故而原矿中的各种稀有金属元素在再次的铸造过程中部分流失，这也是无名铜器中各种稀有元素低于粗铜中稀有元素含量的原因。

1977年9月，当地村民发现无名铜器时，它们在地面下约50厘米处有规律地相互叠压侧放。经了解得知，村民陈世应得铜器30余斤、陈世贵得铜器40余斤，其他人获得数量不等。总量不少于100余斤。10月份以后，村民陆续把铜器送到栖儒桥废品收购站出售，也就是说，大部分出土的铜器由于售出时间过长，已经无法追回。按照前述无名铜器的平均重量计算，无名铜器有300件左右。

有学者认为："大冶茅城垴出土的……长舌形铜锭（无名铜器）若作货币解释较为合适，那么作为商周货币不能无名，我们推测'贵'可能是长舌形铜锭这种金属称量货币的古代用名。"[7]

毫无疑问，茅城垴是一个冶铜遗址，这是因为炉渣基本成分扫描电镜能谱分析的数据结果与本地区大多数炼铜遗址的炼渣数据接近。但是，利用这里的冶炼技术和粗铜资源优势，转而进行一些粗铜的深加工，并铸造一些青铜器，也是可能的。遗址出土的无名铜器、铜铲、铜凿及铜削，除自然氧化腐蚀外，没有使用痕迹。这其中，铜铲、铜凿及铜削为青铜制品。然而，无名铜器的铅含量大大低于铜绿山地区出土铜锭。我们推测，无名铜器为粗铜的深加工产品。其他铜器则为就地铸造。也就是说，这既是一个冶炼遗址，同时也根据需要进行一定规模的铸造活动。

三

照片九　铜斧

1949年以后，黄石地区多次成批地出土小型铜器。20世纪80年代，黄石市博物馆曲毅先生曾在大冶废品收购站收集小型铜斧18件（照片九）。据大冶废品收购站老工作人员介绍，以前也批量收购过这类铜斧。20世纪80年代，我们也曾在铜山口古铜矿遗址一次性地发现小型铜斧20余件。形制大致与照片八相近。这些铜斧的重量一般在35~50克。

1987年4月，阳新县原星潭乡郭家垄村乡郭家垅村农民在清理田坎时，发现一处青铜器窖藏。阳新县博物馆获悉后，即派员前往调查和清理，并接收了全部窖藏文物。随后，湖北省博物馆又派员到发现地点作了复查。这处窖藏共出土铜器54件。其中，鼎1件，铜斧53件。此外还有少量铜斧残片。出土的铜斧分为大、中、小三型 。其中，大铜斧14件，分2种，包括宽腰斧6件，束腰斧8件。均为微弧刃和凹形銎口，两侧有范痕。颜色乌黑。斧身半数有砂眼，少数有铸疣，大部分銎内残存范芯。刃部均有使用痕迹。銎口长5、宽2厘米，刃宽8、长12厘米左右。重120~190克，个别在190克以上（照片一〇）。中型铜斧22件。扁平梯形，凹形銎口，两侧有范痕。浅黑色。其中，有砂眼和残存有范芯的各4件，有铸疣的17件。刃部均有使用痕迹。銎口长3.4~4.5、宽0.8~1.4厘米，刃宽5.9~7、通长9.9~10.8厘米。重60~90克，个别在90克以上（照片一一）。小铜斧17件。形制均与中型近同，浅黑色。其中多数有铸疣，少数存有部分范芯，有砂眼的1件。刃部有使用痕迹。銎口长3.5~3.9、宽0.8~1.2厘米，刃宽5.4~6、通长8.7~9.5厘米。重约50克（照片一二）。

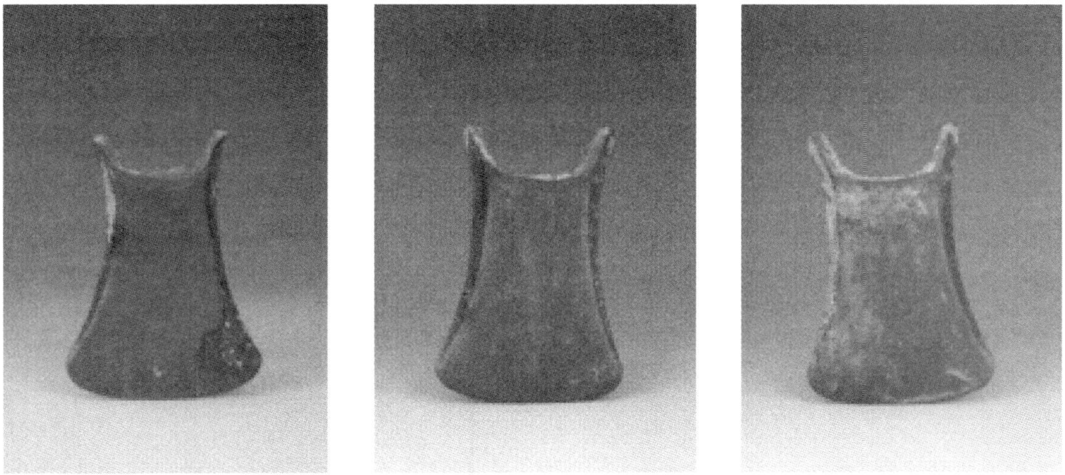

照片一〇 铜斧

照片一一 铜斧

阳新县富水镇星潭发现的这批铜器，均有程度不同的使用痕迹，有的铜斧已磨损露出空腔。这批铜斧与铜绿山古铜矿出土的铜斧相比较，一是个头特小，二是斧壁薄。这说明其无法承受采矿时所需要的巨大冲击力，因而这批铜斧应该不是采矿工具，而是加工工具，其作用与使用方法与凿相似。这批铜斧的年代，应属战国前期[8]。

我们在对黄石地区先秦时期遗址的调查中，多次在与冶炼有关的遗址中发现石镞范、锛[9]的石范及小型铜斧的残范。实际上应该还有相当数量的陶范，只是因为不易保存，故极难见到。

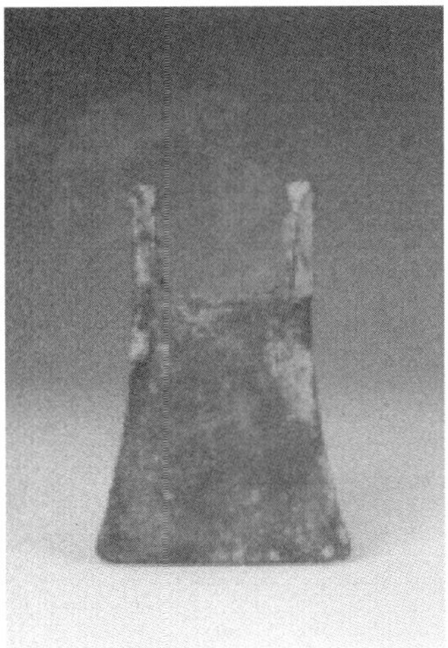

照片一二 铜斧

谈到铸造，当然离不开铅、锡，这也是铸造青铜器不可或缺的原料。应该说，长江中下游地区湖南南部的宜章、郴县、桂阳、耒阳大量产锡。常宁水口山产铅较多。楚地墓葬中亦常见铅、锡出土。湖北鄂城钢铁厂53号墓出土锡圈环140件，重5千克。江陵天星观1号楚墓也出锡片饰200件。太晖观和溪峨山则出铅饼。在长沙、衡南的墓葬中还发现了铅鼎、铅戈和铅块[10]。“廖书平先生确切指出：江西德安彭山地区洪溪畈东南的黄金洼，是江西瑞昌铜岭古铜矿锡矿的来源地。”[11]我们并不排除蟹子地的铅、锡就来自于上述地区。

其实很早就有学者意识到大冶地区先秦时期不仅产铜，而且有可能存在一定规模的铸造业。“铜斧一件和铜锭（均为铜绿山地区出土）一个的化学分析显示含有较高的铁和锌，锑和铅相近似。铜绿山矿为铜铁共生矿，铜斧当为本地冶炼的铜所铸成。”[12]就铜绿山古铜矿遗址的冶炼技术而言，充分利用自身的技术优势，同时利用周边的资源进行必要的青铜工具的铸造是极有可能的。这在技术上毫无问题，是因为：其一，有技术保障；其二，有资源基础；其三，根据采矿强度的需要可以随时调整青铜工具铅锡的配方比例。

也就是说，在先秦时期，大冶地区不仅是粗铜的重要产地，实际上还存在着一定规模的青铜铸造业。在技术上不存在障碍，且资源丰富，从需求上来说也是需要的。当然，因为人们知道的原因，这一地区的青铜铸造业，极有可能仅仅只是限于矿冶生产类的工具。

注　释

[1][5]　罗运兵，曲毅 等：《湖北大冶蟹子地遗址2009年发掘报告》，《江汉考古》2010年第4期。

[2][3][11]　曲毅，秦颍：《湖北大冶出土锡、铅合金金属丝初探》，《铜绿山古铜矿遗址发现与研究》，科学出版社，2013年。

[4]　黄石市博物馆：《湖北铜绿山春秋时期炼铜遗址发掘简报》，《文物》1981年第8期。

[6]　龚长根，周卫，成建超：《无名铜器当是称量货币》，《武汉金融》2010年第12期。

[7]　曲毅：《试论湖北大冶出土青铜称量货币·湖北省考古学会论文集（三）》，江汉考古编辑部，1998年。

[8]　王善才，费世华：《湖北阳新发现一处青铜器窖藏》，《文物》1993年第8期。

[9]　黄石市博物馆：《大冶古文化遗址考古调查》，《江汉考古》1984年第4期。

[10]　湖北省鄂城县博物馆：《鄂城楚墓》，《考古学报》1983年第2期。

[12]　冶军：《铜绿山古矿井遗址出土铁制及铜制工具的初步鉴定》，《文物》1975年第2期。

矿冶文化　青铜器与规矩

龚长根　董亚巍

一

矿冶文化是黄石特有的一种地域文化。有学者认为它主要包含两个方面的内容，即传统的考古学文化遗存的时代和区域特征，主要是根据陶器遗存来认识；另一个方面是采矿、冶炼技术成就，则是通过对炼炉、铜渣和采矿遗址技术数据分析来认识。黄石地区古代文化遗址绝大多数都直接与采矿、冶炼业密切关联，尤其是先秦时期的遗址。从考古学角度上讲，商周时期大冶地区的古代文化就是矿冶文化。也就是说，最迟从三千多年前的商代开始，黄石地区的开发、发展与兴盛都与矿业生产密切关联。这种大规模、长时间生产的必然结果是这一地区真正文明的诞生、延续和发展。这种文明对中国青铜时代繁荣、进步与发展的影响巨大。矿冶文化形成的基本原因是这里蕴藏的丰富的铜矿资源，社会原因则是当时社会对铜资源的广泛需求。

我以为，黄石地区先秦时期矿冶文化最大的特点就是它的地方性和包容精神。这种文化的地方性，是指它的区域性，它仅仅存在于长江中下游南岸地区，又以黄石地区最有代表性，且它又是中国青铜文化的重要组成部分。因为以粗铜为基本原料并加以锡、铅合金的制成品被称为青铜器，这也是产生青铜文化的基本条件。矿冶文化的包容精神。矿冶文化本身就不是一种原生态的文化，事实上它包含了当时社会各主要政治集团、南北区域的文化特征。出土文物证实，从总的文化面貌上看，这一地区的文化遗存与江汉平原地区同期遗存相比，具有同一时期的文化特征。另一种典型的南方越文化因素，如有段石锛、印文硬陶、刻槽足鬲、鬼脸足鼎等亦占有十分重要的位置。其实，先秦时期这一地区的文化既包含中原地区文化、楚文化的内容，又包含越文化和本地文化特色。显然，矿冶文化是一种包容性很强的文化。就铜绿山古铜矿技术而言，其所反映的技术成就本身就吸收了当时社会方方面面的技术经验。铜绿山古铜矿代表了中国青铜时代采矿、冶炼技术的最高成就，对中国青铜文化和青铜时代的发展影响巨大。

其实，先秦时期的矿冶文化主要还是指青铜文化，这也是中国青铜文化的重要组成部分。尤其是这里出产的大量优质粗铜和卓越的冶炼技术对于青铜器的制作与发展影响巨大。

二

先秦时期，黄石地区出产的粗铜是否曾被大量用来制作青铜礼器呢？对此，学者们进行了专门的对比研究。湖北省文物考古研究所曾采用铅同位素技术，研究了一批盘龙城出土青铜器的分布特点，并与河南郑州、安阳等处出土器物的数据相比较，探讨其相互联系及与矿料产地的关系。其中对“盘龙城九件青铜器样品与河南郑州商城，湖北春秋期的大冶、铜绿山古矿区和江西商周期的瑞昌、铜岭古矿区出土的矿料铅同位素”比值进行了研究，可以“看出，盘龙城的青铜器样品（94175、94182）落入大冶、铜绿山古矿样品（孔雀石、铜锭、粗铜、炼渣）的分区内。这说明制造盘龙城青铜器部分原料可能来自于当地，是在当地铸造的”“从当今的矿产资源开发研究表明，在河南地区还没有发现蕴藏量颇大的铜矿区，那么在商王朝时代制造出大批的青铜器，其矿料从哪里来？这是考古界和科技界感兴趣的课题。从铅同位素示踪研究看出，商王朝所需的铜铅矿料，有一部分可能来自大冶的铜绿山和瑞昌的铜岭。这与商王向南方开拓铜路的史实相符”[1]。

楚人不仅运用丰富的铜矿资源扩张势力，同样也铸造了许多青铜礼器。北京科技大学曾对湖北当阳赵家湖楚墓出土的14件青铜器进行了化学分析和对比，其中6件青铜器（分属5个不同的墓葬）中有硫化物夹杂，其含硫量为22.7%，接近于硫铜矿的含量。分析表明：硫化物夹杂地存在表明冶炼所用的矿石不是纯净的氧化矿，其中有少量硫化矿存在。现代地质勘探结果表明，在铜铁共生的矿体中，铜的氧化矿是一种次生矿，主要分布在硫化铜矿上部的氧化带中。长江中下游地区的古铜矿遗址基本上都处于这种类型的矿体上，这也证明楚人使用的铜矿原料也都出自于这一地区。为了证实铜绿山古铜矿出产粗铜的去向，科研人员分析了湖北随州擂鼓墩一号墓出土的著名的曾侯乙编钟的化学成分，化验结果证明，编钟的化学成分中微量元素的含量与铜绿山古矿井中出土的孔雀石、自然铜等矿石中微量元素的含量十分接近。显然，先秦时期，黄石地区是中国重要的粗铜产地，这对于那个时代的进步与发展至关重要。

三

矿冶文化是青铜文化重要的内涵和补充，青铜文化又促进了矿冶文化的发展。而青铜文化中的“规矩”又是青铜文化的重要内涵。在现实生活中，人们常常遇到与规矩有关的事情或话题，如规规矩矩、循规蹈矩等。远古时期，人们发明的规矩本是两件器物，即规和矩。规即今天的圆规，是用以画出各种大小圆的仪器。矩即今天的曲尺，也称为拐尺，是用来测量各种材料角度的工具，古代主要用于测量方形木料的角度。规和矩两种工具，分别测量圆和方。尽管人们早已将规矩引申成各种规章制度，但还是有曰“没有规矩，不成方圆”。规的使用很早，至少在青铜时代早期就在使用，但发明时代已无考。在汉代出土物中，有伏羲手中拿矩的纹饰，说明汉人认为矩是伏羲发明的。

规矩对中国社会的影响很大。战国时期《墨子》一书云：“子墨子曰：天下从事者，不可以无法仪。无法仪而其事能成者，无有也。虽至士之为将相者，皆有法。虽至百工从事者，亦皆有法。百工为方以矩，为圆以规，直以绳，正以县（悬），无巧工不巧工，皆以此五者为法。巧者能中之，不巧者虽不能中，放依以从事，犹逾已。故百工从事，皆有法所度。”墨翟说，制作方形器需要用矩测量，画圆需要规，拉一根绳子才可看出墙是否直，用绳悬挂一个重陀才可看出墙是否正。墨翟把法仪所起的作用与将相治国安邦的策略，用规矩的概念进行比喻。墨翟的这种先秦哲学思想，影响极其深远。除墨翟外，先秦的韩非、荀子对规矩也有著述。如《韩非子·解老》“万物莫不有规矩”，将规矩的概念用到万物之中。到了汉代，司马迁则曰：“人道经纬万端，规矩无所不贯……”[2]由这些文献可以看出，规矩在先秦就已进入意识形态，先是直接影响到汉代，继而影响了中国两千多年直至今日，并且越来越广泛。

规矩在青铜器制作上的作用。所谓规矩体现在青铜器的制作上的关键作用，就是模与范。荀子云：“刑范正，金锡美，工冶巧，火齐得，剖刑而莫邪已……”这里讲的是铸剑需要有规整的模（刑），才能制出规整的范。铜与锡的配比要适当，熔炼合金的工匠要心灵手巧，火候掌握要恰如其分，浇注后，剖开范腔，一把上好的莫邪剑就铸好了。模从木，型从土，可见模是用木材制作，型则是用泥料制作。范一般有陶范（照片一）、石范及铜范等。其实，铜绿山古铜矿遗址出土的各种青铜工具，包括铜斧、铜镢、铜锛等，都是这种规矩下的标准化产物。出土的陶范和石范证实，商周时期铜绿山古铜矿使用的部分小型生产工具应该是在本地铸造的。

规矩在矿冶生存过程中无处不在。为了获取地下的铜矿资源，工匠们要把采矿井巷挖掘到地下数十米的地方，还要分层设置竖井（包括主井、通风井等，照片二）、盲井、平（斜）巷（照片三）等，形成一个规矩的采矿系统，既保证能采到铜矿，还

照片一　黄石蟹子地遗址出土的陶范（商周）

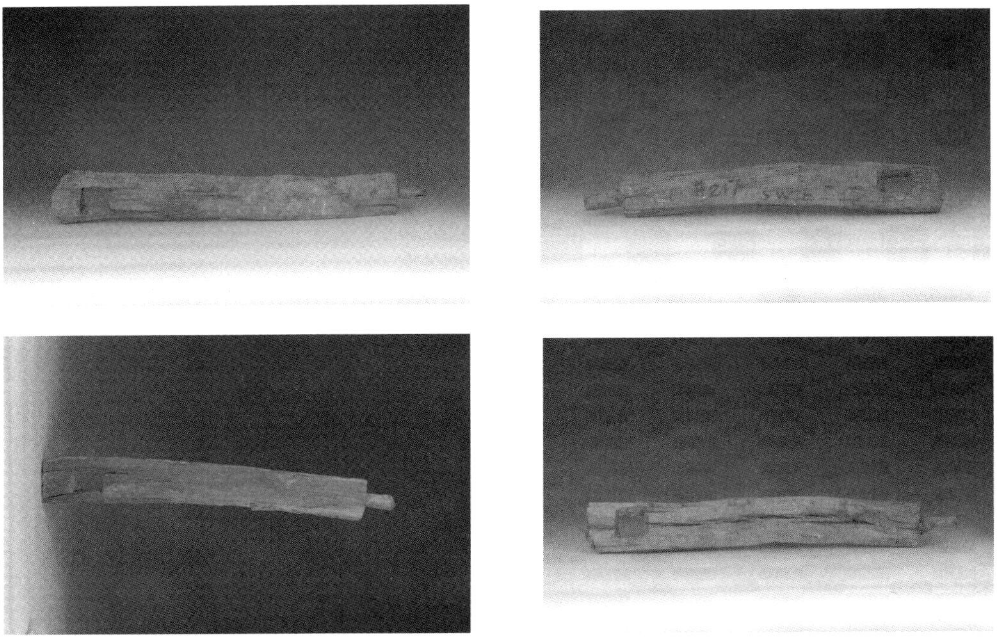

照片二　商周时期采矿竖井木支护构建

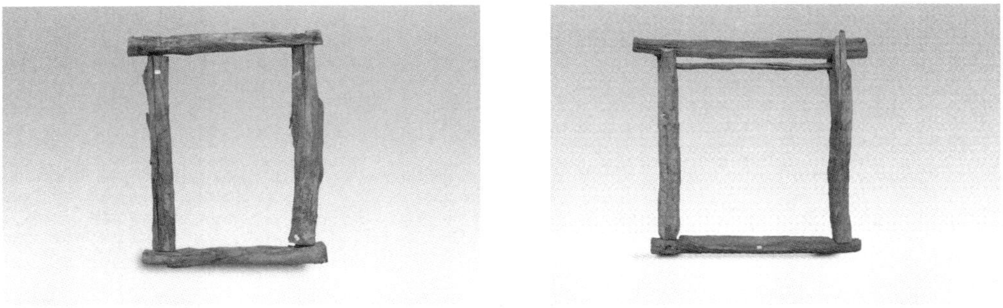

照片三　商周时期采矿平巷木支护框架

要保证安全。井巷支护结构更是按照统一的规矩和模式制作，然后进行组装。有了规矩，就形成制度、规范了标准。铜绿山古铜矿采冶技术水平之所以代表了中国青铜时代矿冶业的最高技术成就，其中一个重要因素就是讲规矩，有严格的管理体系和技术规范。

文化，指人类社会历史实践过程中所创造的物质财富和精神财富的总和。而矿冶文化则是黄石地区人类围绕矿冶业在社会历史实践过程中创造的物质财富和精神财富的总和。事实上，由于时空转换的原因，矿冶文化在黄石矿业发展历史进程中的不同时期包含不同的内容和各自的特点。古人创造的矿冶文化是中国古代文明的重要组成部分。尤其是黄石地区的人民对矿冶文化的继承、传承和弘扬非常有意义。正是矿冶文化的传承和发展造就了黄石人果敢、刚毅和包容的品德。

注　释

[1]　湖北省文物考古研究所：《盘龙城—— 一九六三— 一九九四年考古发掘报告（上）》，文物出版社，2001年。

[2]　司马迁：《史记·礼书第一》，岳麓书社，1995年，第151页。

鄂东南地区古代矿冶文化概述

曲　毅　胡新生

一、鄂东南古矿冶遗址概况

1. 地质成矿原因

鄂东南地区的古地理，北部为下元古代末吕梁运动（约18亿年）形成的淮阳古陆，绝大部分为古老变质岩。南边是江南古陆（雪峰古陆），以花岗岩为主，次为震旦纪变质岩和古生代早期形成的沉积岩，加里东运动后上升为陆地。在不同时期古陆剥蚀区的形态与大小亦有不同的变化。在南北二陆剥蚀之间为一近东西向展布的凹陷区，海水自西南入侵。时进时退，形成广布的海滨、海相、浅海相、陆湖相、陆相等建造。

在古生代以后的地质年代中，海陆交替、冰期更迭，到中生代三叠纪初，黄石、大冶、阳新、鄂州、黄冈、咸宁都还在汪洋大海中。直至中生代三叠纪中上统开始到侏罗纪，燕山运动伴随岩浆入侵，山脉隆起海洋逐渐东退，茫茫大海上升为陆地。整个燕山运动的早、中、晚期，强烈的中酸性岩浆活动对鄂东南影响最为广泛，造成地壳深处大量岩浆上侵，形成许多较大的火成岩体及许多小岩体。这次岩浆的广泛喷发和侵入活动，开始于1亿7千万年前，结束于9千万年前，持续了8千万年之久。这种多期次反复的火山喷发和岩浆侵入活动，带来大量热能，使地壳上部的沉积岩受此汽液作用热力烘烤，造成重结晶作用和交代作用，使灰岩变成大理岩，泥岩、页岩变成角砾岩，砂岩变成石英岩等，组成变质岩系列。岩浆多次侵入活动更重要的一点，是在适合的地质构造环境和有利的围岩条件下，岩浆流动前缘与碳酸盐岩石接触经交代作用形成矽卡岩，形成了鄂东南地区众多的热液接触交代型富铜、富铁多金属矿床。

大冶铜绿山即是其中之一，在岩体的破碎带中，形成露天铁帽，浅层的氧化带和不同深度的铁、铜矿脉，含有丰富的孔雀石、自然铜、蓝铜矿、黄铜、斑铜矿、辉铜矿、赤铜矿和多种铁矿。由于其埋藏浅，品位高，为古代提供了理想的开采环境，形成了鄂东南古铜矿群体发展的有利条件。

2. 不同历史时期采矿冶炼遗址概况

鄂东南是一块神奇的土地。考古调查资料显示，先秦时期的采矿、冶炼遗址是从鄂州、大冶、阳新到江西的瑞昌、柴桑、九江等地沿线分布。从鄂东南到赣西北，在地质上是一条大的铁、铜矿脉带，所以鄂东南众多的古代遗址大都与冶炼相关。现有资料来看，最早应从夏代开始就已经在鄂东南开始了冶炼活动。商代在鄂东南的古代冶炼文化已经很普遍了，考古资料显示商至汉代的采矿、冶炼遗址有百余处，这些遗址主要分布在现有的各个矿区，大冶有色金属公司下属八大矿山，都是古代采矿冶炼遗址集中的地方。如：新冶铜矿、铜绿山铁铜矿、铜山口铜矿、叶花乡铜矿、龙角山铜矿、丰山铜矿、赤马山铜矿、冯家山铜矿，都是古代矿冶遗址集中的区域。另外还有各种所有制性质的矿山十余座，如原省冶金局下属矿山，集体性质，个体性质矿山，都发现古代开采过的迹象，表明古矿冶遗址的分布与现代矿山承前启后的继承关系。

鄂东南的古代冶炼遗址，最初发现于1958年省市联合进行的一次文物普查。从1961年5月24日公布的黄石、大冶13处省、市文物保护单位遗址中，只有7处是与冶炼相关的遗址[1]。当时并没有引起重视，也没有保护意识，老百姓传说都是宋代岳飞时期留下的炼渣。

1973年6月，铜绿山在露天采矿时，发现距地表40余米深处的古矿井和工具，上报到中国历史博物馆才引起重视。1974年1月，由湖北省博物馆王劲、李天元等负责开始第一次发掘。随后多次发掘延续到1985年夏，长达11年的考古工作，总面积4923平方米。共发掘清理6处采矿遗址，2处冶炼遗址，出土各种矿井231个，平、斜巷100条，炼炉12座，还有近300件铜、铁、石、木、竹、麻质地的各种工具。值得一提的是，第一次发现了春秋时期的一件长2.5米的提升工具：辘轳。最大的采矿工具开山大铜斧重16.3千克，可称得上是铜斧之最[2]。除此之外，1984年为配合湖北大冶—江西沙河铁路工程，湖北省博物馆冯少龙发掘阳新和尚垴、大路铺、观音垴遗址[3]。李天元发掘阳新县港下古代采矿遗址。黄石博物馆在大冶发掘了三角桥遗址。大冶博物馆在大冶发掘了五里界古城址的局部。加上1982年和1990年，黄石、大冶、阳新两次大规模的文物普查和复查，大大增添了铜绿山以外古代矿冶遗址的新资料，奠定了今天遗址的分布地图（见黄石、大冶文物地图一，阳新文物地图二）。2003年配合武昌——九江铁路工程，湖北省博物馆在大冶五里界古城[4]，阳新和尚垴、大路铺遗址的第二次发掘[5]。

黄石博物馆在大冶三角桥遗址的第二次发掘。2005年6月，为配合江苏仪征—湖南长岭石油管道工程，湖北省博物馆和黄石市博物馆联合在大冶李德贵发掘了清代炼铁遗址。在不到150平方米的范围内，清理出炼铁炉20座。2006年黄石詹爱宇遗址A、B两区的试掘。2009年大冶蟹子地遗址发掘，发现西周时期的锡铅合金丝，石范，小件范铸残铜件等。都不断充实着古铜矿研究的内容[6]。

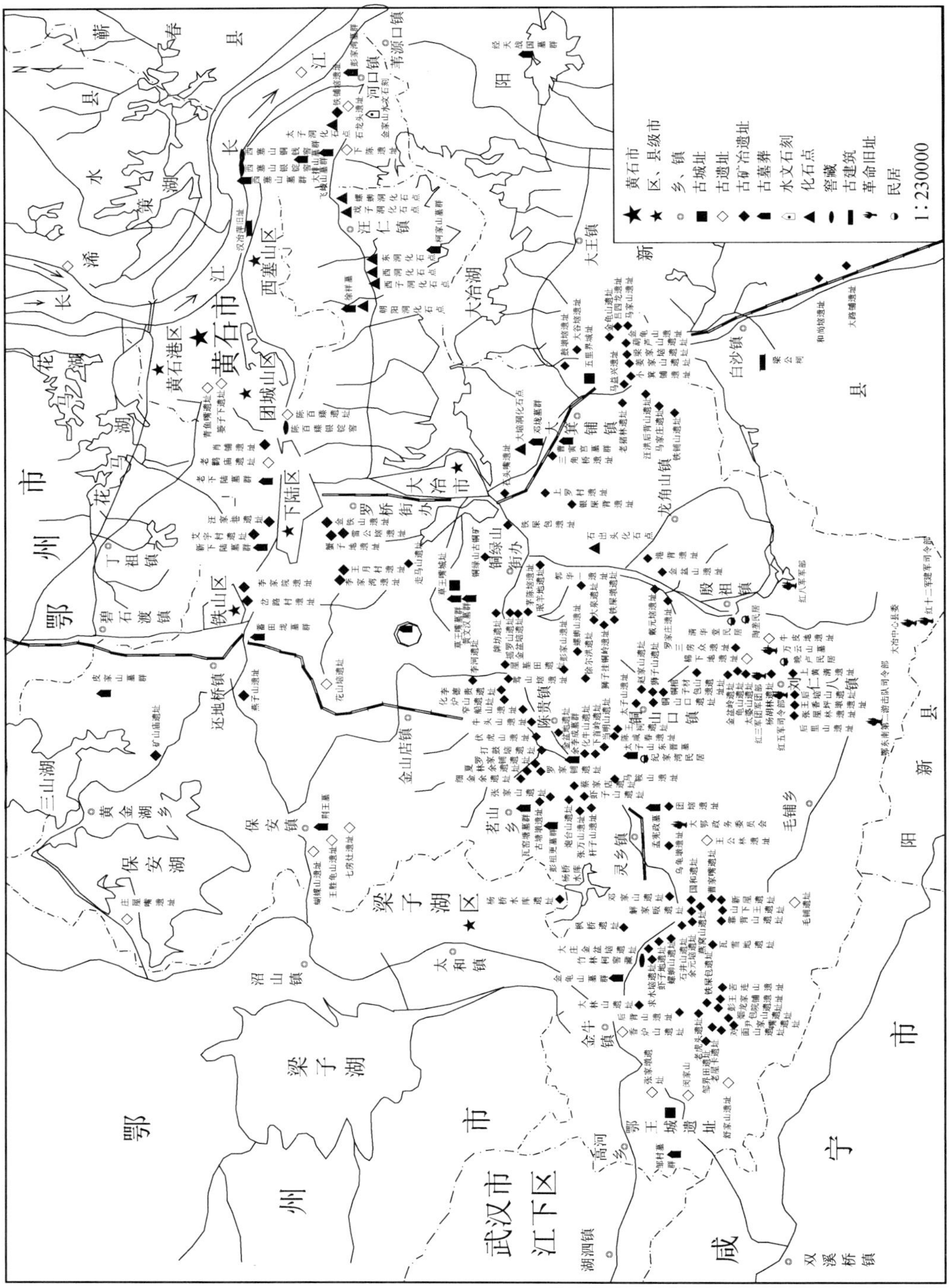

图一　黄石市、大冶市文物地图

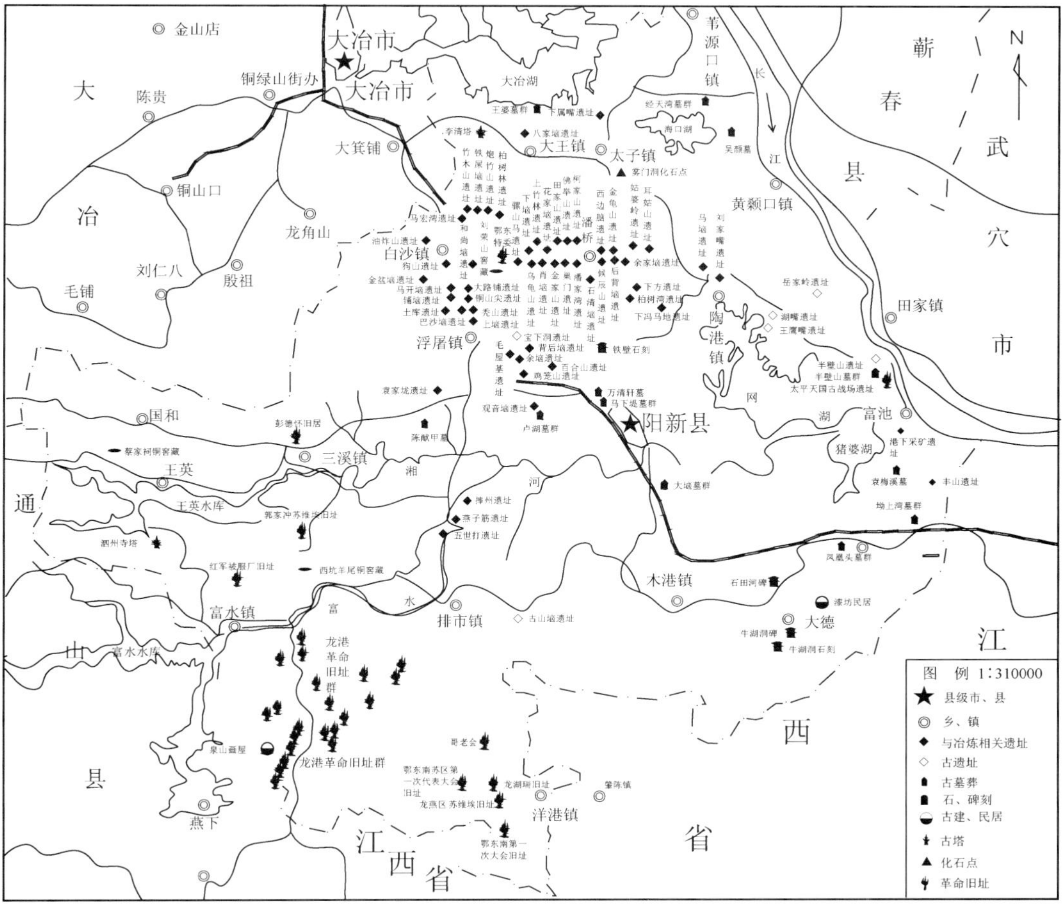

图二　阳新县文物地图

二、鄂东南先秦文化概貌

鄂东南先秦的文化概貌基本划分为两个阶段。

1）新石器时期。距今约5000~4500年，还没有发现古代与铜有关的线索。文化面貌上黄石鲶鱼墩为代表的新石器遗址出土：有段石锛、多孔石刀、扁凿足鼎、鸭嘴足鼎、麻面足鼎、曲腹杯、仰折腹豆等，基本与黄梅陆墩，武穴挂玉山遗址文化属性接近，体现了薛家岗文化和屈家岭文化两大区域交汇的文化特征。土著族属上多数人认为接近百越中的扬越族。

距今4000年前后，公元前20世纪，正是夏朝年代范畴，冯少龙已经把阳新大陆铺遗址归为：石家河文化大陆铺类型，并且发现了较为丰富的矿冶文化内容，最重要的是出土了一块青铜残片标本，揭示了长江流域最早的青铜矿冶文化渊源[7]。

2）商代。学者们大都认同甲骨文中提到的“南土”是湖北黄陂盘龙城。盘龙城遗址曾出土159件商代早、中期的青铜器。是商在“南土”的一个重要政治军事据点。盘龙城与鄂东南有着密切的关系，主要有三个方面的依据。

一是盘龙城出土有炼渣及可以用于化铜的陶缸，还发现孔雀石块[8]，其铜最近的来源应该是鄂东南。盘龙城的水门内有一个大水塘，是用于停泊船只的一个港口码头。从盘龙城水门经长江到铜绿山下的大冶湖边，水路只有百余公里。顺江而下，水路直达，不费马汗之劳，这是证明盘龙城孔雀石来源最近的路线。

二是大冶、阳新多处商代遗址均与矿冶有关。阳新大路铺、大冶小箕铺、郭华一、蟹子地等，都有着丰富的商代文化因素。阳新大路铺、和尚垴先后出土的商代陶器、铜器，有：鼎、鬲、甗、尊、罐、假腹豆、铜铙等。大冶罗桥蟹子地遗址，与大陆铺可以归为一个类型。鼎、鬲、甗、盉、豆、瓮、尊等。本地土族居民很有特征的鬼脸足鼎、双护耳陶甗、带畀子，有盖，羊角手柄的陶盉、粗柄豆、印纹硬陶折肩罐及其文饰，反映了与长江下游的文化因素密切相关。同时出土有中原风格的袋裆鬲、大口尊，饕餮/兽面纹陶鼎，构成商代中后期文化的大致风格。

三是盘龙城发掘中出现的大口缸数量惊人，仅修复的就有数百件，未修复的更多，这些缸的用途一直是一个谜。2003年夏，在鄂州博物馆青铜研究所的一次试验中，证明这些陶缸是可以用来化铜铸造的坩埚。如此大量的陶缸用于化铜铸造，很难让人信服，但实验证明，陶缸可以作化铜用，陶缸化铜可以是其用途之一[9]。

盘龙城既然被肯定是商在南方的一个政治经济军事据点，鄂东南又是一个丰富的地下金库，鄂东南包括铜绿山必然都在它的势力范围内。铜绿山是这些遗址代表性的一个概念，曾经人们多次提问，铜绿山的铜都到哪里去了？铜绿山既然是盘龙城的势力范畴，在商代，铜的去向自然应该归属于盘龙城。

在鄂东南和赣西北还有两个典型的商代遗址。一个是江西瑞昌的铜岭遗址，是长江中游通过考古发掘最先确定的商代古铜矿遗址。一个是鄂州的沙窝遗址，出土商代窖藏青铜器有觚、斝、爵、戈等14件，但这批铜器只发表了一件铜爵[10]。大冶铜绿山7和11号矿体发掘的井巷支护还有7个^{14}C的数据，距今3140±100~3265±100（年），属于殷商后期[11]。（见表一铜绿山古矿冶遗址出土遗物^{14}C年代测定）。

表一　铜绿山古矿冶遗址出土遗物^{14}C年代测定（5730年半衰期）

样品名称	样品出土地点	样品编号	14C年代（B.P.）	树轮校正年代按高精度表（B.C.）	备注
＊铜斧XIJ46：1木柄	11号矿体采矿遗址J46		2750±70	788~415	
＊铜斧XIX2：1木柄	11号矿体采矿遗址X2		3140±80	1406~1139	
J4支护木	7号矿体2号点采矿遗址	ZK-758	3260±100	1530~1325	
J3支护木	7号矿体2号点采矿遗址	WB80-44	3150±80	1424~1225	
＊X3支护木	7号矿体2号点采矿遗址	BK94058	3185±70	1422~1263	

续表

样品名称	样品出土地点	样品编号	14C年代（B.P.）	树轮校正年代按高精度表（B.C.）	备注
J23背棍	7号矿体2号点采矿遗址	WB80-40	3140 ± 80	1420~1220	
J11背棍	7号矿体2号点采矿遗址	WB80-39	2180 ± 80	986~813	
J11支护木	7号矿体2号点采矿遗址	WB79-35	2795 ± 75	972~810	
＊X15支护木	7号矿体2号点采矿遗址	BK95056	2750 ± 65	892~798	
J12背板	7号矿体2号点采矿遗址	WB80-42	2680 ± 75	829~662	
J8背棍	7号矿体2号点采矿遗址	WB80-43	2470 ± 75	758~397	
竖井坑木	7号矿体5号点采矿遗址	ZK-560	2735 ± 80	899~793	
平巷坑木	7号矿体3号点采矿遗址	WB79-36	2600 ± 80	800~446	
平巷坑木	7号矿体3号点采矿遗址	WB80-6	2430 ± 65	512~391	
竖井坑木	1号矿体采矿遗址	ZK-561	2075 ± 80	167~AD58	
＊竖井坑木			2795 ± 75	972~810	
＊坑木			3265 ± 100	1521~1317	
铜斧木柄	11号矿体以西近2号矿体处	ZK-297	2485 ± 75	761~399	
铁斧木柄	7号矿体	WB79-37	2575 ± 135	800~400	
炉6木炭	11号矿体冶炼遗址	ZK-559	3205 ± 400	1880~840	
＊竖井坑木	4号矿体采矿遗址J458		2390 ± 110	2415 ± 115	
＊平巷坑木	4号矿体采矿遗址X2403		2610 ± 75	2680 ± 125	
＊竖井坑木	4号矿体采矿遗址J2403		2570 ± 75	2630 ± 125	
＊竖井坑木	4号矿体采矿遗址J2404		2565 ± 75	2625 ± 125	

3）西周时期：正是西周王朝在江南“大赂南金”的时代。当时在江汉平原上，“汉阳诸姬随为大”。既然是大国，随国可能在鄂东南是一个最受益的国家。但是，这一时期最重要发现首选随州羊子山出土大批鄂国铜器，加上早年流落到国内各地和国外的鄂国铜器，无论从数量和工艺水平都堪称一流。鄂国铜的来源人们很自然联想到铜绿山。鄂与周的关系好恶，可能都与拥有铜资源相关。此外，距鄂王城数里的武汉市江夏区湖泗镇出土5件西周中晚期的青铜甬钟[12]。茅陈垴遗址出土一种长舌形铜锭，现存于黄石博物馆有97件。初步推测是一种专门铸造的铜料，又可称为等量的一种青铜称量货币，该铜锭的名称被推测叫“款”[13]。在其他地方，目前还没有发现这种形制类似的铜锭，我们认为这种铜锭极有可能是某个国家或某地区在某时期特有的一种定制。

4）春秋中期至战国晚：鄂东南一直是楚国的势力范围。楚国的强盛离不开鄂东南重要的铜矿资源。楚庄王问鼎中原时口气牛得很，“楚国折钩之喙，足以为九鼎”[14]。意思是楚国把铜兵器上像鸟嘴一样的小尖尖掰下来，足够做成九个鼎了。古往今来从春秋争霸到战国称雄，没有哪一位国君敢如此夸耀自己的财富，足以证明楚国当时铜资源确实富甲天下。在大冶目前还发现至少三座古城址，五里界古城、鄂王城、楚王城，应该是楚国在鄂东南加强管理的有力依据。这一时期鄂州市楚墓发掘资料比较丰富，有60多座，随葬器物以陶器为主，组合有鼎、釜、敦、壶；鼎、敦、壶；鼎、盒、壶。铜器主要是剑、戈、矛兵器。时代为春秋晚至战国晚期。在大冶调查资料中高河、茗山、阳新的经天、都发现有多处楚墓群，基本未做具体的工作。零星的清理有：1980年大冶铜山口清理过一座典型的土坑竖穴木椁楚墓，墓主人身份是三鼎墓，时代大致属战国中期。1984年，大冶五里界古城附近清理一座楚墓，陶器组合为鼎、敦、壶、豆和铜剑等，时代为战国中晚期。这些都可能与楚国管理机构的官员有关。安徽寿县出土战国晚期的“鄂君启节”，其重要的铭文记载了车节、舟节在运送物资或经商过程中，行进路线上的许多地名。经学者们考证，起点是现大冶县高河乡的鄂王城，终点是郢，（今江陵纪南城）[15]，表明鄂东南地区与楚都郢之间有密切交往的关系。

三、铜绿山古铜矿的采冶技术

人类认识使用铜金属的历史非常久远，翻开《世界冶金发展史》我们知道，美索不达米亚地区公元前7000年就开始使用自然铜，在安纳托尼亚、特罗德、埃及、巴勒斯坦等地区公元前5000年开始冶炼铜金属，而真正进入青铜时代为公元前2000年左右（见表二金属时代的大略起始年限）[16]。但是当人类进入青铜时代后，我们面对当时铜金属的生产过程、技术水平并不十分了解，所知道的主要是从两个方面研究而得知。即：一，通过对青铜器物本身的研究；二，通过对冶炼技术的研究。而对冶炼技术研究也只有“坩埚炉”和炼渣两个方面。对于采矿、冶炼技术方面的详情却不甚了解。

表二　金属时代的大略起始年限（公元前）

考古时代 金属时代	铜石并用时代		早期青铜 “早期青铜” *	中／晚期青铜 青　铜	早期铁器
	自然铜 +	冶炼铜			
安纳托尼亚 特罗德 埃及		5000	3000	2000	1000
巴勒斯坦		3500	2900	1900	1000
美索不达米亚	7000	4000	3500	2800	1200
爱琴海		3300	2500	2000	1000
意大利		3000	2000	1200	800
伊比利亚		3000	1500	1000	700
东南欧洲	5000	4500	3000	1500	700
西北欧洲		2200	1800	1200	500
东欧和俄国		2200	1500	700	400
远东			1500	1300	700

我国早期使用铜的历史，在黄河流域、辽河流域、长江流域新石器的仰韶文化、红山文化、龙山文化、石家河文化、齐家文化的许多遗址中都有发现。如：山西榆次源涡镇发现仰韶文化晚期的红铜炼渣，襄汾陶寺出土龙山期红铜铃；河北武安赵窑仰韶文化遗址出土坩锅残片和铜炼渣。辽宁凌源牛河梁遗址出土炼铜坩埚；山东诸城北长山岛、西霞杨家圈、日照王城安尧、牟平照格庄，出土过铜锥、铜片、铜渣；河南郑州董砦、安阳后岗出土铜片、铜渣；河南龙山文化中郑州牛砦出土溶铜炉壁，登封王城岗出土铜容器残片，临汝煤山二期出土坩埚残片，淮阳平粮台出土青铜炼渣。湖北天门石家河出土孔雀石、小件铜残片等。出土青铜小件最丰的是甘肃齐家文化，计有锥、斧、刀、匕、钻、凿、环、镜、泡等铜器，仅武威皇娘娘台遗址一处出土铜器30件。这些早期青铜文化遗迹、遗物代表了当时的冶金技术面貌，证明距今5000~4000年的新石器后期，中国许多地方已经开始冶炼和使用铜器。同时表明中国应该是另一个冶金技术的起源点。[17]

湖北的鄂东南地区，已知夏代先民们开始在这里“大兴炉冶”。而且冶炼技术十分发达，曾经是一片“炉火照天烧”的繁荣景象。随着历史的沧桑变故，它们都静静的沉寂在地下。通过古铜矿的发掘和研究，《铜绿山古铜矿遗址》发掘报告的出版，使我们知道了中国青铜的鼎盛时期，铜从采矿到冶炼整套技术的全过程。这对中国考古学、世界冶金史都是非常重要的贡献。

鄂东南最早的采矿技术应该是露天开采。当古人发现露头的矿苗后，开采到一定深度逐渐转入地下开采。由于铜绿山延绵千年的采矿，加上现代化大规模露天开采，最初的露采遗迹很难保存和发现。在其他地方的调查中，古代的露天采矿坑还有多处。至今保存较好的是大冶灵峰山顶，因人烟鲜至，加上山顶雨水的冲刷而未被填埋，矿坑遗迹至今犹存。鄂州市丁祖镇小学旁边有一个地名叫“铜灶”的冶炼遗址，不远还有一个叫“铜坑”的水塘，从来没有干过，鄂州博物馆调查认为是古代露天铜采矿坑[18]。黄石下陆区占爱宇遗址也有两个可能是西周时期的露天古采坑，一个是水塘，另一个是淤泥很深的沼泽，在其附近有大量炼渣堆积和厚达2.5米的文化层，调查资料推测认为是古代露天采矿坑。

铜绿山比较成熟的木构井巷支护技术证明最迟在殷商时期，江西铜岭遗址的发掘也证实了这一点。随着这项技术的不断发展，井巷支护技术可以向更深的矿层掘进，甚至达到距地表深80~90米的深度。群井开采，隼卯接合式支护，构成地下纵横交错的井巷群体，形成一个小范围的采空区。这种技术体现最优越的一面，就是可以更大更深范围的开采铜矿石。无论从采矿规模和采矿深度都达到了前所未有的水平。特别是打破地下水位线20~30米，必须解决排水的问题；在纵横交错的地下黑暗世界里，必须解决照明问题；在深度缺氧的情况下，必须解决通风问题；在付出所有的这些劳动以后，辛勤开采的矿石要拿到地面上来冶炼，必须解决提升问题。铜绿山7号矿体1号点的发掘，充分展现了距地表54米地下井巷开拓的场面，也反映了当时的矿工，在狭小、黑暗的地下空间里，为了获取铜而付出无数的艰辛和血泪。

铜绿山古铜矿的冶炼技术水平，在冶金发展史上同样具有非常重要的意义。铜绿山通过科学考古发掘，出土了一批完整的冶炼资料。包括春秋早期炼铜鼓风竖炉10座，战国时期的2座，以及当时冶炼场地遗留的粗铜块、工具和一批冶炼辅助设施遗迹。从各种检测数据证明，当时的筑炉材料、炼炉构造、选矿整粒、造渣配比、炉温控制技术，以及生产粗铜纯度达93%以上，都到达了当时的尖端水平。因为采用了先进的冶炼技术，大批的铜锭源源不断的产出，废弃的炼渣竟然堆积如山。仅在铜绿山矿区1平方千米内，炉渣的覆盖面积约达14万平方米。通过1/1000地形图圈定范围，经初步测算，古代遗留的炼铜炉渣最少有50万吨，出产粗铜10万吨[19]。鄂东南与冶炼相关的遗址有170多处，从遗存堆积的炼渣看，有些古铜矿的规模甚至超过了铜绿山，如丰山铜矿、铜山口铜矿、赤马山铜矿等，都是古代超大型的矿山。如果把鄂东南所有的古铜矿进行估算，堆积的炼渣当在数千万顿，产出的粗铜至少上百万吨。

四、结　　语

铜的发现和使用具有划时代的意义，它是人类最早认识和利用的金属之一，使人类从石器时代跨入青铜时代。铜被制作成各种礼器、兵器、生产工具、生活用器等等，广泛用于政治、军事、经济、文化各个领域。在推动人类社会发展和文明的进步等方面，发挥过巨大的作用。鄂东南因为有着丰富的铜矿资源，使之成为先秦各国相互争夺的重要领地，由此创造了丰富多彩的古代矿冶文化，以铜绿山为代表的长江中游古铜矿，包括找矿、探矿、采矿、选矿、冶炼全过程，是青铜时代分工明确的系统工程。它十分成熟的一整套综合采矿冶炼技术，代表了当时社会最先进的生产力。充分体现了古代劳动人民的聪明智慧，奠定了中华民族灿烂辉煌的青铜文化基石。

注　　释

[1]　黄石市政府：《湖北黄石市人民委员会公布本市首批文物保护单位》（01黄文化字第015号）文件，1961年5月24日公布。

[2]　龚长根，胡新生：《大冶之火》，湖北人民出版社，2008年，第140页。

[3]　冯少龙：《湖北阳新大路铺遗址发掘报告》，《江汉考古》1992年第3期。

[4]　朱俊英，黎志高：《大冶五里界古春秋城址勘探发掘简报》，《江汉考古》2006年2期。

[5]　冯少龙：《湖北阳新大路铺遗址发掘报告》待刊。

[6]　罗运兵 等：《湖北大冶蟹子地遗址2009年发掘报告》，《江汉考古》2010年第4期。

[7]　冯少龙：《大冶铜绿山古铜矿遗址发掘的启示》，《铜绿山古铜矿遗址学术研讨会论文集》，大冶市铜绿山古铜矿遗址保护委员会汇集，2013年。

[8]　夏湘蓉 等：《中国古代矿业开发史·第二章第一节》，地质出版社，1980年。

[9]　徐劲松 等：《盘龙城出土大口陶缸的模拟试验》，《全国第六届科技考古论文集》，2003

年。
[10] 丁堂华：《湖北鄂城县沙窝公社出土青铜爵》，《考古》1982年第2期，其余为鄂州博物馆藏。
[11] 中国社会科学院考古研究所：《中国考古学中碳十四年代数据集（1965—1991）》，文物出版社，1991年。
[12] 江夏区博物馆：《江夏出土的周代青铜甬钟》，《江汉考古》1998年第4期。
[13] 曲毅：《试论湖北大冶出土青铜称量货币》，《湖北省考古学会论文选集（三）》，江汉考古增刊1989年。
[14] （汉）司马迁：《史记·楚世家》。
[15] 黄盛璋：《再论鄂君启节交通路线复原与地理问题》，《楚史研究专辑》，湖北省楚史研究会、武汉师范学院合编，1983年。
[16] 〔英〕泰利克特 等：《世界冶金发展史·第三章》。
[17] 孙淑云，李延祥：《中国古代冶金技术专论第二章一节》，中国科学文化出版社，2003年。
[18] 徐献国：《鄂城县发现一处古冶炼遗址》，《江汉考古》1985年第4期。
[19] 杨永光 等：《铜绿山古铜矿技术研究》，《有色金属》1980年第4期。

铜绿山古铜矿遗址文物保护过程回顾

石　鹤

铜绿山古铜矿遗址位于湖北省大冶市，发现于1973年，是迄今我国发现的保存年代久远、规模最大、保存最完整的一处古铜矿遗址。该遗址的发现和发掘，证实了我国青铜文化的独立起源，为研究我国矿冶技术发展史提供了一大批珍贵的实物资料。铜绿山古铜矿遗址是新中国成立以来的重大考古发现之一，于1982年被列为全国重点文物保护单位，现正积极创造条件，准备申报世界文化遗产。

铜绿山古铜矿遗址老窿赋存于大理岩与石英正长闪长玢岩接触带部位，其矽卡岩不发育，老窿充填物为粉质黏土夹褐铁矿碎块，残留古坑木中有黑色至黑褐色粉状或土状铜矿石。围岩的主要矿物成分是高岭石、蒙脱石、绿泥石、针铁矿等。围岩含水量高（30%~50%），接近饱和状态，渗透系数小（10-5cm/s），持水能力强，透气性极差。几千年来古坑木就保存在这样的由黏土所包裹和地下水所封隔的封闭缺氧环境中。水和空气在围岩内竞争空隙，前者可以驱逐后者，因此只有溶解于水中的氧存在，但这些氧很快即被微生物所消耗，围岩变成缺氧环境，因而对好氧微生物的生长、繁殖起到高度的抑制作用。而厌氧和兼性厌氧微生物虽然能够在缺氧环境中生长，但由于这类微生物缺乏分解纤维素的酶，难以找到所需的营养基质，因此不会对古坑木造成危害。这是遗址内古坑木能够长期保存的主要原因。此外，围岩中的铜离子等重金属离子能结合到细胞表面或进入细胞内，与主要的代谢物发生螯合作用或取代细胞结构上的某些元素，从而抑制微生物生长甚至导致其死亡。即使在较低浓度时，这些重金属离子也能通过“微动作用”杀死微生物。这也是遗址内古坑木得以长期保存的另一原因。

遗址发掘出土后，遗址表面及坑木与大气相接触，加上一些难免的扰动，使遗址的封闭缺氧环境遭到破坏，好氧微生物赖以生存的氧得到充足供应；遗址坑木含有丰富的有机碳、氮化合物及其他微生物生长所需的营养成分，为有害微生物生长提供了物质结构和能量的来源；加之大冶地区雨量充沛、空气湿度大，年平均降雨量1387.2毫米，年平均气温17℃，空气相对湿度一般在75%~85%，遗址博物馆内湿度常年在80%~90%。遗址内PH中性，是微生物生长的良好环境条件。

从20世纪80年代后期开始，遗址内坑木及围岩出现了明显变化，引起了国家文物局和省、市领导、专家的重视，促进铜绿山古铜矿遗址的文物保护工作全面展开。

1990年时任湖北省副省长韩南鹏同志在黄石市市委副书记盛大礼
同志陪同下在铜绿山古铜矿遗址检查文物保护情况

1990年10月26日，“铜绿山古铜矿遗址保护现场会”在黄石市海观山召开。湖北省副省长韩南鹏主持会议，国家文物局副局长沈竹、省政府副秘书长张维先、中国有色金属工业总公司基建局主任徐一龙及湖北省科委、湖北省文化厅、黄石市政府、大冶有色金属工业公司的领导参加了会议。中国科学院武汉岩土所、黄石市微生物研究所等科研单位及相关文物、设计单位的专家围绕铜绿山古铜矿遗址保护作了发言。会议为铜绿山古铜矿遗址的保护工作确定了方向，并部署安排相关单位制订《铜绿山古铜矿遗址保护应急措施研究方案》。

1991年1~12月，完成湖北省文化厅安排的遗址保护应急措施项目，包括：铜绿山古铜矿遗址地表有害微生物防治；建小型气象站；打水文观测孔等。

1991年6月5~10日，国家计划委员会受国务院委托主持召开“大冶铜绿山古铜矿遗址保护方案论证会”。经专家论证，同意采用原地保护方案。

1991年11月5~8日，“铜绿山古铜矿遗址长期原地保护方案研讨会”在武汉东湖宾馆召开，国家文物局、湖北省文化厅、国家文保所、湖北省博物馆、黄石博物馆等单位的领导、专家20余人参加会议。会议安排湖北省博物馆牵头制订《铜绿山古铜矿遗址长期原地保护方案》。会后国家文物局下达“湖北大冶铜绿山古铜矿遗址保护前期研究”项目，包括三个子课题：①遗址地下水病害成因及防治对策的研究；②围岩及坑木的电渗注浆保护研究；③遗址有害生物防治研究。

1992年7~12月，国家文物局项目“湖北大冶铜绿山古铜矿遗址保护前期研究”实施完成。

1993年4月16~19日，国家文物局在武汉主持召开了“铜绿山古铜矿遗址保护方案论证会”，来自国家文保所、故宫博物院、南京博物院等全国各地的专家参加了论证会，会议内容包括：①“铜绿山古铜矿遗址长期原地保护前期研究”项目的鉴定；②“铜绿山古铜矿遗址长期原地保护方案”的论证；③“铜绿山古铜矿遗址建设发展规划”的论证。

1993年8月5日，成立文物保护实验室，石鹤任主任。

1994年3月，“铜绿山古铜矿遗址长期原地保护方案研究”项目获1994年湖北省科技进步一等奖和1993年湖北省文化厅科学进步特等奖。

1994年9月~1995年12月，实施完成国家文物局文物保护项目，包括：对铜绿山古铜矿遗址有害生物实施治理；遗址博物馆周边修散水坡、盲沟；地表铺防渗布、植草皮；对坑木及围岩加固修复等。

1997年1~7月，完成“铜绿山古铜矿遗址古坑木保护模拟现场试验”。

1998年7月7~9日，湖北省博物馆人员开展遗址加固修复工作。

2000年10月23日~11月2日，完成遗址经常性修复。

2001年至今，遗址虽进行过一些小范围的局部修复，但由于种种原因未能进行大规模的全面防腐加固修复保护。遗址的保护工作，尤其是古坑木及围岩的防腐加固修复保护工作是一项长期的、经常性的工作，如果古坑木及围岩毁坏，遗址的历史、文化、科技、考古信息将丧失，不可再生。因此，在此呼吁遗址主管部门和相关单位给予资金和技术支持，使遗址得以长期保护。

古鄂国考（商至西周）

曲　毅

鄂国历史悠久，许多文章都谈到鄂国，在探讨鄂的时候，发现早期的鄂关系特别复杂，总是和最近的邗、盂、邢三国相互混淆，只有把这种关系理顺，才能继续探讨鄂国，为此略作考证。

一、商代鄂、邗、盂、邢国别梳理

商代鄂国，文献有许多记载，《史记·殷本纪》曰："以西伯、九侯、鄂侯为三公。九侯有好女，入之纣。九侯女不憙淫，纣怒，杀之，而醢九侯。鄂侯争之强，辨之疾，并脯鄂侯。"《史记·鲁仲连邹阳列传》，《战国策·赵策三》中也有相同事件的记载。今本《竹书纪年》曰："九侯，周侯，邗侯"。用"邗侯"取代了鄂侯。《史记·鲁仲连邹阳列传》，《集解》：同样引徐广却从"邢"说曰："鄴县有九侯城。九，一作'鬼'。鄂，一作'邢'"。西晋黄甫谧《帝王世系》从"邢"说，曰，"邢侯为纣三公，以忠谏被诛"。《汉书·古今人表》有 "邢侯"，不见鄂侯。罗泌《路史·国名纪六》认为"邗"说和"鄂"说都不对，邢侯是纣之三公。

鄂、邗、邢，究竟是什么关系？只有先搞清楚这三者关系，才有继续探讨的必要。

金文中的"噩"即"鄂"字，是西周早期金文中才出现。商代金文中不见"噩"字，商代甲骨文中"噩"字又有不同的隶定和释读，罗运环先生归纳主要有四说：罗振玉率先释"噩"，于省吾释"丧"，桑声。闻一多释"桑"。叶玉森释"喿"。

"唯有于省吾先生释丧，与字形字义皆相吻合，完全正确。于省吾先生的考释，先后为1965年再版的《甲骨文编》、1983年孟世凯先生校订出版的郭沫若《卜辞通纂》及1996年出版的《甲骨文字诂林》所采纳。在此前后，为什么罗振玉释噩的错误仍然存在一定的影响。尚须加强对此字形演变情况的分析，当是其中最主要的原因"[1]。

罗运环先生还认为，商代的鄂国存在还是可信的，并且举释多例，只是鄂字是否释作"屰"姑且存疑[2]。

王国维很明确认为："殷卜辞中所见古地名多至二百余，其字大抵不可识，其可识者亦罕见于古籍，其见于古籍者如召……如噩……，皆距殷颇远，未敢定于一地，其略可定者，一曰龚……二曰盂……，盂疑即邘也”[3]。

王国维在这段话中认为“盂疑即邘也”；同时也肯定甲骨中的“噩”，只是地点未敢确定。这也许是“噩”字仍然存在一定影响的一个体现。

甲骨文中“盂方”常见：“维王来征盂方伯炎”[4]“多伯征盂方伯炎”[5]。徐少华先生也主商代：盂即邘说，并认为盂和鄂是并列的两个国家[6]。

甲骨文和史书中所载“盂方”指古“盂”国。是臣服于商王的方国。“乙未在盂，犬告有鹿”。李绍连认为：“犬，即是王所任命的猎场管理员，当他向王报告盂国发现有鹿，王即去猎，并将其擒获。”[7]盂国在武丁时候归附于商，后来曾经反叛过商，在商后期被伐灭。盂国地望在今河南省睢县，这里是春秋宋襄公为首的“盂之盟”会议召开的地方。《说文》：“邘，从邑，亏声。尚书大传曰：文王受命一年，有虞芮之讼，二年伐邘。此商时之邘也，武王子所封。徐广曰：在野王县西北。按：今河南庆府西北十三里有故邘城。”周文王伐邘，周武王封其子在这里。

李绍连先生认为盂在睢县似乎不妥，文王灭商前先伐盂，如果盂在睢县，位于殷墟的东南，文王必须绕道东南，这种可能性是不存在的。李学勤先生认为：商代“鄂在沁阳”[8]，即在盂的南面偏东。那么盂真正的位置是在今沁阳县的西北的邘台镇，这里是古代的盂国。正挡住了周文王伐商的道路。所以必先伐盂。

邘即盂国，鄂、盂两国相邻，鄂国地望就在今天的沁阳城区，盂在今沁阳的西北的邘台镇，位置很靠近。这个观点，既解决了邘即盂国的地望问题，也解决了鄂国地望问题。至于鄂为何能迁徙到距邘这么近，并且能立足于此，必然有其渊源，目前还难以解开这层关系。

邢，甲骨文作“井”，武丁、武乙、文丁时代都有“井方”。井方与商的关系也非常密切、武丁之妻“妇姘”当时比“妇好”还受重视，是井方之女。《史记·殷本纪》：“祖乙迁于邢。”《索隐》：“邢音耿。近代本亦作‘耿’。今河东皮氏县有耿乡。”其邢，当即耿字之通假。《正义·括地志》云：“绛州龙门县东南十二里耿城，故耿国也。”《尚书·序》：“祖乙迁于耿。”王国维认为：“邢邱即邢虚，犹言商邱殷虚。”[9]邢国也有认为在今河北邢台，徐中舒主井所封国在今河北邢台县[10]。邢、耿由于相对较远，地理位置基本不与鄂纠缠，在此我们不做展开讨论。

由此可以确定商代邘即盂国的地望在今河南省沁阳县邘台镇，邢的地望在今河北邢台，鄂的地望紧邻在邘的偏东南，即今天的沁阳城区或附近。至少在商代末期，邘即盂、邢、鄂是三个并立的国家，只有确定了鄂国的存在为前提，我们才能继续探讨鄂国地望。

二、商代鄂国地望考

商、周鄂国地望是指在今天的行政区域地图上，标定当时鄂国城垣遗址的地理位置，包括都城和疆域势力范畴的探讨。

历来探讨古代地望都是从上到下，从古到今理顺关系后得出结论。由于商代鄂国地望错综复杂又相去甚远，实在难以辨清，我们改用削枝断节法，从西周开始梳理，先确定西周鄂国的关系，再回过头来寻找商代的鄂国。

商代末年鄂侯被杀，给鄂国画上了一个句号。商代鄂国文献始见于《史记·殷本纪》“以西伯昌、九侯、鄂侯为三公。九侯有好女，入之纣。九侯女不喜淫，纣怒，杀之，而醢九侯。鄂侯争之强，辨之疾，并脯鄂侯。西伯昌闻之，窃叹”。

鄂侯，为“姞”姓，姞姓起源于黄帝部族的十二姓之一，是中原地区的一个古老氏族。鄂侯姓姞的依据，来源于一件传世的青铜器“鄂侯簋”，有铭文十七个字。“鄂侯作王姞媵簋，王姞其万年子子孙永宝”。这件铜器时代在西周中后期周夷王时器。王姞是鄂侯的女儿，姞是其鄂国的本姓，鄂侯的女儿以国为姓，王为夫家之国。这件铜器记载了鄂侯的女儿嫁给周天子为王妃这件事。“刘启益先生认为器中的王姞是周夷王的王妃”[11]。

西周初年，有两个鄂国被封在原来与鄂有关的地方。一个是周武王封其子在邘地的鄂，有武王第二子或第三子之不同说法。另一个是周成王封其弟在原唐国的鄂侯。两个鄂国经常容易被混淆，很有必要在这里申明一下。

周武王封其子在邘地的鄂，来源于《史记·殷本纪》：“鄂侯［集解］：徐广曰：一作‘邘’，音于。野王县有邘城。”这里指的邘国，即原来的鄂国。

北宋《广韵》“于”字注解曰：“周武王子邘叔，子孙以国为氏，其后去邑单为于。”[12]《新唐书·宰相世系表第十二》曰：“于氏出自姬姓。周武王第二子邘叔，子孙以国为氏，其后去邑为于氏。”

《史记·周本纪》：周文王“明年，伐邘。《集解》徐广曰：邘城在野王县西北，音于。《正义·括地志》云：故邘城在怀州河内县西北二十七里，古邘国城也。《左传》云：邘、晋、应、韩，武王之穆也。”

《史记·项羽本纪》之《集解》徐广曰：“在邺西。《索隐》：汙音于。《郡国志》：邺县有汙城。郦道元云：汙水出武安山东南，经汙城北入漳。《正义·括地志》云：汙水源出怀州河内县北太行山。又云：故邘城在河内县西北二十七里，古邘国地也。《左传》云邘、晋、应、韩，武之穆也。”

以上文献明确，西周初年周文王伐邘，文王死后，周武王把现在的野王城分封给第二个儿子邘叔。

《通志·氏族略》记载略有不同：“周武王封其三子于邘地。建立邘国，其子孙以邘为姓。因邘和于同音通用，因此有去邑旁为于姓者。”《辞海》曰：“‘邘，古国名亦作于，西周分封的诸侯国，姬姓，开国君主为周武王之子。在今河南沁阳西北邘台镇。”[13]《辞海》在这里采用了折中的说法。

周代沿用的习惯是长子都叫做伯，最小的叫载，中间的都叫叔。《史记·管蔡世家第五·正义》注：“季载，人名也。伯邑考最长，所以加‘伯’。诸中子咸言‘叔’，以冉季载最少，故言季载。”无论邘叔是周武王第二儿子还是第三儿子，都没关系，因为被分封在邘，其子孙后代都以国为姓于。至此，西周初，商代盂国的消失，被西周邘所取缔。这个邘已经是西周初年的姬姓。按李玲先生认为：“周之西土多王臣采邑，东土多诸侯封国；王臣只称公、伯，诸侯多称侯。”[14]邘叔所封性质原属夏地的王臣采邑区，这一区域又是西周王朝的直系亲属分封区域，因此才被称之“邘、晋、应、韩，武王之穆也”。其城邦地域的位置无论是野王县、怀州河内县，（公元596年隋朝将野王县改为河内县），两县都是确指一个地方，即今河南省沁阳市西北的西万镇邘部村。

现在村东仍有邘国古城遗址，邘国古城遗址为长方形，东西约820米，南北580米，总面积约48万平方米，城周围有城壕。城由内城、外城组成。从城墙夯窝考证，古城墙分三层，分别是商、周、汉三个朝代修建。

前面我们已经肯定鄂国位置在今沁阳县城，邘国在今河南沁阳县邘台镇，两地相距很近，也就现在的二三十里。西周初年，邘叔被封后，鄂已经消失不见了，只见邘国被取代。那么鄂国到哪里去了呢？我们认为鄂其实商晚已经迁徙走了。

商代晚期，鄂侯是纣王时候被杀，纣王同时囚禁了西伯昌，即后来的周文王。西伯昌采取了各种贿赂策略，离开了纣王的监禁，得到千里土地奖赏，并取得纣王的信任，获得了可以征伐的权利。周文王在势力达到可以胜任的时候，开始征伐兼并邻国。《史记·周本纪》：“明年，伐犬戎。明年，伐密须。明年，败耆国。殷之祖伊闻之，惧，以告帝纣。纣曰：不有天命乎？是何能为！明年，伐邘。明年，伐崇侯虎，而作丰邑。自岐下而徙都丰。明年，西伯崩，太子发立，是为武王。”

鄂侯被杀，鄂就开始举国迁徙，这里鄂迁徙在前，文王出狱数年后，开始征伐，邘被伐在后，由于两国很近，鄂国的地盘很可能归邘国所有。文王伐邘，同时也包括原来鄂国的地盘也一同被收归，后来周武王封给了邘叔。

另一个鄂地是晋国所封。周成王时，唐国作乱，成王灭唐并封给自己的弟弟叔虞，初封唐地又叫唐叔虞。后来唐叔虞子燮改国名晋侯。《史记·晋世家》有：“《集解》：世本曰：‘居鄂’。宋忠曰：‘鄂地今在大夏’。《正义·括地志》云：‘故鄂城在慈州昌宁县东二里’。按：与绛州夏县相近。禹都安邑，故城在县东北十五里，故云‘在大夏也’。然封于河、汾二水之东，方百里，正合在晋州平阳县，不合在鄂，未详也。姓姬氏，字子于。”《括地志辑校》慈州昌宁县条有：“故鄂城在慈州昌宁县东二里，绛州夏县相近”。《隋书·地理志》：“昌宁县有鄂山”。

《水经注》河水四有："河水又南至鄂谷旁。"《读史方舆纪要》："鄂水出（乡宁）县东五十里之宋家沟，西流入黄河。"

唐昌宁县为今山西省乡宁县，有说在今平阳县的。文献中多处提到的鄂城、鄂山、鄂谷、鄂水等地名都是古鄂侯国文化遗存的反映。"鄂地今在大夏"是指最初是夏朝国都的地盘，夏亡后属于鄂的势力范围，鄂曾经在大夏国都这块地盘存在过，到商代某一个时期鄂国也搬迁走了，现在是唐国的地盘。周公灭唐分封给唐叔虞，唐叔虞儿子燮，改为晋国。

西周初年分封的两处，邘是今河南省沁阳市西万镇邘邰村一带，包括了商晚鄂侯的领地今河南省沁阳市。另一个唐叔虞所封鄂，是昌宁县今山西省乡宁县原鄂的旧地。这两个鄂既然都是商代鄂的领地，必然是一先一后，一早一晚的关系。

李玲在论西周王城迁徙中说过："它的每一次搬家，都是诸侯护送，王臣跟着一起搬，在新都附近形成新的采邑区，甚至可能分封新的诸侯。所以，各支贵族（不是所有），在每个都邑周围可能都有自己的据点。"《集解》中孔安国曰："自汤至盘庚凡五迁都"。鄂如果早期属于王臣阶段，也应该随商王一起进行搬迁，商晚纣王时鄂侯已经明确诸侯国的地位，并且位至三公。从商代的迁徙路线看，大致是由西向东，因此我认为：山西乡宁县一带大夏之鄂，及其众多鄂的地名，应该是鄂的早期发祥地，其被称为鄂侯故垒确有其道理。

乡宁之鄂应该早于河南沁阳之鄂。沁阳之鄂是从乡宁后来搬迁至此，也是纣王杀鄂侯的鄂国。

结果应该是商代早期的鄂应在乡宁，乡宁初为夏邑，后归鄂，再后为唐，最后为晋国都。期间鄂还有多次随商搬迁，已难寻踪迹。商代晚期鄂已经在沁阳，西北距面邘国非常的近，鄂侯被纣杀后，鄂再次举国南迁应无大谬。

三、西周鄂国地望考

纣王无道杀鄂侯后，这应该是鄂族开始南迁的主要原因。大难来临，举国南迁，只有这件事才能说得通。起点从黄河以北的沁阳商晚期的鄂国开始，曾到达河南偃师与登封交界之处时曾作过一段停留。留下来鄂岭关，鄂坂这些地名。整个商代晚期鄂并没有参加武王伐纣的行动，这也许是鄂在搬迁途中，国无定处的原因。最后迁徙到达的鄂国地望，主要有两说。一说在今河南南阳石桥镇史称西鄂。一说在今湖北大冶高河乡的鄂王城，史称东鄂。西周初鄂国再次兴旺起来。

西鄂分两地，一指汉代建西鄂县，位于今河南南阳石桥镇，史称西鄂。应劭曰："江夏有鄂，故加西也。"即与江夏郡的鄂县相比较，位置偏西，故名。江夏指今天的鄂州市。隋朝开皇三年（公元583年），西鄂县地改为向城县。二指河南邓县说，《括地志》："邓州向城县南二十里西鄂故城，是楚西鄂。"《括地志》是唐代的地理著作，邓州在唐、宋、金、元管辖南阳，当时的向城也归邓州管辖，就是现在的南召县。今天南阳辖邓县。“邓州向城县南20里”也正是现在南阳市北17千米的卧龙区石桥镇。南阳和邓县说基本指的都是一个地方。所以分两个地方的说法，实际上还是回归为一地二说。

南阳的学术界自己发现，汉代西鄂县今南阳石桥镇的考古材料只到达春秋，没有西周地层。西周的时候，汉代西鄂县遗址什么都没有，春秋战国的时候最多只是个小小的村落。到汉代才筑为县城。于是南阳的学术界提出怀疑的同时又在寻找西周的鄂国。结果发现南阳十里庙遗址考古材料十分丰富的。十里庙遗址东西550米，南北500米，总面积250000平方米，即约380亩。文化层厚达2.5米。时代跨度为商代至东周，遗迹单位有铸造作坊、房屋、灰坑、水井等。出土了一批石器、陶器，最重要的是出土了商晚期的铜器十余件。有2件铜器的铭文分别是“大祝”“父辛”。这些材料看起来很丰富，十分遗憾的是，材料中没有介绍这是不是一个城址？连这最基本的问题都没有交代清楚。尽管这个遗址只发掘了795平方米，根据目前的材料，十里庙遗址为西鄂这一新说，目前还很难让人信服[15]。

东鄂之名，来源于汉代西鄂县相对应，旧有三说，一说是鄂州县城东一里。《水经注·江水三十五》：“江之右岸有鄂县故城，旧樊楚地，世本称熊渠封其中子红为鄂王。晋《太康地记》以为东鄂矣。”《九州记》曰：“鄂，今武昌也：孙权以魏黄初元年中，自公安徙此，改曰武昌县。鄂县徙治于袁山东，又以其年立为江夏郡。”袁山即樊山，鄂县徙治袁山东，就是樊山的东面。樊山紧邻今鄂州市樊口河闸东，属于今天的鄂州市区。

二说是《舆地纪胜》：“鄂王城即楚封中子红处，在县西南二里，东西九十步南北百步。”县西南二里，不过樊口，大概也在樊山这一带。坚持前二城说的已经很少，一是现代基本建设覆盖了这一区域；二是考古资料实在不足，多认为是秦置的鄂县，汉因之。城东的一里、二里鄂县包括东吴的武昌城。现在已经难寻踪迹，基本淹没在鄂州市的城市发展中了。

三说是清同治版《武昌县志》：“县南一百二十里马迹乡有鄂王城。”清代武昌县就是今天的鄂州市，辖马迹乡，现在属大冶市高河乡鄂王城村。《正义》：“刘伯庄云：地名，在楚之西，后徙楚，今东鄂州是也。”《集解》：“九州记曰：鄂，今武昌。”这里指的就是鄂王城，当时归鄂州市管辖。现在归大冶市金牛区高河乡管辖。20世纪50年代湖北省博物馆调查认为是西周城址，经过许多年的讨论，龚长根认为：现在的考古资料只能证明高河乡鄂王城开始建于战国，现在的汉代城垣叠压在战国城垣之上[16]。总之，西周在东鄂，前两说依据不足，三说高河乡的鄂王城时代难达西周，各说都很难圆满。

鄂国在西周存亡的时间为周成王至周厉王时期，在此期间鄂是一个很有影响的国家，经历过许多大事。早期鄂国与周室关系很好，后来成为反叛周王朝的逆首。楚国也对鄂进行过征伐，文献和铭文有很多关于鄂国的记载。

影响较大的事件如下。《史记·楚世家》“当周夷王之时，王室微，诸侯或不朝，相伐。熊渠甚得江汉间民和，乃兴兵伐庸、杨粤（越），至于鄂。……乃立其长子康为句亶王，中子红为鄂王，少子执疵为越章王，皆在江上楚蛮之地”。庸为现在湖北省的竹山县、房县一带，这个已经没有问题。杨粤（越），是指杨水一带的粤人，何浩先生认为杨水在汉代叫阳水，位置是今荆州流到汉江的一条东西向河道。多数人认同这一观点。争论颇多的是鄂，诸多大家如王国维、罗香林、顾铁符、李学勤、黄盛璋、舒之梅、何浩、张正明、罗运环 、徐少华等，都有许多精辟的观点，至今还难达成共识。从当时的时代背景看，许多人都遵循顾祖禹《读史方舆纪要·七十六卷》：“封中子红为鄂王。孔氏以为南阳之鄂，误矣。时楚兵未能逾汉而北也。”认为当时楚国势力没有到达汉江以北，这样就到不了汉江北的南阳一带。而南面的东鄂只有大冶之鄂王城，迫使许多学者选择了东鄂大冶之鄂王城 。这种跳跃的感觉，其实许多人心里都清楚，西周中期楚国的势力真的没有达到那么强大的程度，更没有到达现在的鄂东南一带。那么鄂国地望在什么地方？我们推测应该在今随州附近，楚国的势力范围当时往西到达现在的竹山为古庸国，往南达荆州江陵一代的古杨粤，往东到达汉水以东现在随枣走廊的鄂国地盘。即没有逾汉江北面，但却达到了扩张的范围。

由于鄂与周的关系当时还很好，鄂侯驭方鼎：“王南征，伐角、僪（遹），唯还自征，才坏（在坯），噩?（鄂侯驭）方内（纳）壶于王，乃（祼）之，（驭）方（侑）王，王休（偃），乃射，?（驭）方（佮）王射，?（驭）方休阑，王宴，咸畲（饮），王窺易（亲锡驭）方玉五瑴（瑴），马三（四）匹，矢五束，（驭）方（拜）手?（稽）首，（敢）对（扬）天子不（丕）显休（赉），用乍（作尊）鼎，迈（其万）年永宝用。”

鄂侯驭方鼎记载，周厉王南征返还的时候，鄂侯驭方献礼并宴请周王。周王赏赐给鄂侯驭方以财物，象征五谷的玉器，马匹、弓矢。鄂侯驭方以此为感谢周王的恩赐，铸作宝鼎，传予子孙，万年宝用。汉东一直是楚国觊觎之地，楚国正在强大初期，明显感觉鄂国阻碍了自己的利益，周王室也感觉到不安。昭王南巡时候就多次到达汉东，昭王时器静方鼎“命静司在曾鄂师”是指周昭王驻扎在曾、鄂两国的军队，说明曾鄂两国相邻。[17]。因此，熊渠伐鄂不久，中子红鄂王位子还没坐热，《史记·楚世家》曰：“及周厉王之时，暴虐，熊渠畏其伐楚，亦去其王。”如果所封之鄂位置在大冶鄂王城实在相去过远。根本不用顾虑厉王相伐。只有在汉东，才顾虑周厉王伐楚。

不久，还是周厉王时期，周鄂交恶，宋代《钟鼎彝器款识法帖·穆公鼎》记载了鄂叛周的事件。鄂侯驭方率南淮夷、东夷共同叛周，广伐周的南国、东国，威胁已经到达了王畿以内的地方。周厉王派西六师殷八师精锐进攻鄂，鄂侯据守匡地，周竟然没有取胜。随后武公派遣禹率亲兵，包括兵车百乘、甲士二百、徒兵千人前往增援，最终打败鄂国，对鄂国老少大开杀戒，铭文中两次出现“勿遗寿幼”并活捉了鄂侯驭方。鄂国也就在这个时候被消灭了。

1940年在陕西省扶风县任家村又出土一件青铜器禹鼎，铭文与穆公鼎近乎相同，也记载了消灭鄂国这一事件。高54.6厘米，口径46.7厘米，重37.25公斤。禹鼎内腹壁铸铭文20行，共计207字，现藏中国国家博物馆。

禹鼎，也是周厉王时器，铭文：“禹曰：不（丕）顯（桓桓）皇且（祖）穆公，克夾（紹）先王，（奠四）方，（肆）武公亦弗叚望?（遐忘朕）聖且（祖）考幽大弔（叔）、弔（懿叔），命禹仦（肖朕）聖且（祖）考政于井（邢）邦。（肆）禹亦弗（敢惷），睗（錫）共（朕）辟之命。烏虖（嗚呼）哀哉！用天降大喪于下或（國），亦唯噩（鄂侯馭）方，（率）南淮尸（夷）、東尸（夷）廣伐南或（國）、東或（國），至于歷内。王廼命西六（師）、殷八（師），曰：（撲）伐噩（鄂侯馭）方，勿遺（壽）幼。（肆師）彌匌（怵會恇），弗克伐噩（鄂）。（肆）武公廼遣禹。（率）公戎車百乘，斯（厮馭）二百，徒千。曰：于（匡朕）肅慕，叀（唯）西六（師）、殷八（師）伐噩（鄂侯馭）方，勿遺（壽）幼。（雩）禹（以）武公徒（馭）至于噩（鄂），（敦）伐噩（鄂）。休隻氒（獲厥）君（馭）方。（肆）禹又（有）成。（敢）對（揚）武公不（丕）顯耿光，用乍（作）大寶鼎。禹其萬年子子孫寶用。”

禹鼎铭文2次强调，不留老少，统统杀光的这场战争，灭掉的西周鄂国肯定不是大冶鄂王城。目前所有记载来看，从昭王南巡到厉王灭鄂，西周势力都没有完全掌控鄂东南这一带。考古材料中鄂东南在西周的时候，有中原文化，主要还是长江中下游的江西、安徽文化因素与本地土著文化混合交织为特征，中原文化并不凸显优势。

根据西周夷王时熊渠至于鄂，封中子红为鄂王，这个封地应该在汉东，我们必须承认熊渠没有灭掉汉东鄂国，只能是占据了鄂国的部分地盘就封中子红为鄂王。如果灭掉了鄂国，就不会有鄂侯驭方鼎中厉王的赏赐，更没有鄂侯反周，厉王“勿遗寿幼”灭掉鄂国这些历史。

厉王以后鄂被灭亡，这与史籍中对鄂国的记载突然消失也相符合，直到战国时期鄂才再次出现。

随着考古材料的不断丰富，特别是鄂国青铜器的不断发现，给我们研究西周鄂国地望提供了十分重要的材料。主要有1975年，安居羊子山墓群出土西周早期鄂侯尊。2007年11月，随州安居羊子山墓地，出土27件青铜器。还有待修复的数件未记，时代为西周早期及康昭至厉王时期。2013年，再次出土一批鄂国铜器，由于没有出简报，《随州出土文物精粹》公布了比较全的资料[18]。李学勤在研究这批铜器后认为：有四件异形兽面纹铜器《随州出土文物精粹》31尊。32大卣，铭：“作宝彝”。小卣，形制、纹饰与大卣类同，（未收入精粹）。35方罍，铭“鄂侯作厥寶尊彝”；与过去不知道来源的保利博物馆的兽面纹卣，美国得克萨斯州《纳尔逊埃德金艺术博物馆藏品手册》中的一件兽纹方座簋，马承源《中国青铜器研究·关于神面纹卣》中，美国私人藏品展览会上见到的人面纹簋，都有着极大的可比性[19]。《随州出土文物精粹》73，兽面纹圆鼎，与2008年春季澳门拍卖品一圆鼎，铸有铭文“噩矦乍宝尊彝”两者形制、纹饰及尺寸都十分雷同，这些早年流亡海外的鄂国铜器可能都与羊子山墓地有关。另外，上海博物馆藏鄂叔、鄂侯弟、鄂季三件铜器，[20]据说是1958年，羊子山当地社员李老三挖出，当作废铜卖掉，后辗转流落至上海[21]。

大批鄂国铜器出土于随州，鄂国公室墓葬在随州，鄂国地望无疑就在随州。

噩侯弟历季作旅彝

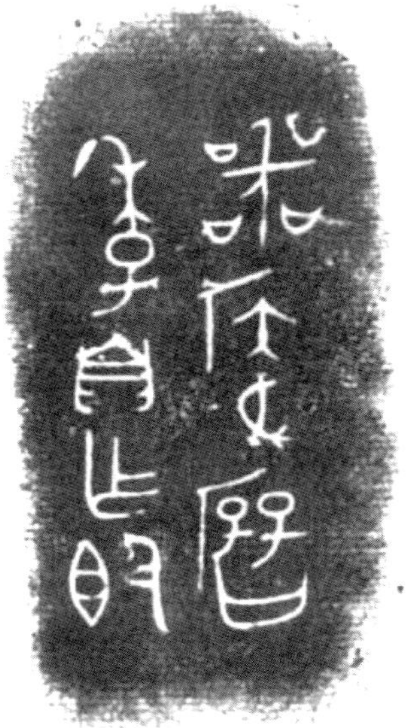

鄂侯弟历季自作簋

鄂中作宝尊彝

鄂侯作旅彝

鄂中方鼎

《殷周金文集成》949，357，其铭文都记载了“曾”和“鄂师”，再对比静方鼎：“命静司在曾鄂师。”结合曾的地望观察，鄫国，其很早在山东的枣庄一代活动，后迁往河南郑州。2011年始，随州叶家山墓地相继出土大批曾国铭文铜器[22]，证明西周时期曾国地望也在随州。曾、鄂两国相邻，基本可以得到确证。

曾、鄂在文献上绕圈多年一直未走出谜团，由出土资料确证了西周鄂国和曾国的地望，西周鄂国和曾国都在今随州地界一带，并且相邻。具体城垣位置，还待进一步考古工作证实。

东周之鄂国再次兴起，将另篇论述。

注　释

［1］［2］　罗运环：《甲骨文金文鄂字考辨》，电子版2011年5月1日。

［3］［9］　王国维：《观堂集林·别集》四册《殷墟卜辞中所见地名考》，中华书局，1959年，第1154页，第522页。

［4］［5］　郭沫若：《甲骨文合集》36509、36511，中华书局，1979~1983年。

［7］　李绍连：《中原诸侯方国与商廷的关系》，《安阳殷商文明国际学术研讨会论文集》，社会科学献出版社，2004。

［6］［8］　徐少华：《鄂国铜器及其历史地理综考》，《考古与文物》1994年第2期。

［10］　徐中舒：《禹鼎的年代及其相关问题》，《考古学报》1959年第3期。

［11］　张昌平：《噩国与噩国铜器》，《华夏考古》1995年第1期。

［12］　（宋）陈彭年 等：《大宋重修广韵》，泽存堂校本，电子版第86页。

［13］　《辞海》，上海辞书出版社，1979年，第1015页。

［14］　李零：《三代考古的历史断想——从最近发表的上博楚简容成氏、公盨和虞逑诸器想到的》，《中国学术》2003年第2期。

［15］　柴中庆：《南阳鄂国地望考》，《楚文化研究论集·第七集》，岳麓书社，2007年。

［16］　龚长根：《鄂王城略考——兼谈鄂君故城》，《湖北省考古学会选集》（一），武汉大学学报编辑部出版，1987年。

［17］　日本出光美术馆：《馆藏名品选·第三集·静方鼎》，1996年。

“命静司在曾鄂师，是指周昭王驻扎在曾、鄂两国的军队，说明曾鄂两国相邻。”

[18] 黄建勋：《随州出土文物精粹》，文物出版社，2009 年。
[19] 李学勤：《由新见青铜器看西周早期的鄂、曾、楚》，《文物》2010年第1期。
[20] 陈梦家：《西周铜器断代》，中华书局，2004年，第71页。
[21] 后加升：《随州安居遗址的再认识 》，随州市博物馆网站，2010年9月30日。
[22] 黄凤春 等：《湖北随州叶家山M28发掘报告》，《江汉考古》2013年第4期。

大力实施生态建设，打造铜矿遗址公园

陈　军

遗址公园具有遗址和公园的双重属性，是历史文化传承与园林景观营造的融合。遗址是历史文化的遗存，而公园是绿色生态的载体；遗址以文物保护为根本，公园则以生态景观为基础。建设遗址公园，就是将遗址由单纯保护发展到保护与利用相结合的更高层面。公园将因文物和历史提升其文化内涵，而文物也因园林丰富的生态景观和展示效果更好地满足现代文化生活的需要，两者相得益彰，城市也因此更加厚重和宜居。

2011年11月，铜绿山古铜矿遗址进入国家大遗址库，建成国家考古遗址公园成为新的奋斗目标。当前，黄石、大冶大力实施生态立市战略，非常有利于铜绿山古铜矿遗址公园建设。在探讨和寻求铜绿山古铜矿遗址区文物保护、生态建设、区域经济发展三者之间的平衡方案时，我们不难发现，目前遗址生态建设环节异常薄弱，一定程度上限制了大冶县域经济发展。因此，生态建设是今后一个时期铜绿山古铜矿遗址保护利用工作中的重要内容。

一、遗址公园建设面临的生态问题

铜绿山古铜矿遗址处于现代大型露天、地下采矿区特殊的地理环境中，生态建设任务非常重。联合国教科文组织世界文化遗产委员会的专家于1998年9月和12月分两批前来遗址考察时认为：这处遗址不仅属于中国，而且属于整个人类；只要改善了遗址的周边环境，世界文化遗址的牌子一定能挂在遗址的大门上。这清楚地表明制约遗址“申遗”的因素是生态环境问题。

1）土地破坏严重。现代采矿山体剥离面大，对土地资源造成根本性破坏。特别是露天采矿形成的陡边坡，严重影响遗址景观环境。而且，多年来尽管矿山部门采取了加固处理措施，但长时间的日晒雨淋等导致坍塌沉降，还直接威胁到遗址安全。

2）景观多样性差。铜绿山古铜矿遗址周边矿山开采、农田种植和道路修建，导致遗址区景观破碎化程度加剧，水土流失现象严重，自然景观要素的观赏性不高，景观多样性下降。

3）生态恢复率低。现代采矿、洗矿、选矿等生产，破坏原地表土壤。遗址区具有坡度大，水分、养分、土壤供给困难，化学侵蚀严重，立地条件极差，夏季辐射热高、气温干燥等特点，特别是现代露天开采对山体植被和土壤结构造成毁灭性破坏，原先的良土不存，导致复垦技术要求高，恢复难度大。

4）拆建难度较大。遗址区有大量现代矿山工业构筑物残留，为坚固的水泥钢结构等，甚至还有排放有害烟尘和污水的生产厂家，拆除难度大。另一方面，因遗址地下文物埋藏丰富，新景观建筑的选址、建设等难度也大。

二、遗址公园生态建设的四点原则

铜绿山古铜矿遗址是不可再生的文物资源，具有独特的历史文化内涵，处于易受破坏的生态环境，遗址公园建设中一定要保护和利用特殊的自然景观和人文景观要素，使遗址区景观获得长久的生命力，发挥最大的生态功能。遗址公园建设要“以文化为魂，以人为本、以自然为根”，形成以生态园林为衬托、以文物遗址展示为核心、绿化植被保护与遗址本体展示保护相结合、文化遗产的有效保护与传承、文物保护与经济发展的良好格局，促进遗址保护可持续发展。

1）生态恢复，土地置换。以采矿后形成的矿坑、山体为改造利用的基础，以生态环境的恢复为下一步综合利用的前提，目的是为了改善环境，提高土地价值。同时采矿场的改造不应仅仅把生态恢复作为唯一的发展目标，而是应开展综合利用，为大冶市民提供户外休闲活动空间，美化空间环境，提升当地居民的活动空间和质量。

2）凸显文化，区域协调。大冶是矿冶历史文化名城，矿冶文化遗存丰富。铜绿山古铜矿遗址保护利用要着重体现古代特别是商周时期大冶的社会发展状况和工业特色，同时与城市发展和市民需求相协调，充分考虑周边地区的经济、社会、生态的协调和综合发展，为大冶市的总体发展做出贡献。

3）保护遗址，本体优先。将遗址本体纳入核心保护区，严格按照文物保护法的规定对遗址本体及环境进行保护。一切景观设计和旅游开发活动均以不危害文物安全、不破坏遗址景观为前提。设计中严格控制建筑和构筑物的数量、高度及与遗址本体之间的距离。核心保护区内绿化设计不使用深根系植物，避免植物根系破坏地下埋藏文物。

4）以人为本，体现民生。充分利用遗址保护区生态恢复的有利条件，从根本上改善目前大冶市城区绿化不足、生态脆弱的局面，让遗址保护区与现代人居和谐共存。增加城市公共绿地，完善游览服务系统，遗址核心区外全面免费对外开放，实现真正的开放式城市公园。同时遗址公园在设计中也充分听取各方面的意见，考虑市民的交通可达性和休闲需求，实现空间、用地和功能的彻底转变。

三、遗址公园生态建设的五条对策建议

在遗址保护的基础上提升公园的展示和生态功能，是铜绿山古铜矿遗址公园生态建设的关键。要运用生态修复理念和生态景观设计方法将遗址本体及遗址所在外部环境作为一个有机联系的整体进行规划整治，确保铜绿山古铜矿遗址区文物本体得以存留，并且建立遗址与整个区域景观功能的联系，保证遗址区域生态安全，打造“文化生态景观区”。

1）修复和重建自然植被。园林景观建设，建立以乔木为骨架、木本植物为主体的乔、灌、草复合植物群落，形成四季景观分明，兼具观赏性、防护性的生态风景林区。考古资料中铜绿山地区曾有的林木植被可为自然植被恢复和生物群落重建提供借鉴。尝试在局部区域依据考古研究成果建设古环境复原示范区。在花卉树木的选择上，要突出原生态，要考虑恢复种植豆梨、青冈栎、竹等树木，有助于旅游者理解古铜矿井巷支护木及冶炼燃料。遗址公园的绿化覆盖率不低于70%，整个规划保护范围绿化覆盖率不低于40%，常绿树比例控制在20%以下。

2）保护和建立多样化的乡土生境系统。体现地方特色的乡土植物如铜草花、鸭跖草等，要凭借其强适应性和低风险性成为遗址区生态恢复中重要的植物种类，同时也是景观本土性和地域性的最直接体现。保护和建立多样化的乡土生境系统并通过现代的艺术手法体现乡土植物的地域属性和所蕴含的文化内涵，从而创造出丰富多彩、健康稳定、具有艺术魅力的植物景观。

3）连片保护与局部重点保护相结合。根据遗址范围、文物埋藏、生态环境现状、生态系统保护和修复的目标，按照各文物点的考古勘探资料和保护力度将遗址区域划定为几部分。划分不同性质的保护和展示区域，明确各区的展示内容，突出中心大区域开发。将地上遗址审美价值较高、植被保存较完整、开发力度较大的遗址区作为重点，以点带面，带动当前景观效果不佳的其他各遗址点进行生态景观建设。

4）场所设计符合矿冶文化氛围。铜绿山遗址尽管在古代有露天开采，但遗迹不存，且技术含量没有地下开采高，但遗址更震撼人的是地下开采。因此，发展地上，同时要关注地下，从遗址外部空间环境中体现地下埋藏井巷自身蕴含的历史特色。完全尊重遗址的美学、历史、形式的真实性，控制硬质铺装比例和硬质景观数量，建设风格符合矿冶文化氛围的建筑小品。在核心保护区内须避免餐饮休闲及其他娱乐活动。

5）清除污染源。要强制淘汰规划范围内所有三废超标、生产工艺落后的污染企业和项目，拆除遗址区内的现代矿山工业构筑物残留，逐步停止矿山生产。规划范围内不允许新建高能耗、高水耗、重污染的企业和项目，从根本上解决结构性环境污染的问题。

四、结 束 语

铜绿山地区采矿生产对于大冶市区的城市形象和本区域的自然生态环境造成严重影响，铜绿山古铜矿遗址在生态改造再利用过程中，结合现代风景园林学、生态学、城市规划设计、植物学等多学科的发展理念和先进技术，在可持续发展思想指导下，结合当地地形、地貌、土壤和社会经济发展条件，从整体的功能目标定位、分区到植被生态恢复，形成一整套的改造和利用的体系。一方面改善大冶市自然生态环境，另一方面有效地利用工业废弃地，保留大冶城市原有的记忆，提高土地价值，为改善大冶市城市生活环境做出积极贡献，同时相应地提高当地居民的生态环境意识，带来经济、社会和环境效益的回报。铜绿山古铜矿遗址生态建设，必将助推遗址公园建设。且建成的铜绿山古铜矿遗址公园，又必将成为大冶市民休闲的后花园和外来人的旅游胜地，最终成为大冶两型社会建设和资源枯竭型城市转型的成功范例。

参考文献

[1] 秦芳：《从工业遗址到城市公园——襄阳岘山凤凰乐园（采石场）的生态改造与利用》，《四川建筑》2012年第4期。
[2] 谢得娟 等：《基于生态修复理念的西汉帝陵大遗址生态景观规划设计研究》，《北方园艺》2011年第13期。
[3] 张庆费：《遗址公园：历史文化传承与园林景观营造的融合》，《园林》2012年第4期。
[4] 李存东 等：《遗址景观环境设计的生态策略——无锡鸿山遗址公园博物馆景区景观设计》，《中国住宅设施》2012年第9期。
[5] 郑州市文物局：《郑韩故城遗址保护规划》，2010年7月26日起实施。

铜绿山古铜矿遗址的发现、发掘和保护

张国祥

清朝同治版《大冶县志》记载："铜绿山在县西马叫堡，距城五里，山顶高平，巨石对峙。每骤雨过，时有铜绿如雪花小豆，点缀土石之上，故名。"岁月沧桑，日月轮回，历史的长河奔流不息。铜绿山古铜矿遗址在尘封几千年之后，终于揭开了它神秘的面纱。它的发现，立即像一颗璀璨的明珠闪耀在中华大地，向世界展示出我国青铜时代曾经有过的辉煌。经中国社会科学院考古研究所论证认定，铜绿山古铜矿遗址是我国目前已发现的古铜矿遗址中时代久远、生产时间最长、规模最大、内涵最丰富、保存最完整的一处遗址。著名考古学家夏鼐先生对此遗址的评价为："这是中国古代青铜器研究的一个新领域，也是中国考古学新开辟的一个领域，是中国矿冶考古的诞生地。"

铜绿山古铜矿遗址是新中国成立以来重大考古发现之一，国务院于1982年2月23日将其列为全国重点文物保护单位，国家文物局于1994年3月20日和2012年10月22日二次将其列入《中国世界文化遗产预备名单》。该遗址2001年被评为中国20世纪100项考古大发现，2013年被评为我国"十二·五"150处大遗址。铜绿山古铜矿遗址是中华民族和整个人类社会历史文化遗产的瑰宝，不仅展示了我国奴隶社会、封建社会采矿及冶炼高度发展的生产技术，充分揭示了我国青铜文化的独立起源，填补了我国古代科学技术史上的一段空白；还以雄辩的事实证明中国青铜文化是一部独立的、完整的历史。

铜绿山古铜矿遗址的发现、发掘和保护，是各级领导、各界同仁、考古工作者和地方有识之士共同努力的结果。它的发现和发掘，不仅为我国青铜时代铜的来源这一学术界普遍关注的问题提供了实物依据，还是中华五千年文明历史的见证，充分展示了中华民族的勤劳和智慧。

一、铜绿山古铜矿遗址的发现

铜绿山古铜矿遗址的发现，还得从铜绿山矿区的现代采矿说起。铜绿山矿区的现代采矿，始于20世纪50年代末期的群众性大办钢铁运动。1958年9月下旬，大冶县（现大冶市）成立钢铁生产总指挥部，选定铜绿山开矿炼铁，时称"大冶县地方国营铜绿山铁矿”。与此同时，中央企业大冶钢厂和省办企业湖北钢厂（现鄂城钢铁厂）在铜绿山矿区设置采矿机构；湖北省公安厅在铜绿山兴建省直实验钢厂大冶车间；武汉市冶金工业局以及黄冈地区（现黄冈市）所辖的黄陂、新洲等5个县亦在铜绿山开矿冶铁。于是，形成了铜绿山矿区多级开矿、多种隶属关系并存的矿山生产格局。为了改变这种多级开矿、多头领导的混乱局面，1959年6月6日，由大冶钢厂提议，经中共黄石市委同意，铜绿山矿区划归黄石市管辖，并成立“黄石市铜绿山矿山公司”。随着隶属关系的变化，原大冶县地方国营铜绿山铁矿、大冶钢厂、湖北钢厂、湖北省直实验钢厂及黄陂等县在铜绿山所办铁矿，相应移交给黄石市铜绿山矿山公司管理。成立矿山公司后，多头领导的问题仍未得到解决，影响了矿山的建设与发展。对此，湖北省冶金工业厅与大冶钢厂、湖北钢厂、黄石市委工交部讨论研究，建议将铜绿山矿区划归湖北省冶金工业厅领导。1959年10月，中共湖北省委以“鄂发（59）798号”文件批准了这一报告，并将“黄石市铜绿山矿山公司”更名为“湖北省大冶铜绿山铁矿”，后改为“湖北省大冶铜绿山铜铁矿”。1961年8月28日，经冶金工业部同意，铜绿山矿区划归大冶冶炼厂开采，“湖北省大冶铜绿山铜铁矿”更名为“大冶冶炼厂铜绿山铜铁矿”。1973年1月，大冶冶炼厂升格为大冶有色金属公司，铜绿山铜铁矿随之更名为“大冶有色金属公司铜绿山铜铁矿”。

1973年6~10月，大冶有色金属公司铜绿山铜铁矿在2号矿体十二勘探线露天剥离时，在一批古井巷中，先后发现13柄铜斧及铜锛、木槌、木铲、陶罐等器物。10月16日，矿革委会为了保护历史文物，向中国历史博物馆（现国家博物馆）写信反映了这一情况，并随信寄去铜斧一把。信中说：“我矿露天采场工人在今年开采+5米平台（实际从65年开始开采至今已下挖50米左右）Ⅱ#矿体时，挖出这种铜斧和各种木槌、木锹等多种古代劳动人民开矿时用的工具，据本地民间传说，是我国南宋时代岳飞带领士兵在我们铜绿山矿区开矿炼铜所留下来的历史遗物，距今大约有700多年的历史。现在我矿区还残留不少当时炼铜的炉渣和开矿的老窿。为了保护历史文物，现将其中的一把铜斧寄来，看对研究我国的历史是否能起到一点作用，请你们收下吧。”10月20日，中国历史博物馆收到来信和铜斧后，陈乔副馆长当即批示：“交通史部鉴定寄来的铜斧，函复致谢。”

1973年11月，由中国历史博物馆孔祥星、范世民，湖北省博物馆李天元，黄石市博物馆熊希臣，大冶县文化馆余为民等5人组成联合考古调查组，在铜绿山铜铁矿露天采场乃至整个矿区了解情况，察看现场，采集标本，对采场露出的部分遗迹进行试掘，所获资料颇丰，远远超出了原来的想象与估计。调查结束后，立即对资料进行了分析和整理，并写出了调查报告。初步认定这是一处春秋战国时期的采矿遗址。后经考古发掘进一步证实：铜绿山古铜矿的开采始于商代，经西周、春秋、战国延续至西汉，在唐、宋时期也进行过一定规模的采矿和冶炼，时间长达两千多年。至此，这个沉睡于地下三千余年的古铜矿遗址才被人们所发现、认识，这个世界文化遗产的瑰宝才闪耀在世人的面前。

二、铜绿山古铜矿遗址的发掘

铜绿山古铜矿遗址是一处采冶结合的大型遗址。遗址内包含着采矿和冶炼两大类遗存。

采矿遗址分为两类：露天采矿遗址和井下采矿遗址。

露天采矿遗址在铜绿山矿区共发现有古代露天采场7个，主要分布在1、2、4、6、11号矿体，露天采矿深度一般为20~30米。古代露天采坑一般都没有完全封闭，即在采坑的某一部位留有一出口，以便于矿石和废石的运输。而位于6号矿体的古代露天采坑，则是一个完全封闭的露天采坑，其封闭圈的范围约为130米×130米，坑口标高+15米，坑底标高+5米，该采坑的两侧各有一个人为堆积的小山丘，后人称之为“乌鸦山”，是古人进行露天采矿时堆积废石的排土场。该露天采坑结束后未进行回填，形成一水塘，后人称之为“乌鸦扑泉塘”。

井下采矿遗址主要分布在1、2、3、4、5、6、7、8、9、11号矿体，最大开采深度达64米，采用了竖井、平巷、盲井、斜井联合开发技术，成功地解决了井下通风、排水、提升、照明和井巷支护等一系列复杂技术，代表了我国当时铜的最高开采水平，是我国古代历史辉煌成就的见证。

冶炼遗址最为突出的是遍布矿区的古代炼铜炉渣，经地质部门测算，炉渣约在50万吨以上，产铜约8万~12万吨。冶炼遗址在整个矿区都发现有其遗迹。第一次发掘主要在两个地方，一个是柯锡太村、另一个是11号矿体采矿遗址的上部。2012年湖北省文物考古研究所在铜绿山古铜矿遗址区进行考古调查与物探时，新发现12处冶炼遗址。在冶炼方面，我国古代先民率先使用鼓风竖炉炼铜，并掌握了精湛的配矿及高温技术，这种可以连续加料连续冶炼反复使用的竖炉炉温可达到1200℃以上，超过了炼铜所需要的还原温度1083℃。冶炼的粗铜纯度达到94%，炉渣含铜仅为0.7%。而且部分技术延续到现在继续使用。

从1974年2月至1985年7月，国家文物局、湖北省博物馆、黄石市博物馆分别主持并组织了对铜绿山古铜矿遗址的考古发掘，先后发掘清理6处采矿遗址、2处冶炼遗址。发掘总面积4923平方米，出土古代采矿竖（盲）井231个、平（斜）巷100条、炼炉12座（其中：11号矿体10座春秋早期炼铜炉、柯锡太村2座战国时期炼铜炉）。其具体组织如下。

1974年2月至1975年，由湖北省博物馆王劲主持并组织黄石市、大冶县文物考古人员及铜绿山、铜山口、龙角山、丰山等矿业余考古人员参加，发掘2号矿体12线、Ⅰ号矿体24线、7号矿体5号点采矿遗址。

1976年至1979年夏，由黄石市博物馆主持并组织铜绿山、铜山口、丰山、红卫等矿业余考古人员参加，发掘Ⅶ号矿体1、2、3号点采矿遗址及11号矿体冶炼遗址和柯锡太村冶炼遗址。

1979年秋至1980年夏，由国家文物局黄景略负责，组织中国社会科学院考古研究所、河南省博物馆、内蒙古昭乌达盟文化站、湖北省博物馆、黄石市博物馆等单位部分考古人员参加，继续发掘7号矿体1、2、3号点，4号矿体部分采矿遗址和11号矿体冶炼遗址。

1981年至1985年夏，由黄石市博物馆主持发掘11号矿体采矿遗址。

从2011年11月开始，湖北省文物考古研究所根据国家文物局批复的《铜绿山古铜矿遗址考古工作计划》，对铜绿山遗址区正在进行新一轮的考古发掘。其具体组织如下。

2011年11月20日至12月29日，湖北省文物考古研究所研究员陈树祥领队在铜绿山古铜矿遗址规划范围内进行田野考古调查与物探，新发现12处冶炼遗址，分别是：岩阴山脚冶炼遗址、熊家垅冶炼遗址、土葬山冶炼遗址、中咀冶炼遗址、大泉曹湾冶炼遗址、茅山遗址、南东桥曹家湾遗址、茅草山后底海遗址、王家塘遗址、青山大道亭子遗址、陈儒后背山遗址、卢家垴冶炼遗址。

2012年6月至12月，湖北省文物考古研究所在岩阴山脚遗址发掘清理出春秋早期尾砂遗迹1处、春秋中期和泥池1个、春秋中期古代矿工脚印35枚、春秋晚期选矿场1个、战国至西汉时期探矿井1个。在卢家垴遗址发掘清理出西汉时期冶炼炉1座。

2013年，根据考古工作计划，四方塘遗址正在考古发掘进行中。

三、铜绿山古铜矿遗址的保护

铜绿山古铜矿遗址是在矿山露天生产剥离过程中发现的。从文物保护角度看，矿山不进行开采，深埋在地下的古矿遗迹就无法发现，而一旦发现，如不及时采取有效措施，转瞬间大片的古矿遗迹将在生产剥离中荡然无存。因而，文物保护与生产的矛盾十分突出。随着铜绿山古铜矿遗址发掘成果增多，其重要价值也被越来越多的人所认识。眼看着大片大片的古矿遗迹在生产剥离中被毁掉，人们无不为之痛惜。于是，各方面对保护这处遗址的呼声越来越高。首先，中国科学院自然科学史研究所仓孝和所长于1979年4月向国家文物局发出了《关于保护铜绿山古矿井的呼吁信》，随即，国家文物局以〔1979〕文物字第108号文将此呼吁信转往冶金工业部。紧接着，新华通迅社在1979年5月12日印发的《国内动态》上刊发了《湖北大冶铜绿山发现春秋时期古矿井群，考古队建议加强保护和组织力量发掘》一文。连续两次呼吁，引起了冶金工业部和国家文物局的重视，冶金工业部唐克部长，李华、林泽生、张凡、高扬文等副部长都分别作了重要批示。高扬文批示：“我主张选择有代表性的古矿井、古炉子原样保留，即使减少一些矿石量也值得，因为这些古迹有重大的科学、文化价值。”李华批示：“1、拟请国家文物局及科学院主管此事，由大冶公司执行；2、在哪里恢复原来状况，报国家定。如在原地恢复，有2万吨铜拿不出来也要办。”

1979年8月15~21日，冶金工业部和国家文物局在黄石市第一次联合召开文物保护座谈会。会议期间，湖北省委书记韩宁夫专程到会听取汇报并作了重要讲话：“世界第一的重要遗址，如果在我们手里被破坏了，将来是要挨骂的，湖北、黄石是有责任的。不流芳百世，也会遗臭万年。”会议最后决定将铜绿山11号矿体永久保留，对已剥离70万方土石的7号矿体停产2年，移交文物部门进行考古发掘。后来由于保存11号矿体影响矿山南露天采场扩帮延深，加之7号矿体的考古发掘工作在两年内也无法完成，冶金工业部和国家文物局于1981年4月在黄石市第二次联合召开文物保护座谈会，决定将11号矿体移交给矿山生产，7号矿体永久保留，并划定保护范围，要求古铜矿遗址–185米以上及周围83亩范围内的矿产资源不予开采。1984年12月在7号矿体1号点发掘原址上建成铜绿山古铜矿遗址博物馆并对外开放。

随着矿山生产的发展，铜绿山矿在进行二期工程设计时，中国有色金属工业总公司为加快开发铜绿山矿产资源，决定将原设计的小露天加坑采改为全露天开采。这样，铜绿山古铜矿遗址又成了全露天生产的障碍。矿山生产部门为保护7号矿体尚存的古矿遗址，遂提出将古矿遗址切割成三大块，往东搬迁400米，脱离生产区进行长期保护。对此，矿山生产部门和文物保护部门还组团赴苏联、捷克斯洛伐克、法国和西德等国进行考察，寻求借鉴，双方虽几经论证，但意见分歧仍然很大。1988年8月22日，湖北省委书记关广富在黄石市委书记袁照臣、市长徐子伦陪同下参观考察铜绿山古铜矿遗址时指出：“铜绿山古铜矿遗址是稀世珍宝，一定要护好，不定99.99%，而是100%，至于说为保护遗址，虽压了一些矿，但还是在我们的土地上，要相信我们的子孙一定比我们更聪明，更有办法，能把矿拿出来，不会损失的。”离开时在留言簿上签名：“关广富　1988.8.22于铜绿山古矿遗址。”1989年8月，新华社《内部参考》刊登了黄石市人大常委会副主任、湖北师范学院教授黄瑞云《铜绿山古铜矿遗址不应搬迁》的署名文章。9月4日湖北省人大常委会主任黄知真作了重要批示：“振乾同志：这件事我曾经过问过，因而看了这份材料深感值得重视。我是同意作者观点的。搬迁遗址谈何容易，遗址下面压的那些矿暂不开采，铜绿山的其他地方完全有资源利用，过去省文物管理部门同有色金属公司对遗址保护重视是不够的，我到那里曾批评过，后来听说搞一个遗址搬迁的方案，我希望此事能够慎重考虑。去年省人大有代表提出过询问。更重要的还是这项重要的历史遗址如受破坏，影响太大。当否，请酌。”9月20日湖北省省长郭振乾亦作了重要批示：“读了知真同志的意见，感到很有道理，我亦同意。搬迁方案难以实现。请提案处商经委、文化厅等省有关单位提出妥善保护古矿遗址方案。”1989年11月17日，湖北省经委、国家文物局、中国有色金属工业总公司在黄石海观山宾馆召开“铜绿山古铜矿遗址搬迁保护可行性研究报告评审会”。审议中，多数代表认为古铜矿遗址面临地下水文地质变化、矿山开采爆破和地应力因素的影响，难以采取切实可行的可靠措施来达到永久保护的目的，建议将搬迁保护方案提交湖北省人民政府报国务院决策。湖北省人民政府为履行文物保护职责，于1990年1月召开省长办公会议，专题听取矿山生产部门和文物保护部门的意见。鉴于遗址的重要价值和文物的不可再生性，认为铜绿山古铜矿遗址应当原地保护，不同意搬迁，并将此意见呈报国务院。1990年7月15日，国务院秘书长罗干在北京主持召开协调会，听取中国有色金属工业总公司、国家文物局、湖北省人民政府对遗址保护的意见。由于三方意见不统一，于是委托国家计委和国家文物局在黄石召开评审会，邀请文物、考古、采矿、冶金、地质、工程等方面32位高层次专家参加，对中国有色金属工业总公司提出的《铜绿山古铜矿遗址搬迁保护方案》和湖北省人民政府提出的《铜绿山古铜矿遗址原地保护与合理开采论证报告》进行评审，最后基本取得一致意见，同意原地保护方案。1991年8月20日，国务院正式批复原地保护方案。至此，铜绿山古铜矿遗址保护工作宣告取得阶段性成果!

铜绿山矿为了落实国务院关于铜绿山古铜矿遗址进行原地保护的精神，决定对7号矿体采取保护措施。因7号矿体之上为铜绿山古矿遗址博物馆，-185米以上不能开采，导致该矿总计损失矿山铜20.8万吨、铁精矿403万吨（品位65%）、黄金11.6吨、白银64.6吨。按现行价格计算，折合人民币227亿元。

由于铜绿山古铜矿遗址内蕴藏着丰富的矿产资源，诱使周边矿山企业盲目开采、越界开采和滥采乱挖，导致铜绿山古铜矿遗址在2006年8月出现地面塌陷、房屋开裂等情况，给铜绿山古铜矿遗址造成了严重破坏。

铜绿山古铜矿遗址出现险情后，湖北省委、省政府及黄石、大冶二级市委、市政府和省市文物部门对此高度重视。湖北省原省委书记俞正声、省长罗清泉及相关副省长多次批示，要求彻查违规行为。黄石市政府立即成立工作专班，明确了各部门的工作职责，市长肖旭明在2006年10月8日听取黄石市文化局关于铜绿山古铜矿遗址地表开裂、沉降治理的情况汇报后，明确要求查明原因，关停遗址周边2公里内所有小矿山企业，并与相关责任部门签订了《铜绿山古铜矿遗址文物保护及安全责任书》。市政府还邀请中国人民解放军后勤工程学院、中铁西北科学研究院、解放军理工大学、中国地质大学、湖北省国土资源厅、湖北省文物管理委员会、湖北省博物馆、中国科学院武汉岩土力学研究所等单位的地质、爆破、采矿、工程地质、水文地质、岩土工程、文物保护等方面的专家分析了遗址开裂变形的主要原因。专家组在实地察看现场，并查阅中国科学院武汉岩土力学研究所提交的《铜绿山古铜矿遗址开裂变形调查报告》后形成的专家意见为：铜绿山古铜矿遗址及其周边地面变形的主要原因是铜绿山矿北露天采场东帮高边坡开挖、采空区塌陷下沉和施工爆破震动的影响。湖北省文物局高度关注铜绿山古铜矿遗址的安全，多次组织全国各地知名专家对铜绿山古铜矿遗址出现局部开裂等有关问题进行咨询和分析研讨，并邀请中国地质大学对遗址局部地面出现裂缝情况进行科学勘测，时刻关注着遗址的安全。黄石市文物管理局于2006年9月1日对大冶有色金属公司、铜绿山铜铁矿、三友公司、泉塘村委会等单位下达了《停止侵害通知书》。

政府各部门整体联动、齐抓共管，虽打击了破坏遗址的嚣张气焰，但遗址险情仍继续恶化，黄石市文化局从铜绿山古铜矿遗址文物安全出发，于2007年5月11日向黄石市人民政府提交《关于铜绿山古铜矿遗址博物馆闭馆和文物搬迁工作的请示》，要求立即组织力量搬迁馆藏文物，并在近期闭馆。

2007年7月1日，铜绿山古铜矿遗址博物馆停止对外开放，实行闭馆。

铜绿山古铜矿遗址的管理权虽属黄石市人民政府，但实际管理的是黄石市博物馆，从遗址所处的地理位置和外部环境看，黄石文化（文物）部门对解决矿山生产造成遗址的破坏缺乏有效手段，文物保护与矿山生产的矛盾长期难以解决。从有利于保护、有利于发展、有利于长治久安的原则出发，黄石市文化局于2007年4月召开局长办公会，同意调整、理顺铜绿山古铜矿遗址管理体制，按照相关程序，将其管理权移交给大冶市人民政府，并分别向湖北省文物局、黄石市人民政府提交了《关于理顺大冶铜绿山古铜矿遗址管理体制的请示》。鉴于这种现状，为了抢救这一举世无双的历史文化遗产，确保这一国保单位的安全，黄石市人民政府根据湖北省文物局《关于调整铜绿山古铜矿遗址管理体制的批复》的意见，决定从2009年11月26日起，正式将铜绿山古铜矿遗址管理权移交给大冶市人民政府，并以〔2009〕88号专题会议纪要印发各有关单位。

中共大冶市委、大冶市人民政府在接管铜绿山古铜矿遗址后，立即开始了对铜绿山古铜矿遗址的保护、治理和开发工作。在2010年1月4日召开的中共大冶市委四届六次全体（扩大）会议上，市委书记傅继成提出了“大力弘扬青铜文化，发展现代文明，把大冶建成中国最具特色的青铜文化历史名城”的目标要求，号召全市人民“要以铜绿山古铜矿遗址管理权移交为契机，进一步挖掘提升青铜文化的深刻内涵，塑造大冶古老青铜文明和现代文明交相辉映的时代精神。要以创建‘文明城市’为总抓手，进一步提高文明素质，加强社会管理，倡导文明新风，营造积极向上的文化氛围，形成健康文明的城市风貌，在城市建设和城市文化上，更加体现和彰显青铜文化的特色和魅力”。弘扬青铜文化，发展现代文明，着力保护、打造铜绿山古铜矿遗址已成为全体大冶人民的自觉行动。

铜绿山古铜矿遗址通过争取国家矿山地质治理资金2.57亿元和大冶市政府的投入，遗址道路建设工程、北露天边坡削坡减载和格构治理工程、采空区注浆减沉工程、博物馆维修改造工程顺利竣工，并于2010年8月19日重新对外开放。

铜绿山古铜矿遗址的管理体制虽然得以理顺，保护工作得以加强，但影响遗址安全的不利因素依然存在，保护工作依然任重道远。

参考文献

［1］　大冶市地方志编纂委员会：《大冶县志》（同治版），1997年。

［2］ 大冶有色金属公司铜绿山铜铁矿矿志编纂委员会：《铜绿山矿志》，1995年。
［3］ 黄石市博物馆：《铜绿山古矿冶遗址》，文物出版社，1999年。
［4］ 傅继成：《全面加强党的建设，深入推进城市转型，奋力争当全省城乡统筹发展的排头兵》，《冶办通报》2010年第1期
［5］ 龚长根，胡新生：《大冶之火》，湖北人民出版社，2008年。
［6］ 周保权：《世界文化遗产瑰宝——铜绿山古矿遗址》，香港天马图书有限公司，2000年。
［7］ 胡新生：《独领风骚·黄石文博50年研究成果》，武汉大学出版社，2008年。

后　记

为纪念铜绿山古铜矿遗址考古发现40周年，中国社会科学院考古研究所、湖北省文物局、大冶市人民政府于2013年11月8日至10日在著名矿冶文化名城大冶市共同举办“中国矿冶考古与铜绿山古铜矿遗址学术研讨会”。来自全国的近百位知名专家、学者围绕“中国矿冶考古与铜绿山古铜矿遗址的保护、利用”等相关学术课题进行深入研讨。这是一次跨地域、跨学科的矿冶学术研讨会；也是一次相互切磋、彼此学习的交流会；更是肯定中国矿冶考古40年历史、开创矿冶考古美好未来的盛会。

这是一次历史性的学术讨论会议，又是推进铜绿山文物保护、谋求建设国家遗址公园继而申遗的一次会议。这个学术会议的层面不仅限于铜绿山，更是从铜绿山谈到全国的冶金史或者是冶金考古。这是一个很重要的会议，既做了真实的比较，又做了历史的探讨。这是一个诚恳的会议，无论是谋求会议的行政过程还是为会议所准备的学术条件、出版一些图书，都做得很诚恳。它把自保护、发掘以来到开会之前所有发表的文章都收集成册，对以往考古发掘、研究工作做一个肯定。这次会议召开有它新的形式，杜绝了形形色色的形式主义，回归到学术本位，回归了会议本位，是一个很朴实的会议。

《铜绿山古铜矿研究文集（二）》是这次学术研讨会的成果之一。

考虑到格式的统一，统一去掉部分文章的摘要、关键词。又因为时间及其他原因，有些学者的大作未及录入，不周之处谨致歉意。

感谢张忠培先生、傅继成先生为本书赐序。湖北省文物考古研究所、大冶铜绿山古矿冶遗址考古队、科学出版社的领导、专家、编辑们也付出了心血。付梓之际，谨对关心、支持本文集出版的同仁表示衷心的感谢！

编　者